Novos temas de arbitragem

José Antonio Fichtner
Sergio Nelson Mannheimer
André Luís Monteiro

Copyright © José Antonio Fichtner, Sergio Nelson Mannheimer
e André Luís Monteiro

Direitos desta edição reservados à
EDITORA FGV
Rua Jornalista Orlando Dantas, 37
22231-010 | Rio de Janeiro, RJ | Brasil
Tels.: 0800-021-7777 | 21-3799-4427
Fax: 21-3799-4430
editora@fgv.br | pedidoseditora@fgv.br
www.fgv.br/editora

Impresso no Brasil | *Printed in Brazil*

Todos os direitos reservados. A reprodução não autorizada desta publicação,
no todo ou em parte, constitui violação do copyright (Lei nº 9.610/98).

Os conceitos emitidos neste livro são de inteira responsabilidade dos autores.

1ª edição — 2014

Coordenação editorial e copidesque: Ronald Polito
Revisão: Marco Antonio Corrêa e Tarcísio de Souza Lima
Capa, projeto gráfico e diagramação: Luciana Inhan

FICHA CATALOGRÁFICA ELABORADA PELA
BIBLIOTECA MARIO HENRIQUE SIMONSEN/FGV

Fichtner, José Antonio
Novos temas de arbitragem / José Antonio Fichtner, Sergio Nelson Mannheimer,
André Luís Monteiro. - Rio de Janeiro : Editora FGV, 2014.
624 p.

ISBN: 978-85-225-1561-5
Inclui bibliografia.

1. Arbitragem internacional. I. Mannheimer, Sergio Nelson. II. Monteiro, André
Luís. III. Fundação Getulio Vargas. IV. Título.

CDD – 341.163

Este livro é
dedicado à Priscila,
Antonio Pedro, João Paulo
e José Francisco, minha
querida família.
José Antonio Fichtner

Para Marcia, minha mulher, e Daniela,
minha filha, com amor.
Sergio Nelson Mannheimer

Em primeiro lugar, à minha família e
à Fernanda Farina. Em segundo lugar,
aos meus amigos, ao Escritório Andrade &
Fichtner Advogados e aos meus professores,
desta vez em especial ao professor Arruda Alvim,
exemplo de genialidade e generosidade.
André Luís Monteiro

Sumário

Prefácio 9
Pedro A. Batista Martins

Apresentação 15
Selma Ferreira Lemes

Introdução 19

Parte I — Artigos

1. Princípios processuais fundamentais aplicáveis à arbitragem
brasileira 25

2. A confidencialidade na arbitragem: regra geral e exceções 91

3. Provas e autonomia das partes na arbitragem 153

4. A questão da aplicabilidade de técnicas instrutórias estrangeiras
na arbitragem brasileira 173

5. Medidas urgentes na arbitragem brasileira segundo a
jurisprudência do Tribunal de Justiça do Estado do Rio de Janeiro 207

6. A distribuição do custo do processo na sentença arbitral 231

7. A coisa julgada na arbitragem doméstica 275

8. Questões concernentes à anulação de sentenças arbitrais domésticas 325

9. A jurisprudência do Superior Tribunal de Justiça na homologação de sentenças arbitrais estrangeiras: um importante capítulo na luta pela efetividade da jurisdição 359

10. A arbitragem e o Projeto de Novo Código de Processo Civil 403

11. A chamada execução específica do acordo de acionistas em sede judicial ou arbitral: premissas para uma proposta de regulamentação do acordo de quotistas no Projeto de Novo Código Comercial (PL nº 1.572/2011) 449

Parte II — Parecer

Medidas urgentes em arbitragem com sede no Brasil. Medidas provisórias antecedentes à arbitragem. Medidas provisórias no curso da arbitragem. Regime de cooperação entre árbitro e juiz estatal no ordenamento brasileiro. Formalidades, legitimidade e excepcionalidades 491

Parte III — Anexos

Anexo 1. Comparativo entre os Regulamentos de Arbitragem do Centro de Arbitragem Internacional da Câmara de Comércio Internacional nas versões de 1998 e 2012 513

Anexo 2. Relatório da International Law Association sobre confidencialidade 555

Anexo 3. Projeto de Lei elaborado pela Comissão de Juristas destinado a alterar a Lei nº 9.307/1996 (PLS nº 406/2013) 591

Referências 597

Prefácio

O instituto da arbitragem renasce com a edição da Lei nº 9.307/1996, cresce após o Supremo Tribunal Federal ter-lhe conferido *status* constitucional no início do século XXI e, após a adolescência, passa agora à maioridade.

Arbitragem, diz-se comumente, é mecanismo extrajudicial de resolução de disputas. Mas vai muito além; é hoje elemento vital na atração de investimentos. É componente-chave na formulação da equação econômico-financeira do contrato. Já se disse, não há acordo comercial internacional sério que não contemple cláusula compromissória.

Talvez hoje, mais do que nunca, faz-se presente a máxima "tempo é dinheiro". A rapidez nas comunicações, o incremento marcante da competitividade, o ritmo incessante no avanço tecnológico e sua repercussão na criação e na obsolescência de produtos são fatores que não autorizam que uma desavença entre empresas — muitas vezes parceiras — ou entre sócios perdure anos sem solução.

Já foi dito em 1923 por Heitor Beltrão, então consultor jurídico da Associação Comercial do Rio de Janeiro, que, entre perder tempo ou deixar de ganhar dinheiro, o empresário prefere esta última opção. E faz sentido, pois dinheiro se recupera, tempo jamais.

Em outros termos, a agilidade dos agentes e a velocidade com que os negócios e os nichos surgem e desaparecem não permitem ao empresário perpetuar uma divergência em detrimento de oportunidades de negócio. A dinâmica empresarial impõe a viabilização de um plano B. Não tendo sucesso na disputa, a empresa toma outro caminho ou aproveita-se de distinto nicho de mercado.

Imprescindível, para tanto, que os embates sejam solucionados em tempo razoável. Em outras palavras, celeridade é da essência da vida empresarial, notadamente no que toca ao desate dos *imbróglios* oriundos das relações negociais. E, se assim é, a arbitragem mostra-se credenciada a atender esse desiderato.

Instituto fundamental na solução de controvérsias, sua solidificação jurídica impõe-se de forma a propiciar a segurança que seus usuários exigem.

Eis a relevância da obra de José Antonio Fichtner, Sergio Nelson Mannheimer e André Luís Monteiro. O estudo por eles elaborado é de incontável apelo doutrinário pela revisão perspicaz de questões vitais para o seguro desenvolvimento do instituto.

O conteúdo do livro retrata fielmente seu título: contempla, efetivamente, novos temas de arbitragem. Novos tanto no sentido de contemporaneidade quanto no resultado da depuração de assuntos em debate.

Os autores, com a experiência e o conhecimento que lhes são particulares, apresentam, de forma clara e bem pontuada, gama importante de questões problemáticas e, por isso, caras ao instituto da arbitragem; e o fazem sem se furtarem a apontar — tecnicamente — a solução que entendem adequada.

Desponta daí traço marcante da personalidade dos autores e, portanto, digno de nota: ao não fugirem do debate, premiam a doutrina com a indicação da conclusão jurídica que encampam e distanciam-se, dessa forma, daqueles escritos — não poucos — em que posição alguma é defendida ou exposta pelo autor.

Quanto ao conteúdo da obra, inicia pelo estudo dos princípios processuais aplicáveis à arbitragem. Enganam-se os que inadvertidamente pensam ser tema, de certo modo, ultrapassado. Muito ao contrário, os conceitos que encerram devem ser revistos e acurados, como bem fazem Fichtner, Mannheimer e Monteiro, haja vista sua repercussão na prática arbitral, onde — não raro — são trazidos à baila nas manifestações das partes e nas decisões dos árbitros.

Há, portanto, espaço para renovar e depurar os conceitos que encerram cada princípio e subprincípio processual, tão úteis ao processo de arbitragem.

Por sinal, o princípio da oralidade – um dos vetores do Código de Processo Civil de 1939 – resta bem traduzido e incorporado ao instituto, como revelam os autores com acuidade que emerge de toda essa obra.

Confidencialidade, ainda hoje, desperta polêmica, e a pesquisa jurisprudencial e doutrinária levada a cabo no presente livro atesta essa afirmação.

Privacidade e confidencialidade tocam-se, mas não se confundem, como exaltam os autores deste livro. Privacidade, regra geral, imprime reserva nas audiências com a vedação do ingresso de terceiros alheios ao conflito. Confidencialidade projeta-se para o exterior com a proibição de divulgação a terceiros de informações sobre a disputa arbitral.

Confidencialidade é, sem dúvida, elemento significativo na escolha da arbitragem, notadamente pelos empresários. A dinâmica da atividade empresarial clama por uma solução privada e silenciosa dos conflitos. Clama por um *forum* de resolução restrito unicamente às partes e demais partícipes imprescindíveis ao deslinde do conflito.

Entretanto, nem sempre a confidencialidade é preservada. Não tem sido incomum — desafortunadamente — a divulgação na mídia de informações sobre demandas arbitrais, fato esse que impõe a adoção de medidas concretas aptas a prevenir violações futuras e a penalizar as já praticadas.

Contudo, não sendo dever absoluto, devem-se observar as exceções e, até mesmo, questionar se a confidencialidade impera, levando-se em consideração as hipóteses exemplificativas elencadas neste livro.

Os autores não passam ao largo do tema espinhoso relacionado aos fatos delituosos potencialmente veiculados nos processos de arbitragem. Tem o árbitro o dever de denunciá-los ou pode apreciá-los e julgar o conflito sem os revelar às autoridades competentes? Deve renunciar à função jurisdicional?

Muito embora, ainda hoje, não tenhamos definição expressa sobre a conduta a ser adotada pelo árbitro quando confrontado com situações da espécie, temos, sim, a posição de Fichtner, Mannheimer e Monteiro para acalorar o debate doutrinário.

A produção de provas — fase processual de fundamental importância na solução dos litígios — encontra enorme relevância nas arbitragens, a ponto de se afirmar ser a audiência um dos momentos marcantes, ou mesmo o ápice do procedimento. É justamente após a sua realização que, na grande maioria dos casos, o tribunal arbitral se encontra em posição simétrica às partes quanto aos dados, fatos e informações que sustentam as respectivas pretensões.

Imprescindível, portanto, que os advogados estejam muito bem preparados e sejam plenamente conhecedores dos fatos que envolvem a controvérsia, de modo a extrair o sumo da audiência.

Na arbitragem impera, por certo, o devido processo legal; a produção probatória é ampla, desde que as provas requeridas sejam úteis, pertinentes e necessárias ao deslinde da disputa.

Ao árbitro é assegurado interferir nessa fase processual, podendo, para tanto, ouvir testemunhas, determinar a realização de perícia e tomar depoimento, nos termos do art. 22 da Lei nº 9.307/1996.

Conquanto aparentemente singela a matéria, os autores "põem o dedo" em tema novo pela polêmica gerada nos últimos tempos, por força da autonomia que o instituto assegura às partes em oposição ao processo judicial. Na arbitragem o procedimento pode ser ajustado por partes e árbitros, ao contrário do que ocorre no processo judicial em que os jurisdicionados se encontram apegados às regras do Código de Processo Civil, com notada limitação em sua liberdade de escolha.

Daí os questionamentos exaltados neste livro quanto ao poder instrutório dos árbitros. Esse poder de iniciativa é absoluto ou, em outros termos, amplo a lhe conferir o direito — ou mesmo o dever — de determinar *ex officio* a prova que entender? Ou pode e deve ser limitado a uma intervenção subsidiária para suprir não a falta de diligência da parte, mas, apenas, a total ausência de elementos imprescindíveis à formação de seu convencimento? Deve o árbitro, ainda, intervir nas situações em que se vislumbra desigualdade entre os litigantes? Mais: podem as partes, contrariamente ao que sucede na justiça comum, limitar, por convenção, as provas que serão produzidas e servirão para a resolução da controvérsia, pacto esse vinculativo aos árbitros?

Melhor e mais fácil do que responder a essas sensíveis questões é reportar-me ao notável estudo contido na presente obra.

Uma vez mais, Fichtner, Mannheimer e Monteiro comprovam que o presente trabalho escapa às mesmices. Os autores não se deixam levar pelo *modus operandi* de alguns "estudiosos" que, no afã de publicar, investem na tarefa de falar, falar e falar, sem nada dizer.

Novos temas de arbitragem, já se vê, foge aos padrões dos livros que apenas compilam ou reproduzem o que já foi dito, sem qualquer reserva de valor.

Nesta obra, o estudo é pragmático e a pesquisa minudente. A doutrina citada é das melhores. E rica, também se diga, a experiência prática dos seus autores. A obra alia, portanto, notável pesquisa científica e conhecimentos técnicos e práticos, qualidades genuínas às obras que contribuem para o aperfeiçoamento do direito.

A vivência prática, não releguem e não duvidem, encerra valioso componente à discussão doutrinária, posto ser aí, nesse campo, que as ideias se afirmam e se apresentam ao teste da realidade que o direito acaba por exigir.

Por sinal, os capítulos atinentes às medidas de urgência e à jurisprudência do STJ na homologação de sentenças arbitrais estrangeiras são fruto considerável do cotidiano profissional dos autores, que, ao fim e ao cabo, permite uma abordagem da doutrina e do texto legal mais conforme à realidade. Afinal, é nos tribunais onde se sabe, com certeza, *aquilo que é e o que não é.* É nas lides que o direito é aplicado e o sabor da vitória e da derrota desponta.

O capítulo da distribuição dos custos do processo na sentença arbitral reafirma o título deste livro, pois encerra indagações que somente aqueles que militam no contencioso arbitral percebem a atualidade.

A eficácia preclusiva da sentença arbitral transitada em julgado é passada a limpo pelos autores, com paralelo nos efeitos da sentença judicial. Valho-me do termo "efeitos" na medida em que os próprios autores, em oposição à conhecida tese de Liebman, assim traduzem e qualificam a essencialidade do que se extrai ou se projeta da decisão que põe fim ao conflito, em consonância com o conceito adotado pelo Código de Processo Civil e pela Lei de Arbitragem.

Já ao fim deste alentado e muito bem elaborado trabalho acadêmico, em visão prospectiva, é formulada proposta de regulamentação de acordo de quotista no Projeto de Código Comercial, e apresentados comentários aos dispositivos atinentes à arbitragem contidos no Projeto de Código de Processo Civil.

Esta obra chega ao seu término com parecer tratando das matérias e nuances que envolvem as medidas de urgência pré-arbitrais — delineadas à luz dos conceitos legais e da realidade judicial brasileira — e suas excepcionalidades; e, importante, alinha-se com o regime de cooperação que deve existir entre juiz e árbitro.

Emerge do sobrevoo que acima relatei — registre-se, de forma sintética — o valor desta obra para a literatura arbitral contemporânea.

Escritos supervenientes que tratarem dos temas apresentados neste livro deverão, por certo, considerar os estudos e as opiniões expostas por Fichtner, Mannheimer e Monteiro, sob pena de incompletude doutrinária.

É livro que faz refletir e, sem dúvida, não pode faltar na prateleira do arbitralista; e não olvidem, em local de destaque.

PEDRO A. BATISTA MARTINS
Rio de Janeiro, março de 2014.

Apresentação

"A arbitragem vive da confiança, o judiciário da obediência", salientou Rui Barbosa em Haia nos trabalhos de instituição da Corte Permanente de Arbitragem em 1907. A bela citação do delegado brasileiro efetuada há mais de um século foi tão impactante que perdurou no tempo. Até hoje é reproduzida em compêndios de arbitragem internacional, citada nos cursos da Academia de Direito Internacional de Haia e em palestras mundo afora.

Tão impactante quanto a citação de Rui Barbosa foi o vigor concedido à arbitragem com a edição da Lei nº 9.307, de 23 de setembro de 1996. Desde então, opera-se revolução silenciosa na prestação jurisdicional e com ela experimentamos enorme avanço do instituto, com considerável repercussão no direito privado interno e internacional, já que sua aderência aos contratos empresariais, de todos os matizes e que envolvam investimentos razoáveis, é imensa. Em tão pouco tempo de vigência da Lei nº 9.307, o Brasil já se encontra entre os cinco maiores países em números de arbitragens na Corte Internacional de Arbitragem da Câmara de Comércio Internacional (CCI) e o português foi inserido no rol de idiomas praticados nas arbitragens administradas pela CCI.

Com a prática da arbitragem surgem as questões e dúvidas de como interpretar e preencher os espaços normativos na casuística da arbitragem, especialmente por ter o legislador brasileiro, no contexto e na dinâmica da arbitragem, enquanto instituto privado de solução de conflitos, concedido aplicação de largo espectro ao conceito da autonomia privada. Outorga-se aos contratantes liberdade para dispor da arbitragem com responsabilidade e consciência da escolha efetuada. São os contratantes os artífices da arbitragem. São eles que escolhem e indicam seus julgadores e as regras que o procedimento seguirá.

Nesse labor construtivo do direito da arbitragem — aqui referido não como uma disciplina autônoma, mas como um instituto com regras próprias inseridas no seu microssistema —, além da profícua jurisprudência que se forma, à doutrina nacional é reservado papel de relevo.

A construção da doutrina brasileira vem num crescendo, como tudo que se refere ao instituto da arbitragem. Esta obra *Novos temas de arbitragem*, de autoria de José Antonio Fichtner, Sergio Nelson Mannheimer e André Luís Monteiro, é prova dessa dinâmica.

Os autores empreendem interessante estudo de matérias da casuística da arbitragem e lançam suas luzes ao interpretar as amplas possibilidades que o legislador brasileiro defere ao princípio da autonomia privada. A Lei de Arbitragem é uma lei processual, mas com escassas regras sobre o processo. Por mais paradoxal que tal afirmação possa parecer, a omissão do legislador foi proposital, já que outorga às partes a possibilidade de sobre elas disporem. Todavia, há padrões mínimos e princípios informadores que devem ser observados obrigatoriamente, pois a arbitragem tem natureza jurisdicional. Nesse sentido, os princípios constitucionais do processo judicial têm projeção de amplo espectro na arbitragem. O professor espanhol José Maria Lorca Navarrete denomina-a de teoria garantista do procedimento arbitral, que deve ser assumida pelo árbitro na linha do reconhecimento de um fundamental *"derecho al debido processo substantivo"* por meio da arbitragem.

É a partir do art. 21, §2º, da Lei nº 9.307 ("serão, sempre, respeitados no procedimento arbitral os princípios do contraditório, da igualdade das partes, da imparcialidade do árbitro e de seu livre convencimento"), que os autores desta obra se aprofundam nos estudos dos princípios do processo arbitral, denominando-os apropriadamente de *princípios processuais fundamentais aplicáveis à arbitragem*. Sob diversos matizes empreendem interessantes e profundas considerações comparativas com os princípios informadores do processo judicial.

No momento em que a transparência passa a ser uma exigência do mundo contemporâneo, a flexibilidade da confidencialidade na arbitragem, especialmente em casos de participação de Estados e empresas estatais, abre-se a possibilidade, tal como ocorrido no regulamento da CCI de 2012, de o Tribunal Arbitral decidir sobre a questão da confidencialidade no procedimento arbitral, mediante solicitação de qualquer das partes, atuando de forma equânime e imparcial, devendo sempre assegurar que cada parte tenha tido a oportunidade de apresentar suas razões. As nuances do tema, suas regras, exceções e a jurisprudência comparada foram devidamente abordadas pelos autores em artigo sobre o tema nesta obra.

Apresentação

Para os que atuam em arbitragens internacionais e se deparam com as provas nos sistemas do *civil law*, de direto continental, e do *common law*, a problemática em se aplicar no Brasil os diferentes sistemas; a possiblidade de as partes limitarem o campo probatório do árbitro; as medidas de urgência e a jurisprudência do Tribunal de Justiça do Rio de Janeiro; a distribuição dos custos na arbitragem; a coisa julgada na arbitragem e tantos outros temas que suscitam muitos debates foram detidamente estudados por Fichtner, Mannheimer e Monteiro.

Esta obra se diferencia também por introduzir matérias *de lege ferenda* nas áreas de interface da arbitragem e do direito societário, no projeto de código comercial, bem como nas questões conexas da justiça arbitral e da justiça estatal, no projeto de código de processo civil.

Enfim, os leitores desta obra poderão constatar que os estudos empreendidos pelos autores representam uma segunda fase da produção doutrinária da arbitragem, mais específica e pragmática, contribuindo para o desenvolvimento e a pujança da arbitragem brasileira.

SELMA FERREIRA LEMES
Coautora da Lei Brasileira de Arbitragem
Membro brasileiro da Corte Internacional de Arbitragem da CCI

Introdução

O notável sucesso da arbitragem no Brasil deriva de vários elementos que produziram forças convergentes e determinaram, a partir da edição original da lei e da afirmação de sua constitucionalidade pelo Supremo Tribunal Federal, uma recepção do instituto sem precedentes dentro do nosso ordenamento jurídico, provocando um misto de surpresa e admiração aos olhos dos estudiosos de direito comparado e cultores da arbitragem estrangeiros.

Parte considerável do excepcional resultado se deve ao próprio Poder Judiciário. A tensão que o fenômeno da multiplicação de demandas tem provocado sobre a sua estrutura levou o Poder Judiciário a voltar os seus olhos com a atenção devida para a importância dos métodos alternativos de solução de controvérsias.

Assim é que a jurisprudência maciça dos órgãos jurisdicionais estatais, notadamente do Superior Tribunal de Justiça (STJ), produziu arestos paradigmáticos que afirmaram a validade e a eficácia da arbitragem como extraordinário instrumento alternativo de solução de controvérsias de alta complexidade.

Esforço similar está sendo feito no âmbito dos outros Poderes, no qual o Ministério da Justiça e o Poder Legislativo trabalham em conjunto para operar a edição de normas projetadas para sedimentar as bases da utilização em escala elevada da mediação como forma de desobstruir a estrutura judiciária e ampliar as opções de pacificação social.

Retratos perfeitos de tal fenômeno são a especial importância dada às súmulas dos Tribunais Superiores como elementos de uniformização e, ao final, restrição de acesso recursal — especialmente, a súmula vinculante —, as diversas formas de demandas coletivas e espécies de legitimação extraordinária, o tratamento aplicado aos recursos extraordinário e especial repetitivos, o instituto da repercussão geral do recurso extraordinário, o chamado incidente de resolução de demandas repetitivas no Projeto de Novo Código de Processo Civil etc.

Em paralelo, no âmbito privado, as partes, confrontadas com um sistema por vezes subdimensionado e sem condições de prestar soluções a bom tempo, previram e executaram soluções relacionadas a direitos de natureza disponível fora da estrutura judiciária formal.

Deve-se anotar, por outro lado, que os resultados não teriam sido tão interessantes, forjando o bom futuro do instituto, se três outros fatores diferentes não operassem forças decisivas.

Em primeiro lugar, a qualidade da lei original (Lei nº 9.307/1996). Ela forjou uma estrutura legal que permitiu que o instituto vicejasse naturalmente, a partir da preservação de suas características privadas, consolidando bases sólidas para o instituto, num misto de flexibilidade e efetividade.

Em segundo lugar, a qualidade dos operadores do direito que se dedicaram à arbitragem nos últimos anos e a seriedade com que o instituto tem sido tratado no âmbito acadêmico especializado e nos diversos institutos e entidades arbitrais brasileiros. Somou-se a isso um inédito (em volume e qualidade) intercâmbio com especialistas estrangeiros, através de seminários, palestras, atraindo para o Brasil diversos profissionais e instituições arbitrais internacionais.

Como terceiro fator de influência decisiva, cabe mencionar a qualidade do trabalho de diversas instituições arbitrais, exercendo papel decisivo, no âmbito nacional e internacional, para a consagração da arbitragem como método preferencial de solução de litígios de elevada complexidade.

No aspecto macroeconômico, o crescimento brasileiro impulsionou os investimentos estrangeiros e nacionais no país e, por conseguinte, o crescimento da arbitragem como método de resolução de conflitos de maior envergadura. Essa realidade está refletida em dados estatísticos. Conforme matéria publicada no jornal *Valor Econômico* de 8 de janeiro de 2013, assinada por Zínia Baeta, as cinco maiores câmaras de arbitragem brasileiras (CCBC, Fiesp/Ciesp, Amcham, Camarb e FGV) administraram, em processos arbitrais, um total crescente de R$ 867 milhões em 2008; R$ 2,225 bilhões em 2009; R$ 2,303 bilhões em 2010 e, mais recentemente, R$ 3 bilhões em 2011.

Levando em conta os dados de anos anteriores, a reportagem afirma, com base em pesquisa capitaneada por Selma Ferreira Lemes, que "em sete anos, portanto, o crescimento dos valores envolvidos nas discussões entre empresas submetidas à arbitragem foi superior a 1.000%". É de se destacar que essa conclusão está amparada apenas em arbitragens administradas por instituições arbitrais brasileiras, sem contar, assim, com as arbitragens *ad hoc* e aquelas envolvendo partes brasileiras que se desenvolvem sob o pálio de

Introdução

entidades sediadas no exterior, como a International Chamber of Commerce (ICC), a London Court of International Arbitration (LCIA) e a International Centre for Dispute Resolution (ICDR-AAA).

Recentemente, o Senado Federal, por intermédio do seu presidente, instituiu uma Comissão de Juristas para elaboração de Anteprojeto de Nova Lei de Arbitragem e Mediação brasileira, a qual o primeiro autor deste trabalho teve a honra de integrar.[1] O trabalho da Comissão, presidida pelo ministro Luis Felipe Salomão, procurou preservar os inegáveis avanços da arbitragem no Brasil e propôs alterações na lei destinadas a prover o instituto de novos elementos entendidos como necessários para aprimorar o processo arbitral no país.

Diante desse contexto, pareceu-nos oportuno reunir alguns textos, já publicados e inéditos, e editá-los neste livro, submetendo para o devido debate as ideias aí contidas à comunidade jurídica brasileira.

A obra compõe-se, dessa forma, de ensaios sobre os mais relevantes princípios processuais aplicáveis à arbitragem, a confidencialidade na arbitragem, o custo do processo arbitral, as provas na arbitragem, o direito processual aplicável à arbitragem, a anulação da sentença arbitral, as repercussões do Projeto de Novo Código de Processo Civil na arbitragem, a jurisprudência do STJ em matéria de homologação de sentença arbitral estrangeira, a jurisprudência do Tribunal de Justiça do Estado do Rio de Janeiro sobre medidas urgentes na arbitragem, a execução específica de acordo de acionistas na via arbitral, a coisa julgada no processo arbitral. Consta, ainda, um parecer elaborado pelos dois primeiros autores sobre as medidas urgentes na arbitragem doméstica.

Incluem-se, por fim, como anexos, uma tabela comparando as versões de 1998 e de 2012 do Regulamento de Arbitragem da Câmara de Comércio Internacional, o relatório preparado pela International Law Association

---

1. A Comissão de Juristas, consoante os Atos do Presidente do Senado Federal nº 36/2012, nº 37/2012, nº 8/2013, nº 16/2013 e Portaria da Presidência nº 14/2013, é composta pelos seguintes membros: ministro Luis Felipe Salomão (presidente), Marco Maciel, José Antonio Fichtner, Caio Cesar Rocha, José Rogério Cruz e Tucci, Marcelo Rossi Nobre, Francisco Antunes Maciel Mussnich, Tatiana Lacerda Prazeres, Adriana Braghetta, Carlos Alberto Carmona, Eleonora Coelho, Pedro Paulo Guerra de Medeiros, Silvia Rodrigues Pereira Pachikoski, Francisco Maia Neto, Ellen Gracie Northfleet, André Chateaubriand Pereira Diniz Martins, José Roberto de Castro Neves, Marcelo Henrique Ribeiro de Oliveira, Walton Alencar Rodrigues, Roberta Maria Rangel, Eduardo Pellegrini de Arruda Alvim e Adacir Reis.

(ILA) sobre confidencialidade na arbitragem e o Projeto de Lei elaborado pela Comissão de Juristas destinado a alterar a Lei nº 9.307/1996 (PLS nº 406/2013).

O objetivo desta obra é fornecer uma contribuição à doutrina brasileira dedicada à arbitragem comercial, estimulando novas reflexões para o continuado aprimoramento do instituto.

JOSÉ ANTONIO FICHTNER
SERGIO NELSON MANNHEIMER
ANDRÉ LUÍS MONTEIRO
Rio de Janeiro e São Paulo, junho de 2014.

Parte I — Artigos

1

Princípios processuais fundamentais aplicáveis à arbitragem brasileira

José Antonio Fichtner
Sergio Nelson Mannheimer
André Luís Monteiro

1. Introdução. 2. A importância dos princípios na atual fase do direito. 3. Modelo constitucional de processo e arbitragem. 4. Princípios processuais aplicáveis à arbitragem. 4.1. A difícil tarefa de sistematizar os princípios processuais. 4.2. Os princípios processuais expressos na Lei de Arbitragem brasileira. 4.3. Princípio constitucional do acesso à justiça. 4.4. Princípio constitucional do devido processo legal. 4.5. Princípio constitucional do contraditório. 4.6. Princípio constitucional da ampla defesa. 4.7. Princípio constitucional da igualdade. 4.8. Princípio constitucional do juiz natural. 4.9. Princípio constitucional da razoável duração do processo. 4.10. Princípio constitucional da inadmissibilidade das provas ilícitas. 4.11. Princípio constitucional da efetividade do processo. 4.12. Princípio constitucional da motivação das decisões. 4.13. Princípio constitucional da publicidade dos atos processuais. 4.14. Princípio infraconstitucional da iniciativa das partes. 4.15. Princípio infraconstitucional dispositivo. 4.16. Princípio infraconstitucional do impulso oficial. 4.17. Princípio infraconstitucional da oralidade. 4.18. Princípio infraconstitucional do livre convencimento motivado. 4.19. Princípio infraconstitucional da lealdade processual. 4.20. Princípio infraconstitucional da economia processual. 4.21. Princípio infraconstitucional da instrumentalidade das formas. 5. Conclusão.

1. Introdução[1]

A arbitragem, enquanto conjunto de conceitos de direito processual, direito internacional privado e direito privado, apresenta grandes desafios à doutrina e à jurisprudência. Especificamente no que diz respeito à matéria processual em arbitragens domésticas, é induvidoso que não se aplicam automaticamente ao processo arbitral, sem específica eleição pelas partes, as disposições do Código de Processo Civil brasileiro. Essa escolha até pode ser indireta, o que ocorre quando o regulamento da instituição arbitral eleito pelas partes para reger a arbitragem faz remissão, ainda que subsidiariamente, ao Código de Processo Civil, como ocorre, por exemplo, no art. 64 do Regulamento da Câmara FGV de Conciliação e Arbitragem.[2]

Os princípios jurídicos, por outro lado, são de relevantíssima aplicação na arbitragem, especialmente a partir do confronto entre a natural concisão dos principais regulamentos arbitrais e as indeclináveis garantias processuais, muitas das quais de matriz constitucional, aplicáveis a qualquer processo jurisdicional, público ou privado. Os espaços não preenchidos pelos regulamentos arbitrais são integrados por meio da aplicação dos princípios processuais — às vezes dirigidos aos árbitros; às vezes, às partes; e, às vezes, ao legislador —, de sorte a assegurar, também na seara arbitral, o *giusto processo*.

É a natureza jurisdicional da arbitragem que permite a aplicação de princípios processuais mesmo que não haja tal previsão na convenção de arbitragem ou no termo de arbitragem, conclusão essa que também é possível, destaque-se, quando se entende que a arbitragem possui natureza híbrida.[3] Após tratar da natureza híbrida da arbitragem, Selma Ferreira Lemes considera que isso "autoriza invocar os mesmos princípios jurídicos e corolários informadores do processo judicial, a fim de que se garanta a tutela jurídica

---

1. Texto inédito. Os autores agradecem às acadêmicas Fernanda de Paula (Faculdade de Direito da Universidade do Estado do Rio de Janeiro — Uerj) e Bruna Gullo de Melo (Faculdade de Direito da Fundação Armando Alvares Penteado — Faap) pela pesquisa realizada.
2. O texto do art. 64 do mencionado Regulamento é o seguinte: "Caberá ao presidente do tribunal arbitral decidir as questões a respeito das quais seja omisso o presente Regulamento, podendo valer-se, subsidiariamente, das normas do Código de Processo Civil, atendidos os objetivos de celeridade e de informalidade".
3. Por outro lado, a natureza exclusivamente contratual da arbitragem, defendida por parcela da doutrina, cria uma enorme dificuldade na aplicação desses princípios processuais no caso de omissão das partes, o que acaba mitigando muitas garantias das partes de índole constitucional e criando sérios obstáculos de ordem prática, haja vista a limitada regulamentação convencional.

efetiva" na arbitragem.[4] Ademais, consoante leciona Cândido Rangel Dinamarco, a arbitragem está submetida à teoria geral do processo, razão pela qual, sem descurar das peculiaridades do instituto, pode-se dizer que isso também explica o porquê de os princípios processuais se aplicarem ao processo arbitral.[5]

É nesse contexto que os princípios processuais aplicáveis à arbitragem assumem papel fundamental, como o princípio do contraditório, o princípio da igualdade das partes, o princípio da imparcialidade do árbitro, o princípio do livre convencimento, o princípio da inadmissibilidade das provas ilícitas, além de muitos outros explícita e implicitamente previstos, especialmente em tempos de consagração do chamado modelo constitucional de processo. Neste texto, procura-se identificar os mais relevantes princípios processuais que devem ser considerados na arbitragem, bem como seus conceitos e hipóteses de aplicação. A tarefa, adiante-se, não é simples, pois não há na doutrina sistematização predominante da matéria, muito menos relacionando cada um desses princípios à arbitragem.

2. A importância dos princípios na atual fase do direito

O pensamento jurídico contemporâneo não se satisfaz mais com a concepção puramente normativa da ciência do direito, concepção essa que focaliza na regra escrita o sistema jurídico e o enxerga de forma hermética e estática.

O sistema jurídico, na verdade, é aberto, multifário e progressivo, composto não apenas pela norma, mas sim pela interação dos subsistemas fático, normativo e axiológico, tal como concebido no tridimensionalismo de Miguel Reale.[6] Feita essa constatação, percebe-se que a interpretação e a aplicação do direito sofreram, e ainda vêm sofrendo, relevantes modifica-

---

4. Lemes (1992:448). Em seguida, a autora aborda a incidência na arbitragem de alguns princípios processuais: "Em face da teoria garantista do procedimento arbitral, que acolhe os princípios da tutela jurisdicional e do devido processo legal, exsurgem seus corolários, que devem estar presentes para que se obtenha a tutela jurídica efetiva. Portanto, para que isto ocorra, mister é que se atenha, entre outros, a três princípios fundamentais: (i) o da imparcialidade do árbitro; (ii) o do contraditório e igualdade das partes; (iii) e o da livre convicção do árbitro" (Ibid., p. 450).
5. Confira-se, a esse respeito: Dinamarco (2013:passim).
6. Para melhor compreensão do período escrito no corpo do texto, além das obras de Miguel Reale, recomenda-se a leitura de dois livros da professora Maria Helena Diniz (2009, 2007).

ções, como resultado do entendimento de que a exclusividade do modelo tradicional de simples subsunção, pautado na incidência automática da lei abstrata ao caso concreto, está ultrapassada. A crescente importância dos valores na ciência do direito encontra na adoção dos princípios jurídicos excelente instrumento de concretização. Conforme explica Robert Alexy, não obstante a inexistência de identidade entre os conceitos de princípios (âmbito deontológico) e valores (nível axiológico), "a realização gradual dos princípios corresponde à realização gradual dos valores" (Alexy, 2008:144).

Com a ressalva de que o tema é repleto de sutilezas, cujo detalhamento não é o foco deste texto, pode-se dizer que foi nesse cenário que se desenvolveu a teoria da eficácia normativa dos princípios e se reconheceu a distinção entre regras e princípios — espécies do gênero norma —, da qual são obras seminais as de Ronald Dworkin (*Taking rights seriously*) e Robert Alexy (*Theorie der Grundrechte*), não obstante os diferentes contextos em que foram elaboradas. Pelo primeiro aspecto, os princípios passam a ter eficácia normativa própria, sepultando a noção clássica de que sua utilidade se limitava à integração e à interpretação teleológica da regra escrita. Abandona-se, assim, a ideia tradicional de que os princípios representam apenas comandos programáticos e meramente declaradores de direitos para enxergar neles força normativa autônoma e independente de qualquer regra escrita eventualmente complementar.

O próprio órgão que, no sistema judicial brasileiro, possui a função de tornar uniforme a interpretação do direito federal infraconstitucional recentemente passou a admitir o cabimento de recurso especial com base na alegação de violação a princípio jurídico. Destaque-se, ademais, que a Primeira Seção do Superior Tribunal de Justiça (STJ), em relação às hipóteses de cabimento de ação rescisória, já teve oportunidade de decidir que "a interpretação do artigo 485, inciso V, do CPC, deve ser ampla e abarca a analogia, os costumes e os princípios gerais de Direito".[7] Nesse mesmo sentido, fazendo menção ao recurso extraordinário, ao recurso especial e à ação rescisória, Teresa Arruda Alvim Wambier (2008:439) leciona que "infringir princípio é desrespeitar uma norma jurídica e, portanto, consubstancia-se em *quaestio juris*, para fins de correção pelos remédios no sentido lato". Trata-se do reconhecimento, na prática processual civil, da força normativa dos princípios.

---

7. STJ, 1. S., AR nº 822/SP, min. Franciulli Netto, j. em 26.4.2000, *D.J.* de 28.8.2000.

No que diz respeito ao segundo aspecto, ou seja, à distinção entre princípios e regras, a questão é igualmente complexa, pois existem diversos critérios utilizados pela doutrina para diferenciá-los, valendo-se destacar os ensinamentos de Karl Larenz (1997), Claus-Wilhelm Canaris (1989), Ronald Dworkin (2010), Robert Alexy (2008), J. J. Gomes Canotilho (2003) e, entre nós, Eros Grau (2009) e Humberto Ávila (2006). Luís Roberto Barroso afirma que os critérios mais comuns para diferenciação entre princípios e regras são o do conteúdo, o da estrutura normativa e o das particularidades da aplicação.[8] Por ora, cumpre-nos apenas mencionar a reconhecida diferenciação feita por Robert Alexy (2008:87-91):

> O ponto decisivo na distinção entre regras e princípios é que princípios são normas que ordenam que algo seja realizado na maior medida possível dentro das possibilidades jurídicas e fáticas existentes. Princípios são, por conseguinte, mandamentos de otimização, que são caracterizados por poderem ser satisfeitos em graus variados e pelo fato de que a medida de-

---

8. O autor, de maneira genérica, faz as seguintes considerações a respeito das regras e princípios: "Regras são, normalmente, relatos objetivos, descritivos de determinadas condutas e aplicáveis a um conjunto delimitado de situações. Ocorrendo a hipótese prevista no seu relato, a regra deve incidir, pelo mecanismo tradicional da subsunção: enquadram-se os fatos na previsão abstrata e produz-se uma conclusão. A aplicação de uma regra se opera na modalidade tudo ou nada: ou ela regula a matéria em sua inteireza ou é descumprida. Na hipótese do conflito entre duas regras, só uma será válida e irá prevalecer. Princípios, por sua vez, contêm relatos com maior grau de abstração, não especificam a conduta a ser seguida e se aplicam a um conjunto amplo, por vezes indeterminado, de situações. Em uma ordem democrática, os princípios frequentemente entram em tensão dialética, apontando direções diversas. Por essa razão, sua aplicação deverá se dar mediante ponderação: à vista do caso concreto, o intérprete irá aferir o peso que cada princípio deverá desempenhar na hipótese, mediante concessões recíprocas, e preservando o máximo de cada um, na medida do possível. Sua aplicação, portanto, não será no esquema tudo ou nada, mas graduada à vista das circunstâncias representadas por outras normas ou por situações de fato". Posteriormente, explica o autor, ponto a ponto, cada um dos critérios diferenciadores entre princípios e regras: "Quanto ao conteúdo, destacam-se os princípios como normas que identificam valores a serem preservados ou fins a serem alcançados. Trazem em si, normalmente, um conteúdo axiológico ou uma decisão política. Isonomia, moralidade, eficiência são valores. Justiça social, desenvolvimento nacional, redução das desigualdades regionais são fins públicos. Já as regras limitam-se a traçar uma conduta. A questão relativa a valores ou a fins públicos não vem explicitada na norma porque já foi decidida pelo legislador, e não transferida ao intérprete. Daí ser possível afirmar-se que regras são descritivas de conduta, ao passo que princípios são valorativos ou finalísticos. Com relação à estrutura normativa, tem-se que o relato de uma regra especifica os atos a serem praticados para seu cumprimento adequado. Embora a atividade do intérprete jamais possa ser qualificada como mecânica — pois a ele cabe dar o toque de humanidade que liga o texto à vida real —, a aplicação de uma regra normalmente não envolverá um processo de racionalização mais sofisticado. Se ocorre o fato previsto em abstrato, produz-se o efeito concreto prescrito. Já os princípios indicam fins,

vida de sua satisfação não depende somente das possibilidades fáticas, mas também das possibilidades jurídicas. O âmbito das possibilidades jurídicas é determinado pelos princípios e regras colidentes. Já as regras são normas que são sempre ou satisfeitas ou não satisfeitas. Se uma regra vale, então, deve se fazer exatamente aquilo que ela exige; nem mais, nem menos. Regras contêm, portanto, determinações no âmbito daquilo que é fática e juridicamente possível. Isso significa que a distinção entre regras e princípios é uma distinção qualitativa, e não uma distinção de grau. Toda norma é ou uma regra ou um princípio.

Essa evolução da ciência do direito é claramente perceptível no direito constitucional, no qual ela é identificada como neoconstitucionalismo ou pós-positivismo. Segundo Luís Roberto Barroso, "o pós-positivismo, sem desprezo à lei, reconhece que o direito não se esgota nos textos legais". Isso re-

---

estados ideais a serem alcançados. Como a norma não detalha a conduta a ser seguida para sua realização, a atividade do intérprete será mais complexa, pois a ele caberá definir a ação a tomar. Pode ocorrer ainda, em relação aos princípios, uma dificuldade adicional: o fim a ser atingido ou o estado ideal a ser transformado em realidade pode não ser objetivamente determinado, envolvendo uma integração subjetiva por parte do intérprete. Um princípio tem um sentido e alcance mínimos, um núcleo essencial, no qual se equiparam às regras. A partir de determinado ponto, no entanto, ingressa-se em um espaço de indeterminação, no qual a demarcação de seu conteúdo estará sujeita à concepção ideológica ou filosófica do intérprete. Um exemplo é fornecido pelo princípio da dignidade da pessoa humana. Além de não explicitar os comportamentos necessários para realizar a dignidade humana — esta, portanto, é a primeira dificuldade: descobrir os comportamentos —, poderá haver controvérsia sobre o que significa a própria dignidade a partir de um determinado conteúdo essencial, conforme o ponto de observação do intérprete. Quanto ao modo ou particularidades de sua aplicação, a doutrina que se desenvolveu sobre as premissas teóricas de Dworkin e Alexy traça a distinção entre princípios e regras na forma já registrada acima e que se reproduz sumariamente, para fins de encadeamento do raciocínio. Regras são proposições normativas aplicáveis sob a forma de tudo ou nada (*"all or nothing"*). Se os fatos nela previstos ocorrerem, a regra deve incidir, de modo direto e automático, produzindo seus efeitos. Uma regra somente deixará de incidir sobre a hipótese de fato que contempla se for inválida, se houver outra mais específica ou se não estiver em vigor. Sua aplicação se dá, predominantemente, mediante subsunção. Princípios contêm, normalmente, uma maior carga valorativa, um fundamento ético, uma decisão política relevante, e indicam uma determinada direção a seguir. Ocorre que, em uma ordem pluralista, existem outros princípios que abrigam decisões, valores ou fundamentos diversos, por vezes contrapostos. A colisão de princípios, portanto, não só é possível, como faz parte da lógica do sistema, que é dialético. Por isso a sua incidência não pode ser posta em termos de tudo ou nada, de validade ou invalidade. Deve-se reconhecer aos princípios uma dimensão de peso ou importância. À vista dos elementos do caso concreto, o intérprete deverá fazer escolhas fundamentadas, quando se defronte com antagonismos inevitáveis, como os que existem entre a liberdade de expressão e o direito de privacidade, a livre iniciativa e a intervenção estatal, o direito de propriedade e a sua função social. A aplicação dos princípios se dá, predominantemente, mediante ponderação" (Barroso, 2005a:t. III, p. 13-20).

presenta, conforme leciona o mesmo autor, uma reaproximação entre o direito e a filosofia, o reconhecimento de normatividade aos princípios e a centralidade dos direitos fundamentais (Barroso, 2005b:t. III, p. 508). Em sentido assemelhado, Fredie Didier Jr. (2008:v. 1, p. 27) leciona que essa tendência é expressa pela normatividade das normas constitucionais, pela expansão da jurisdição constitucional e pelo desenvolvimento da nova hermenêutica constitucional. É, sem dúvida, uma nova fase do direito constitucional.

Essa nova concepção, porém, extravasa o campo estritamente constitucional, pois outras áreas do direito, partindo da Constituição, têm alcançado o mesmo desenvolvimento, valendo-se destacar em especial o direito civil, no qual se distingue a doutrina do direito civil-constitucional,[9] e o direito processual civil, em que ganha realce o denominado modelo constitucional de processo.[10] No que diz respeito à arbitragem, a doutrina não tem enfrentado a questão, certamente em razão das peculiaridades do instituto. Para alguns, essa nova noção certamente poderia significar certa publicização da arbitragem — na esteira da chamada "constitucionalização do direito" — e, assim, a mitigação da autonomia privada, pedra fundamental da disciplina arbitral. Segundo nossa visão, essa questão é solucionada à luz da natureza jurisdicional da arbitragem, de sua submissão à teoria geral do processo e da aplicação a ela do modelo constitucional de direito processual civil.

Como se não bastasse, mesmo aqueles que enxergam a arbitragem sob a ótica exclusivamente contratual não podem negar que áreas do direito classicamente relacionadas a interesses privados, como o direito civil, estão sob o influxo dessa moderna corrente, não apenas no Brasil como no resto do mundo, inclusive nos Estados Unidos, em mitigação à tradicional *state action doctrine*.[11] Prova clara disso é a teoria da eficácia horizontal dos direitos fundamentais nas relações privadas, tema que já é objeto de alguns bons estudos no Brasil.[12] O STF, aliás, já teve oportunidade de decidir, em relevante acórdão cujo voto vencedor foi prolatado pelo ministro Gilmar Mendes, que

---

9. Recomenda-se, a esse respeito, a leitura dos textos, entre nós, de Gustavo Tepedino, em especial do seguinte: Tepedino (2008:1-23).

10. Recomenda-se, sobre o assunto, a leitura dos textos de Cândido Rangel Dinamarco (2009:v. I, p. 175-258) e Cassio Scarpinella Bueno (2009:v. 1, p. 85-154).

11. A teoria do *state action*, em linhas gerais, aduz que as limitações impostas pelo *bill of rights* se aplicam prioritariamente nas relações entre o cidadão e o Estado (e quem lhe faz as vezes), e não na relação exclusivamente entre partes privadas.

12. A esse respeito, recomenda-se a leitura das seguintes obras: Sarlet (2001); Sarmento (2010).

as violações a direitos fundamentais não ocorrem somente no âmbito das relações entre o cidadão e o Estado, mas igualmente nas relações travadas entre pessoas físicas e jurídicas de direito privado. Assim, os direitos fundamentais assegurados pela Constituição vinculam diretamente não apenas os poderes públicos, estando direcionados também à proteção dos particulares em face dos poderes privados.[13]

Nessa mesma decisão, o ministro Celso de Mello, acompanhando o voto vencedor, esclareceu que

> a autonomia privada, que encontra claras limitações de ordem jurídica, não pode ser exercida em detrimento ou com desrespeito aos direitos e garantias de terceiros, especialmente aqueles positivados em sede constitucional, pois a autonomia da vontade não confere aos particulares, no domínio de sua incidência e atuação, o poder de transgredir ou de ignorar as restrições postas e definidas pela própria Constituição, cuja eficácia e força normativa também se impõem, aos particulares, no âmbito de suas relações privadas, em tema de liberdades fundamentais.[14]

Como se vê, os fundamentos que embasam essa decisão podem servir, em tese, para aplicação dos direitos e garantias fundamentais também à arbitragem, o que, contudo, não tem sido objeto de reflexão pela doutrina especializada.

Em suma, pode-se dizer que os princípios jurídicos assumiram lugar de destaque no pensamento contemporâneo, adquirindo eficácia normativa própria e distinguindo-se das regras escritas. Apesar de ainda existirem muitas

---

13. STF, 2. T., RE nº 201.819, min. Gilmar Mendes, j. em 11.10.2005, *D.J.* de 27.10.2006. No sentido da aplicabilidade dos direitos fundamentais às relações privadas, votaram os ministros Gilmar Mendes, Joaquim Barbosa e Celso de Mello. Contra, em voto vencido, votaram os ministros Ellen Gracie e Carlos Velloso. Apesar de mais completo, haja vista a enorme divergência entre os ministros constante do acórdão, esse caso não foi o primeiro em que o STF entendeu pela aplicabilidade de direitos fundamentais às relações privadas, como se verifica do seguinte acórdão relatado pelo ministro Marco Aurélio: "Na hipótese de exclusão de associado decorrente de conduta contrária aos estatutos, impõe-se a observância ao devido processo legal, viabilizado o exercício amplo da defesa. Simples desafio do associado à assembleia geral, no que toca à exclusão, não é de molde a atrair adoção de processo sumário. Observância obrigatória do próprio estatuto da cooperativa" (STF, 2. T., RE nº 158.215, min. Marco Aurélio, j. em 30.4.1996, *D.J.* de 7.6.1996).
14. STF, 2. T., RE nº 201.819, min. Gilmar Mendes, j. em 11.10.2005, *D.J.* de 27.10.2006.

dúvidas quanto à solução de eventuais conflitos entre princípios e regras, fato é que a força normativa dos princípios hoje é autônoma em relação às regras postas, de maneira que eles incidem imediatamente e sem depender de qualquer regulamentação complementar por parte delas. Na arbitragem não é diferente, razão pela qual, para além das normas convencionais, incidem os princípios jurídicos, em especial os princípios processuais, muitos deles de *status* constitucional, não apenas em razão da natureza jurisdicional da arbitragem e de sua submissão à teoria geral do processo como também na direção das modernas tendências pós-positivas.

3. Modelo constitucional de processo e arbitragem

A posição de destaque alcançada pela Constituição da República, como centro hierárquico e axiológico do ordenamento jurídico, para muito além do direito constitucional, ocasionou o surgimento de interessantes linhas de pensamento nos âmbitos do direito civil e do direito processual civil, tal como já mencionado no item anterior. Especificamente em relação a este último, desenvolveu-se o chamado modelo constitucional de processo.[15] Cândido Rangel Dinamarco (2005:v. I, p. 202) leciona que o modelo constitucional de processo é "um modelo particularmente garantístico, com severos ditames preordenados ao processo justo e à preservação das liberdades".

Segundo boa doutrina, o nosso modelo de processo pode ser qualificado como constitucional — modelo constitucional de processo — em razão da intensidade da disciplina do direito processual constitucional, cujo método consiste em examinar o sistema processual e os institutos do processo à luz da Constituição e das relações mantidas com ela (Dinamarco, 2005:v. I, p. 207). E esse exame dos institutos processuais a partir da norma constitucional se revela por meio de duas grandes vertentes: a tutela constitucional do processo (princípios e garantias cuja observância a Constituição impõe no processo)[16] e a jurisdição constitucional das liberdades (remédios proces-

---

15. A respeito do modelo constitucional de processo, além da obra de Cândido Rangel Dinamarco, utilizada como referência neste texto, confira-se o ensinamento de Cassio Scarpinella Bueno, conforme já indicado em notas anteriores.
16. Cândido Rangel Dinamarco (2005:v. I, p. 198) leciona que a tutela constitucional do processo "consiste nos princípios e garantias que a Constituição consagra e impõe como modo de institucionalizar critérios e parâmetros democráticos, dos quais não se afastará a lei

suais específicos de fonte constitucional: mandado de segurança, mandado de injunção, *habeas data*, ação civil pública, ação popular, ações de controle de constitucionalidade).[17]

O que nos interessa nesta análise, sem dúvida, é o primeiro aspecto, ou seja, a tutela constitucional do processo. Consoante leciona Cândido Rangel Dinamarco, "a tutela constitucional do processo é feita mediante os princípios e garantias que, vindos da Constituição, ditam padrões políticos para a vida daquele. Trata-se de imperativos cuja observância é penhor da fidelidade do sistema processual à ordem político-constitucional do país".[18] As garantias constitucionais do processo, na lição dos italianos Luigi Paolo Comoglio, Corrado Ferri e Michele Taruffo (2006:v. I, p. 25),

> *costituisce un esito della tendenza a considerare tale disciplina [disciplina giuridica del processo] non solo come un insieme di norme destinate a regolare un metodo per la soluzione dei conflitti, ma anche come un luogo di valori autonomi, attinenti alla struttura del processo e destinati ad essere attuati in quanto tali.*

Trata-se da ascensão dos valores na até então rígida disciplina processual.

Cumpre, agora, desvendar se esse modelo constitucional de processo também se aplica à arbitragem, isto é, se existe algo que se possa chamar de modelo constitucional de processo arbitral. Após defender, em comparação com o processo judicial, que a arbitragem possui natureza parajurisdicional, Cândido Rangel Dinamarco considera que

> essa expressiva aproximação entre o processo arbitral e o estatal é suficiente para abrigá-lo sob o manto do direito processual constitucional, o que im-

---

infraconstitucional e segundo os quais os juízes pautarão suas decisões e a própria interpretação do direito infraconstitucional".

17. A jurisdição constitucional das liberdades, na lição de Cândido Rangel Dinamarco (2005:v. I, p. 198), é "integrada por específicos modos de tutela jurisdicional diferenciada assentados em plano constitucional e oferecidos em complementação à genérica garantia constitucional do acesso à justiça".

18. Dinamarco (2005:v. I, p. 208). Leonardo Greco (2009:v. I, p. 32-33), a esse respeito, afirma, com convicção, que, "tratando-se de direito processual, os princípios que estão normatizados têm de ter eficácia máxima, e não eficácia mínima". O autor prossegue lecionando que a única hipótese em que a eficácia de um princípio pode ser mitigada é quando ele entra em colisão com outro princípio de igual *status*, ocasião na qual a solução será alcançada pela aplicação da técnica da ponderação. Ressalvada essa hipótese, os princípios constitucionais têm eficácia máxima no processo.

porta considerar seus institutos à luz dos superiores princípios e garantias endereçados pela Constituição da República aos institutos processuais.[19]

Em seguida o autor defende, categoricamente, a "plena incidência, sobre o processo arbitral, dos princípios e garantias constitucionais inerentes à segurança interna do sistema processual" (Dinamarco, 2003b:30). Dinamarco (2003b:31) sintetiza seu entendimento explicando que

> o modelo institucional do processo arbitral é representado pelo conjunto de características emergentes das garantias constitucionais, das normas gerais de processo que a ele se apliquem e, finalmente, dos preceitos aderentes às suas peculiaridades; cumpre à lei de arbitragem de cada país definir as normas balizadoras da validade e eficácia da sentença arbitral, sem cuja observância o resultado da arbitragem não pode ser eficaz, mas sempre em atenção àqueles preceitos superiores e à índole desse processo alternativo.

O jurista, como se vê, defende plenamente a aplicabilidade dos princípios e garantias constitucionais de índole processual na arbitragem.

Em nosso entender, o modelo constitucional de processo também se aplica à arbitragem, razão pela qual se pode falar em modelo constitucional de processo arbitral, o que se explica, notadamente, pela natureza jurisdicional da arbitragem e pela sua submissão à teoria geral do processo. Como se não bastasse, apesar de a arbitragem estar profundamente marcada pela autonomia privada, não se pode esquecer que essa autonomia só pode ser exercida nos limites da lei e, por conseguinte, em atenção ao regramento constitucional. É a lei, no final das contas, que permite às partes se autor-

---

19. Dinamarco (2003b:29). É de se destacar que o autor mudou de opinião em texto recente a respeito da natureza jurídica da arbitragem, passando a defender, em definitivo, que se trata de jurisdição e não mais de atividade parajurisdicional. Confira-se sua atual posição: "Andei inicialmente pensando em uma natureza parajurisdicional das funções do árbitro, a partir da ideia de que, embora ele não as exerça com o escopo jurídico de atuar a vontade da lei, na convergência em torno do escopo social pacificador reside algo muito forte a aproximar a arbitragem da jurisdição estatal. Hoje, todavia, não vejo razão para ficar assim a meio caminho. O árbitro exercia sim uma atividade parajurisdicional, ou seja, algo um pouco aquém da própria jurisdição, quando a eficácia de seu laudo dependia da homologação pelo Estado-juiz — sendo assim, *mutatis mutandis*, a posição do juiz leigo que atua nos Juizados Especiais Cíveis (art. 93, I, da CF/1988 e arts. 7º, 22, 37 e 40 da Lei dos Juizados Especiais). Eliminada a necessidade de homologação e portanto sendo a sentença arbitral eficaz por si própria, ela é, tanto quanto a do juiz, um ato de pacificação social e, portanto, jurisdicional — não havendo razão para ficar a meio caminho com a ideia da parajurisdicionalidade" (Dinamarco, 2012:234-235, 2013:37-41).

regulamentarem, isto é, a autonomia privada não brota autonomamente da própria pessoa, mas sim decorre da permissão concedida pela norma jurídica, que, por sua vez, obedece a parâmetros constitucionais. Dessa forma, não restam dúvidas de que incidem os princípios e as garantias processuais previstos na Constituição da República na arbitragem, uma vez que, além de sua natureza jurisdicional e de sua submissão à teoria geral do processo, a Lei nº 9.307/96 e, *a fortiori*, a autonomia privada das partes não podem afastá-los.

Em resumo, pode-se dizer que o modelo constitucional de processo, em especial os princípios e as garantias processuais previstos na Constituição da República, se aplica normalmente à arbitragem. É possível, portanto, defender o agora denominado modelo constitucional de processo arbitral, cujos princípios aplicáveis serão objeto de nossa atenção nos próximos itens.

4. Princípios processuais aplicáveis à arbitragem

4.1 A difícil tarefa de sistematizar os princípios processuais

A doutrina processual não é unânime em relação à classificação dos princípios processuais e nem mesmo em relação à sua identificação exaustiva. A maioria dos doutrinadores, inclusive, faz questão de dizer que a enumeração apresentada em suas obras é apenas exemplificativa. Os princípios processuais, como os demais princípios, podem ser extraídos explícita ou implicitamente; no primeiro caso, quando reduzidos a regras escritas, e, no segundo caso, por meio do exame sistemático do ordenamento jurídico processual. Este último aspecto é que, certamente, dificulta a elaboração de uma listagem exaustiva dos princípios processuais, até porque o ordenamento jurídico processual não é estático, mas sim dinâmico e progressivo.

Consoante a divisão clássica, os princípios processuais são classificados em informativos (ou formativos) e fundamentais (ou gerais). Entende-se também, na maioria da doutrina, que existem princípios exclusivamente inerentes à jurisdição e que, dessa forma, não se confundiriam com os princípios informativos e com os princípios fundamentais do processo civil. Além disso, é possível encontrar, autonomamente, princípios relacionados a determinada fase ou atividade no processo, como o princípio da comunhão da prova (princípio do direito probatório) e o princípio da menor onerosidade da execução (princípio inerente à execução). A par disso, também tem prosperado, modernamente, a divisão entre princípios processuais constitucionais e princípios processuais infraconstitucionais.

A tarefa de sistematização, como se vê, não é simples. José Frederico Marques (1997:v. I, p. 123-128 e 489-501) traz a divisão entre princípios relativos à jurisdição civil (juiz natural, improrrogabilidade, indeclinabilidade e duplo grau), princípios relativos ao processo (devido processo legal, contraditório, dispositivo, livre convencimento e lealdade processual) e princípios relativos ao procedimento (impulso oficial, publicidade e oralidade). Moacyr Amaral Santos (1999:v. 1, p. 72, 1997:v. 2, p. 71-80), a seu turno, faz referência a uma plêiade de princípios em sua obra, mas elenca em título próprio apenas os princípios fundamentais da jurisdição (investidura, indelegabilidade e aderência ao território) e os princípios gerais do processo (iniciativa das partes, contraditório, impulso processual, dispositivo, livre convicção do juiz, publicidade, lealdade processual e oralidade).

Humberto Theodoro Júnior (2008:v. I, p. 45-46 e 29-37), por sua vez, além de tratar dos princípios fundamentais da jurisdição (juiz natural, improrrogabilidade e indeclinabilidade), apresenta os princípios informativos do direito processual como gênero, do qual são espécies os princípios informativos do processo (devido processo legal, inquisitivo e dispositivo, contraditório, duplo grau de jurisdição, boa-fé e lealdade processual, e verdade real) e os princípios informativos do procedimento (oralidade, publicidade, economia processual e eventualidade ou preclusão). A sua volta, Leonardo Greco (2009:v. I, p. 119-128 e 537-571) faz menção aos princípios informativos da jurisdição (investidura, indelegabilidade, aderência ao território, inércia da jurisdição, indeclinabilidade e unidade) e, em seguida, aos princípios gerais do processo (iniciativa das partes, contraditório, dispositivo, livre convicção, publicidade, impulso processual oficial, lealdade processual e oralidade).

Luiz Rodrigues Wambier, Flávio Renato Correia de Almeida e Eduardo Talamini (2005:v. 1, p. 71-78) lecionam que os princípios processuais se dividem em princípios informativos (lógico, jurídico, político e econômico) e princípios fundamentais (devido processo legal, contraditório, dispositivo e inércia, impulso oficial, oralidade, publicidade, motivação, duração razoável do processo e lealdade). Em conhecida obra conjunta, Antonio Carlos de Araújo Cintra, Ada Pellegrini Grinover e Cândido Rangel Dinamarco dividem os princípios processuais em informativos (lógico, jurídico, político e econômico) e gerais (imparcialidade do juiz, igualdade, contraditório e ampla defesa, ação, disponibilidade, dispositivo e livre investigação das provas, impulso oficial, oralidade, persuasão racional do juiz, motivação das decisões judiciais, publicidade, lealdade processual, economia e instrumentalidade das formas, e duplo grau de jurisdição).[20]

Em obra recente, Fredie Didier Jr. (2008:v. 1, p. 27-63) também trata dos princípios inerentes à jurisdição (investidura, territorialidade, indelegabilidade, inevitabilidade, inafastabilidade e juiz natural), mas sua abordagem é interessante pela correlação que o autor faz entre alguns princípios processuais e os direitos fundamentais. Assim, sob a ótica constitucional, o autor trata do direito fundamental ao devido processo legal, do direito fundamental à efetividade, do direito fundamental a um processo sem dilações indevidas, do direito fundamental à igualdade, do direito fundamental à participação em contraditório, do direito fundamental à amplitude da defesa e do direito fundamental à publicidade. Além desses, o autor trata de princípios processuais, por assim dizer, propriamente ditos, cuja fonte não é constitucional: adequação e adaptabilidade, dispositivo, instrumentalidade e cooperação.

Cassio Scarpinella Bueno (2009:v. 1, p. 94-154 e 499-530) rejeita a classificação dos princípios processuais em informativos e fundamentais. O autor, também sob a ótica constitucional, prefere distingui-los entre princípios constitucionais do processo civil (acesso à justiça, devido processo legal, contraditório, ampla defesa, juiz natural, duplo grau de jurisdição, reserva do plenário, isonomia, publicidade, motivação, vedação das provas ilícitas, assistência jurídica gratuita, economia e eficiência, e efetividade do processo) e princípios infraconstitucionais do processo civil (congruência, dispositivo, concentração dos atos processuais, eventualidade, oralidade, responsabilidade, sucumbência, lealdade, liberdade das formas, identidade física, imediatidade, atipicidade dos meios de prova, livre convencimento motivado, princípio do título executivo, tipicidade dos atos executivos, princípio do resultado, princípio do menor sacrifício do executado, taxatividade recursal e unirrecorribilidade).

---

20. Cintra, Grinover e Dinamarco (2001:50-77). Alexandre Freitas Câmara (2001:v. I, p. 29-52) considera princípios gerais do direito processual civil o devido processo legal, a isonomia, o juiz natural, a inafastabilidade do controle jurisdicional, o contraditório e a motivação das decisões judiciais. Humberto Dalla Bernardina de Pinho (2007:25-37) elenca como princípios gerais do direito processual civil o devido processo legal, a isonomia, o contraditório e a ampla defesa, o juiz natural, a inafastabilidade do controle jurisdicional, a publicidade, a motivação, o impulso oficial do processo, a inadmissibilidade da prova ilícita, o livre convencimento motivado, a economia processual e a duração razoável do processo.

Neste texto, os autores não têm a pretensão de reformular sistematicamente os princípios processuais, razão pela qual serão seguidos os critérios tradicionalmente aceitos pela doutrina, apenas com o acréscimo de que a enumeração deve observar o modelo constitucional de processo. Primeiramente, excluem-se de nossa análise aqueles princípios exclusivamente inerentes à jurisdição (investidura, indelegabilidade, aderência ao território, inércia da jurisdição, indeclinabilidade e unidade).[21] Além disso, admitindo-se a classificação entre princípios informativos (ou formativos) e princípios fundamentais (ou gerais) do direito processual civil, o objeto de nosso estudo se concentrará nestes últimos, pois são os princípios fundamentais (ou gerais) do direito processual civil que têm maior repercussão prática na arbitragem.

Por fim, quanto à enumeração, prefere-se examinar na arbitragem, em enumeração qualitativa, a aplicação dos seguintes princípios: (i) acesso à justiça, (ii) devido processo legal, (iii) contraditório, (iv) ampla defesa, (v) igualdade, (vi) juiz natural, (vii) duração razoável, (viii) inadmissibilidade das provas ilícitas, (ix) efetividade, (x) motivação, (xi) publicidade, (xii) iniciativa das partes, (xiii) dispositivo, (xiv) impulso oficial, (xv) oralidade, (xvi) livre convencimento motivado, (xvii) lealdade processual, (xviii) economia e (xix) instrumentalidade das formas. Alguns princípios não serão examinados por dizerem respeito a fases ou atividades específicas do processo (*v.g.*: atipicidade dos meios de prova) e outros porque realmente não são aplicáveis à arbitragem (*v.g.*: duplo grau, assistência judiciária gratuita, reserva de plenário).[22]

4.2 Os princípios processuais expressos na Lei de Arbitragem brasileira

Nem a Constituição da República, nem o Código de Processo Civil ou a Lei de Arbitragem brasileira trazem expressa e exaustivamente todos os princípios processuais que podem ser aplicados ao caso concreto, razão pela qual os demais princípios são extraídos, como se disse, implicitamente do próprio ordenamento jurídico processual. Não obstante, a Lei de Arbitragem traz alguns deles literalmente previstos em alguns de seus dispositivos.

Assim, além de princípios de aplicação particular na arbitragem (autonomia privada, autonomia da cláusula compromissória, *kompetenz-*

---

21. Adota-se, aqui, como se vê, a enumeração de Greco (2009:v. I).
22. Adota-se aqui, para fins de referência, a enumeração combinada das obras de Cintra, Grinover e Dinamarco (2001), Bueno (2009:v. 1) e Wambier, Almeida e Talamini (2005:v. 1).

kompetenz),[23] a Lei nº 9.307/1996 trata dos seguintes princípios processuais: flexibilidade procedimental (art. 21), contraditório (art. 21, §2º), igualdade das partes (art. 21, §2º), imparcialidade (art. 21, §2º), livre convencimento (art. 21, §2º), dispositivo (art. 22), motivação das decisões (art. 26, II), lealdade processual (art. 27) e iniciativa das partes (art. 32, IV e V). O princípio da imparcialidade, além de princípio processual da arbitragem, também é princípio inerente à função dos árbitros, ao lado do princípio da independência, do princípio da competência técnica, do princípio da diligência e do princípio da confidencialidade do árbitro, todos previstos no art. 13, §6º, da Lei de Arbitragem brasileira.

É relevante dizer que a previsão expressa de todos esses princípios na Lei nº 9.307/1996 é meramente exemplificativa, inclusive a constante no art. 21, §2º, da norma em comento. A importância prática dessa consideração é que a Lei de Arbitragem, no art. 32, VII, inquina de invalidade a sentença arbitral se "forem desrespeitados os princípios de que trata o art. 21, §2º, desta Lei". A nosso ver, não é apenas o desrespeito ao princípio do contraditório, da igualdade das partes, da imparcialidade e do livre convencimento que pode, a depender do caso, viciar a sentença arbitral, mas também o desrespeito a todos os demais princípios processuais aplicáveis à arbitragem que estejam contidos no conceito de ordem pública, notadamente os que possuem *status* constitucional.

Como a enumeração da Lei de Arbitragem é meramente exemplificativa, e não exaustiva ou taxativa, incidem na arbitragem diversos outros princípios processuais, alguns de estatura constitucional e outros de estatura apenas infraconstitucional, todos eles com eficácia normativa própria, autônoma e direta.

4.3 Princípio constitucional do acesso à justiça

O princípio constitucional do acesso à justiça pode ser identificado na terminologia jurídica por diversas expressões, como "acesso à ordem jurídica

---

23. A bem da verdade, o princípio da *kompetenz-kompetenz* não é exclusivo da arbitragem, mas, ao contrário, advém da regra geral do processo civil aplicado judicialmente. Afinal, sempre que a parte interessada alega a incompetência, é o próprio juiz alegadamente incompetente que a examina em primeiro lugar. Não obstante, é preciso reconhecer que na arbitragem esse princípio ganha dimensão própria, razão pela qual não o abordaremos juntamente com os demais princípios processuais. Parece-nos, em resumo, que o princípio da *kompetenz-kompetenz* ganhou particularidade na arbitragem.

Princípios processuais fundamentais aplicáveis à arbitragem brasileira

justa", "inafastabilidade da jurisdição", "inafastabilidade do controle jurisdicional" ou "ubiquidade da jurisdição" (Bueno, 2009:v. 1, p. 103-104). Consoante Mauro Cappelletti e Bryant Garth (2002:8) lecionam em conhecido trabalho,

> a expressão "acesso à Justiça" é reconhecidamente de difícil definição, mas serve para determinar duas finalidades básicas do sistema jurídico — o sistema pelo qual as pessoas podem reivindicar seus direitos e/ou resolver seus litígios sob os auspícios do Estado. Primeiro, o sistema deve ser igualmente acessível a todos; segundo, ele deve produzir resultados que sejam individual e socialmente justos.

O princípio do acesso à justiça está positivado na Constituição da República no art. 5º, inciso XXXV, segundo o qual "a lei não excluirá da apreciação do Poder Judiciário lesão ou ameaça a direito".[24] Esse dispositivo deve ser entendido da mesma forma que o aplaudido art. 111 da *Costituzione della Repubblica Italiana*, cujo texto estatui que "*la giurisdizione si attua mediante il giusto processo regolato dalla legge*". Os termos literais utilizados pelo legislador constitucional brasileiro não correspondem exatamente à real estatura do princípio do acesso à justiça.[25] A Constituição brasileira, no art. 5º, inciso

---

24. Antes de tratar propriamente do acesso à justiça, Leonardo Greco (2009:v. I, p. 12-17) examina o que chama de acesso ao direito. Nessa expressão, o processualista compreende a educação básica, o oferecimento de condições mínimas de sobrevivência, o fortalecimento do associativismo, a responsabilidade e transparência do Estado, o fim da imunidade do Estado em relação à sua inadimplência, a assistência jurídica aos pobres e, finalmente, o acesso à justiça.

25. A correta compreensão do mencionado dispositivo exige que o intérprete estabeleça a correspondência entre o princípio do acesso à justiça e as ondas renovatórias do direito processual civil. Cândido Rangel Dinamarco ensina que a doutrina trata de "três ondas renovatórias do direito processual, voltadas (a) à assistência jurídica integral aos necessitados, (b) à abrangência de certos conflitos supraindividuais antes excluídos de qualquer tutela em juízo (direitos e interesses difusos e coletivos) e (c) ao aperfeiçoamento técnico dos mecanismos internos do processo" (Dinamarco, 2009:v. I, p. 116). Mauro Cappelletti e Bryant Garth, autores do estudo em que se analisam a primeira, a segunda e a terceira ondas renovatórias do direito processual, assim explicam a questão: "Podemos afirmar que a primeira solução para o acesso — a primeira 'onda' desse movimento novo — foi a assistência judiciária; a segunda dizia respeito às reformas tendentes a proporcionar representação jurídica para os interesses 'difusos', especialmente nas áreas de proteção ambiental e do consumidor; e o terceiro — e mais recente — é o que nos propomos a chamar simplesmente 'enfoque de acesso à justiça' porque inclui os posicionamentos anteriores, mas vai muito além deles, representando, dessa forma, uma tentativa de atacar as barreiras ao acesso de modo mais articulado e compreensivo" (Cappelletti e Garth, 2002:31). É de se destacar, para os fins específicos deste estudo, que os comumente denominados métodos alternativos de resolução

XXXV, faz menção à "lei", "ao Poder Judiciário" e à expressão "lesão ou ameaça a direito".

Primeiramente, poder-se-ia imaginar que a disposição constitucional se dirige apenas ao Poder Legislativo, no sentido de proibir-lhe a edição de lei que impeça a obtenção de tutela jurisdicional.[26] Evidentemente que, conforme leciona Cassio Scarpinella Bueno (2009:v. 1, p. 106),

> se a Constituição impõe que a lei não retire do Poder Judiciário a apreciação de qualquer ameaça ou lesão a direito, não há como negar que qualquer lei — e, com maior vigor ainda, qualquer ato infralegal — que pretenda subtrair da apreciação do Poder Judiciário ameaça ou lesão a direito é irremediavelmente inconstitucional.

Mas não é só, pois o campo de incidência da norma constitucional é bastante mais abrangente.[27]

Na verdade, a cláusula do acesso à justiça se dirige aos três poderes e, no caso da arbitragem, aos árbitros, que, por mandamento constitucional, devem garantir aos jurisdicionados o *giusto processo*. Isso significa, *v.g.*, que não basta, para fins de atendimento ao princípio do acesso à justiça, uma atitude passiva do Poder Legislativo no sentido de não impor pela via legal restrições à tutela jurisdicional. É necessária a atuação ativa de todos os personagens responsáveis pela prestação jurisdicional — rol em que os árbitros se incluem — no sentido de oferecer proteção jurisdicional adequada, tempestiva, efe-

---

de conflitos — dos quais a arbitragem é um expoente — estão enquadrados na terceira onda renovatória do direito processual. Modernamente, é de se destacar que a doutrina tem fixado atenções na chamada quarta onda renovatória do direito processual, que é representada pela tão perseguida efetividade dos direitos processuais, cuja incidência opera tanto no processo judicial quanto na arbitragem.

26. A esse respeito, Alexandre Freitas Câmara (2001:v. I, p. 42) explica que "sob esta ótica, ressalte-se, o destinatário da norma contida no mencionado inciso XXXV do art. 5º da Constituição Federal é o legislador, o qual fica impedido de elaborar normas jurídicas que impeçam (ou restrinjam em demasia) o acesso aos órgãos do Judiciário". Mais a frente, o processualista estende o alcance da disposição constitucional também ao Estado-juiz: "Em outras palavras, ao direito que todos temos de ir a juízo pedir proteção para posições jurídicas de vantagem lesadas ou ameaçadas corresponde o dever do Estado de prestar uma tutela jurisdicional adequada" (Ibid., p. 44).

27. Encarando sob esse ponto de vista a questão das proibições legislativas ao deferimento de liminares contra o Poder Público, Alexandre Freitas Câmara (2001:v. I, p. 43) explica que "a doutrina diverge quanto ao ponto, sendo predominante o entendimento — acertado, diga-se de passagem — que considera inconstitucional a vedação de concessão de liminares".

tiva e definitiva.[28] Por conseguinte, pode-se concluir também que, quando a Constituição faz referência, no dispositivo constitucional em tela, ao "Poder Judiciário", na verdade ela se dirige também aos árbitros, responsáveis que são, igualmente, pelo exercício da jurisdição. Em uma frase, o que se garante é o acesso à justiça — e, portanto, também à via arbitral — e não o acesso exclusivo ao Poder Judiciário.[29]

No que tange à expressão "lesão ou ameaça a direito", é fácil perceber que a norma constitucional se preocupou não apenas com a tutela ressarcitória ("lesão a direito") como também com a tutela preventiva ("ameaça a direito"), isto é, com aquela que exige atuação antes mesmo da privação do bem jurídico pretendido. A esse respeito, Cassio Scarpinella Bueno (2009:v. 1, p. 105) esclarece que a Constituição impôs duas grandes frentes, "uma delas voltada à reparação de lesões ocorridas no passado, uma proposta retrospectiva da função jurisdicional, e outra, voltada para o futuro, uma visão prospectiva do processo, destinada a evitar a consumação de quaisquer lesões a direito". Esse aspecto vale também para os árbitros, que, nos limites da convenção de arbitragem e do pedido, devem garantir a tutela ressarcitória e a tutela preventiva, neste último caso, inclusive, podendo contar com a cooperação do Poder Judiciário.[30]

Por fim, esclareça-se que o princípio do acesso à justiça não se esgota com a possibilidade de ingresso de demandas perante o Poder Judiciário ou perante tribunais arbitrais. Em resumo, o princípio do acesso à justiça também se aplica à arbitragem, razão pela qual o árbitro, da mesma forma que o Poder Judiciário, deve atuar ativamente no sentido de outorgar prestação jurisdicional adequada, tempestiva, efetiva e definitiva, seja mediante tutela ressarcitória ou mediante tutela preventiva, quando cabível esta.

---

28. Humberto Dalla Bernardina de Pinho (2007:31) traz interessante lição sobre o alcance do princípio do acesso à justiça: "Não se trata, portanto, de mera garantia de acesso ao juízo (direito à ação), mas da própria tutela (proteção) jurisdicional (adequada, tempestiva e, principalmente, efetiva) a quem tiver razão. Em outras palavras, significa o próprio acesso à justiça. Frise-se, no entanto, que este direito à prestação jurisdicional não é incondicional e genérico, sujeitando-se a condições da legislação processual e do direito substantivo (legitimidade, interesse de agir e possibilidade jurídica do pedido)".
29. Lembre-se, aliás, que essa interpretação, exposta na última frase, foi corroborada pelo STF ao julgar a constitucionalidade da Lei de Arbitragem brasileira, no âmbito do Ag. na SE nº 5.206/ES.
30. A esse respeito, confira-se texto escrito em coautoria pelos primeiro e terceiro autores: Fichtner e Monteiro (2010f:115-147).

4.4 Princípio constitucional do devido processo legal

O princípio constitucional do devido processo legal está expressamente previsto no art. 5º, inciso LIV, da Constituição da República, segundo o qual "ninguém será privado da liberdade ou de seus bens sem o devido processo legal". Antonio Carlos de Araújo Cintra, Ada Pellegrini Grinover e Cândido Rangel Dinamarco (2001:88) lecionam que a fórmula do devido processo legal significa "o conjunto de garantias constitucionais que, de um lado, asseguram às partes o exercício de suas faculdades e poderes processuais e, do outro, são indispensáveis ao correto exercício da jurisdição".

Em obra individual, Cândido Rangel Dinamarco (2009:v. I, p. 250) ensina que

> a expressa garantia do *due process of law*, contida no inc. LIV do art. 5º da Constituição Federal, tem o significado sistemático de fechar o círculo das garantias e exigências constitucionais relativas ao processo mediante uma fórmula sintética destinada a afirmar a indispensabilidade de todas e reafirmar a autoridade de cada uma. Esse enunciado explícito vale ainda como norma de encerramento portadora de outras exigências não tipificadas em fórmulas mas igualmente associadas à ideia democrática que deve prevalecer na ordem processual.

Como se vê, o devido processo legal, em verdade, constitui um conjunto de princípios e garantias dirigidos ao justo processo, sem prejuízo da especificação de alguns deles em dispositivos próprios. Consoante ensina Cassio Scarpinella Bueno (2009:v. 1, p. 107), não obstante enquadrados nessa cláusula geral, "optou a Constituição brasileira, no entanto, por distinguir expressamente diversos componentes do devido processo legal pelo que é fundamentalmente seu exame mais detalhado". Isso não significa, porém, que o *due process of law* se esgote nessa enumeração reduzida a texto legal, pois se trata de cláusula naturalmente aberta e prospectiva. Essa abertura, aliás, é que permite o controle da atuação jurisdicional para além daquilo que está literalmente previsto, de maneira que o devido processo legal é também uma cláusula dinâmica. O elenco de princípios e garantias complementares, longe de limitar a abrangência do devido processo legal, representa apenas uma tentativa de concretização de alguns conceitos.

Nesse contexto, Humberto Theodoro Júnior (2009:v. I, p. 24) explica que

> o *due process of law* realiza, entre outras, a função de um superprincípio, coordenando e delimitando todos os demais princípios que informam tanto o processo como o procedimento. Inspira e torna realizável a proporcionalidade e razoabilidade que deve prevalecer na vigência e harmonização de todos os princípios do direito processual de nosso tempo.

Ainda conforme o mesmo autor,

> o devido processo legal, no Estado Democrático de Direito, jamais poderá ser visto como simples procedimento desenvolvido em juízo. Seu papel é o de atuar sobre os mecanismos procedimentais de modo a preparar e proporcionar provimento jurisdicional compatível com a supremacia da Constituição e a garantia de efetividade dos direitos fundamentais.[31]

Em relação à enumeração de princípios e garantias complementares, Teresa Arruda Alvim Wambier (2005: 20-21) esclarece que, "ligados a esse princípio maior [o devido processo legal], estão, como se disse, o da inafastabilidade do controle da jurisdição, do contraditório, da ampla defesa e da necessidade de motivação das decisões judiciais". Humberto Theodoro Júnior esclarece que o devido processo legal

> compreende algumas categorias fundamentais como a garantia do juiz natural (CF, art. 5º, inc. XXXVII) e do juiz competente (CF, art. 5º, inc. LIII), a garantia de acesso à Justiça (CF, art. 5º, inc. XXXV), de ampla defesa e contraditório (art. 5º, inc. LV) e, ainda, a de fundamentação de todas as decisões judiciais (art. 93, inc. IX).[32]

---

31. Theodoro Júnior (2009:v. I, p. 25). Em sentido semelhante, confira-se a lição de Cassio Scarpinella Bueno (2009:v. 1, p. 107): "O processo deve ser devido porque, em um Estado Democrático de Direito, não basta que o Estado atue de qualquer forma, mas deve atuar de uma específica forma, de acordo com regras preestabelecidas e que assegurem, amplamente, que os interessados na solução da questão levada ao Judiciário exerçam todas as possibilidades de ataque e de defesa que lhes pareçam necessárias, isto é, de *participação*".
32. Theodoro Júnior (2009:v. I, p. 24). José Frederico Marques (1997:v. I, p. 491), por sua vez, faz a seguinte enumeração: "O direito de pedir a intervenção do Judiciário consiste, pois, em direito ao devido processo legal, isto é, ao processo como *actus trium personarum* e suas diversas implicações essenciais: a garantia do direito de ação de par com a garantia do direito de defesa; a adoção do contraditório processual; a equidistância do juiz no tocante aos

Por fim, Nelson Nery Junior (2002:42), em conhecida obra, comenta, em relação ao processo civil, "ser manifestação do *due process of law*: a) a igualdade das partes; b) garantia do *jus actionis*; c) respeito ao direito de defesa; d) contraditório".

A par de outras distinções, como a atinente ao *substantive due process of law*,[33] importa verificar como o devido processo legal atua na arbitragem. O art. 21, §2º, da Lei de Arbitragem, estatui exemplificativamente que "serão, sempre, respeitados no procedimento arbitral os princípios do contraditório, da igualdade das partes, da imparcialidade do árbitro e de seu livre convencimento". Nesse dispositivo citado, está previsto implicitamente o princípio do devido processo legal, não obstante a reduzida enumeração de suas garantias complementares. Trata-se, destaque-se, de enumeração meramente exemplificativa. Ressalte-se que mesmo que não houvesse qualquer previsão escrita a esse respeito, incidiria o princípio do devido processo legal na arbitragem, pois se trata de princípio constitucional e corolário do estado democrático de direito atual.[34]

Não é por outra razão que Pedro A. Batista Martins (2008:236), com inteiro acerto, leciona que "não tivesse a Lei nº 9.307/96 registrado o respeito ao *due process of law*, nem por isso restaria afastada essa garantia fundamental". Consoante o primeiro e terceiro autores já tiveram oportunidade de registrar em outro trabalho, "trata-se de princípio de observância obrigatória em todas as fases da arbitragem e incidente sobre todas as decisões proferidas, sejam elas sentenças ou ordens processuais" (Fichtner e Monteiro, 2010g:199).

---

interesses em conflito, como órgão estatal desinteressado, justo e imparcial".

33. A esse respeito, Cândido Rangel Dinamarco (2009:v. I, p. 250) leciona o seguinte: "A essa cláusula atribui-se hoje uma dimensão que vai além dos domínios do sistema processual, apresentando-se como um devido processo legal substancial que, em essência, constitui um vínculo autolimitativo do poder estatal como um todo, fornecendo meios de censurar a própria legislação e ditar a ilegitimidade de leis que afrontem as grandes bases do regime democrático (*substantive due process of law*)". Humberto Theodoro Júnior (2009:v. I, p. 24), por sua vez, explica que "a par da regularidade formal, o processo deve adequar-se a realizar o melhor resultado concreto, em face dos desígnios do direito material. Entrevê-se, nessa perspectiva, também um aspecto substancial na garantia do devido processo legal". Identificando o devido processo legal substancial com o princípio da proporcionalidade, Fredie Didier Jr. (2008:v. 1, p. 33-34) afirma o seguinte: "As decisões jurídicas hão de ser, ainda, substancialmente devidas. Não basta a sua regularidade formal; é necessário que uma decisão seja substancialmente razoável e correta. Daí, fala-se em um princípio do devido processo legal substantivo aplicável a todos os tipos de processo, também. É desta garantia que surgem os princípios da proporcionalidade e da razoabilidade, aqui tratados como manifestação de um mesmo fenômeno".

34. Em tom de conclusão, Cassio Scarpinella Bueno (2009:v. 1, p. 108), com razão, afirma que "o princípio do devido processo legal, neste contexto, é amplo o suficiente para se confundir com o próprio Estado Democrático de Direito".

4.5 Princípio constitucional do contraditório

O princípio do contraditório também possui expresso assento constitucional, especificamente no art. 5º, inciso LV, da Carta, segundo o qual "aos litigantes, em processo judicial ou administrativo, e aos acusados em geral são assegurados o contraditório e ampla defesa, com os meios e recursos a ela inerentes". Consoante já destacado anteriormente, a Lei de Arbitragem brasileira também exige, expressamente, o respeito ao princípio do contraditório no §2º do art. 21.

Nelson Nery Junior (2002:137) aduz que "por contraditório deve entender-se, de um lado, a necessidade de dar conhecimento da existência da ação e de todos os atos do processo às partes, e, de outro, a possibilidade de as partes reagirem aos atos que lhes sejam desfavoráveis". Humberto Theodoro Júnior traz relevante complemento ao esclarecer que "o princípio do contraditório reclama, outrossim, que se dê oportunidade à parte não só de falar sobre as alegações do outro litigante, como também de fazer a prova contrária", razão pela qual "nega-se o princípio e comete-se cerceamento de defesa quando se assegura a audiência da parte adversária, mas não se lhe faculta a contraprova" (Theodoro Júnior, 2009:v. I, p. 28). O direito à prova e o direito à contraprova, portanto, integram o princípio do contraditório.

Tradicionalmente, a doutrina relaciona o princípio do contraditório ao direito de ser informado previamente sobre os atos processuais e à possibilidade de reagir de maneira eficiente no resultado do processo. Esses dois aspectos, porém, sempre estiveram muito ligados às condutas das partes no processo, ignorando, assim, a posição e atuação do julgador. Modernamente, porém, o princípio do contraditório ganhou novos contornos, no sentido de incluir também o julgador na tarefa de participar, em cooperação com as partes, da realização do princípio do contraditório. Nesse sentido, Cassio Scarpinella Bueno (2009:v. 1, p. 111-112) ensina que o princípio do contraditório "significa também que o próprio juiz deve participar da preparação e do julgamento a ser feito, exercendo ele próprio o contraditório. A garantia resolve-se, portanto, num direito das partes e em deveres do juiz". Também assim, confira-se a lição de Cândido Rangel Dinamarco (2009:v. I, p. 220):

A garantia do contraditório, imposta pela Constituição com relação a todo e qualquer processo — jurisdicional ou não (art. 5º, inc. LV) — significa em primeiro lugar que a lei deve instituir meios para a participação dos litigantes no processo e o juiz deve franquear-lhes esses meios. Significa também que o próprio juiz deve participar da preparação do julgamento a ser feito, exercendo ele próprio o contraditório. A garantia deste resolve-se portanto em um direito das partes e uma série de deveres do juiz. É do passado a afirmação do contraditório exclusivamente como abertura para as partes, desconsiderada a participação do juiz.

Leonardo Greco (2009:v. I, p. 541) explica, em feliz imagem, que "hoje, exige-se um contraditório participativo, em que o juiz dialogue com as partes, e não apenas as escute". Na arbitragem, é inadmissível a postura completamente passiva do tribunal arbitral, respeitada a diversidade de formação cultural eventualmente existente. Na arbitragem, os árbitros efetivamente devem dialogar com as partes, solicitando esclarecimentos em relação a questões duvidosas antes, durante e depois da fase instrutória do processo arbitral. É esse o sentido do respeito ao princípio do contraditório participativo (ou princípio da cooperação) na arbitragem.

Esclareça-se, ainda, que o princípio constitucional do contraditório deve ser observado pelo julgador — juiz ou árbitro — até mesmo em relação às questões que poderiam ser conhecidas *ex officio*. Conforme leciona Fredie Didier Jr. (2008:v. 1, p. 48),

> uma coisa é o juiz poder conhecer de ofício, poder agir de ofício, sem provocação da parte. Essa é uma questão. Outra questão é poder agir sem ouvir as partes. É completamente diferente. Poder agir de ofício é poder agir sem provocação, sem ser provocado para isso; não é o mesmo que agir sem provocar as partes. Esse poder não lhe permite agir sem ouvir as partes.

Em uma frase: o árbitro deve dialogar com as partes, informando-as, permitindo as respectivas reações e também esclarecendo dúvidas, até mesmo em relação a questões cognoscíveis de ofício.

Por fim, destaque-se que o princípio do contraditório pode sofrer limitação tanto no aspecto de informar previamente a respeito dos atos processuais quanto no aspecto de reagir de maneira eficiente no resultado do processo. No que diz respeito ao primeiro aspecto, admite-se uma mitigação do contraditório quando o julgador estiver diante de uma situação urgente e o tempo necessário à oitiva da parte contrária for incompatível com a preservação do direito objeto da disputa. É o que normalmente ocorre nos casos de medidas urgentes, satisfativas ou cautelares, em que se admite a decisão *inaudita altera pars* e a postergação do contraditório, tudo isso, evidentemente, em circunstâncias excepcionais. Já no que tange ao segundo aspecto, o atendimento ao princípio do contraditório não exige necessariamente uma reação das partes, mas contenta-se apenas com o oferecimento da oportunidade de reação, de maneira que praticá-la ou não está no poder de disposição das partes.

4.6 Princípio constitucional da ampla defesa

O princípio da ampla defesa está igualmente previsto no texto constitucional no art. 5º, inciso LV, segundo o qual "aos litigantes, em processo judicial ou administrativo, e aos acusados em geral são assegurados o contraditório e ampla defesa, com os meios e recursos a ela inerentes". Esse dispositivo, como se vê, assegura tanto o contraditório, examinado no item anterior, quanto a ampla defesa. Apesar de a Lei de Arbitragem brasileira não fazer previsão expressa ao princípio da ampla defesa, ele incide normalmente no processo arbitral, pois integra implicitamente o ordenamento processual brasileiro e decorre, explicitamente, de regra constitucional.

Cassio Scarpinella Bueno (2009:v. 1, p. 115) aduz que "a ampla defesa desempenha, na Constituição Federal, o papel que tradicionalmente era reservado para o contraditório, quase que se confundido, desta forma, com a 'ampla defesa'". Leonardo Greco (2005b:548) explica que o "segundo componente essencial do princípio do contraditório é o conjunto de prerrogativas que poderíamos resumir sob o título de ampla defesa". Já Rui Portanova (2008:125) leciona que "o princípio da ampla defesa é uma consequência do contraditório, mas tem características próprias". Também assim, Fredie Didier Jr. (2008:v. 1, p. 50) afirma que, "embora correlatos, e previstos no mesmo dispositivo constitucional (art. 5º, LV, CF/88), contraditório e ampla defesa distinguem-se". É natural certa sobreposição de conceitos entre o princípio do contraditório e o princípio da ampla defesa. Com alguma variação, alguns doutrinadores consideram que existe uma relação de consequência entre eles, outros professores defendem que existe uma relação de continência e, ainda, outros estudiosos entendem que existe uma correlação entre os dois mencionados princípios.

Segundo nos parece, enquanto o princípio do contraditório tem aplicação predominantemente no caso concreto, manifestando-se na dialética dos atos processuais, o princípio da ampla defesa atua em nível mais geral e abstrato, no sentido de exigir que o ordenamento jurídico preveja mecanismos e técnicas próprias e adequadas de tutela jurisdicional, adaptados, pois, às necessidades práticas e às peculiaridades do direito material em disputa. Em sentido assemelhado, no que tange a essa qualificação da ampla defesa, Cassio Scarpinella Bueno (2009:v. 1, p. 115) leciona que "os 'recursos a ela inerentes', a que se refere o art. 5º, LV, da Constituição Federal, devem ser entendidos como a criação de mecanismos, de formas, de técnicas processuais, para que a ampla defesa seja exercitada a contento".

A Lei de Arbitragem brasileira possui um razoável acervo de mecanismos que as partes, o tribunal arbitral e o Poder Judiciário, nos casos em que venha a legitimamente intervir, podem utilizar. A maioria das técnicas, porém, advém do ordenamento jurídico processual, como a possibilidade de concessão de tutela antecipada, a possibilidade de tutela específica de obrigações de fazer e não fazer etc. Apesar de essas técnicas não estarem expressamente previstas na Lei nº 9.307/1996 — ao menos não com todas as particularidades constantes da lei processual civil — e dificilmente constarem dos regulamentos arbitrais escolhidos pelas partes, sua adoção no processo arbitral é, em teoria e na prática, plenamente aceita, não só em razão da aplicação dos institutos processuais fundamentais na arbitragem e de sua submissão à teoria geral do processo, como também em razão da imposição do princípio constitucional da ampla defesa.

4.7 Princípio constitucional da igualdade

A Constituição da República prevê o princípio da igualdade (ou princípio da isonomia) no *caput* do art. 5º, segundo o qual "todos são iguais perante a lei, sem distinção de qualquer natureza". A Lei de Arbitragem brasileira também o prevê expressamente no art. 21, §2º, conforme já descrito em passagens anteriores. Antonio Carlos de Araújo Cintra, Ada Pellegrini Grinover e Cândido Rangel Dinamarco (2007:59-60) lecionam que "a absoluta igualdade jurídica não pode, contudo, eliminar a desigualdade econômica; por isso, do primitivo conceito de igualdade, formal e negativa (a lei não deve estabelecer qualquer diferença entre os indivíduos), clamou-se pela passagem à igualdade substancial". Persegue-se, hoje, o conceito de igualdade proporcional, no sentido de conferir tratamento igual aos substancialmente iguais.[35]

O princípio da igualdade, como se vê, é previsto de forma bastante ampla no texto constitucional e, assim, repercute nos diversos ramos do direito de variadas formas, de acordo com as respectivas particularidades. Cândido Rangel Dinamarco (2009:v. I, p. 213) ensina que "o princípio isonômico, ditado pela Constituição em termos de ampla generalidade (art. 5º, *caput*, c/c art. 3º, IV), quando penetra no mundo do processo assume a conotação de princípio da igualdade das partes", o que vem sendo designado mais modernamente, acrescente-se, pela fórmula da paridade de armas no processo. A esse respeito, Cassio Scarpinella Bueno (2009:v. 1, p. 131) explica que "esta forma de tratar do princípio evidencia bastante bem a necessidade de oferecimento de iguais oportunidades aos litigantes ao longo do processo. Não há como conceber, nestas condições, instrumentos processuais não uniformes, não iguais, não equivalentes para as partes".

Evidentemente que, quando se fala em instrumentos processuais não iguais, não se está fazendo referência àquela igualdade meramente formal, mas sim à igualdade proporcional de que se falou acima. Dessa forma, na lição de Nelson Nery Junior (2009:97),

> são constitucionais dispositivos legais discriminadores, quando desigualam corretamente os desiguais, dando-lhes tratamentos distintos; e são inconstitucionais os dispositivos legais discriminadores, quando desigualam incorretamente os iguais, dando-lhes tratamentos distintos. Deve buscar-se na norma ou no texto legal a razão da discriminação: se justa, o dispositivo é constitucional; se injusta, é inconstitucional.

Existem outras situações em que o princípio da isonomia é mitigado, mas de forma constitucional, como a prerrogativa que o demandado tem de normalmente se manifestar depois do demandante, bem como a regra geral

---

35. Trata-se, em alguma medida, da aplicação do conceito de Aristóteles, desenvolvido no *Ética a Nicômaco*, segundo o qual a igualdade seria tratar os iguais de forma igual e os desiguais de forma desigual, na medida de sua desigualdade.

de competência do processo judicial consistente no réu ser demandado no foro do seu domicílio.[36]

4.8 Princípio constitucional do juiz natural

O princípio constitucional do juiz natural está previsto no art. 5º, incisos XXXVII e LIII, segundo os quais "não haverá juízo ou tribunal de exceção" e "ninguém será processado nem sentenciado senão pela autoridade competente". Tradicionalmente, o princípio do juiz natural é entendido sob dois ângulos: primeiramente, não haverá julgador constituído especificamente pelo Estado para o julgamento de determinada causa específica e, além disso, o julgador deverá ser competente, tal como instituído por lei editada anteriormente aos fatos da causa.

Modernamente, contudo, acrescentou-se ao princípio do juiz natural o aspecto da imparcialidade do julgador, pois de nada adiantaria um julgador destinatário de quaisquer causas e previamente estatuído por lei se ele agisse com parcialidade. Essa concepção certamente atende a novos influxos doutrinários, como aqueles que inspiraram a garantia da imparcialidade na Declaração Universal dos Direitos do Homem e no Pacto de São José da Costa Rica. Tratando dos três aspectos, Nelson Nery Junior (2002:66-67) leciona que "a garantia do juiz natural é tridimensional", ou seja, "significa que 1) não haverá juízo ou tribunal *ad hoc*, isto é, tribunal de exceção; 2) todos têm o direito de submeter-se a julgamento (civil ou penal) por juiz competente, pré-constituído na forma da lei; 3) o juiz competente tem de ser imparcial".

---

36. Moacyr Amaral Santos, no que tange ao processo judicial, elenca algumas vantagens e desvantagens do autor e do réu plenamente admitidas à luz do princípio da igualdade das partes: "As partes têm os mesmos direitos processuais e as mesmas garantias, mas também os mesmos deveres. Corolário do princípio constitucional de que todos são iguais perante a lei. Nisso consiste o princípio da igualdade das partes, ou princípio jurídico, que lhes assegura paridade de tratamento no processo (Cód. Proc. Civil, art. 125, I). Todavia, sem ofensa alguma ao princípio, a posição das partes, no processo, uma a provocar a jurisdição, outra a sujeitar-se ao processo instaurado, determina a cada uma delas vantagens próprias, que a lei lhes confere. São vantagens próprias do autor: a) escolher o momento de agir, salvo pouquíssimas exceções; b) escolher o foro nos casos dos arts. 94, §1º, 95, segunda parte e 107, do Código de Processo Civil; c) mesmo rejeitada a ação, não pode ser condenado a qualquer prestação, salvo a das custas e honorários de advogado. São vantagens próprias do réu: a) ser demandado no foro de seu domicílio (Cód. Proc. Civil, art. 94): *actor sequitur forum rei*; b) ter em seu favor a presunção de se achar no gozo do direito pleiteado pelo autor, donde a obrigação deste provar o alegado: *ei incumbit probatio qui dicit, non qui negat*; c) falar em último lugar (Cód. Proc. Civil, art. 454)" (Santos, 2005:v. I, p. 348).

Princípios processuais fundamentais aplicáveis à arbitragem brasileira

A aplicação do princípio do juiz natural na arbitragem, reconheça-se, exige certa flexibilidade conceitual. Em relação ao primeiro aspecto — isto é, impossibilidade de constituição pelo Estado de um órgão específico para o julgamento daquela determinada controvérsia —, é possível dizer que também se aplica à arbitragem, pois não há na arbitragem imposição pelo Estado do órgão que julgará a controvérsia. Muito ao contrário, são as próprias partes que escolhem o julgador, razão pela qual resta mantida a proteção de indevida intervenção política do Estado na constituição do órgão julgador. No que tange ao segundo aspecto — ou seja, órgão julgador competente segundo a lei —, também é possível a sua aplicação na arbitragem, pois a competência do árbitro — ou melhor, a jurisdição — advém da convenção de arbitragem, razão pela qual não haverá, aqui também, chance de o julgamento ser conduzido por julgador incompetente.

Destaque-se, por relevante, que em todos os momentos em que o Poder Judiciário atua em apoio à arbitragem vigora com plenitude o princípio do juiz natural, devendo-se observar, para tanto, a legislação processual civil em vigor para fins de determinação da competência do órgão judicial de cooperação. Trata-se de conceito que se aplica tanto quando for necessária a participação do juízo togado antes da instituição da arbitragem (por exemplo, quando houver necessidade de uma medida de urgência) como quando for necessária a participação do Poder Judiciário no curso da arbitragem (*v.g.*, quando houver necessidade de condução coercitiva de testemunha renitente), bem como, ainda, na execução da sentença arbitral, ou seja, na fase pós-arbitral.

Esclareça-se que a escolha da sede da arbitragem pelas partes como foro adequado para a solução do litígio faz também incidir a regra do art. 111 do Código de Processo Civil, operando, como foro eleito, a modificação da competência e derrogando a aplicação das regras gerais de competência eventualmente aplicáveis. A escolha da sede da arbitragem repercute, no âmbito judicial, também como se fosse uma cláusula de eleição de foro judicial para as atividades de cooperação do Poder Judiciário.

O último aspecto, inerente à imparcialidade do julgador, não encontra nenhum obstáculo para aplicação na arbitragem. Aliás, a imparcialidade do árbitro e a autonomia privada integram o rol dos princípios mais caros da disciplina arbitral. Apesar de a Lei de Arbitragem brasileira não se referir ao juiz natural, há menção, em mais de um dispositivo, à imparcialidade do árbitro, como no art. 13, §6º, no art. 14, no art. 21, §2º e no art. 32, II, VI e

VIII. Acrescente-se que, à semelhança do que ocorre com o juiz togado, as causas de impedimento previstas no art. 134 do Código de Processo Civil e aplicáveis à arbitragem por força do art. 14 da Lei de Arbitragem são de natureza cogente, insuscetíveis de derrogação pelas partes.

Nelson Nery Junior (2002:74) considera que "a escolha pelas partes de um árbitro para solucionar as lides existentes entre elas não ofende o princípio do juiz natural". Não obstante, o autor entende que "o princípio do juiz natural aplica-se apenas aos órgãos estatais da jurisdição (Poder Judiciário e Senado Federal, nos casos do art. 52, n. I, CF, *e.g.*) e não aos juízes instituídos por compromisso arbitral" (Nery Junior, 2002:89). A Primeira Seção do STJ, porém, já teve oportunidade de entender, em acórdão relatado pelo ministro Luiz Fux, que "é cediço que o juízo arbitral não subtrai a garantia constitucional do juiz natural, mas ao contrário, implica realizá-la, porquanto somente cabível por mútua concessão entre as partes".[37] Assim, apesar de alguma flexibilidade conceitual, pode-se dizer que o princípio do juiz natural também se aplica à arbitragem.

4.9 Princípio constitucional da razoável duração do processo

A Emenda Constitucional nº 45/2004, por ordem da chamada Reforma do Poder Judiciário, inclui na Constituição da República o princípio da razoável duração do processo. Consoante o texto do inciso LXXVIII, do art. 5º da Carta, "a todos, no âmbito judicial e administrativo, são assegurados a razoável duração do processo e os meios que garantam a celeridade de sua tramitação". A celeridade do processo é atualmente a maior estrela dentre os princípios processuais, não obstante a advertência de relevante parte da doutrina no sentido de que o justo processo não se esgota na rapidez da resposta jurisdicional. Almeja-se um processo célere, sem prejuízo, porém, da qualidade da prestação jurisdicional devida às partes.

Leonardo Greco (2005b:269) leciona que "o direito à prestação jurisdicional em prazo razoável é uma exigência da tutela jurisdicional efetiva". Sob o ponto de vista eminentemente prático, José Carlos Barbosa Moreira

---

37. STJ, 1. S., MS. nº 11.308/DF, min. Luiz Fux, j. em 9.4.2008, *D.J.* de 19.5.2008.

aduz, em relação à norma constitucional que consagrou a razoável duração do processo, que

> deve-se cogitar, ao meu ver, de pelo menos duas consequências primaciais: 1ª) será incompatível com a Carta da República, e portanto inválida, qualquer lei de cuja aplicação haja de decorrer claro detrimento à garantia instituída no texto; 2ª) a violação da norma, por parte do Poder Público, acarretará a responsabilidade deste pelos danos patrimoniais e morais ocorridos. (Barbosa Moreira, 2007a:25)

No que diz respeito ao problema da lentidão do Poder Judiciário, inegavelmente não será a inclusão dessa garantia na Constituição da República que resolverá, como num passe de mágica, a questão, mas essa atribuição de *status* constitucional à garantia da razoável duração do processo representa uma escolha política importante.

Cassio Scarpinella Bueno (2009:v. 1, p. 148) explica que o princípio da razoável duração do processo "não se refere só ao tempo necessário para o desenvolvimento do processo mas também à redução de custos nele envolvidos e, bem assim, à realização de uma mais ampla otimização da prestação jurisdicional, inclusive do ponto de vista econômico, administrativo e, até mesmo, burocrático". Em suma, conclui o mesmo autor, "trata-se de desenvolver o máximo da prestação jurisdicional no menor espaço de tempo com o menor esforço possível, obtendo o máximo de resultados coincidentes com os objetivos mais amplos de todo o sistema jurídico" (Bueno, 2009:v. 1, p. 148). No que diz respeito ao tempo, porém, é realmente difícil dizer, em abstrato, se o prazo de duração de um processo foi razoável ou não, pois cada causa exige uma atuação diferente das partes e do órgão julgador. Só o exame detalhado do caso concreto pode fornecer essa resposta.

Após informar que o motivo mais comum de arguição de violação da garantia da tutela jurisdicional efetiva é a demora na prolação das decisões,[38] Leonardo Greco (2005b:271) esclarece que "a Corte Europeia de Direitos Humanos efetua essa verificação através da adoção de três critérios: a com-

---

38. O autor afirma que "o motivo mais comum de arguição de violação da garantia da tutela jurisdicional efetiva perante a Corte Europeia de Direitos Humanos é a demora das decisões judiciais. A Itália sofreu 65 condenações entre 1997 e 2000 por parte daquela Corte, o que confere ao reclamante o direito a uma indenização" (Greco, 2005b:269, nota 83).

plexidade da causa, o comportamento das partes e dos seus procuradores e a atuação do órgão jurisdicional". Cassio Scarpinella Bueno (2009:v. 1, p. 150) destaca, em importante lição, que

> o dispositivo em estudo não deve ser entendido como se a busca por um julgamento mais célere, mais ágil, reconhecendo-se os meios necessários para a obtenção desta finalidade, pudesse, de forma generalizada, colocar em risco o ideal de segurança jurídica que o princípio do devido processo legal e do contraditório impõem.

Afinal, como bem sintetiza Paulo Hoffman (2008:326), "rejeita-se um processo extremamente lento e ineficaz, mas também um processo precipitado e decidido de forma incongruente". O desafio, pois, é encontrar o virtuoso meio-termo.

A arbitragem reúne todas as condições para se oferecer como um meio de resolução de litígio mais célere. Frequentemente, as partes estabelecem prazo para a prolação da sentença arbitral e, por conseguinte, para a duração do processo. A própria Lei de Arbitragem, em momento de rara infelicidade, dispôs na segunda parte do art. 23 que "não tendo sido convencionado, o prazo para a apresentação da sentença é de 6 (seis) meses, contado da instituição da arbitragem ou da substituição do árbitro". O prazo mencionado, absolutamente insuficiente em arbitragens complexas, leva à frequente prorrogação consensual do comando legal. Mas não se pode ignorar que o dispositivo mostra a importância desse princípio na arbitragem.

Além da preocupação com o prazo de duração da arbitragem, o princípio constitucional da razoável duração do processo impõe ao árbitro a ampla otimização da prestação jurisdicional, sob o ponto de vista jurídico, econômico e administrativo, razão pela qual o árbitro deve atuar diligentemente para que também as atividades auxiliares se desenvolvam com presteza e eficiência, como nos casos, por exemplo, da produção da prova pericial, da comunicação dos atos processuais, das diligências externas, dos atos administrativos praticados pela instituição arbitral responsável pela administração da arbitragem etc. Tudo isso decorre da aplicação na arbitragem do princípio constitucional da razoável duração do processo.

4.10 Princípio constitucional da inadmissibilidade das provas ilícitas

A Constituição da República, no art. 5º, inciso LVI, determina que "são inadmissíveis, no processo, as provas obtidas por meios ilícitos". Trata-se, pois, do princípio da inadmissibilidade das provas ilícitas. A previsão constitucional, esclareça-se, se refere tanto às provas ilícitas quanto às provas obtidas por meios ilícitos.[39] A respeito dessa diferenciação, Cassio Scarpinella Bueno (2009:v. 1, p. 139) leciona que "prova ilícita é aquela que, em si mesmo considerada, fere o ordenamento jurídico", enquanto "prova obtida por meios ilícitos é aquela que, em si mesmo considerada, é admitida ou tolerada pelo sistema, mas cuja forma de obtenção, de constituição, de formação, fere o ordenamento jurídico".

A norma constitucional, como se vê, não elenca quais as provas e os meios de provas admissíveis, mas apenas proíbe aquelas ilícitas ou obtidas por meio ilícito. Incide, pois, no ordenamento processual brasileiro, o princípio da atipicidade da prova, cuja limitação é encontrada justamente no princípio da inadmissibilidade das provas ilícitas. O texto constitucional, se interpretado de forma absoluta e literal, sugere a completa inadmissibilidade das provas ilícitas e das provas obtidas por meios ilícitos, inclusive, segundo o que poderia parecer à primeira vista, das provas lícitas derivadas de provas ilícitas ou ilicitamente obtidas. Literalmente, portanto, se adotaria no Brasil a teoria da prova ilícita por derivação ou teoria dos frutos da árvore envenenada (*fruits of the poisonous tree*).[40]

Não obstante essa aparente adoção absoluta, a verdade é que a doutrina tem mitigado essa previsão por meio da técnica da ponderação de princípios constitucionais, sempre que outros valores caros à sociedade e ao estado democrático de direito estiverem em jogo. José Carlos Barbosa Moreira, examinando a previsão constitucional, considera que "o essencial aqui é pôr em realce o caráter relativo que por força se tem de atribuir ao princípio constitucional atinente à inadmissibilidade das provas ilicitamente adquiridas".[41]

---

39. Segundo Sérgio Shimura (2008:263), o gênero prova ilegal compreende as espécies provas ilícitas — quando contrariam norma de direito material — e provas ilegítimas — quando contrariam norma de direito processual. No texto, adota-se a terminologia "provas ilícitas" no sentido de englobar tanto as provas que contrariam normas de direito material quanto as provas que infringem normas de direito processual.

40. U.S. Supreme Court. 251 U.S. 385 (1920).

41. Barbosa Moreira (1997a:113). Registre-se que, recorrendo à doutrina norte-americana,

Luiz Guilherme Marinoni e Sérgio Cruz Arenhart fazem menção às teorias norte-americanas do descobrimento inevitável (*inevitable discovery exception*)[42] e do descobrimento provavelmente independente (*hypothetical independent source rule*),[43] ambas como exceções à teoria dos frutos da árvore envenenada. A *inevitable discovery exception* significa que "a lógica do salvamento da segunda prova está em que não há motivo para retirar eficácia de uma prova que trouxe uma descoberta que inevitavelmente seria obtida" (Marinoni e Arenhart, 2009:256). A *hypothetical independent source rule*, por sua vez, consiste em que "a segunda prova não é admitida como derivada, mas como uma prova provavelmente independente, e, assim, despida do nexo causal com a prova ilícita" (Marinoni e Arenhart, 2009:257). Além dessas duas hipóteses de mitigação da teoria da prova ilícita por derivação, impede considerá-la quando outro valor de maior relevância preponderar no caso concreto.[44]

Na arbitragem, o princípio da inadmissibilidade das provas ilícitas pode ser colocado em teste quando a parte apresenta ao tribunal arbitral o áudio de conversas telefônicas relacionadas ao conflito. Para tanto, é necessário distinguir os conceitos técnicos de "interceptação telefônica", "escuta telefônica" e "gravação telefônica", para fins de atendimento do art. 5º, inciso XII, da Constituição da República, segundo o qual "é inviolável o sigilo da correspondência e das comunicações telegráficas, de dados e das comunicações telefônicas, salvo, no último caso, por ordem judicial, nas hipóteses e na forma que a lei estabelecer para fins de investigação criminal ou instrução processual penal".[45] Essa norma constitucional, também atinente à inadmissibilidade das provas ilícitas, foi regulamentada pela Lei nº 9.296/1996.

---

em que o tema é sobejamente debatido, Luiz Guilherme Marinoni e Sérgio Cruz Arenhart (2009:254) esclarecem que "no processo civil, a prova ilícita apenas pode ser admitida quando não há qualquer outra capaz de evidenciar situação fática imprescindível à tutela de direito que, diante das circunstâncias do caso concreto, merece tutela em face do direito atingido pela prova ilícita". Em sentido assemelhado, Cassio Scarpinella Bueno (2009:v. 1, p. 139-140) leciona que "não é equivocado o entendimento de que a prova lícita obtida de forma ilícita pode ser utilizada válida e eficazmente se ela for o único meio de provar o fato que diga respeito a interesses maiores".

42. U.S. Supreme Court; 467 U.S. 431 (1984).

43. U.S. Supreme Court; 445 U.S. 463 (1980).

44. Em sentido assemelhado, confira-se a lição de Cassio Scarpinella Bueno (2009:v. 1, p. 140): "A resposta mais correta é a que afasta a utilidade das provas, verdadeiramente contaminadas, a não ser que haja, no caso concreto, algum outro valor, maior, que deva preponderar, nos termos do que discutiu o último parágrafo. Nos casos, contudo, em que outras provas confirmarem aquilo que, de alguma forma, derive da prova ilícita ou obtida de forma ilícita, não há qualquer óbice na sua utilização, conquanto, na hipótese, a prova ilícita ou obtida ilicitamente, a bem da verdade, seja indiferente para a formação da convicção do magistrado".

45. No que tange ao termo "comunicação", o STJ tem precedente considerando que "correspondência, para os fins tutelados pela Constituição da República (art. 5º, VII) é toda

Consoante bem esclarece Sérgio Shimura, inclusive com base em pesquisa doutrinária, a interceptação telefônica é a captação da comunicação telefônica feita por um terceiro, sem o conhecimento dos comunicadores. A escuta telefônica, a seu turno, consiste na captação da comunicação feita por um terceiro, mas com ciência e consentimento de um dos comunicadores. A gravação telefônica, por fim, é a captação da comunicação feita diretamente por um dos comunicadores ou interlocutores, ainda que sem o consentimento do outro. Segundo o mesmo autor, "tanto a escuta como a interceptação telefônica sujeitam-se ao regime da Lei nº 9.296/1996" (Shimura, 2008:267), enquanto, prossegue o autor, "a gravação é ato lícito, sendo, pois, direito da parte no uso dos meios de prova".[46]

Isso significa, portanto, que a gravação da conversa telefônica feita por um dos comunicadores ou interlocutores, mesmo sem a ciência ou o consentimento da outra parte, é plenamente lícita, inclusive nas causas cíveis, razão pela qual poderá ser utilizada e considerada pelo tribunal arbitral sem risco de ofensa ao princípio constitucional da inadmissibilidade das provas ilícitas. Apesar de ainda existir forte divergência na jurisprudência,[47] o STF já teve

---

comunicação de pessoa a pessoa, por meio de carta, através da via postal ou telegráfica" (STJ, 5. T., RHC. nº 10.537/RJ, min. Edson Vidigal, j. em 13.3.2001, *D.J.* de 2.4.2001).

46. Shimura (2008:272). No mesmo sentido, José Carlos Barbosa Moreira teve oportunidade de consagrar seu entendimento em voto de sua relatoria na Quinta Câmara Cível do Tribunal de Justiça do Estado do Rio de Janeiro: TJ/RJ, 5. CC, AI nº 7.111, des. Barbosa Moreira, j. 22.11.1983 (Barbosa Moreira, 2001a:195-205).

47. Abrandando a teoria da prova ilícita por derivação, confira-se o seguinte precedente do STJ: "Não se aplica à espécie a doutrina 'dos frutos da árvore envenenada' se a escuta telefônica, malgrado tenha sido realizada sem a observância do devido processo legal, não foi a prova decisiva ou única para o indiciamento do paciente" (STJ, 6. T., HC. nº 16.965/RJ, min. Fernando Gonçalves, j. em 13.11.2001, *D.J.* de 4.2.2002). Id.: STJ, 5. T., HC. nº 29.174/RJ, min. Jorge Scartezzini, j. em 1.6.2004, *D.J.* de 2.8.2004. Adotando posição mais restritiva em relação à admissibilidade da prova, confira-se o seguinte precedente do STJ: "No Supremo Tribunal, não tem voga a afirmação apodítica dessa licitude (licitude da gravação de conversa realizada por um dos interlocutores) (...): a hipótese de gravação de comunicação telefônica própria, sem ciência do interlocutor, tem sido aqui examinada caso a caso, e ora reputada prova ilícita, por violação da privacidade (...), ora considerada lícita, se utilizada na defesa de direito do autor ou partícipe da gravação, em especial, se vítima ou destinatária de proposta criminosa de outro (...). Portanto, a análise da licitude ou não da gravação de conversa por um dos interlocutores sem a ciência do outro deve ser casuística, i.e., deve ser caso a caso. No caso em tela, a gravação da conversa telefônica foi realizada pela amásia do réu, tão somente com o intuito de responsabilizá-lo pelo crime, uma vez que a vítima do homicídio era pessoa com quem ela mantinha relação amorosa. Dessa forma, como se percebe, tal prova (gravação telefônica) foi colhida com indevida violação de privacidade (art. 5º, X, da CF) e não como meio de defesa ou em razão de investida criminosa, razão pela qual deve ser reputada ilícita" (STJ, 5. T., HC nº 57.961/SP, min. Felix Fischer, j. em 21.6.2007, *D.J.* de 12.11.2007).

oportunidade de decidir que "a gravação feita por um dos interlocutores, sem conhecimento do outro, nada tem de ilicitude, principalmente quando destinada a documentá-la em caso de negativa".[48] No mesmo sentido, o STJ também já entendeu que "a gravação de conversa realizada por um dos interlocutores é considerada prova lícita, e difere da interceptação telefônica, esta sim, medida que imprescinde de autorização judicial".[49]

Destaque-se, por fim, que dados telefônicos (número de origem, número de destino, data, horário, duração) não estão enquadrados no conceito de interceptação ou escuta telefônicas,[50] razão pela qual o árbitro pode solicitá-los diretamente às empresas responsáveis pela sua manutenção e, em caso de resistência, contar com a cooperação do Poder Judiciário no sentido de impor o fornecimento desses dados. Nesse sentido, quanto à caracterização dos dados telefônicos, o STJ considerou que "a quebra do sigilo dos dados telefônicos contendo os dias, os horários, a duração e os números das linhas chamadas e recebidas, não se submete à disciplina das interceptações telefônicas regidas pela Lei 9.296/96".[51]

O árbitro, na sua qualidade de *peritus peritorum*, tem o poder de definir a licitude ou ilicitude das provas amealhadas na arbitragem, resguardada a possibilidade de revisão da decisão pelo Poder Judiciário, já que se trata de garantia assentada na Constituição da República. É evidente que a parte, na arbitragem, ao celebrar a convenção de arbitragem, não se despiu das garantias constitucionais que o estado de direito lhe assegura. Destaque-se, por fim, que a quebra de sigilos (bancário, fiscal, telefônico), de acordo com

---

48. STF, 2. T., AgReg. no RE. nº 402.035/SP, min. Ellen Gracie, *D.J.* de 6.2.2004. Em sentido assemelhado, confira-se outro precedente do Pretório Excelso: "A gravação de conversa entre dois interlocutores, feita por um deles, sem conhecimento do outro, com a finalidade de documentá-la, futuramente, em caso de negativa, nada tem de ilícita, principalmente quando do constitui exercício de defesa" (STF, AgReg. no AI nº 503.617/PR, min. Carlos Velloso, *D.J.* de 4.3.2005).

49. STJ, 5. T., RHC. nº 19.136/MG, min. Felix Fischer, j. em 20.3.2007, *D.J.* de 14.5.2007. Id.: STJ, 5. T., HC. nº 52.989/AC, min. Felix Fischer, j. em 23.5.2006, *D.J.* de 1.8.2006; STJ, 5. T., REsp. nº 214.089/SP, min. José Arnaldo da Fonseca, j. em 16.3.2000, *D.J.* de 17.4.2000; STJ, 5. T., HC nº 41.615/MG, min. Arnaldo Esteves Lima, j. em 6.4.2006, *D.J.* de 2.5.2006; STJ, 5. T., REsp. nº 707.307/RJ, min. Gilson Dipp, j. em 11.10.2005, *D.J.* de 7.11.2005; STJ, 5. T., RHC. nº 14.041/PA, min. José Arnaldo da Fonseca, j. em 20.11.2003, *D.J.* de 9.12.2003.

50. Nesse sentido, confira-se o correto entendimento de Sérgio Shimura (2008:275): "A Lei nº 9.296/1996 cuida da interceptação telefônica, não servindo de base normativa para a obtenção de dados ou registros telefônicos. Por exemplo: número do telefone chamado, data, hora, horário, duração do uso, valor, interurbano".

51. STJ, 5. T., RMS. no 17.732/MT, min. Gilson Dipp, j. em 28.6.2005, *D.J.* de 1.8.2005.

as previsões constitucionais e legais aplicáveis, é da competência exclusiva do Poder Judiciário.[52] Eventual decisão dos árbitros nesse sentido pode ser imediatamente controlada pelo Poder Judiciário a pedido da parte interessada, sob pena de frustração da garantia constitucional expressamente prevista.

4.11 Princípio constitucional da efetividade do processo

Cassio Scarpinella Bueno (2009:v. 1, p. 150) entende que "o princípio da efetividade do processo ou da jurisdição também repousa na locução contida no art. 5º, XXXV". Como se vê, segundo boa doutrina, tanto o princípio do acesso à justiça quanto o princípio da efetividade do processo possuem assento constitucional no art. 5º, inciso XXXV, da Constituição da República. O princípio da efetividade do processo é estrela da maior grandeza no pensamento jurídico contemporâneo. Conforme bem sintetiza Humberto Theodoro Júnior (2009:v. I, p. 15), "hoje, o que empolga o processualista comprometido com o seu tempo é o chamado 'processo de resultados'".

Não obstante todo esse destaque, a conceituação do princípio da efetividade não é tarefa das mais fáceis, pois muitas vezes a efetividade é confundida com a celeridade[53] e com o acesso à justiça.[54] Da mesma forma, a paternidade de concepções jurídicas fundamentais como a efetividade do processo também não é matéria das mais simples. Para fins de definição do princípio da efetividade, preferimos, nesta sede, recorrer à conhecida lição do jurista italiano Giuseppe Chiovenda, no sentido de que "*il processo deve dare per quanto è*

---

52. A respeito da proteção constitucional e legal aos sigilos, leia-se: art. 5º, incisos X e XII, da Constituição, Lei Complementar nº 105/2001 e Lei nº 9.296/1996.

53. Quanto ao ponto, Maria Elizabeth de Castro Lopes e João Batista Lopes (2008:245) afirmam que "a celeridade é apenas um aspecto da efetividade".

54. Cassio Scarpinella Bueno (2009, v. 1:p. 150-151), a respeito dessa diferença, explica que "enquanto o princípio do 'acesso à justiça' e o do 'devido processo legal' e os que dele derivam (...) voltam-se, basicamente, à criação de condições efetivas de provocação do Poder Judiciário e de obtenção da tutela jurisdicional mediante uma devida participação ao longo do processo, com vistas ao reconhecimento do direito (ameaçado ou lesionado) de alguém pelo Poder Judiciário, o princípio da efetividade do processo volta-se mais especificamente aos resultados práticos deste reconhecimento do direito, na exata medida em que ele o seja, isto é, aos resultados da tutela jurisdicional no plano material, exterior ao processo. É inócuo falar em um 'processo justo' ou em um 'processo devido', dando-se a falsa impressão de que aqueles atributos tendem a se esgotar com a tão só observância da correção do meio de produzir a decisão jurisdicional apta a veicular a tutela jurisdicional. O 'justo' e o 'devido', com efeito, vão além do reconhecimento jurisdicionalmente do direito".

possibile praticamente a chi ha un diritto tutto quello e proprio quello ch'egli ha diritto di conseguire".[55]

José Carlos Barbosa Moreira (1984c:28), na esteira dessa lição, esclarece que "em toda a extensão da possibilidade prática, o resultado do processo há de ser tal que assegure à parte vitoriosa o gozo pleno da específica utilidade a que faz jus segundo o ordenamento". Leonardo Greco (2005b:261), com inspiração na lição italiana, considera que "o processo somente constituirá garantia da tutela efetiva dos direitos se for capaz de dar a quem tem direito tudo aquilo a que ele faz jus de acordo com o ordenamento jurídico". Humberto Theodoro Júnior (2009:v. I, p. 16), destacando interessante componente do princípio da efetividade, esclarece que "o resultado esperado da técnica processual há de se operar no campo das relações jurídicas substanciais", razão pela qual "é na produção desses resultados, em nível satisfatório, que se poderá definir a maior ou menor efetividade do processo". Em outro texto, José Carlos Barbosa Moreira delineia o que chamou de "programa básico em prol da efetividade":

> a) o processo deve dispor de instrumentos de tutela adequados, na medida do possível, a todos os direitos (e outras posições jurídicas de vantagem) contemplados no ordenamento, quer resultem de expressa previsão normativa, quer se possam inferir do sistema; b) esses instrumentos devem ser praticamente utilizáveis, ao menos em princípio, sejam quais forem os supostos titulares dos direitos (e das outras posições jurídicas de vantagem) de cuja preservação ou reintegração se cogita, inclusive quando indeterminado ou indeterminável o círculo dos eventuais sujeitos; c) impende assegurar condições propícias à exata e completa reconstituição dos fatos relevantes, a fim de que o convencimento do julgador corresponda, tanto quanto puder, à realidade; d) em toda a extensão da possibilidade prática, o resultado do processo há de ser tal que assegure à parte vitoriosa o gozo pleno da específica utilidade a que faz jus segundo ordenamento; e) cumpre que se possa atingir semelhante resultado com o mínimo dispêndio de tempo e energia. (Barbosa Moreira, 1997c:17-18)

---

55. Chiovenda (1993:, v. I, p. 110; tradução livre: O processo deve dar, na medida do possível praticamente, a quem tem um direito, tudo aquilo e exatamente aquilo que ele tem direito de conseguir).

Confrontando os ideais buscados pelo processo — sociais, políticos e jurídicos — com os resultados alcançados no exercício da prestação jurisdicional, pode-se arriscar dizer, sob três aspectos, que o princípio da efetividade do processo impõe (i) o adequado cumprimento e execução das decisões proferidas pelos julgadores, (ii) a oportuna proteção dos direitos contra o risco da demora e (iii) a adequada tutela do direito material por técnicas processuais específicas.[56] No âmbito da arbitragem, o princípio da efetividade do processo tem plena aplicabilidade, sendo certo que em boa parte das vezes a cooperação entre árbitros e Poder Judiciário apresenta-se fundamental.

No que tange ao primeiro aspecto, o apoio do Poder Judiciário revela-se importante na execução da sentença arbitral, exclusividade do Estado-juiz, conforme decorre da Lei de Arbitragem brasileira e do Código de Processo Civil. No que tange ao risco da demora, os árbitros devem conceder as tutelas de urgências sempre que cabíveis e, no espaço de tempo entre o surgimento da lide e a instituição da arbitragem, o Poder Judiciário deve assumir, momentaneamente, esse papel, outorgando às partes toda proteção urgente necessária. Por fim, em relação à adequada tutela do direito material, os árbitros devem adequar o procedimento à finalidade de encontrar a técnica processual mais adequada para aquela determinada situação, nos limites impostos pelas regras escolhidas pelas partes e em harmonia com a cultura jurídica das partes.

Inegavelmente, no que tange a esse último aspecto, a liberdade dos árbitros é muito maior em comparação com a do Poder Judiciário. Um exemplo prático de atuação do princípio da efetividade no processo arbitral, especial-

---

56. Em sentido próximo, Leonardo Greco (2005b:261) faz o seguinte esclarecimento: "Por isso, a moderna concepção da efetividade do processo impõe o adequado cumprimento das sentenças judiciais, inclusive contra a Administração Pública, a oportuna proteção das situações jurídicas suficientemente fundamentadas contra os riscos da demora na prestação jurisdicional (tutela da urgência ou tutela cautelar) e a tutela específica do direito material, especialmente no âmbito das obrigações de dar coisa certa, de fazer e não fazer". A respeito do cumprimento e execução das decisões, Cassio Scarpinella Bueno (2009:v. 1, p. 150) esclarece que "uma vez obtido o reconhecimento do direito indicado como ameaçado ou lesionado e que, por isto mesmo, justifique a atuação do Estado-juiz (a prestação da 'tutela jurisdicional'), seus resultados devem ser efetivos, isto é, concretos, palpáveis, sensíveis no plano exterior do processo, isto é, 'fora' do processo". Humberto Theodoro Júnior (2009:v. I, p. 15), com foco na técnica processual, ensina que "a técnica processual não pode continuar sendo vista como um fim em si ou um valor em si mesma". Também assim, Maria Elizabeth de Castro Lopes e João Batista Lopes (2008:244) lecionam que "a busca da efetividade do processo não pode prescindir da técnica processual, já que ambas devem caminhar juntas para que o processo realize seus fins".

mente considerando essa liberdade procedimental, é a possibilidade de prolação de sentença parcial na arbitragem. A possibilidade de prolação de sentença parcial na arbitragem independe do regime previsto no Código de Processo Civil e até mesmo da autorização das partes na convenção de arbitragem. Isso porque, conforme os primeiro e terceiro autores já tiveram oportunidade de destacar em outro trabalho,

> a resolução imediata de parcela da causa que esteja pronta para julgamento não é apenas uma possibilidade, mas consequência do próprio princípio do qual decorre o dever de julgar com presteza. A entrega da prestação jurisdicional com eficiência e celeridade faz parte da tarefa do julgador, razão pela qual não se haveria de exigir autorização das partes para que o árbitro atuasse como a própria função lhe exige. (Fichtner e Monteiro, 2010h:172)

4.12 Princípio constitucional da motivação das decisões

A Constituição da República, no art. 93, inciso IX, primeira parte, estatui que "todos os julgamentos dos órgãos do Poder Judiciário serão públicos, e fundamentadas todas as decisões, sob pena de nulidade". O dispositivo está previsto no Capítulo III (Do Poder Judiciário) do Título IV (Da Organização dos Poderes) da Carta Magna, o que poderia sugerir que o princípio da motivação das decisões, com base constitucional, somente se dirigiria ao processo judicial, isto é, ao processo em curso perante o Poder Judiciário. Consideramos, porém, que o princípio constitucional da motivação se dirige a qualquer atividade decisória, seja ela realizada no âmbito do Poder Judiciário ou não,[57] razão pela qual alcança também a arbitragem.[58]

---

57. Destaque-se, aliás, que a importância dada pela Constituição da República à motivação das decisões dos tribunais se reflete também em dispositivo que a exige até mesmo em âmbito administrativo. Transcreva-se, nesse sentido, o texto do art. 93, inciso X, da Carta: "Lei complementar, de iniciativa do Supremo Tribunal Federal, disporá sobre o Estatuto da Magistratura, observados os seguintes princípios: (...) X — as decisões administrativas dos tribunais serão motivadas e em sessão pública, sendo as disciplinares tomadas pelo voto da maioria absoluta de seus membros".
58. Nesse sentido, confira-se o entendimento de Nagib Slaibi Filho (2006:95): "Não se pense que se esgotam no âmbito jurisdicional as normas decorrentes do disposto no art. 93, IX, a despeito de sua colocação topográfica. É que o processo judicial é o tronco de onde esgalham os demais ramos do processo e procedimentos, não só os realizados por entidades privadas, como o processo da arbitragem ou o processo da justiça disciplinar desportiva, ou aqueles realizados com caráter sancionatório por condomínios, associações etc.".

A Lei de Arbitragem brasileira dispõe, no art. 26, inciso II, que "são requisitos obrigatórios da sentença arbitral (...) os fundamentos da decisão, onde serão analisadas as questões de fato e de direito, mencionando-se, expressamente, se os árbitros julgaram por equidade", sendo certo que, segundo o art. 32, inciso III, da mesma norma, "é nula a sentença arbitral se (...) não contiver os requisitos do art. 26 desta Lei". Trata-se de previsão que se aplica não apenas à sentença arbitral, mas também a todas as decisões proferidas no curso da arbitragem, normalmente designadas de ordens processuais. Isso ocorre porque o dever de motivação das decisões é corolário do princípio também constitucional do devido processo legal e, ainda que não houvesse previsão constitucional a respeito, incidiria no processo judicial e na arbitragem.[59]

Nesse sentido, Cândido Rangel Dinamarco (2005:v. II, p. 236) leciona que "constitui significativa especificação das exigências do devido processo legal o dever de motivar sentenças e demais pronunciamentos judiciais". O STF já teve oportunidade de considerar que "a garantia constitucional estatuída no artigo 93, inciso IX, da Constituição Federal, segundo a qual todas as decisões judiciais devem ser fundamentadas, é exigência inerente ao Estado Democrático de Direito".[60] O STJ, por sua vez, também já teve

---

59. A respeito desse último aspecto, confira-se a lição de Nelson Nery Junior (2009:284): "A menção expressa da necessidade da motivação das decisões judiciais no texto constitucional não significa que somente se adotada semelhante regra pelo legislador constituinte é que terá validade e eficácia. Muito ao contrário, a motivação das decisões judiciais surge como manifestação do estado de direito, anterior, portanto, à letra da norma constitucional que a refira expressamente. Nada obstante, há constituições que, como a nossa, exigem expressamente sejam motivadas as decisões judiciais, como é o caso da Itália (Const. ital. 111), da Grécia (Const. grega de 1968, art. 117), dentre outras".

60. A transcrição integral é a seguinte: "A garantia constitucional estatuída no artigo 93, inciso IX, da Constituição Federal, segundo a qual todas as decisões judiciais devem ser fundamentadas, é exigência inerente ao Estado Democrático de Direito e, por outro, é instrumento para viabilizar o controle das decisões judiciais e assegurar o exercício do direito de defesa. A decisão judicial não é um ato autoritário, um ato que nasce do arbítrio do julgador, daí a necessidade da sua apropriada fundamentação" (STF, 1. T., RE nº 540.995, min. Menezes Direito, j. em 19.2.2008, *D.J.* de 2.5.2008). Idem: STF, Pleno, RE. nº 575.144, min. Ricardo Lewandowski, j. em 11.12.2008, *D.J.* de 20.2.2009. Relacionando o dever de fundamentação com o devido processo legal, confira-se outro relevante precedente do Pretório Excelso: "A decisão, como ato de inteligência, há de ser a mais completa e convincente possível. Incumbe ao Estado-Juiz observar a estrutura imposta por lei, formalizando o relatório, a fundamentação e o dispositivo. Transgride comezinha noção do devido processo legal, desafiando os recursos de revista, especial e extraordinário pronunciamento que, inexistente incompatibilidade com o já assentado, implique recusa em apreciar causa de pedir veiculada por autor ou réu. O juiz é um perito na arte de proceder e julgar, devendo enfrentar as matérias suscitadas pelas partes, sob pena de, em vez de examinar no todo o conflito de interesses,

oportunidade de relacionar o devido processo legal ao dever de motivação das decisões, consignando que "a motivação das decisões judiciais, elevada a cânone constitucional, apresenta-se como uma das características incisivas do processo contemporâneo, calcado no *due process of law*, representando uma 'garantia inerente ao estado de direito'".[61]

Não obstante a reconhecida relevância desse princípio, no âmbito do Poder Judiciário tem vigorado a tese de que o julgador não está obrigado a responder, na fundamentação da decisão, a todas as alegações das partes, bastando que indique motivo suficiente ao seu convencimento. Nesse sentido, o STF já assentou que "o órgão judicante não é obrigado a se manifestar sobre todas as teses apresentadas pela defesa, bastando que aponte fundamentadamente as razões de seu convencimento".[62] No mesmo sentido, o STJ já consolidou entendimento de que "o julgador não é obrigado a se manifestar acerca de todos os argumentos apontados pelas partes, se já tiver motivos suficientes para fundamentar sua decisão".[63] Além disso, também se tem admitido a chamada técnica da motivação *per relationem*, ou seja, a utilização da motivação de outros pronunciamentos para compor a fundamentação da própria decisão.[64]

---

simplesmente decidi-lo, em verdadeiro ato de força, olvidando o ditame constitucional da fundamentação, o princípio básico do aperfeiçoamento da prestação jurisdicional" (STF, 1. T., RE. nº 435.256, min. Marco Aurélio, j. em 26.5.2009, *D.J.* de 21.8.2009).

61. STJ, 4. T., Resp. 67.514/RJ, min. Sálvio de Figueiredo Teixeira, j. 19.3.1996, *D.J.* de 15.4.1996.

62. STF, 1. T., Ag. Reg. no AI. nº 747.611, min. Cármen Lúcia, j. em 13.10.2009, *D.J.* de 13.11.2009. Id.: STF, 2. T., Ag. Reg. no RE. nº 511.581, min. Eros Grau, j. em 24.6.2008, *D.J.* de 15.8.2008; STF, 2. T., HC. nº 83.073, min. Nelson Jobim, j. em 17.6.2003, *D.J.* de 20.2.2004; STF, 2. T., HC. nº 82.476, min. Carlos Velloso, j. em 3.6.2003, *D.J.* de 29.8.2003; STF, 2. T., Ag. Reg. no RE. nº 285.052, min. Carlos Velloso, j. em 11.6.2002, *D.J.* de 28.6.2002.

63. STJ, 3. S., EDcl no EREsp. nº 544.278/MG, min. Hélio Quaglia Barbosa, j. em 24.5.2006, *D.J.* de 19.6.2006. Id.: STJ, 1. S., EDcl no AgRg no EREsp. nº 841.413/SP, min. Castro Meira, j. em 8.10.2008, *D.J.* de 20.10.2008; STJ, 1. S., AgRg na AR. nº 3.715/PR, min. Luiz Fux, j. em 27.6.2007, *D.J.* de 27.8.2007; STJ, 2. S., EDcl no AgRg no CC nº 39.903/RJ, min. Nancy Andrighi, j. em 27.2.2008, *D.J.* de 5.3.2008.

64. Nesse sentido, confira-se a jurisprudência do STF: "Não viola o art. 93, IX, da Constituição Federal o acórdão que adota os fundamentos da sentença de primeiro grau como razão de decidir" (STF, 2. T., HC. nº 98.814, min. Ellen Gracie, j. em 23.6.2009, *D.J.* de 4.9.2009). Id.: STF, 1. T., Emb. Decl. no AI. nº 664.641, min. Cármen Lúcia, j. em 16.9.2008, *D.J.* de 20.2.2009; STF, Pleno, Emb. Decl. no MS. nº 25.936, min. Celso de Mello, j. em 13.6.2007, *D.J.* de 18.9.2009; STF, 1. T., HC. nº 86.533, min. Eros Grau, j. em 8.11.2005, *D.J.* de 2.12.2005; STF, 1. T., HC. nº 96.517, min. Menezes Direito, j. em 3.2.2009, *D.J.* de 13.3.2009; STF, 2. T., Ag. Reg. no RE. nº 360.037, min. Cezar Peluso, j. em 7.8.2007, *D.J.* de 14.9.2007; STF, 2. T., HC. nº 75.385, min. Nelson Jobim, j. em 7.10.1997, *D.J.* de 28.11.1997. Nelson Nery Junior (2009:286-287), atendidos determinados

Princípios processuais fundamentais aplicáveis à arbitragem brasileira

Não se admite, nem em âmbito judicial e nem em sede arbitral, fundamentação tautológica ou circular, com a utilização de expressões que serviriam ao julgamento de qualquer causa. Exige-se fundamentação substancial.[65] Afinal, conforme bem destacado em relevante acórdão do STF, "não satisfaz a exigência constitucional de que sejam fundamentadas todas as decisões do Poder Judiciário (CF, art. 93, IX) a afirmação de que a alegação deduzida pela parte é 'inviável juridicamente, uma vez que não retrata a verdade dos compêndios legais': não servem à motivação de uma decisão judicial afirmações que, a rigor, se prestariam a justificar qualquer outra".[66] Eventual motivação nesse sentido vicia a sentença arbitral e torna possível a sua anulação na via da ação de invalidação da sentença arbitral, com base no art. 32, inciso III, da Lei nº 9.307/1996.

Questão tormentosa é a possibilidade ou não de homologação pelo STJ de sentença arbitral estrangeira desprovida de motivação, principalmente quando a lei processual de regência da arbitragem ou as próprias partes tenham permitido a ausência de fundamentação. Na Inglaterra, o *Arbitration Act 1996* estabelece, no art. 52, item 4, que *"the award shall contain the reasons for the award unless it is an agreed award or the parties have agreed to dispense with reasons"*. Da mesma forma, em Portugal, a Nova Lei de Arbitragem Voluntária (Lei nº 63/2011) dispõe, no art. 42, item 3, que "a sentença deve ser fundamentada, salvo se as partes tiverem dispensado tal exigência ou se trate de sentença proferida com base em acordo das partes, nos termos do artigo 41º". Como se vê, em ambos os casos, as leis de regência permitem que as partes consensualmente dispensem a motivação da sentença.

Cumpre saber, portanto, se sentenças arbitrais estrangeiras desmotivadas, com base em autorização legal do direito aplicável à arbitragem e no

---

pressupostos, admite esse tipo de fundamentação: "De todo modo é fundamentada a decisão que se reporta a parecer jurídico constante dos autos, ou às alegações das partes, desde que nessas manifestações haja exteriorização de valores sobre as provas e questões submetidas ao julgamento do juiz. Assim, se o juiz na sentença diz acolher o pedido 'adotando as razões do parecer do Ministério Público', está fundamentada a referida decisão, se no parecer do *Parquet* houver fundamentação dialética sobre a matéria objeto da decisão do magistrado".

65. A respeito do dever de fundamentação substancial, transcreva-se a lição de Nelson Nery Junior (2009:286): "Fundamentar significa o magistrado dar as razões, de fato e de direito, que o convenceram a decidir a questão daquela maneira. A fundamentação tem implicação substancial e não meramente formal, donde é lícito concluir que o juiz deve analisar as questões postas a seu julgamento, exteriorizando a base fundamental de sua decisão. Não se consideram 'substancialmente' fundamentadas as decisões que afirmam que 'segundo os documentos e testemunhas ouvidas no processo, o autor tem razão, motivo por que julgou procedente o pedido'. Essa decisão é nula porque lhe falta fundamentação".

66. STF, 1. T., RE. nº 217.631, min. Sepúlveda Pertence, j. em 9.9.1997, *D.J.* de 24.10.1997.

consenso das partes – como pode acontecer, por exemplo, nos casos inglês e português –, poderiam ser homologadas no Brasil ou isso esbarraria no conceito de ordem pública em razão de o dever de fundamentação das decisões possuir assento constitucional. Argumenta-se, ainda, que a ausência de motivação impossibilitaria no juízo de delibação a verificação da compatibilidade da sentença estrangeira com a ordem pública, o que, assim, impediria a sua homologação. Trata-se de questão bastante interessante, mas que ainda não foi solucionada pelo STJ.

4.13 Princípio constitucional da publicidade dos atos processuais

O princípio constitucional da publicidade dos atos processuais está previsto no art. 5º, inciso LX, da Constituição da República, segundo o qual "a lei só poderá restringir a publicidade dos atos processuais quando a defesa da intimidade ou o interesse social o exigirem". Além dessa previsão na parte dedicada aos direitos e às garantias fundamentais, o princípio da publicidade também surge no art. 93, inciso IX, da Carta, segundo o qual

> todos os julgamentos dos órgãos do Poder Judiciário serão públicos, e fundamentadas todas as decisões, sob pena de nulidade, podendo a lei limitar a presença, em determinados atos, às próprias partes e a seus advogados, ou somente a estes, em casos nos quais a preservação do direito à intimidade do interessado no sigilo não prejudique o interesse público à informação.

A Lei de Arbitragem brasileira, na linha da maioria das legislações estrangeiras, não faz menção seja à publicidade, seja à privacidade e tão pouco à confidencialidade do processo arbitral, destacando apenas, no art. 13, §6º, que "no desempenho de sua função, o árbitro deverá proceder com imparcialidade, independência, competência, diligência e discrição". A única referência, pois, que a Lei nº 9.307/1996 faz à matéria é quando trata do dever de discrição do árbitro, que, assim, deve guardar sigilo em relação a dados, informações, documentos e decisões do caso.[67] Trata-se da adoção, por força

---

67. Nesse sentido, confira-se a lição de José Emilio Nunes Pinto (2005:31): "o art. 13, §6º ao exigir que os árbitros, no desempenho de sua função, ajam com 'discrição', impõe a eles o sigilo sobre o procedimento, seus atos, documentos, informações e dados trazidos pelas partes e, ainda, quanto à própria sentença arbitral".

de lei, do dever de confidencialidade em relação às informações auferidas através do exercício da função de árbitro.

O tema da publicidade, privacidade e confidencialidade na arbitragem é complexo e exige estudo próprio, incompatível com as finalidades pontuais deste trabalho.[68] De toda forma, é possível, ainda que sem maior aprofundamento, abordar alguns aspectos do problema. Para examinar o princípio da publicidade na arbitragem é preciso compreendê-lo sob dois prismas: publicidade interna (ou restrita) e publicidade externa (ou popular). Roberto José Ferreira de Almada (2005:94), em relação às duas espécies de publicidade, esclarece que

> a publicidade, então, é algo que se coloca à disposição dos jurisdicionados com o intuito de protegê-los da insegurança que possa advir de um processo secreto, conduzido a portas fechadas, sem a possibilidade de revelação e de controle; é também proteção difusa conferida ao público, que passa a perceber na jurisdição a feição democrática que lhe é inerente e sem a qual ela redunda opaca e hermética, fora portanto dos padrões do Estado de Direito.

Como se vê, a publicidade interna (ou restrita) objetiva permitir às partes da relação processual o acompanhamento de todos os atos do processo, evitando-se um processo kafkiano, cujos atos processuais e julgamentos não são conhecidos ou passíveis de conhecimento, em verdadeiro processo-surpresa. Nesse sentido, a observância da publicidade interna exige que as partes sejam informadas e possam acompanhar e ter acesso a todos os atos do processo e a todas as decisões. Já quanto à publicidade externa (ou popular), pode-se dizer que a garantia é respeitada quando se permite o conhecimento público dos atos processuais, franqueando amplo acesso dos atos e das decisões a qualquer cidadão, o que está relacionado, normalmente, com a função pública exercida pelo Poder Judiciário e com o direito fundamental do povo, enquanto detentor do poder, de fiscalizar a atuação do Estado. No âmbito judicial, a regra é a aplicação plena da publicidade interna e externa, sujeita esta última a algumas poucas exceções.

---

68. Sobre o tema, permita-se a indicação de texto específico dos autores, originalmente assim publicada: Fichtner, Mannheimer e Monteiro (2012:227-285). A versão revista e atualizada compõe esta coletânea.

Em relação à arbitragem, no que tange à publicidade interna, trata-se de aspecto sempre presente e que não pode ser afastado seja pelos árbitros, seja mesmo pela vontade das partes, sob pena de criação de um processo secreto para as próprias partes, o que é absolutamente inadmissível e viola a ordem pública. No que tange à publicidade externa, a privacidade inerente à arbitragem afasta a possibilidade de terceiros conhecerem ou participarem dos atos do processo arbitral. Não há, a bem da verdade, muitas dúvidas em relação a esses dois aspectos, pois a doutrina e a jurisprudência dominantes acolhem esse posicionamento. O ponto mais delicado diz respeito ao dever de as partes da arbitragem manter o sigilo em relação à existência do conflito, às informações, aos documentos, às provas e às decisões, o que é identificado como dever de confidencialidade. Observe-se que o conceito de privacidade (direito das partes de impedir a presença de terceiros) não se confunde com o conceito de confidencialidade (dever recíproco das partes de manter o sigilo).

Em nossa opinião, enquanto a privacidade é inerente à arbitragem, a confidencialidade exige previsão legal — o que, salvo no que tange aos árbitros, não é o caso brasileiro — ou convencional, razão pela qual somente se pode exigir que as partes cumpram esse dever de confidencialidade se houver previsão nesse sentido na convenção de arbitragem, no termo de arbitragem ou no regulamento da instituição arbitral escolhida. Pode-se dizer, com segurança, que à arbitragem se aplica o princípio da publicidade apenas sob o aspecto interno, mas não sob o aspecto externo. É importante esclarecer, contudo, que mesmo diante da privacidade inerente à arbitragem e mesmo quando as partes convencionam a confidencialidade do procedimento, essas regras não são absolutas, cedendo lugar em determinadas situações excepcionais. Isso ocorre, por exemplo, diante de previsão em sentido contrário da lei aplicável à arbitragem, diante de razoável necessidade de exercício de direito de defesa, nos casos de deveres legais aos quais as partes da arbitragem estejam obrigadas, na hipótese de exigência de interesse público.

Impende, por fim, analisar como se comporta a privacidade inerente à arbitragem e a confidencialidade expressamente convencionada entre as partes diante da necessidade de contar com o apoio do Poder Judiciário, regido pelos limitados textos do art. 5º, inciso LX, e do art. 93, inciso IX, ambos da Carta Magna, bem como do art. 155 do Código de Processo Civil. Parece-nos que a Constituição da República e a legislação processual, ao se referirem nos dispositivos correspondentes a "defesa da intimidade", a "interesse social" e a "interesse público",[69] não permitem entender, em regra, que sempre que se tratar de cooperação do Poder Judiciário na arbitragem deverá haver decretação do segredo de justiça pelo juiz togado, ainda que as partes tenham estabelecido expressamente a privacidade e a confidencialidade do procedimento.

Essa interpretação representaria uma exceção demasiadamente ampla à publicidade externa própria da atuação do Poder Judiciário e acabaria, em última análise, por transferir para as partes o poder de determinar o alcance da publicidade externa. Essa interpretação somente seria possível se houvesse previsão legal específica no Código de Processo Civil, excepcionando, legitimamente, a regra geral sem comprometer o conteúdo e o significado do princípio da publicidade externa do Poder Judiciário. Como não há essa previsão legal específica, não é possível a decretação automática do segredo de justiça nesses casos.

Evidentemente que situações excepcionais, relacionadas à intimidade das partes ou dos árbitros, podem recomendar ou permitir a decretação do segredo de justiça, mas essa não é a regra geral. Observe-se que essa exceção aqui aventada não possui relação com a privacidade e a confidencialidade eventualmente estabelecida pelas partes na arbitragem, mas sim com a defesa da intimidade das partes ou dos árbitros — o que, pode englobar, por exemplo, direitos da personalidade, segredos comerciais etc. —, tal como garante, para quaisquer casos, a Constituição da República.

4.14 Princípio infraconstitucional da iniciativa das partes

O princípio da iniciativa das partes é corolário da garantia constitucional da liberdade, prevista no *caput* do art. 5º da Constituição da República.

---

69. Egas Dirceu Moniz de Aragão (2005:v. II, p. 18) considera que a previsão constitucional alargou os termos do art. 155 do Código de Processo Civil de 1973: "A disposição constitucional que hoje disciplina a matéria em parte não afeta as considerações expendidas na interpretação da norma comentada. Com efeito, relativamente ao inc. I, a referência a interesse público, como no texto, ou a interesse social, como na Carta, não altera os dados para equacionar e solucionar o problema. É que, ao afastar a incidência do princípio da publicidade 'em defesa da intimidade', conceito obviamente flexível, a disposição contida na Carta veio tornar exemplificativa a enunciação do aludido inc. II. Doravante, portanto, se a 'defesa da intimidade' o exigir, outros processos, além dos indicados nesse inciso (o de nº II), poderão correr em segredo de justiça, se o juiz assim determinar. A Constituição aumentou, pois, o poder discricionário dos juízes, que era menos amplo, e assim restringiu a incidência do princípio da publicidade dos atos processuais".

Conforme ensina Cândido Rangel Dinamarco (2009:v. I, p. 231), "não existe norma constitucional específica, portadora da garantia da liberdade das partes no processo. A liberdade processual é, todavia, óbvia projeção processual da própria garantia geral de liberdade". Segundo o mesmo autor, "as manifestações da garantia constitucional da liberdade das partes transparecem ao longo de todo o processo, desde sua instauração e até que se extinga" (Dinamarco, 2009:v. I, p. 232).

A depender, porém, do momento em que a liberdade das partes se manifesta no processo, a doutrina costuma utilizar terminologias diversas — e também prever distintas consequências — para identificar o mesmo fenômeno, como princípio da iniciativa das partes, princípio da inércia, princípio da demanda, princípio da correlação entre o pedido e a sentença, princípio da disponibilidade, princípio dispositivo, princípio da flexibilidade procedimental etc. Prefere-se, neste texto, adotar a distinção entre princípio da iniciativa das partes e princípio dispositivo. Assim, o princípio da iniciativa das partes, segundo a visão ora apresentada, engloba o subprincípio da disponibilidade, o subprincípio da inércia da jurisdição, o subprincípio da demanda, o subprincípio da correlação e o subprincípio da flexibilidade procedimental. Já o princípio dispositivo, tal como estamos considerando, contrapõe-se ao princípio inquisitivo e tem aplicação restrita ao universo probatório, relacionando-se com os poderes das partes e do juiz na instrução do processo.

Tal distinção não é nova, apesar de ainda polêmica.[70] Antonio Carlos de Araújo Cintra, Ada Pellegrini Grinover e Cândido Rangel Dinamarco, não obstante utilizarem a terminologia "princípio da disponibilidade" em vez de "princípio da iniciativa das partes", ensinam que "em direito processual tal poder é configurado pela possibilidade de apresentar ou não sua pretensão em juízo, bem como de apresentá-la da maneira que melhor lhes aprouver e renunciar a ela (desistir 'da ação') ou a certas situações processuais" (Cintra, Grinover e Dinamarco, 2001:60). Mais adiante, os autores esclarecem que "na doutrina contemporânea reserva-se a locução princípio dispositivo, como no texto acima está, para a regra da iniciativa probatória de parte" (Cintra, Grinover e Dinamarco, 2001:64). Também assim, Leonardo Greco (2009: v. I, p. 546) leciona que "o princípio da iniciativa das partes diz respeito à inércia do juiz quanto às questões de direito material, enquanto o princípio

---

70. Criticando a conceituação adotada por parte da doutrina brasileira a respeito do princípio dispositivo, confira-se a lição de José Roberto dos Santos Bedaque (2009:87-97).

dispositivo se refere à iniciativa relativa aos fatos e às provas". O princípio da iniciativa das partes é examinado neste item – com os seus subprincípios –, enquanto o princípio dispositivo será analisado no próximo.

Tradicionalmente, o princípio da iniciativa das partes é explicado por meio de três brocardos latinos: *nemo iudex sine actore* (não há julgador sem autor), *ne procedat iudex ex officio* (o julgador não procede de ofício) e *ne eat iudex ultra petita partium* (o julgador não pode ir além do pedido) (Greco, 2009:v. I, p. 537). No primeiro brocardo, estaria previsto o subprincípio da demanda; no segundo, o subprincípio da inércia da jurisdição; e no terceiro, o subprincípio da correlação entre o pedido e a sentença. Conforme já destacado, preferimos acrescentar no título de princípio da iniciativa das partes, além desses três subprincípios, o subprincípio da disponibilidade e o subprincípio da flexibilidade procedimental. Este último subprincípio, apesar de esquecido em sede judicial em razão da rigidez de nosso sistema, é fundamental na arbitragem e se relaciona de forma preponderante com a autonomia privada das partes.

No processo judicial, o princípio da iniciativa das partes é bastante abrangente, guardando restrições apenas diante da natureza indisponível do direito material em disputa e da rigidez do procedimento legal. Nesse sentido, em relação à indisponibilidade do direito material, Antonio Carlos de Araújo Cintra, Ada Pellegrini Grinover e Cândido Rangel Dinamarco (2001:60) afirmam que o princípio da iniciativa das partes "sofre limitações quando o próprio direito material é de natureza indisponível, por prevalecer o interesse público sobre o privado". Como a arbitragem é marcada pela disponibilidade dos direitos e interesses em disputa, pode-se dizer que, em regra, o princípio da iniciativa das partes na arbitragem não sofre esses limites relacionados ao direito material.[71]

---

71. Não obstante utilizar a terminologia "princípio dispositivo" para o que preferimos designar "princípio da iniciativa das partes", confira-se a correta lição de Sergio Bermudes (2002:266-267) no que tange à aplicação desse princípio na arbitragem: "A ação, inclusive arbitral, rege-se pelo princípio dispositivo conforme o qual o autor pede o que e o quanto lhe aprouver, ainda quando puder pedir mais. E o pedido, por motivos sobejamente conhecidos, limita a jurisdição, governada pelo princípio da inércia, que só permite a sua atuação quanto ao demandado. (...). O princípio mencionado, da adstrição da jurisdição ao pedido da parte, foi acolhido na Lei de Arbitragem, cujo art. 26, III, enunciando os requisitos da sentença arbitral, dispõe: 'o dispositivo, em que os árbitros resolverão as questões que lhes forem submetidas...', assim limitando a atividade do juízo arbitral apenas à postulação das partes".

Quanto à rigidez do procedimento, o princípio da iniciativa das partes na arbitragem também não sofre esses limites inerentes ao processo judicial, pois os sistemas procedimentais adotados no processo judicial (sistema da legalidade) e na arbitragem (sistema da liberdade) são bastante distintos. Conforme explica Fernando Gajardoni (2008:79), no sistema da legalidade "o lugar em que cada ato processual tem cabimento se encontra rigidamente preestabelecido em lei", enquanto no sistema da liberdade "não há uma ordem legal preestabelecida para a prática dos atos processuais, competindo aos sujeitos do processo (ora às partes, ora ao juiz) determinar a cada momento qual o ato processual a ser praticado". Inegavelmente, vigora na arbitragem o sistema da liberdade procedimental, corolário da flexibilidade procedimental, que, segundo pensamos, compõe o rol de subprincípios do princípio da iniciativa das partes.

Prova clara da adoção do sistema da liberdade procedimental na arbitragem é a redação do art. 21 da Lei nº 9.307/1996, segundo a qual

> a arbitragem obedecerá ao procedimento estabelecido pelas partes na convenção de arbitragem, que poderá reportar-se às regras de um órgão arbitral institucional ou entidade especializada, facultando-se, ainda, às partes delegar ao próprio árbitro, ou ao tribunal arbitral, regular o procedimento.

Em seguida, o §1º desse mesmo dispositivo prevê que "não havendo estipulação acerca do procedimento, caberá ao árbitro ou ao tribunal arbitral discipliná-lo". Desde que observadas as garantias fundamentais das partes, têm elas plena liberdade para estabelecer o procedimento que será seguido na arbitragem, sem se sujeitarem, portanto, a qualquer moldura procedimental previamente imposta por lei.

Em um resumo de ordem bem prática, pode-se dizer que o princípio da iniciativa das partes na arbitragem, por exemplo, permite ao autor definir o objeto da arbitragem — desde que enquadrado no escopo da convenção de arbitragem —, permite ao réu escolher as matérias de defesa que pretende submeter à apreciação dos árbitros, permite ao autor renunciar ao direito em disputa, permite ao réu reconhecer a procedência dos pedidos feitos pelo autor, permite que as partes transacionem a respeito do objeto da causa, permite que as partes convencionem a respeito do procedimento que será seguido na arbitragem, proíbe a instauração da arbitragem sem provocação das partes, proíbe a concessão de medidas não requeridas pelas partes, proíbe a prolação de sentença dissonante dos pedidos feitos pelas partes etc.[72] Repita-se que, em relação ao processo arbitral, o princípio da iniciativa das partes encontra limitação na observância de outros princípios processuais fundamentais, o que deverá ser objeto de ponderação pelos árbitros e, em último caso, pelo Poder Judiciário.

4.15 Princípio infraconstitucional dispositivo

Conforme explicado no item anterior, estabelecemos uma distinção entre o princípio da iniciativa das partes e o princípio dispositivo, este último referente, conforme entendimento adotado no texto, ao universo probatório, relacionado, em outras palavras, aos poderes das partes e do juiz na instrução do processo. A maior ou menor influência do juiz na condução do processo, notadamente na atividade probatória, traz sempre à lembrança a notória distinção entre o *inquisitorial system* e o *adversarial system*: o primeiro é preponderante no sistema continental europeu e permite ao juiz ampla intervenção na atividade probatória; o segundo é eminentemente praticado nos países da *Common Law* e deixa preponderantemente às partes a tarefa de instruir o processo.[73]

Segundo Antonio Carlos de Araújo Cintra, Ada Pellegrini Grinover e Cândido Rangel Dinamarco (2001:64), "o princípio dispositivo consiste na regra de que o juiz depende, na instrução da causa, da iniciativa das partes quanto às provas e às alegações em que se fundamentará a decisão: *iudex secundum allegata et probata partium iudicare debet*". Leonardo Greco (2009: v. I, p. 546), por sua vez, ensina que, de acordo com o princípio dispositivo, "o juiz deve julgar a causa de acordo com os fatos alegados e com as provas produzidas pelas partes". A Lei de Arbitragem brasileira aduz, no art. 22, que "poderá o árbitro ou o tribunal arbitral tomar o depoimento das partes, ouvir testemunhas e determinar a realização de perícias ou outras provas que julgar necessárias, mediante requerimento das partes ou de ofício". Como se vê da parte final do dispositivo, a Lei nº 9.307/1996 permite ao árbitro a determinação de provas *ex officio*, razão pela qual se pode concluir que o princípio dispositivo é adotado com temperamentos na arbitragem brasilei-

---

72. Sergio Bermudes (2002:267), com razão, leciona que "mesmo a possibilidade de decidir por equidade não permite aos árbitros irem além do pedido".
73. A respeito das diferenças entre esses dois sistemas, recomenda-se a leitura dos seguintes textos de José Carlos Barbosa Moreira (2001c, 2001d, 2007b, 2007f).

ra, da mesma forma que ocorre no processo judicial (art. 130 do Código de Processo Civil).

A grande questão relacionada à possibilidade ou não de determinação de provas de ofício pelo julgador — juiz togado ou árbitro — é a atinente à sua imparcialidade. Em alguns sistemas jurídicos, a determinação de alguma prova de ofício pelo julgador pode significar a quebra do dever de imparcialidade, principalmente quando o julgador substitui a parte que deveria ter requerido aquela determinada prova. Em outros sistemas, diversamente, considera-se que a prova produzida não pertence a uma ou a outra parte, mas sim ao processo, razão pela qual o julgador, na sua tarefa de buscar a verdade real, poderia naturalmente intervir na instrução probatória e, caso ainda não dispusesse de elementos suficientes à formação de seu livre convencimento, determinar a realização desta ou daquela prova.

A Lei de Arbitragem brasileira fez a opção pela possibilidade de determinação de provas *ex officio*, o que, contudo, segundo nos parece, deve ser feito de maneira subsidiária à instrução probatória requerida pelas partes, não apenas em razão da conceituação do princípio dispositivo adotado no Brasil como também em razão da enorme incidência, na arbitragem, da autonomia privada. Da mesma forma, defendendo a possibilidade de determinação de provas de ofício pelo julgador, mas de forma subsidiária, Arruda Alvim (2008:484) leciona que "se, de um lado, pode o juiz, licitamente, adentrar a atividade probatória, tendo em vista a necessidade da prova para a formação de sua convicção, deverá sempre fazê-lo subsidiariamente, não suprindo as omissões da parte inerte". Esse nos parece o meio-termo adequado para solucionar corretamente a questão. De uma forma ou de outra, ressalte-se também que o árbitro não poderá utilizar esse poder para desrespeitar eventuais convenções das partes sobre matéria de prova, sob pena de violação da convenção de arbitragem.

4.16 Princípio infraconstitucional do impulso oficial

Há dois sistemas judiciais de impulso processual: o impulso oficial (adotado, como regra, no Brasil) e o impulso das partes (observado, como regra, na Itália). No primeiro deles, proposta a demanda, o juiz é quem determina a realização dos atos processuais até a extinção do processo. No último, o processo se movimenta por provocação das partes, ficando o juiz na inerte posição de expectador do desenvolvimento do procedimento. Leonardo Greco defende que "no nosso sistema prevalece o impulso oficial com a colaboração das partes" (2009:v. I, p. 560). No processo judicial brasileiro, portanto, o impulso oficial é a regra.

Antonio Carlos de Araújo Cintra, Ada Pellegrini Grinover e Cândido Rangel Dinamarco (2001: 66-67) explicam que o impulso oficial "é o princípio pelo qual compete ao juiz, uma vez instaurada a relação processual, mover o procedimento de fase em fase, até exaurir a função jurisdicional". Ernane Fidélis dos Santos (2008:v. I, p. 41), por sua vez, considera que "o impulso significa que o órgão estatal tem o poder de determinar o andamento do processo até onde se possa chegar sem iniciativa da parte, inclusive à sentença de mérito". É preciso destacar que o impulso oficial no processo judicial brasileiro não é absoluto, pois as partes, em determinadas ocasiões, podem influenciar na marcha processual, como na abreviação ou prorrogação de prazos dilatórios, na suspensão do processo, no requerimento de diligências necessárias à instrução da causa.[74]

Na arbitragem, o princípio do impulso oficial atua de maneira peculiar. Isso porque se, por um lado, as partes detêm toda a liberdade para escolher o procedimento a ser seguido no processo arbitral, por outro, eleito o procedimento, o árbitro deve atuar de maneira ativa, determinando a realização dos atos processuais, de maneira a atender ao princípio da duração razoável do processo e ao prazo estabelecido para prolação da sentença arbitral. De toda forma, quando existe conflito entre o convencionado por ambas as partes e o árbitro a respeito do procedimento, prevalece a vontade conjunta das partes, em respeito à autonomia que marca de forma preponderante a arbitragem. O árbitro, por exemplo, não pode indeferir um pedido conjunto das partes de suspensão do processo, o que em sede judicial pode acontecer, caso a suspensão já tenha superado o tempo previsto na lei processual.

Lembre-se que em sede de arbitragem é elevadíssimo o grau de disponibilidade das partes sobre o processo e seu conteúdo. Tanto isso é verdade que elas podem encerrá-lo por convenção, mesmo sem acordo sobre a matéria de fundo,

---

74. Em sentido assemelhado, confira-se a lição de Antonio Carlos de Araújo Cintra, Ada Pellegrini Grinover e Cândido Rangel Dinamarco (2001:328): "É certo, porém, que o ordenamento processual civil não aboliu por completo a iniciativa das partes, permitindo-lhe, quando de acordo, abreviar ou prorrogar prazos (...), bem como requerer diligências necessárias à instrução da causa".

até mesmo contra a vontade dos árbitros — obviamente ressalvados os direitos dos árbitros decorrentes de sua atuação na arbitragem, notadamente aqueles relativos aos respectivos honorários —, tudo revelando que a mesma fonte que instituiu tem a prerrogativa também de extinguir a relação jurídica arbitral.

4.17 Princípio infraconstitucional da oralidade

O princípio da oralidade sempre contou com a relevante defesa de Giuseppe Chiovenda, um dos maiores processualistas da história, não obstante a sua adoção nos ordenamentos processuais italiano e brasileiro tenha se dado de forma moderada. De início, poder-se-ia pensar que a menção à adoção do princípio da oralidade representaria a prevalência da forma oral sobre a forma escrita na prática dos atos processuais. Na verdade, contudo, essa concepção, em sentido mais puro, não foi incorporada em nenhum dos ordenamentos mais conhecidos, cuja regra adotada foi a do procedimento escrito (princípio da escritura). A análise que se faz, pois, do princípio da oralidade é em relação à sua maior ou menor influência nos ordenamentos marcados pelo procedimento escrito.

Antonio Carlos de Araújo Cintra, Ada Pellegrini Grinover e Cândido Rangel Dinamarco (2007:348) explicam que

> a oralidade entre nós representa um complexo de ideias e de caracteres que se traduzem em vários princípios distintos, ainda que intimamente ligados entre si, dando ao procedimento oral seu aspecto particular: os princípios da concentração, da imediação ou imediatidade, da identidade física do juiz, da irrecorribilidade das interlocutórias.

Arruda Alvim, em sentido assemelhado, leciona que "decorrem deste princípio alguns subprincípios, que se colocam mesmo como requisitos de operatividade do princípio da oralidade", que são o subprincípio da imediação, o subprincípio da concentração dos atos processuais, o subprincípio da irrecorribilidade em separado das decisões interlocutórias e o subprincípio da identidade física do juiz.[75]

---

75. Arruda Alvim (2005:33-34). Humberto Theodoro Júnior (2009:v. I, p. 31), por sua vez, em enumeração mais enxuta, destaca que "os elementos que caracterizam o processo oral em

Na prática da arbitragem, o princípio da oralidade se revela como uma grande vantagem, ao menos no sentido em que está sendo empregado no texto. Primeiramente, é fundamental na arbitragem o contato direto do árbitro com as partes, seus advogados e as provas, a fim de que aquele receba, sem intermediários, o material persuasivo e argumentativo que lhe servirá ao julgamento, o que pode ser designado de "identidade física do árbitro". Além disso, normalmente, assume especial papel a audiência, na qual se concentrarão as provas orais e os debates entre as partes a respeito das provas até então produzidas, o que, em arbitragens complexas, pode consumir até uma semana inteira. Por fim, registre-se que na arbitragem, em regra, com exceção do pedido de esclarecimentos, não existe nenhuma forma de impugnação na própria arbitragem das decisões interlocutórias (ordens processuais) e nem da sentença arbitral, tudo a conspirar, também, pelo princípio da oralidade.

4.18 Princípio infraconstitucional do livre convencimento motivado

Entre o livre-arbítrio do julgador de decidir conforme sua exclusiva vontade — julgamento *secundum conscientiam* — e a irrestrita obediência ao valor das provas tarifadas — sistema da prova legal —, a evolução do direito processual, em especial após a Revolução Francesa, construiu o denominado princípio do livre convencimento motivado (ou princípio da persuasão racional). A Lei de Arbitragem brasileira, no art. 21, §2º, dispõe que "serão, sempre, respeitados no procedimento arbitral os princípios do contraditório, da igualdade das partes, da imparcialidade do árbitro e de seu livre convencimento". Conforme os primeiro e terceiro autores já tiveram oportunidade de externar, "o 'livre convencimento' previsto na parte final do parágrafo segundo do art. 21 da Lei de Arbitragem deve ser entendido como 'livre convencimento motivado'" (Fichtner e Monteiro, 2010g:201).

Cândido Rangel Dinamarco, apesar de considerá-lo apenas uma regra técnica de grande importância mas não um princípio, aduz que o livre convencimento motivado "dá ao juiz liberdade para examinar os resultados da

---

sua pureza conceitual são: a) a identidade da pessoa física do juiz, de modo que este dirija o processo desde o seu início até o julgamento; b) a concentração, isto é, que em uma ou em poucas audiências próximas se realize a produção das provas e o julgamento da causa; c) a irrecorribilidade das decisões interlocutórias, evitando a cisão do processo ou a sua interrupção contínua, mediante recursos, que devolvem ao tribunal o julgamento impugnado".

prova segundo sua própria capacidade perceptiva e atento ao que consta dos autos, motivando sua decisão" (Dinamarco, 2009:v. I, p. 201). Rui Portanova (2008:246), por sua vez, leciona que, em razão do princípio do livre convencimento motivado, "o juiz formará livremente seu convencimento, mas há de formá-lo na apreciação da prova existente nos autos". Como bem ressalta Carlos Alberto Carmona, em lição dirigida ao processo arbitral, "livre convencimento não se confunde com arbítrio, de forma que deve o julgador fundamentar a sentença, explicando os motivos de seu convencimento, como forma de possibilitar às partes o controle da decisão".[76] A respeito desse princípio, cumpre a transcrição de excelente lição de Leonardo Greco (2009:v. I, p. 555):

> A livre convicção fundamentada não tolhe a liberdade de julgamento do juiz, mas o obriga a sustentar racionalmente a verdade encontrada, que não pode ser fruto da paixão, do preconceito ou do impulso do momento, mas a apreciação ponderada e lógica de todas as provas; que não pode ser a verdade íntima, mas aquela que pela razão possa ser reconhecida como consistente por qualquer outro homem.

Segundo o princípio do livre convencimento motivado, o julgador não está vinculado a nenhum sistema de preferência legal de provas, razão pela qual ele possui toda a liberdade para valorar as provas produzidas no processo segundo sua própria convicção, contanto que justifique, racional e expressamente, quais foram os elementos de prova presentes nos autos que o levaram a decidir (*quod non est in actis non est in mundo*) e como esses elementos influenciaram no teor da decisão. Dentre outras decorrências desse princípio, pode-se dizer que a lei não pode mais impor ao julgador este ou aquele critério de valoração das provas, como, *v.g.*, estabelecer que a prova documental sem-

---

76. Carmona (2009a:298). Estabelecendo o correto enlace entre o princípio da completa fundamentação das decisões e o princípio do livre convencimento motivado, cite-se a seguinte lição de Nelson Nery Junior (2002:182-183) em obra clássica: "A motivação da sentença pode ser analisada por vários aspectos, que vão desde a necessidade de comunicação judicial, exercício de lógica e atividade intelectual do juiz, até sua submissão, como ato processual, ao estado de direito e às garantias constitucionais estampadas no art. 5º, CF, trazendo consequentemente a exigência da imparcialidade do juiz, a publicidade das decisões judiciais, a legalidade da mesma decisão, passando pelo princípio constitucional da independência jurídica do magistrado, que pode decidir de acordo com sua livre convicção, desde que motive as razões de seu convencimento (*princípio do livre convencimento motivado*)".

pre prevalece sobre a prova testemunhal. No que diz respeito à arbitragem, cumpre questionar se as partes, no exercício de sua autonomia, podem estabelecer essa tarifação de provas. Mais do que isso: se as partes podem excluir determinado meio de prova na convenção de arbitragem. Isso seria permitido pela autonomia privada que governa a arbitragem ou isso infringiria o princípio do livre convencimento motivado?

Consideramos que a autonomia das partes na arbitragem permite que elas estabeleçam restrições aos meios de prova que serão utilizados na arbitragem, bem como indiquem determinada prevalência de um meio de prova sobre outro. Eventual potestade dessas cláusulas deve ser examinada pelo árbitro no momento de analisar a regularidade da convenção de arbitragem. Assim, apesar de incidir na arbitragem o princípio do livre convencimento motivado, o árbitro deve respeitar a convenção das partes a respeito dos meios de provas e dos valores a elas atribuídos. Dentro desses limites, a aplicação do princípio do livre convencimento motivado é plena, exigindo que o árbitro indique na decisão os elementos de prova que considerou e como esses elementos influenciaram no teor da decisão.

4.19 Princípio infraconstitucional da lealdade processual

O art. 27 da Lei de Arbitragem brasileira estatui que "a sentença arbitral decidirá sobre a responsabilidade das partes acerca das custas e despesas com a arbitragem, bem como sobre verba decorrente de litigância de má-fé, se for o caso, respeitadas as disposições da convenção de arbitragem, se houver". A interpretação do referido dispositivo legal exige certo esforço, na medida em que são utilizadas duas expressões de ressalva na mesma frase: "se for o caso" e "se houver". Consideramos que esse dispositivo é a fonte legal direta do princípio da lealdade processual (ou princípio da boa-fé processual) na arbitragem, o que, contudo, não afastaria a sua aplicação caso houvesse omissão da lei, pois se trata de um princípio do ordenamento processual, implicitamente incidente.

A ordem jurídica interna é repleta de normas destinadas a prescrever o adequado comportamento das partes e dos seus patronos como sujeitos do multilateral sistema de distribuição de justiça e é intuitivo que tais normas, de ordem cogente, se destinam à aplicação tanto no que respeita à jurisdição pública quanto à privada. As principais regras estão dispersas na própria Lei de Arbitragem, no Código de Processo Civil, no Estatuto da Ordem dos Advogados no Brasil, nos códigos deontológicos de todas as profissões e de forma esparsa nos diversos regulamentos de arbitragem em vigor. Atualmente, ganham importância, ainda, códigos de ética editados por relevantes instituições — desvinculadas do Estado —, compondo um direito de origem não estatal a esse respeito (*soft law*).

Limitando nossa análise ao art. 27 da Lei, em especial a sua parte final, percebe-se que o dispositivo legal faz menção (i) às custas e despesas com a arbitragem[77] e (ii) à verba decorrente de litigância de má-fé, mas fixaremos nossa análise apenas neste último conceito, que é o objeto deste item. Sob o ângulo dos litigantes, o processo é sem dúvida um duelo e, como tal, não se pode excluir o recurso à habilidade na escolha e na realização das táticas julgadas mais eficazes para a obtenção de resultados vantajosos, o que depende sobremaneira da *expertise* dos advogados. Não obstante, sobrepairam as exigências éticas e sociais inerentes à significação do processo como instrumento de pacificação de conflitos e realização de justiça.[78] Nesse aparente conflito, portanto, prevalece a exigência de lealdade processual, cuja aplicação na arbitragem independe de previsão na convenção de arbitragem ou no regulamento da corte arbitral escolhida.

José Carlos Barbosa Moreira, em texto escrito na década de 1970, esclarece, sempre com atualidade, que a incorreção da conduta das partes no

---

77. Conforme ensina Cândido Rangel Dinamarco (2009:v. II, p. 651), "custo do processo é a designação generalizada de todos os itens entre os quais se distribuem os recursos financeiros a serem despendidos no processo", isto é, "engloba despesas processuais e honorários advocatícios". Já despesas processuais, segundo o mesmo autor, "não é uma locução de amplitude total, no sistema do Código de Processo Civil", razão pela qual "abrange todos os itens do custo do processo que de algum modo e em algum momento serão devidos aos agentes estatais (Poder Judiciário, auxiliares da Justiça), mas não abrange os honorários advocatícios" (Dinamarco, 2009:v. II, p. 651). Sob o prisma do estatuto processual civil, estão englobados nesse conceito de despesas processuais a taxa judiciária, os emolumentos, os gastos com certos atos e diligências processuais (mas não extraprocessuais), a remuneração de eventuais auxiliares da justiça (perito, intérprete) e as multas processuais. No que diz respeito ao processo arbitral, Carlos Alberto Carmona, interpretando o art. 27 da Lei nº 9.307/1996, defende que "a Lei de Arbitragem, porém, abraçou uma ideia mais ampla, no sentido de que as despesas do processo arbitral abarcam o conceito maior de custo do processo (ou seja, tudo quanto foi despendido pelas partes por força das exigências do processo)" (Carmona, 2009a:374). Especificamente a esse respeito, permita-se a indicação de texto específico dos autores, originalmente assim publicado: Fichtner, Mannheimer e Monteiro (2012:237-282). A versão revista e atualizada integra esta coletânea.

78. Confira-se, a esse respeito, as lições de José Carlos Barbosa Moreira (1977a:16).

Princípios processuais fundamentais aplicáveis à arbitragem brasileira

processo pode dizer respeito ao "conteúdo das alegações por elas feitas em juízo" (dever de veracidade e dever de completitude) ou "à forma por que atuam no processo, pessoalmente ou através de seus procuradores" (respeito às regras do jogo). O primeiro aspecto pode ser resumido no dever de alegar conforme a verdade, conforme toda a verdade. O segundo, de conceito mais fluido, pode ser identificado "no respeito aos direitos processuais da parte contrária e na abstenção de embaraçar, perturbar ou frustrar a atividade do órgão judicial" (Barbosa Moreira, 1977a:17). Arruda Alvim (2005:v. 1, p. 38) sintetiza bem o princípio ao lecionar que "objetiva-se coibir a deslealdade e a má-fé dentro do processo, bem como evitar pretensões sem fundamento, requerimento de provas e diligência inúteis ou desnecessárias".

No que tange ao respeito às regras do jogo, pode-se dizer que não são apenas as condutas puramente procrastinatórias que importam em violação ao princípio da lealdade processual. Os pedidos infundados, muitas vezes feitos durante a instrução probatória, normalmente acompanhados de insinuações quanto à validade do processo arbitral, bem como de entrelinhares ameaças de invalidação da futura sentença arbitral, também representam violação ao princípio da lealdade processual. E não é só. Os patronos das partes, em atenção a esse princípio, também devem se comportar com seriedade e urbanidade durante a elaboração das peças e, principalmente, no curso dos debates orais em audiência. Isso de modo algum mitiga a natural postura combativa em favor dos interesses de que patrocinam, mas o respeito às partes, aos árbitros, às testemunhas e aos patronos da parte adversa integra o dever de lealdade processual. Espera-se, em resumo, elegância no patrocínio da causa.

Segundo lecionam Antonio Carlos de Araújo Cintra, Ada Pellegrini Grinover e Cândido Rangel Dinamarco (2007:78), "o desrespeito ao dever de lealdade processual traduz-se em ilícito processual (compreendendo o dolo e a fraude processuais), ao qual correspondem sanções processuais". Na visão dos autores, portanto, a conduta culposa não enseja a violação do princípio da lealdade processual e, assim, não pode importar em condenação nas penas de litigância de má-fé. Diante da dificuldade em precisar as condutas que infringiriam esse princípio e da omissão da Lei de Arbitragem a esse respeito, pode-se defender que as regras do Código de Processo Civil podem servir de parâmetro aos árbitros, sem que isso importe em aplicação do estatuto processual civil na arbitragem e, muito menos, violação da lei processual escolhida pelas partes.[79]

José Carlos Barbosa Moreira, em texto escrito na década de 1970, considera que "a condenação do litigante de má-fé a ressarcir o dano processual depende de pedido do prejudicado" (Barbosa Moreira, 1977a:30). O autor fundamenta seu ponto de vista no fato de que a multa por litigância de má-fé não ostenta natureza de pena, mas representa, na verdade, mero ressarcimento de dano processual e, portanto, satisfação de direito de crédito. Dessa forma, incumbiria à parte interessada requerer a satisfação do seu direito de crédito, sem que o juiz pudesse atuar de ofício, até porque a atuação *ex officio* do juiz exige autorização expressa de lei — o que não existia na época. Sob a regência da lei processual civil em vigor em 2005, Arruda Alvim (2005:v. 1, p. 39-40) explica que a condenação nas penas de litigância de má-fé "não necessita mais de prévio pedido da parte interessada, é dizer, pode ser aplicada de ofício".

Apesar de a questão estar solucionada no âmbito do processo judicial, uma vez que o Código de Processo Civil expressamente autoriza o juiz a condenar de ofício a parte desleal nas penas de litigância de má-fé (art. 18), a questão volta a ser tormentosa na arbitragem. Isso porque a Lei de Arbitragem não possui regra clara a esse respeito e, como se sabe, não se aplicam automaticamente ao processo arbitral as regras do estatuto processual civil brasileiro, salvo na hipótese de expressa escolha pelas partes. Carlos Alberto Carmona (2009a:375) defende que "tal penalidade — que comporta aplicação oficiosa, independentemente de haver pedido de parte ou autorização na convenção arbitral — atinge tanto o abuso do direito de demandar como o comportamento escuso durante o processo". O autor, como se vê, admite a aplicação de ofício pelo árbitro das penas de litigância de má-fé. Concordamos com esse entendimento, uma vez que ao árbitro são conferidos os mesmos poderes do juiz togado no que tange ao controle da lealdade das partes.

Importa destacar, na esteira do entendimento de José Carlos Barbosa Moreira (1977a:25), que "a responsabilidade por dano processual não pressupõe necessariamente que o litigante seja vencido na causa ou no incidente", razão pela qual até mesmo o vencedor da arbitragem pode ser condenado a ressarcir a parte vencida do dano processual provocado com sua conduta

---

79. Nesse sentido, Carlos Alberto Carmona (2009a:375) ensina que "pode a parte comportar-se durante o processo arbitral de modo inconveniente, servindo de parâmetro para medir atitudes inadequadas aquelas descritas no art. 17 do Código de Processo Civil".

Princípios processuais fundamentais aplicáveis à arbitragem brasileira

durante o processo arbitral. Ressalte-se, ainda, que a condenação recai sobre a parte e não sobre os procuradores, ainda que o dano processual tenha como causa as condutas por estes exclusivamente praticadas. Conforme lembra o mencionado autor, "não fica excluído, no entanto, um possível direito de regresso contra o procurador, se a falta lhe é pessoalmente imputável" (Barbosa Moreira, 1977a:25, nota 16).

4.20 *Princípio infraconstitucional da economia processual*

Consoante explica Cassio Scarpinella Bueno (2009:v. 1, p. 145), "tradicionalmente, o princípio da economia processual era visto como a necessidade de o processo civil levar em conta o menor dispêndio possível de recursos financeiros para que o acesso à justiça pelos mais pobres não fosse comprometido". Considera-se, porém, que atualmente o princípio da economia processual não possui relação com os custos do processo suportados pelas partes — tema esse relacionado, segundo nos parece, ao princípio da assistência judiciária gratuita, inaplicável à arbitragem —, mas sim com relação ao fato de que a atividade jurisdicional deve ser prestada sempre com vistas a produzir o máximo de resultados com o mínimo de esforços (Bueno, 2009: v. 1, p. 145). Também assim, Antonio Carlos de Araújo Cintra, Ada Pellegrini Grinover e Cândido Rangel Dinamarco (2001:72) ensinam que o princípio da economia processual "preconiza o máximo de resultado na atuação do direito com o mínimo emprego possível de atividades processuais".

Luiz Fux, em sentido bem próximo, leciona que o princípio da economia processual informa todo o sistema processual brasileiro, "impondo ao julgador que dirija o processo, conferindo às partes um máximo de resultado em confronto com um mínimo dispêndio de esforço processual" (Fux, 2008: v. I, p. 244). O autor considera que "decorre dessa influência a possibilidade de alegações múltiplas, no bojo do próprio processo, de matérias próprias de incidentes apartados" (Fux, 2008:v. I, p. 245). Humberto Theodoro Júnior, sob a ótica do processo judicial, traz os seguintes exemplos de aplicação prática do princípio da economia processual:

> Como aplicações práticas do princípio de economia processual, podem ser citados os seguintes exemplos: indeferimento, desde logo, da inicial, quan-

do a demanda não reúne os requisitos legais; denegação de provas inúteis; coibição de incidentes irrelevantes para a causa; permissão de acumulação de pretensões conexas num só processo; fixação de tabela de custas pelo Estado, para evitar abusos dos serventuários da Justiça; possibilidade de antecipar julgamento de mérito, quando não houver necessidade de provas orais em audiência; saneamento do processo antes da instrução etc. (Theodoro Júnior, 2008:v. I, p. 36)

Na arbitragem, consideramos que o princípio da economia processual permite o indeferimento de diligências inúteis, permite a cumulação de várias pretensões no mesmo processo arbitral — inclusive a consolidação de processos arbitrais —, permite a concentração da matéria de defesa em uma única peça, permite que num mesmo processo ambas as partes façam pedidos uma em face da outra sem maiores formalidades, permite o gerenciamento do processo pelo árbitro conforme as circunstâncias (*case management*) etc. A economia ensina que os recursos são escassos em relação às necessidades e que, por isso, devem ser aproveitados de maneira eficiente, o que significa a maior distribuição e utilização no menor consumo de matéria-prima possível. O princípio da economia processual é o responsável por trazer essa regra para o âmbito do processo, judicial ou arbitral.

Segundo pensamos, o aproveitamento de atos processuais viciados não se identifica com o princípio da economia processual, mas sim com o princípio da instrumentalidade das formas, que, não obstante corolário daquele primeiro, já detém autonomia própria.[80] Também consideramos que o princípio da economia processual não possui relação com o tempo total de duração do processo, pois a esse fator está ligado o princípio constitucional da duração razoável do processo, conforme já se teve oportunidade de analisar. Por fim, importa destacar que o princípio da economia processual, por óbvio, não autoriza decisões inadequadamente concisas na sua fundamentação, em âmbito judicial ou arbitral.

---

80. Nesse sentido, Antonio Carlos de Araújo Cintra, Ada Pellegrini Grinover e Cândido Rangel Dinamarco (2001:73): "As nulidades processuais serão objeto de estudo em outro capítulo; tal questão envolve a análise de outro princípio, decorrente do da economia processual: o princípio da instrumentalidade das formas, a ser oportunamente analisado".

4.21 Princípio infraconstitucional da instrumentalidade das formas

Importante corolário da economia processual é o princípio da instrumentalidade das formas, não obstante sua autonomia e independência científica no processo civil moderno. Consoante a lição de Antonio Carlos de Araújo Cintra, Ada Pellegrini Grinover e Cândido Rangel Dinamarco (2007:366),

> o princípio da instrumentalidade das formas, de que já se falou, quer que só sejam anulados os atos imperfeitos se o objetivo não tiver sido atingido (o que interessa, afinal, é o objetivo do ato, não o ato em si mesmo). Várias são as suas manifestações na lei processual, e pode-se dizer que esse princípio coincide com a regra contida no brocardo *pas de nullité san grief.*

Não há nulidade sem prejuízo, o que engloba, na nossa visão, vícios processuais ditos absolutos e relativos, bem como nulidades, anulabilidades e irregularidades, notadamente quando o ato atinge a sua finalidade (Marinoni, 1996:65). Luiz Guilherme Marinoni explica que

> a forma somente deve prevalecer, em face de um determinado ato processual, quando absolutamente necessária para a consecução dos fins colimados pelo próprio ato. Quando o ato processual atinge os fins objetivados, embora sem a observação da forma, não há motivo para nulidade. Mesmo a nulidade absoluta não deve ser declarada quando o resultado perseguido foi alcançado.

Cândido Rangel Dinamarco (2009:v. II, p. 616-617) leciona que o princípio da instrumentalidade das formas

> é a manifestação positivada da máxima *pas de nullité sans grief* e, ao impô-la assim de modo tão explícito, quis o legislador apoiar-se no binômio escopo -prejuízo, deixando bem claro que nada se anula quando o primeiro houver sido obtido e, consequentemente, este não existir.

O autor, notório conhecedor do tema,[81] ainda aduz que o princípio da instrumentalidade das formas "salva da anulação os atos cuja irregularidade

---

81. Destaque-se, apesar de notória, relevante obra do autor em que trata do assunto de forma ampla: Dinamarco (2002).

não haja causado prejuízo e aqueles que, apesar da irregularidade, tenham atingido o objetivo" (Dinamarco, 2009:v. I, p. 234). Luiz Guilherme Marinoni (1996:64) explica, com razão, que

> para que o processo possa realmente atingir os objetivos a que se destina é importante termos em consideração que ele não é um fim em si mesmo, e que, portanto, as suas regras não podem sobrepujar as do direito material e as exigências sociais de pacificação dos conflitos.

O princípio da instrumentalidade das formas reforça, pois, a relação entre processo e direito material, destacando que o fim do processo não é o de se adequar às suas formas, mas sim o de tutelar o direito material.

Na arbitragem, o princípio da instrumentalidade das formas possui ainda maior vigor. Com efeito, os árbitros devem considerar válidos atos processuais aparentemente viciados, desde que isso não importe em relevante prejuízo à parte contrária e desde que a finalidade do ato tenha sido alcançada. Isso é possível ainda que a forma eventualmente desrespeitada tenha sido convencionada pelas partes no termo de arbitragem, tenha sido determinada pelos árbitros em ordem processual ou decorra de previsão expressa no regulamento da instituição arbitral. Em razão de seu caráter voluntário e do subprincípio da flexibilização procedimental que lhe é inerente, não se admite na arbitragem a supremacia de nenhuma forma, devendo o tribunal arbitral alcançar meios de contornar eventuais vícios para que o processo arbitral seja constantemente saneado e se alcance, ao final, a resolução do conflito.

A abertura de oportunidade para o saneamento do vício e a correspondente integração pelo contraditório são os mecanismos ideais para aplicação do princípio da instrumentalidade das formas na arbitragem. Destaque-se, por fim, que como as decisões na arbitragem são, em princípio, irrecorríveis, aos árbitros é que caberá em instância única e final avaliar se os atos atingiram ou não a sua finalidade, o que, por óbvio, aumenta as suas responsabilidades.

5. Conclusão

Neste texto, os autores procuraram elencar os mais importantes princípios processuais aplicáveis à arbitragem. A aplicação de tais princípios à arbi-

Princípios processuais fundamentais aplicáveis à arbitragem brasileira

tragem é fundamental, não apenas em razão da natural concisão dos principais regulamentos de instituições arbitrais, mas também em face da eficácia normativa e autônoma alcançada pelos princípios no pensamento jurídico contemporâneo.

Ao lado das considerações de ordem teórica, pautadas nas lições mais exponenciais da doutrina processual brasileira, procurou-se, sempre que possível, trazer exemplos de aplicação prática, de maneira a facilitar a compreensão do leitor no que diz respeito à importância e aplicação dos princípios processuais fundamentais no processo arbitral. Em razão da natureza jurisdicional da arbitragem e de sua submissão à teoria geral do processo, pensamos que os princípios processuais desempenham papel fundamental na arbitragem, a merecer estudos mais detalhados.

2

A confidencialidade na arbitragem: regra geral e exceções

José Antonio Fichtner
Sergio Nelson Mannheimer
André Luís Monteiro

1. Introdução. 2. Aspectos gerais da confidencialidade na arbitragem. 2.1. A confidencialidade como qualidade da arbitragem. 2.2. Confidencialidade *v.* privacidade. 2.3. Lei de Arbitragem brasileira (Lei nº 9.307/1996): a confidencialidade como dever imposto por lei apenas aos árbitros e às instituições arbitrais. 3. A confidencialidade na arbitragem na jurisprudência dos tribunais estrangeiros. 3.1. França. 3.2. Reino Unido. 3.3. Austrália. 3.4. Estados Unidos. 3.5. Suécia. 4. A confidencialidade na arbitragem em alguns dos principais regulamentos arbitrais. 4.1. Regulamentos das instituições internacionais de administração de arbitragem. 4.2. Regulamentos das instituições brasileiras de administração de arbitragem. 5. A confidencialidade na arbitragem brasileira: a regra geral e suas exceções. 5.1. A privacidade como conceito inerente à arbitragem, a confidencialidade como dever que decorre da lei em relação aos árbitros (e às instituições arbitrais) e a confidencialidade que pode decorrer da autonomia privada em relação às partes. 5.2. Aspecto subjetivo da confidencialidade. 5.2.1. Os árbitros e as instituições arbitrais. 5.2.2. As partes. 5.2.3. Terceiros partícipes (peritos, testemunhas). 5.3. Aspecto objetivo da confidencialidade. 5.4. As exceções ao dever de confidencialidade. 6. Privacidade inerente à arbitragem, confidencialidade convencionada pelas partes e princípio da publicidade no processo judicial. 7. Conclusão.

1. Introdução[1]

A arbitragem, conforme já tivemos oportunidade de afirmar, "é um método de heterocomposição de conflitos em que o árbitro, exercendo a cognição nos limites da convenção de arbitragem livremente estabelecida pelas partes, decide a controvérsia com autonomia e definitividade" (Fichtner e Monteiro, 2010a:1-2). Dentre as qualidades da arbitragem enumeradas pela doutrina, destacam-se a possibilidade de escolha dos julgadores, a especialidade dos árbitros, a neutralidade do foro, a flexibilidade procedimental, a celeridade do processo e a confidencialidade.

A confidencialidade na arbitragem recebe disciplina nada homogênea nas várias legislações no plano internacional, possui diferentes limites nos diversos regulamentos das principais instituições arbitrais estrangeiras e brasileiras, bem como é enfrentada, ao redor do mundo, através de discrepantes decisões judiciais a respeito de sua existência e de seus limites. Não há, pois, homogeneidade quanto ao tema, seja qual for o ângulo de exame. Recentemente, a International Law Association, em relatório sobre o tema da confidencialidade na arbitragem comercial internacional apresentado na Conferência de Haia de 2010, concluiu que *"the solutions adopted by national legislators and courts and by the arbitral institutions vary substantially and today there is no uniform approach regarding confidentiality in commercial arbitration"*.

As dúvidas mais comuns a respeito da matéria podem ser assim resumidas: (i) se a confidencialidade está implícita na arbitragem ou depende de previsão expressa, (ii) quais são os limites da confidencialidade, (iii) se a divulgação apenas da existência da arbitragem infringe a confidencialidade, (iv) se a presença na audiência arbitral é privativa das partes, (v) se a divulgação dos documentos e das provas produzidos na arbitragem viola a confidencialidade, (vi) se a publicação da sentença arbitral e das demais decisões compromete a confidencialidade, (vii) se a confidencialidade vincula árbitros, instituição arbitral, partes e terceiros que tenham participado da arbitragem e (viii) como seria possível manter íntegra a confidencialidade quando for necessário o apoio prévio e *a posteriori* do Poder Judiciário, normalmente submetido ao princípio da publicidade dos atos processuais.

---

1. Texto revisto e atualizado. A versão original foi assim publicada: Fichtner, Mannheimer e Monteiro (2012:227-285).

Na complexa tarefa de buscar respostas para essas perguntas, o texto trará algumas noções sobre o instituto, examinará as principais decisões a que se teve acesso, analisará os principais regulamentos de instituições arbitrais e enfrentará a regra geral e as exceções da confidencialidade na arbitragem. Não se espera, nas linhas que se seguem, colocar fim ao interessante debate a respeito da confidencialidade, nem mesmo apresentar uma conclusão definitiva, mas apenas fornecer elementos para saudável reflexão.

2. Aspectos gerais da confidencialidade na arbitragem

2.1 A confidencialidade como qualidade da arbitragem

A confidencialidade na arbitragem é internacionalmente reconhecida como uma de suas qualidades. A Comissão das Nações Unidas para o Direito do Comércio Internacional (United Nations Commission on International Trade Law — Uncitral), em suas *Notes on organizing arbitral proceedings*, de 1996, reconhece, na primeira parte do item 31, que "*it is widely viewed that confidentiality is one of the advantageous and helpful features of arbitration*". A International Law Association, no recente relatório elaborado sobre o tema, deixa claro também que "*confidentiality is an important feature of international commercial arbitration*".

Philippe Fouchard, Emmanuel Gaillard e Berthold Goldman (1999:612), em sua famosíssima obra sobre arbitragem comercial internacional, explicam que

> *one of the fundamental principles — and one of the major advantages — of international arbitration is that it is confidential*". Em seguida, os autores consideram que "*the confidentiality of both the proceedings and the award is of course one of the attractions of arbitration in the eyes of arbitration users.* (Fouchard, Gaillard e Goldman, 1999:773)

Laurence Craig, William Park e Jan Paulsson (2000:311), nos seus conhecidos comentários ao Regulamento de Arbitragem da Câmara de Comércio Internacional, destacam que "*if polled, the users of ICC arbitration would undoubtedly list confidentiality as one of the advantages which led them to choose arbitration over other forms of dispute resolution and particularly as compared to court litigation*".

Na doutrina brasileira, Arnoldo Wald (2009a:12-13) é expresso ao dizer que "a confidencialidade é outro argumento importante a favor da arbitragem, para evitar o conhecimento público dos litígios existentes, num mundo em que a imprensa econômica se desenvolveu e acompanha todas as operações das empresas". Selma Ferreira Lemes (2011), por sua vez, aduz que "é de conhecimento corrente que a privacidade e o sigilo (confidencialidade) são atributos desejáveis na arbitragem". No mesmo sentido, João Bosco Lee (2008:286) explica que "um dos principais motivos para a escolha da arbitragem é a confidencialidade". Como se vê, tanto a doutrina estrangeira quanto a doutrina brasileira reconhecem a confidencialidade como uma das grandes qualidades da arbitragem.

Essa noção é comprovada, empiricamente, pelas recentes pesquisas feitas com empresas que utilizam a arbitragem. José Cretella Neto narra que na pesquisa de campo realizada por Christian Bühring-Uhle, entre novembro de 1991 e junho de 1992, com dezenas de participantes de arbitragens internacionais, o resultado mostrou que

> mais de 60% dos profissionais envolvidos com comércio internacional que responderam ao questionário declararam que o atributo "confidencialidade" era "altamente relevante" ou de importância "significativa", ficando atrás apenas de dois outros benefícios, a neutralidade do foro e a possibilidade de execução com apoio em tratado internacional. (Cretella Neto, 2010:55)

João Bosco Lee (2008:286), por sua vez, explica que "de acordo com uma pesquisa realizada em 1992 pela *London Court of International Arbitration* e a *London Business School*, a confidencialidade foi considerada como um dos principais benefícios da arbitragem". Acrescente-se, de nossa parte, que de acordo com pesquisa de campo realizada pela Queen Mary — University of London e a PricewaterhouseCoopers, entre os anos de 2005 e 2006 no Reino Unido, "*the top reasons for choosing international arbitration are flexibility of procedure, the enforceability of awards, the privacy afforded by the process and the ability of parties to select the arbitrators*".[2] Como se não bastassem as opiniões doutrinárias, essas três pesquisas de campo mencionadas demonstram um

---

2. A interessante pesquisa, que foi realizada também em 2008 e 2010 com diversas outras questões, pode ser encontrada no seguinte link: <www.pwc.co.uk/eng/publications/International_arbitration.html>.

A confidencialidade na arbitragem: regra geral e exceções

inequívoco reconhecimento geral no sentido de que a confidencialidade é uma das grandes qualidades da arbitragem.

2.2 Confidencialidade v. privacidade

Até aqui se utilizou no texto o termo "confidencialidade" em sentido amplo. Ou seja, como sinônimo do dever de as partes que optaram pela arbitragem reservarem o conhecimento a respeito da existência do conflito, dos documentos exibidos, das provas produzidas, do desenrolar da audiência arbitral e das decisões prolatadas no curso do processo apenas às partes, aos árbitros, à instituição administradora e a eventuais terceiros que tenham participado, de uma forma ou de outra, do processo arbitral, bem como o direito de manter o caráter privado de todo o procedimento. É preciso registrar, porém, que a doutrina vem estabelecendo uma diferença conceitual entre o termo *confidencialidade* e o termo *privacidade* na arbitragem.

Por um lado, a confidencialidade na arbitragem, seguindo-se essa distinção, seria um limitador a que partes, árbitros, instituição arbitral (incluindo todos os colaboradores relacionados ao procedimento) e terceiros eventualmente participantes do processo divulgassem publicamente as informações obtidas durante a arbitragem, o que englobaria dados, documentos, provas e decisões. Trata-se, pois, de um dever imposto aos sujeitos da arbitragem em relação a eles mesmos. A privacidade na arbitragem, por outro lado, se referiria apenas e tão somente à proibição de estranhos ao conflito de participar do processo arbitral como um todo, notadamente da audiência arbitral, que se realiza a portas fechadas (*in camera*). Trata-se, nesse caso, de um direito das partes de manter a privacidade do procedimento em relação a estranhos ao conflito. A distinção terminológica tem servido para que parte da doutrina afirme que a privacidade seria inerente e indeclinável na arbitragem, admitida implicitamente, enquanto a confidencialidade, como dever, exigiria previsão legal ou convencional expressa.

Jan Paulsson (2011), em trabalho individual, explica que

> *the concept of "privacy" is narrow, and specifically denotes the in camera nature of oral proceedings. It ensures only that the parties, their representatives and their witnesses are alone entitled to attend arbitral hearings. The concept*

of "confidentiality" is far broader and extends to the confidential nature of documents created for, or submitted in, an arbitration — indeed, ultimately to the confidential nature of the very existence of an arbitration.

O autor complementa a lição esclarecendo que *"there exists an unmistakeable trend in international arbitration to divorce the unquestioned privacy of oral proceedings, on the one hand, from the confidentiality of arbitral proceedings as a whole, on the other"* (Paulsson, 2011). No relatório sobre a confidencialidade na arbitragem comercial internacional produzido em 2010 pela International Law Association, estabeleceu-se a seguinte distinção entre esses dois conceitos:

The concept of privacy is typically used to refer to the fact that only the parties, and not third parties, may attend arbitral hearings or otherwise participate in the arbitration proceedings. In contrast, confidentiality is used to refer to the parties' asserted obligations not to disclose information concerning the arbitration to third parties.

Atenta a essa distinção, Selma Ferreira Lemes (2011) leciona que

a privacidade está relacionada com o local em que a arbitragem é processada e quanto à matéria discutida, no sentido de não permitir a presença de pessoas estranhas nas audiências. Por sua vez, o sigilo (confidencialidade) refere-se à sentença arbitral e aos documentos apresentados no processo, vinculando as pessoas que gerenciaram o processo, os árbitros, procuradores e até as partes.

No mesmo sentido, transcreva-se a lição de José Emilio Nunes Pinto (2005:29-30):

Já tivemos oportunidade de analisar o conceito de confidencialidade como sendo a obrigação imposta às partes e aos árbitros e, em alguns casos, mencionados em regulamentos de instituições arbitrais, a terceiros que participem, de alguma maneira, direta ou indiretamente, de procedimentos arbitrais, de não divulgar ou publicar quaisquer dados, informações e quaisquer outros detalhes que tenham tomado conhecimento no curso daqueles. A privacidade, no entanto, refere-se à condução do próprio procedimento arbitral e à realização de seus atos. Em razão da privacidade conferida ao procedimento arbitral, dele somente poderão participar as partes, seus procuradores, os árbitros e aqueles que, por deliberação das partes e do tribunal arbitral, venham a ser chamados para dele participar. Em suma, a privacidade impede que estranhos ao procedimento dele participem ou assistam a quaisquer sessões do tribunal arbitral, diferentemente do que ocorre no processo judicial que é, por natureza e salvo exceções, público.

Também assim, em interessante síntese, José Cretella Neto explica que "ao passo que a privacidade é um conceito que impede que terceiros, estranhos à arbitragem, dela participem, a confidencialidade impõe obrigações às partes e aos árbitros".[3] Em nossa visão, não obstante respeitáveis posições em contrário, a distinção entre privacidade e confidencialidade é correta e útil. O conceito de privacidade caracteriza a arbitragem como procedimento particular e privado, razão pela qual não se admite a presença de terceiros durante a realização dos atos processuais. A privacidade, portanto, se dirige a terceiros, como direito das partes de limitar sua presença no processo arbitral, tal como ocorre em diversos outros atos da vida privada.

O conceito de confidencialidade, por outro lado, diz respeito aos sujeitos da arbitragem (partes, árbitros, instituição arbitral, peritos, testemunhas), impondo-lhes o dever de guardar sigilo em relação à existência da arbitragem, às informações obtidas, aos documentos apresentados, às provas produzidas e às decisões proferidas. Trata-se de um dever imposto, por via legal ou convencional, aos sujeitos da arbitragem, que se veem limitados em seu direito de usufruir das informações obtidas por estar participando da arbitragem. Trata-se de uma restrição de direitos, de fonte legal ou convencional, multilateralmente considerada entre os sujeitos do processo arbitral.

Em resumo, enquanto a privacidade é um direito das partes em relação a terceiros estranhos ao processo arbitral consistente na proibição de que eles

---

3. Cretella Neto (2010:65). É interessante observar, porém, que parte da doutrina considera que seria ineficaz garantir a privacidade na arbitragem — no sentido de proibir a presença/participação de estranhos nos atos do processo arbitral — se a confidencialidade pudesse ser inteiramente flexibilizada, pois a violação da confidencialidade teria como consequência a ciência dos atos da arbitragem por quaisquer terceiros estranhos à causa, o que redundaria também em violação da privacidade. Nesse sentido, confira-se a lição de Selma Ferreira Lemes (2011): "Note-se que de nada adiantaria preservar ou manter a privacidade das audiências se após fosse divulgado o que nelas fora tratado. Nas arbitragens comerciais questões sensíveis à concorrência são discutidas, tais como, matérias vinculadas ao *know how*, técnicas comerciais, estratégias de negócios que se divulgadas causariam prejuízos às partes na contenda arbitral". Certamente em razão disso é que José Emilio Nunes Pinto (2005:30) afirma que "privacidade e confidencialidade caminham juntas e se complementam".

tenham acesso aos atos do processo arbitral, a confidencialidade é um dever recíproco dos sujeitos da arbitragem de guardar sigilo em relação às informações que obtiveram por estar participando da arbitragem. Enquanto a privacidade decorre do caráter naturalmente particular e privado da arbitragem, da qual estranhos obviamente não fazem parte, a confidencialidade deriva de previsão legal ou convencional, a depender do que dispuser o ordenamento jurídico aplicável.

2.3 Lei de Arbitragem brasileira (Lei nº 9.307/1996): a confidencialidade como dever imposto por lei apenas aos árbitros e às instituições arbitrais

A Lei de Arbitragem brasileira, na linha da maioria das legislações estrangeiras, não possui disposição expressa abrangente acerca da confidencialidade, destacando apenas, no art. 13, §6º, que "no desempenho de sua função, o árbitro deverá proceder com imparcialidade, independência, competência, diligência e discrição". A única referência explícita, pois, que a Lei nº 9.307/1996 faz à matéria é quando trata do dever de discrição do árbitro, que, assim, deve guardar sigilo em relação à existência da arbitragem, às informações obtidas, aos documentos trazidos aos autos, às provas produzidas no curso do processo, bem como, evidentemente, às decisões do caso.

Selma Ferreira Lemes (2011), a respeito da confidencialidade na Lei nº 9.307/1996, entende que "não há previsão a respeito na lei brasileira, a não ser a discrição exigida do árbitro (art. 13 §6º)". João Bosco Lee, centrado na figura do árbitro, considera que "a confidencialidade é um dos deveres inerentes da função do árbitro", sendo certo que "esta obrigação tem primeiramente um caráter contratual", razão pela qual "ao aceitar a designação, o árbitro assume uma obrigação perante as partes de guardar o sigilo durante o procedimento arbitral" (Lee, 2008:290). O autor conclui que o dever do árbitro de observância da confidencialidade, explícito no §6º do art. 13, "se estende a todo o procedimento arbitral, tanto durante a fase probatória como na deliberação" (Lee, 2008:291).

Também nesse sentido, ao menos no que diz respeito do dever do árbitro, José Emilio Nunes Pinto (2005:31) considera que "o art. 13, §6º ao exigir que os árbitros, no desempenho de sua função, ajam com 'discrição', impõe a eles o sigilo sobre o procedimento, seus atos, documentos, informações e dados trazidos pelas partes e, ainda, quanto à própria sentença arbitral". Sob o ângulo contratual, e com base no ordenamento jurídico francês, Fouchard, Gaillard e Goldman lecionam que *"the fourth contractual obligation assumed by the arbitrators is a duty of confidentiality"*.[4] Trata-se, segundo esses autores, de uma obrigação contratual implícita em relação aos árbitros, tal como a boa-fé, que também não precisa de previsão expressa para ser forçosamente observada.

De nossa parte, consideramos que a Lei de Arbitragem brasileira, no §6º do art. 13, impõe aos árbitros o dever de confidencialidade. A confidencialidade em relação ao árbitro, em nosso ordenamento jurídico, possui como fonte a própria lei, dispensando, assim, previsão na convenção de arbitragem, no termo de arbitragem ou no regulamento da instituição arbitral administradora. Esse dever de origem legal, ressalte-se, possui ampla abrangência, englobando a confidencialidade quanto à existência da arbitragem, quanto às informações obtidas (inclusive durante a audiência arbitral), quanto aos documentos apresentados, quanto às provas produzidas, bem como, evidentemente, quanto às decisões arbitrais. Consideramos, ademais, que esse dever de confidencialidade legalmente imposto aos árbitros se estende, inclusive, ao período pós-arbitragem, pois o julgador não poderá se utilizar das informações colhidas durante a arbitragem em atividades estranhas a ela, especialmente em benefício próprio ou de terceiros, salvo se autorizado por todas as partes.

Em outra oportunidade, manifestamos o entendimento de que

> a única exceção que nos parece legítima ao dever dos árbitros de observar a confidencialidade é no caso de constatação de algum delito penal durante a arbitragem, situação na qual os árbitros poderão quebrar a confidencialidade.[5]

---

4. Fouchard, Gaillard e Goldman (1999:612). As outras três obrigações, segundo os autores, são (i) atuar eticamente, (ii) cumprir o prazo legal/contratual de prolação da sentença arbitral e, depois da aceitação da função, (iii) conduzir a arbitragem até o final.

5. Fichtner, Mannheimer e Monteiro (2012:236). Destaque-se que, em relação ao juiz togado, o STJ tem sido bastante exigente no dever de o juiz dar ciência às autoridades competentes a respeito da existência de eventuais crimes: "A abertura de vista ao Ministério Público para eventual instauração de procedimento criminal, após a verificação nos autos, pelo magistrado, da existência de indícios de crime de ação penal pública, não é suficiente ao cumprimento do disposto no art. 40 do CPP. Isso porque o referido artigo impõe ao magistrado, nessa hipótese, o dever de remeter ao Ministério Público as cópias e os documentos necessários ao oferecimento da denúncia, não podendo o Estado-juiz se eximir da obrigação por se tratar de ato de ofício a ele imposto pela lei" (STJ, 2. T., REsp. nº 1.360.534-RS, min. Humberto Martins, j. em 7.3.2013).

Nesse sentido, não obstante trate da mediação e não da arbitragem, vale mencionar o Projeto de Lei nº 571/2011 (Senado Federal), que, no inciso III do §1º do art. 9º, prevê que "cessa a confidencialidade (...) quando o mediador tiver informações acerca de um crime ou da iminência de um crime".[6]

No entanto, a quebra do dever de confidencialidade pode significar uma violação do mandato recebido pelo árbitro para exercer suas funções na disputa. Trata-se de situação semelhante àquela que marca a relação entre advogado e cliente, médico e paciente, padre e fiel. Há, nesses casos, deveres fiduciários particulares que impõem aos primeiros a guarda do sigilo mesmo diante de autoridades públicas, ainda que no curso de instrução processual penal.[7] Considerando esses fatos igualmente relevantes, parece-nos, então, que não é possível adotar uma posição abstrata sobre o assunto, na medida em que os elementos do caso concreto é que representarão a solução adequada para esse possível conflito entre o dever de confidencialidade do árbitro e o interesse público.

Parece haver uma exceção, internacionalmente aceita, ao dever de confidencialidade, retratada na segunda parte do art. 9º das *Rules of ethics for international arbitrators* da International Bar Association (IBA), segundo o qual *"an arbitrator should not participate in, or give any information for the purpose of assistance in, any proceedings to consider the award unless, exceptionally, he considers it his duty to disclose any material misconduct or fraud on the part of his*

---

6. O texto integral é o seguinte: "Art. 9º O procedimento da mediação é, em regra, confidencial e sigiloso. Neste caso, o mediador poderá conduzir reuniões privadas com cada uma das partes e seus advogados. Sobre tudo o que for dito pela parte e seus advogados ao mediador em reuniões privadas, poderá ser solicitada a confidencialidade em relação às outras partes e seus advogados. §1º. Cessa a confidencialidade: I. por dispensa expressa de todas as partes; II. quando a mediação envolva o Poder Público na qualidade de parte ou terceiro interveniente; III. quando o mediador tiver informações acerca de um crime ou da iminência de um crime. §2º. As exceções à confidencialidade devem ser interpretadas em caráter restritivo e apenas aplicadas mediante situações inequívocas. §3º. O mediador deve mencionar expressamente às partes das exceções à confidencialidade, necessariamente no início da primeira reunião de mediação e sempre que julgar necessário".

7. É preciso registrar, porém, que o STF possui acórdãos entendendo que o sigilo profissional não é absoluto, como servem de exemplo os seguintes casos: STF, RE nº 91.218, min. Djaci Falcao, j. em 10.11.1981; STF, HC nº 96.909, min. Ellen Gracie, j. em 17.11.2009; STF, AP nº 470 QO-QO, min. Joaquim Barbosa, j. em 22.10.2008; STF, HC nº 71.039, min. Paulo Brossard, j. em 7.4.1994. Nessa mesma linha, o STJ: STJ, REsp. nº 1.043.207/SP, min. Haroldo Rodrigues, j. em 23.8.2011; STJ, HC nº 59.967/SP, min. Nilson Naves, j. em 29.6.2006; STJ, RMS nº 17.783/SP, min. Felix Fischer, j. em 6.4.2004; STJ, RMS nº 11.453/SP, min. José Arnaldo da Fonseca, j. em 17.6.2003; STJ, HC nº 20.087/SP, min. Gilson Dipp, j. em 19.8.2003.

fellow arbitrators".[8] A regra traduz um dever do próprio árbitro de participar indeclinavelmente da produção de uma decisão final dentro dos padrões esperados pelas partes em arbitragens de qualquer natureza, sendo certo que, nessa hipótese, o árbitro pode, em eventual ação judicial de anulação da sentença arbitral com base na falta de imparcialidade de algum dos demais membros, revelar alguns fatos ocorridos no processo arbitral.

Não obstante os limitados termos utilizados pela Lei de Arbitragem brasileira no que tange ao dever de confidencialidade imposto aos árbitros, consideramos que esse dever se estende à instituição administradora da arbitragem, pois, nesse aspecto, ela desempenha função semelhante, ou equiparável, àquela dos árbitros. Há, em verdade, uma relação de acessoriedade da função da instituição arbitral em relação à função do árbitro que justifica essa extensão do dever legal de confidencialidade aos primeiros.

Em conclusão, pois, entendemos que a Lei de Arbitragem brasileira impõe a confidencialidade, como dever legal, aos árbitros e à instituição arbitral, confidencialidade essa que somente poderá ser rompida com a autorização unânime das partes ou diante de poucas situações excepcionais. A confidencialidade em relação aos árbitros e à instituição arbitral, portanto, decorre da Lei de Arbitragem brasileira, razão pela qual a sua observância não se condiciona à previsão das partes na convenção de arbitragem, no termo de arbitragem ou no regulamento da instituição arbitral. Trata-se de dever legal.

É preciso reconhecer que a confidencialidade em relação aos árbitros é questão um pouco mais tranquila na doutrina especializada e na jurisprudência internacional. A questão, porém, que ganha maior relevo é aquela atinente às partes, isto é, se as partes também estariam sujeitas a um dever de confidencialidade e se, haja vista a omissão da Lei de Arbitragem brasileira em relação a elas, esse dever seria implícito ou precisaria ser expressamente convencionado. A resposta a essas perguntas exige uma breve incursão nos principais julgados internacionais sobre a matéria, bem como em alguns dos principais regulamentos de instituições arbitrais estrangeiras e brasileiras.

---

8. O texto integral é o seguinte: "*9. Confidentiality of the deliberations. The deliberations of the arbitral tribunal, and the contents of the award itself, remain confidential in perpetuity unless the parties release the arbitrators from this obligation. An arbitrator should not participate in, or give any information for the purpose of assistance in, any proceedings to consider the award unless, exceptionally, he considers it his duty to disclose any material misconduct or fraud on the part of his fellow arbitrators*".

3. A confidencialidade na arbitragem na jurisprudência dos tribunais estrangeiros

3.1 França

A confidencialidade na arbitragem é matéria de amplo interesse internacional, com repercussão em inúmeras jurisdições. Nesse sentido, o exame das decisões judiciais de tribunais estrangeiros a respeito do assunto é fundamental para o melhor entendimento da questão. E esse exame — adiante-se — revela que não há entendimento uniforme sobre o tema. No relatório já mencionado nos itens precedentes, sobre confidencialidade na arbitragem comercial internacional, a International Law Association concluiu que *"today the sources of the law of international arbitration vary significantly in their approaches to the question of the existence and of the extent of an obligation of confidentiality"*.

Pode-se dizer, de maneira geral, que França e Reino Unido possuem decisões mais favoráveis à preservação da confidencialidade na arbitragem, enquanto Estados Unidos, Austrália e Suécia possuem decisões flexibilizando essa qualidade. O que nos cumpre nesta etapa é trazer ao conhecimento dos leitores alguns desses principais casos.

Na França, o precedente mais conhecido é o caso *Aïta v. Ojjeh*, julgado pela *Cour d'appel* de Paris em 1986. Em apertada síntese, *Aïta* ingressou, perante os tribunais franceses, com uma ação de anulação de sentença arbitral proferida em Londres, que havia dado ganho de causa a *Ojjeh*. Diante da manifesta incompetência (*rectius*, ausência de jurisdição) da Justiça francesa para julgar essa ação de anulação — já que a França não tinha sido a sede da arbitragem —, a Corte rejeitou a pretensão da *Aïta* e ainda a condenou ao pagamento de multa em favor da *Ojjeh*, sob o fundamento de que, ao expor o caso a debate público, a empresa autora havia violado a confidencialidade inerente à arbitragem.

Philippe Fouchard, Emmanuel Gaillard e Berthold Goldman (1999:774), comentando o caso, afirmam que *"breach of confidentiality led to a substantial award of damages against the party at fault, and the Court observed that 'it is inherent in the nature of arbitral proceedings that the utmost confidentiality should be maintained in resolving private disputes as both parties had agreed'"*. Laurence Craig, William Park e Jan Paulsson (2000:316), em conhecida obra, resumem a decisão da seguinte forma:

The principle was clearly recognized in France in Aïter v. Ojjeh *where a party sought to obtain annulment in France, before the* Cour d'appel *of Paris (a clearly incompetent jurisdiction), of an award rendered in London. The procedure has as a result that the award and its contents became public. Dismissing the recourse the* Cour d'appel *imposed substantial civil damages on the appellant for having "caused a public debate of facts which should remain confidential", thus infringing the very nature of arbitral proceedings that they ensure the highest degree of discretion on the resolution of private disputes, as the two parties had agreed'.*

3.2 Reino Unido

No Reino Unido, existem diversos precedentes reconhecendo a confidencialidade em relação às partes até mesmo de forma implícita, como característica natural da arbitragem. No caso *Dolling-Baker v. Merrett*, a Court of Appeal, em março de 1990, assentou que *"what is relied upon is, in effect, the essentially private nature of an arbitration, coupled with the implied obligation of a party who obtains documents on discovery not to use them for any purpose other than the dispute in which they were obtained".*[9] Em interessante ponderação, muitas vezes citada no exame da confidencialidade na arbitragem, a Court of Appeal definiu o seguinte:

> *It must be perfectly apparent that, for example, the fact that a document is used in an arbitration does not confer on it any confidentiality or privilege which can be availed of in subsequent proceedings. If it is a relevant document, its relevance remains. But that the obligation exists in some form appears to me to be abundantly apparent. It is not a question of immunity or public interest. It is a question of an implied obligation arising out of the nature of arbitration itself. When a question arises as to production of documents or indeed discovery by list or affidavit, the court must, it appears to me, have regard to the existence of the implied obligation, whatever its precise limits may be. If it is satisfied that despite the implied obligation, disclosure and inspection is necessary for the fair disposal of the action, that consideration must prevail. But in reaching a conclusion, the court should consider, amongst other things, whether there are other and possibly*

---

9. *Dolling-Baker v Merrett* [1990] 1 WLR 1205 (English Court of Appeal).

less costly ways of obtaining the information which is sought which do not involve any breach of the implied undertaking.

Posteriormente, em 1992, no caso *Hassneh v. Mew*, a High Court reconheceu a existência de um implícito dever de confidencialidade em relação às partes, que se estende aos documentos produzidos na arbitragem, não obstante sujeito a algumas exceções, tal como já havia sido aventado no caso precedente. Transcreva-se relevante trecho do julgado, em que aquela Alta Corte, inclusive, trabalha com os conceitos de confidencialidade e de privacidade, bem como com o entrelaçamento desses termos na preservação do sigilo na arbitragem:

> *If it be correct that there is at least an implied term in every agreement to arbitrate that the hearing shall be held in private, the requirement of privacy must in principle extend to documents which are created for the purpose of that hearing. The most obvious example is a note or transcript of the evidence. The disclosure to a third party of such documents would be almost equivalent to opening the door of the arbitration room to that third party. Similarly witness statements, being so closely related to the hearing, must be within the obligation of confidentiality. So also must outline submissions tendered to the arbitrator. If outline submissions, then so must pleadings be included.[10]*

Famoso caso em que a questão foi novamente enfrentada no Reino Unido foi o *Ali Shipping v. Shipyard*, em 1997. Diante da inadimplência desta última em concluir um contrato de construção de navios, *Ali Shipping* propôs ação objetivando a dissolução do contrato e a condenação em indenização por danos materiais, cujos pedidos, ao final, foram acolhidos pelo juízo arbitral. A parte vencida, que estava envolvida em outras três arbitragens relacionadas à construção de outros navios, pretendeu utilizar nesses processos documentos (sentença, transcrição dos depoimentos) produzidos na primeira arbitragem, alegando se tratar de exercício de direito de defesa. A Court of Appeal rejeitou a alegação e impediu a apresentação desses documentos, pois considerou que *Shipyard* não havia demonstrado ser razoavelmente necessário (*reasonably necessary*) trazê-los aos autos.

---

10. *Hassneh Insurance Co of Israel v. Mew* [1993] 2 Lloyd's Rep 243.

O relator do caso observou que *"the confidentiality rule has been founded fairly and squarely on the ground that the privacy of arbitration proceedings necessarily involves an obligation not to make use of material generated in the course of the arbitration outside the four walls of the arbitration, even when required for use in other proceedings"*. Não obstante essa conclusão, a Corte de Apelação admitiu algumas exceções à confidencialidade, conforme trecho abaixo transcrito:

> *As to those exceptions, it seems to me that, on the basis of present decisions, English law has recognised the following exceptions to the broad rule of confidentiality: (i) Consent i.e. where disclosure is made with the express or implied consent of the party who originally produced the material; (ii) order of the Court, an obvious example of which is an order for disclosure of documents generated by an arbitration for the purposes of a later court action; (iii) leave of the court. It is the practical scope of this exception i.e. the grounds on which such leave will be granted, which gives rise to difficulty. However, on the analogy of the implied obligation of secrecy between banker and customer, leave will be given in respect of (iv) disclosure when, and to the extent to which, it is reasonably necessary for the protection of the legitimate interests of an arbitrating party. In this context, that means reasonably necessary for the establishment or protection of an arbitrating party's legal rights vis-a-vis a third party in order to found a cause of action against that third party or to defend a claim (or counterclaim) brought by the third party (see Hassleh).[11]*

Mais recentemente, em 2003, no caso *Associated Electric & Gas Insurance Services Ltd v. European Reinsurance Company of Zurich (Bermuda)*, a questão foi novamente enfrentada. Tratava-se de duas disputas, entre as mesmas partes, decorrentes de um contrato de resseguro por elas assinado. Cada uma das disputas deu origem a uma arbitragem diferente, em que a composição do tribunal arbitral era diversa. Proferida sentença na primeira arbitragem, *Europen Reinsurance* pretendeu juntá-la na segunda arbitragem, o que foi impugnado por *Aegis* sob o fundamento da observância da confidencialidade. O detalhe interessante é que as partes tinham expressamente previsto que *"the*

---

11. *Ali Shipping Corporation v. Shipyard Trogir* [1997] EWCA Civ 3054 (19th December, 1997).

arbitration result will not be disclosed at any time to any individual or entity, in whole or in part, which is not a party to the arbitration".

A *Privy Council* entendeu que a mencionada disposição não poderia ser interpretada rigidamente, sob pena de se entender que a sentença seria inexequível, pois não poderia ser levada ao conhecimento do Poder Judiciário para execução forçada. Assim, entendeu-se que *"if the prohibition in the first paragraph of the confidentiality agreement that any disclosure of the arbitration result to any individual or entity was to be given an unrestricted construction, it would mean that any award would be unenforceable"*. Ao final, apesar do reconhecimento do caráter confidencial da arbitragem, estabeleceu-se também uma distinção entre os documentos produzidos na arbitragem e a própria sentença arbitral:

> *Commercial arbitrations are essentially private proceedings and unlike litigation in public courts do not place anything in the public domain. This may mean that the implied restrictions on the use of material obtained in arbitration proceedings may have a greater impact than those applying in litigation. But when it comes to the award, the same logic cannot be applied. An award may have to be referred to for accounting purposes or for the purpose of legal proceedings (as Aegis referred to it for the purposes of the present injunction proceedings) or for the purposes of enforcing the rights which the award confers (as European Re seek to do in the Rowe arbitration).[12]*

Em 2004, a Court of Appeal enfrentou questão interessante no caso *Department Of Economic Policy & Development Of City Of Moscow & Anor v. Bankers Trust Company & Anor*. O caso trata da preservação da confidencialidade na arbitragem quando há necessidade de apoio do Poder Judiciário. Resumidamente, após a derrota na arbitragem, *Bankers Trust* ingressou com ação de anulação que, ao final, foi rejeitada. Ocorre que a sentença judicial e o seu resumo foram publicados em um site jurídico, o que levou o autor da demanda a buscar a preservação da confidencialidade. No julgamento, a Corte de Apelação manteve a confidencialidade em relação à sentença, mas considerou que o resumo publicado no *site* jurídico não precisava ser restringido. A decisão, em interessante ponderação, considerou que a confidencia-

---

12. *Associated Electric & Gas Insurance Services Ltd v. European Reinsurance Company of Zurich (Bermuda)* [2003] UKPC 11 (29 January 2003).

lidade do processo arbitral deve, em regra, ser preservada, salvo quando haja interesse público na sua divulgação. As considerações mais interessantes, a nosso ver, são as seguintes:

> *The consideration that parties have elected to arbitrate confidentially and privately cannot dictate the position in respect of arbitration claims brought to court under CPR 62.10. CPR 62.10 therefore only represents a starting point. Such proceedings are no longer consensual. The possibility of pursuing them exists in the public interest. The courts, when called upon to exercise the supervisory role assigned to them under the Arbitration Act 1996, are acting as a branch of the state, not as a mere extension of the consensual arbitral process. Nevertheless, they are acting in the public interest to facilitate the fairness and well-being of a consensual method of dispute resolution, and both the Rule Committee and the courts can still take into account the parties' expectations regarding privacy and confidentiality when agreeing to arbitrate.[13]*

No caso *Glidepath BV & Ors v Thompson & Ors*, a High Court, em 2005, teve que enfrentar o pedido de um terceiro — em relação às partes da arbitragem — para obtenção de documentos que seriam utilizados em processo por ele movido na Justiça do Trabalho. A Corte entendeu que o interesse particular do terceiro não permitia a quebra da confidencialidade e que não havia, no caso, interesse público a justificar o acesso a qualquer um dos documentos relacionados ao caso. No que tange ao primeiro fundamento, consta da decisão que

> *for a document on the court file to be reasonably necessary to establish a right or a defence in this context, it must be clearly shown to the court that the document will play an essential part in establishing the right or the defence in question such that the applicant for access will be seriously prejudiced if access is denied.*

A Corte considerou ainda que *"to set the reasonable necessity threshold no higher than a requirement of evidential relevance would represent a most undesirable invasion by the courts of the confidentiality of arbitration in this country"*. Em relação ao segundo fundamento, extrai-se do acórdão que *"it is important*

---

13. *Department Of Economic Policy & Development Of City Of Moscow & Anor v Bankers Trust Company & Anor* [2004] EWCA Civ 314 (25 March 2004).

that the courts do not allow vague principles of open justice to cause them to pay mere lip service to the confidentiality of arbitration proceedings, while permitting inroads into that regime, unless it is really necessary to give access in the interests of justice". Transcreva-se, ainda, interesse trecho da decisão:

> *There can be no doubt that arbitration proceedings and materials produced in the course of them are treated as confidential to the parties and the arbitrator subject to certain exceptions. The result of the most recent Court of Appeal authority, Ali Shipping Corporation v. Shipyard Trogir [1999] 1 WLR 316, is that the exceptions to the general rule of arbitral confidentiality include disclosure by leave or order of the court which may be given when and to the extent that it is reasonably necessary to protect or establish the legal rights of a party to the arbitration by a third party or otherwise in the interests of justice. There appears to be no authority for the proposition that a third party can outside the ambit of disclosure by a party to an arbitration obtain an order from the court for access to materials in an arbitration to which he is not a party so that he can deploy them as evidence in other proceedings in which he is a party.[14]*

Em julgado bastante recente, datado de março de 2008, a Court of Appeal enfrentou a questão da confidencialidade na arbitragem em todos os seus aspectos, produzindo acórdão notável. Tratou-se do caso *Emmott v. Michael Wilson & Partners Ltd*, em que *Emmott* pretendia utilizar em outros processos judiciais documentos produzidos na arbitragem de que era parte, de maneira a se defender das alegações de fraude que lhe estavam sendo dirigidas na arbitragem e nos demais processos judiciais. Ao final, a Corte entendeu que era possível a apresentação — e publicação — dos mencionados documentos nos processos judiciais. Em primeiro lugar, o acórdão traçou a distinção entre privacidade, confidencialidade e segredo:

> *Three legal concepts or categories have been in play in these cases. The first is privacy, in the sense that because arbitration is private that privacy would be violated by the publication or dissemination of documents deployed in the arbitration. The second is confidentiality in the sense where it is used to refer to inherent confidentiality in the information in documents, such as trade secrets or other confidential*

---

14. *Glidepath BV & Ors v Thompson & Ors* [2005] EWHC 818 (Comm) (04 May 2005).

information generated or deployed in an arbitration. The third is confidentiality in the sense of an implied agreement that documents disclosed or generated in arbitration can only be used for the purposes of the arbitration. The distinction between the second and third cases may be illustrated by the case (not far from this one) where the relevant documents in the arbitration (such as the Defence) do not contain anything in themselves which is confidential: nevertheless the parties are under an obligation not to use it for any purpose other than the arbitration, and that obligation is described in the authorities as an obligation of confidence.[15]

A decisão considera que, além dos documentos que são sigilosos por guardarem segredos comerciais, existe um dever implícito de confidencialidade, inerente à própria natureza da arbitragem, que impede que as partes utilizem quaisquer documentos produzidos ou utilizados na arbitragem com outro objetivo. O acórdão, porém, ressalta que *"it is plain that there are limits to the obligation of confidentiality. An award may fall to be enforced, or challenged, in a court. The existence and details of an arbitration claim may need to be disclosed to insurers, or to shareholders, or to regulatory authorities"*. Destaca-se, logo em seguida, que a jurisprudência inglesa tem identificado esses limites recorrendo às exceções ao sigilo bancário, tal como decidido no caso *Tournier v. National Provincial and Union Bank of England*:

The English courts have been strongly influenced in the development of exceptions to the basic rule of confidentiality in arbitration by the principles of banking confidentiality in Tournier v National Provincial and Union Bank of England *[1924] 1 KB 461 (CA), where in a famous passage, Bankes LJ said: 'In my opinion it is necessary in a case like the present to direct the jury what are the limits and what are the qualifications of the contractual duty of secrecy implied in the relation of banker and customer. There appears to be no authority on the point. On principle I think that the qualifications can be classified under four heads: (a) where disclosure is under compulsion by law; (b) where there is a duty to the public to disclose; (c) where the interests of the bank require disclosure; (d) where the disclosure is made by the express or implied consent of the customer'.[16]*

A Corte de Apelação esclarece, na decisão, que as exceções do caso *Tournier* são utilizadas da seguinte forma no que diz respeito à confidencialidade

---

15. *Emmott v. Michael Wilson & Partners Ltd* [2008] EWCA Civ 184 (12 March 2008).
16. *Tournier v. National Provincial and Union Bank of England* [1924] 1 KB 461 (CA).

na arbitragem: (i) a primeira exceção foi adaptada para se entender que a confidencialidade pode ser flexibilizada quando houver ordem judicial; (ii) a segunda exceção foi adaptada para se entender que a confidencialidade pode ser legitimamente quebrada diante de interesse público e/ou interesse da justiça; (iii) a terceira exceção foi adaptada para permitir a divulgação de dados da arbitragem quando isso for necessário ao exercício do direito de ação ou defesa em relação a terceiros; e (iv) a quarta exceção, hipótese mais simples, se refere ao consenso das partes da arbitragem em abrir mão da confidencialidade. Ao final, o acórdão estatui que *"the conduct of arbitrations is private"* e *"that is implicit in the agreement to arbitrate"*, mas *"that does not mean that the arbitration is private for all purposes"*, e propõe a seguinte regra:

> *In my judgment the content of the obligation may depend on the context in which it arises and on the nature of the information or documents at issue. The limits of that obligation are still in the process of development on a case-by-case basis. On the authorities as they now stand, the principal cases in which disclosure will be permissible are these: the first is where there is consent, express or implied; second, where there is an order, or leave of the court (but that does not mean that the court has a general discretion to lift the obligation of confidentiality); third, where it is reasonably necessary for the protection of the legitimate interests of an arbitrating party; fourth, where the interests of justice require disclosure, and also (perhaps) where the public interest requires disclosure.*[17]

3.3 Austrália

Possui origem na Austrália o caso mais polêmico e mais comentado a respeito da confidencialidade na arbitragem. Trata-se do caso *Esso Australia Resources Ltd and Others v. The Honourable Sidney James Plowman and Others*,[18] no qual a Suprema Corte australiana, em decisão dividida, negou,

---

17. *Wilson v. Emmott Michael & Partners Ltd* [2008] Civ EWCA 184 (12 de março de 2008). Destaque-se que esse entendimento foi repetido em caso ainda mais recente, em que, embora não tratasse especificamente de arbitragem, mas sim de mediação, houve menção a essas considerações: *Farm Assist Ltd v. Secretary of State for the Environment, Food & Rural Affairs* (No.2) [2009] EWHC 1102 (TCC) (19 May 2009)

18. *Esso Australia Resources Ltd and Others v. The Honourable Sidney James Plowman and Others.* F.C. nº 95/014 (1995) 128 ALR 391 at para. 39.

pela primeira vez, a existência de um dever implícito de confidencialidade em relação às partes na arbitragem e estimulou, a partir daí, uma série de reflexões a respeito do tema. As empresas *Esso Australia* e *BHP Petroleum* possuíam contratos de distribuição de gás natural com as empresas *Gas & Field Corporation of Victoria* e *State Electricity Commission of Victoria*, que, porém, se recusaram a aceitar o reajuste de preço proposto pelas primeiras empresas. Em razão disso, iniciou-se uma arbitragem.

O ministro de Energia e Recursos Minerais do Estado de Victoria, sr. Plowman, resolveu ingressar com demanda judicial contra *Esso/BHP* objetivando que essas empresas exibissem informações referentes aos contratos de distribuição de gás natural. Não obstante se tratar de informações objeto da arbitragem, a High Court of Australia, em 1995, manteve as decisões de primeiro e segundo graus no sentido de que não haveria um dever implícito de confidencialidade em relação às partes, bem como não se tratava de característica inerente à arbitragem, razão pela qual entendeu que essas informações deveriam ser fornecidas ao ministro de Energia e Recursos Minerais.

Jacob Dolinger e Carmen Tibúrcio (2003:82) esclarecem que

> a Suprema Corte australiana entendeu ser impossível a confidencialidade absoluta de uma arbitragem, em razão de uma multiplicidade de fatores, como por exemplo: 1) a inexistência do dever de confidencialidade por parte das testemunhas envolvidas no processo arbitral; 2) um laudo arbitral pode tornar-se público por meio de uma série de medidas judiciais relacionadas à arbitragem; e 3) as partes terem o direito de divulgar a existência e até detalhes do processo arbitral e do próprio laudo, em razão do dever de manterem os seus acionistas informados ou de terem que resgatar uma apólice de seguro.

Em relatório individualmente preparado sobre a confidencialidade na arbitragem internacional, Jan Paulsson (2011) afirma, sobre o caso, que *"the Australian High Court held that there was a distinction between the privacy of oral hearings and the secrecy of proceedings in general, and concluded that confidentiality is not an essential attribute of a private arbitration"*. Segundo José Cretella Neto (2010:57), interpretando o mencionado julgado a decisão que prevaleceu considerou, em síntese, que, especialmente pelo fato de as empresas GFC e SEC estarem sujeitas a controle acionário majoritariamente estatal, a não divulgação de informações essenciais subtrairia o direito do público (*the taxpayer*) de ser comunicado sobre a forma como pagamentos de empresas estatais eram realizados.

3.4 Estados Unidos

Nos Estados Unidos, o julgado até aqui mais famoso foi proferido pela Corte Distrital no caso *United States v. Panhandle Eastern Corp*[19] em 1998. O *US government* ingressou com ação judicial contra a *Panhandle* em que requeria a exibição de todos os documentos produzidos em anterior arbitragem realizada entre uma subsidiária da empresa e a *Sonatrach* na Suíça, sob o Regulamento da International Chamber of Commerce. A Corte entendeu que, na ausência de cláusula expressa de confidencialidade, o processo arbitral não era necessariamente confidencial.

A respeito do caso, Laurence Craig, William Park e Jan Paulsson (2000:317) explicam que

> *the court found that the ICC Rules cited, those from the International Rules of the ICC Court, in particular Article 2, which provided that the "confidential character" of the work of the ICC Court "must be respected by anyone who participates in that work in any capacity", only pertained to members of the ICC Court. Absent a separate and specific agreement, "parties to arbitration proceedings or the independent arbitration tribunal which conducts those proceedings" were not bound to keep documents confidential.*

Em trabalho individual, Jan Paulsson (2011) esclarece que *"the Court rejected the existence of an express confidentiality agreement between the parties and did not even entertain the possibility of the existence of an implied duty of confidentiality"*. Como se vê, assim como no caso australiano, a Justiça americana negou a existência de um dever implícito de confidencialidade em relação às partes na arbitragem, afastando, assim, a confidencialidade da própria natureza da arbitragem.

---

19. *United States v. Panhandle Eastern Corp.* 118 F.R.D. 346 (D. Del. 1988).

3.5 Suécia

Além dos casos de Austrália e Estados Unidos, a confidencialidade na arbitragem em relação às partes também foi flexibilizada na Suécia no caso *A.I. Trade Finance Inc. v. Bulgarian Foreign Trade Bank Ltd. (Bulbank)*, julgado pela Suprema Corte sueca em 2000.[20] Tratava-se de arbitragem em que eram partes *AIT* e *Bulbank*, na qual o tribunal arbitral proferiu decisão sobre sua própria competência, que acabou sendo publicada no *Mealeys International Arbitration Report.*

Diante disso, *Bulbank*, depois de alegar sem sucesso a violação da confidencialidade perante os árbitros, ingressou com demanda judicial requerendo a declaração de nulidade da convenção de arbitragem. O caso chegou à Suprema Corte Sueca, que considerou que, não obstante se tratar de procedimento privado e reservado em relação à presença de terceiros (privacidade), as partes tinham liberdade para divulgar informações sobre a causa (confidencialidade). Além disso, conforme anota José Cretella Neto (2010:63), a Suprema Corte "entendeu, por unanimidade, que as partes, em uma arbitragem disciplinada pela lei sueca, não tinham a obrigação de confidencialidade, exceto se firmassem um acordo específico a respeito".

Comentando o caso, Jan Paulsson explica que "*in response to the imposition of such an extreme sanction, the Swedish Supreme Court reversed the Stockholm City Court's annulment and, in a decision that is referred to below, rejected the very existence of an implied duty of confidentiality in international arbitration*". O autor continua, esclarecendo que

> *accepting that arbitral proceedings are fundamentally private, and that such privacy constitutes one of the perceived advantages of arbitration, the Supreme Court nevertheless distinguished between privacy and confidentiality and held that while arbitral proceedings are not public, the parties are entitled to disclose information to third parties. The Swedish Supreme Court held that: a party to arbitration proceedings cannot be deemed to be bound by a duty of confidentiality, unless the parties have concluded an agreement concerning this.* (Paulsson, 2011)

---

20. *Bulgarian Foreign Trade Bank Ltd. v. A.I. Trade Finance Inc.*, 27 October 2000, Supreme Court of Sweden, Case No. T 1881-99.

4. A confidencialidade na arbitragem em alguns dos principais regulamentos arbitrais

4.1 Regulamentos das instituições internacionais de administração de arbitragem

Conforme se teve oportunidade de analisar no item precedente, alguns julgados de tribunais estrangeiros consideram que não existe um dever implícito de confidencialidade em relação às partes na arbitragem. Diante desse entendimento, prevalente em algumas jurisdições, a questão do respeito à confidencialidade pode acabar dependendo fundamentalmente dos termos da convenção de arbitragem e, mais especificamente, do teor do regulamento escolhido pelas partes para reger o processo arbitral. Além da existência ou não de previsão nesse sentido, cumpre examinar, neste item, a extensão (subjetiva e objetiva) da confidencialidade eventualmente prevista em alguns dos principais regulamentos de instituições arbitrais internacionais.

As Regras de Arbitragem da Uncitral,[21] na versão de 1976, previam, no art. 25.4., que *"hearings shall be held in camera unless the parties agree otherwise"*, bem como que *"the arbitral tribunal may require the retirement of any witness or witnesses during the testimony of other witnesses"*. No art. 32.5., as Regras estabeleciam que *"the award may be made public only with the consent of both parties"*. Como se vê, as mencionadas Regras da Uncitral garantiam apenas a privacidade da audiência arbitral e a confidencialidade da sentença. Não havia, porém, garantia expressa de confidencialidade quanto à existência da arbitragem e nem quanto aos documentos produzidos ou apresentados no processo arbitral, muito menos disposição clara a respeito de quem estaria vinculado a esse dever.

Em razão disso, nas *Uncitral notes on organizing arbitral proceedings* de 1996, sugere-se, no item 31, que *"the arbitral tribunal might wish to discuss that with the parties and, if considered appropriate, record any agreed principles on the duty of confidentiality"*. E, em seguida, no item 32, as Notas indicam uma série de questões que podem ser objeto do acordo expresso de confidencialidade (*non disclosure agreement*). Transcreva-se a disposição para melhor exame:

---

21. Esclareça-se que, em verdade, a Uncitral não funciona como instituição administradora de arbitragens, mas ela possui um conjunto de regras que normalmente são utilizadas em arbitragens *ad hoc*.

> *An agreement on confidentiality might cover, for example, one or more of the following matters: the material or information that is to be kept confidential (e.g. pieces of evidence, written and oral arguments, the fact that the arbitration is taking place, identity of the arbitrators, content of the award); measures for maintaining confidentiality of such information and hearings; whether any special procedures should be employed for maintaining the confidentiality of information transmitted by electronic means (e.g. because communication equipment is shared by several users, or because electronic mail over public networks is considered not sufficiently protected against unauthorized access); circumstances in which confidential information may be disclosed in part or in whole (e.g. in the context of disclosures of information in the public domain, or if required by law or a regulatory body).*

Nas novas Regras de Arbitragem da Uncitral, versão 2010, a confidencialidade está um pouco mais bem detalhada. O art. 28.3., à semelhança da disposição pretérita, prevê que *"hearings shall be held in camera unless the parties agree otherwise"*, bem como que *"the arbitral tribunal may require the retirement of any witness or witnesses, including expert witnesses, during the testimony of such other witnesses, except that a witness, including an expert witness, who is a party to the arbitration shall not, in principle, be asked to retire"*. A novidade, porém, está estabelecida no art. 34.5., segundo o qual *"an award may be made public with the consent of all parties or where and to the extent disclosure is required of a party by legal duty, to protect or pursue a legal right or in relation to legal proceedings before a court or other competent authority"*. A disposição incorpora as exceções normalmente admitidas pela jurisprudência inglesa à confidencialidade, ao menos no que tange à sentença arbitral.

O caso da International Chamber of Commerce (ICC) é bastante curioso. Na versão de 1998 do Regulamento de Arbitragem, o art. 20.7. previa apenas que *"the Arbitral Tribunal may take measures for protecting trade secrets and confidential information"*, bem como o art. 21.3., segunda parte, dispunha que *"save with the approval of the Arbitral Tribunal and the parties, persons not involved in the proceedings shall not be admitted"*. Na versão de 2012, em vigor desde 1º de janeiro de 2012, o art. 22.3, de forma sucinta, destaca que *"upon the request of any party, the arbitral tribunal may make orders concerning the confidentiality of the arbitration proceedings or of any other matters in connection with the arbitration and may take measures for protecting trade secrets and confidential information"*. Já o art. 26.3, parte final, dispõe que *"save with the approval of the arbitral tribunal and the parties, persons not involved in the proceedings shall not be admitted"*. Inegavelmente, a privacidade está garantida em ambas as versões do Regulamento.

No Estatuto da Corte Internacional de Arbitragem da International Chamber of Commerce é que constam disposições mais específicas a respeito da confidencialidade. Assim, o art. 6º, sob o título "Confidencialidade", estatui que

> *the work of the Court is of a confidential nature which must be respected by everyone who participates in that work in whatever capacity. The Court lays down the rules regarding the persons who can attend the meetings of the Court and its Committees and who are entitled to have access to the materials submitted to the Court and its Secretariat.*

O Regimento Interno da Corte, por sua vez, logo no art. 1º estabelece regras sobre a confidencialidade de documentos e decisões relacionadas às arbitragens por ela administradas, conforme segue abaixo reproduzido:

> *Article 1. Confidential Character of the Work of the International Court of Arbitration. 1. For the purposes of this Appendix, members of the Court include the President and Vice-Presidents of the Court. 2. The sessions of the Court, whether plenary or those of a Committee of the Court, are open only to its members and to the Secretariat. 3. However, in exceptional circumstances, the President of the Court may invite other persons to attend. Such persons must respect the confidential nature of the work of the Court. 4. The documents submitted to the Court, or drawn up by it or the Secretariat in the course of the Court's proceedings, are communicated only to the members of the Court and to the Secretariat and to persons authorized by the President to attend Court sessions. 5. The President or the Secretary General of the Court may authorize researchers undertaking work of an academic nature to acquaint themselves with awards and other documents of general interest, with the exception of memoranda, notes, statements and documents remitted by the parties within the framework of arbitration proceedings. 6. Such authorization shall not be given unless the beneficiary has undertaken to respect the confidential character of the documents made available and to refrain from publishing anything based upon information contained therein without having previously submitted the text*

for approval to the Secretary General of the Court. 7. The Secretariat will in each case submitted to arbitration under the Rules retain in the archives of the Court all awards, Terms of Reference and decisions of the Court, as well as copies of the pertinent correspondence of the Secretariat. 8 Any documents, communications or correspondence submitted by the parties or the arbitrators may be destroyed unless a party or an arbitrator requests in writing within a period fixed by the Secretariat the return of such documents, communications or correspondence. All related costs and expenses for the return of those documents shall be paid by such party or arbitrator.

É salutar perceber que as partes que contratam a realização de arbitragens sob o espectro da Corte contam com a proteção de regras específicas, aplicáveis a todos aqueles que, de uma forma ou de outra, têm contato com o procedimento.[22] No que respeita à confidencialidade em si, o que se sugere às partes interessadas é que convencionem especificamente a respeito se assim o desejarem, de maneira a se evitarem discussões a respeito da aplicabilidade do Estatuto e do Regimento Interno também às partes da arbitragem ou apenas internamente na Corte.

O Regulamento da International Centre for Dispute Resolution (ICDR -AAA) possui disciplina mais detalhada em relação à confidencialidade. O art. 20, item 4, estabelece que "*hearings are private unless the parties agree otherwise or the law provides to the contrary*", bem como que "*the tribunal may require any witness or witnesses to retire during the testimony of other witnesses*". Já o art. 27 do Regulamento, nos itens 4 e 8, estabelece que "*an award may be made public only with the consent of all parties or as required by law*", bem como que

> *unless otherwise agreed by the parties, the administrator may publish or otherwise make publicly available selected awards, decisions and rulings that have been edited to conceal the names of the parties and other identifying details or that have been made publicly available in the course of enforcement or otherwise.*

A disposição mais importante no que tange à observância da confidencialidade na arbitragem está contida no art. 34 do referido Regulamento, segundo o qual

---

22. Em relação ao trabalho da Corte e da Secretaria, previsto no art. 6º do Estatuto da Corte de Arbitragem da Câmara de Comércio Internacional, José Emilio Nunes Pinto (2005:28-29) interpreta ampliativamente a previsão, considerando que "o caráter de confidencialidade atribuído a seus trabalhos acaba redundando numa proteção do sigilo do próprio procedimento".

confidential information disclosed during the proceedings by the parties or by witnesses shall not be divulged by an arbitrator or by the administrator. Except as provided in Article 27, unless otherwise agreed by the parties, or required by applicable law, the members of the tribunal and the administrator shall keep confidential all matters relating to the arbitration or the award.

Como se vê, além da menção à privacidade da audiência arbitral e à confidencialidade das decisões arbitrais, o Regulamento do ICDR estabelece um dever de confidencialidade em relação a todas as questões relacionadas à arbitragem, não obstante esse dever esteja limitado ao tribunal arbitral e à instituição administradora, sem que haja menção às partes e a terceiros partícipes.

O Regulamento da London Court of International Arbitration (LCIA), por sua vez, trata da confidencialidade de maneira bem mais detalhada, certamente influenciado pela jurisprudência inglesa a respeito do assunto. Nesse sentido, o art. 30, item 1, prevê, de forma bem abrangente e incluindo as exceções admitidas pelas cortes inglesas, que

unless the parties expressly agree in writing to the contrary, the parties undertake as a general principle to keep confidential all awards in their arbitration, together with all materials in the proceedings created for the purpose of the arbitration and all other documents produced by another party in the proceedings not otherwise in the public domain — save and to the extent that disclosure may be required of a party by legal duty, to protect or pursue a legal right or to enforce or challenge an award in bona fide legal proceedings before a state court or other judicial authority.

O mesmo art. 30, nos itens 2 e 3, também prevê que *"the deliberations of the Arbitral Tribunal are likewise confidential to its members, save and to the extent that disclosure of an arbitrator's refusal to participate in the arbitration is required of the other members of the Arbitral Tribunal under Articles 10, 12 and 26"*, bem como que *"the LCIA Court does not publish any award or any part of an award without the prior written consent of all parties and the Arbitral Tribunal"*. A normatização da confidencialidade da arbitragem no Regulamento da LCIA é bastante completa e observa, com interessante precisão, as exceções consagradas à confidencialidade na jurisprudência das cortes inglesas.

Nessa mesma linha, as Regras de Arbitragem da World Intellectual Property Organization (Wipo) dispõem de maneira bastante completa sobre a confidencialidade na arbitragem. Em interessante disposição, as Regras tratam da confidencialidade a respeito da própria existência da arbitragem, estabelecendo, no art. 73, item (a), que

> except to the extent necessary in connection with a court challenge to the arbitration or an action for enforcement of an award, no information concerning the existence of an arbitration may be unilaterally disclosed by a party to any third party unless it is required to do so by law or by a competent regulatory body, and then only: (i) by disclosing no more than what is legally required; and (ii) by furnishing to the Tribunal and to the other party, if the disclosure takes place during the arbitration, or to the other party alone, if the disclosure takes place after the termination of the arbitration, details of the disclosure and an explanation of the reason for it.

O art. 73, item (b), estabelece uma exceção a essa primeira disposição, consistente em "*notwithstanding paragraph (a), a party may disclose to a third party the names of the parties to the arbitration and the relief requested for the purpose of satisfying any obligation of good faith or candor owed to that third party*". Já o art. 74 das mencionadas Regras trata da observância da confidencialidade em relação a provas e a documentos produzidos na arbitragem, o que compreende não apenas os documentos que contenham segredos comerciais, mas sim todos os documentos produzidos na arbitragem. Transcreva-se, por oportuno, a mencionada norma:

> **Article 74.** *(a) In addition to any specific measures that may be available under Article 52, any documentary or other evidence given by a party or a witness in the arbitration shall be treated as confidential and, to the extent that such evidence describes information that is not in the public domain, shall not be used or disclosed to any third party by a party whose access to that information arises exclusively as a result of its participation in the arbitration for any purpose without the consent of the parties or order of a court having jurisdiction. (b) For the purposes of this Article, a witness called by a party shall not be considered to be a third party. To the extent that a witness is given access to evidence or other information obtained in the arbitration in order to prepare the witness's*

testimony, the party calling such witness shall be responsible for the maintenance by the witness of the same degree of confidentiality as that required of the party.

Em seguida, o art. 75 das Regras da Wipo trata da confidencialidade da sentença arbitral, bem como das exceções a essa regra geral. Assim, estatui-se que

the award shall be treated as confidential by the parties and may only be disclosed to a third party if and to the extent that: (i) the parties consent; or (ii) it falls into the public domain as a result of an action before a national court or other competent authority; or (iii) it must be disclosed in order to comply with a legal requirement imposed on a party or in order to establish or protect a party's legal rights against a third party.

O art. 76 das mencionadas Regras ainda prevê a confidencialidade como dever inerente à função dos árbitros e da instituição administradora. Confira-se:

Article 76. *(a) Unless the parties agree otherwise, the Center and the arbitrator shall maintain the confidentiality of the arbitration, the award and, to the extent that they describe information that is not in the public domain, any documentary or other evidence disclosed during the arbitration, except to the extent necessary in connection with a court action relating to the award, or as otherwise required by law. (b) Notwithstanding paragraph (a), the Center may include information concerning the arbitration in any aggregate statistical data that it publishes concerning its activities, provided that such information does not enable the parties or the particular circumstances of the dispute to be identified.*

Por fim, no art. 53, item (c), as Regras preveem a privacidade da audiência arbitral, estabelecendo que *"unless the parties agree otherwise, all hearings shall be in private"*. Como se vê, as Regras de Arbitragem da World Intellectual Property Organization são bastante completas no que diz respeito à confidencialidade na arbitragem, tratando não apenas da privacidade da audiência arbitral, mas também, de forma bastante interessante, da confidencialidade em relação à própria existência da arbitragem, aos documentos apresentados, às provas produzidas no processo arbitral e, por fim, ao dever inerente à função dos árbitros e da instituição administradora da arbitragem.

O panorama geral dos principais regulamentos internacionais mostra que as regras de arbitragem da Uncitral, da International Chamber of Commerce (ICC) e da International Centre for Dispute Resolution (ICDR-AAA) são bastante conservadoras no que diz respeito à regulamentação da confidencialidade, enquanto as normas da London Court of International Arbitration (LCIA) e da World Intellectual Property Organization (Wipo) são, por outro lado, bastante mais abrangentes, prevendo, inclusive, as exceções consagradas pela jurisprudência dos tribunais estrangeiros.

4.2 Regulamentos das instituições brasileiras de administração de arbitragem

É possível adiantar que existem regulamentos de instituições arbitrais brasileiras com disciplina razoavelmente completa a respeito da confidencialidade. Não obstante, alguns regulamentos não possuem sequer previsão referente à privacidade da audiência arbitral. Destacamos abaixo, para melhor exame, os regulamentos em que há previsão atinente à privacidade e à confidencialidade, sem enumerar, porém, aqueles em que não há disciplina alguma.

A versão de 2012 do Regulamento da Câmara de Comércio Brasil-Canadá, no item 14.1, estipula que "o procedimento arbitral é sigiloso, ressalvadas as hipóteses previstas em lei ou por acordo expresso das partes ou diante da necessidade de proteção de direito de parte envolvida na arbitragem". Em seguida, no item 14.3, o novo Regulamento dispõe, de forma razoavelmente completa, que "é vedado aos membros do CAM/CCBC, aos árbitros, aos peritos, às partes e aos demais intervenientes divulgar quaisquer informações a que tenham tido acesso em decorrência de ofício ou de participação no procedimento arbitral". Extrai-se, pois, do Regulamento de 2012, uma regulamentação bastante razoável, tanto do ponto de vista objetivo quanto do ponto de vista subjetivo, admitindo-se, inclusive, uma exceção atinente à preservação dos direitos de alguma das partes da arbitragem.

O Centro de Arbitragem da Amcham possui regulamento que trata da confidencialidade em apenas um dispositivo, mas de maneira razoavelmente abrangente. Estatui-se no item 15.1. que

> o procedimento arbitral é sigiloso, sendo vedado a todos os membros do Centro de Arbitragem da Amcham, aos árbitros, às partes, aos peritos e

a quaisquer outros eventualmente envolvidos divulgar quaisquer informações a este relacionadas, salvo mediante autorização escrita de todas partes.

A partir dessa disposição, consideramos que o Regulamento garante a privacidade da audiência arbitral, bem como a confidencialidade em relação a quaisquer informações obtidas durante a arbitragem. Esse dever, conforme resulta do texto em análise, vincula árbitros, instituição arbitral, partes e até mesmo terceiros que tenham participado do processo arbitral. A disciplina, portanto, é bastante completa.

O antigo Regulamento da Câmara de Mediação e Arbitragem de São Paulo, vinculada à Ciesp/Fiesp, estabelecia, no item 17.4., que

> o procedimento arbitral é rigorosamente sigiloso, sendo vedado aos membros da Câmara, aos árbitros e às próprias partes divulgar quaisquer informações com ele relacionadas, a que tenham acesso em decorrência de ofício ou de participação no referido procedimento.

E nos itens 17.5. e 17.6. previa-se que "poderá a Câmara publicar em Ementário excertos da sentença arbitral, sendo sempre preservada a identidade das partes", bem como "quando houver interesse das partes e, mediante expressa autorização, poderá a Câmara divulgar a sentença arbitral".

Nesse caso, consideramos que era garantida a privacidade da audiência arbitral, bem como a confidencialidade das informações obtidas durante a arbitragem, sendo certo que essa vinculação alcançava árbitros, instituição arbitral e partes. O Regulamento de 2013 dessa entidade, porém, não repete a regra do anterior item 17.4, mas apenas as regras dos anteriores itens 17.5 e 17.6, atualmente identificados como itens 20.4 e 20.5. Isso poderia significar que, em termos meramente regimentais e literais, o atual Regulamento da Câmara de Mediação e Arbitragem de São Paulo (Ciesp/Fiesp) não garantiria nem a privacidade e nem a confidencialidade da arbitragem. O Código de Ética editado em 2013, todavia, estabelece, no item 1.2, que "os árbitros devem guardar sigilo sobre toda e qualquer informação recebida no curso do procedimento em que atuarem". Além disso, o Código de Ética garante, com bastante abrangência, a privacidade e a confidencialidade da arbitragem no item 5:

> 5 — Dever de Confidencialidade. 5.1 — As deliberações do Tribunal Arbitral, o conteúdo da sentença, bem como os documentos, as comunicações e

os assuntos tratados no procedimento arbitral são confidenciais. 5.2 — Mediante autorização expressa das partes ou para atender disposição legal, poderão ser divulgados documentos ou informações da arbitragem. 5.3 — As informações a que o árbitro teve acesso e conhecimento no processo arbitral não devem ser utilizadas para outro propósito senão ao desse procedimento. Não deve propor ou obter vantagens pessoais para si ou para terceiros com base nas informações colhidas durante o procedimento arbitral. 5.4 — Qualquer informação que possa revelar ou sugerir identificação das partes envolvidas na arbitragem deve ser evitada. 5.5 — As ordens processuais, as decisões e as sentenças do Tribunal Arbitral destinam-se, exclusivamente, ao procedimento a que se referem, não devendo ser antecipadas pelos árbitros, nem por eles divulgadas, competindo à Câmara adotar as providências para cientificar as partes envolvidas. 5.6 — Os árbitros devem manter total discrição e confidencialidade quanto às deliberações do colegiado de árbitros.

A Câmara de Arbitragem Empresarial — Brasil (Camarb) possui disciplina semelhante em seu Regulamento de 2010. Segundo consta do item 12.1,

> o procedimento arbitral será rigorosamente sigiloso, sendo vedado à Camarb, aos árbitros e às próprias partes divulgar quaisquer informações a que tenham acesso em decorrência de seu ofício ou de sua participação no processo, sem o consentimento de todas as partes, ressalvados os casos em que haja obrigação legal de publicidade.

Também aqui, segundo nos parece, preserva-se a privacidade da audiência arbitral e a confidencialidade das informações havidas durante a arbitragem, sendo certo que esse dever se dirige aos árbitros, à instituição arbitral e às partes. Observa-se, pois, no caso dessas duas últimas instituições arbitrais brasileiras, que há expressa menção ao dever de confidencialidade das partes. Terceiros eventualmente partícipes da arbitragem, porém, não são alcançados pelas disposições regulamentares, o que exigirá declaração específica no curso da arbitragem.

O Regulamento de 2013 do Centro Brasileiro de Mediação e Arbitragem, por sua vez, traz previsão de confidencialidade nos itens 17.1. e 17.2.

Segundo o primeiro dispositivo, "salvo acordo em contrário das partes, ou se exigido por lei aplicável às partes, os membros do Tribunal Arbitral e do Centro manterão confidencialidade sobre os assuntos relacionados à arbitragem, salvo aqueles porventura já de domínio público ou que já tenham sido de alguma forma divulgados", bem como que, na forma do segundo dispositivo, "o Centro poderá dar publicidade à sentença arbitral, caso previamente autorizada pelas partes ou, em caso negativo, poderá o Centro, de qualquer modo, divulgar excertos de sentença arbitral, desde que preservada a identidade das partes". Nesse caso, literalmente, não há previsão de privacidade da audiência arbitral e nem dever de confidencialidade em relação às partes e a terceiros que tenham participado da arbitragem, o que demonstra uma disciplina mais enxuta.[23]

Por fim, importa analisar a previsão da versão de 2011 do Regulamento da Câmara do Mercado da Bovespa. Na versão em vigor, bem mais objetiva do que a anterior, o item 9.1 estabelece que "o procedimento arbitral é sigiloso, devendo as partes, árbitros e membros da Câmara de Arbitragem abster-se de divulgar informações sobre seu conteúdo, exceto em cumprimento a normas dos órgãos reguladores, ou previsão legal". Além disso, o item 9.1.1 dispõe que "os terceiros que participarem do procedimento arbitral na condição de testemunha, perito ou assistente técnico deverão obedecer a idêntico dever de sigilo, sendo essa participação limitada ao cumprimento de sua função específica no procedimento arbitral". Essas previsões permitem concluir que o referido Regulamento garante a privacidade da audiência arbitral, bem como a confidencialidade das informações obtidas durante o curso da arbitragem, em disposição que vincula não apenas as partes, mas também terceiros partícipes da arbitragem.[24]

---

23. Destaque-se, ainda, a previsão da cláusula 11.2 do Regulamento do CBMA, segundo a qual "a entrega de material sigiloso será objeto de específica consideração pelo Tribunal Arbitral quanto à conveniência e à oportunidade, obedecidas as disposições havidas entre as partes". Como se vê, a disposição deixa à livre apreciação dos árbitros, na ausência de regra convencional a respeito, a solução da questão.

24. Como se não bastassem essas disposições, o Regimento Interno da Câmara de Arbitragem do Mercado ainda traz um item inteiro sobre confidencialidade, em que se prevê expressamente a privacidade da audiência arbitral e ainda estende a obrigação de confidencialidade a árbitros, instituição arbitral, partes e eventuais terceiros que participem da arbitragem. Confira-se o inteiro teor: "1. SIGILO. 1.1 O procedimento arbitral é rigorosamente sigiloso, observadas as seguintes regras: i) só poderão participar do procedimento arbitral o Presidente e o Secretário-Geral da Câmara Arbitral, os Árbitros responsáveis pela arbitragem, as partes do litígio e, se for o caso, os respectivos advogados, devidamente constituídos; ii) terceiros poderão participar do procedimento arbitral somente na condição

5. A confidencialidade na arbitragem brasileira: a regra geral e suas exceções

5.1 A privacidade como conceito inerente à arbitragem, a confidencialidade como dever que decorre da lei em relação aos árbitros (e às instituições arbitrais) e a confidencialidade que pode decorrer da autonomia privada em relação às partes

A análise feita nos itens precedentes permite concluir que a jurisprudência dos tribunais estrangeiros não é uniforme quanto à existência de um dever implícito de confidencialidade na arbitragem, bem como que os regulamentos de algumas das principais instituições arbitrais internacionais e brasileiras não tratam da matéria com uniformidade. É fundamental, pois, em razão da extensão da divergência anotada, definir se a confidencialidade é inerente à arbitragem — e, portanto, incide implicitamente, independentemente de previsão legal ou acordo expresso das partes — ou se a sua aplicação exige previsão explícita na convenção de arbitragem, no termo de arbitragem, no regulamento escolhido pelas partes para reger o processo arbitral ou, ainda, na lei aplicável à arbitragem.[25]

---

de testemunha, perito ou assistente técnico, cabendo-lhes obedecer idêntico dever de sigilo; iii) as sessões e audiências do Tribunal Arbitral serão abertas exclusivamente às pessoas relacionadas nas alíneas acima; iv) a participação dos terceiros mencionados na alínea (ii) supra deverá ser limitada ao cumprimento de sua função específica no procedimento arbitral; em caso de participação em audiência, o terceiro deverá se retirar tão logo sua função tenha sido cumprida; e v) somente o Presidente da Câmara Arbitral, os Árbitros responsáveis pela arbitragem, o Secretário-Geral, as partes do litígio e os respectivos advogados, devidamente constituídos, poderão ter acesso aos autos da arbitragem; demais pessoas poderão ter acesso aos autos, desde que expressamente autorizadas pelo Presidente da Câmara Arbitral e pelas partes do litígio. 1.2 Cabe ao Presidente da Câmara Arbitral e ao Tribunal Arbitral estabelecer as regras necessárias para que se assegure o sigilo em cada arbitragem, observadas as normas previstas no Regulamento e neste Regimento Interno. 1.3 Cabe ao Presidente da Câmara Arbitral e ao Tribunal Arbitral, auxiliados pelo Secretário-Geral, fiscalizar o cumprimento adequado das normas sobre sigilo previstas no Regulamento e neste Regimento Interno. 1.4 A violação do dever de sigilo por qualquer um dos Árbitros ou pelo Secretário-Geral implicará seu desligamento da Câmara Arbitral. A violação deverá ser imediatamente comunicada ao Presidente da Câmara Arbitral, a quem caberá decidir sobre o desligamento. 1.5 A violação do dever de sigilo pelas partes do litígio, pelos respectivos advogados e/ou pelos terceiros mencionados no item 1.1(ii) supra os sujeitará às sanções previstas no Capítulo 13 do Regulamento. 1.6 Na publicação da sentença arbitral de que trata o item 9.13 do Regulamento, poderá haver identificação das partes do litígio, se assim consentirem por escrito, sem que isso constitua violação do dever de sigilo. 1.7 Sem prejuízo do disposto no item 1.6 supra, a tese e os fundamentos jurídicos definidos pela sentença poderão ser objeto de publicação, independentemente do consentimento das partes do litígio, e desde que suas identidades não sejam reveladas".

25. João Bosco Lee (2008:289) anota que "efetivamente, se analisarmos as legislações em direito comparado, observaremos que raros são os sistemas jurídicos que tratam da questão".

Jan Paulsson e Nigel Rawding (1994:48), em texto clássico, afirmam que *"our conclusion is that a general obligation of confidentiality cannot be said to exist* de lege lata *in international arbitration"*. Mais recentemente, em trabalho individual, o primeiro autor reafirma seu entendimento, considerando que *"in many significant jurisdictions around the world, one can now conclude that there exists no implied duty of confidentiality"* (Paulsson, 2011). Segundo essa posição, não existiria o dever implícito de confidencialidade, razão pela qual a sua incidência na arbitragem dependeria de previsão expressa na convenção de arbitragem, no termo de arbitragem, no regulamento da instituição arbitral ou na lei aplicável à arbitragem.

Também nesse sentido, na doutrina brasileira, Selma Ferreira Lemes (2011) explica que

> no âmbito estritamente privado estas questões devem estar dispostas pelas partes nos contratos firmados ou em documentos apartados ou, ainda, nos regulamentos das instituições arbitrais para não prejudicar o interesse das partes, pois não há previsão a respeito na lei brasileira, a não ser a discrição exigida do árbitro (art. 13, §6º).

Comungando dessa opinião, João Bosco Lee (2008:289-290) defende que "em regra, não existem disposições nas legislações proibindo as partes de divulgarem questões pertinentes à arbitragem", bem como que "o sigilo não se impõe naturalmente às partes no procedimento arbitral", razão pela qual, "para garantir o segredo da arbitragem, devem as partes celebrar um acordo de confidencialidade". Mais adiante, o autor reafirma sua convicção:

> A expectativa das partes em ter uma arbitragem resguardada pela confidencialidade dependerá das regras aplicadas ao procedimento arbitral, seja o Regulamento de uma Instituição Arbitral, seja a lei de um país que admita o sigilo como princípio fundamental da arbitragem, e principalmente da vontade das partes que podem estipular, por via contratual, a confidencialidade da arbitragem. (Lee, 2008:293)

Em sentido parcialmente diverso, Piero Bernardini (2008:175) leciona que *"le udienze arbitrali normalmente non sono pubbliche, coerentemente con una delle caratteristiche del procedimento arbitrale, la riservatezza*", bem como que *"più in generale, si ritiene implicita nell'accettazione dell'arbitrato l'assunzione di un corrispondente obbligo di tenere riservate informazioni e documentazione acquisite nel corso del procedimento"*. José Carlos Fernández Rozas (2008:542) chega a afirmar que *"esta confidencialidad se extiende a las personas ajenas al procedimiento, salvo autorización del tribunal arbitral y de las partes (art. 21.3º Regl. CCI), y a la documentación generada en el transcurso del procedimiento que puede incluir secretos comerciales o industriales"*.

Na doutrina brasileira, José Emilio Nunes Pinto (2005:33) entende que "no direito brasileiro a confidencialidade é inerente ao procedimento arbitral, derivando da aplicação do art. 422 do CC que consagra o princípio geral da boa-fé objetiva". Mais adiante, o autor reafirma sua posição, no sentido de que "negar a confidencialidade em procedimentos arbitrais em nosso País equivaleria a desconsiderar toda uma sistemática legal existente e fundada em doutrina bastante sólida" (Pinto, 2005:36). Em texto mais recente, o autor trata novamente da matéria, considerando mais uma vez que a confidencialidade é inerente à arbitragem e, assim, independe de previsão na convenção de arbitragem, no termo de arbitragem, no regulamento da instituição arbitral ou na lei aplicável à arbitragem:

> Ao examinarmos recentemente as decisões proferidas, na Austrália e na Suécia, que concluíram não ser o sigilo, naqueles países, inerente à arbitragem, e que este somente existiria e seria aplicável, caso as partes assim dispusessem, concluímos que, no sistema legal brasileiro, por força, ainda aqui, da incidência mandatória do princípio da boa-fé objetiva, o sigilo é inerente à arbitragem. (Pinto, 2007:92)

O autor, firme no princípio da boa-fé objetiva e no comportamento ético que deve pautar a conduta das partes, ainda esclarece que, "ao escolherem e optarem as partes pela arbitragem, há uma presunção de que estas, entre outros motivos, fizeram-no por encontrar no instituto o sigilo requerido pelas questões decorrentes do negócio jurídico ajustado entre elas" (Pinto, 2007:97). O especialista, conforme já havia afirmado em outra ocasião, propõe que a confidencialidade deve "ser tratada e examinada num contexto de ética, já que é uma expressão desta" (Pinto, 2005:26). O autor, em resumo, considera que tanto a privacidade quanto a confidencialidade são conceitos inerentes à arbitragem, razão pela qual incidem e vinculam os sujeitos do processo arbitral independentemente de previsão legal ou convencional.

Como se vê, por um lado, a doutrina francamente dominante concorda que a privacidade — conceito dirigido a terceiros, no sentido de proibir-lhes o acesso aos atos do processo arbitral — é inerente à arbitragem, não dependendo de previsão na convenção de arbitragem, no termo de arbitragem, no regulamento da instituição arbitral ou na lei aplicável à arbitragem. Por outro lado, quanto à confidencialidade — dever dirigido aos sujeitos da arbitragem de manter o sigilo em relação às informações, aos documentos, às provas e às decisões conhecidos pelo fato de participarem da arbitragem —, não há consenso doutrinário, pois uma parte entende que se trataria de um dever implícito na arbitragem e outra parcela considera que esse dever precisaria decorrer da lei ou da autonomia privada das partes, ou seja, precisaria estar expressamente previsto.

Em nosso sentir, a privacidade é conceito inerente à arbitragem, razão pela qual incide implicitamente em qualquer processo arbitral, salvo disposição expressa em sentido contrário das partes ou da lei aplicável à arbitragem. Na omissão das partes e da lei, há a natural aplicação da regra de privacidade. Isso ocorre porque a arbitragem é um procedimento privado, que reúne somente partes, árbitros, instituição arbitral administradora e eventuais auxiliares (peritos, testemunhas), razão pela qual não há publicidade externa, ou seja, não se admite a participação de terceiros estranhos ao conflito. Isso significa, em outros termos, que terceiros estranhos ao conflito não podem assistir às audiências arbitrais, não podem obter cópia dos autos na instituição administradora da arbitragem, não podem questionar os sujeitos da arbitragem a respeito dos atos praticados. Como a maioria dos atos da vida comercial, a arbitragem é privada.

Não obstante se tratar de prestação de função jurisdicional, tal como entendemos, a arbitragem é caracterizada pelo conceito de privacidade, diferentemente do que ocorre no âmbito do processo judicial. A publicidade do processo judicial, destaque-se, somente se justifica porque se trata de um serviço prestado pelo Estado — ente político sujeito à fiscalização do povo, enquanto verdadeiro detentor do poder —, o que não ocorre na arbitragem, razão pela qual qualquer tentativa de importação de conceitos de um campo para o outro neste tema seria incorreta. Enquanto a publicidade marca o procedimento judicial, a privacidade caracteriza naturalmente a arbitragem.

Em outros termos, enquanto o processo judicial é procedimento público — porque a prestação de serviço público interessa a todos os cidadãos —, a arbitragem é procedimento privado, pois se trata de método particular de resolução de conflitos, que não é julgado pelo Estado, mas sim por pessoas físicas de direito privado que atuam em nome particular e não em nome do Estado. Os árbitros, entes privados e contratados como tais, são representantes da confiança das partes e não representantes do Estado, não exercendo assim poder político e, por conseguinte, não estando sujeitos à fiscalização popular. Em nossa opinião, portanto, a privacidade é conceito inerente à arbitragem, razão pela qual incide no processo arbitral independentemente de previsão nesse sentido na convenção de arbitragem, no termo de arbitragem, no regulamento da instituição arbitral ou na lei aplicável à arbitragem. A privacidade da arbitragem incide implicitamente e só pode ser afastada por expressa previsão legal ou convencional. Na omissão, há privacidade.

Já a confidencialidade, por outro lado, não nos parece um conceito inerente à arbitragem, razão pela qual consideramos que a sua incidência na arbitragem depende de previsão legal ou convencional a respeito. Já observamos que a Lei de Arbitragem brasileira, no §6º do art. 13, impõe aos árbitros o dever de confidencialidade, o que entendemos se estende também à instituição administradora da arbitragem, em razão da relação principal-acessório entre as funções do árbitro e da instituição arbitral. Assim, em relação aos árbitros e à instituição arbitral, incide também o dever de confidencialidade, não porque seja natural ou inerente à arbitragem, mas porque existe expressa disposição na lei brasileira. Essa disposição, porém, não nos parece de natureza imperativa, de modo que as partes podem afastá-la, como, em regra, ocorre nos regulamentos arbitrais em que se permite a publicação da sentença arbitral com a omissão de algumas informações. Nada há de ilegal ou violador nessa conduta.

Quanto às partes e aos auxiliares (perito, testemunhas), contudo, não há previsão legal impondo o dever de confidencialidade, razão pela qual entendemos que é necessário, de acordo com o ordenamento jurídico brasileiro, que a confidencialidade seja expressamente convencionada. Trata-se de simples aplicação do princípio da legalidade, estatuído no inciso II do art. 5º da Constituição, segundo o qual "ninguém será obrigado a fazer ou deixar de fazer alguma coisa senão em virtude de lei". A cláusula de confidencialidade pode estar presente na convenção de arbitragem, no termo de arbitragem, no regulamento da instituição arbitral ou em ato apartado mesmo, estabelecido durante o curso da arbitragem. Como se trata de restrição de direitos, a confidencialidade em relação às partes e aos terceiros partícipes somente pode ser exigida em decorrência do mais puro exercício da autonomia privada que marca a arbitragem, isto é, somente pode ser exigida a partir de expressa previsão convencional.

A pergunta decisiva que merece expressa consideração para caracterizar a natureza do instituto é necessariamente a seguinte: tendo em vista que no direito brasileiro as obrigações derivam apenas da lei ou dos contratos, pode uma das partes da arbitragem ser civilmente responsabilizada por comunicar ao mundo exterior o conteúdo da arbitragem? Considerando que não há previsão legal a respeito, a resposta só pode ser positiva se a parte houver se obrigado, por disposição consensual, a respeitar a confidencialidade. Se, por outro lado, tal obrigação não houver sido expressamente convencionada, em qual regra jurídica legal se apoiaria a outra parte para obter a mencionada reparação civil? De fato, vasculhada a legislação brasileira, verifica-se que não há fonte legal para essa responsabilização, de modo que não se pode considerar como implícito o dever de confidencialidade no direito brasileiro.

5.2 Aspecto subjetivo da confidencialidade

Definido que a confidencialidade em relação às partes e a terceiros partícipes, no ordenamento jurídico brasileiro, não decorre da lei e, assim, precisa ser expressamente convencionada, cumpre investigar o que chamamos de seu aspecto subjetivo (quem está vinculado) e de seu aspecto objetivo (o que está abrangido). A análise feita a partir de agora parte da premissa de que há confidencialidade convencionada entre as partes, de maneira que toda vez que houver referência no texto à confidencialidade, deve-se entender confidencialidade já expressamente acordada pelas partes. É assim que serão examinados, daqui em diante, o aspecto subjetivo e o aspecto objetivo da confidencialidade na arbitragem.

Pelo aspecto subjetivo, investiga-se se os árbitros, a instituição arbitral, as partes e terceiros partícipes da arbitragem (peritos, testemunhas) devem, todos ou apenas alguns deles, respeitar a confidencialidade expressamente estabelecida entre as partes. Pelo aspecto objetivo, examina-se se a existência da arbitragem, as informações obtidas ao longo do processo, os documentos apresentados nos autos, as provas produzidas no caso e as decisões proferidas estão, todos ou apenas alguns deles, cobertos pela confidencialidade explicitamente convencionada.

5.2.1 Os árbitros e as instituições arbitrais

Sob o aspecto subjetivo, a primeira figura a ser examinada é a do árbitro. A Lei de Arbitragem brasileira, conforme já examinado, impõe aos árbitros o dever de confidencialidade, tal como decorre da interpretação do §6º do art. 13. Caso não haja previsão legal — incidindo no caso concreto, por exemplo, outra legislação —, inevitavelmente a confidencialidade somente poderá ser exigida dos árbitros se for convencionada, isto é, se houver previsão na convenção de arbitragem, no termo de arbitragem ou no regulamento da instituição arbitral escolhida.

Havendo previsão legal em relação aos árbitros, entendemos que essa previsão se estende também à instituição administradora da arbitragem, pois, quanto a esse aspecto, ela assume papel semelhante ao dos árbitros, bem como que existe uma relação de principal-acessório entre as funções do árbitro e da instituição arbitral que justifica essa extensão do dever legal de confidencialidade.[26] Também estendendo o dever de confidencialidade às instituições administradoras, Piero Bernardini (2008:175) ensina que "*tale obbligo grava anche sull'arbitro e sull'istituzione che amministra l'arbitrato, anche se in virtù del diverso rapporto contrattuale che vincola questi soggetti alle parti*".

Uma das repercussões desse entendimento é que, havendo previsão de confidencialidade, como de fato há na Lei de Arbitragem brasileira, árbitros e membros do corpo interno de instituições administradoras não devem prestar depoimento ou testemunho, judicialmente ou em outra arbitragem, a respeito dos fatos que tiverem conhecimento no processo arbitral em que funcionaram. Nesse caso, o Código de Processo Civil brasileiro de 1973, no art. 406, inciso II, garante que "a testemunha não é obrigada a depor de fatos: (...) a cujo

---

26. De maneira bastante ampla, Fouchard, Gaillard e Goldman (1999:627-628) defendem que "*the confidentiality of the arbitral process is both an obligation imposed upon the arbitrators and a right they can exercise vis-à-vis the parties, any arbitral institution that is involved, and even, subject to review by the court, third parties*".

respeito, por estado ou profissão, deva guardar sigilo". Como se não bastasse, o Código Civil de 2002 estatui, no art. 229, inciso I, que "ninguém pode ser obrigado a depor sobre fato: (...) a cujo respeito, por estado ou profissão, deva guardar segredo".[27] No caso dos árbitros, entendemos que os mencionados dispositivos devem ser aplicados, pois, no fundo, o que os dispositivos procuram privilegiar é a confiança umbilicalmente ligada a essas situações.

Mesmo no caso de previsão expressa, é de se admitir uma exceção ao dever de confidencialidade nesses casos quando o árbitro tenha que depor a respeito de situações específicas ocorridas na própria arbitragem. Imagine-se, por exemplo, a situação de um coárbitro ser chamado a depor em ação judicial de anulação de sentença arbitral fundada em violação do dever de revelação pelo presidente do tribunal arbitral. A parte contrária pode sustentar que os fatos que fundamentam a suspeita de parcialidade — *v.g.*, o presidente do tribunal arbitral prestou serviço de consultoria a uma das partes durante a arbitragem e não revelou essa circunstância — haviam sido revelados oralmente na audiência arbitral, sem que houvesse qualquer discordância das partes. Nesse caso, excepcionalmente o coárbitro poderá depor em juízo. Trata-se de hipótese, aliás, consagrada nas *Rules of ethics for international arbitrators* da International Bar Association (IBA). Afinal, um dos deveres do árbitro é trabalhar no sentido da proteção da inteireza e eficácia da decisão arbitral produzida.

Tenha-se em mente que o exemplo pode ser mais complexo, como, *v.g.*, quando se pretende a anulação de uma sentença arbitral com base em alegação de desonestidade de um dos árbitros. José Carlos Fernández Rozas (2008:543), tratando não apenas de condutas incorretas, mas também de condutas fraudulentas, considera que "*el árbitro no debe participar en ningún procedimiento destinado a enjuiciar el laudo ni facilitar información alguna con el propósito de facilitar tal enjuiciamiento, salvo que considere que debe revelar las conductas incorrectas o fraudulentas de cualquiera de los árbitros*". Nesse caso, a resposta, segundo nos parece, depende das circunstâncias do caso concreto e, assim, não comporta uma solução linear abstrata.

---

27. No âmbito do processo penal, o Código também possui previsão semelhante: "Art. 207. São proibidas de depor as pessoas que, em razão de função, ministério, ofício ou profissão, devam guardar segredo, salvo se, desobrigadas pela parte interessada, quiserem dar o seu testemunho".

5.2.2 As partes

No que diz respeito às partes, entendemos que se aplica plenamente o dever de confidencialidade caso tenha ele sido expressamente convencionado, de maneira que todos os fatos relacionados à arbitragem devem ser rigorosamente guardados em segredo pelas partes, sob pena de responsabilização por perdas e danos.

Essa exigência de previsão expressa do dever de confidencialidade decorre do fato de que a arbitragem é marcada de forma indelével pela autonomia privada, de maneira que se não houver lei que imponha essa confidencialidade — como não há no caso brasileiro, ao menos em relação às partes — ou acordo entre as partes nesse sentido, não se pode presumir esse dever e exigir essa postura. Esse entendimento decorre não apenas do respeito à autonomia privada como também da incidência do princípio da legalidade, segundo o qual ninguém será obrigado a fazer ou deixar de fazer alguma coisa senão em virtude de lei. Não havendo previsão legal e nem convencional, não se pode impor a confidencialidade às partes.

A International Law Association, no relatório sobre confidencialidade na arbitragem comercial internacional apresentado na Conferência de Haia em 2010, ressaltou que

> *given the different approaches to confidentiality in various jurisdictions and in the various institutional rules and under various professional rules, the best way safely to ensure confidentiality (or non-confidentiality) across many jurisdictions is to provide for it by express agreement at some point prior to or during the arbitration.*

Ainda segundo o relatório da ILA, "*express agreement to confidentiality should specify the scope, extent, duration of the confidentiality obligation, the exceptions to it, and how it may be enforced*".[28]

---

28. O relatório sobre confidencialidade na arbitragem comercial internacional da International Law Association traz o seguinte modelo de cláusula de confidencialidade: "*[A] The parties, any arbitrator, and their agents, shall keep confidential and not disclose to any non-party the existence of the arbitration, all non-public materials and information provided in the arbitration by another party, and orders or awards made in the arbitration (together, the 'Confidential Information'). [B] If a party wishes to involve in the arbitration a non-party — including a fact or expert witness, stenographer, translator or any other person — the party shall make reasonable efforts to secure the non-party's advance agreement to preserve the confidentiality of the Confidential Information. [C]*

O grande problema no que tange à violação do dever de confidencialidade pelas partes é a apuração e quantificação do prejuízo causado. Uma alternativa parece ser a inserção na convenção de arbitragem de cláusula penal no âmbito do *non disclosure agreement*, quantificando e tornando, desde já, certa e líquida a obrigação de indenizar decorrente do descumprimento do dever de confidencialidade. Laurence Craig, William Park e Jan Paulsson, nesse sentido, explicam que *"the parties themselves may, of course, agree to specific provisions concerning confidentiality and secrecy in their agreement to arbitrate and even provide specific contractual consequences or penalties if they are not respected".*[29]

5.2.3 Terceiros partícipes (peritos, testemunhas)

Em relação a terceiros que participem da arbitragem, a questão da incidência do dever de confidencialidade decorre, igualmente, de previsão expressa a respeito, celebrada com cada um desses partícipes. O conceito de terceiro é extraído por exclusão do conceito de parte e vice-versa. Assim, adotando a clássica conceituação de Giuseppe Chiovenda (1969:v. 2, p. 234), extraída exclusivamente do processo e da relação processual, "parte é aquele que demanda em seu próprio nome (ou em cujo nome é demandada) a atuação duma vontade da lei, e aquele em face de quem essa atuação é demandada". Em termos mais atuais, afastados da teoria chiovendiana da ação como direito potestativo, Arruda Alvim esclarece que "parte é aquele que

---

Notwithstanding the foregoing, a party may disclose Confidential Information to the extent necessary to: (1) prosecute or defend the arbitration or proceedings related to it (including enforcement or annulment proceedings), or to pursue a legal right; (2) respond to legitimate subpoena, governmental request for information or other compulsory process; (3) make disclosure required by law or rules of a securities exchange; (4) seek legal, accounting or other professional services, or satisfy information requests of potential acquirers, investors or lenders, provided that in each case that the recipient agrees in advance to preserve the confidentiality of the Confidential Information. The arbitral tribunal may permit further disclosure of Confidential Information where there is a demonstrated need to disclose that outweighs any party's legitimate interest in preserving confidentiality. [D] This confidentiality provision survives termination of the contract and of any arbitration brought pursuant to the contract. This confidentiality provision may be enforced by an arbitral tribunal or any court of competent jurisdiction and an application to a court to enforce this provision shall not waive or in any way derogate from the agreement to arbitrate".
29. Craig, Park e Paulsson (2000:312). Interpretando o art. 20.7. do Regulamento da CCI, versão 1998, os autores fazem interessante consideração a respeito da participação dos árbitros na definição dos limites da confidencialidade: *"The arbitral tribunal may, however, take a broad view of what constitutes confidential information and be prepared to give instruction to the parties on maintaining confidentiality"* (Craig, Park e Paulsson, 2000:314).

pede tutela jurídica no processo, bem como aquele contra quem essa tutela é pedida, e que esteja no processo".[30]

De acordo com esse conceito, o árbitro, a instituição arbitral, o perito e as testemunhas são terceiros (ou seja, não partes). Como já examinamos a posição dos árbitros e da instituição administradora, o nosso olhar, aqui, é sobre o perito e as testemunhas. Por testemunha, entenda-se tanto o tradicional depoente sobre fatos quanto, especialmente no âmbito da arbitragem, o depoente sobre direito. Apesar de se enquadrarem na categoria dos terceiros, o perito e as testemunhas são sujeitos do processo arbitral. Na nomenclatura de Leonardo Greco (2009:v. I, p. 261), o perito e as testemunhas são sujeitos probatórios do processo, isto é, "são terceiros sem interesse direto na causa, mas que vêm prestar colaboração à justiça na apuração e apreciação de fatos relevantes para o seu julgamento". Diante da participação deles no processo arbitral, cumpre desvendar se o dever de confidencialidade se aplica a eles da mesma forma que incide em relação às partes, aos árbitros e à instituição administradora.

Consideramos que, da mesma forma, o dever de confidencialidade em relação a peritos e a testemunhas exige expressa convenção, sendo certo que esse estabelecimento deverá ser oportuna e individualmente firmado. Isso porque peritos e testemunhas não escolheram a arbitragem como método de resolução de conflitos, bem como não celebraram com partes, árbitros e instituição arbitral qualquer contrato de arbitragem. Para decidirem a respeito de sua participação no processo arbitral, não levaram em conta o fato de a arbitragem ser confidencial ou não. Assim, ainda que a confidencialidade fosse característica implícita da arbitragem — e não nos parece ser, como vimos —, a sua aplicação em relação a peritos e testemunhas exigiria explícita convenção a respeito, individualmente firmada. Como não se trata de conceito implícito na arbitragem, *a fortiori ratione*, exige-se expresso acordo a respeito.

Em outras palavras, o dever de confidencialidade somente vincula peritos e testemunhas caso eles expressamente sejam cientificados e concordem com esse caráter, o que deve ser feito no momento da nomeação. Nada impede, contudo, que essa cientificação e aceitação sejam feitas, oralmente, na própria audiência arbitral, mas normalmente o perito e as testemunhas já

---

30. Arruda Alvim (2008:v. 2, p. 34). Também adotando esse conceito, Thereza Alvim (1995): "Ora, parte, recorde-se é, tão só e exclusivamente, aquele que pede ou contra (ou em face de) quem se pede a tutela jurisdicional". Em sentido diverso, e mais amplo, confira-se a posição de Enrico Tullio Liebman (2005:v. I, p. 123), seguida no Brasil por Cândido Rangel Dinamarco (2009:v. II, p. 252).

terão tido ciência, na fase de preparação para audiência, de fatos, documentos e provas da arbitragem. Não obstante enunciar a regra *a contrario sensu*, o relatório sobre confidencialidade na arbitragem comercial internacional da International Law Association também destaca que

> *normally such arbitration confidentiality provisions in contracts or rules do not impose an obligation of confidentiality on other persons who may become involved in the arbitration (such as fact or expert witnesses, translators, stenographers or court reporters), unless those other persons expressly agree to be bound by the confidentiality provisions.*

O que importa, pois, é que o dever de confidencialidade em relação a peritos e testemunhas exige expressa convenção a respeito, individualmente firmada. Não é possível, segundo pensamos, estender automaticamente eventual cláusula de confidencialidade firmada entre as partes a esses partícipes, pois eles não fazem parte dela, não podendo ser obrigados por ela, conforme decorre da simples aplicação do princípio da relatividade dos contratos.

5.3 Aspecto objetivo da confidencialidade

Conforme esclarecido no início do item precedente, pelo aspecto objetivo da confidencialidade, examina-se a sua aplicação à existência da arbitragem, às informações obtidas ao longo do processo, aos documentos apresentados nos autos, às provas produzidas no caso e às decisões proferidas. Nesse aspecto objetivo, em nosso ponto de vista, não há distinção entre partes, árbitros, instituição arbitral e terceiros partícipes da arbitragem. Em outras palavras, havendo previsão de confidencialidade expressamente convencionada, todos devem respeitar igualmente o seu aspecto objetivo, não havendo justificativa para que, por exemplo, as partes devessem respeitar esses limites mais ou menos do que os árbitros, peritos ou testemunhas.

O primeiro ponto a ser enfrentado é a questão da existência da arbitragem. Caso partes, árbitros, instituição arbitral ou terceiros partícipes divulguem, publicamente, a existência de determinada arbitragem, travada, *v.g.*, entre a empresa X e a empresa Y, essa conduta poderia ser caracterizada como violadora do dever de confidencialidade? Entendemos que sim, pois a confidencialidade abrange também a existência do próprio processo arbitral. E essa concepção está fundada no fato de que as partes que submetem um conflito de interesses à arbitragem e estipulam a cláusula de confidencialidade não estão preocupadas apenas em preservar o sigilo dos documentos, das provas e das decisões, mas também a própria existência do litígio. Essa questão ganha hoje enorme repercussão diante dos diversos e abrangentes veículos de comunicação especializados, capazes de divulgar informações com rapidez e capilaridade, ensejando especulações e podendo causar prejuízos às partes da arbitragem antes mesmo que se possa estabelecer a verdadeira natureza do conflito, ou mesmo, quem tem razão.

Os documentos trazidos aos autos, as provas produzidas e os depoimentos transcritos também estão abrangidos pelo dever de confidencialidade, de maneira que partes, árbitros, instituição administradora e demais partícipes do processo arbitral não poderão divulgá-los, salvo autorização expressa da unanimidade das partes envolvidas ou imposição legal, conforme veremos no próximo item. Questão realmente interessante é a possibilidade de publicação das decisões arbitrais. A publicação, sem autorização das partes, da sentença arbitral infringiria o dever de confidencialidade?

Fouchard, Gaillard e Goldman (1999:188) consideram que "*it is important to underline that confidentiality is not branched by the publication of the reasons for an award on an anonymous basis*". Os autores destacam a importância da publicação das decisões arbitrais, como forma de criar e divulgar precedentes na arbitragem.[31] Mas ressaltam sempre que "*it is accepted that the anonymity of the parties is and should be maintained*" (Fouchard, Gaillard e Goldman, 1999:628). No mesmo sentido, Selma Ferreira Lemes (2011) entende que

> em razão do cunho científico que as sentenças arbitrais encerram, no sentido de instituir a jurisprudência arbitral brasileira, é de todo conveniente a possibilidade de reproduzir e divulgar o teor das decisões arbitrais pre-

---

31. Respondendo àqueles que entendem que a sentença arbitral não pode ser anônima porque é direito intelectual do árbitro, Fouchard, Gaillard e Goldman (1999:628) escrevem que "*in our view, arbitrators have no valid claim to intellectual property rights over their awards. An award is not a protected intellectual work. It is intended for the parties, who pay the arbitrators for the task of preparing the award and who become the owners of the award once it is made*".

servando a identidade das partes, tal como é verificado nos ementários de instituições arbitrais internacionais.

Consideramos que a publicação e a divulgação das decisões arbitrais é realmente algo saudável à arbitragem, pois permite o conhecimento pelos interessados dos precedentes e da jurisprudência que vem se formando. Isso permite prevenir conflitos e ajustar as condutas com segurança, valor fundamental à ordem jurídica. Mesmo quando as partes tenham convencionado a confidencialidade, essa divulgação ainda assim é possível, mas com o cuidado de preservar a identidade das partes.

5.4 As exceções ao dever de confidencialidade

Estabelecidas as premissas acerca do dever de confidencialidade na arbitragem, o que nos interessa examinar neste item é se o dever legal imposto aos árbitros e à instituição arbitral, bem como o eventual dever convencional estabelecido para partes e terceiros partícipes de preservar a confidencialidade na arbitragem admitem alguma exceção. Trata-se de regra absoluta ou relativa, sujeita a determinadas exceções? No nosso modo de ver, tanto a confidencialidade imposta por lei a árbitros e instituições arbitrais quanto a confidencialidade estabelecida contratualmente é regra relativa, que pode sim sofrer exceções. Não se trata, portanto, de regra absoluta. Tenha a confidencialidade origem legal ou convencional, impõe-se dizer que ela não é absoluta e cede espaço em razão de determinadas circunstâncias.

A análise de todas as decisões dos tribunais estrangeiros permite concluir que as exceções estabelecidas ao dever de confidencialidade no caso *Wilson v. Emmott*, julgado pela Court of Appeal inglesa em 2008, servem de parâmetro bastante razoável para solução da questão. Partindo das exceções ao sigilo bancário, identificadas no caso *Tournier v. National Provincial and Union Bank of England*,[32] a Corte de Apelação definiu as seguintes exceções ao dever de confidencialidade na arbitragem:

---

32. [1924] 1 KB 461 (CA)

A confidencialidade na arbitragem: regra geral e exceções

> *In my judgment the content of the obligation may depend on the context in which it arises and on the nature of the information or documents at issue. The limits of that obligation are still in the process of development on a case-by-case basis. On the authorities as they now stand, the principal cases in which disclosure will be permissible are these: the first is where there is consent, express or implied; second, where there is an order, or leave of the court (but that does not mean that the court has a general discretion to lift the obligation of confidentiality); third, where it is reasonably necessary for the protection of the legitimate interests of an arbitrating party; fourth, where the interests of justice require disclosure, and also (perhaps) where the public interest requires disclosure.[33]*

Georgios Petrochilos (2004:223), em sua interessante obra *Procedural law in international arbitration*, ensina que

> *although this point is barely touched upon in arbitration rules and subject of opposing decisions of various national courts, it is good practice for the tribunal and the parties to treat as confidential the existence of the arbitration proceedings, any materials disclosed and pleadings exchanged during the proceedings, and the arbitral award itself; subject however to: (a) contrary party agreement, (b) any contrary obligation arising from actions before competent courts or other authorities, notably to set the award aside; and (c) any contrary obligation imposed on a party by municipal or international law.*

A International Law Association, no relatório sobre confidencialidade na arbitragem comercial internacional já mencionado, assentou o seguinte:

> *Reasonable exceptions to an obligation of confidentiality may include: (a) prosecuting or defending the arbitration or proceedings related to it (including enforcement or annulment proceedings), or pursuing a legal right; (b) responding to legitimate subpoena, governmental request for information or other compulsory process; (c) making a disclosure required by law or rules of a securities exchange; or (d) seeking legal, accounting or other professional services, or satisfying information requests of potential acquirers, investors or lenders, provided that in each case that the recipient agrees in advance to preserve the confidentiality of the information provided.*

---

33. *Wilson v. Emmott Michael & Partners Ltd* [2008] Civ EWCA 184 (12 de março de 2008).

Tais enumerações, em essência, não são muito distintas daquelas fixadas pelas cortes inglesas e também servem de razoável guia para o exame da matéria. Assim, primeiramente, não incide o dever de confidencialidade, evidentemente, no caso de as próprias partes terem dispensado árbitros e instituição arbitral desse dever — excepcionando, assim, a previsão legal da lei brasileira. Em relação às partes e a terceiros partícipes, não impera a confidencialidade sem que tenha sido contratualmente estabelecido esse dever. Também não incide o referido dever caso a lei aplicável à arbitragem afaste impositivamente a confidencialidade. A Lei de Arbitragem brasileira, por um lado, prevê o dever de confidencialidade aos árbitros e à instituição arbitral e, por outro, deixa livre margem às partes para estabelecerem consensualmente, para elas e para terceiros partícipes, a extensão e profundidade desse eventual dever. A Lei nº 9.307/1996, portanto, não afasta impositivamente a confidencialidade, mas outras legislações podem assim fazer.

Segundo nos parece, a necessidade demonstrada do efetivo exercício do adequado direito de defesa pode também permitir excepcionar o dever de confidencialidade, de maneira que, sendo razoavelmente necessário (*reasonably necessary*) que uma das partes junte aos autos de outro processo determinada prova produzida na arbitragem para exercer legítimo direito ou oferecer defesa, em tese não se poderá considerar que houve violação ao dever de confidencialidade. Mas essa possibilidade precisa ser considerada caso a caso, pois só se justifica diante de efetiva necessidade, sustentada por justificativa robusta. Caso seja possível o exercício efetivo e eficaz do direito de defesa sem a necessidade de expor as informações, os documentos, as provas e as decisões produzidas na arbitragem, qualquer conduta contrária deverá ser considerada atentatória ao dever de confidencialidade expressamente estabelecido.

O ideal, nesses casos, quando cronologicamente possível, é que a parte traga essa questão à arbitragem e, caso não haja concordância da parte contrária, peça autorização dos árbitros para divulgar essas informações em outros processos. Além dessa hipótese, consideramos que também se enquadra nessa exceção atinente ao direito de defesa o interesse de terceiro em conhecer o conteúdo de arbitragem instituída como meio indireto para fraudar seus interesses. Em outras palavras, a cláusula de confidencialidade eventualmente acordada pelas partes da arbitragem cede lugar quando o procedimento é instituído para prejudicar direito de terceiros, pois estes têm direito de conhecer os atos praticados ilegitimamente em seu prejuízo.

No que diz respeito à quebra da confidencialidade pela constatação de algum delito na arbitragem, conforme já esclarecemos anteriormente, a decisão terá de ser tomada diante do caso concreto, à luz de um possível conflito entre o dever de confidencialidade da arbitragem e o interesse público eventualmente envolvido.

A observância de determinados deveres legais também serve de exceção à confidencialidade. Jan Paulsson, em trabalho individual, explica que "*there has been a realization amongst participants in the arbitral process that a party may have a legal duty, for example to shareholders, insures or regulators, to disclose information relating to an arbitration*".[34] Em algumas situações, já se utilizou do argumento de constituir exceção ao dever de confidencialidade na arbitragem o compromisso das companhias abertas de manter os acionistas informados (dever de informação), decorrente do alegado direito de fiscalização dos sócios em relação à sociedade, explicitamente previsto no art. 109, inciso III, da Lei das Sociedades por Ações (Lei nº 6.404/1976).

É importante que se diga, porém, que a Comissão de Valores Mobiliários só exige que as companhias abertas informem aos seus acionistas as questões que podem ser caracterizadas como *atos ou fatos relevantes*, tal como dispõe a Instrução CVM nº 358/2002, com as alterações introduzidas pela Instrução CVM nº 369/2002 e pela Instrução CVM nº 449/2007. Ressalte-se, nesse sentido, que a Comissão de Valores Mobiliários, instada a se manifestar em recurso interposto por um acionista contrário ao dever de confidencialidade explicitamente previsto no Regulamento da Câmara de Arbitragem do Mercado (Bovespa),[35] decidiu recentemente o seguinte:

---

34. Paulsson (2011). Em interessante enumeração, Laurence Craig, William Park e Jan Paulsson (2000:312) entendem o seguinte: "*A party may have legitimate needs, and sometimes a legal obligation, to reveal the fact of arbitral proceedings, the names of participants, the nature of the dispute and the possible financial consequences thereof. Obligations to auditors, to banks and other creditors, insurance companies and shareholders all spring to mind, as does the right of a sub-contractor to know the terms and circumstances of an arbitral dispute between the main contractor and the owner of the works*".

35. Regulamento anterior da Câmara de Arbitragem do Mercado previa a confidencialidade — designada pelo termo "sigilo" — nas cláusulas 7.10.1, itens "i" e "ii"; 7.12, item "xi"; 7.12.6, item "i"; 7.13.7, item "i"; 9.13 e, especialmente, 6.2, segundo a qual "ao promover a solução de conflitos por arbitragem, a Câmara Arbitral deverá garantir que, independentemente do tipo de procedimento adotado: i) sejam respeitados os princípios do contraditório, da igualdade das partes, da imparcialidade do árbitro e de seu livre convencimento; e ii) sejam adotados, como regra, o sigilo, a celeridade, a economia de recursos, a especialidade dos árbitros e a instrumentalidade dos procedimentos". No Regulamento em vigor, de 2011, a regulamentação da confidencialidade foi reduzida, constando das cláusulas 7.10; 9.1.1; 9.1.2 e, especialmente, 9.1, segundo a qual "o procedimento arbitral é sigiloso, devendo as partes, árbitros e membros da Câmara de Arbitragem abster-se de divulgar informações sobre seu

6. Ignorar os limites próprios (ou intrínsecos) do regime de informações aos acionistas acaba, em última instância, levando a uma fetichização do princípio do *full disclosure* — o direito à informação e o princípio da transparência na condução dos negócios sociais podem até ser aparentemente valorizados, mas eles acabam por ser esvaziados de qualquer sentido mais concreto. 7. É daí que decorre, por exemplo, a interpretação equivocada acerca do art. 4º, inciso IV, "b" e "c", e inciso VI, da Lei nº 6.385/76, como se estes dispositivos, por si e isolados do sistema que integram, pudessem suportar o quanto foi postulado. Daí decorre, também, a equivocada assertiva de que as informações pretendidas, derivadas dos procedimentos arbitrais, nada teriam a ver com a divulgação de fato relevante (quando esta categoria seria, a bem da verdade, a única capaz de suportar os interesses do Recorrente — um caso merece divulgação justamente por produzir os efeitos que caracterizam os chamados fatos relevantes). 8. Reitero, desta maneira, que não existe um direito à informação *in abstracto*, motivo pelo qual não vislumbro irregularidade nas disposições do Regimento e do Regulamento da CAM ora atacadas. Irregularidade haveria se o sigilo neles previsto fosse impeditivo da prestação de informações obrigatórias ao mercado. Não é o que ocorre, porém: a rigor, o dever de sigilo não vigora — e nem poderia vigorar — se houver obrigação de efetuar comunicação ao mercado. 9. Assim, pelo exposto, nego provimento ao recurso, acompanhando a posição da PFE, posteriormente acatada pela SEP.[36]

Dessa forma, como prescreve o órgão regulador, as informações, os documentos, as provas e as decisões da arbitragem que não se enquadrem na definição de *atos ou fatos relevantes* não precisam ser divulgados. Apenas no caso de incidência da Instrução CVM nº 358/2002 é que esses dados precisam ser divulgados aos acionistas e levados ao conhecimento do mercado, em razão do respeito ao direito essencial de fiscalização e ao princípio da publicidade da atividade das companhias abertas. E mesmo nesses casos, como bem destaca José Emilio Nunes Pinto (2005:27), "a divulgação que se pode esperar estará limitada a órgãos competentes para a condução de atividades de controle ou divulgação limitada ao público em geral".

O interesse público também é normalmente relacionado como exceção ao dever de confidencialidade na arbitragem, o que normalmente se expres-

---

conteúdo, exceto em cumprimento a normas dos órgãos reguladores, ou previsão legal".
36. Processo Administrativo CVM no RJ 2008/0713, relator Otavio Yazbek, j. em 9.2.2010.

sa — não obstante inexistir identidade entre interesse público e interesse do Estado — quando entes da administração pública integram o processo arbitral na qualidade de parte.[37] É fundamental deixar claro que o dever de confidencialidade — que, como se viu, precisa ser expressamente convencionado entre as partes — não impossibilita a participação de entes públicos na arbitragem, pois, ainda que haja convenção a respeito, a regra do sigilo cederá diante do princípio constitucional da publicidade dos atos da administração pública (art. 37 da Constituição da República), razão pela qual os atos da arbitragem, assim como ocorre no processo judicial, deverão ser disponibilizados ao público. Dessa forma, o dever de confidencialidade, bastante limitado nesse caso, em nada obsta a participação da administração pública no processo arbitral.

A respeito do interesse público, Laurence Craig, William Park e Jan Paulsson (2000:316) explicam que *"a similar sentiment has been expressed in the courts of England based on an implied agreement between the parties to confidentiality which must be accepted in principle, giving rise to a presumption of confidentiality which may be rebutted or overcome by considerations of public interest"*. No que diz respeito aos contratos de concessão de serviços públicos, Selma Ferreira Lemes (2011) leciona não haver uma regra geral, pois existem diversas questões a considerar:

> No caso específico dos contratos de concessão de serviços públicos, poder-se-ia inferir que as audiências e documentos fossem mantidos em privacidade para preservar as partes, mas os resultados das decisões arbitrais, existindo exigência legal, passam a ser de conhecimento geral, salvo se for de interesse da Administração e do concessionário a manutenção de sigilo, mas mesmo assim seria mantido em termos, pois a Administração (poder concedente) está sujeita ao controle do Tribunal de Contas da União ou dos

---

37. Nesse sentido, Selma Ferreira Lemes (2011) explica que "nas questões que digam respeito à Administração a privacidade e o sigilo (ou confidencialidade), em muitos casos, deverão ser afastados ou mitigados. É o que já se observa nos casos submetidos ao Cirdi no âmbito do Banco Mundial, em que as partes são, de um lado o Estado receptor do capital e, do outro lado, o investidor particular estrangeiro. Os registros dos processos são publicados no *ICSID Annual Report*". Também assim, Jan Paulsson (2011) afirma que *"the growing numbers of investor/state arbitrations arising under bilateral or multilateral investment treaties have more recently caused further erosion of the duty of confidentiality in international arbitration. As further discussed in Section IV below, investor/state arbitrations sometimes raise issues of public interest that do not typically arise in arbitrations between private parties. In these types of disputes, the outcome of the arbitral process may have significant consequences for third parties to the proceedings; such that there exists a justifiable public interest in a certain level of transparency"*.

Estados. Ademais, importa observar que o contrato firmado entre a Administração e o concessionário é fruto de um processo de licitação, no qual a transparência e publicidade são inerentes.

Em conclusão, consideramos que o dever de confidencialidade, uma vez estabelecido, está sujeito a determinadas exceções na arbitragem. As exceções mais importantes, segundo nos parece, estão fundadas (i) no consentimento das partes quanto à divulgação, (ii) na previsão em sentido contrário da lei aplicável à arbitragem, (iii) na razoável necessidade de exercício de direito de defesa, (iv) nos deveres legais aos quais as partes da arbitragem estejam obrigadas e (v) no interesse público, normalmente relacionado à presença de entes da administração pública no processo arbitral. Por fim, importa examinar uma última possível exceção à confidencialidade, consistente nos casos em que é necessário o apoio do Poder Judiciário na arbitragem.

6. Privacidade inerente à arbitragem, confidencialidade convencionada pelas partes e princípio da publicidade no processo judicial

Egas Dirceu Moniz de Aragão (1996:70) esclarece que "em outros países e em outros tempos, a publicidade se impôs como remédio contra os abusos das autoridades, à época em que predominavam monarquias absolutas". Não obstante se tratar de noção histórica, a verdade é que o princípio da publicidade do processo sempre esteve ligado ao postulado do controle popular das autoridades públicas, inclusive do Poder Judiciário, de maneira a preservar não apenas as partes da demanda, mas também todo o povo de eventuais abusos de poder. Ainda hoje essa é a noção que tem imperado a respeito do princípio da publicidade do processo.

Leonardo Greco leciona que "a publicidade dos atos processuais é uma das mais importantes garantias do processo democrático, pois é o único instrumento eficaz de controle da exação dos juízes no cumprimento dos seus deveres e no respeito à dignidade humana e aos direitos das partes". O autor afirma que "dela dependem a credibilidade e a confiança que a sociedade deve depositar na Justiça", razão pela qual "toda vez em que ela é suprimida através do segredo de justiça, fica sob suspeita a exação do juiz" (Greco,

2005b:266). Também assim, em visão tradicional, Antonio Carlos de Araújo Cintra, Ada Pellegrini Grinover e Cândido Rangel Dinamarco (2001:69) defendem que "a presença do público nas audiências e a possibilidade do exame dos autos por qualquer pessoa representam o mais seguro instrumento de fiscalização popular sobre a obra dos magistrados, promotores públicos e advogados", pois "o povo é o juiz dos juízes".

O Código de Processo Civil de 1973 prevê, no art. 155, a regra geral de que "os atos processuais são públicos", mas estabelece algumas exceções ao princípio da publicidade, segundo o qual "correm, todavia, em segredo de justiça os processos: I — em que o exigir o interesse público; II — que dizem respeito a casamento, filiação, separação dos cônjuges, conversão desta em divórcio, alimentos e guarda de menores". De um modo geral, a doutrina processual entendia que as exceções ao princípio da publicidade processual eram taxativas e não admitiam sequer interpretação ampliativa. Essa ótica veio a ser alterada com a promulgação da Constituição da República de 1988.

Na Carta, o princípio constitucional da publicidade dos atos processuais está previsto no art. 5º, inciso LX, segundo o qual "a lei só poderá restringir a publicidade dos atos processuais quando a defesa da intimidade ou o interesse social o exigirem". Além dessa previsão na parte dedicada aos direitos e às garantias fundamentais, o princípio da publicidade também aparece no art. 93, inciso IX, da Constituição, segundo o qual

> todos os julgamentos dos órgãos do Poder Judiciário serão públicos, e fundamentadas todas as decisões, sob pena de nulidade, podendo a lei limitar a presença, em determinados atos, às próprias partes e a seus advogados, ou somente a estes, em casos nos quais a preservação do direito à intimidade do interessado no sigilo não prejudique o interesse público à informação.

Conforme se observa, a norma constitucional ampliou as exceções ao princípio da publicidade processual, pois permitiu a decretação do segredo de justiça também em prol do direito à intimidade das partes. A própria Constituição, aliás, estabelece uma regra de ponderação, ao definir, na parte final do texto acima citado, que a preservação do direito à intimidade do interessado será garantida se o sigilo não prejudicar o interesse público à informação. Dessa forma, atualmente não há propriamente exceções taxativas ao princípio da publicidade processual, mas sim uma fórmula aberta de ponderação, de índole constitucional, em que, além dos casos previstos em lei, o segredo de justiça poderá ser decretado em prol do direito à intimidade das partes, mas desde que essa proteção não esvazie o interesse público à informação. Essa regra de ponderação, como é evidente, somente pode ser estabelecida caso a caso.

Essa ampliação das exceções ao princípio da publicidade do processo judicial pela Constituição da República é reconhecida pela doutrina e pela jurisprudência. Egas Dirceu Moniz de Aragão (2005:v. II, p. 18), nesse sentido, leciona, com razão, que "doravante, portanto, se a 'defesa da intimidade' o exigir, outros processos, além dos indicados nesse inciso (o de nº II), poderão correr em segredo de justiça, se o juiz assim determinar", o que significa, em conclusão, que "a Constituição aumentou, pois, o poder discricionário dos juízes, que era menos amplo, e assim restringiu a incidência do princípio da publicidade dos atos processuais". Também assim, Antonio Dall'Agnol (2000:v. 2, p. 231) anota que a Constituição da República "registra também, como causa de exceção à publicidade dos atos processuais, a necessidade de 'defesa da intimidade', ampliando-se, assim, a possibilidade de exceção". Confira-se, ainda, a posição de Nagib Slaibi Filho (2005:93):

> A preservação da intimidade não ficará restrita aos casos previstos no art. 155 do Código de Processo Civil ou de outras leis processuais, mas constitui valor que o juiz deverá preservar em cada caso concreto, de forma fundamentada, ainda que *ex officio*. Note-se que as partes têm direito fundamental à publicidade do processo judicial e também direito à intimidade, pois a despeito de tal direito constar da parte da Constituição que trata da organização dos Poderes (Título IV), incide a norma que se extrai do disposto no art. 5º, §1º, de que as normas definidoras dos direitos e garantias fundamentais têm aplicação imediata; os direitos fundamentais predominam em face do conteúdo organizatório do Poder. Assim, a preservação do interesse público depende de previsão de lei, mas não depende de lei a preservação do direito à intimidade.

Na jurisprudência, o STJ, em hipótese interessante e recente, envolvendo dados comerciais estratégicos, entendeu, por unanimidade, que "o rol das hipóteses de segredo de justiça contido no art. 155 do CPC não é taxativo", razão pela qual "admite-se o processamento em segredo de justiça de ações cuja discussão envolva informações comerciais de caráter confidencial e estratégico".[38] No voto, a ministra Nancy Andrighi deixou claro, com razão, que "dados como estes, de caráter estratégico, poderão causar sérios prejuízos à empresa se chegarem ao conhecimento de terceiros, em especial de concorrentes". No mesmo sentido, já se havia decidido que "o rol das hipóteses de segredo de justiça não é taxativo, sendo autorizado o segredo quando houver a necessidade de defesa da intimidade".[39]

O que nos parece importante, diante desse quadro, é entender o princípio da publicidade do processo sob dois prismas: publicidade interna (ou restrita) e publicidade externa (ou popular). Roberto José Ferreira de Almada (2005:94), em relação às duas espécies de publicidade, esclarece que

> a publicidade, então, é algo que se coloca à disposição dos jurisdicionados com o intuito de protegê-los da insegurança que possa advir de um processo secreto, conduzido a portas fechadas, sem a possibilidade de revelação e de controle; é também proteção difusa conferida ao público, que passa a perceber na jurisdição a feição democrática que lhe é inerente e sem a qual ela redunda opaca e hermética, fora portanto dos padrões do Estado de Direito.

Como se vê, a publicidade interna (ou restrita) tem por finalidade permitir às partes da relação processual o acompanhamento de todos os atos do processo, evitando-se um processo kafkiano, cujos atos processuais e julgamentos não são conhecidos, em verdadeiro processo-surpresa. Nesse sentido, a observância da publicidade interna exige que as partes sejam informadas e possam acompanhar e ter acesso a todos os atos do processo e a todas as decisões. Já quanto à publicidade externa (ou popular), pode-se dizer que a garantia é respeitada quando se permite o conhecimento público dos atos processuais, franqueando amplo acesso aos atos e às decisões a qualquer cidadão, o que está relacionado, normalmente, com a função pública exercida pelo Poder Judiciário e com o direito fundamental do povo, enquanto verdadeiro titular do poder, de fiscalizar a atuação do Estado. No âmbito judicial, a regra é a aplicação plena da publicidade interna e externa, sujeita esta última a algumas poucas exceções.

---

38. STJ, 3. T., AgRg na MC. nº 14.949/SP, min. Nancy Andrighi, j. em 19.5.2009, *D.J.* de 18.6.2009.
39. STJ, 3. T., REsp. nº 605.687/AM, min. Nancy Andrighi, j. em 2.6.2005, *D.J.* de 20.6.2005.

No que tange à publicidade interna, esses mesmos conceitos são aplicáveis à arbitragem, sem mais considerações. Quanto à publicidade externa, a privacidade inerente à arbitragem afasta a possibilidade de terceiros conhecerem ou participarem dos atos do processo arbitral. E quando as partes convencionam o dever de confidencialidade, essa previsão as impede de divulgar os dados e informações relacionados à arbitragem. Assim, pode-se dizer, com segurança, que à arbitragem se aplica o princípio da publicidade apenas sob o aspecto interno, mas não sob o aspecto externo. Ocorre, porém, que tanto a privacidade inerente à arbitragem quanto a confidencialidade eventualmente estabelecida entre as partes são postas à prova diante da publicidade externa que caracteriza a atuação do Poder Judiciário quando se estiver diante de hipótese de cooperação judicial-arbitral.

Isso pode acontecer, por exemplo, em caso de medida urgente antecedente à instituição da arbitragem, na hipótese de instituição compulsória da arbitragem com base em cláusula compromissória vazia, em caso de apoio do Poder Judiciário no cumprimento forçado de alguma medida provisória decretada pelo árbitro, na necessidade de homologação de sentença arbitral estrangeira, em caso de execução da sentença arbitral e, também, em caso de ajuizamento de ação de anulação da sentença arbitral doméstica.[40]

Nesses casos, a privacidade inerente à arbitragem e o dever de confidencialidade expressamente convencionado entre as partes são colocados em contraposição com a plena incidência no processo judicial do princípio da publicidade externa. O que deve prevalecer nesses casos: a privacidade e a confidencialidade da arbitragem, o que exigiria a decretação do segredo de justiça pelo juízo togado, ou a plena publicidade do processo judicial?

Parece-nos que a Constituição da República e a legislação processual, ao se referirem nos dispositivos correspondentes a "defesa da intimidade", a "interesse social" e a "interesse público", não permitem entender, em regra, que sempre que se tratar de cooperação do Poder Judiciário na arbitragem deverá haver decretação do segredo de justiça pelo juiz togado, ainda que as partes tenham estabelecido expressamente a confidencialidade na arbitragem. Essa interpretação representaria uma exceção demasiadamente ampla à publicidade externa própria da atuação do Poder Judiciário e acabaria, em última

---

40. A respeito da decretação de segredo de justiça nas hipóteses de ajuizamento da ação dos arts. 6º e 7º da Lei de Arbitragem, bem como da ação de anulação da sentença arbitral, consulte-se o texto já anteriormente mencionado de José Emilio Nunes Pinto (2007:91-102).

análise, por transferir para as partes, sem base legal, o poder de determinar o alcance da publicidade externa.

Essa interpretação somente seria possível se houvesse previsão legal específica no ordenamento processual brasileiro, excepcionando, legitimamente, a regra geral sem comprometer o conteúdo e o significado do princípio da publicidade externa do processo judicial. Como não há essa previsão legal específica no Código de Processo Civil de 1973, não é possível compreender como automático o segredo de justiça nesses casos. Caso o Projeto de Novo Código de Processo Civil seja promulgado, tal como aprovado na Câmara dos Deputados, será possível pleitear a decretação do segredo de justiça sem maiores dificuldades, haja vista que o PL nº 8.046/2010, acolhendo proposta formulada pelo Grupo de Pesquisa em Arbitragem da PUC/SP e pela Comissão de Arbitragem da OAB/RJ, prevê, no art. 189, inciso IV, que correm em segredo de justiça os processos "que versam sobre arbitragem, inclusive sobre cumprimento de carta arbitral, desde que a confidencialidade estipulada na arbitragem seja comprovada perante o juízo".[41] Essa previsão foi repetida no Projeto de Reforma da Lei de Arbitragem (art. 22-C, parágrafo único).

Mas mesmo sob o ordenamento processual atual, de 1973, consideramos que situações excepcionais relacionadas à intimidade das partes e/ou dos árbitros podem exigir a decretação do segredo de justiça. Esclereça-se que, no nosso entender, o conceito de intimidade não está apenas relacionado a questões de estado e/ou de direitos da personalidade, mas pode envolver também questões comerciais e estratégicas de empresas. Nesse caso, havendo necessidade de apoio do Poder Judiciário na arbitragem, o juiz togado deverá realizar juízo de ponderação entre princípios constitucionais: de um lado, a publicidade externa do processo judicial e, de outro, a intimidade dos sujeitos envolvidos na arbitragem, o que envolve tanto partes quanto árbitros.

Nessa ponderação, o juiz togado também deverá levar em consideração que a necessidade de auxílio do Poder Judiciário pode ter como causa a recalcitrância de uma das partes em cumprir as decisões arbitrais e que a exposição pública dos fatos discutidos na arbitragem pode acabar prejudicando

---

41. O Grupo de Pesquisa em Arbitragem da PUC/SP, nesse momento, era liderado pelo professor Francisco José Cahali e coordenado por Valeria Galíndez e pelo terceiro autor deste texto, André Luís Monteiro. A Comissão de Arbitragem da OAB/RJ é presidida por Joaquim de Paiva Muniz e a elaboração das propostas contou com a relevante participação de Ronaldo Cramer e de Leonardo Corrêa.

a parte inocente. Além disso, diante de expressa previsão de confidencialidade, essa postura da parte recalcitrante caracteriza, desde já, frustração das expectativas da outra parte, que certamente, ao escolher a arbitragem e celebrar a referida cláusula de confidencialidade, imaginou a resolução do conflito de maneira convencionada, ágil e sigilosa. Observe-se que, no exemplo dado, a quebra do dever de confidencialidade no âmbito do Poder Judiciário representa, ao final, uma violação do dever de boa-fé objetiva e da lealdade processual, princípios relevantes no ordenamento jurídico brasileiro.

Partindo de uma ponderação interessante entre a publicidade do processo judicial e o risco dos danos que poderiam ser causados às partes da arbitragem pela divulgação das informações obtidas, José Emilio Nunes Pinto (2007:95) entende que a solução está "no poder de decisão do juiz que, confrontado com os danos que poderão advir para a parte inocente da conduta antijurídica da parte recalcitrante, determina que a ação seja processada de forma a proteger aquela de um dano irreparável". O autor defende que, diante da constatação de que existe um bem jurídico a proteger, "pode o juiz, em função das alegações e de seu convencimento sobre os fatos, determinar que se tomem, no processamento, as medidas necessárias para preservar o sigilo que é inerente à arbitragem" (Pinto, 2007:95).

Em conclusão, entendemos que, no caso de necessidade de apoio do Poder Judiciário no processo arbitral, de acordo com o ordenamento processual civil em vigor, a privacidade e o dever de confidencialidade eventualmente convencionado entre as partes não incidem automaticamente no processo judicial, pois não há atualmente previsão legal específica que pudesse embasar esse entendimento e a previsão constitucional somente permite a decretação do segredo de justiça no caso de prevalência do direito à intimidade. Dessa forma, caso a caso, o Poder Judiciário deverá analisar os valores envolvidos, comparando o eventual dano ao processo pela decretação do segredo de justiça com o eventual dano às partes pela quebra da privacidade e da confidencialidade, de maneira a tomar a decisão mais correta.

7. Conclusão

O objetivo deste texto foi apresentar o panorama atual do dever de confidencialidade na arbitragem, diferenciando-o do conceito de privacidade a ela inerente e trazendo ao conhecimento dos leitores as principais decisões dos tribunais estrangeiros a respeito do tema, bem como os regulamentos de algumas das principais instituições de arbitragem internacionais e brasileiras. Como se viu, a matéria se caracteriza pela ausência de uniformidade.

A partir dessa análise, chegamos à conclusão de que a privacidade é inerente à arbitragem, mas o dever de confidencialidade não é implícito, razão pela qual ele só pode incidir em razão de expressa previsão legal ou convencional. No ordenamento jurídico brasileiro, os árbitros e as instituições arbitrais estão sujeitos à observância do dever de confidencialidade por expressa previsão legal, tal como se extrai do §6º do art. 13 da Lei nº 9.307/1996. No que tange às partes e a terceiros partícipes, não há imposição legal, razão pela qual o dever de confidencialidade exige expressa previsão convencional, o que pode ocorrer na convenção de arbitragem, no termo de arbitragem, no regulamento da instituição arbitral escolhida ou, até mesmo, em ato próprio e específico durante o trâmite do litígio.

Mesmo nesses casos de expressa previsão convencional, evidentemente que o dever de confidencialidade na arbitragem encontra exceções, normalmente pautadas no consenso das partes, na necessidade de exercício do direito de defesa, no interesse público e, por fim, nos demais deveres legais aos quais as partes estejam submetidas. No que diz respeito aos casos de apoio do Poder Judiciário na arbitragem, consideramos que a confidencialidade da arbitragem pode ser preservada decretando-se o segredo de justiça, mas não se trata de uma providência automática, ao menos de acordo com o direito positivo atual, mas de uma prevalência, no caso concreto, mediante ponderação, do direito à intimidade sobre a publicidade externa.

3

Provas e autonomia das partes na arbitragem

José Antonio Fichtner
Sergio Nelson Mannheimer
André Luís Monteiro

1. Introdução. 2. Autonomia privada na arbitragem e convenções sobre matéria processual. 3. Apontamentos sobre os poderes instrutórios do árbitro. 4. Limitação dos meios de prova pelas partes na arbitragem. 5. Conclusão.

1. Introdução[1]

A arbitragem, conforme já tivemos oportunidade de dizer, "é um método de heterocomposição de conflitos em que o árbitro, exercendo a cognição nos limites da convenção de arbitragem livremente estabelecida pelas partes, decide a controvérsia com autonomia e definitividade" (Fichtner e Monteiro, 2010a:1-2). Não obstante possua natureza jurisdicional, segundo assim entendemos, o processo arbitral é profundamente influenciado pela vontade das partes, o que o diferencia bastante do processo judicial brasileiro, em que a influência da vontade das partes sobre os destinos do processo é comparativamente menor.

Esse amplo espaço para a manifestação de vontade das partes na arbitragem representa um privilégio à liberdade individual, constitucionalmente garantida no *caput* do art. 5º da Carta. Trata-se de liberdade que se projeta, no âmbito da arbitragem, sobre todos os seus aspectos, sejam aqueles relacionados ao plano material, sejam aqueles condizentes com o plano processual, sejam, ainda, aqueles referentes ao plano internacional. Essa liberdade na arbitragem é tão grande que o *caput* do art. 2º da Lei de Arbitragem prevê que "a arbitra-

---

1. Texto inédito.

gem poderá ser de direito ou de equidade, a critério das partes". Em outras palavras, as partes podem, geralmente, afastar a incidência das regras de direito e convencionar que os árbitros decidirão o caso com base na equidade.

Como se não bastasse, o §1º desse mesmo dispositivo estatui que "poderão as partes escolher, livremente, as regras de direito que serão aplicadas na arbitragem, desde que não haja violação aos bons costumes e à ordem pública". Trata-se de escolha que pode recair não apenas sobre o direito material aplicável à questão de fundo, isto é, ao mérito da causa, como também sobre o direito processual aplicável à arbitragem. Destacando esse último aspecto, Philippe Fouchard, Emmanuel Gaillard e Berthold Goldman (1999:647) lecionam que *"in their arbitration agreement, or once the dispute has arisen, the parties are free to choose or refrain from choosing the law governing the arbitral procedure"*. Entre nós, Luiz Olavo Baptista ensina que "as partes são livres para escolher a sede da arbitragem, a lei aplicável ao procedimento e a lei aplicável à matéria de fundo e podem fazer uma escolha diferente para cada tópico".[2]

Além disso, as partes podem estabelecer os locais em que se desenvolverá a arbitragem (art. 11, I), o prazo para prolação da sentença arbitral (art. 11, III), o método de escolha dos árbitros (art. 13, §3º), o procedimento a ser seguido na arbitragem (art. 21) etc. Enfim, não parece haver dúvida, pois, de que impera na arbitragem a vontade das partes, sendo certo, porém, que essa ampla liberdade encontra, por certo, limites nos preceitos constitucionais e na ordem pública. Especificamente sobre o ângulo processual, objeto de nossa análise neste texto, a liberdade das partes para celebrar convenções processuais encontra limite nesses preceitos constitucionais e, especialmente, na chamada ordem pública processual.

Neste texto, procura-se destacar fundamental aspecto dessa temática, consistente na possibilidade ou não de as partes limitarem consensualmente os meios de prova na arbitragem, quando o direito processual escolhido é o brasileiro e a sede da arbitragem eleita é o Brasil. Trata-se de saber, *v.g.*, se as partes podem convencionar que determinado litígio será resolvido exclusivamente com base na prova documental. Por um lado, a limitação consensual dos meios

---

2. Baptista (2011:194). O autor complementa a lição explicando que "a escolha, portanto, pode versar sobre a lei aplicável ao objeto da arbitragem, o local da arbitragem e a lei aplicável ao procedimento arbitral. Esta última, ora objeto de nossa atenção, pode coincidir com o lugar da arbitragem ou não" (Ibid., p. 195-196).

de prova na arbitragem parece estar de acordo com o privilégio concedido pela Lei de Arbitragem à vontade das partes, conforme destacado nas linhas anteriores. Ademais, eventual descumprimento por parte do árbitro daquilo que foi convencionado pelas partes — na convenção de arbitragem, no termo de arbitragem ou, indiretamente, no regulamento de arbitragem eleito — poderia ensejar a anulação da sentença arbitral, na medida em que o inciso IV do art. 32 da Lei nº 9.307/1996 prevê que "é nula a sentença arbitral se (...) for proferida fora dos limites da convenção de arbitragem".

Por outro lado, uma disposição consensualmente estabelecida pelas partes nesse sentido poderia representar uma violação ao poder de iniciativa oficial em matéria de prova do árbitro, ao princípio do livre convencimento motivado do árbitro e, por conseguinte, ao princípio do devido processo arbitral. Observe-se que o *caput* do art. 22 da Lei de Arbitragem aduz que "poderá o árbitro ou o tribunal arbitral tomar o depoimento das partes, ouvir testemunhas e determinar a realização de perícias ou outras provas que julgar necessárias, mediante requerimento das partes ou de ofício". Ademais, o §2º do art. 21 da mesma Lei estabelece que "serão, sempre, respeitados no procedimento arbitral os princípios do contraditório, da igualdade das partes, da imparcialidade do árbitro e de seu livre convencimento". Por fim, lembre-se que o inciso VIII do art. 32 da Lei nº 9.307/1996 dispõe que "é nula a sentença arbitral se (...) forem desrespeitados os princípios de que trata o art. 21, §2º, desta Lei".

2. Autonomia privada na arbitragem e convenções sobre matéria processual

A chamada autonomia privada é estudada com profundidade no âmbito do direito privado, especialmente a partir da publicação da obra de Luigi Ferri, *L'autonomia privata*, em 1959. Na doutrina portuguesa de João de Matos Antunes Varela (2006:v. I, p. 226), a autonomia privada é "a faculdade reconhecida aos particulares de fixarem livremente, segundo o seu critério, a disciplina vinculativa dos seus interesses, nas relações com as demais criaturas". Na doutrina brasileira, Francisco Amaral (1989:213) leciona que "a autonomia privada surge como o poder que os particulares têm de regular, pelo exercício de sua própria vontade, as relações de que participam, estabelecendo-lhes a respectiva disciplina jurídica".

Parece-nos que a designação autonomia privada pode se estender não apenas à seara civil, mas também à processual e, inclusive, à internacional. Isso porque, em todas essas áreas, tudo não passa de manifestação da liberdade individual, garantida constitucionalmente no *caput* do art. 5º da Constituição da República. O importante é compreender como essa liberdade se manifesta em cada disciplina especificamente, independentemente da terminologia que se utilize. Assim ocorre, por exemplo, com o princípio da liberdade contratual na esfera civil — para, *v.g.*, estabelecer uma cláusula penal num contrato —, com o princípio da iniciativa das partes no âmbito processual — com vistas, por exemplo, a desistir de uma demanda já ajuizada — e com o princípio da autonomia da vontade das partes no prisma internacional — para escolher o direito material aplicável a um contrato.

Utilizamos, pois, a expressão autonomia privada neste texto como o poder que os particulares detêm de disciplinar, como decorrência da liberdade individual constitucionalmente garantida, o regime jurídico de seus interesses nas relações jurídicas das quais participam, o que alcança, inclusive, a arbitragem, nos aspectos civil, processual e internacional. Estabelecida essa premissa conceitual e terminológica, cumpre direcionar este estudo para as circunstâncias em que o exercício dessa autonomia se manifesta na arbitragem por meio do estabelecimento de convenções processuais. O foco dado a partir de agora decorre do fato de que a eventual possibilidade de limitação dos meios de prova na arbitragem seria alcançada por meio da celebração pelas partes da figura da convenção processual.

O tema das convenções processuais é pouquíssimo explorado na doutrina brasileira, valendo mencionar, contudo, os estudos excelentes de José Carlos Barbosa Moreira (1984a:87) e de Leonardo Greco (2008:290-291). Na recente doutrina arbitral brasileira, pouco se disse sobre a influência das convenções processuais no processo arbitral, o que torna a questão ainda mais árida. Leonardo Greco define as convenções processuais das partes como "todos os atos bilaterais praticados no curso do processo ou para nele produzirem efeitos, que dispõem sobre questões do processo, subtraindo-se da apreciação judicial ou condicionando o conteúdo de decisões judiciais subsequentes".[3]

---

3. Greco (2008:291). Em seguida, o processualista aduz que "o que caracteriza as convenções processuais é ou a sede do ato — ato integrante da relação processual, praticado no processo —, ou a sua finalidade de produzir efeitos em determinado processo, presente ou futuro" (Ibid., p. 291).

A convenção processual enseja o encontro de duas ou mais declarações de vontade, dirigidas ao mesmo objetivo, que se consubstanciam em ato uno, voltado à criação e produção, por si mesmo, de efeitos jurídicos no processo, presente ou futuro. É de se ressaltar, conforme já se pode entender das linhas anteriores, que as convenções processuais independem de concessão do julgador para produzirem efeitos. Na verdade, bem ao contrário, elas condicionam a futura decisão. Influenciam, necessariamente, o conteúdo da decisão. Quando as partes fazem um pedido conjunto e a produção de efeitos desse ato depende de autorização judicial, é porque não se trata de convenção processual. A convenção processual produz efeitos autonomamente.

Exemplo clássico de convenção processual admitida em sede judicial é a cláusula de eleição de foro — bem frequente na prática — e a convenção das partes sobre distribuição do ônus da prova — raríssima no dia a dia, não obstante a expressa previsão no parágrafo único do art. 333 do Código de Processo Civil. José Carlos Barbosa Moreira considera que "em nossos dias predomina a tese da admissibilidade de convenções não autorizadas *expressis verbis* na lei",[4] bem como defende a ampla possibilidade de convenções em matéria processual, mesmo fora das hipóteses legais, como poderia ocorrer caso as partes concordassem em não indicar assistentes técnicos numa perícia (Barbosa Moreira, 1984a:92).

No âmbito do Poder Judiciário, a concepção exclusivamente publicista do processo, fincada também no poder de iniciativa oficial do magistrado em tema de provas, bem como a mínima ingerência que a lei processual estatal concede à vontade das partes no destino do processo judicial resultam em que a doutrina não tem admitido convenções processuais que limitem os meios de prova. Nesse sentido, Leonardo Greco defende que "inócuas, por outro lado, e até mesmo nulas, seriam outras espécies de convenções probatórias, como, por exemplo, a designação de comum acordo do perito único

---

4. Sobre a possibilidade de convenção processual fora dos casos expressamente admitidos em lei, José Carlos Barbosa Moreira narra o seguinte: "Acerca do ponto muito se debateu em doutrina, sobretudo na Alemanha, onde prestigiosa corrente se opôs à franquia, com maior ou menor rigor. Não se poderia reconhecer à autonomia da vontade, no campo processual, atuação tão ampla como a que se lhe abre no terreno privatístico; no processo, ramo do direito público, deveria considerar-se proibido tudo quanto não fosse permitido. Com algum exagero, receava-se a entronização do 'processo convencional'. Em nossos dias predomina a tese da admissibilidade de convenções não autorizadas *expressis verbis* na lei, conquanto se esforcem os escritores em estabelecer limites, sem que se haja até agora logrado unanimidade na fixação dos critérios restritivos" (Barbosa Moreira, 1984a:91).

ou a limitação da investigação probatória à produção apenas de provas orais", pois "no sistema brasileiro, não podem as partes limitar os poderes do juiz na investigação da verdade".[5] Judicialmente, segundo se tem entendido, não é possível limitar os meios de prova por meio da celebração de convenções processuais.

Na arbitragem, porém, a questão da possibilidade de limitação dos meios de prova é algo bem mais complexo, na medida em que as partes possuem um campo muito maior para exercitar a autonomia privada em convenções sobre matéria processual. Consoante já exposto, as partes na arbitragem podem eleger o direito processual aplicável (art. 2º, §1º), os locais em que se desenvolverá a arbitragem (art. 11, I), o prazo para prolação da sentença arbitral (art. 11, III), o método de escolha dos árbitros (art. 13, §3º), o procedimento a ser seguido na arbitragem (art. 21) etc. Enfim, as partes podem celebrar diversas convenções de natureza processual que influenciam, decisivamente, o desenvolvimento do processo arbitral, a cujo atendimento os árbitros estão obrigados, sob pena de poder viciar a sentença arbitral de invalidade, a teor do inciso IV do art. 32 da Lei nº 9.307/1996.

Vale lembrar ainda, sob o ângulo prático, que muitas instituições de arbitragem de atuação internacional têm previsão em seus regulamentos de *fast-track arbitration* ou, como se conhece na doutrina italiana, *arbitrato solo su documenti*. Nessas previsões, as partes escolhem — como verdadeira opção comercial — a resolução de determinado conflito de uma forma ainda mais expedita, admitindo-se apenas a produção de prova documental. Trata-se não apenas de manifestação de liberdade individual, mas, sobretudo, de uma opção comercial, a viabilizar, muitas vezes, o desenvolvimento de um projeto empresarial. Em resumo, pode-se dizer que no âmbito da arbitragem as partes possuem amplo espaço para o estabelecimento de convenções processuais, o que conspira em favor da admissibilidade da limitação convencional dos meios de prova.

---

5. Greco (2008:301). Em trecho anterior, o autor apresenta os seguintes limites às convenções processuais: "A definição dos limites entre os poderes do juiz e a autonomia das partes está diretamente vinculada a três fatores: (a) à disponibilidade do próprio direito material posto em juízo; (b) ao respeito ao equilíbrio entre as partes e à paridade de armas, para que uma delas, em razão de atos de disposição seus ou de seu adversário, não se beneficie de sua particular posição de vantagem em relação à outra quanto ao direito de acesso aos meios de ação e de defesa; e (c) à preservação da observância dos princípios e garantias fundamentais do processo no Estado Democrático de Direito" (Ibid., p. 292).

3. Apontamentos sobre os poderes instrutórios do árbitro

Não obstante o grande espaço que as partes possuem na arbitragem para celebrar convenções processuais, o verdadeiro motivo de dúvida quanto à possibilidade ou não de limitação consensual dos meios de prova é o poder de iniciativa oficial do árbitro, o princípio do livre convencimento motivado do árbitro e o princípio do devido processo arbitral. É no confronto entre esses três postulados e a liberdade individual e a autonomia privada na arbitragem que pode surgir a resposta, positiva ou negativa, para a questão ora posta em exame. Nessa linha de raciocínio, importa, pois, examinar os poderes instrutórios do árbitro, especialmente a partir do debate já bastante maduro que existe a respeito dos poderes instrutórios do juízo estatal.

Primeiramente, vale recordar que o *caput* do art. 22 da Lei nº 9.307/1996 prevê que "poderá o árbitro ou o tribunal arbitral tomar o depoimento das partes, ouvir testemunhas e determinar a realização de perícias ou outras provas que julgar necessárias, mediante requerimento das partes ou de ofício". Nesse dispositivo, admite-se o poder de iniciativa oficial do árbitro em matéria de prova. O §2º do art. 21 da Lei de Arbitragem brasileira, por sua vez, aduz que "serão, sempre, respeitados no procedimento arbitral os princípios do contraditório, da igualdade das partes, da imparcialidade do árbitro e de seu livre convencimento". Tem-se aqui a consagração legal do princípio do livre convencimento motivado do árbitro e, englobando todas as espécies, do princípio do devido processo arbitral.

O poder de iniciativa oficial do julgador e o princípio do livre convencimento motivado também estão previstos, em relação ao processo judicial, no Código de Processo Civil. Nesse sentido, o art. 130 do diploma processual civil prevê que "caberá ao juiz, de ofício ou a requerimento da parte, determinar as provas necessárias à instrução do processo, indeferindo as diligências inúteis ou meramente protelatórias". O art. 131 do mesmo Código, a seu turno, dispõe que "o juiz apreciará livremente a prova, atendendo aos fatos e circunstâncias constantes dos autos, ainda que não alegados pelas partes; mas deverá indicar, na sentença, os motivos que lhe formaram o convencimento".

A iniciativa do julgador em matéria probatória no âmbito do processo judicial, conforme já adiantado, é bastante debatida na doutrina, alguns considerando que o juiz é absolutamente livre para determinar a produção das provas que bem entender *ex officio* e outros entendendo que esse poder de iniciativa oficial só pode ser legitimamente exercido em complementação à atividade instrutória já desenvolvida pelas partes, sob pena de o julgador substituir uma das partes na condução de seus próprios interesses e, assim, violar o princípio da imparcialidade.

Defendendo a primeira corrente, José Roberto dos Santos Bedaque considera que "o juiz pode, em qualquer caso, determinar a realização de provas".[6] Em sentido contrário, adotado a segunda corrente, Arruda Alvim ensina que "se, de um lado, pode o juiz, licitamente, adentrar a atividade probatória, tendo em vista a necessidade de prova para a formação de sua convicção, deverá sempre fazê-lo subsidiariamente, não suprimindo as omissões da parte inerte", razão pela qual "somente diante da inexistência de prova é que deverá interferir na esfera probatória", uma vez que "o ônus da prova, pois, é caminho normal para a solução das lides".[7]

---

6. Bedaque (2009:159). Em outra passagem, o autor afirma que "trata-se de atitude não apenas admitida pelo ordenamento, mas desejada por quem concebe o processo como instrumento efetivo de acesso à ordem jurídica justa" (Bedaque, 2009:113). Em outro trecho, o autor reforça a ideia: "A tendência moderna de assegurar a todos a solução jurisdicional, mediante o devido processo constitucional, compreende a garantia da solução adequada, cuja obtenção pressupõe a ampla participação do juiz na construção do conjunto probatório" (Ibid., p. 161-162). No mesmo sentido, Cassio Scarpinella Bueno (2009:v. 2, p. 236) considera que "o juiz como diretor do processo, como aquele que deve ter a sua convicção formada, pode determinar a produção da prova nas hipóteses em que as partes ou eventuais terceiros não o façam voluntariamente". Alexandre Freitas Câmara (2007) também partilha desse entendimento, defendendo que "impõe-se o reconhecimento de amplos poderes de iniciativa probatória do juiz, permitindo-se que este agente estatal cumpra sua missão constitucional: fazer justiça". O autor complementa sua lição afirmando que "a correta interpretação do art. 130 do CPC é a que leva à afirmação da existência de amplos poderes de iniciativa probatória do juiz", até porque, continua o processualista, "não vejo, na atividade probatória desenvolvida por determinação *ex officio*, algo capaz de romper com a necessária imparcialidade do juiz" (Ibid.). Idem: Assad (1997).

7. Arruda Alvim (2011:946). Nesta mesma página, Arruda Alvim reforça a ideia explicando que "o art. 130 do CPC somente poderá ser corretamente aplicado pelo juiz às hipóteses em que não se opere a teoria do ônus da prova e desde que haja um fato incerto, mas desde que esta incerteza seja emergente da prova já produzida". No mesmo sentido, Moacyr Amaral Santos (2004:v. II, p. 360) entende que "o poder de iniciativa judicial, nesse terreno, deverá ser entendido como supletivo da iniciativa das partes, para que seja somente utilizado nos casos em que houver necessidade de melhor esclarecimento da verdade, sem o que não fosse possível ao juiz, de consciência tranquila, proferir sentença". José Frederico Marques (1997:v. II, p. 276), da mesma forma, fazendo menção à distinção entre direitos disponíveis e direitos indisponíveis, estabelece que, "em se cuidando de questões de exclusivo *ius dispositivum*, a tarefa de produzir provas e formar a verdade processual pertence quase totalmente às partes". Também defendendo esse mesmo ponto de vista, confira-se a lição de Vicente Greco Filho (2003:v. 1, p. 227-228): "Como se disse, essa autorização deve ser interpretada coerentemente com a sistemática do Código, em especial, com o princípio da igualdade das partes. Assim, conclui-se que não pode o juiz substituir a iniciativa probatória, que é própria de cada parte, sob pena de estar auxiliando essa parte e violando a igualdade de tratamento

Provas e autonomia das partes na arbitragem

A doutrina moderna também tem considerado, para fins de solucionar a questão, que a divisão entre essas duas correntes poderia ser amenizada a partir da conjugação do respeito à liberdade das partes e da necessária garantia da igualdade material. Diz-se que não seria adequado, por um lado, ampliar demasiadamente os poderes instrutórios do juiz, na medida em que, a despeito da concepção publicista do processo, o Estado deve respeitar também, por essencial à democracia, a liberdade das partes. Nessa linha, a afirmação de que a regra geral é a iniciativa oficial em matéria de prova poderia infringir a liberdade constitucionalmente assegurada às partes, tornando o processo judicial excessivamente inquisitorial e distanciando-o daqueles que são os maiores interessados no seu resultado: as partes. Por outro lado, a mitigação absoluta do poder instrutório do juiz poderia ser uma postura inadequada para circunstâncias em que as partes em conflito estão em manifesta desigualdade material, o que raramente ocorre em disputas comerciais, mas é bastante comum em litígios de consumo, por exemplo.

Boa doutrina moderna, portanto, tem considerado que o juiz somente deveria exercer poderes instrutórios para garantir a isonomia material no processo judicial, o que preservaria a liberdade constitucionalmente assegurada às partes e garantiria as mesmas condições processuais a eventuais partes em situação de desigualdade substancial.[8] A regra geral, portanto,

---

que elas merecem. A atividade probatória do juiz não pode substituir a atividade de iniciativa das partes. Para não inutilizar o dispositivo resta interpretar que o juiz, na verdade, poderá determinar provas, de ofício, nos procedimentos de interesse público, como, por exemplo, os de jurisdição voluntária, e nos demais processos, de maneira complementar a alguma prova já requerida pela parte, quando a prova produzida foi insatisfatória para o seu convencimento. Isto ocorreria, por exemplo, após uma perícia requerida pela parte, no tempo e no local devido, e que fosse inconclusiva, podendo, pois, o juiz determinar de ofício nova perícia. Afora esses casos excepcionais, não pode o juiz tomar a iniciativa probatória, sob pena de violar o sistema da isonomia, e sob pena de comprometer-se com uma das partes extinguindo, com isso, o requisito essencial da imparcialidade". Também assim, Eduardo Arruda Alvim (1999:v. 1, p. 515-516): "A atividade do juiz, quando determina a produção de provas, deve ser sempre subsidiária. Isto é, o juiz não deverá suprir, com sua atividade, as omissões das partes, com o que estaria sendo violada a paridade de tratamento entre as partes que deve nortear a atividade do magistrado (art. 125, I). Parece ser este o entendimento mais correto a partir da interpretação sistemática do Código de Processo Civil, pois, a se admitir pudesse o juiz suprir as omissões das partes, sentido algum teria a regra do ônus da prova, de que se tratará adiante. Assim, o juiz só poderá determinar a prova subsidiariamente, se, diante do quadro probatório produzido, se sentir incapaz de proferir sentença e a lide não for solucionável por aplicação do princípio do ônus da prova, ou ainda se a lide versar sobre direitos indisponíveis".
8. É interessante observar que tanto os defensores da corrente ampliativa quanto os seguidores da corrente restritiva se utilizam do argumento da isonomia. Assim, por um lado, José Roberto dos Santos Bedaque (2009:101-102) explica que "a real igualdade das partes

seria a de que a iniciativa probatória do juiz somente deve se dar para garantir a igualdade substancial entre as partes.[9] Isso significa, segundo essa doutrina, que, diante de partes em efetiva igualdade de condições, a intervenção judicial na produção probatória deveria ser excepcionalíssima. E isso decorreria do respeito que o Estado moderno deve providenciar em relação à liberdade das partes, constitucionalmente assegurada no *caput* do art. 5º da Constituição da República. Transcreva-se a lição de Leonardo Greco (2008) a esse respeito:

> Entretanto, o liberalismo pelo qual precisamos lutar não é mais o do Estado absenteísta do século XIX, mas o do Estado Democrático de Direito do 2º Pós-Guerra, ou seja, o que não apenas respeita o livre arbítrio dos cidadãos na tomada de decisões relativas à sua esfera privada, mas que, no momento em que estes recorrem ao Estado para a tutela dos seus direitos, este, através dos juízes, controla vigilantemente se aqueles estão em condições de se autotutelarem e, em caso negativo, supre moderada e parcimoniosa-

---

no processo somente se verifica quando a solução encontrada não resultar da superioridade econômica ou da astúcia de uma delas". O autor continua a lição, justificando que "considerando que a parte 'mais fraca' não tem as mesmas possibilidades que a 'mais forte' de trazer, para os autos, as provas necessárias à demonstração de seu direito, a ausência de iniciativa probatória pelo juiz corresponde a alguém assistir passivamente a um duelo entre o lobo e o cordeiro" (Bedaque, 2009:104). Destacando esse aspecto, Luiz Fux (2005:701), pelo outro lado, leciona que "a iniciativa probatória do magistrado é singular fator de equalização das partes, instrumento necessário à manutenção da igualdade processual, cânone derivado da isonomia constitucional". Cândido Rangel Dinamarco (2009:v. III, p. 53), também ressaltando o aspecto da isonomia, aduz que "as desigualdades econômicas e culturais são capazes, quando incontroladas, de conduzir o processo à produção de resultados distorcidos em razão de insuficiências probatórias resultantes das desídias daquele que não se defendeu melhor porque não pôde; e, por expressa determinação legal, o juiz tem o dever de promover o equilíbrio das partes no processo, assegurando aos litigantes a paridade em armas que o princípio isonômico exige (CPC, art. 125, inc. I). Para esse fim e para a efetividade da garantia constitucional da ampla defesa, há situações em que a intervenção do juiz na busca e produção de meios de prova se mostra vital".

9. Nessa linha de raciocínio parece ser a posição de Leonardo Greco (2008), para quem "em caráter subsidiário, para suprir as deficiências probatórias das próprias partes, especialmente o abismo de comunicação que separa as partes do juiz, ela constitui um importante fator de equalização das desigualdades processuais". Também assim, confira-se a posição de Diego Martinez Fervenza Cantoario (2011): "O novo juiz que emerge desta conjuntura democrática somente intervém excepcionalmente na produção de provas pelas partes não requeridas. A grande justificativa para essa mitigação da autonomia da vontade é a observância da paridade de armas. Essa equalização é particularmente importante quando entre as partes exista relação fática de subordinação ou dependência, como nas relações de consumo. A compensação das diferenças entre as partes, levando em conta, inclusive, circunstâncias relativas à capacidade dos defensores é de grande importância para a plena realização deste princípio".

mente as suas insuficiências para, sem comprometer a sua imparcialidade, assegurar-lhes o acesso efetivo ao gozo dos seus direitos, tendo em vista que as posições de dominação que prevalecem na sociedade precisam ser neutralizadas, sob pena de entregarem os mais fracos ao jugo incontrastável dos mais fortes, em total desrespeito às promessas de construção de uma sociedade erigida sob a égide da dignidade humana e do pleno respeito aos direitos fundamentais.

Ainda nessa linha de raciocínio, o exercício de poder instrutório oficial mesmo diante de partes em igualdade de condições apenas deveria ocorrer quando houvesse suspeita de que as partes estivessem se utilizando do processo na tentativa de fraudar direitos de terceiros. Em resumo, considerando o respeito que o Estado deve prestar à liberdade das partes, a variação dos poderes instrutórios do juiz estaria assentada quase que exclusivamente no critério da isonomia substancial. Diante de partes materialmente desiguais, o julgador deveria providenciar a equalização das diferenças e a equiparação das armas no processo. Já em vista de partes substancialmente iguais, a intervenção instrutória do juiz deveria ser mínima, somente devendo ocorrer quando houvesse suspeita de atividade criminosa das partes ou incerteza decorrente da própria atividade probatória por elas desenvolvida.

Na arbitragem, adotando-se a concepção jurisdicional, parece correto dizer que o árbitro exerce poderes jurisdicionais,[10] dentre eles o poder de iniciativa oficial em matéria de prova. Arruda Alvim (1979:21), a respeito do poder jurisdicional na seara judicial, explica que, "se de um lado têm os

---

10. Arruda Alvim (2011:543) ensina que "dividem-se os poderes do juiz em poderes jurisdicionais" e "poderes de polícia". O jurista explica que "os primeiros compreendem todos os atos, desde a formação da relação jurídica processual, até a sentença, ato com o qual o juiz põe fim ao processo, decidindo ou não a causa", enquanto "os poderes de polícia compreendem os poderes exercidos pelo juiz, não como autoridade judicante, mas simplesmente como autoridade, dado que ao juiz, continuamente, são levados problemas oriundos do exercício dos trabalhos forenses" (Ibid., p. 544). No mesmo sentido, Antonio Carlos de Araújo Cintra, Ada Pellegrini Grinover e Cândido Rangel Dinamarco (2008:157) explicam o seguinte: "O juiz dispõe, no exercício de suas funções, do poder jurisdicional e do poder de polícia; este último lhe é conferido, em última análise, para que possa exercer com autoridade e eficiência o primeiro (por exemplo, tem o juiz o poder de polícia das audiências, que o autoriza a manter a ordem e o ambiente de respeito — CPP, art. 794). Quanto aos poderes de fundo propriamente jurisdicional, é uma questão de política legislativa concedê-los em maior ou menor quantidade e intensidade ao juiz; caracteriza-se o processo inquisitivo pelo aumento dos poderes do juiz; caracteriza-se o processo de ação (ou acusatório) pelo equilíbrio do poder do juiz com a necessidade de provocação das partes e acréscimo dos poderes destas. Nosso processo é do tipo do processo de ação, tanto em matéria cível como penal".

litigantes direito à decisão, e nesse ângulo constitui-se ela em obrigação ou dever do juiz, para com os litigantes, não é inexato asseverar-se que o juiz tem poder decisório, acompanhado de tudo aquilo que se coloque como *condictio sine qua non* ao exercício desse poder". O poder de decisão do árbitro é acompanhado de tudo aquilo que se coloque como *condictio sine qua non* ao exercício desse poder, tal como a livre investigação dos fatos e o exercício de poder instrutório. O poder instrutório do árbitro decorre, portanto, do seu poder de decisão, expressamente assegurados pela Lei de Arbitragem, em consonância com a dinâmica constitucional.

4. Limitação dos meios de prova pelas partes na arbitragem

No âmbito do processo judicial no Brasil, como se disse, não se admite que as partes, por acordo, limitem os meios de prova que serão utilizados judicialmente. Consoante exposto pela doutrina, eventual convenção processual nesse sentido infringiria o disposto nos arts. 130 e 131 do Código de Processo Civil. Ademais, como a lei processual civil estatal só admite a convenção processual em hipóteses específicas, tem-se interpretado a sistemática do diploma processual civil como se tais permissões fossem exceções no sistema e, portanto, dependessem de expressa previsão legal. Como não há dispositivo específico no Código permitindo a convenção das partes para excluir determinado meio de prova, não haveria essa possibilidade no âmbito judicial.

Isso se deve, certamente, à reduzida autonomia privada das partes no âmbito do processo judicial sujeito ao regime do Código de Processo Civil. No âmbito do processo judicial, salvo as raríssimas previsões legais expressamente admitindo as convenções processuais, a verdade é que a autonomia privada é diminuta, o que permite intuir um sistema moldado na autoridade do Estado e não, propriamente, na liberdade das partes. Na arbitragem, porém, segundo nos parece, a resposta para essa questão não se afigura tão simples, na medida em que é da essência da arbitragem a valorização da autonomia privada das partes, base da própria escolha desse método de resolução de conflitos.

A doutrina é bastante dividida quanto à possibilidade de limitação pelas partes dos meios de prova na arbitragem. Na doutrina italiana, Stefania Magnone Cavatorta (2008:48) entende que,

> *in altre parole, mentre la convenzione di arbitrato può ripartire tra le parti e l'arbitro l'iniziativa dell'attività preparatoria, di individuazione e introduzione del mezzo di prova, la stessa, al contrario, non può sottrarre all'arbitro l'attività di conoscenza di una o di un'altra fonte di prova che sia già stata acquisita, perché anche l'arbitro, come il giudice, conosce le prove prescindendo dall'iniziativa, o dalla collaborazione, delle parti.*

A autora estrangeira, ao que parece, fundamenta sua posição no fato de que o árbitro possui iniciativa oficial em matéria de prova, razão pela qual não estaria vinculado às convenções das partes a respeito de matéria probatória.

Enfrentando essa questão, como uma das poucas vozes na doutrina brasileira, Paulo Cezar Pinheiro Carneiro (1999:306) defende que

> a convenção não poderá limitar ou restringir tais meios, sob pena de infringir os princípios básicos do contraditório e da igualdade das partes (art. 21, §2º), além da possibilidade de prejudicar o princípio do livre convencimento do árbitro, na medida em que ele não poderia, apesar de expressa disposição legal nesse sentido, determinar, de ofício, as provas que reputasse necessárias a possibilitar um julgamento justo.

O processualista, como se vê, fundamenta a impossibilidade de acordo das partes sobre os meios de prova com base na igualdade, no contraditório e no livre convencimento do árbitro.

Nesse mesmo sentido, Marcela Kohlbach de Faria (2012) considera que

> a existência de convenção que afaste a possibilidade de produção de determinada prova nos parece estar na contramão da justa solução do litígio, além de abrir espaço para possíveis ações de nulidade da sentença arbitral, ajuizadas normalmente pela parte que saiu vencida na demanda, com base no art. 32, VII (leia-se, a princípio, VIII), da Lei 9.307/1996, o que nos afigura absolutamente contraproducente ao procedimento arbitral.

A autora fundamenta sua posição nos termos do §2º do art. 21 da Lei de Arbitragem, segundo o qual "serão, sempre, respeitados no procedimento arbitral os princípios do contraditório, da igualdade das partes, da imparcialidade do árbitro e de seu livre convencimento".

Mauro Rubino-Sammartano faz distinção digna de nota. O autor italiano considera que

> mentre le parti non sembrano poter escludere convenzionalmente il diritto del convenuto di depositare la comparsa di risposta, esse possono rinunciare a replicare con altri scritti difensivi, come rinunciare durante l'instruttoria a sentire altri testi, e rinunciare alla replica e/o alla discussione orale dinnanzi al collegio. (Rubino-Sammartano, 2006:254)

Realmente, parece que nem toda convenção sobre matéria processual viola o princípio da igualdade e o princípio do contraditório, pois se, por um lado, não é possível convencionar que o requerido deixará de apresentar resposta, por outro lado, as partes podem livremente abrir mão de outras manifestações, como, *v.g.*, as alegações finais. Parece-nos que o acordo sobre meios de prova está nessa categoria.

O jurista italiano continua a lição, ensinando, diretamente sobre o ponto, que

> gli accordi circa la procedura arbitrale e la prova, stipulati dalle parti e accettati dall'arbitro, non comporteranno, in linea di massima, contrazioni del diritto al contraddittorio qualora il loro effetto non sia di impedire alle parti di esprimere le proprie ragioni e di fornire la prova dei fatti posti a base delle stesse, ma sia solo di regolare le modalità di esercizio di tali diritti fondamentali.[11]

O autor exemplifica as convenções processuais a respeito dos meios de prova na arbitragem pela chamada *"arbitrato solo su documenti"*:

> Quanto all'accordo delle parti di provare i fatti della controversia solo attraverso documenti (in essi eventualmente comprese — come sopra indicato — anche dichiarazioni scritte di persone che hanno assistito a tali fatti), occorre in primo

---

11. Rubino-Sammartano (2006:254-255). O autor, porém, faz uma distinção entre a convenção processual celebrada antes do surgimento do litígio e depois de surgida a controvérsia: "*La questione sembra potersi prospettare in maniera diversa a seconda che tale scelta sia fatta prima del sorgere della controversia o successivamente ad essa. La rinuncia a priori delle parti ad una modalità di esercizio del proprio diritto potrebbe infatti in ipotesi risultare — a controversia insorta — inopportuna rispetto a quella data controversia, mentre nel caso di accordo delle parti ad essa anteriore, ma confermato dopo il suo insorgere, tale rischio non appare configurabile. Si tratta infatti in tale caso di scelta effettuata dalle parti con maggior cognizione di causa*" (Ibid., p. 258).

luogo rilevare che si tratta di procedura in uso in numerosi ordinamenti aventi una tradizione non inferiore alla nostra. Inoltre tale possibilità è già prevista nel Regolamento della Associazione Italiana per l'Arbitrato e nel Regolamento per Arbitrato solo su documenti della Delegazione Italiana della Corte Arbitrale Europea. (Rubino-Sammartano, 2006:258)

Mauro Rubino-Sammartano (2006:742) conclui que *"nell'ambito di tali limiti le parti potranno concordemente escludere l'efficacia di prove costituende ed anche restringere i tipi di prova utilizzabili (rinunciando così ad esempio alla prova testimoniale e prevedendo l'arbitrato solo su documenti)"*. E, ao contrário daqueles que entendem que as convenções processuais limitando os meios de prova poderiam ocasionar a anulabilidade da sentença arbitral, o autor italiano alerta que o que poderia viciar a sentença arbitral é justamente o contrário, ou seja, o desatendimento pelo árbitro daquilo que houvesse sido convencionado pelas partes. O autor considera que *"ove il compromesso venga visto come l'espressione della volontà delle parti, il non rispetto di essa, anche quanto alla procedura prescritta, sembra poter rientrare in tale motivo di nullità"* (Rubino-Sammartano, 2006:741). Lembre-se que a Lei nº 9.307/1996 prevê essa hipótese no inciso IV do art. 32.

Como se não bastasse, o autor italiano, amparando-se na chamada *"arbitrato solo su documenti"*, aduz que *"nell'ordinamento anglosassone, diverse associazioni di categoria e organismi hanno riconosciuto l'importanza sociale e il vantaggio di questa concessione e hanno previsto il ricorso all'arbitrato solo su documenti"*.[12] Em resumo, o autor defende a possibilidade e a adequabilidade — como, no caso, da arbitragem só com base em documentos — de que as partes limitem os meios de prova na convenção de arbitragem, o que deverá ser respeitado pelo árbitro, sob pena de se entender que a sentença arbitral está viciada, uma vez que o árbitro não respeitou os limites da convenção de arbitragem.

Na doutrina portuguesa, Manuel Pereira Barrocas (2011:197-198) parece concordar com essa posição, na medida em que afirma que "as partes têm o direito de estabelecer os meios de prova que o árbitro deve considerar, e apenas esses", bem como explica que "também podem acordar na obrigato-

---

12. Rubino-Sammartano (2006:783). A chamada *"arbitrato solo su documenti"* pode ser explicada, segundo o autor, da seguinte forma: *"La convenzione di arbitrato solo su documenti esclude quindi espressamente la comparizione personale delle parti e l'interrogatorio dei testi, così come la discussione orale, i quali producono l'effetto di allungare la durata del procedimento e di aumentarne notevolmente i costi, rendendolo non più accessibile alle piccole controversie"* (Ibid., p. 782).

riedade do árbitro ficar vinculado a um certo critério definido pelas partes de aplicação de certas regras de direito relativas à prova, como, por exemplo, uma convenção das partes sobre o ônus da prova".

Bem se vê que boa doutrina estrangeira admite a possibilidade de as partes firmarem convenções processuais na arbitragem limitando os meios de prova, tudo em privilégio da autonomia privada, por meio da qual as partes estabelecem a maneira mais adequada para resolução de seus conflitos, tanto do ponto de vista jurídico quanto econômico.

Na doutrina brasileira, José Eduardo Carreira Alvim é forte defensor dessa corrente. O autor explica que "cabe ao árbitro admitir apenas as provas que tenham sido convencionadas pelas partes, não dispondo do poder de admitir prova que as partes tenham, de comum acordo, afastado, esbarrando o seu poder de ofício no que houver disposto a convenção de arbitragem" (Carreira Alvim, 2004:316-317). Também se referindo ao exemplo da limitação dos meios de prova à prova documental, o autor leciona que

> as partes têm a faculdade de escolher os meios de provas que serão admitidos no juízo arbitral, podendo mesmo eleger uma única prova (por exemplo, a prova documental), ou excluir determinada prova (por exemplo, a testemunhal), com o que vinculam o árbitro, que deve respeitar o convencionado.[13]

O autor, corretamente, exclui a possibilidade de celebração dessas convenções no que diz respeito às chamadas provas legais, como a necessidade de escritura pública para a prova do domínio de imóvel.[14] Aparentemente

---

13. Carreira Alvim (2004:320). Em seguida, o processualista explicitamente responde aos argumentos de Paulo Cezar Pinheiro Carneiro: "A limitação dos meios de prova não é contrária aos ordenamentos jurídicos que, como o brasileiro, admitem a convenção sobre a distribuição do ônus da prova, conforme disposto no art. 333, parágrafo único, I e II, do Código de Processo Civil. Se, como pensa Pinheiro Carneiro, a limitação ou a restrição aos meios de prova pudessem afetar os princípios processuais arbitrais, notadamente o da livre convicção do juiz, não teria a lei processual civil permitido às partes convencionarem a distribuição dos ônus probatórios de forma diversa da prevista pela lei. As partes podem dispor amplamente sobre os poderes do árbitro ou tribunal na condução do processo, sendo-lhes defeso apenas violar o princípio do contraditório ou os poderes do árbitro na apreciação das provas" (Ibid., p. 321-322).

14. Nesse sentido, José Eduardo Carreira Alvim (Ibid., p. 322) leciona o seguinte: "Se se trata de prova sobre o domínio de imóvel, só pode ser provado por escritura de compra e venda devidamente registrada no Registro de Imóveis, incidindo a regra do art. 366 do Código de Processo Civil ('Quando a lei exigir como da substância do ato o instrumento público, ne-

Provas e autonomia das partes na arbitragem

também nesse sentido, Eduardo Parente anota que "não havendo favorecimento de uma parte em relação à outra quando da fixação da regra do jogo, não encontramos uma violação ao devido processo legal que possa limitar a autonomia da vontade na fixação das provas".[15] O autor ainda registra que "é bom que se diga que tal expediente não causaria nenhuma estranheza no sistema de *common law*".[16]

Segundo nos parece, com a devida vênia às opiniões em contrário, as partes na arbitragem podem livremente limitar os meios de prova, bem como estabelecer amplamente outras convenções em matéria processual, cujo teor deve ser respeitado pelo árbitro, sob pena de viciar o processo arbitral e possibilitar a anulação da sentença arbitral com base no inciso IV do art. 32 da Lei de Arbitragem. Evidentemente que a convenção processual — e também aquela que versa sobre meios de prova — deve respeitar os preceitos constitucionais e a ordem pública processual. Assim, por exemplo, não podem as partes celebrar uma convenção processual sobre meios de prova admitindo no processo arbitral a produção de uma prova ilícita ou de uma prova obtida por meios ilícitos.

Ademais, o árbitro está igualmente autorizado a desconsiderar a convenção das partes na arbitragem comercial quando identificar (i) que se trata de conluio das partes para esconder o produto de crimes, (ii) que se trata de conluio das partes para violar direitos de terceiros, (iii) que as partes pretendem se utilizar do processo arbitral para atingir fim ilícito ou (iv) quando a convenção processual alterar o regime das provas legais.[17] Salvo nessas hipóteses

---

nhuma outra prova, por mais especial que seja, pode suprir-lhe a falta'). Não podem as partes dispor que, nesta hipótese, louvar-se-á o árbitro nos documentos particulares, para atribuir a propriedade a uma ou outra, porque a lei impõe reserva a esse meio de prova, e que não pode ser arredada pelo fato de o litígio desembocar-se na arbitragem".

15. Parente (2012:113). Um pouco antes, o processualista explica que "em princípio, parece-nos não ser razoável que uma parte firme expressamente o compromisso de apenas produzir um determinado tipo de prova e possa, futuramente, alegar nulidade da sentença arbitral, por violação ao devido processo legal, porque não utilizou justamente o meio de prova do qual havia disposto, do qual desistiu, sem que disso redunde em prática de comportamento contraditório (*venire contra factum proprium*), que no processo arbitral deve ser considerado ainda mais grave do que no estatal, e por isso vedado" (Ibid., p. 111).

16. Ibid. p. 112. Posteriormente, porém, o autor condiciona a convenção das partes a respeito dos meios de prova à concordância do árbitro, o que parece um certo exagero: "Melhor dizendo, lá registramos que o expediente de limitar a prova seria possível desde que o árbitro concordasse" (Ibid., p. 233).

17. A respeito do conceito técnico de prova legal, tal como utilizado no texto, Francesco Carnelutti (1999:535) aduz que "compreende-se, pois, que se procure um meio de eliminar ou limitar tanto quanto possível a incerteza", sendo certo que "tal meio consiste em vincular o juízo his-

excepcionais, é eficaz a celebração de convenções processuais em matéria de prova na arbitragem, inclusive para, por exemplo, limitar os meios de prova em determinado processo arbitral apenas à prova documental.

Nem se diga que tal convenção violaria o poder de iniciativa oficial do árbitro em matéria de prova, na medida em que, numa arbitragem comercial, em que as partes estão em situação de plena igualdade substancial, o árbitro deve respeitar a liberdade individual assegurada constitucionalmente, deixando de intervir no ambiente instrutório. Caso o árbitro, diante de uma convenção processual limitando os meios de prova, sinta necessidade de produzir uma nova prova, deverá ele, em regra, se ater aos termos da convenção processual e, dessa forma, decidir o caso com base nas regras de distribuição do ônus da prova, resumidas na ideia de que o autor deve fazer a prova dos fatos constitutivos e o réu deve fazer a prova dos fatos extintivos, modificativos e impeditivos do direito em discussão.

Da mesma forma, cumpre dizer que essas convenções em nada afetam o princípio do livre convencimento motivado do árbitro, pois esse princípio, assim como o princípio do devido processo arbitral, deve incidir em conformidade com a vontade das partes, fonte essencial da própria arbitragem. Não havendo violação a preceitos constitucionais e à ordem pública processual, o princípio do livre convencimento motivado do árbitro e o princípio do devido processo legal devem ser aplicados na arbitragem em consonância com a vontade das partes.

Pontue-se, ainda, que qualquer impugnação de uma das partes à sentença arbitral sob a alegação de cerceamento de defesa pelo fato de o árbitro ter respeitado a convenção das partes limitando os meios de prova representará claro comportamento contraditório, violador da boa-fé objetiva e do princípio da lealdade processual, maculando, inclusive, o interesse processual dessa parte em ajuizar essa ação de anulação da sentença arbitral, pois não há prejuízo a amparar o seu interesse-necessidade quando o árbitro simplesmente cumpriu e fez cumprir o livremente convencionado pelas partes.

---

tórico substituindo a escolha livre das regras de experiência, que entram na sua formação, pela sua imposição", o que "consiste, como nenhum jurista ignora, a chamada prova legal (...)". O exemplo de prova legal que a doutrina costuma apontar no ordenamento processual brasileiro é o art. 401 do diploma processual civil, segundo o qual "a prova exclusivamente testemunhal só se admite nos contratos cujo valor não exceda o décuplo do maior salário mínimo vigente no país, ao tempo em que foram celebrados". O texto é praticamente reproduzido no art. 227 do Código Civil de 2002, segundo o qual "salvo os casos expressos, a prova exclusivamente testemunhal só se admite nos negócios jurídicos cujo valor não ultrapasse o décuplo do maior salário mínimo vigente no País ao tempo em que foram celebrados".

5. Conclusão

Segundo nos parece, com a devida vênia das opiniões em contrário, as partes na arbitragem comercial — onde, frequentemente, há situação de igualdade substancial — podem livremente limitar os meios de prova, bem como estabelecer amplamente outras convenções em matéria processual, cujo teor deve ser respeitado pelo árbitro, sob pena de viciar o processo arbitral e possibilitar a anulação da sentença arbitral com base no inciso IV do art. 32 da Lei de Arbitragem.

O árbitro somente está autorizado a desprezar a convenção das partes na arbitragem comercial quando houver violação a preceitos constitucionais ou à ordem pública processual, bem como quando desconfiar que haja conluio das partes para esconder o produto de crimes, para violar direitos de terceiros, que se trata de utilização do processo arbitral para atingir fim ilícito ou que a convenção processual sobre meios de prova altera o regime das provas legais.

4

A questão da aplicabilidade de técnicas instrutórias estrangeiras na arbitragem brasileira

José Antonio Fichtner
Sergio Nelson Mannheimer
André Luís Monteiro

1. Introdução. 2. Breve olhar sobre os sistemas probatórios de *civil law* e de *common law*. 3. Direito processual aplicável, Código de Processo Civil e institutos processuais conhecidos na sede da arbitragem. 3.1. Direito processual aplicável. 3.2. Inaplicabilidade, automática e obrigatória, do procedimento do Código de Processo Civil brasileiro na arbitragem, mesmo quando o direito processual escolhido é o brasileiro. 3.3. A importância dos institutos processuais conhecidos na sede da arbitragem quando as partes escolhem a aplicação do direito processual brasileiro e as limitações daí decorrentes ao poder normativo do árbitro. 4. Respeito ao direito processual brasileiro, observância dos institutos processuais conhecidos no Brasil, compreensão da cultura jurídico-processual brasileira e impossibilidade de aplicação da *discovery* norte-americana na arbitragem brasileira *sponte propria* pelo árbitro. 5. Conclusão.

1. Introdução[1]

O processo judicial é marcado pelo princípio da territorialidade da lei processual, segundo o qual a lei processual aplicável ao processo judicial é, necessariamente, aquela em vigor no local em que o julgador exerce a jurisdição (*lex fori*). Humberto Theodoro Júnior explica, nesse sentido, que "é universalmente aceito o princípio da territorialidade das leis processuais, ou

---

1. Texto inédito.

seja, o juiz apenas aplica ao processo a lei processual do local onde exerce a jurisdição".[2] Conforme reconhece a doutrina, trata-se de princípio que está umbilicalmente ligado ao fato de que o exercício da jurisdição pelo Poder Judiciário é demonstração da soberania do Estado.

Antonio Carlos de Araújo Cintra, Ada Pellegrini Grinover e Cândido Rangel Dinamarco, em obra clássica, explicam que a aplicação do princípio da territorialidade da lei processual no âmbito judicial se deve a duas razões, uma de ordem política e outra de ordem prática. Primeiramente, os processualistas ensinam que "a atividade jurisdicional é manifestação do poder soberano do Estado e por isso, obviamente, não poderia ser regulado por leis estrangeiras sem inconvenientes para a boa convivência internacional". Ademais, continuam os autores, "observem-se as dificuldades práticas quase insuperáveis que surgiriam com a movimentação da máquina judiciária de um Estado soberano mediante atividades regidas por normas e institutos do direito estrangeiro".[3] Essas restrições se relacionam apenas à lei processual, pois bem se sabe que é possível a aplicação de direito material estrangeiro em causas em curso no Brasil, *ex vi* do texto do art. 9º da Lei de Introdução às Normas do Direito Brasileiro — para o processo judicial — e do art. 2º, §1º, da Lei nº 9.307/96 — para a arbitragem.

O princípio da territorialidade da lei processual na seara judicial está previsto logo no art. 1º, última parte, do Código de Processo Civil, segundo o qual "a jurisdição civil, contenciosa e voluntária, é exercida pelos juízes, em todo o território nacional, conforme as disposições que este Código estabelece".[4] A Lei de Introdução às Normas do Direito Brasileiro (Decreto-lei

---

2. Theodoro Júnior (2009b:v. I, p. 20). Idem: Santos (1970:v. 1, p. 55-56).
3. Os autores, na mesma página, dão o seguinte exemplo: "Basta imaginar, por exemplo, o transplante para o Brasil de uma ação de indenização proposta de acordo com as leis americanas, com a instituição do júri civil" (Cintra, Grinover e Dinamarco, 2008:103). Também assim, em relação ao primeiro aspecto, Humberto Theodoro Júnior (2009b:v. I, p. 20) leciona que "esse princípio decorre da natureza da função jurisdicional que está ligada à soberania do Estado, de modo que dentro de cada território só podem vigorar as próprias leis processuais, não sendo admissível, outrossim, a pretensão de fazer incidir suas normas jurisdicionais perante tribunais estrangeiros". Em obra individual, também a respeito do primeiro ponto, Cândido Rangel Dinamarco (2005:v. I, p. 109) leciona que "é inerente à soberania de cada Estado, no contexto internacional, a regência de suas próprias atividades por lei nacional e nunca por lei estrangeira. Essa é a superior razão de ordem política que afasta a submissão do juiz de um Estado soberano à lei processual ditada por outro Estado".
4. Cintra, Grinover e Dinamarco (2008:21). O Código de Processo Penal (Decreto-lei nº 3.689/1941) também prevê o princípio da territorialidade da lei processual penal logo no art. 1º: "O processo penal reger-se-á, em todo o território brasileiro, por este Código, ressalvados: I — os tratados, as convenções e regras de direito internacional; II — as prerro-

nº 4.657/1942) estabelece apenas uma exceção a essa regra — e também à natureza processual das normas sobre prova — ao dispor no art. 13 que "a prova dos fatos ocorridos em país estrangeiro rege-se pela lei que nele vigorar, quanto ao ônus e aos meios de produzir-se, não admitindo os tribunais brasileiros provas que a lei brasileira desconheça". É de se destacar, de toda forma, a parte final do dispositivo, segundo a qual o julgador não deve admitir meios de prova que a lei brasileira desconheça.[5]

Na arbitragem, como se sabe, não vigora propriamente o princípio da territorialidade da lei processual. Isso porque as partes podem livremente escolher o direito processual aplicável à arbitragem, na medida em que o §1º do art. 2º da Lei de Arbitragem brasileira dispõe que "poderão as partes escolher, livremente, as regras de direito que serão aplicadas na arbitragem, desde que não haja violação aos bons costumes e à ordem pública". Essa escolha, conforme amplamente defendido pelas doutrinas estrangeira e nacional, pode ser feita não apenas sobre o direito material aplicável à causa, como também sobre o direito processual aplicável ao processo arbitral, variando apenas as posições doutrinárias sobre se essa possibilidade alcança apenas a arbitragem internacional ou também a arbitragem doméstica.[6]

---

gativas constitucionais do Presidente da República, dos ministros de Estado, nos crimes conexos com os do Presidente da República, e dos ministros do Supremo Tribunal Federal, nos crimes de responsabilidade (Constituição, arts. 86, 89, §2º, e 100); III — os processos da competência da Justiça Militar; IV — os processos da competência do tribunal especial (Constituição, art. 122, nº 17); V — os processos por crimes de imprensa".

5. Interpretando o dispositivo, Humberto Theodoro Júnior (2009b:v. I, p. 20) leciona que "embora prevaleça o sistema probatório do local em que se deu o fato, não se permite ao juiz brasileiro admitir 'provas que a lei brasileira desconheça' (art. 13, *in fine*, da Lei de Introdução)".

6. A respeito dessa divergência, consistente em saber se é possível a escolha do direito aplicável apenas na arbitragem internacional ou também na arbitragem doméstica, João Bosco Lee (2001:355) afirma que "o reconhecimento da autonomia da vontade é certamente uma revolução no direito internacional privado brasileiro e era mesmo imperativo para que a lei de arbitragem fosse eficaz, mas a sua extensão à arbitragem interna é 'excessiva e descabida'". Em seguida, o autor defende que "a possibilidade de designação da lei aplicável ao contrato pelas partes supõe que a arbitragem esteja revestida pelo caráter internacional, como exigência prévia" (Ibid., 356). Em sentido assemelhado, Fabiane Verçosa (2006:438) considera que "parece mais consentâneo com a realidade de nosso direito que a autonomia da vontade conferida pela Lei nº 9.307/96 limite-se apenas às arbitragens de cunho internacional". Como se vê, os autores admitem a escolha do direito aplicável ao mérito da controvérsia apenas quando se tratar de arbitragem internacional. Manifestando opinião diversa, Luiz Olavo Baptista e Sílva Julio Bueno de Miranda (2010:23) entendem que "a autonomia da vontade das partes concedida pela lei de arbitragem não sofre nenhuma limitação nos contratos domésticos", razão pela qual "autoriza as partes em um contrato doméstico a escolherem uma lei estrangeira para governá-lo, o que tem sido considerado uma real revolução no direito brasileiro". Em outra passagem, os autores reafirmam sua ideia ao dizerem que "se as partes assim escolherem, uma arbitragem envolvendo partes brasileiras e um contrato executado no Brasil

A respeito da possibilidade de eleição do direito processual aplicável à arbitragem, Philippe Fouchard, Emmanuel Gaillard e Berthold Goldman (1999:647) explicam que *"in their arbitration agreement, or once the dispute has arisen, the parties are free to choose or refrain from choosing the law governing the arbitral procedure"*. Na doutrina brasileira, Luiz Olavo Baptista ensina que "as partes são livres para escolher a sede da arbitragem, a lei aplicável ao procedimento e a lei aplicável à matéria de fundo e podem fazer uma escolha diferente para cada tópico".[7] Na omissão das partes quanto ao direito processual aplicável, Jacob Dolinger e Carmen Tiburcio narram que "os tribunais têm interpretado que, ao escolherem a sede da arbitragem, as partes estão implicitamente escolhendo, em caráter subsidiário, as regras procedimentais daquele foro".[8] As partes, em resumo, podem escolher o direito processual aplicável à arbitragem.

---

poderá ser submetida a uma lei estrangeira" (Ibid., p. 24). Os autores, dessa forma, admitem a escolha do direito aplicável ao mérito do conflito não apenas em arbitragens internacionais como também em arbitragens domésticas. Idem: Casella (2006:742) e Garcez (2005:61).

7. Baptista (2011:194). O autor complementa a lição explicando que "a escolha, portanto, pode versar sobre a lei aplicável ao objeto da arbitragem, o local da arbitragem e a lei aplicável ao procedimento arbitral. Esta última, ora objeto de nossa atenção, pode coincidir com o lugar da arbitragem ou não" (Ibid., p. 195-196). Também assim, Cândido Rangel Dinamarco (2013:45, 46), dentre os processualistas, afirma que "diferentemente do processo civil comum, o arbitral não é obrigatória e exclusivamente regido pelas leis processuais do País", bem como que "no processo arbitral, que não é estatal e portanto não veicula o exercício do *imperium* e tem por fundamento central a autonomia da vontade, é natural que em boa medida possam as partes, logo em eventual cláusula compromissória ou ao instituírem o juízo arbitral, definir as normas processuais que deverão prevalecer no processo como um todo ou em cada situação específica — sempre com observância das garantias constitucionais do processo e fidelidade 'aos bons costumes e à ordem pública'".

8. Dolinger e Tiburcio (2003:79). As repercussões da sede da arbitragem na escolha do direito aplicável recentemente motivaram polêmica entre a *High Court of Justice* em Londres e o Tribunal de Justiça do Estado de São Paulo. A Corte inglesa entendeu que, não obstante o contrato em disputa fosse executado no Brasil e o direito material aplicável fosse expressamente o brasileiro, o Poder Judiciário competente para apreciar a validade da convenção de arbitragem seria o da Inglaterra, pois as partes a escolheram como sede da arbitragem (*Sulamérica Cia. Nacional de Seguros & ors v. Enesa Engenharia S.A & ors.* [2012] EWHC 42, j. em 19.1.2012). O Tribunal de Justiça do Estado de São Paulo, por outro lado, entendeu que essa questão não deve ser apreciada pelo Poder Judiciário inglês (TJ/SP, AI nº 0304979-49.2011.8.26.0000, *Energia Sustentável do Brasil S/A e outros v. Sul América Companhia de Nacional de Seguros S/A e outros*, j. em 19.4.2012). Trata-se do caso Jirau, conforme amplamente divulgado na mídia. Arnoldo Wald, Ana Gerdau de Borja e Maíra de Melo Vieira (2012:28-30) analisaram o caso em recente texto, valendo-se transcrever este trecho: "Em regra, os tribunais brasileiros têm reconhecido o princípio português da *competência-competência* e se recusado a conceder medidas contrárias à arbitragem com base em fundamentos relacionados à existência, validade ou eficácia da convenção arbitral. No entanto, em decisão proferida recentemente, o TJSP observou, na linha do que decidem os tribunais franceses,

A inaplicabilidade do princípio da territorialidade da lei processual ao processo arbitral — ao menos da mesma maneira que essa norma incide no processo judicial — e a possibilidade de escolha do direito processual aplicável à arbitragem — inclusive pelo árbitro, na omissão das partes — permitem, a princípio, um amplo espaço para adoção de técnicas instrutórias e meios de prova desconhecidos do direito brasileiro, como, *v.g.*, a *discovery* (ou *disclosure*) dos países de *common law*. Tal circunstância, a princípio, excepcionaria a incidência do já mencionado art. 13 da Lei de Introdução às Normas do Direito Brasileiro na arbitragem e no direito brasileiro. Essa possibilidade, contudo, nem sempre se afigura tão simples, na medida em que a adoção de algumas técnicas instrutórias desconhecidas das partes — ou, ao menos, de uma delas — pode infringir o princípio do contraditório e o princípio da isonomia na arbitragem.

---

que, em casos excepcionais, a arbitragem pode ser suspensa, se, em uma análise *prima facie*, for possível concluir que a convenção de arbitragem é inválida de acordo com lei brasileira aplicável. No caso *Enesa et al.* vs. *Sulamérica et al.*, o TJSP concedeu liminar para suspender uma arbitragem com sede em Londres, em que se discute a construção da Usina Hidroelétrica de Jirau, na região amazônica. Anteriormente, a Justiça britânica havia proferido decisão determinando que a Enesa não poderia acionar a Justiça brasileira para discutir a validade da cláusula compromissória. Esta decisão foi posteriormente confirmada em sede de recurso. Segundo a Corte de Apelação britânica, a lei inglesa seria aplicável à cláusula compromissória, uma vez que as partes escolheram Londres como sede da arbitragem. Por esta razão, a lei brasileira não seria aplicável à discussão. O TJSP, no entanto, adotou entendimento diverso, concedendo liminar para suspender a arbitragem até que uma decisão final sobre a validade da cláusula compromissória seja proferida pelos tribunais brasileiros. O tribunal salientou que uma decisão proferida por um tribunal estrangeiro não pode impedir que cidadãos brasileiros recorram à Justiça brasileira, direito este assegurado pela Constituição Federal. Além disso, o tribunal considerou que, ao examinar *prima facie* a convenção de arbitragem, constatou-se que a alegação de nulidade da mesma poderia ter fundamento, de forma que se justificava, no caso, a concessão de liminar para suspender a arbitragem até decisão final a respeito. Por fim, o tribunal destacou que o exame *prima facie* da convenção de arbitragem e eventual decisão daí decorrente é compatível com o princípio da *competência-competência*, na linha do que entendem os doutrinadores brasileiros e franceses. Importante ressaltar que, ainda que se apreciasse a questão de acordo com o raciocínio da Corte de Apelação britânica, poder-se-ia concluir que a lei aplicável à cláusula compromissória, no caso, é a brasileira. Com efeito, conforme destacou o TJSP em sua decisão, a disputa envolve contrato firmado entre partes brasileiras, tem por objeto a construção de uma usina no Brasil, e as partes escolheram a lei brasileira para reger o contrato principal. Além disso, a nulidade da cláusula compromissória em razão da inexistência de consentimento à arbitragem pode ser considerada matéria de ordem pública e, portanto, óbice ao reconhecimento da futura sentença arbitral no Brasil — o que, certamente, era de pleno conhecimento das partes quando da celebração do contrato. À luz desses fatores, e considerando a inexistência de disposição contratual expressa a esse respeito, poder-se-ia entender que a lei brasileira é aquela que apresenta ligação mais próxima com a disputa, podendo-se concluir que as partes pretenderam aplicá-la a todo o complexo de suas relações contratuais, inclusive à cláusula arbitral". Confira-se, ainda, do primeiro autor, o comentário ao acórdão do TJ/SP: Wald (2012:407-423).

Neste texto, procura-se confrontar sucintamente algumas características dos sistemas probatórios de *civil law* e de *common law* para, em seguida, examinar a possibilidade de adoção da técnica da *discovery* (ou *disclosure*)
em arbitragens com sede no Brasil, quando o direito processual aplicável é
o brasileiro. Cumpre saber se as partes poderiam, consensualmente, adotar
essa técnica instrutória na convenção de arbitragem. Indaga-se, ainda, se o
árbitro poderia contar com esse meio de prova mesmo na omissão das partes. Perquire-se, também, qual a importância da escolha do direito processual aplicável à arbitragem, qual a influência do procedimento do Código de
Processo Civil no processo arbitral e, por fim, qual a repercussão dos institutos processuais da sede da arbitragem nos poderes instrutórios do árbitro
e, assim, na possibilidade de adoção de técnicas probatórias desconhecidas,
haja vista a importância que a cultura jurídica das partes desempenha na
arbitragem.

2. Breve olhar sobre os sistemas probatórios de *civil law* e de *common law*

Nos últimos anos, a doutrina processual tem se dedicado, com frequência,
ao estudo do direito processual civil comparado com foco nos países de *common law*, ressaltando, especialmente, as diferenças entre os chamados *inquisitorial system* — a princípio, próprio dos países de origem romano-germâ-
nica — e *adversarial system* — a princípio, pertinente aos países de tradição
anglo-americana.[9] Nesse exame, é bastante comum o destaque aos modelos
probatórios, notadamente no que diz respeito à participação das partes e dos
julgadores na coleta de provas, bem como em relação às técnicas utilizadas
para sua produção em cada uma das famílias jurídicas.

O jurista italiano Michele Taruffo (2006:66), um dos mais importantes
estudiosos do processo civil comparado na atualidade, leciona que

---

9. Não obstante registrando uma crítica à forma demasiadamente esquemática de classificação, José Carlos Barbosa Moreira (2007d:56-57) explica que "convencionou-se falar, ao
propósito, de princípio dispositivo e princípio inquisitivo; em inglês, usam-se as expressões
adversarial e *inquisitorial* para designar, respectivamente, o sistema tradicional dos países
anglo-saxônicos, do chamado *common law*, em que protagonistas incontrastados seriam os
litigantes (ou, mais exatamente, seus advogados), e o apontado como característico da Eu-
ropa continental e dos ordenamentos dela tributários (entre outros, os da América Latina)
— na expressão consagrada, do *civil law* — onde a atuação do juiz sobrelevaria à das partes".

> en el tradicional modelo adversarial del proceso, la figura del juez era la de un
> 'árbitro pasivo', de un umpire desinformado y desinteresado, a más que neutral,
> que tenía la única y exclusiva función de asistir al libre enfrentamiento de las
> partes garantizando su corrección y sancionando los comportamientos unfair o
> ilícitos.

Ainda a respeito do *adversarial system*, José Carlos Barbosa Moreira aduz que "a quinta-essência de tal modelo consiste, em última análise, no maior relevo atribuído ao papel das partes, em comparação com o do órgão judicial, relativamente ao controle exercido sobre o processo".[10] E Lionel Zaclis (2010:173) aduz que "a ideia que se encontra na base do sistema adversarial é a de que a verdade surgirá por meio de uma espécie de competição [entre as partes]".

Tradicionalmente, a doutrina ensina que o direito processual civil dos países de *common law* estaria amparado no *adversarial system*, que se caracterizaria na seara instrutória, principal e classicamente, pela maior participação das partes na instrução probatória, pela aparente passividade do julgador na coleta de provas, pela valorização da oralidade e da prova oral e por algumas técnicas instrutórias bastante peculiares. Já o direito processual civil dos países de *civil law*, conforme reiteradamente aduz a doutrina, se caracterizaria, no contexto probatório, pela adoção do *inquisitorial system*, o que justificaria a maior participação do julgador na instrução probatória e o predomínio do processo escrito.[11] Essas distinções são apresentadas tra-

---

10. *Barbosa Moreira* (2001d:182-183). Em outro texto, José Carlos Barbosa Moreira leciona que "a tradição anglo-saxônica atribuía ao juiz, em matéria probatória, papel predominantemente passivo: aos advogados das partes incumbia a coleta de provas, e a respectiva produção condicionava-se às necessidades e conveniências da tática advocatícia. Em resumo: os litigantes resolviam livremente que provas produzir e, em grande parte, quando e como produzi-las" (Id., 2007b:77).

11. Amparando-se em estudo de Nicolò Trocker, Leonardo Greco (2005a:360-361) apresenta as seguintes distinções tradicionais entre os regimes processuais da *civil law* e da *common law*: "Nos países da civil law têm mais valor as provas escritas (documental e pericial), em detrimento da prova testemunhal; há uma tendência à atenuação progressiva das provas legais, ao fortalecimento do livre convencimento do juiz e ao aumento dos poderes do juiz na pesquisa da verdade, enfraquecendo-se a sua dependência em relação à iniciativa probatória das partes, às quais se reconhece o direito de não produzir provas em seu prejuízo. Diversamente, nos países da common law, apesar de recentes reações, a iniciativa probatória é quase exclusiva das partes; há uma especial valorização das provas orais colhidas sob contraditório através do cross examination (inclusive o depoimento pessoal das partes e a prova pericial) e do dever de colaboração das partes na apuração da verdade, este revelado especialmente pelo instituto da discovery, que obriga cada uma das partes a produzir provas

dicionalmente — e há bastante tempo — para distinguir os ordenamentos processuais de *civil law* e de *common law* no campo das provas.

Michele Taruffo, contudo, tem flexibilizado bastante esses critérios.[12] No que diz respeito à distinção entre processo oral e processo escrito, o jurista italiano considera que essa distinção não se justifica mais ante a forte presença do processo escrito nos países de *common law*.[13] E em relação à distinção

---

de interesse da outra, até mesmo a respeito de fatos aparentemente irrelevantes, sob pena de sanções rigorosas (*contempt of court*). O juízo de admissibilidade da prova somente vai ocorrer na fase final do *trial*, depois que a prova foi recolhida através da *discovery* na fase do *pre--trial*, na qual as partes não tiveram de definir com clareza os fatos que pretenderiam provar. Na ausência de uma efetiva exigência de colaboração das partes, cuja liberdade e privacidade são muito respeitadas, os países da *civil law* supervalorizam as regras de distribuição do ônus da prova. A intimidade é mais intensamente protegida nos sistemas da *civil law* do que nos da *common law*. As escusas probatórias são mais acentuadas naqueles, com fundamento no sigilo profissional e no risco de sofrer grave dano, além da proteção do sigilo bancário e comercial, enquanto na *common law* é reduzida a importância da privacidade documental. Essa comparação evidencia que, de um lado, o sistema da *common law* se apresenta mais apto à apuração da verdade, enquanto o sistema da *civil law* é mais respeitoso da dignidade humana e dos direitos da personalidade, o que me levaria a acreditar que o ideal de um processo justo exigiria que, da fusão dos dois sistemas, pudessem ser aproveitados esses seus dois grandes méritos".

12. É preciso destacar que Michele Taruffo chega a negar a possibilidade de categorizar algum ordenamento na *civil law*, na medida em que os ordenamentos normalmente enquadrados nessa categoria desde sempre contiveram diferenças gritantes: "Por um lado, diria que o iceberg do *civil law*, na realidade, não existe, e não creio que jamais tenha existido. Seja na história dos últimos dois séculos, seja no momento atual, revela-se impositivo reconhecer a presença de, no mínimo, três modelos fortemente diferenciados, cada um dos quais teve, por sua vez, vários desmembramentos: o modelo austro-alemão, o modelo franco-italiano e o modelo espanhol. Se, portanto, fala-se de um iceberg do *civil law*, realiza-se um nível de abstração excessivo, no qual se colhem poucos traços comuns de caráter muito geral — senão que genérico — mas se perdem de vista as características peculiares — que são as mais importantes — dos modelos singulares" (Taruffo, 2010:168). Em outro texto, Michele Taruffo (2006:71) repete a ideia de que não é possível fazer uma referência de modo unitário ao *civil law*: "*Reduciendo a pocos toques un discurso que requeriría un profundo análisis comparatista, se puede subrayar dos aspectos particularmente importantes: a) en realidad no ha existido nunca un modelo homogéneo y unitario de proceso civil de civil law; b) en los últimos decenios se han producido tantas y tales transformaciones en varios ordenamientos procesales del área civilista, que probablemente se ha perdido toda posibilidad de hacer referencia de manera sintética y unitaria a los modelos tradicionales*". O autor também nega a possibilidade de enquadramento de vários ordenamentos no modelo de *common law*: "Por outro lado, duvido que se possa falar de um *iceberg* do *common law*, sobretudo se olharmos a situação atual. Depois das *Rules of Civil Procedure* introduzidas na Inglaterra, em 1999, mas, sobretudo, depois das profundas reformas no ordenamento judiciário inglês efetuadas nestes últimos anos — em virtude das quais a *House of Lords* não é mais a Corte Suprema, os juízes não são mais nomeados pelo soberano, mas selecionados por uma específica comissão independente do Poder Executivo, e o *Lord Chancellor* não é mais o chefe da magistratura — a divisão entre o sistema inglês e o sistema estadunidense tornou-se profunda e radical. Os dois sistemas já eram historicamente distintos por várias razões (como, por exemplo, o desaparecimento do júri civil na Inglaterra e sua manutenção nos Estados Unidos), mas, agora, esses não são mais nem mesmo comparáveis" (Taruffo, 2010:168-169).

13. O autor afirma que "*la distinción entre proceso oral y proceso escrito no ha representado nunca,*

baseada nos poderes do julgador na atividade de instrução, o processualista defende uma amenização, entendendo que *"el proceso angloamericano ordinario está hoy caracterizado por la presencia de fuertes poderes del juez, principalmente en el plano de la dirección del procedimiento"*.[14] Ao final, Michele Taruffo conclui que *"los consabidos y cómodos modelos descriptivos, que tendían a representar esquemáticamente los caracteres fundamentales de los procesos de common law e civil law, aparecen netamente superados y ya no son utilizables como instrumento para conocer y describir los distintos ordenamientos"*.[15]

A conclusão de que estão ultrapassados os critérios normalmente empregados para diferenciar os sistemas processuais de *common law* e de *civil law* poderia, à primeira vista, significar que existe uma certa uniformidade internacional na matéria. Isso poderia representar a existência, cada vez mais

---

y no representa hoy, la distinción entre proceso de common law y proceso de civil law" (Taruffo, 2006:61). O jurista italiano justifica sua posição *"ante la amplia presencia de la escritura en el common law, y del ancho espacio que a la oralidad se reserva en varios procesos de civil law"* (Ibid., p. 62). Aparentemente no mesmo sentido, José Carlos Barbosa Moreira (2007d:63) atesta que "o direito inglês, adite-se, vem evolvendo, desde as últimas décadas do século XX, no sentido de mais larga utilização de peças escritas na atividade instrutória".

14. Taruffo (2006:63). Já em 1979, bem antes da reforma processual inglesa, Gian Antonio Micheli e Michele Taruffo (1979:157) apontavam esta questão: "Nestes últimos, é mais evidente a tendência a se reconhecer ao juiz um papel mais ativo na pesquisa das provas, bem como nos limites dos pedidos das partes. Isto não quer, todavia, significar que tenha sido acolhido um sistema inquisitório (como errônea, mas frequentemente, se tem sustentado), mas que foram conferidos ao juiz poderes suficientes para que ele busque a realidade sem diminuir, porém, a soberania das partes, sua posição de direito subjetivo. Por conseguinte, onde o direito subjetivo encontra limites em decorrência da prevalência do interesse público (matérias indisponíveis), o juiz pode exercer poderes inquisitórios, não somente no que tange às provas, mas também naquilo que concerne à disposição do objeto do litígio (como p. ex., em matéria graciosa, *et similia*)". Com base nas *Civil Procedure Rules* inglesas, José Rogério Cruz e Tucci (2010:233), igualmente, explica que "toda esta gama de iniciativa ex officio não chega a ponto de permitir que o juiz determine a produção de prova não requerida pelas partes, mas, sem dúvida, outorga-lhe a prerrogativa de controlar toda a atividade probatória". Com explicação textual praticamente idêntica, José Carlos Barbosa Moreira (2001d:186) explica que as *Civil Procedure Rules* inglesas "não chegam a conferir ao órgão judicial, em termos expressos, o poder de determinar *ex officio* a realização de provas; mas decerto lhe outorgam amplas faculdades de controle da atividade probatória". Assim, Michele Taruffo (2006:64) considera que *"la afirmación según la cual el modelo de civil law estaría caracterizado por fuertes poderes instructorios oficiosos resulta inadmisible, y además esconde, tras una generalización indebida, problemas muy complejos, que encuentran soluciones muy distintas en los diversos ordenamientos"*.

15. Taruffo (2006:81). Em outra passagem, o processualista repete a ideia: *"la contraposición adversarial-inquisitorial, si alguna vez há tenido en verdad algún sentido (de lo que es lícito dudar), está hoy seguramente desgastada, superada y es sustancialmente inútil como instrumento de análisis"* (Ibid., p. 63). Em outro texto, o autor repete a ideia: "A verdade é que hoje existe uma pluralidade fortemente fragmentada de modelos processuais e, sobretudo, variadas experiências de reforma que não podem ser consideradas em termos genéricos" (Id., 2010:169).

próxima, de um direito processual transnacional ou, ao menos, de uma forte atenuação nas diferentes culturas jurídicas processuais. A conclusão, porém, de Michele Taruffo é justamente a oposta, na medida em que o jurista considera que as diferenças existentes entre os diversos ordenamentos processuais dos países são tão grandes que não é possível sequer agrupá-los em famílias uniformes, como *common law* de um lado e *civil law* de outro. Confira-se, pois, as conclusões do jurista, impugnando a existência de uniformidade entre os ordenamentos dos países mesmo dentro de cada uma dessas duas famílias:

> Por um lado, diria que o iceberg do *civil law*, na realidade, não existe, e não creio que jamais tenha existido. Seja na história dos últimos dois séculos, seja no momento atual, revela-se impositivo reconhecer a presença de, no mínimo, três modelos fortemente diferenciados, cada um dos quais teve, por sua vez, vários desmembramentos: o modelo austro-alemão, o modelo franco-italiano e o modelo espanhol. (...). Por outro lado, duvido que se possa falar de um *iceberg* do *common law*, sobretudo se olharmos a situação atual. Depois das *Rules of Civil Procedure* introduzidas na Inglaterra, em 1999, mas, sobretudo, depois das profundas reformas no ordenamento judiciário inglês efetuadas nestes últimos anos (...) a divisão entre o sistema inglês e o sistema estadunidense tornou-se profunda e radical. (Taruffo, 2010:168-169)

Essa distinção entre países — e não mais entre famílias — parece mais evidente na comparação entre as técnicas instrutórias de cada cultura jurídica. Na Inglaterra, *v.g.*, a prova por meio de testemunhas — terceiros e também as próprias partes — pode ser oral ou escrita, sendo certo que as declarações das testemunhas podem ser complementadas na audiência (*trial*), na forma da *Rule* 32.5 das *Civil Procedure Rules*, aplicável aos processos judiciais.

No processo judicial brasileiro, normalmente não se admite o depoimento por escrito em substituição ao oral, valendo destacar que o art. 346 do Código de Processo Civil estabelece que "a parte responderá pessoalmente sobre os fatos articulados, não podendo servir-se de escritos adrede preparados; o juiz lhe permitirá, todavia, a consulta a notas breves, desde que objetivem completar esclarecimentos". A partir disso, Luiz Guilherme Marinoni e Sérgio Cruz Arenhart concluem que "o direito nacional proíbe que o depoimento da parte seja prestado por escrito".[16] Em arbitragens, domésticas ou

---

16. Marinoni e Arenhart (2009:403). Justificando essa posição, os autores aduzem que "pensamento outro corresponderia a verdadeiro sepultamento da confissão provocada, já que a

internacionais, essa regra deve ser flexibilizada, permitindo a produção de tal prova por escrito num momento inicial, evidentemente com a possibilidade de posterior oitiva em audiência.

Outra distinção bastante evidente concerne à chamada *discovery* (EUA) ou *disclosure* (Inglaterra). De origem inglesa, a *discovery* nasceu originariamente como uma técnica para obter o depoimento da parte contrária e a apresentação de documentos importantes para a causa que estivessem em poder da parte contrária ou de terceiros, o que mais tarde ocorreria numa fase identificada como *pretrial*. Essa possibilidade de coleta de provas numa fase preliminar acabou ocasionando alguns problemas, normalmente relacionados ao abuso da parte em demandar a outra por documentos, bem como pelo aumento do tempo e do custo do processo. Nesse sentido, as *Civil Procedure Rules* inglesas de 1998 alteraram a estrutura da *discovery* e permitiram um maior controle judicial do seu desenvolvimento, alteração que ocasionou, inclusive, a mudança de terminologia, passando a técnica a ser designada de *disclosure*.[17]

No processo civil norte-americano, a *discovery* surgiu nas Federal Rules of Civil Procedure de 1938, mas, posteriormente, a disciplina originária foi sendo aperfeiçoada também por conta de abusos, lentidão e ineficiência. Em resumo, também nos EUA, permitiu-se um maior controle judicial sobre o objeto da *discovery* e uma limitação, pautada na proporcionalidade, daquilo que poderia ser requerido de uma parte à outra. José Carlos Barbosa Moreira (2007d:58) afirma que "também nos Estados Unidos, onde se continua a empregar o termo *discovery*, reformas legislativas têm aumentado o peso daquele controle [judicial]". Ainda assim, observados esses limites, na maioria dos casos cíveis é facultado aos advogados das partes examinar os arquivos pessoais, inclusive digitais, da parte adversa ou inspecionar seu estabelecimento comercial, em busca de provas, na forma das Rules 26 e seguintes das Federal Rules of Civil Procedure (Zaclis, 2010:190-191). Registre-se que mesmo entre a *disclosure* inglesa e a *discovery* norte-americana existem hoje sensíveis diferenças.

---

parte que pudesse previamente preparar seu depoimento jamais confessaria sobre fatos sem que tivesse antecipadamente a vontade de fazê-lo" (Ibid., p. 404).

17. No mesmo sentido, José Carlos Barbosa Moreira (2007d:58) aduz que "as *Civil Procedure Rules* trataram de pôr cobro a tais excessos, intensificando o controle judicial sobre a referida atividade — à qual se deu até denominação nova: *disclosure*". Em outro texto, o autor aduz que a mudança, não apenas terminológica, significa que "em termos gerais, a *disclosure* passa a ser, na maioria dos casos, menos ampla que a antiga *discovery*" (Id., 2007b:78).

No Brasil, não existe procedimento probatório idêntico à *discovery* norte-americana — e nem mesmo à *disclosure* inglesa —, especialmente em razão da adoção na cultura processual brasileira do princípio de que ninguém é obrigado a produzir prova contra si mesmo. O que há de mais próximo no ordenamento brasileiro é a chamada exibição de documentos, mas mesmo assim essa imposição somente ocorre quando o documento for comum às partes, quando houver sido mencionado pela própria parte no curso do processo ou quando essa parte tiver o dever legal de exibi-lo. Nesse sentido, o art. 358 do diploma processual civil brasileiro estatui que "o juiz não admitirá a recusa [em exibir o documento]: I — se o requerido tiver obrigação legal de exibir; II — se o requerido aludiu ao documento ou à coisa, no processo, com o intuito de constituir prova; III — se o documento, por seu conteúdo, for comum às partes".

Especificamente comparando a técnica de exibição de documentos normalmente presente nos países da América Latina e a *discovery* norte-americana, José Carlos Fernández Rozas (2008:722) explica que

> *dentro de las diferencias más expresivas de discrepancia entre los sistemas continentales y los anglosajones deben retenerse que en los primeros sólo se ordena requerir a una parte para que aporte documentos específicos, una vez se haya establecido su existencia, su contenido básico y su posesión por la otra parte, en contraste con lo que acontece en los sistemas de* common law *donde prevalece el principio contrario, esto es, cada parte debe aportar todos los documentos que obren en su poder.*

Trata-se, a toda evidência, de uma enorme distinção de técnicas instrutórias, capaz, por si só, de desigualar as culturas jurídico-processuais.

Parece suficiente concluir, por ora, que existe uma enorme diferença entre as culturas jurídico-processuais dos países, notadamente no que diz respeito às técnicas instrutórias adotadas, o que aumenta a importância da escolha do direito processual aplicável na arbitragem. Isso porque a escolha do direito processual aplicável à arbitragem pode expor as partes a técnicas instrutórias completamente desconhecidas de sua cultura jurídica, o que pode acabar redundando em ofensa ao princípio do contraditório e/ou ao princípio da isonomia. Não se ignora a existência de uma corrente ou de uma tendência no âmbito do comércio internacional dirigida à uniformidade jurídica mundial inclusive no que diz respeito às técnicas probatórias, mas nos parece que se trata de uma realidade ainda distante, especialmente diante da inexistência de uma convenção internacional nesse sentido de amplo espectro. É com base nessa premissa — registre-se, por fundamental — que apresentamos as linhas abaixo.

3. Direito processual aplicável, Código de Processo Civil e institutos processuais conhecidos na sede da arbitragem

3.1 Direito processual aplicável

Logo no início deste texto, procurou-se esclarecer que não se aplica propriamente à arbitragem o princípio da territorialidade da lei processual, bem como que as partes têm liberdade para eleger o direito processual aplicável ao processo arbitral, nos termos do §1º do art. 2º da Lei de Arbitragem brasileira. Philippe Fouchard, Emmanuel Gaillard e Berthold Goldman (1999:648), em análise comparatística, chegam a dizer que *"all modern arbitration legislation endorses the principle that the parties are free to choose the law or rules of law governing the arbitral procedure"*.

Na omissão das partes quanto à escolha do direito processual aplicável à arbitragem, prevalece a opinião de que se deve aplicar o direito processual em vigor no local escolhido como sede da arbitragem. Gary Born (2009: v. I, p. 1327), nesse sentido, leciona que *"in the absence of a clear and explicit agreement to the contrary, the various issues encompassed by the procedural law of the arbitration (both 'internal' and 'external') will be governed by the law of the arbitral seat"*. A escolha da sede da arbitragem pelas partes permite inferir que o direito processual eleito seja também o da sede da arbitragem, pois se entende que as partes levaram esse dado em consideração na escolha desse local.[18] Não obstante não se trate de uma solução defendida pacificamente

---

18. Para fins de perfeito entendimento da questão, cumpre esclarecer que a sede da arbitragem, na lição de Gary Born (2009:v. I, p. 1240), é *"the legal domicile or judicial home of the arbitration"*, o que, na prática, significa que *"the arbitral seat will be the state that the parties have specified in their arbitration agreement as the place of arbitration (or that the arbitrators or an arbitral institution have selected, in the absence of agreement between the parties, as the place of arbitration)"*. É de se destacar que a sede da arbitragem não é propriamente um conceito físico ou geográfico, mas sim jurídico, de maneira que a sede da arbitragem é o país que as partes escolheram como sede, mesmo que a arbitragem não se desenvolva fisicamente nesse

pela doutrina, parece que ainda é a mais utilizada na prática arbitral internacional.

Repita-se que este estudo não se destina a examinar a possibilidade de utilização de técnicas instrutórias na arbitragem quando qualquer direito processual houver sido objeto de escolha, em arbitragens com sede em qualquer lugar do planeta. Na verdade, o estudo se restringe — notadamente a partir deste item — a examinar a viabilidade de aplicação no processo arbitral de técnicas instrutórias desconhecidas na sede da arbitragem quando a sede for o Brasil e, induvidosamente, quando o direito processual aplicável for o em vigor no território brasileiro. Apenas para fins didáticos, a análise teórica terá como exemplo prático a adoção da *discovery* norte-americana, indiscutivelmente técnica desconhecida do direito processual brasileiro e que vem causando celeuma nas arbitragens internacionais, mesmo que sua aplicação não seja exatamente aquela empregada nos processos judiciais norte-americanos.

A princípio, poder-se-ia pensar que a aplicação do direito processual brasileiro à arbitragem poderia ser um empecilho à adoção de técnicas instrutórias estrangeiras em razão da incidência do Código de Processo Civil ao processo arbitral, já que o diploma processual civil estatal não prevê, por exemplo, a *discovery* norte-americana. Não obstante, a doutrina estrangeira e a doutrina nacional consideram que não se aplica à arbitragem o procedimento da legislação processual estatal direcionada a reger os processos judiciais. A partir dessa inaplicabilidade, poder-se-ia pensar, então, ser possível a adoção de técnicas instrutórias estrangeiras na arbitragem com sede no Brasil, pois se não se aplica o Código de Processo Civil na arbitragem, não haveria empecilho para adoção, *v.g.*, da técnica da *discovery* norte-americana.

Poder-se-ia pensar, em resumo, que a resposta para a aplicação de técnicas instrutórias desconhecidas em arbitragens brasileiras passaria pela, pontual e simples, questão da possibilidade de incidência ou não do diploma processual civil estatal na arbitragem. Trata-se, na verdade, de discussão complexa, que exige, primeiramente, o exame a respeito da aplicabilidade ou da inaplicabilidade do procedimento do Código de Processo Civil

---

local. Nesse sentido, Gary Born aduz que *"the concept of the arbitral 'seat' (or 'place') is a legal construct, not a geographic or physical location"* (Ibid., p. 1248). Em seguida, o autor esclarece o seguinte: *"Thus, somewhat ironically, given what is described as the 'territorial' applicability of national arbitration legislation only to arbitrations seated on local territory, the arbitral seat is itself defined entirely by reference to the parties' agreement, and not as a purely geographic or territorial location"* (Ibid., p. 1249).

A questão da aplicabilidade de técnicas instrutórias estrangeiras na arbitragem brasileira

em arbitragens com sede no Brasil, quando o direito processual aplicável é o brasileiro. Definida essa questão, cumpre dizer se isso bastaria ou não para explicar a possibilidade ou a impossibilidade de aplicação de técnicas instrutórias desconhecidas em arbitragens com sede no Brasil e direito processual aplicável brasileiro.

3.2 Inaplicabilidade, automática e obrigatória, do procedimento do Código de Processo Civil brasileiro na arbitragem, mesmo quando o direito processual escolhido é o brasileiro

Segundo a doutrina estrangeira de Manuel Pereira Barrocas (2011:191),

> o Código de Processo Civil, tal como qualquer outra lei processual, nacional ou estrangeira, não foi pensado, elaborado e publicado para regular a arbitragem em geral e o processo arbitral em particular, sob pena de se transpor para a arbitragem a complexidade, quando não discussões doutrinárias e jurisprudenciais que não têm a ver com a arbitragem, desvirtuando e retirando as vantagens que lhe são próprias.

O autor português conclui seu pensamento afirmando que "o Código de Processo Civil não pode ser aplicado no processo arbitral, nem, em rigor, por via analógica pois não nos parece que procedam no processo arbitral as razões justificativas da regulamentação estabelecida no Código de Processo Civil" (Barrocas, 2011:191).

Na doutrina espanhola, José Carlos Fernández Rozas (2008:709-710) aduz que

> *uno de los rasgos esenciales del arbitraje es la simplicidad de formas procesales empleadas; ello implica, entre otras cosas, que en el juicio arbitral no sean de aplicación las normas comunes sobre práctica de la prueba en el procedimiento civil, pues tales normas no poseen en el procedimiento arbitral la condición de normas de* ius cogens, *de obligado cumplimiento para los jueces.*

Na doutrina italiana, Mauro Rubino-Sammartano (2006:738) leciona que "*l'applicazione all'arbitrato della disciplina processuale comune non è tuttavia automatica*". Consoante se pode notar, boa doutrina estrangeira deixa absolutamente claro que o procedimento a ser adotado na arbitragem não é, *automática e obrigatoriamente*, aquele descrito nas disposições do Código de Processo Civil voltadas ao processo judicial.

Na doutrina brasileira, depois de fazer menção à redação original do Código de Processo Civil de 1973, que estabelecia um procedimento subsidiário à arbitragem caso as partes não o determinassem,[19] Carlos Alberto Carmona (2009a:289) considera que "a Lei [de Arbitragem] modificou substancialmente este estado de coisas e autorizou o árbitro, na hipótese de faltar regra procedimental, a decidir a respeito", o que significa que "o árbitro estará livre para empregar as regras que julgar convenientes à solução da controvérsia, devendo zelar apenas para que não sejam desrespeitadas as garantias do devido processo legal". O autor, em outro trabalho, afirma que "o Código de Processo Civil não se aplica à arbitragem" (Carmona, 2011:49), o que significa, em sua opinião, que o procedimento traçado no estatuto processual civil estatal não incide na arbitragem.

José Carlos de Magalhães (2012) aduz que

> se o procedimento é fixado na convenção de arbitragem — nela se incluindo o regulamento da instituição de arbitragem, quando nela ocorre o processo — não há que se buscar na legislação processual pública os mecanismos para a condução do processo, salvo se a isso as partes autorizaram.

José Emilio Nunes Pinto (2010:83) considera que "as disposições do Código de Processo Civil não se aplicam mandatoriamente à arbitragem". E João Batista Lopes entende que "há que se ressaltar constituir a arbitragem um dos meios alternativos de solução de conflitos, instituído para agilizar a prestação jurisdicional, o que desaconselha a invocação indiscriminada das regras do processo comum, sabidamente formalista e moroso".[20]

---

19. O estatuto processual civil, na redação original de 1973, dispunha o seguinte no art. 1.091: "As partes podem estabelecer o procedimento arbitral, ou autorizar que o juízo o regule. Se o compromisso nada dispuser a respeito, observar-se-ão as seguinte regras: I — incumbe a cada parte, no prazo comum de vinte (20) dias, assinado pelo juízo, apresentar alegações e documentos; II — em prazo igual e também comum, pode cada uma das partes dizer sobre as alegações da outra; III — as alegações e documentos serão acompanhados de cópias, para serem entregues a cada um dos árbitros e à parte adversa, sendo autuados pelo escrivão os originais".

20. Lopes (2007:180). Por fim, Cândido Rangel Dinamarco (2013:46), em um sentido um pouco diverso, admitindo a aplicação subsidiária do diploma processual civil, leciona que "no silêncio de todos, prevalece nas arbitragens nacionais realizadas no Brasil (LA, art. 34, par.) o disposto na Lei de Arbitragem nacional e, em grau sucessivo de subsidiariedade, o

A questão da aplicabilidade de técnicas instrutórias estrangeiras na arbitragem brasileira

Parece-nos que as doutrinas estrangeira e nacional têm razão ao dizer que não se aplica na arbitragem, *automática e obrigatoriamente*, o procedimento previsto no Código de Processo Civil, mesmo quando o direito processual aplicável à arbitragem é o brasileiro. Se assim não fosse, a Lei de Arbitragem brasileira conteria dispositivo expresso determinando a aplicação do Código de Processo Civil na arbitragem, fosse direta, fosse subsidiariamente. Muito ao contrário, a Lei de Arbitragem faz apenas uma única referência verdadeira à aplicação do Código de Processo Civil na arbitragem, estabelecendo, assim, uma aplicação tópica e excepcional, que comporta, como regra de exceção, interpretação restritiva, segundo noção basilar de hermenêutica.

O art. 14 do diploma arbitral brasileiro estatui que

> estão impedidos de funcionar como árbitros as pessoas que tenham, com as partes ou com o litígio que lhes for submetido, algumas das relações que caracterizam os casos de impedimento ou suspeição de juízes, aplicando-se-lhes, no que couber, os mesmos deveres e responsabilidades, conforme previsto no Código de Processo Civil.

Observe-se que nesse caso há explícita incidência do Código de Processo Civil na arbitragem, pois a própria Lei de Arbitragem assim o determina. Trata-se, porém, de aplicação tópica e excepcional. Isso não ocorre com os demais dispositivos da Lei de Arbitragem que fazem remissão ao Código de Processo Civil, pois nesses casos a aplicação não é propriamente na arbitragem, mas sim em processos judiciais eventualmente paralelos ao processo arbitral. É o que ocorre nos casos do art. 33, §1º; do art. 33, §3º; do art. 36; do art. 37; do art. 41; do art. 42 e do art. 44 da Lei nº 9.307/1996.

Por outro lado, em diversas ocasiões em que a Lei nº 9.307/1996 poderia ter determinado expressamente a aplicação direta do estatuto processual civil na arbitragem ela não o fez, consagrando, ao contrário, sempre que possível, a autonomia das partes no estabelecimento do procedimento a ser seguido. Dessa forma, o art. 5º da Lei de Arbitragem dispõe que

> reportando-se as partes, na cláusula compromissória, às regras de algum

---

Código de Processo Civil — cujas normas só terão aplicabilidade na medida em que forem compatíveis com o sistema arbitral".

órgão arbitral institucional ou entidade especializada, a arbitragem será instituída e processada de acordo com tais regras, podendo, igualmente, as partes estabelecer na própria cláusula, ou em outro documento, a forma convencionada para a instituição da arbitragem.

Em outras palavras, em vez de determinar a aplicação direta ou subsidiária do procedimento do diploma processual civil na arbitragem, a Lei de Arbitragem garantiu liberdade às partes para eleger um regulamento arbitral.

Da mesma forma, o §3º do art. 13 da Lei nº 9.307/1996 prevê que "as partes poderão, de comum acordo, estabelecer o processo de escolha dos árbitros, ou adotar as regras de um órgão arbitral institucional ou entidade especializada". No que tange à instrução probatória, matéria em que seria possível a remissão ao Código de Processo Civil, a Lei de Arbitragem determina apenas, no art. 22, que "poderá o árbitro ou o tribunal arbitral tomar o depoimento das partes, ouvir testemunhas e determinar a realização de perícias ou outras provas que julgar necessárias, mediante requerimento das partes ou de ofício". E no §1º desse mesmo dispositivo dispõe que "o depoimento das partes e das testemunhas será tomado em local, dia e hora previamente comunicados, por escrito, e reduzido a termo, assinado pelo depoente, ou a seu rogo, e pelos árbitros". Nenhuma referência, pois, ao diploma processual civil.

Ademais, a Lei de Arbitragem brasileira expressa e explicitamente determina que serão as partes que estabelecerão o procedimento a ser seguido na arbitragem, sem qualquer vinculação ao estatuto processual civil brasileiro. Nesse sentido, o art. 21 da Lei dispõe que

a arbitragem obedecerá ao procedimento estabelecido pelas partes na convenção de arbitragem, que poderá reportar-se às regras de um órgão arbitral institucional ou entidade especializada, facultando-se, ainda, às partes delegar ao próprio árbitro, ou ao tribunal arbitral, regular o procedimento.

As partes são, pois, pela própria Lei de Arbitragem, livres para estabelecer o procedimento arbitral a ser seguido na arbitragem, inexistindo disposição legal que determine a aplicação, *automática e obrigatória*, do Código de Processo Civil ao processo arbitral, nem direta e nem subsidiariamente.

Por fim, o §1º desse mesmo dispositivo é ainda mais enfático, pois estabelece que, na omissão das partes a respeito do procedimento, serão os árbitros, com total liberdade e sem vinculação *automática e obrigatória* ao Código de Processo Civil, que fixarão o procedimento arbitral. O texto legal dispõe que "não havendo estipulação acerca do procedimento, caberá ao árbitro ou ao tribunal arbitral discipliná-lo". Interpretando o mencionado dispositivo, vale a transcrição da lição de Carlos Alberto Carmona, destacando, na parte final, o poder normativo subsidiário dos árbitros para fins de regulamentar o procedimento arbitral:

> Três, portanto são as escolhas dos contendentes acerca do procedimento arbitral: podem criar um procedimento especial para a solução dos seus litígios, podem reportar-se a regras de um órgão arbitral institucional (ou a regras de processo constantes de algum código ou lei) ou podem deixar a critério do árbitro disciplinar o procedimento. (Carmona, 2009a:290)

Assim, quando as partes não estabelecerem o procedimento a ser seguido na arbitragem, o árbitro é quem deterá poder normativo para estabelecê-lo, sem que esteja vinculado *automática e obrigatoriamente* ao procedimento do Código de Processo Civil brasileiro. Luiz Olavo Baptista deixa claro que "o árbitro tem poder normativo e determinará certas regras para situações imprevistas, assim como criará procedimentos que não estejam no regulamento ou poderá fazer adaptações".[21] Semelhantemente, Carlos Alberto Carmona (2009a:292) explica que "se nada for previsto a respeito de procedimento,

---

21. O trecho integral é o seguinte: "O árbitro tem poder normativo e determinará certas regras para situações imprevistas, assim como criará procedimentos que não estejam no regulamento ou poderá fazer adaptações. No exercício desse poder normativo, o árbitro deverá ter suficiente sagacidade para escolher regras que sejam realmente necessárias para se adaptar à situação, e assim não se deixar levar pela tentativa de chicana ou de transformar o procedimento numa Disneyworld de processualistas. Aliás, a lei inglesa oferece regras úteis sobre os poderes e deveres do árbitro. Ali se diz que os árbitros devem adotar procedimentos que sejam adequados às circunstâncias do caso particular evitando demoras desnecessárias e dar um tempo justo para a resolução adequada e para evolução das matérias que devem ser determinadas. Percebe-se daí que a lei orienta o árbitro sobre a política procedimental, o que tanto a nossa lei quanto a de outros países não o fazem. Essa é uma determinação de objetivos da elaboração normativa, estabelecendo regras de comportamento para o árbitro. Por exemplo, se uma parte quer um prazo maior para decidir uma questão qualquer ou para praticar algum ato, a lei estabelece se o juiz deve ou não concedê-lo automaticamente, da mesma forma que se deve ou não tomar iniciativa de interrogar ele próprio as testemunhas, se tomará a iniciativa de nomear um expert, como o fará, que perguntas formulará. Todas essas decisões se inserem no poder normativo do árbitro, e as partes devem assim levá-las em consideração" (Baptista, 2003:218).

toca ao árbitro criá-lo, nada o impedindo de adotar as regras de um órgão arbitral institucional".

Em conclusão, pode-se dizer que o procedimento do Código de Processo Civil não se aplica *automática e obrigatoriamente* na arbitragem, ainda que o direito processual aplicável ao processo arbitral seja o brasileiro. Isso porque a própria Lei de Arbitragem só prevê a sua incidência de maneira tópica e em um único dispositivo de lei, garantindo, muito ao contrário, em diversos outros dispositivos, a plena liberdade das partes e, subsidiariamente, o poder normativo dos árbitros para estabelecer o procedimento a ser seguido na arbitragem. E em nenhum desses momentos há qualquer vinculação *automática e obrigatória* às regras do Código de Processo Civil. Exatamente nesse sentido, transcreva-se a lição de Carlos Alberto Carmona e de Arnoldo Wald:

> As eventuais lacunas do procedimento adotado pelas partes não precisarão ser necessariamente preenchidas como a utilização de dispositivos do Código de Processo Civil. Creio que a advertência é importante, pois é comum a invocação no procedimento arbitral de preceitos típicos do procedimento comum, reportando-se por vezes alguma das partes a determinadas regras da lei processual. A Lei de Arbitragem não contém norma que determine o emprego subsidiário da lei processual para suprir omissões no procedimento utilizado pelas partes. Assim, não há razão para impor ao árbitro, no eventual preenchimento de lacunas procedimentais, regras do Código. Aplicam-se sempre, isso sim, os princípios gerais do processo, com os temperamentos naturais que o processo deve sofrer quando passa para o âmbito extrajudicial. (Carmona, 2009a:292-293)

> A doutrina reconhece que atualmente não mais se contesta que o árbitro tem a *jurisdictio* em toda a sua plenitude, devendo obedecer aos princípios constitucionais e legais que inspiram a distribuição da Justiça, como a imparcialidade, o respeito ao contraditório e o direito de defesa (*due process of law*). No entanto, não se lhe aplicam, necessariamente, as normas processuais, e as regras procedimentais são as estabelecidas pelas partes ou em regulamentos de instituições de arbitragem que, evidentemente, obedecem às normas legais específicas no âmbito nacional ou aos princípios gerais do direito da ordem arbitral internacional, quando se trata de conflitos entre empresas ou entidades que se submetem a ela. (Wald, 2009b:22 e ss.)

As partes, portanto, têm plena liberdade e autonomia para estabelecer o procedimento a ser seguido na arbitragem, bem como os árbitros detêm poder normativo para fixá-lo no caso de omissão das partes. Isso se justifica também porque o instituto da arbitragem é, por essência, marcado pela flexibilidade procedimental e pela possibilidade de adaptação do procedimento ao caso concreto (*case management*), o que seria impossível caso fosse *automática e obrigatória* a aplicação do procedimento do diploma processual civil ao processo arbitral. Afinal, como lembra Luiz Olavo Baptista (2011:191), "esse procedimento [arbitral] tem uma estrutura que obedece a um padrão internacional e que decorre da simplificação, modernização e aumento da eficiência das regras adotadas no processo civil, e adaptado às circunstâncias arbitrais".

Ressalve-se apenas que, apesar de não se aplicar *automática e obrigatoriamente* o procedimento descrito no Código de Processo Civil à arbitragem, nada impede que as partes expressamente convencionem a aplicação do diploma processual civil ao processo arbitral, pois, nesse caso, se trata de simples manifestação de vontade das partes.[22] Assim, quando as partes livremente convencionarem, é plenamente possível a aplicação do procedimento do Código de Processo Civil na arbitragem, sem que isso possa ser considerado inconstitucional, ilegal ou inadequado, pois tudo dependerá do caso concreto e da vontade livremente manifestada pelas partes. Em uma frase: quando as partes convencionarem a aplicação do procedimento do Código de Processo Civil na arbitragem, não há dúvida de que sua incidência ao processo arbitral está obrigatória.

Outra possibilidade de incidência do procedimento da legislação processual estatal na arbitragem consiste na faculdade de sua adoção pelo árbitro, desde que não contrarie o eventualmente convencionado pelas partes. Nesse sentido, Manuel Pereira Barrocas aduz:

> sem dúvida que o árbitro pode inspirar-se no Código de Processo Civil para, inexistindo normas convencionais estabelecidas pelas partes ou pelo próprio tribunal arbitral em concreto ou regulamentares de uma instituição

---

22. Carlos Alberto Carmona dá como exemplo, além do Código de Processo Civil, a aplicação do procedimento dos Juizados Especiais Cíveis: "Como verdadeira variação do critério anterior (adoção de regras emanadas de um órgão arbitral institucional), podem as partes submeter a solução de seu litígio a uma determinada lei processual que julga suficientemente ágil (as partes determinam que os árbitros apliquem o procedimento previsto para os Juizados Especiais Cíveis, por hipótese). Estarão assim adotando o procedimento (ou os procedimentos) previstos em determinada lei processual (nacional ou não), incorporando-a à convenção de arbitragem" (Carmona, 2009a:291).

arbitral a que o processo esteja afecto, aplicar conceitos e mesmo regime idênticos ao estabelecido no Código de Processo Civil na condução do processo arbitral.[23]

No Brasil, Pedro A. Batista Martins (2008:243) exemplifica essa hipótese, esclarecendo que "ressalvadas as regras específicas constantes dos regulamentos de instituições arbitrais, as disposições legais do Código de Processo Civil, no que é pertinente às provas, traçam um caminho adequado e seguro ao árbitro no desenvolvimento da fase probatória".

3.3 A importância dos institutos processuais conhecidos na sede da arbitragem quando as partes escolhem a aplicação do direito processual brasileiro e as limitações daí decorrentes ao poder normativo do árbitro

No item anterior, concluiu-se que não se aplica, automática e necessariamente, à arbitragem com sede no Brasil o procedimento descrito no Código de Processo Civil brasileiro, ainda que o direito processual aplicável à arbitragem seja o nacional. A ressalva a essa regra geral ocorre quando as próprias partes optam, inclusive subsidiariamente, pela incidência do procedimento do diploma processual civil no processo arbitral. A princípio, essa regra geral poderia significar que as partes e o árbitro teriam plena liberdade para adotar técnicas instrutórias desconhecidas do direito processual brasileiro na arbitragem, já que não se aplica, obrigatoriamente, à arbitragem o estatuto processual civil. No que diz respeito às partes, a resposta é mais simples, pois depende simplesmente do consenso; no que tange ao árbitro, quando não há consenso, a questão é bem mais complexa.

Por um lado, em relação às partes, parece-nos que o consentimento é a porta de entrada para utilização na arbitragem de técnicas instrutórias desconhecidas na sede da arbitragem. Salvo na remota hipótese de essas técnicas ofenderem os preceitos da Constituição da República ou a ordem pública

---

23. O autor português explica, porém, o sentido exato dessa incidência: "Mas, isso não só não é feito por via analógica, pois se tal fosse o caso ter-se-ia de admitir que o Código de Processo Civil era susceptível de aplicação à arbitragem, o que não é o caso, como ainda o árbitro tem sempre o poder de seguir solução diversa da apontada pela lei processual civil" (Barrocas, 2011:191-192).

processual,[24] como seria o caso, em exemplo meramente acadêmico, de se adotar consensualmente as ordálias em uma arbitragem para fins de demonstração da culpa do responsável civil,[25] parece-nos que é possível a adoção de técnicas instrutórias estrangeiras com o consentimento das partes. Assim,

---

24. Conforme anota a doutrina, o limite para as partes no momento de definir o procedimento a ser seguido são os direitos e garantias fundamentais previstos na Constituição da República e a ordem pública processual. Nesse sentido, Alain Goulene e Jean-Baptiste Racine (1999:278) lecionam que as partes têm liberdade para estabelecer o procedimento arbitral "sob reserva do respeito para com os princípios fundamentais aplicáveis a todo procedimento, como, por exemplo, o princípio do contraditório, o procedimento arbitral é um espaço de liberdade". No mesmo sentido, Carlos Alberto Carmona (2009a:289) aduz que "o árbitro estará livre para empregar as regras que julgar convenientes à solução da controvérsia, devendo zelar apenas para que não sejam desrespeitadas as garantias do devido processo legal". E Pedro A. Batista Martins (2008:236), sobre a questão, lembra que "não tivesse a Lei nº 9.307/96 registrado o respeito ao *due process of law*, nem por isso restaria afastada essa garantia fundamental". Também assim, confira-se a posição de José Eduardo Carreira Alvim (2004:147): "Se as partes nada estipularam sobre o procedimento a ser observado, cabe ao árbitro ou tribunal arbitral discipliná-lo (art. 20, §1º, LA), respeitados os princípios do contraditório, da igualdade das partes, da imparcialidade do árbitro e de seu livre convencimento (art. 20, §2º, LA)". Em sentido assemelhado, José Carlos Fernández Rozas (2008:713) explica, sobre a liberdade de fixar o procedimento arbitral, que "*existen al respecto tres limitaciones importantes: en primer lugar, lo dispuesto por el acuerdo de las partes; en segundo término, el respecto de los principios rectores del procedimiento arbitral, a los que nos referiremos más abajo, y, en última instancia, determinadas normas procesales nacionales que se consideran imperativas*". Também assim, não obstante em enumeração mais reduzida, Julian D. M. Lew, Loukas Mistelis e Stefan Kröll (2003:558) consideram que a "*party autonomy and flexibility are limited by public policy considerations and the mandatory rules at the place of arbitration, if any*". Em resumo, pode-se dizer que o limite para as partes no momento de definir o procedimento a ser seguido na arbitragem são os direitos e garantias fundamentais previstos na Constituição da República e a ordem pública processual.

25. O estudo da cronologia da prova ao longo do progresso da humanidade constitui um misto de conhecimento jurídico e histórico, com fácil localização tanto nas cadeiras do direito quanto nas cadeiras da história. E nesse caminho evolutivo, o instituto da prova passou por momento complexo, em que a sociedade ocidental passou a entender o Estado, o direito e a religião como coisas indissociáveis. Se Deus estava à disposição para aqueles que buscavam justiça, como se acreditava na época, a influência religiosa afetou os julgamentos dos homens em especial no campo probatório. É nesse contexto quase místico que surgem a ordália — ou ordálio ou julgamento de Deus —, o juramento e os duelos. A ordália pode ser explicada como um meio de prova empregado na Idade Média para estabelecer a inocência ou a culpa do acusado a partir de uma intervenção divina. Segundo Moacyr Amaral Santos (1968:v. I, p. 25), "a ordália, ou julgamento de Deus, consistia em submeter alguém a uma prova, na esperança de que Deus não o deixaria sair com vida, ou sem um sinal evidente, se não dissesse a verdade ou fosse culpado". Dentre algumas modalidades de ordálias, pode-se fazer menção à "prova pela sorte", à "prova pelo fogo", à "prova pela água fervendo", à "prova pela água fria" etc. Nesse último caso, atirava-se o acusado num rio com as mãos e os pés amarrados: caso o acusado flutuasse, era tido como culpado, pois sequer as águas o quiseram receber; se, por outro lado, afundasse, era declarado inocente e retirado do rio, permanecendo livre caso ainda estivesse vivo ou se reanimasse. Registra-se que a Igreja Católica fez uso das ordálias durante muitos anos, especialmente para fins de apurar culpados em processos de adultério e de perjúrio, vindo esses meios a serem praticados até o século XIII, quando foram definitivamente condenados por Gregório IX (Ibid., p. 29-30).

com exceção dessas hipóteses teratológicas, entendemos que as partes têm liberdade na arbitragem para consensualmente adotar técnicas instrutórias desconhecidas no Brasil, ainda que o direito processual aplicável à arbitragem seja o brasileiro. Esse consentimento pode se dar na convenção de arbitragem, no termo de arbitragem ou mesmo durante o curso do processo arbitral, implícita ou expressamente, atendendo, *v.g.*, a sugestão do árbitro.

Por outro lado, no que diz respeito à possibilidade de os árbitros determinarem a utilização de técnicas instrutórias desconhecidas na sede da arbitragem, a questão já não nos parece tão simples em razão da necessidade de se examinar a importância que os institutos processuais conhecidos na sede da arbitragem desempenham na compreensão do direito processual aplicável à arbitragem. Em outras palavras, o problema realmente surge quando, diante de uma arbitragem com sede no Brasil e com a aplicação do direito processual brasileiro, as partes não convencionaram a utilização de técnicas instrutórias desconhecidas da sede da arbitragem e os árbitros, *sponte propria*, decidem aplicar, por exemplo, a *discovery* norte-americana.

Parece-nos que a resposta para essa questão exige a compreensão da difícil relação entre arbitragem e direito processual civil, sendo certo que esse último é bastante mais amplo do que as meras disposições do Código de Processo Civil ou de qualquer outra legislação processual estatal. Essa relação possui uma sensível repercussão na cultura jurídica processual das partes. O que se tem visto na doutrina, de maneira bem simples, é a afirmação de que não se aplica à arbitragem o Código de Processo Civil, mas sim os princípios processuais. Trata-se de análise relevante, mas que nem sempre é plenamente suficiente para solucionar todas as dúvidas que brotam da relação entre arbitragem e direito processual civil.

No sentido inicialmente mencionado acima, após tratar da natureza híbrida da arbitragem, Selma Ferreira Lemes considera que isso "autoriza invocar os mesmos princípios jurídicos e corolários informadores do processo judicial, a fim de que se garanta a tutela jurídica efetiva" na arbitragem.[26] Também assim, em texto bastante interessante, Carlos Alberto Carmona

---

26. Lemes (1992:448). Em seguida, a autora aborda a incidência na arbitragem de alguns princípios processuais: "Em face da teoria garantista do procedimento arbitral, que acolhe os princípios da tutela jurisdicional e do devido processo legal, exsurgem seus corolários, que devem estar presentes para que se obtenha a tutela jurídica efetiva. Portanto, para que isto ocorra, mister é que se atenha, entre outros, a três princípios fundamentais: (i) o da imparcialidade do árbitro; (ii) o do contraditório e igualdade das partes; (iii) e o da livre convicção do árbitro" (Ibid., p. 450).

A questão da aplicabilidade de técnicas instrutórias estrangeiras na arbitragem brasileira

leciona que "deve o árbitro orientar-se pelos princípios do direito processual, não por qualquer lei processual".[27] Como se vê, ambos os autores, de inegável reconhecimento na seara arbitral, coautores do projeto de lei que resultou na Lei nº 9.307/1996, atestam apenas que se aplicam na arbitragem os princípios processuais. Não há, porém, na doutrina brasileira um estudo mais detalhado a respeito de quais são esses princípios e qual a extensão em que eles incidem na arbitragem, parecendo-nos que a enumeração do art. 21, §2º, da Lei nº 9.307/1996 é claramente insuficiente.

Nessa mesma linha de considerar aplicáveis à arbitragem os princípios processuais, não obstante em um passo mais avançado, Eduardo Parente (2012:72-73) manifesta-se no sentido de que "a Lei de Arbitragem deve valer-se, sempre, dos princípios do direito processual, mas não, jamais, dos dispositivos ou regras do Código". O avanço desse último autor, segundo nos parece, é que ele expressamente reconhece a "pertinência de falar em mútuas influências entre os sistemas do processo arbitral e estatal", influências essas que, continua o processualista, "devem se equilibrar sobre dois pilares, em prol da autonomia do processo arbitral: o respeito aos seus princípios e a não sujeição às sectárias formas do modelo estatal" (Parente, 2012:71). Essas "mútuas influências", segundo se pôde entender, vão além da mera afirmativa de que se aplicam na arbitragem os princípios processuais.

Cândido Rangel Dinamarco, partindo da premissa de que a arbitragem se submete à teoria geral do processo — premissa essa com que estamos plenamente de acordo —, estatui que "as arbitragens a serem realizadas no País e segundo a lei processual brasileira não podem prescindir dos conceitos, normas e estruturas residentes no Código, sob pena de se criar um vazio normativo ou um clima de extrema e indesejável insegurança jurídica" (Dinamarco, 2013:46). Em seguida, o jurista afirma que

> não seria sensato pensar em uma lei arbitral portadora de todos os institutos
> e soluções contidos no Código de Processo Civil, valendo por um *doublé*

---

27. O trecho integral é o seguinte: "Há quem sustente que a fonte natural para a integração das regras lacunosas será a lei processual. Não creio nisto. Deve o árbitro orientar-se pelos princípios do direito processual, não por qualquer lei processual. Se isto vale para a arbitragem doméstica, com maior razão serve para a arbitragem internacional, onde muitas vezes não há lei processual alguma a consultar, já que a 'sede' da arbitragem por vezes não tem qualquer elemento de conexão com as partes ou com a questão em disputa ('sede' neutra)" (Carmona, 2009b:14).

deste, nem propugnar por uma incontrolável liberdade formal a prevalecer em todas as situações para as quais a Lei de Arbitragem não oferece solução específica. (Dinamarco, 2013:46).

Em nosso ponto de vista, as influências entre o sistema processual e o sistema arbitral vão bem além da simples importação e aplicação dos princípios processuais na arbitragem. Consideramos que a definição do direito processual aplicável à arbitragem e a fixação da sede da arbitragem influenciam enormemente no desenvolvimento do processo arbitral, especialmente no Brasil, em que a Lei de Arbitragem possui disciplina muitíssimo espartana em matéria processual. E essa influência significa que o processo arbitral deve observar os preceitos constitucionais, a ordem pública processual, as convenções das partes a respeito de matéria processual e ainda — e aqui está o ponto — os institutos processuais da sede da arbitragem, cujo afastamento somente pode se dar pela vontade expressa das partes, mas não indiscriminadamente pelos árbitros. Isso porque, ao fim e ao cabo, o processo arbitral está sujeito à teoria geral do processo.

O ponto mais importante desta breve análise diz respeito à observância no processo arbitral dos institutos processuais conhecidos na sede da arbitragem, identificados a partir da teoria geral do processo, pois, em relação aos demais aspectos, tem-se a impressão de que já há um bom desenvolvimento doutrinário. Manuel Pereira Barrocas (2011:191) defende que os "conceitos trabalhados pelo processo civil como são os da competência, do caso julgado, da litispendência, revelia, exceção, reconvenção e muitos outros podem e devem ser utilizados em processo arbitral", sendo certo que, de acordo com o autor português, "a utilização de conceitos é uma coisa, outra bem diferente é a aplicação do regime jurídico positivo do Código de Processo Civil para regular os atos processuais arbitrais".

No Brasil, João Batista Lopes (2007:180) afirma que "não pode o árbitro desprezar os elementos fundamentais da teoria geral da prova como o objeto da prova, ônus da prova, critérios de avaliação da prova etc.", da mesma maneira que "não poderá ignorar as diretrizes gerais traçadas pela lei processual para a utilização dos meios de prova". Eduardo Parente (2012:68) aduz que "mesmo quando essa migração de elementos do processo estatal para o arbitral não ocorra de forma voluntária, ainda assim, naturalmente, os sistemas se cruzam em determinados momentos". Não se consegue extrair, ao certo, o alcance das

A questão da aplicabilidade de técnicas instrutórias estrangeiras na arbitragem brasileira

expressões "conceitos trabalhados pelo processo civil", "elementos fundamentais da teoria geral da prova" e "migração de elementos do processo estatal para o arbitral". O que parece claro, porém, é que esses autores reconhecem uma relação muito mais próxima entre arbitragem e direito processual civil do que a mera aplicação de princípios processuais. Trata-se, a nosso ver, de identificar que a arbitragem se submete à teoria geral do processo, como acertadamente defende Cândido Rangel Dinamarco (2013:passim) em recente obra.

Nessa linha de reconhecer uma proximidade maior entre arbitragem e direito processual civil — e não, destaque-se novamente, entre arbitragem e Código de Processo Civil —, parece-nos que há uma evidente ligação entre a arbitragem e os institutos processuais da sede da arbitragem, compreendidos e identificados a partir da teoria geral do processo. Assim, quando não houver previsão específica na Lei de Arbitragem a respeito de determinado instituto e as partes não houverem encontrado consenso expresso a respeito desse instituto, o árbitro na arbitragem com sede no Brasil não tem liberdade para inovar ou tirar as consequências que bem entender dessa situação, mas sim deve aplicar os institutos processuais conhecidos da sede da arbitragem, ou seja, deve-se buscar na teoria geral do processo a solução da questão. Em outras palavras, na omissão da Lei de Arbitragem e na omissão das partes, o árbitro deve aplicar os institutos processuais que integram a cultura jurídico-processual da sede da arbitragem, extraídos da teoria geral do processo, na medida em que, no fundo, isso também foi escolhido pelas partes.

Isso se justifica em razão do respeito aos valores fundamentais da previsibilidade e da justa expectativa, pois as partes conhecem e estão preparadas para os contornos do sistema jurídico da sede da arbitragem, na medida em que se tratou de escolha feita por elas, de maneira que isso não pode ser ignorado. O que não se admite, dessa forma, é a inovação por parte do árbitro em matéria processual sem o amparo na lei de arbitragem, na convenção das partes, no direito processual aplicável ou na cultura jurídico-processual da sede da arbitragem, extraídos sempre da teoria geral do processo. É o que acontece, por exemplo, quando o árbitro decide determinar a aplicação da *discovery* norte-americana em arbitragem com sede no Brasil sem que as partes ou o regulamento eleito assim o permita. Eventual decisão nesse sentido viola o princípio da previsibilidade e a justa expectativa, por conseguinte, o princípio do contraditório.

4. Respeito ao direito processual brasileiro, observância dos institutos processuais conhecidos no Brasil, compreensão da cultura jurídico-processual brasileira e impossibilidade de aplicação da *discovery* norte-americana na arbitragem brasileira *sponte propria* pelo árbitro

A inaplicabilidade do princípio da territorialidade da lei processual na via arbitral, a possibilidade de escolha do direito processual aplicável na arbitragem e a inaplicabilidade, automática e obrigatória, do procedimento do Código de Processo Civil ao processo arbitral permitem a adoção de técnicas instrutórias desconhecidas da sede da arbitragem. Essa possibilidade, contudo, somente é lícita com o consentimento das partes, o que pode se dar por contrato, na convenção de arbitragem, no termo de arbitragem, no regulamento arbitral — que não deixa de ser, em verdade, a própria convenção de arbitragem — e no curso do próprio processo arbitral, expressa ou implicitamente, eventualmente acolhendo ou não se opondo à sugestão do árbitro.

Quando não houver, porém, consenso das partes a respeito da aplicação de técnicas instrutórias desconhecidas da sede da arbitragem, não pode o árbitro determinar *sponte propria* a sua aplicação. Isso porque quando as partes escolhem a sede da arbitragem, elas estão também escolhendo o direito processual aplicável e, mais do que isso, estão elegendo a cultura jurídico--processual e, assim, os institutos processuais que vão influenciar o desenvolvimento do processo arbitral, todos decorrentes da teoria geral do processo. O desrespeito a essas escolhas pode comprometer a validade da sentença arbitral e, mais amplamente, todo processo arbitral, na medida em que se viola o princípio da previsibilidade e a justa expectativa e, por conseguinte, o princípio do contraditório, garantido constitucional e legalmente.

Há na doutrina posições mais liberais, considerando que é possível nas arbitragens com sede no Brasil a aplicação de técnicas instrutórias estrangeiras independentemente de qualquer previsão legal ou convencional. Nesse sentido, Carlos Alberto Carmona (2009b:17) assente quanto "à possibilidade de utilização, pelos árbitros, de técnicas processuais que as partes não previram". O processualista defende que

> nada impediria um árbitro, que tenha recebido das partes o poder de estabelecer o procedimento a ser adotado na solução da controvérsia, de valer-se

amplamente de técnicas que a lei local (a *lex fori*, ou seja, a lei do lugar em que a arbitragem estiver sendo processada) não contemple, técnicas essas de que as partes eventualmente (provavelmente, diria eu) não cogitaram. (Carmona, 2009b:13)

Aparentemente em sentido mais restritivo, Alain Goulene e Jean-Baptiste Racine, especificamente no que diz respeito à importação para a arbitragem de técnicas processuais dos ordenamentos de *common law*, consideram que "as regras herdadas do sistema jurídico anglo-saxão não convêm às especificidades da instituição da arbitragem". Os autores, exemplificando, ainda afirmam que "é o caso do *discovery*, que permite no *common law* a divulgação forçada de documentos detidos pela parte adversária, ou então do *cross-examination*, pela qual os advogados de cada uma das partes interrogam de modo cruzado as testemunhas".[28] Com o devido respeito às opiniões em contrário, parece-nos que não é possível a imposição pelo árbitro de técnicas desconhecidas na sede da arbitragem sem que haja consenso das partes, pois deve-se respeitar os institutos processuais da sede da arbitragem, extraídos da teoria geral do processo.

Destaque-se que boa doutrina estrangeira tem dado destaque ao direito processual da sede da arbitragem para fins de delimitar a utilização de técnicas como a *discovery* ou a *disclosure*. Gary Born (2009:v. I, p. 1291) leciona que "*the law of the arbitral seat will often apply to determine the arbitrators' power to order disclosure or discovery from the parties*". Posteriormente, o autor explica que "*as with other aspects of evidence-taking, the process of disclosure in an international arbitration is governed in the first instance by the procedural law of the arbitration and the parties' arbitration agreement (including any institutional arbitration rules)*", sendo certo que "*these sources define the extent and limits of the arbitral tribunal's power, in a particular case, to order discovery or disclosure*". Gary Born (2009:v. II, p. 1878-1879) conclui dizendo que "*the arbitral tribunal's power to order discovery or disclosure is defined in the first instance by the procedural law of the arbitration (virtually always, the law of the arbitral seat)*".

Observe-se que a questão pode se tornar ainda mais complexa quando se está diante de uma arbitragem em que litigam partes oriundas de culturas jurídico-processuais muito diversas e a adoção de técnicas estrangeiras aca-

---

28. Goulene e Racine (1999:286). Os autores ainda informam, neste mesmo trecho, que "inicialmente, a arbitragem nos Estados Unidos tinha como principal objetivo evitar o recurso ao procedimento do *discovery* e do *cross-examination*, ambos usados pelo juiz estatal. Mas hoje esses dois institutos processuais são correntes em casos de arbitragem".

ba por privilegiar uma delas. É o que ocorreria, por exemplo, quando, em uma arbitragem com sede no Brasil travada entre uma empresa brasileira e uma empresa norte-americana, na qual as partes houvessem escolhido o direito processual brasileiro como o aplicável, o árbitro resolvesse, sem qualquer previsão nesse sentido na convenção de arbitragem, determinar a aplicação da *discovery* norte-americana para fins de coleta de provas. Evidentemente que a parte norte-americana — e faz-se menção aqui às partes, não aos advogados — está muito mais preparada para lidar com esse procedimento do que a parte brasileira, pois isso integra a cultura jurídico-processual da primeira.[29]

Nesse caso, além do desrespeito à convenção de arbitragem — que prevê a aplicação do direito processual brasileiro, em que a técnica da *discovery* norte-americana não é conhecida —, a decisão do árbitro desrespeita não apenas o princípio da previsibilidade e a justa expectativa e, por consequência, o princípio do contraditório, mas também o princípio da isonomia, na medida em que coloca as partes em evidente situação de desigualdade. A cultura jurídico-processual norte-americana impõe que as empresas criem procedimentos internos para resguardar seus interesses das técnicas instrutórias conhecidas daquele ordenamento jurídico, o que tem, na prática, repercussão direta, por exemplo, nos investimentos em arquivos e em métodos de comunicação. Essa realidade não integra a cultura jurídico-processual brasileira, de maneira que a parte brasileira que fosse submetida à *discovery* norte-americana estaria em posição de absoluta desvantagem.

Destacando essas diferenças, Marco Deluiggi (2010:139) explica que "há, pois, um evidente choque de culturas no que se refere à produção de provas nos países de *civil law* e de *common law*". Em seguida, o autor detalha aspecto fundamental para fins de estratégia processual, segundo o qual,

---

29. Observe-se, ainda, que a utilização dessas técnicas, em especial da *discovery*, tem sido limitada até mesmo diante de ordenamentos processuais que admitem a sua utilização. Gary Born (2009:v. II, p. 1821) expressamente afirma que "*discovery in international arbitration is usually materially less extensive and intrusive than in common law litigation*". Também assim, Julian D. M. Lew, Loukas Mistelis e Stefan Kröll (2003:568) explicam que "*there is consensus in international arbitration that specifically identified documents may be ordered if the need is established, but whole categories of documents will not be ordered*". Em seguida, os comparatistas repetem a ideia com mais detalhes, sempre no sentido de limitar a abrangência da *discovery* mesmo na arbitragem internacional: "*In principle, discovery as understood in the common law system does not have a place in international commercial arbitration. Parties rely on the documents in their possession and there is no obligation to produce copies of internal and confidential documents merely because requested by the opposing party. In practice document production may be order by a tribunal but generally this is limited to specific and identified documents or categories of documents, which are directly relevant to the issues in the arbitration*" (Ibid., p. 567).

> enquanto empresas originárias de países de *common law* já antecipam o procedimento de *discovery*, chegando inclusive a arquivar rascunhos e minutas de documentos, a maioria das empresas de países de direito continental nem sequer sabe da existência do procedimento de *discovery* e não tem, via de regra, o receio de ter que apresentar documentos que lhe são prejudiciais. (Deluiggi, 2010:149)

Trata-se de fato que inegavelmente coloca as partes em situação de desigualdade, em aspecto também muito bem ressaltado por Luiz Olavo Baptista (2011:214):

> Ao selecionar a forma e a sequência dos atos que serão praticados no processo arbitral, deve-se ter em conta as respectivas bagagens culturais e jurídicas dos envolvidos. Muitas vezes, deparamo-nos com partes oriundas de sistemas jurídicos de *civil law*, que optam por regras próximas ao sistema de *common law*. O resultado é que as partes impõem a si mesmas e a eventuais terceiros que participem do feito (testemunhas, peritos), um procedimento que lhe é estranho e de certa forma até agressivo, na medida em que os poderá expor a sessões extensas de questionamentos pelos advogados adversários, à revelação de documentos internos solicitados pela parte adversária durante a fase chamada de *discovery*, entre outras situações inusitadas. A transposição de regras e institutos estrangeiros é difícil e, muitas vezes, revela-se canhestra, porque ignora o fato apontado no passado por muitos filósofos e juristas, que um sistema jurídico se desenvolve atendendo a características culturais de cada povo embora possa buscar os mesmos objetivos que em outra parte.

A diferença de culturas jurídico-processuais existente entre as partes na arbitragem exige que essas técnicas probatórias desconhecidas na sede da arbitragem somente sejam adotadas pelo árbitro ou pelo tribunal arbitral na hipótese de previsão consensual das partes a esse respeito ou, ao menos, de concordância expressa ou tácita das partes no curso do processo arbitral. A imposição dessas técnicas instrutórias estrangeiras desconhecidas da sede da arbitragem, tal como entendidas a partir da teoria geral do processo, infringe a convenção de arbitragem, viola o princípio da previsibilidade e a justa expectativa, contraria o princípio do contraditório e desconsidera a cultura jurídico-processual em vigor na sede da arbitragem, presumivelmente desejada pelas partes para ambientar o desenvolvimento do processo arbitral.

E é de se destacar que o direito brasileiro privilegia essa solução, na medida em que, como se disse, a Lei de Introdução às Normas do Direito Brasileiro (Decreto-lei nº 4.657/1942) estabelece, no art. 13, que "a prova dos fatos ocorridos em país estrangeiro rege-se pela lei que nele vigorar, quanto ao ônus e aos meios de produzir-se, não admitindo os tribunais brasileiros provas que a lei brasileira desconheça". A vedação contida na Lei de Introdução aos meios de prova desconhecidos da lei brasileira demonstra a preocupação do legislador em prestigiar a cultura jurídico-processual brasileira. Guardadas as devidas proporções, pode-se extrair a mesma conclusão nas arbitragens com sede no Brasil e direito processual brasileiro aplicável.

Como se disse, parece-nos claro que as partes podem optar, consensualmente, por adotar técnicas instrutórias estrangeiras — como a *discovery* — em arbitragens com sede no Brasil e direito processual brasileiro aplicável, inclusive em um litígio entre uma parte brasileira e uma parte norte-americana. Nesse caso, trata-se simplesmente de manifestação livre de vontade, assunção de riscos e flexibilidade procedimental no processo arbitral. Quando, porém, não há convenção das partes a esse respeito é que as técnicas instrutórias desconhecidas da sede da arbitragem e da cultura jurídico-processual vigente nesse local — extraídas a partir da teoria geral do processo — não podem ser impostas pelo árbitro às partes, sob pena de violação da convenção de arbitragem, do princípio da previsibilidade e a justa expectativa, do princípio do contraditório e do princípio da isonomia.

5. Conclusão

Em nosso ponto de vista, as influências entre o sistema processual e o sistema arbitral vão bem além da simples importação e aplicação dos princípios processuais na arbitragem, pois, em verdade, a arbitragem está submetida à teoria geral do processo da sua sede. Assim, não obstante a inaplicabilidade do princípio da territorialidade da lei processual na arbitragem e da inaplicabilidade automática e obrigatória do procedimento do Código de Processo Civil na arbitragem, somos do entendimento de que a utilização de técnicas estrangeiras no processo arbitral com sede no Brasil somente é possível com o consentimento das partes, sob pena de violação da convenção de arbitragem, do princípio da previsibilidade e a justa expectativa, do princípio do contraditório, do princípio da isonomia e da cultura jurídico-processual da sede da arbitragem, sempre extraídas da teoria geral do processo.

5

Medidas urgentes na arbitragem brasileira segundo a jurisprudência do Tribunal de Justiça do Estado do Rio de Janeiro

José Antonio Fichtner
Sergio Nelson Mannheimer
André Luís Monteiro

1. Introdução. 2. Ponto pacífico: jurisdição do Poder Judiciário para apreciação de medidas cautelares antecedentes à arbitragem. 3. Destino — jurídico e físico — das medidas de urgência decretadas judicialmente após a instituição da arbitragem. 4. Necessidade de propositura da ação principal na arbitragem no prazo de 30 (trinta) dias após a concessão da medida cautelar antecedente pelo Poder Judiciário. 5. Possibilidade de alteração pelos árbitros, depois de instituída a arbitragem, da medida de urgência proferida anteriormente pelo Poder Judiciário. 6. Competência das varas empresariais da comarca da capital para análise de questões relacionadas à arbitragem. 7. Um precedente: medida cautelar judicial para fins de consolidação de processos arbitrais. 8. Conclusão.

1. Introdução[1]

Não parece haver dúvidas de que o bom desenvolvimento da arbitragem no Brasil se deve a vários fatores, dentre eles o entendimento — e apoio — do Poder Judiciário a respeito desse instituto. A jurisprudência dos tribunais estatais brasileiros já possui uma série de interessantes decisões a respeito da arbitragem, valendo sempre destacar a postura vanguardista assumida pelo

---

1. Texto revisto e atualizado. A versão original foi assim publicada: Fichtner, Mannheimer e Monteiro (2013:83-104).

Superior Tribunal de Justiça. Não é por outra razão que surgem com frequência diversos textos jurídicos examinando as decisões mais recentes desta Corte de Justiça sobre arbitragem.[2]

O exemplo tem sido seguido pelas cortes de segundo grau, razão pela qual se justifica um estudo mais detalhado, abrangendo uma seleção de decisões. O foco do presente estudo é a jurisprudência do Tribunal de Justiça do Estado do Rio de Janeiro, em razão de sua importância estratégica e econômica para o país, bem como pela frequente escolha da cidade carioca como sede de arbitragens. Optou-se, ainda, por um corte no objeto da pesquisa, em razão das centenas de decisões a respeito de arbitragem proferidas por aquele Tribunal entre 1996 e 2013. Em decorrência da amplitude da matéria, restringiu-se a pesquisa ao exame das medidas urgentes na arbitragem.

Este texto propõe-se, assim, a examinar uma seleção de acórdãos do Tribunal de Justiça do Estado do Rio de Janeiro sobre medidas urgentes na arbitragem, destacando os precedentes, a jurisprudência consolidada e, também, eventuais divergências existentes, acrescentando-se, sempre que possível, notas críticas às decisões.

2. Ponto pacífico: jurisdição do Poder Judiciário para apreciação de medidas cautelares antecedentes à arbitragem

Quando as partes escolhem a arbitragem como método de solução de conflitos, inexistem dúvidas de que o árbitro é quem decidirá definitivamente o respectivo mérito, proferindo sentença com potencial de revestir-se da força de coisa julgada. Em outras palavras, eleita a arbitragem, o Poder Judiciário não poderá solucionar a lide, por absoluta falta de jurisdição no caso, como se impõe pela incidência dos art. 18[3] e art. 31[4] da Lei de Arbitragem

---

2. Permita-se, inclusive, a indicação de um texto de nossa autoria a esse respeito, cuja versão atualizada e completa compõe esta coletânea: Fichtner e Monteiro (2012:v. 2, p. 198-218).

3. LA, art. 18: "O árbitro é juiz de fato e de direito, e a sentença que proferir não fica sujeita a recurso ou a homologação pelo Poder Judiciário".

4. LA, art. 31: "A sentença arbitral produz, entre as partes e seus sucessores, os mesmos efeitos da sentença proferida pelos órgãos do Poder Judiciário e, sendo condenatória, constitui título executivo".

brasileira e do art. 267, VII,[5] do art. 301, §4º,[6] e do art. 475-N, IV,[7] do Código de Processo Civil brasileiro.

Pode ocorrer, entretanto, um descompasso temporal entre o processo de formação do tribunal arbitral e a velocidade com que o direito da parte exige, eventualmente, tutela. Para se ter uma ideia desse procedimento de escolha dos árbitros, vale exemplificar com o regulamento do Centro de Arbitragem e Mediação da Câmara de Comércio Brasil-Canadá (CAM-CCBC), um dos mais atuantes em solo nacional. De acordo com o art. 4.1 do Regulamento, a parte interessada em iniciar uma arbitragem deverá notificar o presidente da CCBC de sua intenção, indicando os nomes das partes, resumo do litígio, documento contendo a convenção de arbitragem, dentre outros elementos.[8] A Secretaria, de acordo com o art. 4.3, enviará uma cópia dessa notificação à parte contrária, que terá o prazo de 15 (quinze) dias para se manifestar.[9] Observe-se que até este momento não houve a indicação de árbitros pelas partes, o que significa, em outras palavras, que o processo arbitral ainda não está instituído.

Pois bem, na forma do art. 4.4, a Secretaria enviará para ambas as partes cópia do regulamento e da relação de árbitros, conferindo-lhes prazo de 15 (quinze) dias para indicação de árbitro.[10] É importante dizer que há uma fase preliminar da competência do presidente da CAM-CCBC, relativa à análise de indicações de árbitros que não componham a lista da Câmara (art.

---

5. CPC, art. 267: "Extingue-se o processo, sem resolução de mérito: (...) VII — pela convenção de arbitragem".
6. CPC, art. 301, §4º: "Com exceção do compromisso arbitral, o juiz conhecerá de ofício da matéria enumerada neste artigo".
7. CPC, art. 475-N: "São títulos executivos judiciais: (...) IV — a sentença arbitral".
8. Regulamento CAM-CCBC, art. 4.1: "A parte que desejar instituir arbitragem notificará o CAM/CCBC, na pessoa de seu Presidente, mediante protocolo ou carta registrada, em vias suficientes para que todas as partes, árbitros e a Secretaria do CAM/CCBC recebam uma cópia, contendo: (a) documento que contenha a convenção de arbitragem, prevendo a competência do CAM/CCBC para administrar o procedimento; (b) procuração de eventuais patronos com poderes bastantes; (c) indicação resumida da matéria que será objeto da arbitragem; (d) valor estimado da controvérsia; (e) nome e qualificação completa das partes envolvidas na arbitragem; e (f) indicação da sede, idioma, lei ou normas jurídicas aplicáveis à arbitragem nos termos do contrato".
9. Regulamento CAM-CCBC, art. 4.3: "A Secretaria do CAM/CCBC enviará cópia da notificação e respectivos documentos que a instruem à outra parte, solicitando que, em 15 (quinze) dias, aponte resumidamente eventual matéria objeto de seu pedido e o respectivo valor, bem como comentários sobre sede, idioma, lei ou normas jurídicas aplicáveis à arbitragem nos termos do contrato".
10. Regulamento CAM-CCBC, art. 4.4: "A Secretaria do CAM/CCBC enviará para ambas as partes cópia deste Regulamento e a relação dos nomes que integram o Corpo de Árbitros, convidando-as para que, no prazo de 15 (quinze) dias, indiquem cada qual 1 (um) árbitro titular e, facultativamente, suplente para a composição do Tribunal Arbitral".

4.4.1),[11] bem como objeções à arbitragem relacionadas à existência, à validade e à eficácia da convenção de arbitragem (art. 4.5).[12] Em seguida, a Secretaria informará às partes e aos árbitros sobre as correspondentes indicações feitas e assinalará o prazo de 10 (dez) dias para que os árbitros preencham e enviem o "questionário de conflitos de interesse e disponibilidade", de maneira que se possa saber se eles poderão atuar no caso, tudo de acordo com o art. 4.6.[13] As partes terão prazo de 10 (dez) dias para se manifestar sobre os questionários (art. 4.7).[14]

Caso não haja impugnação ou renúncia,[15] a Secretaria notificará os árbitros indicados de que deverão, no prazo de 15 (quinze) dias, escolher o terceiro árbitro, que funcionará como presidente do Tribunal Arbitral (art. 4.9).[16] Havendo essa indicação,[17] esse terceiro árbitro, igualmente, deverá

---

11. Regulamento CAM-CCBC, art. 4.4.1: "As partes poderão indicar livremente os árbitros que comporão o Tribunal Arbitral. Contudo, caso a indicação seja de profissional que não integre o Corpo de Árbitros, deverá ela ser acompanhada do respectivo currículo, que será submetido à aprovação do Presidente do CAM/CCBC".

12. Regulamento CAM-CCBC, art. 4.5: "Antes de constituído o Tribunal Arbitral, o Presidente do CAM/CCBC examinará objeções sobre a existência, validade ou eficácia da convenção de arbitragem que possam ser resolvidas de pronto, independentemente de produção de provas, assim como examinará pedidos relacionados a conexão de demandas, nos termos do artigo 4.20. Em ambos os casos, o Tribunal Arbitral, após constituído, decidirá sobre sua jurisdição, confirmando ou modificando a decisão anteriormente prolatada".

13. Regulamento CAM-CCBC, art. 4.6: "A Secretaria do CAM/CCBC informará às Partes e aos árbitros sobre as indicações realizadas. Nesta oportunidade, os árbitros indicados serão solicitados a preencher Questionário de Conflitos de Interesse e Disponibilidade do CAM/CCBC, abreviadamente denominado Questionário, no prazo de 10 (dez) dias".

14. Regulamento CAM-CCBC, art. 4.7: "As respostas aos Questionários e eventuais fatos relevantes serão encaminhados às Partes, oportunidade em que lhes será conferido prazo de 10 (dez) dias para manifestação".

15. No caso de haver impugnação, o procedimento se torna bem mais complexo, na forma do art. 4.8 do Regulamento: "Em caso de manifestação pelas partes de objeção relacionada à independência, imparcialidade ou qualquer matéria relevante referente ao árbitro, será concedido prazo de 10 (dez) dias para manifestação do árbitro envolvido, após o que as partes terão 10 (dez) dias para apresentação de eventual impugnação que será processada nos termos do artigo 5.4". No caso de acolhimento da impugnação ou de renúncia, o procedimento volta alguns passos atrás, consoante o art. 4.10: "Nos casos de acolhimento da impugnação ou renúncia do árbitro indicado, a Secretaria do CAM/CCBC notificará a parte para que, no prazo de 10 (dez) dias, apresente nova indicação".

16. Regulamento CAM-CCBC, art. 4.9: "Decorridos os prazos dos artigos 4.7 e 4.8, a Secretaria do CAM/CCBC notificará aos árbitros indicados pelas partes que deverão, no prazo de 15 (quinze) dias, escolher o terceiro árbitro dentre os membros integrantes do Corpo de Árbitros, o qual presidirá o Tribunal Arbitral".

17. Caso uma das partes não indique o árbitro ou os árbitros indicados não indiquem o terceiro árbitro, essa atribuição passa ao presidente da CAM-CCBC, na forma do art. 4.12 do Regulamento: "Se qualquer das partes deixar de indicar árbitro ou os árbitros indicados pelas partes deixarem de indicar o terceiro árbitro, o Presidente do CAM/CCBC fará essa nomeação dentre os membros integrantes do Corpo de Árbitros".

preencher o questionário de conflitos de interesse e disponibilidade também no prazo de 10 (dez) dias (art. 4.11).[18] Caso o terceiro árbitro aceite a função e não haja impugnação pelas partes, a Secretaria notificará os três árbitros para que firmem o "Termo de Independência", a partir do qual, segundo o art. 4.14 do Regulamento, se "demonstra a aceitação formal do encargo, para todos os efeitos".[19] Apenas nesse momento é que se considera instituída a arbitragem, para os fins do art. 19 da Lei de Arbitragem brasileira,[20] o que significa que a jurisdição dos árbitros se inicia tão somente nesse momento.

Em uma conta aproximada, de um processo arbitral imaginário relativamente simples (apenas duas partes, sem objeções à arbitragem, sem impugnação de árbitro, com árbitros da lista da Câmara), o tempo transcorrido entre a notificação de início da arbitragem e a constituição do tribunal arbitral — e, portanto, instituição da arbitragem — pode vir a ser de 80 (oitenta) dias, quase 3 (três) meses. Parece evidente que nem sempre o direito em jogo pode aguardar esse tempo, de maneira que, muitas vezes, surge a necessidade de atuação protetiva premente nesse interregno. O problema é comum a qualquer arbitragem, institucional ou *ad hoc*, internacional ou doméstica. Nesses casos, questiona-se como obter tutela jurisdicional se as partes convencionaram submeter o conflito à arbitragem, mas o tribunal arbitral ainda não está constituído. A solução legal institucionalizada é a de permitir o ajuizamento de medidas de urgência perante o Poder Judiciário, pois o juízo togado exerce jurisdição provisória até que o último árbitro aceite a função, com a constituição do tribunal arbitral.

O Tribunal de Justiça do Estado do Rio de Janeiro possui diversas decisões nesse sentido, valendo destacar dentre as primeiras a do caso *Doux v. W.M. Empreendimentos*. Doux S.A. e Outro, de um lado, e W.M. Empreendimentos Societários Ltda. e Outro, de outro lado, celebraram contrato de venda e compra de ações da sociedade Frangosul S.A., estabelecendo cláu-

---

18. Regulamento CAM-CCBC, art. 4.11: "A Secretaria do CAM/CCBC informará às Partes e aos árbitros sobre a indicação do árbitro que atuará como Presidente do Tribunal Arbitral, solicitando ao árbitro indicado a manifestar sua aceitação na forma e prazo previstos no artigo 4.6".

19. Regulamento CAM-CCBC, art. 4.14: "A Secretaria comunicará aos árbitros para que, no prazo de 10 (dez) dias, firmem o Termo de Independência, que demonstra a aceitação formal do encargo, para todos os efeitos, intimando-se as partes para elaboração do Termo de Arbitragem".

20. LA, art. 19: "Considera-se instituída a arbitragem quando aceita a nomeação pelo árbitro, se for único, ou por todos, se forem vários".

sula compromissória para solucionar qualquer disputa. Após o início do pagamento do valor acordado, descobriu-se um passivo oculto de responsabilidade dos ex-controladores, cujo valor se aproximava do montante correspondente à última parcela a ser paga pelo adquirente das ações. Diante disso, o adquirente houve por bem compensar os valores e, assim, deixar de efetuar o pagamento dessa última parcela, procedimento contra o qual a alienante se insurgiu e, em represália, ameaçou alienar esse lote de ações a terceiros para obter o pagamento. Para afastar esse risco, e enquanto a arbitragem ainda não estava instituída, a adquirente propôs medida cautelar perante o Poder Judiciário para impedir a alienação das ações.

O juízo de primeiro grau concedeu a liminar, mas, em seguida, julgou extinto o processo sem a resolução do mérito, entendendo que a existência da cláusula compromissória afastava a jurisdição do Poder Judiciário. Em apelação, porém, a Segunda Câmara Cível do TJ/RJ deu provimento ao apelo, considerando que "compete à Justiça Comum decretar medidas cautelares e outras providências urgentes que se fizerem necessárias antes de instituída a arbitragem, as quais não perderão o objeto mesmo depois de instaurado o juízo arbitral, para dar efetividade às suas decisões".[21] Ressalvando esse último trecho, o v. acórdão, a partir do voto do desembargador Sergio Cavalieri Filho, consigna que a medida urgente decretada judicialmente "deverá prosseguir para garantir a eficácia da decisão a ser proferida pelos árbitros, salvo se por eles for determinada alguma medida de idêntica eficácia".

Já tivemos oportunidade de consignar, a respeito do assunto, que "a ordem jurídica vigente não permite que qualquer lesão ou ameaça de lesão a direito individual ou coletivo não disponha de um órgão pronto e apto a impedi-la ou repará-la", razão pela qual "se o tribunal arbitral não está formado e o litígio exige intervenção jurisdicional, os órgãos da jurisdição estatal, permanentemente à disposição dos jurisdicionados, deverão ser invocados" (Fichtner e Monteiro, 2010f:131). A Décima Oitava Câmara Cível do TJ/RJ, em acórdão da lavra do desembargador Heleno Ribeiro Nunes, assim decidiu também a questão:

> Contudo, há que se ter em mente que a ordem jurídica vigente não permite que qualquer lesão ou ameaça de lesão a direito individual ou coletivo não

---

21. TJ/RJ, 2. CC., AC nº 0120862-27.2002.8.19.0001, des. Sergio Cavalieri Filho, j. em 24.9.2003.

disponha de um órgão pronto e apto a impedi-la ou repará-la. Com efeito, os interesses das partes não poderiam ficar desguarnecidos pela ausência de órgão jurisdicional competente para conhecer das questões caracterizadas como urgentes. Assim, se o tribunal arbitral não está formado e o litígio exige intervenção jurisdicional, os órgãos da jurisdição estatal, permanentemente à disposição dos jurisdicionados, deverão ser invocados, enquanto manifestação do princípio da inafastabilidade do acesso à justiça. Trata-se, pois, de alternativa provisória, a ser utilizada enquanto não constituído o tribunal arbitral.[22]

A análise dos acórdãos mencionados no corpo do texto e nas notas de rodapé não deixa margem à dúvida no sentido de que a jurisprudência do Tribunal de Justiça do Estado do Rio de Janeiro consolidou-se em considerar que, enquanto não instituída a arbitragem, as medidas de urgência podem ser pleiteadas ao Poder Judiciário, que assume jurisdição provisória a respeito do assunto. Trata-se de entendimento acertado, uma vez que a cláusula pétrea de acesso à justiça, consagrada no inciso XXXV do art. 5º da Constituição da República, não admite vácuos jurisdicionais.

3. Destino — jurídico e físico — das medidas de urgência decretadas judicialmente após a instituição da arbitragem

Consoante se viu no item anterior, não existem maiores dúvidas na jurisprudência do Tribunal de Justiça do Estado do Rio de Janeiro de que, até a instituição da arbitragem, o Poder Judiciário possui jurisdição para processar e julgar as medidas de urgência requeridas pelas partes. A mesma certeza já não existe, contudo, em relação ao destino — jurídico e físico — da medida

---

22. TJ/RJ, 18. CC., AI nº 0062532-59.2010.8.19.0000, des. Heleno Ribeiro Nunes, j. em 3.2.2011. Confira-se, ainda, os seguintes acórdãos no mesmo sentido: TJ/RJ, 19. CC., AI nº 0011139-79.2012.8.19.0209, des. Paulo Sergio Prestes, j. em 12.12.2012; TJ/RJ, 9. CC., AI nº 0062809-75.2010.8.19.0000, des. Roberto de Abreu e Silva, j. em 18.1.2011; TJ/RJ, 9. CC., AC nº 0009997-19.2011.8.19.0001, des. Roberto de Abreu e Silva, j. em 16.4.2013. Samantha Mendes Longo, em texto examinando a jurisprudência do TJ/RJ sobre vários pontos da arbitragem e não apenas sobre as medidas de urgência, aponta ainda os seguintes acórdãos no mesmo sentido: TJ/RJ, 18. CC., AC nº 0007294-15.2007.8.19.0209, des. Luis Felipe Salomão, j. em 3.10.2007; TJ/RJ, 4. CC., AI nº 0023734-97.2008.8.19.0000, des. Jair Pontes de Almeida, j. em 9.12.2008; TJ/RJ, 4. CC., AI nº 0022870-64.2005.8.19.0000, des. Antonio Saldanha Palheiro, j. em 5.4.2005 (Longo, 2010).

urgente, proposta judicialmente, depois de instituída a arbitragem. As soluções variam — sob o ângulo jurídico — entre a extinção do processo judicial sem a resolução do mérito por falta de interesse de agir superveniente (perda do objeto) ou o julgamento de procedência do pedido da medida cautelar, bem como — sob o prisma físico — entre a remessa dos autos judiciais da medida de urgência aos árbitros ou a sua remessa ao arquivo judiciário.

Em 2008, no caso *Tradener v. AES*, o Tribunal entendeu que o destino jurídico da medida cautelar judicial após a instituição da arbitragem era a extinção do processo sem a resolução do mérito. As empresas Tradener Ltda. e AES Uruguaiana Empreendimentos S.A. haviam celebrado contrato de venda e compra de energia contendo cláusula compromissória. A primeira delas ingressou com medida cautelar objetivando a suspensão de sua prestação contratual até que fosse proferida decisão final pelo tribunal arbitral. A liminar requerida foi deferida, mas, posteriormente, reconsiderada em parte, para se esclarecer que "o termo *ad quem* da suspensão é a instituição da arbitragem".

Posteriormente, a requerente apresentou petição informando da instituição da arbitragem, razão pela qual entendeu por bem o Tribunal de Justiça extinguir o processo cautelar sem a resolução do mérito por falta de interesse de agir superveniente (perda do objeto). Consignou-se, pois, na r. decisão, proferida pela desembargadora Maria Henriqueta Lobo, que "já houve a instalação do Tribunal Arbitral, inclusive com decisão acerca da manutenção da liminar deferida", razão pela qual "vislumbra-se, *in casu*, evidente a perda do objeto da presente ação".[23] A decisão, assim, julgou extinta a medida cautelar, sem apreciação do mérito, com base no inciso VI do art. 267 do Código de Processo Civil, por falta de interesse de agir superveniente ou, como se queira, perda do objeto.

Mais recentemente, no caso *Empa v. Itatim*, em 2013, a solução encontrada pelo Tribunal de Justiça foi outra, propugnando-se não pela extinção do processo sem a resolução do mérito, mas sim pela procedência do pedido na medida cautelar. A Empa S.A. Serviços de Engenharia propôs medida cautelar em face de Linhas de Transmissão do Itatim Ltda. objetivando a suspensão de cobranças supostamente indevidas até que se instituísse a arbitragem convencionada pelas partes. Em primeiro grau, o processo foi extinto sem resolução do mérito, pois o magistrado entendeu que a medida cautelar

---

23. TJ/RJ, 7. CC., MC nº 0046374-94.2008.8.19.0000, des. Maria Henriqueta Lobo, j. em 10.9.2008.

não era o meio processual adequado, mas sim uma ação cognitiva pelo rito ordinário.

No julgamento da apelação, o desembargador Roberto de Abreu e Silva consignou, primeiramente, que "o procedimento previsto na Lei nº 9.307/96 não exclui a possibilidade de as partes se socorrerem do Poder Judiciário para obter provimentos de natureza cautelar, principalmente quando a instauração do juízo arbitral ainda não se aperfeiçoou". Posteriormente, a r. decisão afirma que "a extinção do processo sem resolução do mérito não é a melhor solução, considerando-se que a presente medida cautelar inominada cumpriu sua função instrumental, garantindo a eficácia do juízo arbitral posteriormente instaurado". Em consequência, o TJ/RJ entendeu que se impunha "a reforma do r. *decisum* para reconhecer a procedência da demanda cautelar e para condenar a apelada ao pagamento das verbas sucumbenciais".[24]

Em 2012, no caso *STA v. Francisco Carlos Pereira Rodrigues*, o Tribunal de Justiça do Estado do Rio de Janeiro não cuidou da discussão sobre a extinção do processo sem resolução do mérito ou a procedência do pedido em caso de instituição superveniente da arbitragem, mas tratou de um ponto interessante sob o ponto de vista prático, consistente em saber qual o destino físico dos autos judiciais da medida cautelar após a instituição da arbitragem. Eles devem ser remetidos aos árbitros ou devem, simplesmente, ser enviados ao arquivo judiciário?

STA Soluções em Tecnologia de Informática Ltda. e Outros propuseram ação cautelar em face de Francisco Carlos Pereira Rodrigues e Antônio José Bravo Alves alegando que estes últimos não concordavam em assinar a alteração empreendida no contrato social da empresa da qual eram sócios, o que estava impedindo a formalização da alteração societária. Em razão disso, os requerentes solicitaram provimento judicial que substituísse a vontade dos requeridos e, assim, permitisse a alteração contratual sem a assinatura formal deles.

Em primeiro grau, a medida cautelar foi extinta, sem a resolução do mérito, diante da existência de cláusula compromissória celebrada entre as partes. No julgamento da apelação, o desembargador Paulo Sergio Prestes consignou, na linha da jurisprudência pacífica do Tribunal, que, "enquanto não instaurado o juízo arbitral, compete ao [Poder] Judiciário apreciar a cautelar". Além disso,

---

24. TJ/RJ, 9. CC., AC nº 0009997-19.2011.8.19.0001, des. Roberto de Abreu e Silva, j. em 16.7.2013.

a r. decisão afirma que, "uma vez instaurado o juízo arbitral, a cautelar deverá por ele ser apreciada", bem como que, consoante consta da ementa, "após a instituição do juízo arbitral, a cautelar deve ser para lá remetida".[25] Ressalvamos que não constitui objeto deste trabalho analisar o mérito do pedido cautelar formulado, que poderia ser objeto de crítica pelo seu conteúdo satisfativo, a demandar a propositura de ação constitutiva (substituição de declaração de vontade), consoante tem entendido boa doutrina.

Nesse contexto, analisando as mencionadas decisões, parece-nos mais correto entender que a instituição da arbitragem ocasiona a falta de interesse de agir superveniente (perda do objeto) no prosseguimento da medida cautelar judicialmente, já que agora qualquer providência cautelar deverá ser requerida aos árbitros, razão pela qual a medida judicial deverá ser extinta sem a resolução do mérito, na forma do art. 267, inciso VI, do Código de Processo Civil. Não nos parece que o melhor seja o julgamento de procedência do pedido cautelar, na medida em que não se trata de decisão definitiva a seu respeito, já que os árbitros, depois de instituída a arbitragem, poderão alterar, conceder ou revogar essa mesma medida.

Destaque-se que, caso a liminar requerida pela parte tenha sido concedida judicialmente e esteja vigorando quando da instituição da arbitragem, a sua eficácia permanecerá hígida até que o tribunal arbitral se manifeste a respeito — seja para mantê-la, alterá-la ou revogá-la —, devendo o juízo togado determinar a suspensão do processo cautelar nesse interregno, com base no art. 265, IV, *b*, do diploma processual civil, julgando-o extinto apenas após esse momento. Em outras palavras, se a liminar houver sido concedida judicialmente, em primeiro ou segundo grau, informado da formação em definitivo do tribunal arbitral, deve o magistrado ou órgão *ad quem* do Poder Judiciário aguardar a apreciação da medida cautelar pelo tribunal arbitral, para, em seguida, extinguir o processo, sem julgamento do mérito.

Teoricamente, pode-se vislumbrar também a hipótese em que o tribunal arbitral venha a consumir tanto tempo no processo de sua formação — por exemplo, diante da impugnação dos árbitros indicados — que seja proferida sentença na medida cautelar requerida judicialmente. Em tal hipótese, teríamos até, eventualmente, o que algumas vezes se denomina, de um lado,

---

25. TJ/RJ, 19. CC., AC nº 0011139-79.2012.8.19.0209, des. Paulo Sergio Prestes, j. em 12.12.2012.

coisa julgada de natureza cautelar (formal)[26] e, de outro lado, vedação do *ne bis in idem*.[27] Em tais circunstâncias, diante da regra geral da inexistência de coisa julgada material no processo cautelar.[28] Nada impedirá que o tribunal

---

26. O entendimento majoritário da doutrina brasileira é que, de fato, não há coisa julgada material no processo cautelar, a exceção das hipóteses em que o juiz pronuncia a prescrição ou a decadência. Nesse sentido, confira-se Humberto Theodoro Júnior (2009:v. II, p. 531): "Uma vez que o processo cautelar não cuida de solucionar a lide, nele não há decisão de mérito, de maneira que não se pode cogitar de coisa julgada material diante do deferimento ou indeferimento das medidas cautelares. Aqui, portanto, a coisa julgada formal é a única que se manifesta, como decorrência do encerramento da relação processual, uma vez esgotada a possibilidade de impugnação recursal. (...). Num único caso a sentença do processo cautelar adquire a autoridade da coisa julgada material: é quando, excepcionalmente, o juiz, entrando no mérito da controvérsia existente entre os litigantes, acolhe, desde logo no julgamento da pretensão preventiva, a exceção material de prescrição ou decadência, nos termos do art. 810 do Código de Processo Civil". Aparentemente comungando da mesma conclusão, apesar de se utilizar de fundamento diverso, leia-se Ovídio A. Baptista da Silva (2009:189-190 e 192): "E nem por ter natureza temporária é que a sentença cautelar não produz coisa julgada material. A sentença que condena a alimentos é igualmente temporária, no sentido de que pode sofrer modificação a qualquer tempo e, no entanto, faz coisa julgada material. O problema da aptidão da sentença cautelar para produção de coisa julgada material, porém, é objeto ainda de controvérsia. (...). Sendo assim, a inaptidão da sentença cautelar para alcançar a estabilidade peculiar à coisa julgada material decorre da ausência de qualquer declaração sobre relações jurídicas que possam ser controvertidas na demanda cautelar". Galeno Lacerda (2007: v. VIII, t. I, p. 289), primeiramente, leciona que "não há coisa julgada material na concessão, ou não, de medida cautelar, porque o juízo sobre as necessidades de segurança prévia não se estende à totalidade da lide, à existência ou não da relação jurídica material e do direito subjetivo material alegado". Em seguida, porém, o autor apresenta uma ressalva: "A tese vale, porém, apenas, para as cautelas jurisdicionais preventivas; não, de todo, para as repressivas. Nestas, p. ex., no atentado, no incidente de falsidade, embora não se julgue a demanda principal, há definitividade na respectiva sentença, porque desce aos fatos materiais da lide, para repô-los, ou não, no estado anterior. Haverá, também, coisa julgada material nas sentenças que, embora proferidas no processo cautelar, tenham por objeto matéria estranha à cautela propriamente dita, o que ocorre na hipótese do art. 810, parte final, quando o juiz decretar, naquele processo, a decadência ou a prescrição do direito do autor, e no tocante aos efeitos materiais da sentença cautelar, quanto à sucumbência e quanto à responsabilidade pelos prejuízos eventuais oriundos da execução da medida, segundo o art. 811" (Ibid., p. 290).
27. Nessa linha, Cassio Scarpinella Bueno também não admite a coisa julgada material no processo cautelar, mas, com base em Sergio Gilberto Porto, defende a "vedação do *ne bis in idem*". Confira-se, a partir disso, a conclusão do autor: "Assim, mesmo que não se admita, pela ausência do desenvolvimento de cognição suficiente para tanto ('cognição sumária'), a formação de 'coisa julgada material' no 'processo cautelar', ressalvado o reconhecimento da prescrição ou da decadência, nem por isto é legítimo, para o sistema processual civil, que cautelares baseadas na mesma causa de pedir sejam aceitas concomitante ou sucessivamente" (Bueno, 2012:v. 4, p. 202). Da mesma forma, pensam Luiz Guilherme Marinoni e Sérgio Cruz Arenhart (2012:v. 4, p. 184): "Na ação cautelar, o juiz decide com base na aparência do direito ameaçado ou com base em cognição sumária ou em *fumus boni iuris*, sem que possa chegar a um juízo de 'certeza' e, desta forma, 'declarar' acerca do direito, o que é imprescindível para a formação da coisa julgada material".
28. A jurisprudência do STJ possui várias decisões negando a ocorrência de coisa julgada material no processo cautelar. Nesse sentido, confira-se o seguinte julgado: "A sentença proferida no processo cautelar, porquanto não definitiva de litígio, haja vista sua natureza

arbitral também reveja a decisão proferida, dotada esta do efeito da mutabilidade próprio das medidas cautelares e do exercício da jurisdição arbitral em sequência à jurisdição estatal. Na hipótese de não haver sido concedida

---

acessória e provisória, não se reveste da imutabilidade característica da coisa julgada material, salvo se se verificar que não haverá processo principal tutelável em razão da decadência ou da prescrição. Isto porque a tutela cautelar representa uma prestação da justiça de cunho eminentemente processual, no afã do resguardo das outras duas espécies — cognitiva e de execução —, com a singularidade de que seu objeto é a defesa da jurisdição, cuja titularidade pertence ao Estado-soberano que, por isso, pode atuar de ofício no exercício do dever correspectivo ao direito de ação constitucionalizado" (STJ, 1. T., REsp. nº 724.710/RJ, min. Luiz Fux, j. em 20.11.2007, *D.J.* de 3.12.2007). Também assim: "A decisão, porque não definitiva de litígio, não se reveste da imutabilidade característica da 'coisa julgada material', salvo se se verificar de antemão que não haverá processo principal em razão da decadência ou da prescrição da pretensão acautelada, hipótese em que, por economia processual, antecipadamente o juiz a jugula no nascedouro. Esta é, aliás, a influência mais viva da tutela cautelar na ação principal, cuja autonomia decorre mesmo da diversidade do objeto do juízo" (STJ, 1. T., REsp. nº 801.032/RJ, min. Luiz Fux, j. em 18.4.2006, *D.J.* de 18.5.2006). Idem: "A medida cautelar, ainda que deferida por sentença, tem caráter precário, não fazendo coisa julgada material" (STJ, 1. T., REsp. nº 1.190.274/SP, min. Benedito Gonçalves, j. em 23.8.2011, *D.J.* de 26.8.2011). Em outra decisão, a Corte de Justiça negou a ocorrência de coisa julgada material, mas admitiu a de coisa julgada formal: "A decisão proferida em medida cautelar não faz coisa julgada material, apenas formal (artigo 810 do Código de Processo Civil)" (STJ, 1. T., AgRg no Ag. nº 1.349.856/RS, min. Hamilton Carvalhido, j. em 2.12.2010, *D.J.* de 2.2.2011). No mesmo sentido, também admitindo a coisa julgada formal: "A decisão proferida em sede de medida cautelar não faz coisa julgada material, apenas formal" (STJ, 1. T., REsp. nº 690.000/MG, min. José Delgado, j. em 17.2.2005, *D.J.* de 2.5.2005). Por fim, vale mencionar interessante decisão em que o STJ admitiu a ocorrência de coisa julgada material em processo cautelar quando, na verdade, nele é veiculada pretensão satisfativa e, ademais, o juiz profere decisão a partir de cognição exauriente: "Nas razões recursais, sustenta-se, em síntese, que não há se falar em coisa julgada para obstar o prosseguimento da presente demanda mandamental uma vez que o provimento a que se faz alusão para caracterizá-la diz respeito a julgamento de medida cautelar, que tem natureza meramente instrumental — hipótese em que não se analisa o mérito da controvérsia posta em juízo, a que se deixa para os limites do processo principal. Ocorre que, na espécie, a cautelar ajuizada não teve caráter instrumental. Como dá conta o acórdão recorrido, tratava-se de ação cuja causa de pedir era substancialmente a mesma da presente demanda mandamental, a saber: (i) a condição de legítimo ocupante do imóvel funcional, (ii) com direito à notificação do mesmo para aquisição preferencial do bem, e (iii) consequente necessidade de a União não dispor do imóvel até julgamento judicial final (...). No mandado de segurança ora em exame, o fundamento de pedir do impetrante é o mesmo, bem como o objeto mediato que pleiteia. (...). Embora a natureza da cautelar possa ser instrumental, sem provimento satisfativo sobre o mérito da controvérsia, no caso concreto a ação cautelar teve escopo satisfativo referente diretamente à pretensão do ora impetrante de adquirir o imóvel, obstante a União de aliená-lo sem a observância do direito de preferência. A cognição exercida na cautelar foi exauriente (tutela definitiva satisfativa), até porque, tanto lá como aqui, a controvérsia que se estabelece é unicamente de direito. O impetrante não pode, para o juízo cautelar, não ser qualificável como legítimo ocupante por ostentar o simples status de fiel depositário (em outra ação, de reintegração de posse travada entre a União e terceiros) e, agora, ser legítimo ocupante para todos os fins, porque o primeiro provimento está acobertado pela coisa julgada — justamente a evitar decisões conflitantes" (STJ, 2. T., REsp. nº 845.100/DF, min. Mauro Campbell Marques, j. em 16.11.2010, *D.J.* de 25.11.2010).

a medida liminar na esfera judicial, a solução é simples e basta que o juiz ou tribunal, conforme o caso, extinga de imediato o processo, sem julgamento do mérito, o que não impede a parte de renovar o pedido na arbitragem.

Por fim, quanto ao destino físico dos autos da medida cautelar, parece-nos que eles devem ser remetidos ao arquivo judiciário, transladando-se, a cargo das partes, apenas a cópia das decisões judiciais provisórias aos autos arbitrais.

4. Necessidade de propositura da ação principal na arbitragem no prazo de 30 (trinta) dias após a concessão da medida cautelar antecedente pelo Poder Judiciário

No caso *José Almeida dos Santos v. Rafael Roma Possato*, tratou-se de medida cautelar de sustação de protesto na qual o requerente alegava que tinha adquirido 20% (vinte por cento) das ações subscritas e integralizadas da empresa Stratageo Soluções Tecnológicas S.A., tendo garantido o pagamento com 24 (vinte e quatro) notas promissórias. As tais ações foram cedidas, posteriormente, em favor de outro sócio, com a aquiescência do requerido, ajustando-se que as referidas notas promissórias seriam devolvidas, o que, porém, não ocorreu, sendo elas, na verdade, endossadas ao Banco Safra e, depois, levadas a protesto.

A questão em debate consistia em saber se, depois de ajuizada a medida cautelar antecedente e concedida a liminar requerida, a parte requerente precisaria ajuizar a ação principal e, em caso positivo, como deveria fazê-lo. No caso concreto, primeiramente, o juízo *a quo* deferiu a liminar de sustação de protesto, mas, posteriormente, extinguiu o processo cautelar sem a resolução do mérito, com base no art. 267, inciso VI, do Código de Processo Civil, em razão da não propositura da ação principal pela parte requerente no prazo de 30 (trinta) dias, tal como prevê o art. 806 do Código de Processo Civil.[29]

No julgamento da apelação, o v. acórdão consignou que "argumenta o requerente que o contrato de compra e venda entabulado entre as partes elegeu o juízo arbitral para solucionar eventuais impasses", razão pela qual "não há ação principal a ser proposta perante a Justiça Comum". Em resposta a essa

---

29. CPC, art. 806: "Cabe à parte propor a ação, no prazo de 30 (trinta) dias, contados da data da efetivação da medida cautelar, quando esta for concedida em procedimento preparatório".

argumentação, o Tribunal de Justiça pontuou, a partir do voto do desembargador Carlos Santos de Oliveira, que "poderia o requerente ajuizar a ação principal perante a Justiça Comum discutindo a validade da cláusula compromissória ou adotar as providências necessárias para a solução do litígio perante a justiça arbitral". Em seguida, decidiu-se que "o que é inaceitável é a inércia do requerente que não adotou nenhuma providência no sentido da solução da controvérsia, situação que não pode ser chancelada pelo Poder Judiciário". Por essa razão, entendeu a Corte que "não resta outra alternativa a não ser a extinção do feito, sem resolução do mérito, com a revogação da liminar, não merecendo lograr êxito as razões recursais".[30]

Parece-nos que, especificamente em relação à questão arbitral, andou bem o Tribunal de Justiça do Estado do Rio de Janeiro, na medida em que, segundo nosso entendimento, a parte interessada que propõe medida cautelar antecedente à instituição da arbitragem e obtém a liminar pleiteada deve efetivamente propor a ação principal no prazo de 30 (trinta) dias contados da efetivação da liminar. Considerando que o processo principal será a arbitragem e que, em regra, o pedido é feito no termo de arbitragem, cuja celebração leva alguns meses, entendemos que a parte interessada se desincumbe desse ônus processual ao simplesmente protocolar o pedido de instauração da arbitragem. Em outras palavras, quando o processo principal é uma arbitragem, deve-se ler o art. 806 do Código de Processo Civil da seguinte maneira: "Cabe à parte requerer a instauração da arbitragem, no prazo de 30 (trinta) dias, contados da data da efetivação da medida cautelar, quando esta for concedida em procedimento preparatório".[31] Este é o sentido do art. 22-A, parágrafo único, do Projeto de Reforma da Lei de Arbitragem.

---

30. TJ/RJ, 9. CC., AC nº 0155553-18.2012.8.19.0001, rel. Carlos Santos de Oliveira, j. em 16.4.2013.

31. Ressalve-se apenas, sobre o mérito do recurso, que a r. decisão seguiu a jurisprudência dominante em um ponto, mas deixou-a de observar em outro. De fato, a jurisprudência do STJ considera que "ainda que se trate de cautelar de sustação de protesto de título, cumpre à parte ajuizar a demanda principal" (STJ, 4. T., REsp. nº 278.477/PR, min. Sálvio de Figueiredo Teixeira, j. em 12.12.2000, *D.J.* de 12.3.2001). Ocorre, porém, que a consequência da não propositura da ação principal no mencionado prazo legal é apenas a cessão da eficácia da liminar eventualmente concedida e não a extinção do próprio processo cautelar. Nesse sentido, a Segunda Seção decidiu que "a extemporaneidade no ajuizamento da ação principal não acarreta a extinção do processo cautelar, mas sim a perda da eficácia da liminar concedida" (STJ, 2. S., REsp. nº 327.380/RS, min. Antônio de Pádua Ribeiro, j. em 22.5.2002, *D.J.* de 4.5.2005). Seguindo expressamente esse entendimento, confira-se: STJ, 4. T., REsp. nº 199.683/RS, min. Aldir Passarinho Junior, j. em 29.6.2004, *D.J.* de 18.10.2004 e STJ, 4. T., REsp. nº 278.477/PR, min. Sálvio de Figueiredo Teixeira, j. em 12.12.2000, *D.J.* de 12.3.2001.

5. Possibilidade de alteração pelos árbitros, depois de instituída a arbitragem, da medida de urgência proferida anteriormente pelo Poder Judiciário

Questão bastante interessante diz respeito à possibilidade, ou não, de alteração pelo árbitro, depois de instituída a arbitragem, da decisão liminar proferida anteriormente pelo Poder Judiciário. Em outras palavras: poderia o árbitro depois de instituída a arbitragem, por exemplo, revogar uma liminar concedida pelo Poder Judiciário em medida cautelar inominada antecedente (preparatória)? Poderia o árbitro depois de instituída a arbitragem, ao contrário, conceder uma liminar que havia sido anteriormente denegada pelo Poder Judiciário em medida cautelar inominada antecedente (preparatória)? Poderia o árbitro depois de instituída a arbitragem, por fim, alterar os termos da decisão liminar anteriormente concedida pelo Poder Judiciário em medida cautelar inominada antecedente (preparatória)?

Já tivemos oportunidade de nos manifestar sobre o assunto em outra oportunidade. Defendemos que "o árbitro ou o tribunal arbitral poderá reexaminar a matéria inerente às tutelas de urgência, seja para revogá-la ou para concedê-la, caso o pedido tenha sido concedido ou indeferido na seara estatal" (Fichtner e Monteiro, 2010f:143). Naquela oportunidade, explicamos que "a competência do juízo togado para proferir decisões liminares é assentada no princípio luso-brasileiro *quando est periculum in mora incompetentia non attenditur*", razão pela qual, "estabelecida a jurisdição arbitral, através da instituição do Tribunal, pode o árbitro reformar a decisão oriunda do Poder Judiciário, seja para cassar a liminar deferida, seja para conceder a liminar denegada" (Fichtner e Monteiro, 2010f:144).

Compartilhando desse entendimento, o Tribunal de Justiça do Estado do Rio de Janeiro decidiu, recentemente, a partir do voto da desembargadora Inês da Trindade, que,

> ainda que a decisão cautelar tenha sido exarada pelo Estado-juiz, o Tribunal Arbitral pode revogar ou modificar a medida concedida, por se tratar de decisão de juízo substitutivo que não detém atribuição para análise do mérito, segundo cláusula compromissória convencionada pelas partes.[32]

---

32. TJ/RJ, 13. CC., AC nº 0127362-31.2010.8.19.0001, rel. Inês da Trindade, j. em 23.9.2010.

Trata-se de caso submetido ao segredo de justiça, o que impossibilita a colheita de maiores informações, mas, de toda forma, o que se pode dizer é que a corte fluminense estatuiu, corretamente, que realmente os árbitros, após a instituição da arbitragem, podem revogar, alterar ou conceder o pedido liminar anteriormente examinado no âmbito do Poder Judiciário, sem que isso represente qualquer desobediência às ordens judiciais.

6. Competência das varas empresariais da comarca da capital para análise de questões relacionadas à arbitragem

Em ação movida pela empresa Termelétrica Itapebi e Outros em face de AES Sul Distribuidora Gaúcha de Energia S.A. e Outros, o juízo de primeiro grau deferiu a liminar pleiteada pelas requerentes para que elas pudessem depositar em juízo o valor de R$ 12.361.831,23 (doze milhões trezentos e sessenta e um mil oitocentos e trinta e um reais e vinte e três centavos) de maneira que, assim, mantivessem a continuidade dos contratos firmados com as distribuidoras de energia elétrica.

No agravo de instrumento, pleiteou-se a anulação da r. decisão proferida pelo MM. Juízo da Quarta Vara Cível da Comarca da Capital, sob o fundamento de que, na verdade, como a matéria envolve arbitragem, a competência absoluta para processar e julgar a causa seria de um dos juízos empresariais dessa mesma Comarca, tudo na forma da Resolução nº 20/2010 do Órgão Especial do TJ/RJ.[33] No julgamento do agravo, o desembargador

---

33. Resolução 20/2010 — Órgão Especial do TJRJ — Dispõe sobre a atribuição às Varas Empresariais de competência para apreciar questões relativas à arbitragem e procedimentos correlatos. O Órgão Especial do TJRJ, usando das atribuições que lhe conferem o art. 96, I, b, da Constituição da República Federativa do Brasil e o art. 158, I, b, da Constituição do Estado do Rio de Janeiro; nos termos do art. 68, parágrafo único, do Código de Organização e Divisão Judiciárias deste Estado (com redação alterada pela Lei 3.603, de 11.07.2001) e o art. 3º, VI, a, do Regimento Interno do Tribunal de Justiça, e tendo em vista o que foi decidido na sessão realizada no dia 22.06.2010 (Processo 2009/250490); Considerando a necessidade de se buscar maior técnica, agilidade e eficiência à prestação jurisdicional, que pode ser obtida através da especialização dos juízos e que as questões submetidas à arbitragem guardam próxima relação com as matérias de competência das Varas Empresariais; Considerando que o art. 68, parágrafo único, do Codjerj dispõe que 'O Órgão Especial do TJ, mediante Resolução, fixará a distribuição de competência aos órgãos previstos neste artigo, a alteração da denominação dos mesmos, bem como poderá determinar a redistribuição dos feitos em curso nas Comarcas, Juízos e Juizados, sem aumento de despesa, sempre que necessário para a adequada prestação jurisdicional'; Resolve: Art. 1º Inclui-se na competência prevista no art. 91 do Codjerj o processamento e o julgamento das ações diretamente

Ricardo Rodrigues Cardozo, depois de transcrever o mencionado ato normativo, entendeu que "no caso *sub exame*, não se discute questão referente à sentença arbitral, porque esta inexiste". Ademais, consoante consta do voto, "tampouco se põe à apreciação do Poder Judiciário qualquer matéria dentre as dispostas no art. 91 do CODJERJ". Em conclusão, o v. acórdão estatuiu que "o ponto nodal de litígio entre as partes refere-se ao cumprimento das obrigações contratuais, matéria claramente da jurisdição das varas cíveis".[34]

A edição da Resolução nº 20/2010 do Órgão Especial do TJ/RJ foi fruto de sério trabalho desenvolvido pelo Tribunal de Justiça e, especificamente, por sua Comissão de Legislação e Normas, com o apoio de especialistas em arbitragem, notadamente da Comissão de Arbitragem da OAB/RJ, e magistrados afetos à matéria, em especial, respectivamente, de Pedro A. Batista Martins e de Luiz Roberto Ayoub. Ultrapassado o processo legislativo, o art. 1º do referido ato dispôs que "inclui-se na competência prevista no art. 91 do CODJERJ o processamento e o julgamento das ações diretamente relacionadas às sentenças arbitrais e que envolvam as matérias previstas no inciso I do mesmo artigo". O art. 91 do Código de Organização e Divisão Judiciárias do Estado do Rio de Janeiro fixa a competência das varas empresariais (antigas varas de falências e concordatas), valendo-se transcrever o seu texto:

> Art. 91 — Compete aos Juízes de Direito, especialmente em matéria de falências e concordatas: I — processar e julgar: a) as falências e concordatas e os feitos que, por força de lei, devam ter curso no juízo da Vara Empresarial; b) os feitos que, por força da lei, devam ter curso no juízo da falência ou da concordata; c) as execuções por quantia certa contra devedor insolvente, inclusive o julgamento do pedido de declaração de insolvência; d) as causas relativas a Direito Societário, especificamente: 1— nas em que houver atividade fiscalizadora obrigatória da Comissão de Valores Mobiliários; 2— nas que envolverem dissolução de sociedades comerciais, conflitos entre sócios cotistas ou de acionistas de sociedades comerciais, ou conflitos entre sócios e as sociedades de que participem; 3— as relativas a liquidação de firma individual; 4— nas que digam respeito a conflitos entre titulares de valores mobiliários e a companhia que os emitiu, ou conflitos sobre res-

---

relacionadas às sentenças arbitrais e que envolvam as matérias previstas no inciso I do mesmo artigo. Art. 2º Esta Resolução entra em vigor na data de sua publicação. Rio de Janeiro, 22 de junho de 2010. Des. Luiz Zveiter — Presidente do Tribunal de Justiça.

34. TJ/RJ, 15. CC., AI nº 0058564-50.2012.8.19.0000, rel. Ricardo Rodrigues Cardozo, j. em 22.11.2012.

ponsabilidade pessoal de acionista controlador ou dos administradores de sociedade comercial, ou ainda conflitos entre diretores, membros de conselhos ou de órgãos da administração e a sociedade; e) as causas relativas à propriedade industrial e nome comercial; f) as causas em que a Bolsa de Valores for parte ou interessada; g) as causas relativas a Direito Marítimo, especialmente nas ações: a. que envolverem indenização por falta, extravio, ou avarias, inclusive as relativas a sub-rogações; b. relativas à apreensão de embarcações; c. ratificações de protesto formado a bordo; d. relativas à vistoria de cargas; e. relativas à cobrança de frete e sobrestadia. II — cumprir as precatórias pertinentes à matéria de sua competência.

Como se vê, o texto da Resolução nº 20/2010 do Órgão Especial do TJ/RJ disse menos do que gostaria de dizer (*lex minus dixit quam voluit*), especialmente quando se refere ao "processamento e o julgamento das ações diretamente relacionadas às *sentenças arbitrais* e que envolvam as matérias previstas no inciso I do mesmo artigo". Na verdade, a clara intenção do dispositivo não era atribuir competência aos juízos empresariais exclusivamente para ações relacionadas às *sentenças arbitrais*, o que, segundo nos parece, restringiria a atuação das varas empresariais à execução e ações de anulação de sentenças arbitrais domésticas.

Na verdade, a intenção da norma é atribuir competência absoluta às Varas Empresariais da Comarca da Capital do Estado do Rio de Janeiro para processar e julgar quaisquer questões relacionadas à arbitragem. Essa competência ampla inclui, além da execução de sentença arbitral doméstica e da ação de anulação de sentença arbitral doméstica, o processamento e julgamento da ação de instituição compulsória da arbitragem (ou, como se queira, exceção específica de cláusula compromissória vazia), de medidas urgentes antecedentes à arbitragem (tutela antecipada ou tutela cautelar), de medidas coercitivas probatórias (*v.g.*, condução de testemunhas), de medidas coercitivas de efetivação de decisões arbitrais, de ação de fixação de honorários arbitrais, de cooperação judicial para nomeação de árbitro presidente, de ação declaratória sobre matéria indisponível prejudicial à arbitragem e de qualquer outro meio de impugnação de atos da arbitragem, como o mandado de segurança.

Comungando dessa interpretação abrangente da Resolução nº 20/2010 do Órgão Especial do TJ/RJ, transcreva-se a lição de Rodrigo Garcia da Fonseca e Fernanda Medina Pantoja (2010:372):

Medidas urgentes na arbitragem brasileira segundo a jurisprudência do Tribunal de Justiça do Estado do Rio de Janeiro

A melhor interpretação da norma, sem dúvida, é a de que qualquer ação relacionada à arbitragem — como as que visam, dentre outras hipóteses, à concessão de medidas de urgência, à lavratura do compromisso arbitral, à execução de sentença arbitral ou à decretação de sua nulidade —, ainda que versando sobre matéria diversa daquelas já incluídas na competência das Varas Empresariais (falências e recuperação de empresas, direito societário, direito marítimo, propriedade industrial), deverá ser, a partir de agora, apreciada por esses órgãos. Da mesma forma, quando for necessário o apoio judicial aos Tribunais Arbitrais, na execução de medidas cautelares determinadas pelos árbitros, ou na produção de provas, por exemplo, o processamento também se dará no âmbito das Varas Empresariais.

Observe-se que defender a interpretação ampliativa do texto normativo está em plena consonância com a finalidade da norma, tanto é que, logo no primeiro "considerando" do ato, consta o seguinte:

Considerando a necessidade de se buscar maior técnica, agilidade e eficiência à prestação jurisdicional, que pode ser obtida através da especialização dos juízos e que as questões submetidas à arbitragem guardam próxima relação com as matérias de competência das Varas Empresariais.

Como se vê, os motivos que levaram à edição da norma são (i) necessidade de maior técnica, agilidade e eficiência à prestação jurisdicional, (ii) necessidade de especialização dos juízos e (iii) proximidade das questões submetidas à arbitragem em relação às matérias da competência dos juízos empresariais. Ora, esses motivos estão presentes tanto na execução de uma sentença arbitral doméstica quanto no processamento e julgamento de qualquer outra medida judicial relacionada à arbitragem.

Parece-nos, portanto, que a jurisprudência do Tribunal de Justiça do Estado do Rio de Janeiro deverá orientar-se no sentido de adotar uma interpretação ampliativa da Resolução nº 20/2010 do Órgão Especial, atribuindo às varas empresariais a competência para processar e julgar qualquer ação ou procedimento relacionado à arbitragem, ressalvados apenas outros casos de competência absoluta, como a homologação de sentença arbitral estrangeira (a cargo do STJ, *ex vi* do art. 105, I, "i", da Constituição) e a execução de sentença arbitral estrangeira (sob atribuição dos juízos federais, na forma do art. 109, X, da Carta, após o devido reconhecimento da decisão no âmbito do processo homologatório).

7. Um precedente: medida cautelar judicial para fins de consolidação de processos arbitrais

Decisão emblemática proferida recentemente pelo Tribunal de Justiça do Estado do Rio de Janeiro diz respeito ao caso da construção da *Usina Hidrelétrica Corumbá III*. O Consórcio Empreendedor Corumbá III propôs medida cautelar inominada em face de Consórcio Construtor Centro Oeste, EIT Empresa Industrial Técnica S.A., Energ Power S.A. e Themag Engenharia e Gerenciamento Ltda. almejando a reunião de três processos arbitrais que estariam sendo instaurados entre as partes perante a Câmara FGV de Conciliação e Arbitragem. Os requeridos manifestaram oposição em relação à consolidação das arbitragens e a Diretoria Executiva da Câmara FGV, instada a se manifestar pelas partes, indeferiu o pedido de reunião dos feitos arbitrais.

Em primeiro grau, o MM. Juízo da Sétima Vara Empresarial julgou procedente o pedido para determinar a reunião das arbitragens. Na fundamentação da r. sentença, o juízo *a quo* explicitou que "a opção pelo [Poder] Judiciário, no caso presente, não implica em afronta à independência da Justiça Arbitral", pois "o uso da via judicial decorreu de dois fatores decisivos: i) não constituição dos três tribunais arbitrais; ii) inexistência de um painel arbitral com competência estipulada pelas partes para resolver a questão da conexão, além da falta de atribuição expressa da Câmara FGV".

Em suma, a r. sentença consignou que

> nenhuma das partes dispunha de outro instrumento para viabilizar a pretensão de reunião dos procedimentos, o que justifica o ingresso do pedido no [Poder] Judiciário — cuja atuação se limitaria, única e exclusivamente, em decidir qual seria o painel ou órgão competente para dirimir a controvérsia, visando-se resguardar ao máximo os termos do compromisso arbitral.

Vale mencionar, por fim, que a referida sentença determinou que o tribunal arbitral competente para julgar os processos arbitrais consolidados fosse inteiramente nomeado pela Câmara FGV de Conciliação e Arbitragem.

No julgamento da apelação, o v. acórdão ressalta, inicialmente, que "na pendência da constituição do tribunal arbitral, admite-se que a parte se socorra do Poder Judiciário, para assegurar o resultado útil da arbitragem". Depois de consignar que inexistia hierarquia entre os tribunais arbitrais, bem como que inexistiam regras preestabelecidas para solucionar a questão da consolidação, o Tribunal considerou que "impõe-se a definição de critérios que possam garantir que as partes não sejam prejudicadas nos seus direitos". Dessa forma, nessa busca por critérios, o v. acórdão afirma que

> havendo uma pluralidade de questões dentro de um mesmo objeto, para se eximir do risco de decisões contraditórias, impõe-se a constituição de uma única arbitragem, adotando-se as regras processuais de prevenção e conexão para definir quem assumirá o processamento da ação ou das ações objeto do pacto compromissário.

O Tribunal de Justiça ressaltou ainda que

> não se vislumbra qualquer prejuízo às partes, uma vez que, a análise dos procedimentos será realizada caso a caso e não de forma unificada, havendo, tão somente, apreciação de cada procedimento por um único árbitro ou painel, hipótese que afasta prolação de soluções conflitantes entre si, situação esta que seria prejudicial aos litigantes.

A r. decisão registra, ainda, da mesma forma que a sentença recorrida, que a Câmara FGV não tinha poderes nem para impor a reunião dos feitos arbitrais, nem para determinar a observância das regras de prevenção ou de conexão, razão pela qual "nenhuma das partes dispunha de outro instrumento para viabilizar a pretensão de reunião dos procedimentos, o que justifica o ingresso do pedido no [Poder] Judiciário, cuja atuação visa resguardar ao máximo os termos do compromisso arbitral".

Em conclusão, o v. acórdão estatuiu, na forma do voto do desembargador Guaraci de Campos Vianna, que "a pluralidade de partes e a interdependência dos pedidos de arbitragem, com potencialidade de decisões incongruentes, justificam o agrupamento dos processos instaurados". Assim, destaca-se do voto do relator que "é latente a necessidade de reunião dos procedimentos arbitrais, sob uma única presidência, dada a inexistência dos tribunais instaurados, e havendo dissenso entre as partes quanto à indicação do árbitro competente". O julgado, em conclusão, determinou a reunião dos três processos arbitrais e impôs a sua condução por um único tribunal arbitral, a ser nomeado, integralmente, pela Câmara FGV de Conciliação e Arbitragem.[35]

O tema da consolidação de processos arbitrais é bastante complexo e envolve questões fundamentais na arbitragem, a começar pelo respeito à autonomia privada, à competência dos árbitros para decidir sobre o procedimento arbitral, aos princípios da economia e celeridade processuais e, ainda, ao direito fundamental das partes de eleger o tribunal arbitral responsável pela condução do caso. O que se pode dizer é que a questão passa pela análise, *v.g.*, da perfeita identidade de partes nas três arbitragens, da composição até então dos tribunais arbitrais e, especialmente, da compatibilidade das cláusulas compromissórias, o que, porém, não nos cabe fazer neste momento, em razão dos limites propostos para este texto.

Vale observar apenas que um dos argumentos utilizados no v. acórdão para permitir o ajuizamento da medida cautelar foi a inexistência de regras no Regulamento da Câmara FGV de Conciliação e Arbitragem que pudessem solucionar a questão. De fato, investigando-se o mencionado regulamento, percebe-se que não há regras explícitas a respeito.

Há regulamentos, todavia, que possuem previsão sobre a consolidação de processos arbitrais, umas mais explícitas e outras menos. O Regulamento de Arbitragem de 2012 do Centro de Arbitragem e Mediação da Câmara de Comércio Brasil-Canadá trata ligeiramente da matéria nos arts. 4.5[36] e 4.20,[37] enquanto o Regulamento de Arbitragem de 2012 da Corte Internacional de Arbitragem da Câmara de Comércio Internacional possui previsão razoavelmente abrangente no art. 10.[38] Previsões legais a respeito da conso-

---

35. TJ/RJ, 19. CC., AC nº 0301553-55.2010.8.19.0001, rel. Guaraci de Campos Vianna, j. em 21.5.2013.

36. Regulamento CAM-CCBC, art. 4.5: "Antes de constituído o Tribunal Arbitral, o Presidente do CAM/CCBC examinará objeções sobre a existência, validade ou eficácia da convenção de arbitragem que possam ser resolvidas de pronto, independentemente de produção de provas, assim como examinará pedidos relacionados a conexão de demandas, nos termos do artigo 4.20".

37. Regulamento CAM-CCBC, art. 4.20: "Caso seja submetido pedido de instituição de Arbitragem que possua o mesmo objeto ou mesma causa de pedir de arbitragem em curso no próprio CAM/CCBC ou se entre duas arbitragens houver identidade de partes e causa de pedir, mas o objeto de uma, por ser mais amplo, abrange o das outras, o Presidente do CAM/CCBC poderá, a pedido das partes, até a assinatura do Termo de Arbitragem, determinar a reunião dos procedimentos".

38. Regulamento CCI, art. 10: "Consolidação de arbitragens. A Corte poderá, diante do requerimento de uma parte, consolidar duas ou mais arbitragens pendentes, submetidas ao

Medidas urgentes na arbitragem brasileira segundo a jurisprudência do Tribunal de Justiça do Estado do Rio de Janeiro

lidação de processos arbitrais também seriam importantes para evitar essas divergências, o que não ocorre na Lei de Arbitragem brasileira, ao contrário, por exemplo, do Código de Processo Civil holandês, cujo art. 1.046 dispõe em largos termos sobre a _consolidation of arbitral proceedings_.[39]

8. Conclusão

Neste texto, procurou-se analisar algumas decisões do Tribunal de Justiça do Estado do Rio de Janeiro a respeito de medidas urgentes na arbitra-

---

Regulamento, em uma única arbitragem, quando: a) as partes tenham concordado com a consolidação; ou b) todas as demandas sejam formuladas com base na mesma convenção de arbitragem; ou c) caso as demandas sejam formuladas com base em mais de uma convenção de arbitragem, as arbitragens envolvam as mesmas partes, as disputas nas arbitragens sejam relacionadas à mesma relação jurídica, e a Corte entenda que as convenções de arbitragem são compatíveis. Ao decidir sobre a consolidação, a Corte deverá levar em conta quaisquer circunstâncias que considerar relevantes, inclusive se um ou mais árbitros tenham sido confirmados ou nomeados em mais de uma das arbitragens e, neste caso, se foram confirmados ou nomeadas as mesmas pessoas ou pessoas diferentes. Quando arbitragens forem consolidadas, estas devem sê-lo na arbitragem que foi iniciada em primeiro lugar, salvo acordo das partes em sentido contrário".

39. Transcreva-se a previsão legal do art. 1.046: _"Consolidation of arbitral proceedings. 1. If arbitral proceedings have been commenced before an arbitral tribunal in the Netherlands concerning a subject matter which is connected with the subject matter of arbitral proceedings commenced before another arbitral tribunal in the Netherlands, any of the parties may, unless the parties have agreed otherwise, request the Provisional Relief Judge of the District Court in Amsterdam to order a consolidation of the proceedings. 2. The Provisional Relief Judge may wholly or partially grant or refuse the request, after he has given all parties and the arbitrators an opportunity to be heard. His decision shall be communicated in writing to all parties and the arbitral tribunals involved. 3. If the Provisional Relief Judge orders consolidation in full, the parties shall in consultation with each other appoint one arbitrator or an uneven number of arbitrators and determine the procedural rules which shall apply to the consolidated proceedings. If, within the period of time prescribed by the Provisional Relief Judge, the parties have not reached agreement on the above, the Provisional Relief Judge shall, at the request of any of the parties, appoint the arbitrator or arbitrators and, if necessary, determine the procedural rules which shall apply to the consolidated proceedings. The Provisional Relief Judge shall determine the remuneration for the work already carried out by the arbitrators whose mandate is terminated by reason of the full consolidation. 4. If the Provisional Relief Judge orders partial consolidation, he shall decide which disputes shall be consolidated. The Provisional Relief Judge shall, if the parties fail to agree within the period of time prescribed by him, at the request of any of the parties, appoint the arbitrator or arbitrators and determine which rules shall apply to the consolidated proceedings. In this event the arbitral tribunals before which arbitrations have already been commenced shall suspend those arbitrations. The award of the arbitral tribunal appointed for the consolidated arbitration shall be communicated in writing to the other arbitral tribunals involved. Upon receipt of this award, these arbitral tribunals shall continue the arbitrations commenced before them and decide in accordance with the award rendered in the consolidated proceedings. 5. The provisions of Article 1027(4) shall apply accordingly in the cases mentioned in paragraphs (3) and (4) above. 6. An award rendered under paragraphs (3) and (4) above shall be subject to appeal to a second arbitral tribunal if and to the extent that all parties involved in the consolidated proceedings have agreed upon such an appeal"._

gem. Em conclusão, cumpre-nos dizer que a jurisprudência do Tribunal de Justiça do Estado do Rio de Janeiro vem contribuindo para o aprimoramento e reforço do instituto da arbitragem, tudo a demonstrar que no Brasil já existem diversas localidades que se encontram aptas a sediar arbitragens domésticas e internacionais.

6

A distribuição do custo do processo na sentença arbitral

José Antonio Fichtner
Sergio Nelson Mannheimer
André Luís Monteiro

1. Introdução. 2. Custo do processo no Código de Processo Civil de 1973: a difícil tarefa de sistematização. 2.1. O ônus de antecipação dos gastos pela parte interessada e a obrigação de ressarcimento dos gastos antecipados pelo vencido. 2.2. O gênero "honorários advocatícios" e a obrigação de pagamento da espécie "honorários de sucumbência". 2.3. Disposições especiais a respeito da distribuição do custo do processo na sentença judicial. 2.4. A classificação do custo do processo: despesas processuais, custas judiciais, taxa judiciária, emolumentos, multas e honorários. 3. Custo do processo na lei de arbitragem brasileira. 3.1. As denominadas "custas e despesas com a arbitragem". 3.2. Multa por litigância de má-fé na arbitragem. 4. Conclusão.

1. Introdução[1]

Francesco Carnelutti (2004:v. II, p. 151), à sua época, já dizia que "é uma verdade manifesta que o processo, da mesma forma que a cura de uma doença, porta, juntamente com seu ganho, seu custo". Entre nós, Cândido Rangel Dinamarco (2009:v. II, p. 650) explica que "o processo custa dinheiro", razão pela qual "não passaria de ingênua utopia a aspiração a um sistema

---

1. Texto revisto e atualizado. A versão original foi assim publicada: Fichtner, Mannheimer e Monteiro (2012:237-282). Os autores agradecem à acadêmica Nathalia Cal (Universidade do Estado do Rio de Janeiro — Uerj) e ao hoje bacharel Rodrigo Moreira (Pontifícia Universidade Católica do Rio de Janeiro — PUC/RJ) pela pesquisa realizada.

processual inteiramente solidário e coexistencial, realizado de modo altruísta por membros da comunidade e sem custos para quem quer fosse". Inegavelmente, a manutenção da estrutura necessária ao julgamento, a remuneração dos julgadores, a remuneração dos auxiliares e o custeio dos atos processuais praticados ao longo do processo precisam ser arcados diretamente por alguém, ou pelo Estado ou pelas partes.

Não se tem notícia de país que adote com exclusividade o sistema da absoluta gratuidade (custeio integral pelo Estado)[2] — o que, em tese, poderia representar um fator de indução à proliferação de litígios —, preferindo os ordenamentos jurídicos atuais adotar o sistema do custeio privado do processo (custeio integral pelas partes) ou o sistema misto de custeio (divisão do custo entre Estado e partes).[3] A partir das disposições do diploma processual de 1973, Leonardo Greco esclarece que "o nosso sistema — reafirme-se — é um sistema misto",[4] em que o Estado arca com a maioria dos gastos fixos com a manutenção do Poder Judiciário e as partes arcam com grande parte dos gastos necessários à prática dos atos em cada processo individualmente considerado. O sistema misto de custeio do processo judicial é o vigente no Brasil.

Em regra, a parcela do Estado no financiamento do custo do processo judicial é arcada com a receita dos tributos pagos por todos os cidadãos, partes e não partes em processos judiciais. Em relação ao custeio pelos litigantes ou interessados, o Código de Processo Civil adotou a regra da antecipação dos gastos necessários à prática dos atos que lhes interessem, estabelecendo ainda um sistema de ônus (responsabilidade provisória) e obrigações (responsabilidade definitiva) a partir disso. Além de outras questões,[5] o ideal,

---

2. Moacyr Amaral Santos (1997:v. 2, p. 298) lembra que "nos mais antigos tempos de Roma, e assim no período das *legis actiones*, os serviços da justiça se prestavam gratuitamente".

3. A respeito do sistema da absoluta gratuidade e do sistema do custeio privado, confira-se a lição de Leonardo Greco (2009:v. I, p. 434): "Simplificando todas as espécies de sistema de custeio das despesas processuais, pode-se dizer que há dois regimes extremos, que tratam de modo oposto a questão: o da absoluta gratuidade, em que o Estado arca com todas as despesas, e os usuários do serviço judiciário, ou seja, os jurisdicionados, nada têm de desembolsar; e o do custeio privado, em que todas as despesas necessárias para o funcionamento da máquina judiciária têm de ser custeadas pelas próprias partes, pelos próprios interessados que se utilizam desses serviços".

4. Ibid., p. 435. A respeito do sistema misto de custeio, o autor explica o seguinte: "Assim, o sistema adotado no Processo Civil, de um modo geral, pode ser considerado um sistema misto, em que o Estado custeia quase a totalidade das despesas fixas de funcionamento do Poder Judiciário, como o pagamento da remuneração de juízes e serventuários e a manutenção do funcionamento regular dos órgãos jurisdicionais" (Ibid., p. 435).

5. Moacyr Amaral Santos (1997:v. 2, p. 297) anota a importância de se impor às partes o custo do processo a partir de uma expectativa de evitar o ingresso de demandas temerárias: "Por

como parece intuitivo, é que o sistema de custeio do processo garanta que a parte que não tenha dado causa ao litígio (princípio da causalidade) ou a parte que se sagre vencedora (princípio da sucumbência) não sofra diminuição patrimonial em decorrência da necessidade de ingressar em juízo. Trata-se da conhecida lição de Giuseppe Chiovenda no sentido de que "*l'attuazione della legge non deve reppresentare una diminuizione patrimoniale per la parte a cui favore avviene*".[6]

Perseguindo também esse ideal, o Código de Processo Civil de 1973 estabelece, no art. 20, que "a sentença condenará o vencido a pagar ao vencedor as despesas que antecipou e os honorários advocatícios". A verdade é que o sistema processual civil utiliza não apenas os termos "despesas" e "honorários advocatícios", mas também "custas", "emolumentos", "taxas", "multas" etc., o que dificulta bastante a tarefa do intérprete em compreender a exata extensão da chamada distribuição do custo do processo. A divergência doutrinária no

---

outro lado, e este é o argumento que mais impressiona, a responsabilidade dos litigantes pelo pagamento das despesas processuais desempenha papel preponderante de política judiciária contra o abuso do exercício do direito de demandar. Tornar a justiça gratuita serviria de estímulo aos litigantes inescrupulosos que, sem maiores consequências, se desmandariam em lides infundadas, em prejuízo não só dos adversários como também da própria respeitabilidade da função jurisdicional". Leonardo Greco (2009:v. I, p. 433), listando as finalidades do sistema de custeio do processo, também chama a atenção para esse ponto: "As despesas que interessam ao Direito Processual são as geradas *in concreto* pelos atos efetivamente praticados em cada processo, que normalmente são custeadas pelas respectivas partes, a que a própria lei processual disciplina para atender às seguintes finalidades: facilitar o acesso das partes à justiça em igualdade de condições; assegurar a prática dos atos processuais que o próprio Estado não custeia; punir os sujeitos que descumprirem os seus deveres processuais; compensar modicamente as despesas em que tenha incorrido o vencedor, para que o seu prejuízo com o processo seja o menor possível; fazer recair sobre os cidadãos a responsabilidade pelo custeio do processo na proporção em que dele se utilizam". A esse respeito, também Francesco Carnelutti (2004:v. II, p. 152) já explicava que "por um lado, é justo que quem tornou necessário o serviço arque com os ônus da despesa; por outro lado, é conveniente, porque a previsão deste ônus reage sobre sua conduta, no sentido de torná-lo mais cauteloso. Destarte, a responsabilidade, quanto às custas, da parte que deu lugar ao processo, mostra desde já a função de contraestímulo da ação, em cuja virtude penetra na ampla noção de risco processual".
6. Chiovenda (1965:901). Em português, a assertiva pode ser assim traduzida: "A atuação da lei não deve representar uma diminuição patrimonial para a parte a cujo favor se efetiva" (Id., 1969:v. 3, p. 207). Em sentido assemelhado, a partir do art. 20 do Código de Processo Civil de 1973, Cândido Rangel Dinamarco (2009:v. II, p. 665-666) anota o seguinte: "Com o que diz o art. 20, o Código de Processo Civil adotou a sucumbência como critério para a atribuição da obrigação pelo custo do processo. Esse critério é adotado nas legislações em geral, apoiado na premissa de que a vitória processual de quem tem razão deixaria de ser integral quando ele tivesse de suportar gastos para vencer. (...). O processo deve propiciar a quem tem razão a mesma situação econômica que ele obteria se as obrigações alheias houvessem sido cumpridas voluntariamente ou se seus direitos houvessem sido respeitados sem a instauração de processo algum. A condenação pelo custo processual é, pois, consequência necessária da necessidade do processo".

que tange à utilização desses termos também representa um complicador, igualmente sensível à luz das decisões judiciais a respeito da matéria. A partir dos textos legais, das manifestações doutrinárias e da jurisprudência não é fácil compreender a complexidade desse sistema no âmbito judicial.

Com a intenção de dar maior amplitude de discricionariedade às partes e aos árbitros, a Lei de Arbitragem brasileira trata do assunto de forma concisa, dispondo que "a sentença arbitral decidirá sobre a responsabilidade das partes acerca das custas e despesas com a arbitragem, bem como sobre verba decorrente de litigância de má-fé, se for o caso, respeitadas as disposições da convenção de arbitragem, se houver" (art. 27 da Lei nº 9.307/1996).

Aqui, procura-se entender as regras básicas e a classificação do custo do processo no sistema judicial brasileiro e, a partir da fixação de determinados conceitos, analisar a distribuição do custo do processo na sentença arbitral com base no art. 27 da Lei nº 9.307/1996 (Lei de Arbitragem brasileira), considerando, sempre, as particularidades da disciplina arbitral, normalmente decorrentes da influência do princípio da autonomia privada nessa seara. Adiante-se, desde já, que se trata de matéria repleta de divergências em nível judicial e de pouquíssima produção acadêmica no âmbito da arbitragem brasileira.

2. Custo do processo no Código de Processo Civil de 1973: a difícil tarefa de sistematização

2.1 O ônus de antecipação dos gastos pela parte interessada e a obrigação de ressarcimento dos gastos antecipados pelo vencido

O Código de Processo Civil de 1973 trata do custo do processo em diversos dispositivos, mas os dois principais são os arts. 19 e 20. O primeiro deles estatui que "salvo as disposições concernentes à justiça gratuita, cabe às partes prover as despesas dos atos que realizam ou requerem no processo, antecipando-lhes o pagamento desde o início até sentença final; e bem ainda, na execução, até a plena satisfação do direito declarado pela sentença". Esse dispositivo, conforme se explicará mais adiante, trata do chamado ônus da antecipação dos gastos com os atos processuais pela parte interessada.

Consoante se extrai da letra do dispositivo, ressalvado o caso de beneficiário da assistência judiciária gratuita, a quem a Lei nº 1.060/1950 assegura

A distribuição do custo do processo na sentença arbitral

a isenção,[7] a parte interessada na prática do ato processual deve antecipar o pagamento dos gastos necessários à sua prática,[8] logo na propositura da demanda ou por ocasião de sua realização (art. 19, §1º),[9] seja em processo sincrético, em processo de conhecimento, em processo de execução, em processo cautelar ou nos procedimentos especiais,[10] sob pena de perder a possi-

---

7. Leonardo Greco (2009:v. I, p. 436) observa que "nos chamados países desenvolvidos, a justiça é bem mais cara do que entre nós. Na Alemanha, nos Estados Unidos e na Inglaterra nenhuma causa custa menos do que mil dólares em despesas, o que, por si só, já é um fator inibidor de muitas demandas".

8. Conforme anota Pontes de Miranda (1974:t. I, p. 414), "o ato processual, praticado pela parte, ou por ela requerido, ou por pessoa que tenha atividade no processo, como o assistente, tem de ser pago previamente (art. 19) e por ocasião de cada um". O pagamento é prévio à realização do ato e não no momento imediatamente posterior à sua realização. Contra, adotando essa última interpretação, confira-se Celso Agrícola Barbi (2008:v. I, p. 132-133), seguindo a linha do art. 56 do Código de Processo Civil de 1939: "Essa norma deve prevalecer [o momento de pagamento deve ser logo depois de concluído o ato], na obscuridade da nova lei, porque não há razão para se interpretar o texto como exigindo o pagamento antes da realização. Mesmo porque alguns atos só terão o custo determinado após sua efetivação, como as diligências dos oficiais de justiça, o trabalho do perito e assistentes etc.".

9. A esse respeito, Leonardo Greco (2009:v. I, p. 438) constata que "o recolhimento continua sendo antecipado, mas não realizado a cada ato, a não ser para aqueles atos que são imprevisíveis, como, por exemplo, a expedição de uma carta precatória". E, de uma perspectiva comparatista, o mesmo autor explica que "em geral, os sistemas processuais civis adotam a regra do recolhimento antecipado das despesas necessárias à prática dos atos processuais" (Ibid., p. 437).

10. Nesse sentido, confira-se a doutrina de Celso Agrícola Barbi (2008:v. I, p. 132) sobre o art. 19 do diploma processual: "Isto se aplica ao processo de conhecimento e ao de execução, segundo a lei; mas não há razão para não se aplicar igualmente ao processo cautelar e aos procedimentos especiais, previstos nos Livros III e IV do Código. A falta de referência do artigo àqueles processos não deve excluí-los da disciplina legal, porque *ubi eadem ratio, ibi eadem dispositio*". Também assim, confira-se a lição de Moacyr Amaral Santos (1997:v. 2, p. 307): "Acrescente-se que as disposições examinadas têm aplicação no processo comum, de rito ordinário ou sumário, bem como nos processos cautelares ou especiais, no que couber". Especificamente em relação ao processo cautelar, Luiz Fux (2008:v. 1, p. 473) traça as seguintes distinções: "O processo cautelar segue a mesma *ratio*, assim é que, a parte que causou o *periculum in mora*, deve ser responsabilizada pelo pagamento das despesas. As denominadas ações preventivas sujeitas ao rito cautelar, implicam em a sucumbência ficar relegada para a ação principal, na qual o juiz, ao concluir pela sucumbência, deve imputá-la considerando ambas as ações. Deveras, extinto o processo cautelar sem julgamento do mérito, por qualquer motivo, ainda que deferida anteriormente a liminar, o requerente deve suportar os ônus financeiros". O art. 34 do Código de Processo Civil dispõe que "aplicam-se à reconvenção, à oposição, à ação declaratória incidental e aos procedimentos de jurisdição voluntária, no que couber, as disposições constantes desta seção". Além disso, Leonardo Greco (2009:v. I, p. 446) lembra que "além da sentença final, arbitrará o juiz honorários da sucumbência em sentenças de ações incidentes, como os embargos de terceiro, a ação declaratória incidental, a reconvenção, a oposição, a ação incidente declaratória de falsidade documental, a ação cautelar". Moacyr Amaral Santos (1997:v. 2, p. 307) afirma que "as disposições sobre despesas processuais e multas, de que acabamos de falar, não se aplicam apenas ao processo principal contencioso, mas são extensíveis à reconvenção, à oposição, à ação declaratória incidental e aos procedimentos de jurisdição voluntária, salvo, quanto a estes, no que dizem respeito

bilidade de praticá-lo, o que demonstra a natureza de ônus processual desse adiantamento.[11]

O §2º do art. 19 do estatuto processual, excepcionando o chamado princípio da personalidade das despesas,[12] prevê que "compete ao autor adiantar as despesas relativas a atos, cuja realização o juiz determinar de ofício ou a requerimento do Ministério Público".[13] A regra impondo ao autor a antecipação dos gastos com atos determinados *ex officio* pelo juiz ou deferidos a pedido do Ministério Público — apenas na condição de *custos legis*, destaque-se, tal como se extrai da interpretação conjunta do arts. 19 e 27 do diploma processual[14] — justifica-se, segundo Celso Agrícola Barbi (2008:v. I, p. 133), "porque ele é, geralmente, o maior interessado no andamento da causa". Cândido Rangel Dinamarco (2009:v. II, p. 665), em outro sentido, considera que "é de duvidosa constitucionalidade a transferência desse ônus ao autor".

A primeira parte do art. 20 do Código de Processo Civil, por sua vez, dispõe que "a sentença condenará o vencido a pagar ao vencedor as despesas que antecipou e os honorários advocatícios", sendo certo que, de acordo com

---

a honorários de advogado, cuja condenação se dá exclusivamente nas causas de jurisdição contenciosa".

11. Nesse sentido, apesar de utilizar a terminologia "responsabilidade provisória", Moacyr Amaral Santos (1997:v. 2, p. 300) leciona que "as partes têm o ônus de satisfazer as despesas relativas aos atos a que provocam, ou em relação aos quais prepondera o seu interesse, à medida que se realizam ou os requerem. Nisso consiste a responsabilidade provisória de cada uma das partes".

12. A respeito do mencionado princípio, Luiz Fux (2008:v. 1, p. 466) explica o seguinte: "O princípio da 'personalidade das despesas' informa o sistema de que compete a cada parte adiantar as quantias dos atos que lhe digam respeito, e tratando-se de 'ato determinado pelo juiz *ex officio*', a despesa deve ser 'adiantada pelo autor', competindo-lhe, também, evidentemente, pagar antecipadamente as custas dos atos que requerer (art. 19, §2º, do CPC)".

13. A respeito dos gastos decorrentes da determinação de produção de provas de ofício, Luiz Fux (2008:v. 1, p. 466) entende que "ainda que a realização da prova seja fruto da iniciativa oficial, deve suportá-la o interessado apto a pagá-la, ainda que não seja o autor da ação".

14. CPC/73, art. 27. "As despesas dos atos processuais, efetuados a requerimento do Ministério Público ou da Fazenda Pública, serão pagas a final pelo vencido". No sentido defendido no texto, em relação à responsabilidade pelo adiantamento dos honorários periciais, a jurisprudência do Superior Tribunal de Justiça tem entendido que "o Ministério Público, nas demandas em que figura como autor, incluídas as ações civis públicas que ajuizar, fica sujeito à exigência do depósito prévio referente aos honorários do perito" (STJ, 1. T., REsp. nº 846.529/MS, min. Teori Albino Zavascki, *D.J.* de 7.5.2007). Idem: STJ, 1. T., REsp. nº 981.949/RS, min. José Delgado, j. em 8.4.2008, *D.J.* de 24.4.2008; STJ, 2. T., REsp. nº 933.079/SC, min. Eliana Calmon, j. em 12.2.2008, *D.J.* de 24.11.2008. Contra, entendendo que o autor também deve adiantar os gastos com os atos requeridos pelo Ministério Público na condição de parte, confira-se o entendimento de Nelson Nery Junior e Rosa Maria de Andrade Nery (2006:189): "O adiantamento deverá ser feito pelo autor quando a prática do ato for determinada de ofício pelo juiz ou a requerimento do MP. Quanto a este, a norma incide em qualquer caso, quer seja o MP parte (CPC 81) ou fiscal da lei (CPC 82) no processo".

a segunda parte, "esta verba honorária será devida, também, nos casos em que o advogado funcionar em causa própria". Aqui não se trata mais de um ônus processual, mas sim de uma obrigação de ressarcimento em relação aos gastos antecipados e de uma obrigação de pagamento em relação aos honorários de sucumbência. Giuseppe Chiovenda, a esse respeito, leciona que "*il fondamento di questa condanna è il fatto oggettivo della soccombenza*".[15]

Entre nós, Pontes de Miranda (1974:t. I, p. 416) afirma que "pressuposto necessário é um só: ter havido perda da causa, pelo autor, ou pelo réu, ou quem quer que seja perdente". Também assim, José Carlos Barbosa Moreira (2005b:390) ensina que "basta o mero sucumbimento para acarretar a condenação". No mesmo sentido, Arruda Alvim consigna que "o que inspira o art. 20 é a circunstância eminentemente objetiva da perda da demanda".[16]

---

15. Chiovenda (1965:901). Em português, a lição pode ser assim traduzida: "O fundamento dessa condenação é o fato objetivo da derrota" (Id., 1969:v. 3, p. 207). Em sentido assemelhado, referindo-se apenas à obrigação de ressarcimento, Francesco Carnelutti (2004:v. II, p. 168) ensina que "para determinar quem seja o sujeito ativo da obrigação de reembolso e, portanto, da condenação de custas, convém pensar que os pressupostos do reembolso são dois: a vitória e a antecipação", razão pela qual "o direito ao reembolso corresponde à parte vitoriosa que tenha feito a antecipação".

16. Arruda Alvim (1975:v. II, p. 184). No mesmo sentido, Humberto Theodoro Júnior (2008:v. I, p. 105) esclarece que "adotou o Código, assim, o princípio da sucumbência, que consiste em atribuir à parte vencida na causa a responsabilidade por todos os gastos do processo. Assenta-se ele na ideia fundamental de que o processo não deve redundar em prejuízo da parte que tenha razão. (...). Para sua incidência basta, portanto, o resultado negativo da solução da causa, em relação à parte". Com base no ordenamento italiano atual, Carmine Punzi (2008:v. I, p. 352) explica, igualmente, que "*nel nostro ordinamento è sufficiente il fatto oggettivo della soccombenza (*victus victori*) per porre a carico della parte soccombente tale onere e obbligarla al rimborso a favore dell'altra parte (art. 91 c.p.c.)*". Não obstante pautado apenas na sucumbência, e não também na causalidade, vale a transcrição do registro histórico de Moacyr Amaral Santos (1997:v. 2, p. 299): "Doutrina menos recente via na condenação do vencido nas despesas do processo uma decorrência do fato de haver demandado sem ter direito a ser tutelado. O procedimento do vencido, litigando sem razão de direito, equivalia a um ato ilícito, punível com aquela condenação nas custas, a qual tinha, pois, o caráter de pena. Outra doutrina, seguida pelos autores franceses e, até princípios do século [século XX], por juristas italianos, se deve a Weber. O vencido, de algum modo, tem culpa por haver dado lugar à lide e, por isso, deve ressarcir o vencedor nas despesas do processo a que deu causa. O fundamento da condenação do vencido nas despesas do processo estaria na norma jurídica que impõe a quem por culpa cause prejuízo a outrem, a obrigação de reparar o dano. Essa é a chamada teoria do ressarcimento. Afastando-se das ideias de pena e de culpa, uma terceira teoria, expressa por Chiovenda, e hoje dominante, considera a condenação do vencido nas despesas processuais como decorrência necessária do fato da sucumbência. O vencido, ainda que tenha agido com manifesta boa-fé, responde pelas despesas porque foi vencido. Cabe-lhe pagá-las para integração do direito do vencedor, que não se lhe asseguraria intacto desde que ficasse reduzido com as despesas havidas para o seu reconhecimento em juízo. A condenação do vencido nas despesas resulta do fato objetivo da sucumbência. Daí a denominação de teoria da sucumbência". O fator derrota, atualmente, deve ser analisado também a partir do princípio da causalidade e não apenas em decorrência da sucumbência.

Francesco Carnelutti (2004:v. II, p. 160), depois de dizer que no direito romano o ressarcimento pelos gastos dependia da existência de culpa, afirma que atualmente "a responsabilidade da parte quanto às custas é uma responsabilidade objetiva". Da mesma forma, Humberto Theodoro Júnior esclarece que "a responsabilidade financeira decorrente da sucumbência é objetiva e prescinde de qualquer culpa do litigante derrotado no pleito judiciário".[17] A existência de culpa, dando azo à responsabilidade subjetiva quanto ao custo do processo, ainda remanesce em situações excepcionais no sistema processual brasileiro, como no caso de protelação do julgamento da lide (art. 22)[18] e de multa por litigância de má-fé (art. 35[19]).[20] E mesmo no caso de responsabilidade objetiva fundada no fato objetivo da derrota, há um limite à obrigação do vencido de ressarcir o vencedor dos gastos que antecipou: os gastos antecipados precisam ser necessários e razoáveis (art. 31),[21] o que deve ser objeto de consideração pelo julgador no momento de imposição da condenação.[22]

---

17. Theodoro Júnior (2008:v. I, p. 105). No mesmo sentido, confira-se a lição de José Frederico Marques (1997:v. III, p. 316): "A responsabilidade, portanto, é, aí, exclusivamente objetiva, uma vez que a obrigação decorre do resultado do processo: o vencido é condenado ao pagamento das despesas processuais, em virtude de lhe ter sido desfavorável o resultado do processo".

18. CPC/73, art. 22. "O réu que, por não arguir na sua resposta fato impeditivo, modificativo ou extintivo do direito do autor, dilatar o julgamento da lide, será condenado nas custas a partir do saneamento do processo e perderá, ainda que vencedor na causa, o direito a haver do vencido honorários advocatícios".

19. CPC/73, art. 35. "As sanções impostas às partes em consequência de má-fé serão contadas como custas e reverterão em benefício da parte contrária; as impostas aos serventuários pertencerão ao Estado".

20. Nesse sentido, transcreva-se a lição de Arruda Alvim (1975:v. II, p. 185): "A regra, consistente em colocar o problema, objetivamente, porém, não é absoluta. Veja-se o art. 22, em que, o réu, apesar de vencedor, se tiver agido com culpa (consistente na inércia), não terá o direito resultante da vitória. O art. 20, portanto, traça a regra geral, sujeita a exceções". Também assim, confira-se o entendimento de Francesco Carnelutti (2004:v. II, p. 173): "Todavia, a responsabilidade normal do vencido não é uma responsabilidade subjetiva, porque não está ligada a outros pressupostos a não ser ao vencimento, e, portanto, é independentemente de culpa; não cabe dizer que tenha violado nenhuma obrigação, quem atuou acreditando que tinha razão e tendo verificado suas razões com prudência. Mas o caso da responsabilidade agravada é diferente já que, como vimos, a agravação consiste naquele estado de consciência que constitui, pelo menos, o grau mínimo da desobediência e, portanto, da culpa".

21. CPC/73, art. 31. "As despesas dos atos manifestamente protelatórios, impertinentes ou supérfluos serão pagas pela parte que os tiver promovido ou praticado, quando impugnados pela outra".

22. Francesco Carnelutti (2004:v. II, p. 170) já alertava, ao seu tempo, que a obrigação de reembolso tinha limite nas despesas necessárias: "Dentro dos limites dos atos considerados necessários, todas as custas antecipadas têm de ser reembolsadas. Em outras palavras: um desvio entre custas antecipadas e custas reembolsadas é admitido pela lei unicamente para

Conforme se afirmou linhas atrás, o art. 19 do diploma processual disciplina verdadeiro ônus processual, subordinando a prática do ato ao adiantamento dos gastos a ele inerentes pela parte interessada, sob pena de perda da possibilidade de praticá-lo. Já o art. 20 do estatuto processual civil de 1973 contém verdadeira obrigação de ressarcimento do vencido pelos gastos antecipados pelo vencedor,[23] bem como obrigação de pagamento pelo vencido dos honorários de sucumbência aos advogados do vencedor.[24] Observe-se, portanto, que enquanto o primeiro dispositivo encarta um ônus processual, o segundo dispositivo é fonte de duas obrigações, uma de ressarcimento e outra de pagamento.[25] A esse respeito, Cândido Rangel Dinamarco (2009b:126) explica que "em doutrina é feita uma distinção entre o ônus de antecipação das despesas e a obrigação de pagá-las — conceitos que, com menor apuro técnico, costumam também ser indicados pelas expressões responsabilidade provisória e responsabilidade definitiva".

Em assemelhado sentido, Humberto Theodoro Júnior (2008:v. I, p. 105) leciona que "diversa do ônus de antecipar as despesas dos atos processuais é a obrigação que resulta para a parte vencida de ressarcir à vencedora todos os gastos que antecipou". Também assim, José Frederico Marques (1997:v. III, p. 313) ensina que "em face do sistema adotado no Código de Processo Civil, há, para as partes, o ônus de prover as despesas dos atos processuais, e, a seguir, a obrigação de pagar o vencido, ao vencedor, as despesas que este havia efetuado". Comungando dessa posição, apesar de utilizar outra terminologia,

---

efeito do excesso das primeiras em relação aos limites das custas necessárias".

23. Pontes de Miranda (1974:t. I, p. 411), nesse sentido, afirma que se trata de obrigação de natureza privada: "Quando as despesas foram pagas por uma das partes que, a final, não foi condenada a elas, a obrigação da que as tem de restituir à parte assim desembolsada é de direito privado". O jurista prossegue afirmando que "a obrigação de pagar ou restituir despesas nada tem com a relação de direito material, que se examinou no pedido, nem com ela no estado último em que a pôs na sentença. Uma das consequências é a de poder ser constrangida a restituir mais do que era objeto do processo, ou teria de receber se houvesse ganho a causa" (Ibid., p. 411).

24. Nesse sentido, confira-se esclarecedora lição de Cândido Rangel Dinamarco (2009: v. II, p. 665): "Trata-se de verdadeiras obrigações e não de ônus, como na disciplina das antecipações. A elas correspondem direitos subjetivos do sujeito a quem o pagamento seja devido, podendo ele exigir satisfação inclusive por via executiva".

25. José Frederico Marques (1997:v. III, p. 316), em interessante observação sobre o art. 28 do estatuto processual civil de 1973, ensina que "a obrigação do vencido quanto ao pagamento das despesas processuais, em alguns casos, passa a ser simultaneamente obrigação e ônus". O art. 28 do Código estabelece o seguinte: "Quando, a requerimento do réu, o juiz declarar extinto o processo sem julgar o mérito (art. 267, §2º), o autor não poderá intentar de novo a ação, sem pagar ou depositar em cartório as despesas e os honorários, em que foi condenado".

Leonardo Greco afirma que "existe uma responsabilidade provisória pelo recolhimento das importâncias necessárias ao custeio do processo, referente ao custeio de cada ato, arcado pela parte nele interessada, e existe uma responsabilidade definitiva por esse pagamento, que recai a final sobre a parte vencida ou sucumbente".[26]

A condenação da parte vencida ao ressarcimento dos gastos antecipados e ao pagamento dos honorários de sucumbência se faz presente em qualquer demanda, tenha ela natureza declaratória, constitutiva ou condenatória.[27] Pontes de Miranda (1974:t. I, p. 416), fiel à classificação quinária das ações, também entende que "hoje não há qualquer especialização de ações para que incida o art. 20", razão pela qual "não importa se a ação é declaratória, constitutiva positiva ou negativa, condenatória, mandamental ou executiva". No mesmo sentido, Moacyr Amaral Santos leciona que "a sentença, qualquer que seja sua natureza — meramente declaratória, constitutiva ou condenatória — condenará o vencido naquelas despesas e honorários, ainda que o vencedor, autor ou réu, não haja formulado pedido nesse sentido".[28]

Observe-se que o referido autor considera que a condenação na distribuição do custo do processo independe de pedido da parte, o que se extrai a partir do tom imperativo da expressão "a sentença condenará o vencido", contida

---

26. Greco (2009:v. I, p. 438). O autor prossegue explicando que "a responsabilidade provisória, portanto, é aquela que recai sobre cada uma das partes em relação aos atos que a ela interessam. (...). A responsabilidade definitiva é aquela que se verifica quando o processo se encerra e está vinculada ao critério da sucumbência. Definitivamente responsável por todas as despesas geradas pelo processo, antecipadas ou não, será a parte vencida, que terá de reembolsar à vencedora as despesas que esta houver antecipado" (Ibid., p. 439). Também usando essa terminologia de responsabilidade provisória (ônus processual) e responsabilidade definitiva (obrigação de ressarcimento e pagamento), confira-se a lição de Moacyr Amaral Santos (1997:v. 2, p. 301) a respeito dessa última: "A responsabilidade definitiva, que nasce do fato da sucumbência, surge da sentença, transitada em julgado, que, decidindo quanto à obrigação pelas custas e honorários de advogado, condena o vencido no seu pagamento (Cód. Proc. Civil, art. 20)".
27. Trata-se de capítulo de conteúdo condenatório, presente em qualquer sentença que decida a respeito da distribuição do custo do processo, consoante a lição de José Carlos Barbosa Moreira (2005:390): "Se o juiz, ao sentenciar, deve condenar o vencido ao pagamento dos honorários do advogado do vencedor, toda sentença conterá um capítulo condenatório, atinente a essa verba". Também assim, Francesco Carnelutti (2004:v. II, p. 163): "De acordo com a própria fórmula da lei, trata-se também de uma sentença de condenação".
28. Santos (1997:v. 2, p. 299). Giuseppe Chiovenda (1969:v. 1, p. 193) também leciona que "todas as sentenças que decidem sobre uma demanda podem incluir condenação às despesas, e assim também as sentenças constitutivas, as sentenças declaratórias, as sentenças de rejeição, as sentenças da Corte de Cassação, conquanto não estatuam sobre a relação substancial. Por conseguinte, todas as sentenças, relativamente às despesas que atribuem ao encargo de uma parte, são sentenças de condenação, e como tais produzem os efeitos respectivos, ou sejam, a ação executória e a hipoteca judicial".

A distribuição do custo do processo na sentença arbitral

no mencionado art. 20 do Código de Processo Civil de 1973, tal como vem sendo interpretada a partir do Enunciado nº 256 da Súmula do Supremo Tribunal Federal.[29] Cândido Rangel Dinamarco (2009:v. II, p. 679), a esse respeito, ensina que "quando a lei diz a 'sentença condenará' (art. 20), ela está dirigindo ao juiz um comando imperativo a ser cumprido independentemente da iniciativa do vencedor". No mesmo sentido, provando que se trata de posição dominante, Nelson Nery Junior e Rosa Maria de Andrade Nery lecionam que "o destinatário da norma é o juiz, de sorte que deve condenar o vencido *ex officio*, independentemente de pedido da parte ou interessado".[30]

Pontes de Miranda entende que "a condenação não é *ex lege*; é ato que a lei ordena seja praticado pelo juiz".[31] Comungando dessa opinião, ao menos no que tange aos honorários de sucumbência, Yussef Said Cahali (1997:104) considera que "a condenação em honorários não é *ex lege*; o dever do juiz é que é efeito da incidência da regra jurídica cogente". Isso significa, no nosso modo de ver, que se a decisão transitar em julgado sem a atribuição dessa condenação, não poderá a parte interessada executá-la,[32] como se estivesse diante de uma condenação implícita.

---

29. O Enunciado nº 256 da Súmula de Jurisprudência do STF, editado ainda quando em vigor o estatuto processual de 1939, estabelece o seguinte: "É dispensável pedido expresso para condenação do réu em honorários, com fundamento nos artigos 63 ou 64 do CPC".
30. Nery Junior (2006:192). No mesmo sentido, precedentemente, Pontes de Miranda (1974:t. I, p. 409): "Não há, no presente direito processual brasileiro, a necessidade de se pedir a condenação nas custas. O juiz aplicará de ofício as regras do Código, relativas ao cargo das custas". E mais adiante, o jurista completa a lição: "O fundamento do princípio da inclusão da condenação às despesas na sentença, sem necessidade de pedido, é a imperatividade e automaticidade da regra jurídica (art. 20)" (Ibid., p. 410). Da mesma forma, confira-se a posição de Yussef Said Cahali (1997:104): "Aliás, no símile italiano, a doutrina é uniforme quanto à desnecessidade de pedido da parte vitoriosa para ver o sucumbente condenado no pagamento dessas despesas". Também assim, a partir do direito italiano, Giuseppe Chiovenda (1969:v. 2, p. 343): "Provisão que ao juiz incumbe de ofício no ato de sentenciar é a condenação do vencido nas custas".
31. Pontes de Miranda (1974:t. I, p. 421). Mais à frente, o jurista completa a ideia, afastando a noção de condenação implícita: "Despesas só se devem por força de resolução judicial se nelas foi condenada a parte" (Ibid., p. 412). Também assim, Francesco Carnelutti (2004: v. II, p. 162) aduz que "para que o vencimento se converta em pressuposto da obrigação de reembolsar, tem de ser estabelecido (*accertato*) pelo juiz que decidir o litígio". Em sentido assemelhado, ao menos aparentemente, confira-se a posição de Arruda Alvim (1975:v. II, p. 186): "A responsabilidade, portanto, do vencido, é uma responsabilidade *ex lege* decorrente de ato jurisdicional que o condene ao pagamento".
32. A respeito da execução dos valores atinentes ao custo do processo, Humberto Theodoro Júnior (2008:v. I, p. 107) defende que "os efeitos da sucumbência dependem da coisa julgada e só podem ser reclamados em execução forçada".

Exatamente nesse sentido, Pontes de Miranda (1974:t. I, p. 418) explica que

> se o juiz ou tribunal deixou de cumprir o seu dever, qualquer que tenha sido a ação, e ainda cabe recurso, tal omissão pode ser o fundamento recursal ou um dos fundamentos recursais. Se o interessado deixa de recorrer e a sentença passa em julgado, nada mais pode fazer o vencedor. Se recorreu e perdeu, quanto a esse ponto, a decisão só é suscetível de rescisão.

A dúvida que surge, nessa hipótese de trânsito em julgado sem atribuição da condenação a respeito do custo do processo, é se a parte vencedora poderá ou não cobrar essas verbas em ação autônoma, o que é objeto de divergência entre relevantes vozes.[33]

---

33. Giuseppe Chiovenda, notório partidário da teoria segundo a qual a sentença não cria direitos mas apenas declara aqueles já existentes segundo a vontade da lei, defende, a respeito do assunto, que "a obrigação das custas não surge durante a lide sob a figura de um crédito eventual ou condicional; daí que não se possa, durante a lide, falar de um crédito ou de um direito às custas. Só no momento da decisão sobre a demanda, quer dizer, quando se determina a derrota, nasce, não já o direito do vencedor às custas, senão o dever do juiz de condenar o vencido nelas, e é unicamente da condenação já estatuída que nasce o direito e a obrigação das custas". Em seguida, o autor afirma que "averiguamos que ao juiz impende pronunciar-se de ofício sobre esse ponto, e que a sentença é sempre constitutiva no tocante à condenação nas custas, porque não certifica um direito preexistente às custas, mas o constitui como direito, provido ao mesmo tempo, de executoriedade". Por fim, o jurista italiano arremata o seu raciocínio com a seguinte conclusão: "Se o juiz omite a condenação, cabe ação do vencedor para provocar do próprio juiz uma nova sentença que a contenha; com isso, porém, não se quer significar que o autor alegue um direito subjetivo seu à prestação das custas por parte do adversário; e é este um dos casos em que a ação existe como direito autônomo e isolado, como poder jurídico de obter uma atuação de lei" (Chiovenda, 1969:v. 3, p. 209-210). Como se vê, no caso de condenação nos custos do processo, o autor aparentemente admite a criação de direito por força de decisão judicial, bem como que cabe ação autônoma para reaver os gastos com o processo. Humberto Theodoro Júnior defende que "ainda que não haja pedido expresso do vencedor é devido o ressarcimento dos honorários de seu advogado. E, mesmo funcionando o advogado em causa própria, terá direito, se vencedor, à indenização de seus honorários". O autor prossegue alegando que "o pagamento dessa verba não é o resultado de uma questão submetida ao juiz. Ao contrário, é uma obrigação legal, que decorre automaticamente da sucumbência, de sorte que nem mesmo ao juiz é permitido omitir-se frente a sua incidência". Por fim, o autor defende que "essa condenação é parte integrante e essencial de toda sentença. E se, por lapso, o juiz deixar de se pronunciar a respeito, sempre será lícito à parte liquidar essa verba por arbitramento posterior para exigi-la do vencido" (Theodoro Júnior, 2008:v. I, p. 108). Pontes de Miranda (1974:t. I, p. 418) se manifesta contrariamente à possibilidade de perseguir o pagamento de honorários de sucumbência por ação autônoma: "Não há ação independente para haver esses honorários do advogado ou dos advogados do vencedor se não houve condenação ou não houve recurso, ou o vencedor perdeu o recurso e adveio a *res iudicata*".

A distribuição do custo do processo na sentença arbitral

A norma cogente do art. 20 do Código de Processo Civil de 1973,[34] em seu §1º, determina que "o juiz, ao decidir qualquer incidente ou recurso, condenará nas despesas o vencido", o que significa que no ordenamento atual não há obrigação — e, por conseguinte, nem condenação — de pagamento de honorários de sucumbência em incidentes e recursos. Celso Agrícola Barbi, interpretando o mencionado dispositivo de lei, considera que a atribuição dos gastos com incidentes pode ser feita de maneira definitiva (o vencido no incidente é o responsável, independentemente do resultado do processo) ou provisória (o vencido no incidente é provisoriamente responsável, mas ao final essa responsabilidade recairá sobre o vencido na causa). O autor afirma que na primeira hipótese estão o atentado e os incidentes em que a parte age de má-fé, enquanto no segundo caso está o incidente de falsidade.[35]

O §2º do art. 20 do Código Buzaid dispõe que "as despesas abrangem não só as custas dos atos do processo, como também a indenização de viagem, diária de testemunha e remuneração do assistente técnico". Trata-se de especificação do conceito de despesas processuais, o que, porém, envolve a classificação do custo do processo, o que será objeto de exame mais adiante, em item especialmente dedicado à questão.

---

34. A esse respeito, Pontes de Miranda (1974:t. I, p. 416) afirma que "o art. 20 é *ius cogens*", razão pela qual "se entre os litigantes há negócio jurídico que regule o dever de despesas e honorários advocatícios, como se uma das partes é sindicato ou instituto cujos estatutos contêm cláusulas, nada tem com isso a função do juiz que decide a causa. Se, após a sentença que condenou o vencido, algum litigante pode invocar cláusula negocial, a relação jurídica é estranha ao juízo que aplicou o art. 20. O que pode exsurgir é alguma outra ação entre os interessados, se o negócio jurídico não foi respeitado". Em outro trecho, o autor complementa a lição: "Tampouco é possível pôr-se nos contratos que, havendo litígio, as custas correrão por conta de uma das partes, qualquer que seja a solução judicial" (Ibid., p. 410).
35. Nas palavras do autor, pode-se dizer que "há, todavia, necessidade de distinguir entre incidentes em que a decisão acerca das despesas as atribui definitivamente ao vencido neles, e aqueles em que essa atribuição é provisória, porque o vencido na ação principal pagará todos os gastos" (Barbi, 2008:v. I, p. 135). O autor conclui afirmando o seguinte: "Entre os primeiros está o atentado, previsto nos arts. 879 a 881. O vencido nele deverá ser definitivamente responsável pelas despesas do incidente, mesmo se vier a triunfar na ação principal. Da mesma forma, nos casos de incidentes em que a parte agiu de má-fé, previstos nos itens VI e VII do art. 17. Entre os segundos, podemos apontar o incidente de falsidade, regulado nos arts. 390 a 395. Como ele não se refere à má conduta no curso da causa, mas sim à técnica procedimental sobre prova, a condenação em despesas judiciais nele é provisória. A parte que ficar vencida na ação principal pagará também aquelas despesas" (Ibid., p. 135).

2.2 O gênero "honorários advocatícios" e a obrigação de pagamento da espécie "honorários de sucumbência"

A expressão "honorários advocatícios" é empregada em diferentes sentidos pela doutrina processual e pela jurisprudência dos tribunais, ora como sinônimo de honorários de sucumbência, ora como gênero de todas as espécies de honorários devidos aos advogados (honorários contratuais ou convencionais, honorários fixados por arbitramento e honorários de sucumbência).

A legislação a utiliza em diferentes sentidos. Por um lado, o Código de Processo Civil de 1973 estatui, no art. 20, que "a sentença condenará o vencido a pagar ao vencedor as despesas que antecipou e os *honorários advocatícios*", o que significa que o diploma processual civil toma a expressão como sinônimo de honorários de sucumbência, ao menos segundo a doutrina e a jurisprudência dominantes. Por outro lado, o Estatuto da Ordem dos Advogados do Brasil, no art. 22, sob o título "Dos honorários advocatícios", dispõe que "a prestação de serviço profissional assegura aos inscritos na OAB o direito aos *honorários convencionados*, aos *fixados por arbitramento* judicial e aos *de sucumbência*", o que denota que a Lei nº 8.906/1994 utiliza a expressão como gênero.[36] Neste texto, adotamos a classificação e a terminologia do Estatuto da OAB, até por ser lei especial e mais recente.

Também assim, Nelson Nery Junior, em interessante parecer, explica que

> os honorários convencionais são aqueles a respeito dos quais houve acordo das partes, normalmente por contrato escrito contendo as cláusulas que regulam a relação negocial entre o constituinte e o advogado constituído no que tange ao pagamento da contrapartida pela prestação dos serviços de advocacia.

Por outro lado, continua esclarecendo o jurista,

> os honorários por arbitramento são aqueles fixados pelo juiz em ação de arbitramento de honorários de advogado (EOAB 22 §2º), procedimento que deve ser utilizado sempre que não houver contrato de honorários entre constituinte e constituído, embora possa haver contrato de mandato entre eles.

---

36. Nesse sentido, Nelson Nery Junior (2010:v. IV, p. 32): "O Estatuto da Ordem dos Advogados do Brasil (EOAB — Lei n. 8906/94), trata das três espécies de honorários de advogado quanto à origem: a) convencionais; b) sucumbenciais; e c) arbitrados judicialmente".

Acrescente-se que, mesmo no caso de existência de contrato de honorários, a ação de arbitramento pode se fazer necessária para apurar, por exemplo, a base de cálculo de incidência dos honorários contratados ou outros efeitos da avença contratual. Por fim, assevera Nelson Nery Junior que "os honorários sucumbenciais são aqueles fixados pelo juiz na sentença, de conformidade com os critérios estabelecidos pelo CPC 20, que devem ser pagos pelo perdedor da demanda".[37]

O objeto de nosso estudo neste item são os honorários contratuais e os honorários de sucumbência, pois os honorários fixados por arbitramento, não obstante positivados no art. 22, §2º, do Estatuto da OAB e, genericamente, no art. 596 do Código Civil de 2002, são irrelevantes para o tema ora tratado.[38] Historicamente, havia uma ligação entre os honorários contratuais e os honorários de sucumbência, pois esta última verba pertencia à parte vencedora — e não ao seu advogado — e servia para ressarci-la dos gastos que havia incorrido com a contratação de seu advogado, isto é, recompor o patrimônio da parte vencedora com o desfalque ocasionado pelos honorários contratuais decorrentes da contratação de seu advogado. A respeito dessa perspectiva, vale a transcrição do registro de Leonardo Greco (2009:v. I, p. 446):

> Na sua origem, os honorários da sucumbência visavam a ressarcir o vencedor, pelo menos parcialmente, das despesas que ele tinha feito com a contratação do seu advogado. Contudo, esse ressarcimento não corresponde necessariamente ao valor contratualmente ajustado pelo vencedor com o seu patrono, mas é arbitrado pelo juiz, por equidade, em base que considere razoável. Se os dois litigantes têm de pagar o respectivo advogado, o vencedor deve, pelo menos em parte, recuperar aquilo que desembolsou com o pagamento do seu advogado. Essa é a ideia original dos honorários da sucumbência.

---

37. Nery Junior (2010:v. IV, p. 32). Nelson Nery Junior explica que a contratação de profissional da advocacia pode envolver três espécies de contratos: contrato de prestação de serviços advocatícios, contrato de mandato e contrato de honorários advocatícios. A respeito do primeiro deles, o autor leciona que "sua conformação hodierna é de contrato bilateral porque contém obrigações recíprocas, oneroso, consensual, comutativo, de forma livre e *intuitu personae*" (Ibid., p. 35). E sobre o último deles, Nelson Nery Junior aduz que "além dessas duas figuras [contrato de prestação de serviços advocatícios e contrato de mandato] pode existir uma terceira, que é o contrato de honorários advocatícios, por meio do qual as partes acordam a respeito do *quantum* dos honorários, suas hipóteses de incidência, forma e época de pagamento etc." (Ibid., p. 36).

38. Cândido Rangel Dinamarco (2009:v. II, p. 653) explica que "considerada essa ampla liberdade negocial, o advogado da parte vencedora poderá ser remunerado (a) cumulativamente, mediante os honorários da sucumbência e os contratuais devidos pelo cliente, (b) somente pelos honorários da sucumbência ou (c) somente pelos honorários contratuais".

Atualmente, porém, o sistema processual civil brasileiro não garante integralmente a recomposição patrimonial da parte vencedora, pois (i) considera-se que o vencido não está obrigado a ressarcir o vencedor dos gastos que este incorreu na contratação de seu advogado (honorários contratuais), bem como (ii) entende-se que os honorários de sucumbência pertencem, salvo contratação em sentido diverso, ao advogado da parte que se sagrou vitoriosa e não à própria parte vencedora. A conjugação desses dois fatores enfraquece a ideia básica exposta por Giuseppe Chiovenda, já repetida linhas atrás, no sentido de que o processo não deve ser fonte de prejuízo a quem tem razão, na medida em que, pelo ordenamento em vigor, todo aquele que necessita ingressar em juízo e contrata um advogado acaba sofrendo um decréscimo patrimonial irressarcível, correspondente aos honorários contratuais pagos pelo vencedor ao seu advogado.[39]

A partir da interpretação do art. 20 do estatuto processual civil, Arruda Alvim explica que "não há absolutamente que se vincular o contrato de locação de serviços do advogado que envolve o mandato judicial para representar este cliente em juízo e aquela condenação constante da sentença".[40] Também assim, Humberto Theodoro Júnior (2008:v. I, p. 108) afirma que "pouco importa o contrato firmado entre a parte e seu advogado, ou a quantia que efetivamente lhe foi paga". No mesmo sentido, Luiz Fux também entende que "a verba honorária adiantada pela parte ao seu advogado é algo indiferente para o processo, porquanto é pagamento decorrente de vínculo material e ao direito processual incumbe regular os honorários decorrentes do êxito de um litigante sobre o outro".[41]

---

39. A esse respeito, Yussef Said Cahali (1997:394-395) afirma que "o conceito econômico de despesas não corresponde ao conceito jurídico, porque nem todas as despesas causadas pelo processo devem ser reembolsáveis. Introduz-se, assim, na lei a distinção entre despesas repetíveis e não repetíveis, sendo que estas últimas podem ser excepcionalmente reembolsadas, porém não como despesas, mas a título de danos".

40. Arruda Alvim (1975:v. II, p. 186). O autor continua, explicando que "aquele que contrata, por escrito, com o seu advogado, assume a obrigação de lhe pagar os honorários, e, assume esta obrigação, independentemente de quanto venha a receber da outra parte, ou mesmo, se venha a receber da outra parte" (Ibid., p. 186)

41. Fux (2008:v. 1, p. 471). O autor continua, afirmando que "são inoperantes as disposições convencionais acerca dos honorários judiciais de fixação exclusiva pelo Poder Judiciário, como as constantes de contrato impresso de locação" (Ibid., p. 471). Leonardo Greco (2009:v. I, p. 445) defende que "cada uma das partes contrata livremente os honorários do seu advogado (honorários contratuais); além desses, o vencido ainda tem de pagar ao vencedor os honorários que o juiz arbitrar, que são os honorários da sucumbência". Pontes de Miranda (1974:t. I, p. 421), comparando os honorários contratuais com os honorários de sucumbência, explica que "se o quanto é superior ao que a parte pagou, ou tem de pagar ao

No que diz respeito à titularidade dos honorários de sucumbência, o art. 23 da Lei nº 8.906/1994 estatui que "os honorários incluídos na condenação, por arbitramento ou sucumbência, pertencem ao advogado, tendo este direito autônomo para executar a sentença nesta parte, podendo requerer que o precatório, quando necessário, seja expedido em seu favor". Com base nisso, Humberto Theodoro Júnior (2008:v. I, p. 112) leciona que "a parte não tem disponibilidade dessa indenização, de modo que não pode renunciar a ela, nem fazer transação com o vencido a respeito dela, em prejuízo do causídico que o representou no processo". Leonardo Greco (2009:v. I, p. 446) explica que os honorários de sucumbência "perderam aquele sentido de ressarcimento do vencedor pelas despesas com a contratação do seu advogado e passaram a ser uma receita a mais que o advogado do vencedor percebe". Os honorários de sucumbência, pois, na ordem legal em vigor, pertencem ao advogado.

Estabelecido que na sistemática do direito processual civil brasileiro o vencido não está, em regra,[42] obrigado a ressarcir o vencedor dos gastos in-

---

advogado, ou se lhe é inferior, isso de modo nenhum aproveita ou desaproveita ao advogado, que não é parte no processo. O quanto, na relação entre a parte e o advogado, resulta do contrato e da maneira como o advogado se portou na execução do mandato".

42. Cumpre destacar que o STJ tem decisões permitindo que a parte vencedora seja ressarcida pela parte vencida dos gastos que aquela incorreu com a contratação de seu advogado (honorários contratuais). O precedente em que esta tese foi adotada decorre de uma ação cível proposta por um ex-empregado de uma empresa que, anteriormente, havia ingressado com uma reclamação perante a Justiça do Trabalho. O ex-empregado, depois de resolvido o caso na esfera laboral, ajuizou ação cível para que a empresa o ressarcisse dos honorários contratuais que havia pagado ao seu advogado trabalhista. A min. Nancy Andrighi, em seu voto, em relação aos arts. 389, 395 e 404 do Código Civil de 2002, afirma que "os honorários mencionados nos referidos artigos são os honorários extrajudiciais, pois os sucumbenciais relacionam-se com o processo e constituem crédito autônomo do advogado". Em seguida, conclui a ministra o seguinte: "Assim, como os honorários contratuais são retirados do patrimônio do lesado, para que haja reparação integral do dano sofrido o pagamento dos honorários advocatícios previsto na Lei Civil só pode ser o dos contratuais". Por fim, o voto traz apenas uma ressalva: "(...) cumpre esclarecer que, embora os honorários extrajudiciais componham os valores devidos pelas perdas e danos, o valor cobrado pela atuação do causídico não pode ser abusivo. Sendo o valor dos honorários contratuais exorbitante, o juiz poderá, analisando as peculiaridades do caso concreto, arbitrar outro valor, podendo utilizar como parâmetro a tabela de honorários da OAB". O trecho mais significativo da ementa do julgado, decidido à unanimidade pela Terceira Turma, é o seguinte: "Os honorários convencionais integram o valor devido a título de perdas e danos, nos termos dos arts. 389, 395 e 404 do CC/02" (STJ, 3. T., REsp. nº 1.027.797/MG, min. Nancy Andrighi, j. em 17.2.2011, D.J. de 23.2.2011). A Terceira Turma tomou nova decisão nesse mesmo sentido em outro caso, em que um segurado havia ingressado com uma ação de ressarcimento — danos materiais e morais — contra a seguradora que havia se negado a cobrir prejuízo resultante de acidente automotivo. Além de requerer o valor da cobertura securitária e danos morais, o autor fez expresso pedido para ser ressarcido pelos gastos em que incorreu com a contratação de seu advogado que atuava na causa. O trecho mais representativo dessa ementa é o seguin-

corridos com os honorários contratuais, mas tão somente a pagar os honorários de sucumbência ao advogado da parte vitoriosa, importa analisar, sucintamente, os parâmetros de fixação destes honorários pelo juiz. O §3º do art. 20 do Código de Processo Civil dispõe que

> os honorários serão fixados entre o mínimo de dez por cento (10%) e o máximo de vinte por cento (20%) sobre o valor da condenação, atendidos: a) o grau de zelo do profissional; b) o lugar de prestação do serviço; c) a natureza e importância da causa, o trabalho realizado pelo advogado e o tempo exigido para o seu serviço.[43]

A respeito dos parâmetros de fixação dos honorários de sucumbência, a depender do conteúdo da sentença, confira-se a completa lição de José Carlos Barbosa Moreira:

> Quando a sentença é condenatória no capítulo principal, fixar-se-á a verba honorária em função do valor da condenação, respeitados os limites percentuais (10% a 20%), e tomando-se em consideração os elementos arrolados nas letras *a* a *c* (grau de zelo do profissional, lugar de prestação do serviço, natureza e importância da causa, trabalho realizado pelo advogado, tempo exigido para o seu serviço); quando a sentença não é condenatória no capítulo principal, os honorários devidos pela parte vencida "serão fixados consoante apreciação equitativa do juiz", sem vinculação aos limites percentuais, mas tomando-se sempre em consideração os elementos indicados.[44]

Celso Agrícola Barbi critica o texto legal por estabelecer diferentes parâmetros para a fixação da verba de sucumbência apenas e tão somente em razão do conteúdo da sentença: se de procedência ou de improcedência, se

---

te: "Aquele que deu causa ao processo deve restituir os valores despendidos pela outra parte com os honorários contratuais" (STJ, 3. T., REsp. nº 1.134.725/MG, min. Nancy Andrighi, j. em 14.6.2011, *D.J.* de 24.6.2011).
43. Celso Agrícola Barbi (2008:v. I, p. 141) defende que "apesar de não estar expressamente previsto na lei, é natural que seja considerada também a qualificação profissional do advogado".
44. Barbosa Moreira (2005b:392-393). O jurista continua, explicando que "já se pôs em evidência que os limites apontados no §3º do art. 20 do Código de Processo Civil só valem para as hipóteses de sentença condenatória, e além disso não se relacionam com o valor da causa, mas com o da condenação".

condenatória ou não condenatória.[45] Humberto Theodoro Júnior (2008:v. I, p. 110) explica que

> nas sentenças não condenatórias, a base de cálculo mais segura continua sendo o valor da causa, embora a ele não se tenha referido o Código. Em tal situação, a jurisprudência dominante é no sentido de admitir a correção monetária da verba honorária a partir do ajuizamento da causa.

Sob o ângulo prático, Leonardo Greco esclarece que "é usual, nas hipóteses em que não haja condenação, arbitrar os honorários da sucumbência com base no valor da causa ou em importância fixa".[46] Criticando essa orientação,

---

45. O autor prossegue, explicando o seguinte: "Mas a modificação do texto legal, ao corrigir a falha anterior, cometeu outra, porque dá tratamento desigual à ação condenatória, segundo ela for julgada procedente, ou não. Se procedente, os honorários serão entre 10 e 20%; se improcedente, aplicar-se-á o §4º, em que aquela limitação percentual não existe. Além disso, retirou da incidência da regra do §3º as ações declaratórias e constitutivas, sem que exista qualquer razão para um tratamento diferente, derivado apenas da natureza da ação" (Barbi, 2008:v. I, p. 139). Em seguida, o autor defende que "a falha da lei poderá, todavia, ser sanada pela jurisprudência, se esta aplicar sempre a regra do §3º, isto é, fixar honorários entre 10 e 20%, não só nas ações condenatórias julgadas procedentes, como também nas que forem julgadas improcedentes, bem como nas ações constitutivas e nas ações declaratórias, quer o julgamento seja favorável ao autor, quer o seja ao réu" (Ibid., p. 139). É particularmente interessante refletir sobre a opinião deste autor a partir da jurisprudência do STJ que passou a entender, a partir do texto do art. 475-N, inciso I, do Código de Processo Civil, que a sentença declaratória que contivesse todos os elementos da obrigação também poderia ser executada, o que pode gerar um prejuízo no que tange à fixação dos honorários de sucumbência. Confira-se, por relevante, trecho de acórdão paradigmático daquele Tribunal Superior admitindo essa possibilidade: "No atual estágio do sistema do processo civil brasileiro não há como insistir no dogma de que as sentenças declaratórias jamais têm eficácia executiva. O art. 4º, parágrafo único, do CPC considera 'admissível a ação declaratória ainda que tenha ocorrido a violação do direito', modificando, assim, o padrão clássico da tutela puramente declaratória, que a tinha como tipicamente preventiva. Atualmente, portanto, o Código dá ensejo a que a sentença declaratória possa fazer juízo completo a respeito da existência e do modo de ser da relação jurídica concreta. Tem eficácia executiva a sentença declaratória que traz definição integral da norma jurídica individualizada. Não há razão alguma, lógica ou jurídica, para submetê-la, antes da execução, a um segundo juízo de certificação, até porque a nova sentença não poderia chegar a resultado diferente do da anterior, sob pena de comprometimento da garantia da coisa julgada, assegurada constitucionalmente. E instaurar um processo de cognição sem oferecer às partes e ao juiz outra alternativa de resultado que não um, já prefixado, representaria atividade meramente burocrática e desnecessária, que poderia receber qualquer outro qualificativo, menos o de jurisdicional. A sentença declaratória que, para fins de compensação tributária, certifica o direito de crédito do contribuinte que recolheu indevidamente o tributo, contém juízo de certeza e de definição exaustiva a respeito de todos os elementos da relação jurídica questionada e, como tal, é título executivo para a ação visando à satisfação, em dinheiro, do valor devido" (STJ, 1ª S., EREsp. nº 609.266/RS, min. Teori Albino Zavascki, *D.J.* de 11.9.2006).

46. Greco (2009:v. I, p. 447). Também assim, apesar da crítica precedente, transcreva-se o

José Carlos Barbosa Moreira (2005b:393) afirma que "no sistema vigente, o valor da causa em hipótese alguma constitui, por si só, base suficiente para a determinação do *quantum* da verba honorária".

Os parâmetros de 10% e 20% também não serão observados, de acordo com o §4º do art. 20 do diploma processual civil, "nas causas de pequeno valor, nas de valor inestimável, naquelas em que não houver condenação ou for vencida a Fazenda Pública, e nas execuções, embargadas ou não", ocasião na qual "os honorários serão fixados consoante apreciação equitativa do juiz, atendidas as normas das alíneas *a*, *b* e *c* do parágrafo anterior".[47] Conforme destaca Luiz Fux, "a entidade pública, diversamente do que ocorre com o regime das custas, sujeita-se à sucumbência (art. 20, §4º)".[48] Pontes de Miranda (1974:t. I, p. 420) explica que "a fixação, feita pelo juiz, por equidade, não fica incólume à interposição de recurso pelo vencido", razão pela qual "no recurso podem ser apreciados o critério e as circunstâncias referidas pelo juiz, para a fixação, pois que há, aí, *arbitrium boni viri*, e não *liberum arbitrium*".

---

entendimento de Celso Agrícola Barbi (2008:v. I, p. 140): "Se ela for julgada improcedente, ou se a ação for declaratória ou constitutiva, não existe valor da condenação sobre o qual fixar os honorários. Nesse caso, deve ser adotado o valor da causa, dado pelo autor, ou, em caso de impugnação pelo réu, o fixado pelo juiz, na forma dos arts. 258 e 261. Esse é o critério tradicionalmente adotado e que merece ser seguido".

47. Em interessante lição, Celso Agrícola Barbi (2008:v. I, p. 142) ensina que "quanto às causas de valor inestimável, este é dado, com frequência, apenas para efeito fiscal, o que o torna inadequado para fixação de honorários. Esses então devem ter em vista outros elementos, que são os constantes das alíneas *a*, *b* e *c* no §3º, equitativamente apreciados pelo juiz".

48. Fux (2008:v. 1, p. 473). A respeito dessa diferenciação de critérios para atribuição da verba de sucumbência no caso da Fazenda Pública, Leonardo Greco (2009:v. I, p. 447) afirma que "a ausência de limites máximo e mínimo se justifica nas hipóteses do §4º em que não haja condenação. Justifica-se, também, nas execuções, em que normalmente o esforço dos advogados é bem menor. Mas não se justifica, constituindo verdadeiro privilégio, nas condenações da Fazenda Pública, porque, em regra, a duração do processo e os privilégios da Fazenda tornam essas causas muito mais trabalhosas do que aquelas entre litigantes privados". Humberto Theodoro Júnior (2008:v. I, p. 105), no que tange à isenção de antecipação dos gastos pela Fazenda Pública e pelo Ministério Público, traz uma ressalva: "Não se sujeitam ao ônus de antecipação de preparo a Fazenda Pública e o Ministério Público (art. 27). Mas há que se ressalvar os gastos a serem feitos fora dos serviços públicos, como as despesas da diligência pericial ou os honorários do perito não oficial, já que é inexigível de terceiros a prestação de serviços e a realização de despesas em benefício da Fazenda Pública, sem o imediato ressarcimento".

A distribuição do custo do processo na sentença arbitral

2.3 Disposições especiais a respeito da distribuição do custo do processo na sentença judicial

O Código de Processo Civil de 1973 prevê ainda algumas disposições especiais a respeito da distribuição do custo do processo nos arts. 21 a 34, o que comporta um rápido exame, ao menos em relação aos dispositivos principais. O art. 21 do estatuto processual dispõe que "se cada litigante for em parte vencedor e vencido, serão recíproca e proporcionalmente distribuídos e compensados entre eles os honorários e as despesas". A regra trata do que comumente se denomina sucumbência recíproca, mas que aqui prefere-se designar de sucumbência parcial.[49] A respeito da regra, Celso Agrícola Barbi leciona que "a norma legal é simples e parte do princípio de que, quando o autor vence apenas em parte, estará automaticamente vencido em parte, o mesmo se dando com o réu", razão pela qual "cada um pagará despesas judiciais e honorários tendo em vista a parte em que foi vencido".[50]

A parte final do mencionado dispositivo prevê a compensação entre autor e réu não apenas das chamadas despesas processuais, mas também dos honorários de sucumbência, o que, porém, não se enquadra no conceito de compensação. Caio Mário da Silva Pereira (2005:v. II, p. 256) ensina que os requisitos da compensação são: "1º) cada um há de ser devedor e credor por obrigação principal; 2º) as obrigações devem ter por objeto coisas fungíveis, da mesma espécie e qualidade; 3º) as dívidas devem ser vencidas, exigíveis e líquidas; 4º) não pode haver direitos de terceiros sobre as prestações". Não há, no caso em questão, reciprocidade de créditos, pois enquanto o autor deve honorários de sucumbência ao advogado do réu, o réu deve honorários de sucumbência ao advogado do autor.[51] Por imposição legal, porém, há com-

---

49. Escrevendo em 1974, Pontes de Miranda (1974:t. I, p. 422), a respeito da regra, explica que "se a condenação é parcial, as despesas e os honorários distribuem-se proporcionalmente, entre os litigantes, com a compensação".

50. Barbi (2008:v. I, p. 149). Humberto Theodoro Júnior (2008:v. I, p. 106) leciona que "opera-se a sucumbência recíproca quando o autor sai vitorioso apenas em parte de sua pretensão. Tanto ele como o réu serão, pois, vencidos e vencedores, a um só tempo". Em interpretação diversa, Luiz Fux (2008:v. 1, p. 468) defende que "a regra do parágrafo único do artigo 21, por um lado, pressupõe, exatamente, que a parte tenha formulado pedido e o réu apenas formula pedido através de reconvenção ou via exceção material dúplice. Conjugando-se o disposto no *caput* com o parágrafo único é possível concluir-se que somente há sucumbência recíproca quando há pedidos de todas as partes, avaliando-se a derrota de ambos, por isso que na hipótese em que apenas o autor pede, tudo quanto é acolhido revela sua vitória, que pode ser total ou parcial".

51. A respeito da regra legal, Leonardo Greco (2009:v. I, p. 447) aparenta considerar a

pensação inclusive de honorários de sucumbência, o que é encampado pelo Enunciado nº 306 da Súmula do Superior Tribunal de Justiça.[52]

O parágrafo único do art. 21 do Código Buzaid prevê que "se um litigante decair de parte mínima do pedido, o outro responderá, por inteiro, pelas despesas e honorários". Segundo Pontes de Miranda (1974:t. I, p. 422-423), "'parte mínima', aí, é a parte do pedido, que se há de considerar sem relevância, quer pelo lado jurídico, quer pelo lado econômico". O art. 23 do Código de Processo Civil estatui que, "concorrendo diversos autores ou diversos réus, os vencidos respondem pelas despesas e honorários em proporção". Conforme se observa da parte final do dispositivo, a lei processual não adotou o princípio da solidariedade no caso de pluralidade de vencidos, mas sim a regra da proporção,[53] de maneira que cada um será responsável pelo custo do processo não necessariamente em partes iguais, mas sim na proporção do que houver participado, do que houver sucumbido ou do que houver dado causa.[54]

Pontes de Miranda leciona, com seu peculiar estilo, que, "desistir é quase como dar-se por vencido" e "renunciar é dizer-se vencido".[55] Não é por

---

compensação uma ficção legal: "Se ambos os litigantes forem em parte vencedores e vencidos, responderão pelos honorários proporcionalmente à sua sucumbência, compensando-se as condenações (art. 21), o que significa que, nesse caso, será como se cada uma das partes vencidas, por ser também vencedora, fosse credora dos honorários do seu adversário, e não o seu advogado".

52. Enunciado nº 306 da Súmula de Jurisprudência do Superior Tribunal de Justiça: "Os honorários advocatícios devem ser compensados quando houver sucumbência recíproca, assegurando o direito autônomo do advogado pelo saldo, sem excluir a legitimidade da própria parte".

53. Nesse sentido, Pontes de Miranda (1974:t. I, p. 424) explica que "no caso de cumulação subjetiva do lado dos vencidos, em vez de adotar o princípio da solidariedade no responder pelas despesas, o Código de Processo Civil, como o anterior, formulou o princípio da proporcionalidade das despesas".

54. A respeito da regra de repartição, Humberto Theodoro Júnior (2008:v. I, p. 105-106) afirma que "cada sucumbente será responsabilizado, assim, na medida do interesse que tiver no objeto da decisão".

55. Pontes de Miranda (1974:t. I, p. 428). Celso Agrícola Barbi (2008:v. I, p. 154), contudo, considera que "deve-se entender que, em caso de solidariedade no direito em litígio, a responsabilidade pelos gastos acompanhará aquela, isto é, a sentença condenará os diversos vencidos nas despesas e honorários solidariamente". Também assim, Humberto Theodoro Júnior (2008:v. I, p. 105-106) afirma que "se na relação jurídica material os litisconsortes vencidos eram solidários, também deverão ser na sujeição à responsabilidade pelos gastos processuais do vencedor". Luiz Fux (2008:v. 1, p. 470) entende que a regra se aplica não apenas ao caso de litisconsórcio, mas também no caso de assistência simples e assistência litisconsorcial, apontando, porém, algumas distinções. Assim, o autor defende que "o litisconsórcio simples não revela a menor dificuldade porquanto a regra vigente é 'a de que cada um deve arcar por si'", mas "no litisconsórcio unitário a pretensão é única e dirigida contra ou por vários demandantes", razão pela qual "nessa hipótese a condenação é solidária

outra razão que o art. 26 do estatuto processual civil de 1973 dispõe que "se o processo terminar por desistência ou reconhecimento do pedido, as despesas e os honorários serão pagos pela parte que desistiu ou reconheceu". Celso Agrícola Barbi esclarece que, na verdade, "no primeiro caso é que tem aplicação o art. 26 em exame, porque a desistência é da ação, sem renúncia do direito, de modo que não há vencedor nem vencido, quanto ao mérito, apesar de se extinguir o processo".[56] Essa distribuição do custo do processo, em caso de desistência e de renúncia, já poderia ser extraída da regra geral do art. 20 do diploma processual, pois se o autor desiste da ação ou se renuncia ao direito no qual ela se funda, é porque a resistência oferecida pelo réu foi eficiente, o que, na prática, representa a vitória na causa.

O §2º do art. 26 do Código contém regra dispositiva, estabelecendo que "havendo transação e nada tendo as partes disposto quanto às despesas, estas serão divididas igualmente".[57] É importante, porém, que o órgão julgador

---

e aquele que pagar por inteiro pode recobrar". O autor prossegue afirmando que "a assistência litisconsorcial, como se afirmou, participa da regra do litisconsórcio", todavia "a assistência simples só vence custas, porquanto o assistente não formula pedido próprio e não amplia, assim, o objeto litigioso". Em sentido contrário, Pontes de Miranda (1974:t. I, p. 424) defende que "a pretensão às despesas e a obrigação de pagar ou restituir despesas nada tem com a obrigação que foi objeto da demanda", razão pela qual, "para que a solidariedade existisse, seria preciso regra jurídica expressa, como acontece noutros sistemas jurídicos, ou que resultasse de situação processual específica". A respeito do tema, a jurisprudência do STJ tem considerado que "os litisconsortes vencidos respondem pela condenação sucumbencial em proporção (CPC, Art. 23)", sendo certo que "a solidariedade só se admite quando expressa em sentença exequenda por força da coisa julgada" (STJ, 3. T., REsp. nº 848.058/PR, min. Humberto Gomes de Barros, j. em 4.12.2007, *D.J.* de 14.12.2007). Também assim: "A regra do art. 23 do CPC é de que os vencidos arcam de forma proporcional com os ônus sucumbenciais", razão pela qual "possível solidariedade dos vencidos só vigora se expressa na condenação" (STJ, 3. T., AgRg no Ag. nº 662.850/RJ, min. Nancy Andrighi, j. em 10.11.2005, *D.J.* de 28.11.2005). No mesmo sentido: "O Superior Tribunal de Justiça, ao interpretar o artigo 23 do Código de Processo Civil, vem entendendo ser inaplicável, em honorários advocatícios, o princípio da solidariedade, salvo se expressamente consignado na sentença exequenda, que restou irrecorrida", razão pela qual "inaplicável o princípio da solidariedade na condenação em custas e honorários advocatícios, pois o artigo 23 do Código de Processo Civil é taxativo" (STJ, 3. T., REsp. nº 489.369/PR, min. Castro Filho, j. em 1.3.2005, *D.J.* de 3.3.2005). Idem: STJ, 4. T., REsp. nº 129.045/MG, min. Sálvio de Figueiredo Teixeira, j. em 19.2.1998, *D.J.* de 6.4.1998).

56. Barbi (2008:v. I, p. 157). O autor continua, se referindo ao trabalho de Moacyr Lobo da Costa, explicando que "nesse trabalho [Confissão e reconhecimento do pedido], o autor conclui que o projeto Buzaid adotou a doutrina de Chiovenda, que é a acima exposta, e que, portanto, apesar de o réu reconhecer o pedido, o juiz pode julgar a ação improcedente. E, nesse caso, as despesas e os honorários devem ser pagos pelo autor, conclusão esta com que estamos de inteiro acordo" (Ibid., p. 158).

57. Nesse sentido, Pontes de Miranda (1974:t. I, p. 429) aduz que "a regra jurídica, quanto à transação, é dispositiva (...); porém não de arbítrio para o juiz. Para o juiz, é completa. Erram os que leem a regra jurídica como interpretativa".

analise a legalidade da transação até mesmo no que diz respeito à responsabilidade pelo pagamento dos honorários de sucumbência, pois o art. 24, §4º, do Estatuto da OAB determina que "o acordo feito pelo cliente do advogado e a parte contrária, salvo aquiescência do profissional, não lhe prejudica os honorários, quer os convencionados, quer os concedidos por sentença". Nesse sentido, Cândido Rangel Dinamarco (2009:v. II, p. 671) lembra que

> não se aplica a regra de não pagamento de honorários por uma parte ao advogado da outra em caso de transação quando esta for realizada depois de já haver sentença e condenação honorária a cargo de uma das partes, simplesmente porque essa verba pertence ao advogado do vencedor e não ao próprio vencedor — sendo ineficaz perante aquele eventuais atos de disposição realizados por este.

O diploma processual regula também a distribuição do custo do processo quando há intervenção de assistentes. Assim, o art. 32 do Código prevê que "se o assistido ficar vencido, o assistente será condenado nas custas em proporção à atividade que houver exercido no processo".[58] Nesse caso, consoante a lição de Humberto Theodoro Júnior (2008:v. I, p. 106), "não há, contra ele, condenação em honorários". Também assim, Leonardo Greco (2009:v. I, p. 449) resume bem o dispositivo explicando que

> o assistente simples do vencido responde pela sucumbência quanto às despesas, não quanto aos honorários, na proporção da atividade que exerceu no processo (art. 32), proporção essa que o juiz deverá arbitrar. Já o assistente litisconsorcial, como veremos, é parte e, como tal, responderá em proporção, caso vencido, pelas custas e pelos honorários (art. 23).

Por outro lado, tratando da parte vitoriosa, anota Pontes de Miranda que "o assistente da parte que venceu, se adiantou despesas e contratou advogado, tem direito ao reembolso e à prestação dos honorários advocatícios".[59]

---

58. Segundo Pontes de Miranda (1974:t. I, p. 435), nesse caso, "tem o juiz de verificar quando, desde quando e até quando o assistente tomou parte no processo".
59. Pontes de Miranda (1974:t. I, p. 435). Humberto Theodoro Júnior (2008:v. I, p. 108), analisando a situação do litisconsorte ou do terceiro interveniente que tem sua preliminar de ilegitimidade acolhida no curso do processo, defende que "em regra, somente a sentença impõe ao vencido o encargo de honorários advocatícios. Há, porém, situações especiais em

No que tange aos gastos com os assistentes técnicos das partes e com os honorários do perito, o art. 33 do Código de Processo Civil de 1973 prevê que "cada parte pagará a remuneração do assistente técnico que houver indicado; a do perito será paga pela parte que houver requerido o exame, ou pelo autor, quando requerido por ambas as partes ou determinado de ofício pelo juiz".[60] No que tange à remuneração do assistente técnico, a regra do art. 33, no sen-

---

que o tema terá de ser enfrentado no saneador, que nada mais é do que uma decisão interlocutória". Francesco Carnelutti (2004:v. II, p. 166), a respeito dessa distribuição do custo do processo no caso de representação, afirma que, "posto que o representante pretende ou resiste, não pelo interesse seu, e sim no cumprimento de seu dever e, portanto, em interesse do representado, compreende-se que, normalmente, a responsabilidade recaia sobre este último. Constitui, sem embargo, exceções a esta regra no caso em que a ação do representante implique, não o cumprimento do devedor, e sim a transgressão". O jurista italiano também analisa o caso da substituição processual: "Sempre que se tratar de substituição, dado que o substituto pretende, mais do que pelo substituído, mas pelo interesse próprio, é igualmente natural que a obrigação de reembolso lhe seja imposta" (Ibid., p. 167).

60. Vale lembrar tendência no âmbito do STJ no sentido de imputar ao executado o custo da perícia na fase de liquidação por arbitramento, conforme se extrai do seguinte julgado: "Em sede de execução de sentença, se o executado impugna os cálculos oferecidos pelo exequente e o Juiz ordena a realização de perícia para esclarecer a controvérsia, o executado, sucumbente no processo de conhecimento, deve arcar com as despesas dos honorários periciais" (STJ, 5. T., REsp. nº 117.976/SP, min. José Arnaldo da Fonseca, *D.J.* de 29.11.1999). Idem: STJ, 3. T., AgRg no REsp. nº 1.216.461/RS, min. Paulo de Tarso Sanseverino, j. em 20.9.2012, *D.J.* de 27.9.2012; STJ, 3. T., AgRg no REsp. nº 1.147.357/MG, min. Paulo de Tarso Sanseverino, j. em 7.8.2012, *D.J.* de 13.8.2012. Transcreva-se, ainda, recente decisão do Tribunal Regional Federal da 1ª Região: "Ainda que a perícia tenha sido requerida pelo exequente, na atual fase do processo, de liquidação de sentença, é muito mais que razoável, é lógico que o ônus do adiantamento dos honorários periciais seja atribuído ao executado, que foi vencido/sucumbente na ação de conhecimento. Com efeito, afigura-se um contrassenso impor à parte que ostenta um título executivo, ou seja, que tem um crédito a receber, que arque com as despesas de cálculos periciais que informem com exatidão o valor que lhe é devido. Ora, as regras processuais, como a do art. 33 do CPC, que disciplina o ônus pelo pagamento dos honorários periciais, devem ser compreendidas e aplicadas observada a lógica do sistema, que se subdivide nas etapas de reconhecimento, e de realização do Direito, nessa ordem. No caso em exame, houve o esgotamento da primeira etapa a partir do trânsito em julgado da sentença/acórdão. Agora, neste momento do processo, o que o autor, ora exequente, persegue é a concretização do Direito que lhe foi reconhecido judicialmente. Já há um vencedor. Consequentemente ao vencido cabe o ônus de arcar com as despesas necessárias à realização do Direito obtido pelo vencedor. Impor ao vencedor o dever de suportar os honorários periciais na liquidação do julgado vulnera a lógica do sistema e ofende o princípio da razoabilidade processual" (TRF — 1. Região, 5. T., AI nº 0069547-79.2011.4.01.0000/BA, des. Ricardo Machado Rabelo, *D.J.* de 10.2.2012). Nos tribunais de justiça dos Estados, vale mencionar os seguintes arestos: TJRJ, 15. CC, AI nº 0006530-35.2011.8.19.0000, des. Celso Ferreira Filho, j. em 19.4.2011; TJRJ, 6. CC, AI nº 0002854-89.2005.8.19.0000, des. Francisco de Assis Pessanha, j. em 5.9.2005; TJMG, Processo nº 1.0145.05.247481-7/003, des. Valdez Leite Machado, *D.J.* de 21.5.2008. Contra, porém, confira-se o seguinte: "Compete ao autor exequente o ônus do pagamento dos honorários periciais, na liquidação por arbitramento (art. 33 do CPC)" (STJ, 4. T., AgRg no REsp. nº 967.958/RS, min. Aldir Passarinho Junior, j. em 18.9.2007, *D.J.* de 19.11.2007).

tido de que "cada parte pagará a remuneração do assistente técnico que houver indicado", parece estar em contradição com a regra do art. 20, que, depois de prever no *caput* que "a sentença condenará o vencido a pagar ao vencedor as despesas que antecipou e os honorários advocatícios", estabelece no §2º que "as despesas abrangem (...) remuneração do assistente técnico".[61] Afinal, os gastos da parte vencedora com a remuneração de seu assistente técnico se incluem na obrigação de ressarcimento do vencido?

Leonardo Greco (2009:v. I, p. 449), a respeito da dúvida, defende que "hoje não pode mais remanescer qualquer dúvida, porque a partir da Lei nº 8.455/92 passou ele [o assistente técnico] a constituir um auxiliar técnico da parte que o designou, sendo excluído do rol de sujeitos imparciais do processo (art. 138)", razão pela qual "deve considerar-se revogada a referência ao assistente técnico no §2º do artigo 20, prevalecendo a responsabilidade definitiva da parte que o indicou, nos termos do artigo 33". Em sentido contrário, Nelson Nery Junior e Rosa Maria de Andrade Nery, interpretando o art. 30 do estatuto processual civil, consideram que "embora a norma diga 'pagará', na verdade se deve entender 'adiantará', já que o vencido reembolsará essas despesas a final, de conformidade com o CPC 20 *caput*".[62]

Por fim, o art. 35 do Código Buzaid estabelece que "as sanções impostas às partes em consequência de má-fé serão contadas como custas e reverterão em benefício da parte contrária; as impostas aos serventuários pertencerão ao Estado". Consoante destaca Pontes de Miranda, "as multas são penalidades",[63] razão pela qual, em princípio, não deveriam ser alocadas como custas.

---

61. Em posição isolada, Pontes de Miranda (1974:t. I, p. 421) defende que "nada obsta a que, em casos difíceis, pelo perito do juiz, ou pelo juiz, ou na Superior Instância se computem os pagamentos de pareceres de jurisconsultos, levando-se em conta a necessidade e a eficácia deles *in casu*, ou a que o vencido também pediu pareceres e juntou ou deles usou, publicando-os e distribuindo-os". Discordando da ideia de Pontes de Miranda de que pareceres contratados pelas partes devem ser reembolsados pelo vencido, Arruda Alvim (1975:v. II, p. 172) ensina que "as despesas, não reguladas pela lei processual, não poderão ser havidas da parte vencida".
62. Nery Junior e Nery (2006:206). No mesmo sentido, apesar de escrevendo em 1974, confira-se a posição de Pontes de Miranda (1974:t. I, p. 436): "O art. 33 é concernente ao pagamento (cargo de adiantar), não à condenação às despesas; de modo que, a final, o vencido tem de ser responsável por elas". Celso Agrícola Barbi (2008:v. I, p. 168) defende que "a remuneração que será objeto de reembolso é a fixada pelo juiz, e não aquela que a parte, por decisão própria, entender de contatar e pagar ao assistente que ela indicou".
63. Pontes de Miranda (1974:t. I, p. 411). Também assim, Moacyr Amaral Santos (1997: v. 2, p. 298): "As multas são penalidades. Não são despesas processuais, conquanto na sua aplicação como custas se contem". O autor complementa a ideia afirmando que "multas não se confundem com despesas processuais nem com reparação de danos processuais. São elas penalidades, sanções, impostas àqueles que, no processo, agem de má-fé, exercem atividades

Não obstante, Moacyr Amaral Santos (1997:v. 2, p. 304) explica que "aí se diz que as multas serão contadas como custas, conquanto não o sejam". Leonardo Greco (2009:v. I, p. 444) ensina que, hoje, as multas "podem ser impostas às partes, aos serventuários e até a terceiros". E Celso Agrícola Barbi destaca que "se forem várias as partes opostas à que praticou o ato de má-fé e se todas foram por ele visadas, a quantia será repartida entre elas, na proporção do seu interesse na causa".[64]

2.4 A classificação do custo do processo: despesas processuais, custas judiciais, taxa judiciária, emolumentos, multas e honorários

O custo do processo, em âmbito judicial, encontra algumas classificações na doutrina, todas elas tentando atribuir um significado correto aos diversos termos utilizados na legislação processual, como despesas, custas, taxas, emolumentos, multas, honorários etc. A Constituição da República, no art. 24, inciso IV, estabelece que "compete à União, aos Estados e ao Distrito Federal legislar concorrentemente sobre: (...) *custas* dos serviços forenses". Apesar da menção ao longo do texto constitucional de alguns outros termos,[65] essa previsão parece indicar que a palavra "custas" designaria um gênero. Não é assim, porém, que o Código de Processo Civil regula a matéria.

No estatuto processual civil, os termos "despesas", "honorários" e "custas" aparecem em vários dispositivos, principalmente os dois primeiros, nem todos restritos à Seção III do Capítulo II do Título II do Livro I do Código (Das despesas e das multas). Em relação a esses dois primeiros termos, o *caput* do art. 20 prevê que "a sentença condenará o vencido a pagar ao ven-

---

ilícitas em prejuízo da parte contrária ou da finalidade do processo" (Ibid., p. 304).

64. O autor complementa a lição explicando que, "mas se o ato de má-fé for dirigido apenas contra uma ou algumas, somente estas devem ser beneficiadas com o produto da sanção, e, sendo mais de uma, na proporção do seu interesse na causa" (Barbi, 2008:v. I, p. 171).

65. No inciso LXXIII do art. 5º, a Carta Magna dispõe que "qualquer cidadão é parte legítima para propor ação popular que vise a anular ato lesivo ao patrimônio público ou de entidade de que o Estado participe, à moralidade administrativa, ao meio ambiente e ao patrimônio histórico e cultural, ficando o autor, salvo comprovada má-fé, isento de *custas judiciais* e do *ônus da sucumbência*". No §2º do art. 98, o texto constitucional prevê o seguinte: "As *custas* e *emolumentos* serão destinados exclusivamente ao custeio dos serviços afetos às atividades específicas da Justiça". E no §2º do art. 236, estabelece-se que "lei federal estabelecerá normas gerais para fixação de *emolumentos* relativos aos atos praticados pelos serviços notariais e de registro".

cedor as *despesas* que antecipou e os *honorários advocatícios*". O mencionado texto de lei passa a noção de que uma coisa seriam as despesas processuais e outra coisa seriam os honorários de sucumbência, de maneira que estes últimos não fariam parte daquelas. Ao que parece, são itens autônomos e inconfundíveis do custo do processo, de maneira que as despesas processuais não abarcariam os honorários de sucumbência.

Essa impressão é confirmada pelo *caput* e pelo §1º do art. 21, pelo art. 23, pelo *caput* e pelo §1º do art. 26 e, por fim, pelo art. 28, todos do Código de Processo Civil de 1973. A primeira conclusão, portanto, é esta: no sistema do Código, os honorários de sucumbência não estão incluídos no conceito de despesas processuais. E como o Código Buzaid não impõe ao vencido a obrigação de ressarcir o vencedor dos gastos que este teve com a contratação de seu advogado (honorários contratuais), conforme já se destacou, é possível concluir que no conceito de despesas processuais não está incluída nenhuma das três espécies de honorários de advogado (nem honorários contratuais ou convencionais, nem honorários de sucumbência e nem honorários fixados por arbitramento).

Como já se teve oportunidade de definir os honorários de sucumbência nos itens precedentes, importa descobrir neste momento, com base nas disposições do estatuto processual civil, qual a extensão do termo despesas processuais e fixar, com exatidão, a relação desse termo com as chamadas custas. O *caput* do art. 19 prevê que "cabe às partes prover as *despesas* dos atos que realizam ou requerem no processo", bem como o §2º desse mesmo dispositivo de lei dispõe que "compete ao autor adiantar as *despesas* relativas a atos, cuja realização o juiz determinar de ofício ou a requerimento do Ministério Público". Até então, só é possível dizer que os gastos decorrentes de atos requeridos pelas partes ou pelo Ministério Público, bem como os gastos oriundos de atos determinados de ofício pelo juiz estão englobados na definição de despesas processuais.

As disposições contidas no §1º do art. 20, no art. 24, no art. 25, no §2º do art. 26, no art. 27, no art. 29 e no art. 31 do diploma processual civil brasileiro também permitem concluir que as despesas processuais englobam os gastos decorrentes de atos requeridos pelas partes ou pelo Ministério Público, bem como os gastos oriundos de atos determinados de ofício pelo juiz. Essa noção, porém, sofre ampliação quando se examina o significado que a lei processual civil dá ao termo custas. Embora tratando do termo custas, o art. 30, o art. 32 e o art. 35 do estatuto processual civil não fornecem elementos precisos para que se possa chegar ao conceito de custas, em sua exata e completa dimensão, muito menos para se entender a eventual relação entre os termos "despesas", "custas" e "honorários".

Existem, porém, dois dispositivos legais na seção do Código dedicada ao custo do processo que estabelecem essa relação. No que diz respeito à relação custas-honorários, o art. 22 prevê que

> o réu que, por não arguir na sua resposta fato impeditivo, modificativo ou extintivo do direito do autor, dilatar o julgamento da lide, será condenado nas *custas* a partir do saneamento do processo e perderá, ainda que vencedor na causa, o direito a haver do vencido *honorários advocatícios*.

Como se vê, tal como ocorre em relação às despesas processuais, o dispositivo deixa claro que custas e honorários de sucumbência não se confundem, o que significa que o conceito de custas não abrange o de honorários de sucumbência e vice-versa. Trata-se, pois, da segunda conclusão: no sistema do Código, os honorários de sucumbência não estão incluídos no conceito de custas.

No que diz respeito à relação despesas-custas, o §2º do art. 20 determina que "as *despesas* abrangem não só as *custas* dos atos do processo, como também a indenização de viagem, diária de testemunha e remuneração do assistente técnico". Esse último dispositivo passa a impressão de que as despesas processuais seriam um gênero no qual estariam incluídas, além de outras coisas, as custas, o que afasta a impressão de que são conceitos idênticos. A terceira conclusão, então, é a seguinte: no sistema do Código, o conceito de despesas processuais abrange o conceito de custas, razão pela qual aquele termo é gênero, enquanto este é espécie.[66] A doutrina processual, de maneira geral, chega a essa mesma conclusão ao interpretar os dispositivos do Código de Processo Civil sobre a matéria, não obstante a existência de divergência em relação aos conceitos de custas, taxa judiciária e emolumentos.

Apesar dessa divergência a respeito dos conceitos de custas e emolumentos — aquelas aparentemente correspondentes à remuneração por serviço público específico prestado ao jurisdicionado no curso do processo e estes

---

66. Também interpretando dessa forma o sistema de distribuição do custo do processo no estatuto processual civil, José Frederico Marques (1997:v. III, p. 314) explica que "quanto ao vocábulo despesas, o Código o emprega para abranger tudo quanto deva ser pago no processo, excluídos apenas os honorários advocatícios. As despesas distinguem-se das custas ou dos emolumentos, como o gênero, da espécie".

aparentemente relacionados à remuneração de serviços notariais e registrais —, impende dizer que estas são noções que possuem menor relevância neste estudo, uma vez que na arbitragem, enquanto processo privado, não há prestação de serviço público por agentes estatais e nem existe remuneração, no próprio processo, de serviços de cartórios extrajudiciais (tabeliães e oficiais registradores).

O fundamental, pois, nesta seara, é estabelecer em toda extensão o conceito do gênero despesas processuais e, para tanto, adota-se aqui a definição de Nelson Nery Junior e Rosa Maria de Andrade Nery (2006:189):

> No conceito de despesas processuais estão compreendidas as custas judiciais, os honorários periciais, as custas periciais, as multas impostas às partes, as despesas do oficial de justiça (para citação, arrecadação, penhora, cumprimento de mandado judicial etc.), a indenização, as diárias, a condução das testemunhas etc.

3. Custo do processo na Lei de Arbitragem brasileira

3.1 As denominadas "custas e despesas com a arbitragem"

A Lei de Arbitragem brasileira prevê, no art. 27, que "a sentença arbitral decidirá sobre a responsabilidade das partes acerca das custas e despesas com a arbitragem, bem como sobre verba decorrente de litigância de má-fé, se for o caso, respeitadas as disposições da convenção de arbitragem, se houver". O mencionado dispositivo legal, outorgando inegável poder ao tribunal arbitral, faz referência às chamadas "custas e despesas com a arbitragem", bem como à denominada "verba decorrente de litigância de má-fé".

É de se ressaltar que, ao contrário do Código de Processo Civil de 1973, a Lei de Arbitragem trata da multa por litigância de má-fé de maneira específica, sem enquadrá-la no conceito de despesas ou de custas, o que revela a adoção de um sistema diverso de custo do processo. Observe-se, ainda, que o mencionado dispositivo de lei não faz menção a nenhuma das modalidades de honorários devidos aos advogados (honorários contratuais, honorários de sucumbência ou honorários fixados por arbitramento), o que vem causando diversas dúvidas interpretativas, na doutrina e na prática.

A distribuição do custo do processo na sentença arbitral

A respeito da expressão "custas e despesas com a arbitragem", conquanto a doutrina processual atribua significado próprio ao termo "custas", relacionando-o à sua natureza tributária,[67] Carlos Alberto Carmona (2009a:373) explica que,

> considerando que não há lei que fixe emolumentos ou taxas a pagar por conta da arbitragem, pode-se entender, por analogia, que ao referir-se às custas do processo arbitral o legislador estaria se reportando às verbas instituídas pelos órgãos arbitrais em seus regimentos para remuneração do trabalho de administração que desenvolverão, enquanto as despesas seriam os gastos necessários para a realização dos atos processuais.

Em nossa opinião, a expressão "despesas com a arbitragem" já abrange suficientemente os gastos incorridos no processo arbitral, razão pela qual não há necessidade de se recorrer à palavra "custas" para explicar qualquer um dos itens do custo da arbitragem.

E na fixação do real alcance da expressão "despesas com a arbitragem", importa questionar se nela está compreendido cada um dos potenciais desembolsos da parte na arbitragem, a saber: os gastos com a instituição arbitral administradora, os honorários dos árbitros, os gastos de viagem e hospedagem dos árbitros, os honorários dos peritos, os gastos com a realização da perícia, a remuneração dos assistentes técnicos das partes, os gastos de viagem e hospedagem das testemunhas, a remuneração de eventual parecerista contratado pelas partes, os gastos de viagem e hospedagem das partes, os gastos de viagem e hospedagem dos advogados das partes, os honorários contratuais dos advogados das partes, os honorários de sucumbência dos advogados das partes e as multas por litigância de má-fé impostas às partes.

Em razão da grande influência da autonomia privada na arbitragem, entendemos, em primeiro lugar, que todos esses itens podem ser objeto de deliberação pelas partes na convenção de arbitragem ou estarão refletidos no regulamento de arbitragem eleito, seja para incluí-los, seja para modificá-los, seja para excluí-los.[68] Dessa forma, cumpre examinar, nes-

---

67. Criticando o texto do dispositivo, confira-se a lição de Pedro A. Batista Martins (2008:291-292): "A Lei de Arbitragem colheu emprestado das regras processuais as chamadas custas da arbitragem. A técnica empregada pelo legislador não é das mais adequadas, haja vista a inexistência (e nem poderia) de lei que estabeleça as custas aplicáveis ao processo arbitral, já que não é da índole do instituto".
68. Em sentido assemelhado, Carlos Alberto Carmona (2009a:374) explica que "nem sem-

te momento, alguns dos principais regulamentos de instituições arbitrais para desvendar como a questão do custo do processo arbitral é tratada. No caso de omissão da convenção ou do regulamento, é que se exigirá maior interpretação a respeito do alcance do art. 27 da Lei nº 9.307/1996, o que será objeto de análise mais a frente. Adiante-se que enquanto alguns regulamentos arbitrais possuem disciplina razoavelmente completa a respeito do custo do processo arbitral, alguns outros tratam da matéria de forma insuficiente, ora utilizando termos vagos, ora reproduzindo literalmente o texto da Lei de Arbitragem brasileira.

O art. 37, item 1, do Regulamento de 2012 da Corte Internacional de Arbitragem da International Chamber of Commerce estabelece que

> os custos da arbitragem incluem os honorários e despesas dos árbitros e as despesas administrativas da CCI fixados pela Corte em conformidade com a tabela em vigor na data da instauração da arbitragem, bem como os honorários e despesas de quaisquer peritos nomeados pelo tribunal arbitral, e as despesas razoáveis incorridas pelas partes para a sua representação na arbitragem.

Observe-se, pois, que há referência aos honorários dos árbitros, às despesas dos árbitros, aos custos administrativos da instituição arbitral, aos honorários dos peritos, às despesas dos peritos e às despesas incorridas pelas partes para a sua defesa. Essa última previsão, segundo nos parece, inclui a remuneração dos assistentes técnicos e os honorários contratuais dos advogados, ao menos até o limite do que se pretendeu qualificar de *razoável*, a ser averiguado pelos árbitros no caso concreto.

As *Regras de Arbitragem da Uncitral*, versão revisada em 2010, preveem, no art. 40, item 1, que *"the arbitral tribunal shall fix the costs of arbitration in the final award and, if it deems appropriate, in another decision"*. Complementando a disposição, o art. 42, item 1, estabelece, na primeira parte, que *"the costs of*

---

pre estará o árbitro livre para fixar a distribuição dos ônus decorrentes da sucumbência, pois poderão as partes, na convenção de arbitragem, estabelecer certas limitações vinculantes. Nada as impedirá, por exemplo, de determinar *ab initio* que todas as despesas processuais serão divididas à metade entre os litigantes (independentemente de quem seja o vitorioso) e que não haverá condenação ao reembolso de verbas advocatícias; nada impede as partes, ainda de restringir a verba decorrente de reembolso a título de honorários (e tal limitação pode ser imaginada em níveis percentuais ou em valores predeterminados)".

the arbitration shall in principle be borne by the unsuccessful party or parties", bem como, na segunda parte, que *"the arbitral tribunal may apportion each of such costs between the parties if it determines that apportionment is reasonable, taking into account the circumstances of the case".* Em disposição didática, o item 2 do art. 40 define o que se deve compreender por *"costs of arbitration"*, elencando, por exemplo, *"fees of the arbitral tribunal"*, *"travel and other expenses incurred by the arbitrators"*, *"costs of expert advice required by the arbitral tribunal"*, *"travel and other expenses of witnesses approved by the arbitral tribunal"* e *"legal and other costs incurred by the parties in relation to the arbitration".*[69]

O art. 31 do Regulamento de arbitragem do International Centre for Dispute Resolution, braço internacional da American Arbitration Association, dispõe que "o tribunal fixará as custas da arbitragem na sentença arbitral", sendo certo que

> tais custas poderão incluir: (a) os honorários e as despesas dos árbitros; (b) as custas de assistência requerida pelo Tribunal, incluindo seus peritos; (c) as custas e despesas do administrador; (d) as custas razoáveis relacionadas à representação legal da parte vencedora; e (e) quaisquer custas relacionadas com a solicitação de medidas cautelares ou de emergência, conforme o artigo 21.

No nosso modo de ver, não há distinção dessa previsão em relação ao regulamento anterior, sendo certo que nos gastos relativos à representação legal das partes entendemos que estão compreendidos a remuneração dos assistentes técnicos e os honorários contratuais dos advogados, no limite do razoável.

O art. 10.4.1. do Regulamento da Câmara de Comércio Brasil-Canadá de 2012 prevê que "da sentença constará, também, se for o caso, a responsabilidade das partes pelos custos administrativos, honorários dos árbitros, despesas, e honorários advocatícios, bem como o respectivo rateio, observando, inclusive, o acordado pelas partes no Termo de Arbitragem". O Re-

---

69. A íntegra do dispositivo é a seguinte: *"The term 'costs' includes only: (a) The fees of the arbitral tribunal to be stated separately as to each arbitrator and to be fixed by the tribunal itself in accordance with article 41; (b) The reasonable travel and other expenses incurred by the arbitrators; (c) The reasonable costs of expert advice and of other assistance required by the arbitral tribunal; (d) The reasonable travel and other expenses of witnesses to the extent such expenses are approved by the arbitral tribunal; (e) The legal and other costs incurred by the parties in relation to the arbitration to the extent that the arbitral tribunal determines that the amount of such costs is reasonable; (f) Any fees and expenses of the appointing authority as well as the fees and expenses of the Secretary-General of the PCA".*

gulamento, nessa versão mais atual, especifica bem melhor os itens do custo do processo arbitral, inclusive fazendo menção a honorários advocatícios, condicionando, porém, a sua distribuição ao que houver sido convencionado no termo de arbitragem. Na ausência de acordo das partes, caberá ao árbitro definir a questão da distribuição do custo do processo arbitral.

De forma mais genérica, o Regulamento de 2013 da Câmara de Conciliação, Mediação e Arbitragem Ciesp/Fiesp estatui, no art. 15.6., que "da sentença arbitral constará, também, a fixação dos encargos, das despesas processuais, dos honorários advocatícios, bem como o respectivo rateio". O mencionado regulamento está em sintonia com a Lei de Arbitragem, aplicando-se o princípio da atribuição de poderes ao árbitro para distribuir o custo do processo arbitral.

Por fim, o Regulamento da Câmara FGV de Conciliação e Arbitragem dispõe, no §2º do art. 52, que

> a sentença arbitral fixará a responsabilidade pelo pagamento de custas e honorários, incluindo-se as despesas dos árbitros e de quaisquer peritos nomeados pelo tribunal arbitral e custos administrativos da Câmara FGV, bem como as despesas razoáveis incorridas pelas partes para a sua defesa (...).

Neste caso, a exemplo das instituições arbitrais estrangeiras, o custo do processo arbitral inclui honorários dos árbitros, despesas dos árbitros, honorários dos peritos, despesas dos peritos, gastos administrativos da instituição administradora, bem como despesas para a defesa das partes, o que inclui, no nosso modo de ver, a remuneração dos assistentes técnicos e os honorários contratuais dos advogados, dentro dos limites da razoabilidade.

Pode-se dizer, a partir dessa análise, que boa parte dos regulamentos inclui no custo do processo arbitral diversos gastos, sejam eles relacionados à instituição arbitral, aos árbitros, aos peritos, às partes e aos advogados das partes.[70] Mas mesmo que assim não fosse ou mesmo em caso de completa omissão, parece-nos que deve ser buscado na arbitragem o princípio maior de que o processo não deve ser fonte de prejuízo a quem tem razão. Con-

---

70. Gustavo Tepedino e José Emilio Nunes Pinto (2008:191), após leitura dos regulamentos de CCI, Ciac, AAA e Uncitral, consideram que "os regulamentos de arbitragem e as regras da Uncitral autorizam o ressarcimento das despesas com advogados incorridas pela parte vencedora, denominadas comumente, na prática de arbitragem, *legal costs* ou *counsel's fee's*".

forme já esclarecido, trata-se da conhecida lição de Giuseppe Chiovenda no sentido de que "a atuação da lei não deve representar uma diminuição patrimonial para a parte a cujo favor se efetiva".[71] Em outros termos, Cândido Rangel Dinamarco (2009:v. II, p. 666) ensina que "o processo deve propiciar a quem tem razão a mesma situação econômica que ele obteria se as obrigações alheias houvessem sido cumpridas voluntariamente ou se seus direitos houvessem sido respeitados sem a instauração de processo algum".

Com base nesse princípio maior é que, no nosso modo de ver, deve ser interpretado o art. 27 da Lei de Arbitragem brasileira. Com efeito, consideramos que, quando o mencionado dispositivo de lei faz referência às "custas e despesas com a arbitragem", ele impõe aos árbitros a condenação do vencido em todos os gastos que a parte vencedora incorreu ao ingressar, participar e litigar na arbitragem. Comparando o sistema de distribuição do custo do processo do Código de Processo Civil de 1973 com o da Lei nº 9.307/1996, Carlos Alberto Carmona entende que "a Lei de Arbitragem, porém, abraçou uma ideia mais ampla, no sentido de que as despesas do processo arbitral abarcam o conceito maior de custo do processo (ou seja, tudo quanto foi despendido pelas partes por força das exigências do processo)".[72] Também defendendo o sentido amplo da expressão, transcreva-se a lição de Pedro A. Batista Martins (2008:291-292):

> Nesse sentido, é de ser tomado o termo em sua magnitude e entendidas as custas e as despesas como todos os dispêndios envolvidos na realização da arbitragem, tais como as taxas da instituição arbitral, os honorários e gastos dos árbitros, os honorários e os gastos dos assistentes ou representantes das partes, os custos com perícia e pareceres técnicos e todas as demais despesas relacionadas ao processo arbitral. Portanto, custas e despesas com a arbitragem devem ser consideradas *lato sensu* e com objetivos comuns, isto é, a totalidade dos recursos aportados para suprir os gastos com o processo arbitral.

---

71. Chiovenda (1969:v. 3, p. 207). Em sentido assemelhado, a partir do art. 20 do Código de Processo Civil de 1973, Cândido Rangel Dinamarco (2009:v. II, p. 665) anota o seguinte: "Com o que diz o art. 20, o Código de Processo Civil adotou a sucumbência como critério para a atribuição da obrigação pelo custo do processo. Esse critério é adotado nas legislações em geral, apoiado na premissa de que a vitória processual de quem tem razão deixaria de ser integral quando ele tivesse de suportar gastos para vencer".
72. Carmona (2009a:374). O autor, porém, defende que "ficará, pois, a critério do árbitro determinar exatamente o que será objeto de reembolso, respeitado o que dispuser a convenção de arbitragem (se houver previsão)" (Ibid., p. 374)

Desta forma, em outras palavras, pode-se dizer que a doutrina vem considerando que o art. 27 da Lei nº 9.307/1996 determina que o vencido seja condenado na obrigação de ressarcir o vencedor (i) dos gastos referentes à instituição arbitral administradora, (ii) dos honorários dos árbitros, (iii) dos gastos de viagem e hospedagem dos árbitros, (iv) dos honorários dos peritos, (v) dos gastos com a realização da perícia, (vi) da remuneração dos assistentes técnicos, (vii) da remuneração de eventual parecerista contratado pelas partes, (viii) dos gastos de viagem e hospedagem das testemunhas, (ix) dos gastos de viagem e hospedagem das partes, (x) dos gastos de viagem e hospedagem dos advogados das partes e, ainda, (xi) dos honorários contratuais dos advogados das partes. Além disso, impõe-se ainda a obrigação de o litigante de má-fé indenizar a parte contrária. De todos esses itens, cumpre detalhar, por serem pontos bastante polêmicos, a remuneração dos assistentes técnicos, a remuneração de parecerista e os honorários contratuais dos advogados das partes.

No que diz respeito à remuneração dos assistentes técnicos, não nos parece haver dúvida de que esses gastos devem ser ressarcidos pela parte vencida, pois não é adequado que o vencedor sofra esse desfalque patrimonial quando busca, com todos os meios razoáveis à sua disposição, mostrar que tem razão no conflito. Trata-se, aliás, de repercussão econômica do princípio constitucional da ampla defesa na arbitragem. A atribuição dessas verbas às partes, independentemente do resultado do processo, violaria o princípio maior de que o processo não deve ser fonte de prejuízo a quem tem razão e inibiria o litigante que sabe que está de acordo com a lei de utilizar todos os meios de defesa. A regra, segundo nos parece, observado o princípio da razoabilidade, vale também para os pareceristas contratados pelas partes, pois estes não deixam de ser assistentes técnicos de matéria jurídica. Enquadrando esses dois investimentos no texto do art. 27 da Lei nº 9.307/1996, Pedro A. Batista Martins (2008:291-292) leciona que por custas e despesas com a arbitragem incluem-se "os honorários e os gastos dos assistentes ou representantes das partes, os custos com perícia e pareceres técnicos".

Conforme se teve oportunidade de analisar nos itens precedentes, o Código de Processo Civil, segundo a doutrina unânime e a jurisprudência dominante, não impõe ao vencido a obrigação automática de ressarcir o vencedor pelos gastos que este teve com a contratação de seu advogado. Em outras palavras, não há, no processo judicial, automático ressarcimento dos honorários contratuais, como decorrência natural da vitória no processo judicial.[73]

Na arbitragem, porém, a doutrina tem entendido que é possível a imediata inclusão dos gastos relacionados aos honorários contratuais pagos pelo vencedor ao seu advogado na obrigação de ressarcimento do vencido, até porque, na ausência de disposição legal ou convencional em sentido contrário, os honorários contratuais fazem parte do custo do processo arbitral ou, na terminologia da lei, das despesas com a arbitragem. Inegavelmente, os honorários contratuais dos advogados são despesas com a arbitragem com que a parte vencedora teve que arcar, o que, na opinião da doutrina, é suficiente a permitir o ressarcimento.[74]

Defendendo essa interpretação a respeito do art. 27 da Lei de Arbitragem brasileira, Gustavo Tepedino e José Emilio Nunes Pinto (2008:190), utilizando a expressão honorários advocatícios como sinônimo de honorários contratuais, lecionam que "ao dispor quanto à responsabilidade das partes por toda espécie de custas em que incorreram, o artigo alcança as despesas efetuadas com honorários advocatícios". O primeiro autor, em texto individual, justifica a posição esclarecendo que "no que tange às despesas em geral oriundas da disputa, a regra no direito civil, como se sabe, é o amplo ressarci-

---

73. Conforme narrado em detalhes anteriormente, o STJ tem decisões permitindo que a parte vencedora seja ressarcida pela parte vencida dos gastos que aquela incorreu com a contratação de seu advogado (honorários contratuais), desde que haja pedido expresso a esse respeito, em ação autônoma ou cumulado com o pedido principal em uma só demanda. Nesse sentido, são os seguintes acórdãos: STJ, 3. T., REsp. nº 1.027.797/MG, min. Nancy Andrighi, j. em 17.2.2011, *D.J.* de 23.2.2011 e STJ, 3. T., REsp. nº 1.134.725/MG, min. Nancy Andrighi, j. em 14.6.2011, *D.J.* de 24.6.2011.

74. No âmbito do processo judicial, considerando que os honorários de advogado integram o custo do processo ou as despesas processuais em sentido amplo, Humberto Theodoro Júnior (2008:v. I, p. 108) leciona que "em sentido amplo, são uma espécie do gênero despesas processuais, portanto". Também assim, Moacyr Amaral Santos (1997:v. 2, p. 305) afirma que "indispensável que é o advogado para a instauração e desenvolvimento do processo até o final, arca a parte que o contratou, e a quem representa, com as despesas correspondentes aos seus honorários. Daí incluirmos os honorários entre as despesas processuais, no que estamos fiéis ao sistema do Código de Processo Civil". Também assim, Yussef Said Cahali (1997:393): "Mas, se em seu conceito teórico, despesa do processo deve abranger todos os gastos feitos em consequência dele, tais como custas, indenização de viagem, diária de testemunhas, honorários de advogado, remuneração do assistente técnico, enfim, todos os fatos que se fazem em Juízo, durante algum tempo, a partir dos selos e mais dispêndios da própria petição, as multas às partes etc.". Como se vê na lição dos doutos, os honorários contratuais dos advogados integram, até em sede judicial, o conceito de custo do processo ou despesas processuais em sentido amplo. A ausência de condenação automática do vencido nesse gasto no processo judicial decorre de exceção legal, ao menos conforme o entendimento da doutrina e da jurisprudência.

mento dos danos injustos, assim entendidos os prejuízos causados pela parte vencida ao vencedor" (Tepedino, 2009:t. III, p. 172). Em outra passagem, Gustavo Tepedino e José Emilio Nunes Pinto (2008:192) reafirmam que "estando as partes assistidas por advogados, compete ao Tribunal Arbitral, por força de sua jurisdição, decidir sobre a responsabilidade da parte vencida quanto à reparação dos gastos sofridos pela parte vencedora em sua defesa, sob pena de não ressarcimento de um dano injusto".

Para que a sentença arbitral inclua a condenação do vencido a ressarcir o vencedor dos gastos incorridos com a contratação de seus advogados — ou seja, que o reembolse dos honorários contratuais —, Gustavo Tepedino e José Emilio Nunes Pinto, no referido texto em coautoria, entendem que

> tal ressarcimento dar-se-á mediante a apresentação, pela parte vencedora, de eventual comprovante de despesas com advogado — normalmente, o contrato de honorários — ou em quantia, a ser arbitrada pelo Tribunal Arbitral, que corresponda ao que a parte razoavelmente gastou com sua defesa no procedimento arbitral.[75]

Tangenciando o momento de comprovação desses gastos, o primeiro autor, em texto individual, afirma que "muitas vezes, o tribunal tem dúvida na sua fixação e as partes não têm preocupação de especificar o que solicitam a título de ressarcimento, com exibição, antes da sentença, de documento comprobatório das despesas com advogados" (Tepedino, 2009:t. III, p. 172). É de se pensar, ademais, se a comprovação desses gastos poderia ser feita em eventuais "embargos arbitrais" ou, ainda, poderia ser objeto de liquidação, na própria arbitragem ou perante o Poder Judiciário, conforme o caso, bastando que se oportunizasse o contraditório.[76]

É importante dizer, porém, que, caso se adote o entendimento acima exposto, a condenação do vencido ao ressarcimento dos gastos incorridos pelo vencedor com sua defesa — honorários contratuais dos advogados, remuneração dos assistentes técnicos e remuneração de pareceristas — não é automática, na medida em que os contratos celebrados pelo vencedor para

---

75. Tepedino e Pinto (2008:190). Gustavo Tepedino (2009:t. III, p. 172), em texto individual, aduz que "os gastos com advogados devem ser como tal considerados e, portanto, os contratos de honorários devem ser exibidos para ressarcimento pela parte vencida".
76. A respeito dessa possibilidade de liquidação na arbitragem ou perante o Poder Judiciário, conforme o caso, os autores remetem o leitor para o que ficou dito no seguinte texto: Fichtner e Monteiro (2010h:179-187).

sua defesa não podem ser propriamente opostos ao vencido, tudo em respeito ao princípio da relatividade dos contratos, já que o vencido não integrou nenhuma daquelas relações contratuais. Assim, na verdade, os valores contratados e comprovadamente pagos pelo vencedor aos seus advogados e aos seus assistentes servem apenas de parâmetro para que o árbitro imponha ao vencido a condenação ao ressarcimento, atendendo-se ao princípio da razoabilidade e aos valores praticados no mercado (usos e costumes comerciais).

Comungando dessa conclusão, Gustavo Tepedino (2009:t. III, p. 172) ensina que "o ressarcimento usual refere-se a gastos efetivamente realizados e que estejam dentro de um patamar razoável, sob pena de redução por parte dos árbitros". Valores estratosféricos e destoantes dos preços de mercado não devem ser considerados, cabendo ao árbitro, nesse caso, atuar com razoabilidade e arbitrar o *quantum* ressarcitório em patamar razoável, como, aliás, se constata invariavelmente dos regulamentos dos órgãos arbitrais institucionais.

Por fim, impende mencionar a complexa questão dos honorários de sucumbência na arbitragem, isto é, se o art. 27 da Lei de Arbitragem compreende a obrigação de pagamento imposta por sentença ao vencido em favor dos advogados do vencedor, tal como estabelece o art. 20 do Código de Processo Civil c/c art. 23 do Estatuto da OAB. Gustavo Tepedino e José Emilio Nunes Ponto defendem que

> as verbas de sucumbência, por se tratar de condenação autorizada pelo legislador processual civil e não prevista na Lei nº 9.307/96, não integram necessariamente o espectro de julgamento do Tribunal Arbitral e, por isso mesmo, só poderiam ser fixadas por força do princípio da autonomia privada, caso o compromisso arbitral assim dispusesse.[77]

---

77. Tepedino e Pinto (2008:195). Idem: Tepedino (2009:t. III, p. 173). Os autores continuam explicando que "por tais razões, há que se distinguir as despesas com honorários de advogados, a que alude o art. 27 da Lei nº 9.307/96, e amplamente reconhecidas como verbas indenizáveis no panorama internacional, das verbas de sucumbência, consideradas como tal, de que trata o art. 20 do CPC. As primeiras decorrem do princípio geral da ressarcibilidade dos danos, consubstanciados nos gastos incorridos pela parte vencedora em sua defesa. Correspondem ao que as partes gastaram efetivamente com seus advogados por força do litígio e são atribuídos, na prática internacional de arbitragem, à parte vencida. Já os honorários de sucumbência, de que trata o Código de Processo Civil, decorrem de opção legislativa da processualística brasileira, que autoriza o juiz a, independentemente das despesas efetivamente incorridas com os advogados e mesmo da existência de contrato de honorários, fixar percentual sobre o valor da condenação" (Tepedino e Pinto, 2008:194). Os autores prosseguem considerando a hipótese de previsão convencional a respeito dos honorários de sucumbência: "No campo arbitral, ainda que as partes, no termo de arbitragem, compromisso ou ato de

Em sentido contrário, Bruno Vasconcelos Carrilho Lopes (2008:233) argumenta que "na ausência de previsão expressa no compromisso sobre a questão, aplicam-se as regras gerais previstas no Código de Processo Civil, e a parte que deu causa à instauração do processo arbitral deve ser condenada a pagar honorários [de sucumbência]".

3.2 Multa por litigância de má-fé na arbitragem

O art. 27 da Lei de Arbitragem brasileira, conforme já examinado, estatui que "a sentença arbitral decidirá sobre a responsabilidade das partes acerca das custas e despesas com a arbitragem, bem como sobre verba decorrente de litigância de má-fé, se for o caso, respeitadas as disposições da convenção de arbitragem, se houver". Consideramos que esse dispositivo é a fonte legal do princípio da lealdade processual (ou princípio da boa-fé processual) na arbitragem, o que, contudo, não afastaria a sua aplicação caso houvesse omissão da lei, pois se trata de um princípio do ordenamento processual, implicitamente incidente.

Não obstante o texto legal estabelecer uma separação entre a multa por litigância de má-fé e as chamadas "custas e despesas com a arbitragem", não restam dúvidas de que, para o condenado, essa multa integra o custo do processo arbitral, o que justifica a sua análise neste trabalho. As exigências éticas e sociais inerentes à significação da arbitragem como instrumento de pacificação de conflitos e realização de justiça[78] estabelecem a prevalência do princípio da lealdade processual, cuja aplicação na arbitragem independe de previsão na convenção de arbitragem ou no regulamento da corte arbitral escolhida.[79]

José Carlos Barbosa Moreira (1977a:17), em texto escrito na década de 1970, esclarece, sempre com atualidade, que a incorreção da conduta das

---

missão, venham a dispor sobre a responsabilidade pela sucumbência, devem encontrar-se totalmente livres para tratá-la como acharem conveniente, o que significa que não estarão adstritas aos parâmetros contidos no artigo 20 do Código de Processo Civil e, em especial, aos percentuais previstos em seu §3º" (Ibid., p. 195). Por fim, afirmam os estudiosos que "a composição do percentual a ser aplicado, mas limitado a um valor fixo máximo, tem sido solução frequente em arbitragens domésticas, mecanismo esse que permite a ambas as partes saber de antemão o valor máximo em que incorreria, caso todas as suas demandas viessem a ser julgadas improcedentes pelos árbitros" (Ibid., p. 196).

78. Confira-se, a esse respeito, a lição de José Carlos Barbosa Moreira (1977a:16).

79. Em interessante consideração, José Cretella Neto (2004b:112) afirma que "raramente constará da convenção de arbitragem estipulação acerca da má-fé, pois a boa-fé é exatamente um dos mais importantes *prius* da arbitragem".

partes no processo pode dizer respeito ao "conteúdo das alegações por elas feitas em juízo" (dever de veracidade e dever de completitude) ou "à forma por que atuam no processo, pessoalmente ou através de seus procuradores" (respeito às regras do jogo). O primeiro aspecto pode ser resumido no dever de alegar conforme a verdade, conforme toda a verdade. O segundo, de conceito mais fluido, pode ser identificado "no respeito aos direitos processuais da parte contrária e na abstenção de embaraçar, perturbar ou frustrar a atividade do órgão judicial". Arruda Alvim (2005:v. 1, p. 38) sintetiza bem o princípio ao lecionar que "objetiva-se coibir a deslealdade e a má-fé dentro do processo, bem como evitar pretensões sem fundamento, requerimento de provas e diligência inúteis ou desnecessárias".

No que tange ao respeito às regras do jogo, pode-se dizer que não são apenas as condutas puramente procrastinatórias que importam em violação ao princípio da lealdade processual. Os pedidos infundados, muitas vezes feitos durante a instrução probatória, normalmente acompanhados de insinuações quanto à validade do processo arbitral, bem como de entrelinhares ameaças de invalidação da futura sentença arbitral, também representam violação ao princípio da lealdade processual. E não é só. Os patronos das partes, em atenção a esse princípio, também devem se comportar com seriedade e urbanidade durante a elaboração das peças e, principalmente, no curso dos debates orais em audiência. Isso de modo algum mitiga a natural postura combativa em favor dos interesses de que patrocinam, mas o respeito às partes, aos árbitros, às testemunhas e aos patronos da parte adversa integra o dever de lealdade processual. Espera-se, em resumo, uma postura correta do advogado no patrocínio da causa.

Segundo lecionam Antonio Carlos de Araújo Cintra, Ada Pellegrini Grinover e Cândido Rangel Dinamarco (2007:78), "o desrespeito ao dever de lealdade processual traduz-se em ilícito processual (compreendendo o dolo e a fraude processuais), ao qual correspondem sanções processuais". Na visão dos autores, portanto, a conduta culposa não enseja a violação do princípio da lealdade processual e, assim, não pode importar em condenação nas penas de litigância de má-fé. Diante da dificuldade em precisar as condutas que infringiriam esse princípio e da omissão da Lei de Arbitragem brasileira a esse respeito, pode-se defender que as regras do Código de Processo Civil podem servir de parâmetro aos árbitros, sem que isso importe em aplicação automática do estatuto processual civil na arbitragem. Nesse sentido, cite-se a lição de Carlos Alberto Carmona (2009a:375):

Da mesma forma, pode a parte comportar-se durante o processo arbitral de modo inconveniente, servindo de parâmetro para medir atitudes inadequadas aquelas descritas no art. 17 do Código de Processo Civil. O dispositivo processual, porém, serve de mera referência, cabendo ao árbitro, no caso concreto, verificar se houve ou não atitude maliciosa da parte.

José Carlos Barbosa Moreira (1977a:30), sob a redação do estatuto processual civil brasileiro em vigor em 1977, considera que "a condenação do litigante de má-fé a ressarcir o dano processual depende de pedido do prejudicado". O autor fundamenta seu ponto de vista no fato de que a multa por litigância de má-fé não ostenta natureza de pena, mas representa, na verdade, mero ressarcimento de dano processual e, portanto, satisfação de direito de crédito. Dessa forma, incumbiria à parte interessada requerer a satisfação do seu direito de crédito, sem que o juiz pudesse atuar de ofício, até porque a atuação *ex officio* do juiz exige autorização expressa de lei — o que não existia na época. Sob a regência da lei processual civil em vigor em 2005, Arruda Alvim (2005:v. 1, p. 39-40) explica que a condenação nas penas de litigância de má-fé "não necessita mais de prévio pedido da parte interessada, é dizer, pode ser aplicada de ofício".

Apesar de a questão estar solucionada no âmbito do processo judicial, uma vez que o Código de Processo Civil expressamente autoriza o juiz a condenar de ofício a parte desleal nas penas de litigância de má-fé, a questão volta a ser tormentosa na arbitragem. Isso porque a Lei de Arbitragem não possui regra clara a esse respeito e, em tese, não se aplicam automaticamente ao processo arbitral as regras do estatuto processual civil brasileiro, salvo na hipótese de expressa escolha pelas partes. Carlos Alberto Carmona (2009a:375) defende que "tal penalidade — que comporta aplicação oficiosa, independentemente de haver pedido de parte ou autorização na convenção arbitral — atinge tanto o abuso do direito de demandar como o comportamento escuso durante o processo". O autor, como se vê, admite a aplicação de ofício pelo árbitro das penas de litigância de má-fé. Concordamos com esse entendimento, uma vez que ao árbitro são conferidos os mesmos poderes do juiz togado no que tange ao controle da lealdade das partes. No mesmo sentido, confira-se o pensamento de Pedro A. Batista Martins (2008:292):

> Constatada pelo tribunal arbitral a prática processual de má-fé, a imposição da penalidade não fica sujeita ao pedido da outra parte, pois a punição diz com o andamento do processo e ao exercício jurisdicional e, assim, pode e deve ser aplicada de ofício.

Importa destacar, na esteira do entendimento de José Carlos Barbosa Moreira (1977a:25), que "a responsabilidade por dano processual não pressupõe necessariamente que o litigante seja vencido na causa ou no incidente", razão pela qual até mesmo o vencedor da arbitragem pode ser condenado a ressarcir a parte vencida do dano processual provocado com sua conduta durante o processo arbitral. Ressalte-se, ainda, que a condenação recai sobre a parte e não sobre os procuradores, ainda que o dano processual tenha como causa as condutas por estes exclusivamente praticadas. Conforme lembra o mencionado autor, "não fica excluído, no entanto, um possível direito de regresso contra o procurador, se a falta lhe é pessoalmente imputável" (Barbosa Moreira, 1977a:25, nota 16). Por fim, consoante ensina Pedro A. Batista Martins (2008:292), "determinada a penalidade, a sentença assegurará ao credor ação de execução, fundada em título judicial".

A fixação de eventual multa por litigância de má-fé, diante da ausência de regra específica na Lei de Arbitragem brasileira, faz incidir o comando geral do art. 27 desse mesmo diploma legal, o qual delega aos árbitros o poder de impor tal sanção com discricionariedade no caso concreto. Consideramos que o árbitro deve estabelecer esse valor atendendo a parâmetros de razoabilidade.

4. Conclusão

A distribuição do custo do processo na sentença arbitral, assim como ocorre no âmbito judicial, exige redobrada atenção do intérprete, pois o artigo 27 da Lei nº 9.307/1996 outorgou aos árbitros o poder de, fundamentadamente, distribuir entre as partes o custo do processo arbitral.

Neste texto, partindo-se do sistema judicial de distribuição do custo do processo e considerando a forte influência do princípio da autonomia privada na arbitragem, enfrentamos a atribuição ao vencido dos gastos referentes à instituição arbitral administradora, aos honorários dos árbitros, aos honorários dos peritos, à remuneração dos assistentes técnicos, à remuneração de eventual parecerista contratado pelas partes, aos honorários contratuais dos advogados das partes e, ainda, às multas por litigância de má-fé impostas às partes.

O primeiro paradigma de nossas considerações foi a plena aplicação na arbitragem do princípio maior de que o processo não deve ser fonte de prejuízo a quem tem razão, o que leva à ampla obrigação de ressarcimento do vencido em relação aos gastos incorridos pelo vencedor na arbitragem. O segundo foi o de que o art. 27 da Lei nº 9.307/1996 efetivamente delegou aos árbitros o poder de distribuir o custo do processo.

7

A coisa julgada na arbitragem doméstica

José Antonio Fichtner
Sergio Nelson Mannheimer
André Luís Monteiro

1. Introdução. 2. Panorama da coisa julgada no direito processual civil brasileiro. 2.1. Conceito. 2.1.1. O conceito na doutrina. 2.1.2. O conceito no Código de Processo Civil: adoção da teoria de Liebman? 2.2. Limites objetivos. 2.3. Eficácia preclusiva da coisa julgada. 2.4. Limites subjetivos. 3. A coisa julgada na arbitragem doméstica, sujeita ao direito processual brasileiro. 3.1. Os arts. 18, 29, 31 e 33 da Lei de Arbitragem. 3.2. A posição minoritária na doutrina brasileira. 3.3. A posição majoritária na doutrina brasileira. 3.4. Excertos de direito comparado. 3.5. Natureza da coisa julgada na arbitragem. 3.6. Limites objetivos, eficácia preclusiva e limites subjetivos. 3.7. Formas de alegação/conhecimento da coisa julgada arbitral. 4. Conclusão.

1. Introdução[1]

A Lei de Arbitragem brasileira, na linha do direito comparado, equipara a sentença arbitral à sentença judicial, o que reforça a natureza jurisdicional do processo arbitral. Essa equiparação, porém, ocasiona algumas dúvidas, refletidas em controvérsias doutrinárias. Uma delas é a identificação, contor-

---

1. Texto revisto e atualizado. A versão original foi preparada para coletânea em homenagem à professora Thereza Alvim, intitulada "O direito de estar em juízo e a coisa julgada à luz do CPC vigente e projetado: estudos em homenagem à professora Thereza Arruda Alvim", sob a coordenação de Arlete Inês Aurelli, Lúcio Delfino e Sérgio Almeida Ribeiro, com publicação prevista para breve. Os autores agradecem aos acadêmicos Ian Paulo Ferreira (Faculdade Nacional de Direito — UFRJ) e Julia Ribeiro Babo (Faculdade de Direito do IBMEC-RJ) pela pesquisa realizada sobre a sentença arbitral e a coisa julgada.

nos e alcance da coisa julgada na arbitragem, assunto complexo na arbitragem doméstica e dificílimo na arbitragem internacional.

Neste primeiro momento, cumpre investigar a coisa julgada na arbitragem doméstica, reservando-se para a próxima oportunidade o enfrentamento do tema da coisa julgada na arbitragem internacional. Questiona-se, em antecipado resumo, (i) se existe coisa julgada na arbitragem, (ii) quais são, em caso positivo, os limites objetivos e os limites subjetivos da coisa julgada na arbitragem, (iii) se existe eficácia preclusiva da coisa julgada na arbitragem e, por fim, (iv) quais são as formas de se alegar e de se conhecer da coisa julgada na arbitragem, em relação a uma outra arbitragem ou a um outro processo judicial idênticos.

A resposta — e, às vezes, apenas a provocação — a respeito desses temas exige, prioritariamente, uma breve análise do instituto da coisa julgada à luz do direito processual civil brasileiro. Isso porque, como se sabe, a arbitragem, apesar de não estar automaticamente limitada pelos dispositivos do Código de Processo Civil, está submetida à teoria geral do processo.

2. Panorama da coisa julgada no direito processual civil brasileiro

2.1 Conceito

2.1.1 O conceito na doutrina

A coisa julgada é assunto dos mais complexos do direito processual civil, fruto de diversas concepções, ao longo dos anos, dos autores e dos sistemas jurídicos.[2] Não se pretende neste ensaio realizar uma abordagem completa — provavelmente impossível — do instituto, mas apenas pontuar alguns dados fundamentais a respeito da coisa julgada que permitam colocar autores e leitores num mesmo ponto de partida teórico para enfrentar o tema na seara arbitral. A proposta deste texto impõe aos autores a seleção de apenas algumas posições a respeito do tema. Optou-se, assim, pelas doutrinas de Giuseppe Chiovenda, Enrico Tullio Liebman e José Carlos Barbosa Moreira, certamente as de maior influência no ponto em terras brasileiras.

---

2. A respeito da evolução do instituto da coisa julgada na doutrina estrangeira, notadamente na italiana, veja-se o proveitoso estudo coordenado pelo professor Rosemiro Pereira Leal (2007).

Em conhecido texto redigido em 1933, Giuseppe Chiovenda — certamente um dos maiores nomes do direito processual civil italiano, ao lado de Francesco Carnelutti e Piero Calamandrei — defende, dentre outras ideias, que

> *la cosa giudicata è l'efficacia propria della sentenza che accoglie o respinge la domanda, e consiste in ciò che, per la suprema esigenza dell'ordine e della sicurezza della vita sociale, la situazione delle parti fissata dal giudice rispetto al dene della vita (res) che fu oggetto di contestazione, non può più essere successivamente contestata.*[3]

O que vale destacar, para os nossos fins, é logo o início da lição, em que o autor deixa claro que enxerga a coisa julgada como eficácia da sentença. Essa noção por muito tempo prevaleceu.

Enrico Tullio Liebman — não obstante discípulo de Chiovenda — contribuiu de maneira decisiva para o aprimoramento do estudo da coisa julgada ao distinguir, dogmaticamente, a coisa julgada da eficácia da sentença. Em sua obra mais importante a respeito do tema, Liebman (2006:277) ensina que "nem a coisa julgada formal, nem a material, condicionam a eficácia da sentença, a qual — como ato de autoridade — é eficaz na medida em que é um ato perfeito".

E um exemplo irrefutável da tese de que a eficácia da sentença não está inexoravelmente jungida à coisa julgada está nas sentenças sujeitas a "recursos sem efeito suspensivo",[4] em que, para falar do ordenamento processual

---

3. A citação integral é a seguinte: "*la cosa giudicata è l'efficacia propria della sentenza che accoglie o respinge la domanda, e consiste in ciò che, per la suprema esigenza dell'ordine e della sicurezza della vita sociale, la situazione delle parti fissata dal giudice rispetto al dene della vita (res) che fu oggetto di contestazione, non può più essere successivamente contestata; l'attore che ha vinto non può più essere disturbato nel godimento di quel bene, l'attore che ha perduto non può ulteriormente reclamarne il godimento. L'efficacia o autorità della cosa giudicata è dunque per definizione destinata ad agire nel futuro, di fronte ai futuri processi*" (Chiovenda, 1993:267). Em suas Instituições, o autor repete a definição, no sentido de que "a coisa julgada é a eficácia própria da sentença que acolhe ou rejeita a demanda" (Id., 1969:v. 1, p. 374).

4. A expressão está entre aspas porque a sua literalidade poderia fazer o leitor intuir, equivocadamente, que a suspensão da decisão é ocasionada pela interposição do recurso. Na verdade, rigorosamente falando, a aptidão que a decisão tem para produzir efeitos imediatos ou não advém da recorribilidade, tal como determinado pelo direito positivo, ao menos quando se está diante de efeito suspensivo *ope legis*. A respeito do assunto, vale a transcrição da lição de José Carlos Barbosa Moreira (1984b:106): "Convém assinalar que o normal impedimento à eficácia da sentença, nos casos de impugnabilidade por meio de recurso de efeito suspensivo, não resulta da *interposição* deste, mas a precede. Seria errôneo pensar que, enquanto não interposto o recurso, a sentença produz efeitos, e só com a interposição deixa de produzi-los".

civil brasileiro, é possível a execução provisória — ou, como se queira, o cumprimento provisório — da sentença condenatória antes do trânsito em julgado.[5] Ora, se a eficácia da sentença se confundisse com a coisa julgada, inevitavelmente a possibilidade de a sentença ser executada — e, assim, de produzir efeitos no mundo fático — somente existiria após a formação da coisa julgada, isto é, após o trânsito em julgado,[6] o que não é verdade.[7]

A partir, então, desses estudos, Liebman leciona, nos textos mais recentes que escreveu a respeito, que "a coisa julgada não é mais um efeito da sentença, mas uma qualidade, um atributo da sentença e de seus efeitos, precisamente a imutabilidade daquela e destes".[8] As ideias difundidas pelo processualista italiano foram bem recebidas pela maioria da doutrina, ao menos na Itália e principalmente no Brasil, onde, como se sabe, Enrico Tullio

---

Os autores deste texto já tiveram oportunidade de tratar do tema no âmbito dos embargos de declaração em outro texto, ao qual se pede vênia para remeter o leitor: Fichtner e Monteiro (2009:86-110).

5. Nesse sentido, Liebman (2006:277) esclarece o seguinte: "Daí por que se pode concluir que a sentença ainda sujeita a recurso, a reforma ou a anulação é, certamente, dotada de menor estabilidade mas, nem por isso, destituída de eficácia". Também assim, Teresa Arruda Alvim Wambier e José Miguel Garcia Medina (2003:20): "Assim, pode-se dizer ser hoje comum as próprias sentenças produzirem efeitos (executórios, por exemplo) antes da coisa julgada".

6. Adota-se, no texto, a definição de trânsito em julgado de Barbosa Moreira (2011b:v. VI, p. 691): "Por 'trânsito em julgado' entende-se a passagem da sentença da condição de mutável à de imutável. Pouco importa que essa imutabilidade haja de limitar-se ao âmbito do processo, ou de projetar-se *ad extra*. Quer dizer: pouco importa que a decisão seja ou não seja idônea para revestir-se da *auctoritas rei iudicatae* no sentido material. Como não existe decisão que não produza ao menos coisa julgada formal, todas as decisões, seja qual for a sua natureza, em certo momento transitam em julgado".

7. É verdade que a lei muitas vezes faz coincidir o momento da coisa julgada com o momento da produção de efeitos da decisão, mas isso é mera opção legislativa, sem que possa fazer misturarem-se as coisas conceitualmente. Nesse sentido, Barbosa Moreira (1984b:108) aduz, com razão, que "a eficácia da sentença e a coisa julgada material são fenômenos conceptualmente distintos e, em linha de princípio, independentes, sem prejuízo da vinculação puramente contingente, que a lei pode (e costuma) estabelecer entre eles no plano cronológico, escolhendo o mesmo e único instante para marcar o surgimento da coisa julgada material e o começo (normal) da produção dos efeitos sentenciais".

8. Liebman (2006:278-279). É curioso observar que, em diversas obras sobre a coisa julgada, costuma-se conceituar a coisa julgada, pretensamente seguindo a lição de Liebman, como uma qualidade dos efeitos da sentença. Efetivamente, nos primeiros textos a respeito da coisa julgada, essa parecia ser mesmo a concepção do mestre italiano, conforme se pode observar deste trecho: "Da premissa há pouco enunciada deriva uma só e necessária consequência: a autoridade da coisa julgada não é efeito da sentença, como postula a doutrina unânime, mas, sim, modo de manifestar-se e produzir-se dos efeitos da própria sentença, algo que a esses efeitos se ajunta para qualificá-los e reforçá-los em sentido bem determinado" (Liebman, 2006:41). Nos últimos textos a respeito da coisa julgada, porém, Liebman passa a dizer que a coisa julgada não é apenas uma qualidade dos efeitos da sentença, mas também uma qualidade da própria sentença, conforme se pode perceber do trecho transcrito no corpo do texto.

Liebman tanto influenciou. Hoje, pode-se dizer que a doutrina brasileira majoritária abraça o conceito *liebmaniano* de coisa julgada.[9]

A influência de seu pensamento na doutrina brasileira não impediu, todavia, que surgissem críticas, valendo destacar, pela consistência e repercussão, aquela formulada por José Carlos Barbosa Moreira. Depois de registrar a importância do pensamento de Liebman para fins de discernir, conceitualmente, a coisa julgada da eficácia da sentença,[10] Barbosa Moreira (2011b:v. VI, p. 684) aduz, todavia, no seu conhecido estilo, que o mestre peninsular "hesitou em atravessar o *Rubicon*, para assentar, como cumpria, a absoluta independência, no plano dos conceitos, entre *auctoritas rei iudicatae* e eficácia da decisão". Isso porque, apesar de distinguir a coisa julgada dos efeitos da sentença, o autor italiano acaba por continuar vinculando um conceito ao outro, pois de efeito da sentença a coisa julgada teria passado a ser a qualidade dos efeitos e da sentença.

Barbosa Moreira leciona, então, que aquilo que se torna imutável com a coisa julgada não são os efeitos da sentença, mas sim o seu conteúdo, uma vez que os efeitos — localizados fora do ato, externos à sentença[11] — são os que mais têm probabilidade de serem alterados.[12] Assim, se um efeito da sentença

---

9. Sobre a influência de Liebman, não obstante a redação final do art. 467 do Código, confira-se a percepção de Cândido Rangel Dinamarco (2011:v. VI, p. 870): "Apesar dessas palavras mal coordenadas, contidas na lei, a teoria da coisa julgada como imutabilidade e não efeito da sentença goza da preferência quase unânime dos processualistas brasileiros".

10. Nesse sentido, elogiando a tese de Liebman que discriminou a coisa julgada da eficácia da sentença, Barbosa Moreira (2011b:v. VI, p. 684) faz coro desse entendimento aduzindo que "a eficácia, entendida simplesmente como aptidão para produzir efeitos (variáveis, é claro, segundo a natureza da decisão), é atributo autônomo, do ponto de vista conceptual, em relação à coisa julgada, como atestam os casos em que, inexistente esta, nem por isso se dirá que a sentença seja desprovida de efeitos — sem que, por outro lado, se negue à lei possibilidade de marcar para a produção deles, em caráter absoluto ou como regra geral, um termo *a quo*, coincidente com o momento de formação da *res iudicata*". Idem: Id. (1984b:102-103). Também assim Arruda Alvim, Araken de Assis e Eduardo Arruda Alvim (2012:662), bem como José Rogério Cruz e Tucci (2006:24 e 167). No mesmo sentido, especificamente no que diz respeito à distinção entre coisa julgada e eficácia da sentença, confira-se também Luiz Guilherme Marinoni (2011b:v. I, p. 448) e Alexandre Freitas Câmara (2001:v. I, p. 397).

11. A esse respeito, confira-se a lição de Barbosa Moreira (1989:176) em outro ensaio: "De modo algum significa isso que o efeito produzido pelo ato se identifique ou se confunda com o respectivo conteúdo, ou faça parte desse conteúdo. O efeito é algo que está necessariamente, por definição, fora daquilo que o produz, quer se trate de fato natural, quer de ato jurídico. Padece de contradição a ideia de um efeito 'incluso' no ato jurídico. O que nele está incluso são os elementos de seu conteúdo". Idem: Câmara (2001:v. I, p. 377).

12. Confira-se a argumentação do autor em outro texto: "Ora, a quem observe, com atenção, a realidade da vida jurídica, não pode deixar de impor-se esta verdade muito simples: se alguma coisa, em tudo isso, escapa ao selo da imutabilidade, são justamente os efeitos da sentença. A decisão que acolhe o pedido, na ação renovatória, produz o efeito de estender por certo prazo,

condenatória é o de permitir a execução pelo credor, *v.g.*, da quantia imediata e integral de R$ 10.000,00 sobre o patrimônio do devedor, nada serve de obstáculo a que, no dia seguinte ao trânsito em julgado, as partes cheguem a um acordo de pagamento em 4 (quatro) parcelas do valor de R$ 2.000,00, perfazendo um total de R$ 8.000,00. Nesse sentido, o processualista explica que "o que se torna imutável (ou, se se prefere, indiscutível) é o próprio conteúdo da sentença, como norma jurídica concreta referida à situação sobre que se exerceu a atividade cognitiva do órgão judicial" (Barbosa Moreira, 1977b: 89).

O autor conclui seu pensamento a respeito da coisa julgada defendendo que ela não é nem efeito da sentença e nem uma qualidade desses efeitos e da sentença, mas sim que é, na verdade, uma situação jurídica. Nas palavras do jurista, pode-se dizer que "o trânsito em julgado é, pois, fato que marca

---

e com fixação de determinado aluguel, o vínculo locatício; mas que impede as partes de, no curso desse prazo, de comum acordo, modificarem o aluguel fixado, alterarem esta ou aquela cláusula, e até porem fim à locação? Os cônjuges que hoje se desquitam (mesmo litigiosamente) podem amanhã restabelecer a sociedade conjugal, como podem os donos de terrenos confinantes estabelecer convencionalmente, para as respectivas áreas, divisa diferente da que se fixara no processo da ação de demarcação. No tocante ao efeito executório, peculiar às sentenças condenatórias, a coisa é de ofuscante evidência: cumprida espontaneamente ou executada a sentença, cessa o efeito, que já nascera com o normal destino de extinguir-se — a ele se aplicaria talvez melhor o epíteto, que Heidegger quis aplicar ao homem, de 'ser-para-a-morte'..." (Barbosa Moreira, 2011b:v. VI, p. 685). Idem: Id. (1984b:103). É de se destacar que o próprio Liebman enxergava essa possibilidade de modificação pelas partes daquilo que a sentença, depois do trânsito em julgado, poderia ocasionar no mundo dos fatos. Confira-se, a esse respeito, o seguinte trecho: "Ainda é necessário esclarecer melhor o que se entende por imutabilidade (ou incontestabilidade) dos efeitos da sentença. Não significa, naturalmente, que os fatos sucessivos não possam modificar a situação e as relações entre as partes. Ao contrário, significa que, com referência à situação existente ao tempo em que a sentença foi proferida, os efeitos por ela produzidos são e permanecem tais como nela estabelecidos, sem que se possa novamente discuti-los, em juízo ou fora dele, até que fatos novos intervenham criando situação diversa, que tome o lugar daquela que foi objeto da sentença. Isso porque, nem mesmo a força do julgado pode obviamente impedir que fatos novos produzam consequências que lhes são próprias. Assim, em primeiro lugar, as partes podem, depois da sentença, exercer atos que modifiquem suas relações: o devedor pode pagar o seu débito, extinguindo a obrigação declarada na sentença e tornando impossível a execução forçada fundada na sentença condenatória; as duas partes podem, mesmo depois da sentença, entrar em acordo e acertar suas relações de modo diverso do declarado pelo juiz, e assim por diante. Mas o que não poderiam fazer, é pretender um novo juízo sobre o que foi validamente decidido por intermédio de uma sentença que representa a disciplina concreta da relação jurídica controvertida, tal como resulta do efetivo funcionamento dos mecanismos previstos e regulados pelo ordenamento jurídico" (Liebman, 2006:281). Concordando com a crítica de Barbosa Moreira, veja texto da homenageada: Alvim (2008:400). Eduardo Talamini, depois de concordar com a crítica de Barbosa Moreira, prega, porém, uma visão mais conciliatória entre os dois pensamentos: "Portanto, o que Barbosa Moreira faz é levar adiante, aprimorar, a distinção entre efeitos e autoridade da sentença — sem negar o cerne da tese de Liebman, seja no que concerne a essa distinção, seja na negativa de limitar a coisa julgada ao efeito declaratório" (Talamini, 2004:199).

o início de uma situação jurídica nova, caracterizada pela existência da coisa julgada", sendo certo que "a coisa julgada não se identifica nem com a sentença transita em julgado, nem com o particular atributo (imutabilidade) de que ela se reveste, mas com a situação jurídica em que passa a existir após o trânsito em julgado". Assim, continua Barbosa Moreira, "ingressando em tal situação, a sentença adquire uma autoridade que — esta, sim — se traduz na resistência a subsequentes tentativas de modificação do seu conteúdo".[13]

Segundo nos parece, as críticas elaboradas por José Carlos Barbosa Moreira ao conceito *liebmaniano* de coisa julgada estão amparadas em sólidas razões. Apesar disso, deve-se registrar que a tese predominante na doutrina brasileira continua sendo a de Liebman e que existem críticas também ao pensamento de Barbosa Moreira, como notadamente se sabe a partir de relevante polêmica travada com Ovídio Baptista da Silva em alguns profundos ensaios publicados na *Revista de Processo*.[14]

2.1.2 O conceito no Código de Processo Civil: adoção da teoria de Liebman?

O Código de Processo Civil brasileiro (Lei nº 5.869/1973) trata da coisa julgada na Seção II ("Da coisa julgada") do Capítulo VIII ("Da sentença e da coisa julgada") do Título VIII ("Do procedimento ordinário") do Livro I ("Do processo de conhecimento"), entre os arts. 467 e 475. O estatuto processual civil, simpático aos conceitos legais, define o instituto em referência logo no art. 467, estabelecendo que "denomina-se coisa julgada material a eficácia, que torna imutável e indiscutível a sentença, não mais sujeita a recurso ordinário ou extraordinário".[15]

---

13. Barbosa Moreira (2011b:v. VI, p. 691-692). Idem: Id. (1984b:113). Adotando expressamente a lição de Barbosa Moreira, confira-se Alexandre Freitas Câmara (2001:v. I, p. 399-400): "Podemos, assim, afirmar que a coisa julgada é a situação jurídica consistente na imutabilidade e indiscutibilidade da sentença (coisa julgada formal) e de seu conteúdo (coisa julgada substancial), quando tal provimento jurisdicional não está mais sujeito a qualquer recurso".
14. Veja, a esse respeito, os seguintes trabalhos: Silva (2011a:v. VI, p. 287 e ss. e 2011b:v. VI, p. 723 e ss.). E ainda, especialmente, o livro: Id. (2003:passim).
15. A Lei de Introdução às Normas do Direito Brasileiro (Decreto-lei nº 4.657/1942) também traz uma definição da coisa julgada, estatuindo, no §3º do art. 6º, que "chama-se coisa julgada ou caso julgado a decisão judicial de que já não caiba recurso". Sem se ater à questão da vigência do dispositivo, que parece ter sido revogado tacitamente pela lei especial posterior, isto é, pelo art. 467 do Código de Processo Civil, vale apenas ressaltar neste momento a crítica de Barbosa Moreira (2011b:v. VI, p. 682) ao seu teor: "Desde logo se pode afastar, por obviamente insatisfatória, a da Lei de Introdução ao Código Civil. Chamar 'coisa jul-

A doutrina, de regra, anota diversas críticas ao dispositivo. Em primeiro lugar, não obstante a adoção pela maioria da doutrina brasileira do conceito *liebmaniano* de coisa julgada, o fato é que o art. 467 não o adotou. Nesse sentido, Nelson Nery Junior (2010:v. IV, p. 417, nota 2), com argumento histórico, esclarece que "o Anteprojeto Buzaid adotava a teoria de Liebman (art. 507), mas sofreu modificações no Congresso Nacional e o texto do CPC 467 não contempla essa teoria". Em relação ao mesmo dispositivo, Thereza Alvim expressamente aduz que "nossa lei, por outro lado, como se adiantou, recebeu redação ainda mais imprecisa assemelhando-se, nesse passo, à posição de Chiovenda".[16] Parece-nos realmente que o diploma processual civil não adotou o conceito de Liebman de coisa julgada, pois a identifica com a eficácia da sentença. Essa constatação, como se verá, é importante para a correta interpretação do art. 31 da Lei de Arbitragem.

Como se não bastasse, cumpre advertir que o art. 467 do Código não relaciona a coisa julgada ali tratada com a sentença de mérito, o que levanta sérias dúvidas em se saber se a definição legal se refere realmente à coisa julgada material ou apenas à coisa julgada formal.[17] Veja-se, novamente, que

---

gada' à própria sentença, desde que inatacável através de recurso, será, na melhor hipótese, empregar linguagem figurada para indicar o momento em que a coisa julgada se forma. A expressão, demasiado simplificadora, permite-nos saber quando começa a existir coisa julgada; nada nos informa, porém, sobre a essência do fenômeno e sobre o modo como ele atua para desempenhar sua função específica. Detém-se a regra legal no aspecto cronológico e deixa totalmente na sombra o aspecto ontológico da coisa julgada".

16. Alvim (2008:400). No mesmo sentido, confira-se: Barbosa Moreira (2011b:v. VI, p. 681, nota 5, 2007e:219); Talamini (2005:43). No mesmo sentido, Cândido Rangel Dinamarco (2006:viii) afirma explicitamente que "o Código de Processo Civil não foi fiel àquela distinção, dela se afastando (e sem muita clareza) ao definir a coisa julgada como 'a eficácia que torna imutável e indiscutível a sentença não mais sujeita a recurso ordinário ou extraordinário'". Antonio Carlos de Araújo Cintra (2003:v. IV, p. 309 e 310) afirma, primeiramente, que "do artigo 507 do anteprojeto ao artigo 467 do Código de Processo Civil o conceito de coisa julgada foi se afastando cada vez mais da doutrina de Liebman", para, em seguida, entender que, "considerando a coisa julgada como efeito da sentença, a lei, na realidade, se ajustou à doutrina de Celso Neves, na linha do pensamento de Hellwig". Ada Pellegrini Grinover (2006:10), referindo-se à doutrina de Liebman, prefere considerar que "o Código de 1973 encampou em grande parte a posição, ainda que com algum recuo e certa imprecisão". Aparentemente em sentido contrário, e sem maiores distinções, Humberto Theodoro Júnior (2002:v. I, p. 477) afirma que, "filiando-se ao entendimento de Liebman, o novo Código não considera a *res iudicata* como um efeito da sentença".

17. Vale observar que o conceito de coisa julgada formal não é pacificamente aceito pela doutrina brasileira. Nelson Nery Junior e Rosa Maria de Andrade Nery (2012:818-819) afirmam que "a denominação coisa julgada formal é equívoca, mas se encontra consagrada na doutrina. Trata-se, na verdade, de preclusão e não de coisa julgada". Nessa mesma linha, Eduardo Arruda Alvim e Angélica Arruda Alvim (2012:79) explicam que "há, pois, dois fenômenos geneticamente distintos — a coisa julgada formal e material — motivo pelo qual

o art. 467 do diploma processual estabelece apenas que "denomina-se coisa julgada material a eficácia, que torna imutável e indiscutível a sentença, não mais sujeita a recurso ordinário ou extraordinário". Ora, como bem ressalta Humberto Theodoro Júnior, "a coisa julgada material só diz respeito ao julgamento da lide [isto é, do mérito], de maneira que não ocorre quando a sentença é apenas terminativa (não incide sobre o mérito da causa)".[18]

Em outras palavras, consoante o entendimento da doutrina brasileira, a coisa julgada material necessariamente se relaciona com o julgamento de mérito.[19] Já a coisa julgada formal — não obstante também presente numa

---

se nos afiguram procedentes as críticas de setores autorizados da doutrina à expressão coisa julgada formal, fenômeno processual que é mais propriamente designado pela expressão preclusão máxima". Ada Pellegrini Grinover (2006:68), por outro lado, distancia os conceitos de coisa julgada formal e de preclusão: "Na verdade, porém, coisa julgada formal e preclusa são dois fenômenos diversos, na perspectiva da decisão irrecorrível. A preclusão é, subjetivamente, a perda de uma faculdade processual e, objetivamente, um fato impeditivo; a coisa julgada formal é a qualidade da decisão, ou seja, sua imutabilidade, dentro do processo. Trata-se, assim, de institutos diversos, embora ligados entre si por uma relação lógica de antecedente-consequente". Também diferenciando a coisa julgada formal da preclusão, confira-se o entendimento de Arruda Alvim (2011:487): "A preclusão, outrossim, distingue-se da coisa julgada. A primeira é a perda da possibilidade de praticar um ato dentro do processo, com efeito a ele limitado. A coisa julgada formal é representada pela impossibilidade de modificação do resultado do processo, nele mesmo, porque esgotados ou não oferecidos os recursos cabíveis contra a sentença. À coisa julgada formal geralmente está ligada a coisa julgada material, mas não necessariamente. A sentença, pois, com a coisa julgada formal, torna-se imutável, produzindo, normalmente, seus efeitos para fora do processo (coisa julgada material). Haverá coisa julgada formal, e não material, em casos de possível modificação do resultado em outro processo. Como a coisa julgada formal pode resultar da preclusão para a interposição de um último recurso cabível, diz-se, habitualmente, que ela consubstancia a 'preclusão máxima'. Sem embargo de a coisa julgada formal originar-se da preclusão, que se substancia na não interposição do recurso, ambas não se confundem. A preclusão diz respeito ao não uso do recurso, ao passo que a coisa julgada formal encerra e fecha o processo, pondo-lhe um ponto final". Eduardo Talamini (2005:131), por sua vez, vê na coisa julgada material e na coisa julgada formal um único fenômeno: "A rigor, o instituto da coisa julgada é essencialmente apenas um. Coisa julgada formal e coisa julgada material são duas expressões de um mesmo e único fenômeno. Adaptando-se a constatação para o conceito adotado no presente capítulo, pode-se dizer que, em ambos os casos, verifica-se a imutabilidade do comando contido na sentença. A diferença está no objeto sobre o qual recaía essa qualidade — que em si, é a mesma. A diversidade reside no teor do comando: a coisa julgada formal consiste na imutabilidade de um comando que se limita a pôr fim ao processo; a coisa julgada material consiste na imutabilidade do comando que confere tutela a alguma das partes, isso é, que dispõe substancialmente sobre algo que vai além da simples relação processual".
18. Theodoro Júnior (2008:604). Idem: Liebman (2006:55); Arruda Alvim (2012:662); Arruda Alvim e Arruda Alvim (2012:80); Nery Junior e Nery (2012:818); Câmara (2001:v. I, p. 396).
19. Seguidas vezes no corpo do texto se faz referência apenas a sentenças de mérito, interligando o conceito de mérito ao conceito de sentença, na linha tradicional da doutrina processual civil brasileira. A respeito da decisão interlocutória de mérito, recomenda-se leitura do denso trabalho de José Carlos de Almeida Santos (2012).

sentença de mérito transitada em julgado — se caracteriza mais propriamente por tornar imutável a decisão sem resolução de mérito (art. 267 do Código de Processo Civil). O dispositivo também não estabelece outra diferença capital entre a coisa julgada material e a coisa julgada formal, qual seja, a localização extraprocessual ou endoprocessual da imutabilidade/indiscutibilidade da decisão. Nesse sentido, Thereza Alvim explica que "a coisa julgada formal constitui a imutabilidade da decisão final, como fato processual que é, dentro do mesmo processo em que foi proferida", enquanto "a coisa julgada material (...) significa a imutabilidade dessa mesma decisão fora do âmbito do processo".[20]

Assim, imagine-se um processo judicial em que o juiz profira uma sentença julgando extinto o processo sem resolução do mérito em razão da desistência manifestada pelo autor. Trata-se de decisão fundada no inciso VIII do art. 267 do Código de Processo Civil, razão pela qual não haverá coisa julgada material, mas apenas coisa julgada formal.[21] Isso porque essa decisão não versa sobre o mérito da causa, isto é, sobre o objeto litigioso.[22] Pelo fato de essa decisão não decidir o *meritum causae*, não se formará coisa julgada material, mas apenas coisa julgada formal, razão pela qual a imutabilidade será apenas endoprocessual, de maneira que o autor que desistiu poderá repropor ação idêntica em seguida.[23]

---

20. Alvim (1977:43). No mesmo sentido, José Carlos Barbosa Moreira (2005a:444), em parecer por nós encomendado há décadas, afirma que "enquanto na coisa julgada formal o conteúdo da sentença só se torna imutável dentro do feito em que proferida, na coisa julgada material ele se torna imutável em qualquer processo". Idem: Id. (2011b:v. VI, p. 688); Arruda Alvim e Arruda Alvim (2012:79); Nery Junior (2012:818); Cruz e Tucci (2006:28, nota 10). Eduardo Arruda Alvim e Angélica Arruda Alvim (2012:79) afirmam, inclusive, que, "em última análise, o art. 467 (...) trata da coisa julgada formal e não da coisa julgada material".

21. Pressupõe-se, no exemplo, por óbvio, que a parte interessada não tenha interposto o recurso adequado contra essa decisão ou que esse recurso, apesar de interposto, não tenha preenchido os requisitos de admissibilidade. Lembrando que a coisa julgada — formal e, acrescente-se de nossa parte, material — só se forma com a não interposição do recurso ou de expediente que o valha, cumpre transcrever a observação de Humberto Theodoro Júnior (2002:v. I, p. 474): "A coisa julgada formal decorre simplesmente da imutabilidade da sentença dentro do processo em que foi proferida pela impossibilidade de interposição de recursos, quer porque a lei não mais os admite, quer porque se esgotou o prazo estipulado pela lei sem interposição pelo vencido, quer porque o recorrente tenha desistido do recurso interposto ou ainda tenha renunciado à sua interposição".

22. Dessa forma, confira-se o ensinamento de Teresa Arruda Alvim Wambier (2012:v. II, p. 162-163): "A coisa julgada, contudo, cinge-se ao objeto litigioso, e não ao objeto do processo". A respeito do objeto litigioso, confira-se também a lição de Arruda Alvim (2011:441-443).

23. A respeito de interessante interpretação do art. 268 do Código de Processo Civil, especialmente em relação à sua aplicação diante de sentenças que apontam pela carência de ação, confira-se novamente a doutrina de Arruda Alvim (2011:415-420).

Por outro lado, imagine-se que esse mesmo autor resolva repropor essa demanda e não desista como havia feito na primeira oportunidade. Assim, as partes apresentam suas manifestações, produzem-se as provas e chega-se à fase final de julgamento. Caso o juiz, ao sentenciar, julgue improcedente o pedido do autor — examinando, assim, o mérito da causa, consoante a hipótese, por exemplo, do inciso I do art. 269 do diploma processual civil —, essa decisão se tornará imutável e indiscutível pela ocorrência da coisa julgada material (extraprocessual) e da coisa julgada formal (endoprocessual).[24] Dessa forma, esse autor não poderá repropor novamente a demanda, pois se assim o fizer estará desrespeitando a coisa julgada material e o processo será extinto *ab initio.*

A conclusão deste item, portanto, é a de que o art. 467 do Código de Processo Civil não adotou o conceito *liebmaniano* de coisa julgada, mas sim um conceito que se aproxima da definição de Giuseppe Chiovenda, consistente em entender a coisa julgada como eficácia da sentença. Examinado *en passant* o referido dispositivo,[25] cumpre analisar no item seguinte, também sumariamente, os dispositivos dedicados aos limites objetivos da coisa julgada.[26]

---

24. Tudo isso a partir do pressuposto, novamente, da ausência de recurso admissível contra essa sentença. Percebe-se, no exemplo, que a coisa julgada material sempre pressupõe a coisa julgada formal, seguindo-a em ordem lógica. Nesse sentido, já ensinava Giuseppe Chiovenda (1969:v. 1, p. 374), ao afirmar que "a coisa julgada substancial (obrigatoriedade nos futuros processos) tem por pressuposto a coisa julgada formal (preclusão das impugnações)". O contrário, porém, não é verdadeiro, pois nem sempre a coisa julgada formal ocorre conjuntamente com a coisa julgada material. A respeito do ponto, Humberto Theodoro Júnior (2002:v. I, p. 475) leciona que "a coisa julgada formal pode existir sozinha em determinado caso, como ocorre nas sentenças meramente terminativas, que apenas extinguem o processo sem julgar a lide. Mas a coisa julgada material só pode ocorrer de par com a coisa julgada formal, isto é, toda sentença para transitar materialmente em julgado deve, também, passar em julgado formalmente".
25. O texto do art. 467 do diploma processual civil ainda sofre de outras críticas da doutrina, valendo transcrever uma delas de autoria de Barbosa Moreira (1984b:107): "Sugere o texto algumas observações. A primeira é a de que ele não parece refletir com total fidelidade o fenômeno descrito: não é a coisa julgada material, em nosso modo de ver, que torna imutável e indiscutível a sentença, como se entre 'coisa julgada material', de um lado, é 'imutabilidade e indiscutibilidade', de outro, houvesse relação de causa e efeito — o que a rigor só seria possível se a coisa julgada material preexistisse à imutabilidade e à indiscutibilidade. Se algo torna imutável e indiscutível a sentença, no sentido de que a faz passar a semelhante condição, será antes o trânsito em julgado (assim entendida a preclusão das vias recursais e, nos casos do art. 475, também o exaurimento do duplo grau de jurisdição) do que propriamente a coisa julgada material. Quanto a esta, só começa a existir no mesmo instante em que a sentença deixa de ser mutável e discutível, de modo que logicamente — repita-se — não há como atribuir-lhe a virtude de torná-la tal".
26. Para a formação da coisa julgada material, em resumo, vale a transcrição do entendimento de Nelson Nery Junior e Rosa Maria de Andrade Nery (2012:817): "Para que se forme a

2.2 Limites objetivos

Os limites objetivos da coisa julgada são definidos nos arts. 468, 469 e 470 do Código de Processo Civil. O art. 468 dispõe que "a sentença, que julgar total ou parcialmente a lide, tem força de lei nos limites da lide e das questões decididas". De inegável índole *carneluttiana*, pois copiado do *Projeto Carnelutti*[27] e baseado na distinção pouco acolhida entre lide integral e lide parcial elaborada por aquele renomado jurista, o dispositivo não favorece a compreensão da coisa julgada.[28]

Em consonância com o limitado escopo deste texto, basta dizer que o dispositivo, ao contrário do que poderia parecer à primeira vista diante da expressão "julgar total ou parcialmente a lide", não permite a sentença *infra* ou *citra petita*, mas apenas deve ser entendido como se referindo a casos em que é possível o fatiamento do julgamento de mérito (*v.g.*: ação de prestação de contas)[29] ou, então, a procedência parcial do pedido. Ademais, o texto não utiliza o conceito técnico de questões — pontos controvertidos que o juiz apenas conhece e soluciona no seu itinerário lógico, sem, porém, decidi-los propriamente —, já que, conforme se verá oportunamente, a coisa julgada só atinge o dispositivo da decisão. Por fim, diga-se que é no sentido de mérito que deve ser entendida a expressão "nos limites da lide" na parte final do art. 468 do estatuto processual civil.[30]

---

auctoritas rei iudicatae (coisa julgada material), são necessários os seguintes requisitos: a) que o processo exista, isto é, que estejam presentes os pressupostos de constituição do processo (jurisdição, petição inicial, citação — CPC 267 IV). (...); b) que a sentença seja de mérito (CPC 269); c) que a sentença de mérito não mais seja impugnável por recurso ordinário ou extraordinário (CPC 467; LINDB 6º §3º) ou reexaminável pela remessa necessária (CPC 475)".

27. O art. 468 do Código de Processo Civil de 1973 é inspirado, com algumas variações, no art. 287 do Código de Processo Civil de 1939, que, por sua vez, é cópia do art. 290 do Projeto de Código de Processo Civil italiano elaborado em 1926 pela Comissão Ludovico Mortara, cuja fonte, a seu turno, é o art. 300 do Projeto Carnelutti. Nesse sentido: Silva (2011:v. VI, p. 725). Idem, a respeito desse histórico, mas ainda a respeito do art. 287 do Código de 1939: Guimarães (1969:21).

28. José Carlos Barbosa Moreira (2005a:445) chama a atenção para a diversidade de fontes inspiradoras — inconciliáveis, registre-se — do legislador ao redigir os arts. 467 e 468 do Código de Processo Civil: "Dissemos curiosamente porque esse dispositivo é de inspiração carneluttiana, e bem se sabe quão divergentes foram as posições de Carnelutti e Liebman na matéria em foco — o que dá certo sabor de ironia ao alvitre legislativo de pôr em convivência forçada normas de origens antitéticas".

29. Nesse sentido, inclusive o mesmo exemplo, confira-se: Nery Junior e Nery (2012:840).

30. Barbosa Moreira (1977c:91), vinculando a coisa julgada ao pedido feito pelo autor, esclarece que o art. 468 do diploma processual civil tem igual correspondência no §322 da ZPO (*Zivilprozessordnung*) alemã: "Apenas a lide é julgada; e, como a lide se submete à apreciação

A coisa julgada na arbitragem doméstica

O art. 469 do Código, a seu turno, estabelece que "não fazem coisa julgada: I — os motivos, ainda que importantes para determinar o alcance da parte dispositiva da sentença; II — a verdade dos fatos, estabelecida como fundamento da sentença; III — a apreciação da questão prejudicial, decidida incidentemente no processo". O dispositivo é de uma didática ululante, certamente justificável em razão da confusão que reinava na doutrina e na jurisprudência nacional sobre o tema na vigência do Código de Processo Civil de 1939. O inciso I do dispositivo cobre *vero e proprio* todos os demais, na medida em que a "verdade dos fatos" (inciso II) e a "questão prejudicial" (inciso III) conhecida no curso do processo[31] estão compostas na motivação da sentença.[32]

O que se pode dizer, a partir do texto legal, na linha do que explica Teresa Arruda Alvim Wambier, é que

> no direito brasileiro, optou-se pela regra no sentido de que só fica acobertada pela autoridade de coisa julgada o *decisum*, podendo ser objeto de nova discussão em outro processo tudo o que tenha sido resolvido pelo juiz, mesmo expressamente, como pressuposto para se chegar à conclusão da sentença.[33]

---

do órgão judicial por meio do pedido, não podendo ele decidi-lo senão 'nos limites em que foi proposta' (art. 128), segue-se que a área sujeita à autoridade da coisa julgada não pode jamais exceder os contornos do *petitum*". Em parecer, o autor destaca que a expressão "força de lei" corresponde, ao seu modo, à expressão tedesca *Rechtskraft*: "Note-se que atribuir 'força de lei' à sentença de mérito significa nada mais, nada menos que atribuir-lhe a autoridade da coisa julgada: a expressão 'força de lei', aí, é mera tradução — aliás, infeliz — da locução alemã *Rechtskraft*, lá usada para designar justamente a *res iudicata*" (Id., 2005a:445).

31. Não obstante a lei diga, no inciso III do art. 469, "questão prejudicial decidida incidentemente", a verdade é que, no rigor da técnica, essa questão é apenas conhecida e não propriamente decidida, pois se decidida fosse, não estaria na motivação, mas no dispositivo da decisão. Além do mais, a questão é conhecida incidentalmente, e não exatamente incidentemente, pois o termo utilizado pela lei pode passar a ideia — equivocada — de que se trata de decisão interlocutória. A esse respeito, confira-se a crítica de Barbosa Moreira (1977c:93).

32. Nesse sentido, confira-se: Barbosa Moreira (1977c:92). Idem: Id. (2005a:447).

33. Wambier (2012:v. II, p. 162). Não obstante os motivos da decisão não sejam acobertados pela coisa julgada material, inegavelmente o dispositivo da sentença precisa ser interpretado à luz da fundamentação decisória. Assim, na linha de Ada Pellegrini Grinover (2005a:112), "embora a autoridade da coisa julgada se limite ao dispositivo da sentença, esse comando pode e deve ser entendido — tanto mais quando exista alguma margem para dúvida — à luz das considerações feitas na motivação, ou seja, na apreciação das questões surgidas e resolvidas no processo". A autora ainda faz uma comparação interessante para explicar seu raciocínio: "Assim, da mesma forma que, para a mais perfeita determinação do objeto do processo, se conjuga o pedido à causa de pedir, para determinação do objeto do julgamento — e da coisa julgada que sobre ele se forma — conjuga-se o mesmo aos motivos da decisão" (Ibid., p. 112). Idem: Liebman (2006:63); Nery Junior (2010:v. IV, p. 422-423); Silva (2003:136); Marinoni (2011a:v. I, p. 433-434).

A regra geral do direito processual civil brasileiro, portanto, é a de que a coisa julgada alcança objetivamente apenas o dispositivo da decisão de mérito e não a fundamentação, nem no que diz respeito ao substrato fático e nem no que tange às matérias de direito.[34]

A doutrina aponta algumas exceções a essa regra, como a primeira parte do art. 55 do Código de Processo Civil, segundo o qual "transitada em julgado a sentença, na causa em que interveio o assistente, este não poderá, em processo posterior, discutir a justiça da decisão".[35] Não obstante a divergência sobre o ponto, tem se entendido que esse dispositivo impõe certa imutabilidade à fundamentação da sentença, ao menos em relação ao assistente simples que tenha participado integralmente do processo.[36] Ada Pellegrini Grinover narra que, excepcionalmente, a coisa julgada também pode se estender sobre a fundamentação nos casos da questão prejudicial sobre filiação decidida no curso da ação de alimentos, da questão prejudicial a respeito do

---

34. Trata-se de posição unânime na doutrina brasileira, facilitada, sem dúvida, pela literalidade e didática do art. 469 do diploma processual civil: Liebman (2006:63); Grinover (1972:2, 2005a:109); Theodoro Júnior (2002:v. I, p. 482); Silva (2003:136); Nery Junior (2010:v. IV, p. 421); Nery Junior e Nery (2012:819); Marinoni (2011c:v. I, p. 498, 2011a: v. I, p. 433-434).

35. O texto integral do dispositivo é o seguinte: "Art. 55. Transitada em julgado a sentença, na causa em que interveio o assistente, este não poderá, em processo posterior, discutir a justiça da decisão, salvo se alegar e provar que: I — pelo estado em que recebera o processo, ou pelas declarações e atos do assistido, fora impedido de produzir provas suscetíveis de influir na sentença; II — desconhecia a existência de alegações ou de provas, de que o assistido, por dolo ou culpa, não se valeu".

36. Nelson Nery Junior e Rosa Maria de Andrade Nery entendem que a exceção legal do art. 55 do estatuto processual civil representa verdadeira coisa julgada sobre a fundamentação da sentença, a atingir exclusivamente o assistente simples: "Como exceção à regra estipulada na norma sob comentário, os motivos da sentença (justiça da decisão) se tornam indiscutíveis e fazem, portanto, coisa julgada, relativamente ao assistente simples (CPC 50), que não pode discuti-los em processo futuro, salvo se alegar e comprovar a má gestão processual do assistido (*exceptio male gesti processus*)" (Nery Junior e Nery, 2012:842). A maioria da doutrina, porém, nega que se trate de coisa julgada, sendo poucos, porém, aqueles que se aventuram em indicar a natureza jurídica do instituto. Athos Gusmão Carneiro (2001:153 e 154), depois de negar que a coisa julgada atinge o assistente simples, defende que "será, todavia, afetado pelos efeitos reflexos da sentença", bem como que o assistente simples não poderá "discutir os fatos e os motivos que serviram de fundamento à anterior sentença, na causa em que ocorreu a assistência". Cassio Scarpinella Bueno (2006:186-187), por sua vez, aduz que "a justiça da decisão, assim, vincula o assistente aos motivos da sentença, o que, em geral, não ocorre, mesmo para as partes (CPC, art. 469, I), embora não fique ele sujeito à imutabilidade de sua parte dispositiva, campo próprio de atuação da coisa julgada". Eduardo Arruda Alvim e Angélica Arruda Alvim (2012:83) afirmam que, neste caso, "são os fundamentos da sentença, em relação ao que foi assistente, que se projetam para fora do processo". Cândido Rangel Dinamarco (2009a:38), após negar que o assistente simples fique submetido à coisa julgada, considera que "trata-se de autêntica eficácia preclusiva da coisa julgada e não da *res judicata* em si mesma".

an debeatur no âmbito penal para fins de permitir diretamente a liquidação e execução da decisão na esfera cível e da execução individual de sentença coletiva.[37]

A importância fundamental dessas exceções consiste em deixar claro que o ordenamento processual brasileiro pode conviver, perfeitamente, com a extensão da coisa julgada material à fundamentação da decisão, sem que isso possa ser tachado de inconstitucional ou violador da ordem pública processual, bastando que haja disposição legal em suporte. Trata-se de ponto fundamental em relação à coisa julgada na arbitragem, na medida em que o direito processual aplicável ao processo arbitral pode, eventualmente, conter regulamentação a respeito da coisa julgada diversa da regra geral do sistema processual civil brasileiro, o que sempre levanta dúvidas sobre uma possível violação da ordem pública processual.[38]

Por fim, o art. 470 dispõe que "faz, todavia, coisa julgada a resolução da questão prejudicial, se a parte o requerer (arts. 5º e 325), o juiz for competen-

---

37. Confira-se a narração da autora sobre a posição de Liebman, com a qual, porém, ela possui ressalvas: "Vale lembrar, a propósito da exclusão das questões prejudiciais da autoridade da coisa julgada, a exceção legislativa estabelecida pela denominada 'Lei do Divórcio' (Lei nº 6.515, de 26 de dezembro de 1977), que também cuidou de modificar a legislação sobre reconhecimento de filhos ilegítimos (Lei nº 883, de 21 de outubro de 1949), e cujo art. 51, introduzindo um parágrafo único no art. 4º da Lei nº 883/49, expressamente faz recobrir pela coisa julgada, na ação de alimentos, a relação de filiação, dispensando a ação de investigação de paternidade, se concedida a prestação alimentícia. O mesmo fenômeno ocorre com a condenação penal, que dá margem à imediata liquidação e execução da sentença para a reparação do dano; e, mais recentemente, com o Código de Defesa do Consumidor, cujo art. 103, §3º, prevê o transporte da coisa julgada favorável da ação em defesa de direitos ou interesses difusos ou coletivos, para beneficiar as pretensões reparatórias individuais, sem necessidade de processo de conhecimento. Mas, em nosso entender, aqui não se trata de extensão da coisa julgada às questões de fato, como pareceu a Liebman, mas de uma ampliação, *ex vi legis*, do objeto do processo: o juiz não se limita a aplicar a sanção penal, ou a condenar com base no dano indivisivelmente considerado, mas também condena, implicitamente, à reparação da vítima" (Grinover, 2006:13). Vale lembrar, a respeito do primeiro exemplo, que a Lei nº 12.004/2009 expressamente revogou a Lei nº 883/1949, razão pela qual nos parece que o exemplo não é mais atual.

38. Destaque-se que o corpo do texto se refere à ordem pública processual numa perspectiva de direito internacional, diversa, portanto, daquela normalmente utilizada no âmbito do processo judicial para designar aquelas questões que, em regra, o juiz pode conhecer de ofício, que não estão sujeitas à preclusão e sobre as quais as partes não podem transigir. No sentido exclusivamente processual, claro e evidente que a coisa julgada pode ser considerada uma questão de ordem pública, conforme leciona Nelson Nery Junior (2010:v. IV, p. 429): "A recíproca é verdadeira, porque não podem as partes fazer acordo sobre o que fará ou não coisa julgada, pois essa convenção será nula por versar sobre matéria de ordem pública. A matéria de ordem pública é inexoravelmente atingida pela coisa julgada, ela mesma, coisa julgada, também matéria de ordem pública. Renúncia à coisa julgada, sem regra legal ou da relação jurídica material autorizando, é inadmissível".

te em razão da matéria e constituir pressuposto necessário para o julgamento da lide". A remissão desse texto aos arts. 5º e 325 do mesmo Código diz respeito à chamada ação declaratória incidental,[39] cuja finalidade é a de ampliar o *thema decidendum*,[40] por meio da transformação de uma questão prejudicial em uma nova causa (causa prejudicial).[41] A comparação desse dispositivo com o inciso III do art. 469 do diploma processual indica que a solução da questão prejudicial[42] pode ou não ser acobertada pela autoridade da coisa julgada a depender do modo com que ela é apreciada no caso, se no seio de uma ação declaratória incidental (em que haverá coisa julgada material) ou se apenas no curso do processo (em que não haverá coisa julgada material).[43]

Assim, imagine-se que um contratante ingresse em juízo para cobrar do

---

39. Thereza Alvim (1977:105), a respeito dos requisitos para propositura da ação declaratória incidental, afirma o seguinte: "Apontamos como pressupostos específicos do requerimento da declaratória incidental: 1. que se referisse a questão prejudicial de mérito; 2. que essa prejudicial pudesse ser objeto de ação autônoma; 3. que já houvesse processo pendente; 4. que se tratasse de questão, portanto, que houvesse litigiosidade". Idem: Id. (2011:427). Em sentido assemelhado, confira-se a lição de Nelson Nery Junior e Rosa Maria de Andrade Nery (2012:215): "São pressupostos para o ajuizamento da ADI: a) ser deduzida por petição inicial, obedecidos os requisitos do CPC 282; b) haver litispendência; c) ter havido contestação sobre a questão prejudicial; d) tratar-se de questão prejudicial de mérito; e) poder essa questão ser objeto de ação declaratória autônoma; f) não ser o juiz absolutamente incompetente; g) ser compatível com o procedimento da ação principal".

40. A esse respeito, vale a citação de Barbosa Moreira (1977c:94): "Com a propositura da ação declaratória incidente passa o processo a ter duplo objeto: ambas as questões — a subordinante e a subordinada — passam a ser questões principais, integrando o *thema decidendum*, que se dilata".

41. A respeito da diferença entre questão prejudicial e causa prejudicial, veja Alvim (1977:27).

42. A questão prejudicial é espécie — juntamente com as chamadas questões preliminares — do gênero questões prévias. De acordo com Thereza Alvim (1977:23), "preliminares são aquelas questões que devem ser lógica e necessariamente decididas antes de outras, delas dependentes, sendo que as soluções das preliminares tornarão ou não admissíveis o julgamento das questões a elas vinculadas". Já a questão prejudicial, novamente segundo a autora, é "aquela questão que deve, lógica e necessariamente, ser decidida antes de outra, sendo que sua decisão influenciará o próprio teor da questão vinculada" (Ibid., p. 24). Estabelecendo essa diferença, consulte-se ainda a lição de José Carlos Barbosa Moreira (1967:29-30): "Cabendo a qualificação de 'prejudiciais' às questões de cuja solução dependa o teor ou conteúdo da solução de outras, reservar-se-á a expressão 'questões preliminares' para aquelas de cuja solução vá depender a de outras não no seu modo de ser, mas o seu próprio ser; isto é, para aquelas que, conforme o sentido em que sejam resolvidas, oponham ou, ao contrário, removam um impedimento à solução de outras, sem influírem, no segundo caso, sobre o sentido em que estas outras hão de ser resolvidas". Idem, sobre a distinção entre questões prejudiciais e questões preliminares: Nery Junior e Nery (2012:215); Marinoni (2011b:v. I, p. 446-447).

43. Tratando dessa transformação da questão prejudicial em causa prejudicial por meio da ação declaratória incidental, confira-se a lição de Arruda Alvim, Araken de Assis e Eduardo Arruda Alvim (2012:669): "Tem a ação declaratória incidental o escopo de fazer com que determinada questão prejudicial, que vá ser apreciada *incidenter tantum*, venha a ser abrangida pela autoridade da coisa julgada. Se não for proposta ação declaratória incidental, a questão prejudicial será apreciada pelo juiz, mas sobre ela não haverá coisa julgada". Idem: Barbosa Moreira (1967:92, 1977c:94); Nery Junior e Nery (2012:215).

outro uma multa pelo descumprimento de obrigação contratual acessória. Dentre os argumentos de defesa, o réu suscita na contestação a invalidade integral do contrato. Defende que inválido o contrato, a eventual multa não poderia ser cobrada. Trata-se de uma questão prejudicial, na medida em que a sua solução (válido ou inválido) vai determinar o teor da decisão de mérito do caso (pague ou não pague). Ao sentenciar, o juiz rejeita a alegação de invalidade e condena o réu ao pagamento da multa. Nesse caso, a questão da invalidade não integrava o mérito da causa, razão pela qual não recai sobre ela a autoridade da coisa julgada. Assim, nada impede que, numa sucessiva demanda, em que uma das partes requeira a execução do contrato, a outra novamente alegue a invalidade do contrato e o juiz, desta vez, reconheça essa invalidade.[44]

Situação diversa ocorreria se o mesmo réu, ao contestar a mencionada ação de cobrança da multa acessória, propusesse também uma ação declaratória incidental, com o objetivo de obter do juiz uma decisão definitiva decretando a invalidade do contrato. Nesse caso, o tema da validade da avença seria enfrentado na sentença como parte do mérito da causa, razão pela qual ele seria coberto pela coisa julgada material. Dessa forma — pressupondo-se que o contrato tenha sido entendido como válido, ou seja, que o pedido na ação declaratória incidental tenha sido julgado improcedente —, a questão da invalidade do instrumento negocial sequer poderá ser debatida na futura ação de execução do contrato, mencionada no exemplo anterior, sob pena de ofensa à coisa julgada material.[45]

E outra situação ocorreria se a primeira ação fosse uma declaratória de validade do contrato, proposta pelo autor em face do réu. Observe-se que nesse caso a validade do negócio jurídico não é nem questão prejudicial a ser enfrentada no curso do processo, nem questão prejudicial transformada em causa prejudicial pelo ajuizamento de ação declaratória incidental. Nesse caso, a validade da avença é o próprio mérito da demanda ajuizada pelo autor. Transitada em julgado a sentença de procedência, com força de coisa julgada sobre a validade do contrato, essa matéria não poderá ser rediscutida em

---

44. Neste sentido, cumpre transcrever a lição de Barbosa Moreira (1967:112): "As questões prejudiciais, conhecidas incidentalmente, ficam abertas, em qualquer outro processo, à livre apreciação do órgão judicial".

45. Exatamente a esse respeito, transcreva-se novamente a opinião de Barbosa Moreira (1967, p. 76): "Vimos que, no caso de questão primeiramente resolvida como principal, a *res iudicata* que se tenha formado sobre a decisão antecedente vincula o juiz do segundo processo".

uma eventual e futura ação de execução do contrato, nem a título de questão prejudicial, nem sob a forma de causa prejudicial.[46] Há, na espécie, anterior coisa julgada a respeito da validade do contrato, de maneira a vincular as partes e o Poder Judiciário (função positiva da coisa julgada).[47]

2.3 Eficácia preclusiva da coisa julgada

Tema normalmente relacionado com os limites objetivos é o da chamada eficácia preclusiva da coisa julgada, previsto no art. 474 do estatuto processual civil, segundo o qual "passada em julgado a sentença de mérito, reputar-se-ão deduzidas e repelidas todas as alegações e defesas, que a parte poderia opor assim ao acolhimento como à rejeição do pedido". Apesar de a lei fazer uso de ficção jurídica — a partir da conjugação verbal "reputar-se-ão", dando a ideia de julgamento implícito[48] —, a verdade é que a eficácia preclusiva da coisa julgada torna irrelevante, para fins de alterar a decisão de mérito transitada em julgado, a existência de fatos ou de argumentos jurídicos que poderiam ter influenciado no resultado do processo e que não foram alegados pelas partes e/ou conhecidos pelo julgador.[49]

---

46. Nesse sentido, transcreva-se a lição de José Carlos Barbosa Moreira (1967:69-70): "Logo, se por hipótese a questão foi decidida, com força de coisa julgada, em processo anterior, onde constituíra objeto principal do julgamento, a disciplina que ao propósito imperativamente se estabeleceu há de ter a virtude de impor-se ao juiz de outro processo, em que ela venha a ser ressuscitada. E, aqui, é indiferente que tal reproposição se faça de novo em via principal, ou apenas em caráter prejudicial: em ambos os casos, a vinculação decorrente da *res iudicata* fará sentir-se com a mesma intensidade".

47. A respeito das funções positiva e negativa da coisa julgada, confira-se: Wambier (2012: v. II, p. 91); Cruz e Tucci (2006:168); Marinoni (2011a:v. I, p. 427-428 e 433); Cintra (2003:v. IV, p. 306-307); Theodoro Júnior (2008:608).

48. Criticado o texto legal, confira-se o que diz José Carlos Barbosa Moreira (2011a:v. VI, p. 713): "Todavia, embora denote considerável progresso em confronto com o texto vigente, a técnica do Anteprojeto, no particular, ainda se mantém presa à inútil ficção do 'julgamento implícito'. Trata-se menos, com efeito, de 'reputar deduzidas e repelidas' as 'alegações, defesas e exceções' capazes de influir no resultado do processo, do que de proibir que tais 'alegações, defesas e exceções', deduzidas ou não, se venham a usar como instrumentos de ataque àquele resultado". Idem: Id. (2007c:240, 1977c:91). Também assim, inclusive defendendo que qualquer julgamento implícito seria inconstitucional por violação ao art. 5º, XXXV, da Carta, veja-se: Talamini (2005:85).

49. Utiliza-se no texto a expressão "alegados pelas partes e/ou conhecidos pelo julgador" para deixar claro que a eficácia preclusiva da coisa julgada alcança, também, as matérias que o julgador tem o dever de conhecer de ofício. Nesse sentido, transcreva-se o pensamento de Barbosa Moreira (2007c:240): "A eficácia preclusiva abrange também as questões (como as de direito) de que o próprio órgão judicial poderia haver conhecido *ex officio*, porém lhe

Luiz Machado Guimarães, em lição clássica, afirma que, em razão da eficácia preclusiva da coisa julgada,

> todas as questões — as deduzidas e as deduzíveis — que constituam premissas necessárias da conclusão, considerar-se-ão decididas, não no sentido de revestidas da autoridade de coisa julgada, mas no sentido de se tornarem irrelevantes, se vierem a ser ressuscitadas com a finalidade de elidir a *res iudicata*.[50]

Mesmo que se trate de matéria que inexoravelmente alteraria o resultado do julgamento, mas que não tenha sido alegada e/ou conhecida no curso do processo em que se formou a coisa julgada, incide a eficácia preclusiva da coisa julgada, tornando-a irrelevante ou, fazendo uso da ficção legal, presumindo-a como conhecida e rejeitada pelo julgador.

Tal regra pode causar certa estranheza à primeira vista, na medida em que ela não se sensibiliza com a eventual incompletude da cognição na causa, o que acaba por afastar a decisão do ideal de perfeição e justiça. É verdade. Não obstante, como bem esclarece Luiz Fux, "a ideia de estabilidade da decisão convive com as lacunas deixadas ao longo da discussão da causa: *tantum indicatum quantum disputatum disputari debebat*". Dessa forma, continua o autor, "nenhuma das partes pode valer-se de argumento que poderia ter sido suscitado anteriormente para promover nova demanda com o escopo de destruir o resultado a que se chegou no processo onde a decisão passou em julgado".[51] Há, em realidade, uma clara opção do ordenamento jurídico

---

escaparam à atenção". Idem: Id. (2011a:v. VI, p. 717, 2005a:453).

50. Guimarães (1969:22). Idem: Pisani (2006:65); Barbosa Moreira (2007c:240); Alvim (2008:401); Arruda Alvim, Assis e Arruda Alvim (2012:684); Arruda Alvim (2011:v. IV, p. 250); Marinoni (2011a:v. I, p. 431); Câmara (2001:v. I, p. 405); Fux (2004:838).

51. Fux (2004:838). Em seguida, o jurista explica que "mesmo na hipótese de a parte obter um documento novo que, malgrado existente à época da sentença, ela desconhecia, tanto que o obteve após a prolação da decisão, ela deve primeiramente rescindir a sentença para, após, recolher nova decisão que, nesse caso, não infirmará o julgado, posto que desconstituído" (Ibid., p. 839). Trata-se de ponderação bastante realista que marca o próprio instituto da coisa julgada, valendo-se destacar, no ponto, as observações de Thereza Alvim (2008:403): "E, o que é relevante acentuar, neste passo, é que a coisa julgada se haverá de formar, presentes os respectivos pressupostos, alcançando sentenças justas e injustas. Em outras palavras, não se perquire ou leva em consideração se a decisão é justa ou não, para imprimir-lhe as qualidades de imutabilidade e indiscutibilidade. Acertos e erros podem ser alcançados pela coisa julgada material, mas a vantagem social dela resultante faz que essas situações fiquem soterradas em prol da paz social". Idem: Arruda Alvim (2011:v. IV, p. 254).

pela estabilidade e pela segurança jurídica,[52] o que em nada afeta as garantias constitucionais do processo, na medida em que se oportunizou à parte influenciar no julgamento, respeitando-se, dessa forma, o devido processo legal e o princípio do contraditório.

Assim, imagine-se que em uma ação de cobrança movida pelo credor contra o devedor, decorrente de contrato de mútuo, este apresenta defesa de mérito sem questionar a validade do contrato. O juiz julga procedente o pedido e condena o devedor ao pagamento da quantia requerida pelo credor. Transitada em julgado a sentença, o devedor passa a considerar que, na verdade, o contrato era inválido e assim ingressa em juízo com uma ação de repetição de indébito, baseada nessa invalidade, objetivando a condenação do credor à devolução daquela quantia. Em tese, se o contrato é nulo, a primeira ação deveria ter sido rejeitada e a segunda demanda deveria ser acolhida. Não obstante, a eficácia preclusiva da coisa julgada impede que fatos ou argumentos jurídicos sejam utilizados posteriormente ao trânsito em julgado para inquinar o conteúdo decisório acobertado pela coisa julgada no primeiro caso.

Após o trânsito em julgado, pouco importa se o contrato era realmente nulo ou não, pois isso passa a ser irrelevante para fins de pôr em dúvida a higidez e a obrigatoriedade do conteúdo da decisão transitada em julgado no primeiro caso. Tanto faz, além de tudo, que a questão tenha sido debatida e rejeitada ou que sequer tenha sido aventada. Nesse caso, conforme aduz José Carlos Barbosa Moreira (2011a:v. VI, p. 714), em exemplo bastante semelhante ao mencionado acima, "a situação prática é exatamente igual à que ocorreria se a nulidade houvesse sido arguida e o órgão judicial houvesse repelido a arguição, sem que se precise 'considerar' (*rectius*: fingir) que ele 'implicitamente' a repeliu". Também não importa, para esse fim, indagar se a matéria de fato ou de direito era ou não sabida pela parte, pois, ainda que a parte a desconhecesse, produz-se a eficácia preclusiva da coisa julgada mesmo assim.[53] Em ótimo resumo, confira-se mais uma vez o ensinamento do autor acima mencionado:

---

52. Relacionando coisa julgada e segurança jurídica, veja-se: Wambier (2012:v. II, p. 98); Cruz e Tucci (2006:37).

53. Nesse sentido, leia-se: Nery Junior e Nery (2012:851); Barbosa Moreira (2011a:v. VI, p. 718). Barbosa Moreira lembra que, em grau de apelação, é possível apresentar fatos novos para inquinar a sentença — desde que a parte interessada demonstre que a sua até então omissão em alegá-los se deveu a força maior —, mas que transitada em julgado a decisão, nem mesmo a ocorrência de força maior é capaz de afastar a eficácia preclusiva da coisa julgada: "Resumindo, pois: se o fato já existia no último momento em que era possível argui-lo no procedimento de primeiro grau, a questão fica preclusa desde logo, exceto se algum motivo

Tão preclusas quanto as questões efetivamente apreciadas ficam, com o trânsito em julgado da sentença definitiva, em qualquer outro processo sobre a mesma lide ou sobre lide logicamente subordinada: A) as questões que, passíveis de conhecimento *ex officio*, de fato não hajam sido examinadas pelo juiz; B) as que, dependentes da iniciativa da parte, hajam sido suscitadas mas não apreciadas na motivação da sentença; C) as que, também dependentes da iniciativa da parte, não hajam sido suscitadas nem, por conseguinte, apreciadas.[54]

Destaque-se que a eficácia preclusiva da coisa julgada apenas torna irrelevantes os argumentos fáticos e jurídicos que poderiam ter sido alegados pela parte e/ou conhecidos pelo julgador existentes à época. Isso significa que a eficácia preclusiva da coisa julgada não alcança os fatos e o direito supervenientes, na medida em que se tratará de nova causa de pedir e, assim, de nova demanda. Nesse sentido, Angélica Arruda Alvim e Eduardo Arruda Alvim (2012:82) explicam que "fica, porém, fora do alcance da eficácia preclusiva o direito e os fatos supervenientes, que podem ser alegados em outra ação", pois, "na medida em que essa nova ação seja fundada em fatos ou direito superveniente, estará, em última análise, lastreada em outra *causa petendi*".

Assim, pense-se em uma ação de cobrança movida pelo credor a respeito de um determinado negócio jurídico entabulado com o devedor, requerendo a sua condenação ao pagamento da quantia supostamente devida. Evidentemente que o réu pode alegar em sua defesa a ocorrência da prescrição, o que fulminaria a pretensão do autor. Se ele não a alegar e o juiz não conhecer da matéria, inevitavelmente esse ponto passará a ser irrelevante com o trânsito em julgado da sentença de procedência. Ainda que realmente a pretensão do autor estivesse prescrita, a eficácia preclusiva da coisa julgada torna o ponto irrelevante para fins de afastar, em outro processo, o resultado prático daquele primeiro. Isso não impede, porém, que o devedor ajuíze ação declaratória negativa com o fim de ver reconhecida nova prescrição, ocorrida a partir do trânsito em julgado da primeira decisão. Isso porque se tratará de nova causa de pedir.

---

de força maior obstou à arguição; se o fato já existia no último momento em que era possível argui-lo no processo, *tout court*, a questão fica preclusa com a formação da *res iudicata*, mesmo que algum motivo de força maior obstasse à arguição. Quer dizer: a ocorrência da força maior só é relevante para afastar a eficácia preclusiva do julgamento de primeira instância; não é relevante para afastar a eficácia preclusiva da coisa julgada" (Barbosa Moreira, 2011a:v. VI, p. 720).
54. Barbosa Moreira (2011a:v. VI, p. 717). Idem: Nery Junior e Nery (2012:851).

Da mesma forma, se o pedido da segunda demanda for diverso daquele presente na primeira demanda, também aqui não há o óbice da eficácia preclusiva da coisa julgada.[55] Na verdade, nesse caso não há sequer o obstáculo da coisa julgada material, justamente porque não há a identidade de partes, causa de pedir e pedido.[56] Rigorosamente, aliás, o problema da eficácia preclusiva da coisa julgada não se coloca nesse exemplo, pois, segundo a doutrina, essa temática somente se põe diante de causas idênticas — total ou parcialmente, ainda que com pedidos invertidos —, em que uma parte pretende inquinar o resultado do primeiro julgamento com argumentos de fato ou de direito anteriormente não suscitados e/ou enfrentados.[57] Resumindo bem a questão, transcreva-se a lição de Nelson Nery Junior e Rosa Maria de Andrade Nery (2012:850):

> A coisa julgada, bem como sua eficácia preclusiva, dizem respeito a novos argumentos sobre a mesma lide, o que pressupõe a manutenção da causa de

---

55. Especificamente em relação à mudança do pedido e à repetição de pedido não apreciado, leia-se: Theodoro Júnior (2002:v. I, p. 485-486).

56. Aparentemente, de acordo com a doutrina que até então se manifestou sobre o assunto, o §4º do art. 98 da Lei nº 12.529/2011 (Nova Lei do Cade) constitui exceção à regra geral da eficácia preclusiva da coisa julgada no ordenamento processual brasileiro, na medida em que a estende (não obstante fale o dispositivo em "preclusão consumativa"), inclusive, às causas de pedir que poderiam ter sido levantadas na primeira ação e que não o foram: "Art. 98. O oferecimento de embargos ou o ajuizamento de qualquer outra ação que vise à desconstituição do título executivo não suspenderá a execução, se não for garantido o juízo no valor das multas aplicadas, para que se garanta o cumprimento da decisão final proferida nos autos, inclusive no que tange a multas diárias. (...). §4º. Na ação que tenha por objeto decisão do Cade, o autor deverá deduzir todas as questões de fato e de direito, sob pena de preclusão consumativa, reputando-se deduzidas todas as alegações que poderia deduzir em favor do acolhimento do pedido, não podendo o mesmo pedido ser deduzido sob diferentes causas de pedir em ações distintas, salvo em relação a fatos supervenientes". A respeito do assunto, confira-se o trabalho do ministro Ricardo Villas Bôas Cueva, na seguinte obra coletiva: Cueva (2013). Recomenda-se, ainda, a leitura dos seguintes trabalhos: Mitidiero, Corrêa Junior e Carneiro (2012:343 e ss.) e Yoshikawa (2013:91 e ss.).

57. Nesse sentido, cumpre observar a lição de Barbosa Moreira (2011a:v. VI, p. 713): "Do exposto acima decorre que a eficácia preclusiva de coisa julgada material se sujeita, em sua área de manifestação, a uma limitação fundamental: ela só opera em processos nos quais se ache em jogo a *auctoritas rei iudicatae* adquirida por sentença anterior. Tal limitação resulta diretamente da função instrumental que se pôs em relevo: não teria sentido, na verdade, empregar o meio quando não se trate de assegurar a consecução do fim a que ele se ordena. Isso significa que a preclusão das questões logicamente subordinantes apenas prevalece em feitos onde a lide seja a mesma já decidida, ou tenha solução dependente da que se deu à lide já decidida. Fora dessas raias, ficam abertas à livre discussão e apreciação as mencionadas questões, independentemente da circunstância de havê-las de fato examinado, ou não, o primeiro juiz, ao assentar as premissas de sua conclusão". Idem: Marinoni (2011c:v. I, p. 501); Cintra (2003:v. IV, p. 322-323); Talamini (2005:87).

pedir. A proibição de rediscussão da lide com novos argumentos (eficácia preclusiva da coisa julgada) não impede a repropositura da ação com outro fundamento de fato ou de direito (nova causa de pedir). Tratando-se de nova causa de pedir, ainda que o pedido seja o mesmo da ação anterior, estar-se-á diante de nova ação e, portanto, nada tem a ver com a eficácia preclusiva da coisa julgada, instituto que proíbe a rediscussão da mesma ação, isto é, de ação entre as mesmas partes, com a mesma causa de pedir (próxima e remota) e com o mesmo pedido (mediato e imediato).

Por fim, vale mencionar ainda uma última distinção. A eficácia preclusiva da coisa julgada serve apenas e tão somente para proteger o resultado do primeiro julgado quando a segunda demanda pretende, na prática, afastá-lo. Isso significa que, mantido na prática o resultado do primeiro caso, os argumentos de fato e de direito que não foram alegados e/ou conhecidos, bem como aqueles que foram conhecidos no curso do primeiro processo como questões prejudiciais, podem naturalmente ser reexaminados em outros processos,[58] desde que não sirvam a infirmar o resultado prático da decisão transitada em julgado do primeiro caso. Isso significa, nas palavras de José Carlos Barbosa Moreira, que, "transitada em julgado a sentença, qualquer das questões que influíram ou poderiam ter influído no resultado tem destino bivalente: fica em aberto ou não, conforme se cuide, respectivamente, de julgar outra lide ou de rejulgar a mesma".[59]

2.4 Limites subjetivos

Ponto igualmente polêmico a respeito da coisa julgada são os chamados limites subjetivos, isto é, o conjunto de indivíduos que ficam submetidos à

---

58. Nesse sentido, veja: Barbosa Moreira (2011a:v. VI, p. 711).
59. Barbosa Moreira (2005a:454). Pensar o contrário, imaginando por imutáveis todas essas questões, seria o mesmo que estender os limites objetivos da coisa julgada a todas elas, o que em nada se identifica com a noção de eficácia preclusiva da coisa julgada. Nesse sentido, vale transcrever a explicação de José Carlos Barbosa Moreira (2011a:v. VI, p. 712): "Ao considerar 'decididas todas as questões que constituam premissa necessária da conclusão', não visa o dispositivo a alargar o âmbito da *res iudicata*, fazendo indiscutíveis, em qualquer outro processo, as questões de cuja solução dependia, no plano lógico, o julgamento da lide. A imutabilidade que aí se quer assegurar é a da solução dada à própria questão principal, ou, em outras palavras, a da norma jurídica concreta formulada na sentença para disciplinar a situação litigiosa. Pretende-se excluir que o resultado do processo, após o trânsito em julgado, venha a ser objeto de contestações juridicamente relevantes, com base quer em alegações já examinadas, quer em alguma que ainda não o tenha sido".

imutabilidade daquele conteúdo decisório (Nery Junior e Nery, 2012:847). Enquanto os limites objetivos definem *o quê* fica sujeito à coisa julgada material, os limites subjetivos estabelecem *quem* é alcançado por ela.

O art. 472 do Código de Processo Civil, na sua primeira parte, consagra regra geral do ordenamento processual brasileiro para os processos individuais no sentido de que "a sentença faz coisa julgada às partes entre as quais é dada, não beneficiando, nem prejudicando terceiros" (Arruda Alvim, Assis e Arruda Alvim, 2012:675), isto é, *res inter alios iudicata, aliis non praeiudicare*. Conforme leciona José Rogério Cruz e Tucci (2006:345), "provém das fontes romano-canônicas o princípio de que a extensão da coisa julgada limita-se às partes do processo, não podendo beneficiar nem prejudicar terceiros".

A regra assenta-se, constitucionalmente, no princípio do devido processo legal e no princípio do contraditório,[60] com óbvia relevância prática. Assim, imagine-se que A ingressa com ação reivindicatória em face de B, alegando tratar-se de invasor e postulando o reconhecimento de seu direito de propriedade e, indiretamente, a posse direta do bem. Transitada em julgado a sentença de procedência do pedido, a questão se resolve em definitivo entre A e B. O reconhecimento no ato decisório do direito de propriedade de A, porém, apenas é judicialmente oponível a B, razão pela qual pode muito bem ocorrer de no mês seguinte C ajuizar uma demanda em face de A com o objetivo de ver reconhecido o seu direito de propriedade, sob a alegação de que A não passaria de mero detentor do terreno.

Evidentemente, A não poderá alegar, perante C, que a coisa julgada lhe protege contra novas discussões a esse respeito. Isso porque C não foi parte do primeiro processo, razão pela qual a imutabilidade que caracteriza o conteúdo da primeira decisão transitada em julgado não pode lhe ser oposta. Se isso fosse possível, C teria que se conformar com uma decisão definitiva que sequer pode influir no resultado, o que é de todo inadmissível em nosso sistema. Assim, caso A suscite a coisa julgada na demanda movida por C, o juiz rejeitará essa alegação e prosseguirá no julgamento, eventualmente julgando procedente o pedido de C e declarando-o como o verdadeiro proprietário.[61] Aparentemente, trata-se de uma contradição lógica com o resultado da pri-

---

60. Nesse sentido, relacionando os limites subjetivos da coisa julgada às garantias constitucionais da inafastabilidade da tutela jurisdicional, do devido processo legal, do contraditório e da ampla defesa, veja-se: Talamini (2005:96).
61. No mesmo sentido, a partir de onde se tirou este exemplo em quase tudo semelhante, confira-se: Câmara (2007:v. 1, p. 501).

meira ação, movida por A em face de B, mas isso em nada deve causar espanto, pois o sistema preocupa-se com contradições práticas e não com contradições lógicas.[62]

A ideia de que a coisa julgada limita-se às partes do processo e não prejudica e nem beneficia terceiros representa a regra geral para os processos individuais (coisa julgada *inter partes*). O sistema legal, porém, estabelece exceções. Sem maiores aprofundamentos teóricos neste momento, basta dizer, *v.g.*, que se tem considerado que o adquirente de bem litigioso fica submetido à coisa julgada, na medida em que o art. 42, §3º, do diploma processual civil dispõe que "a sentença, proferida entre as partes originárias, estende os seus efeitos ao adquirente ou ao cessionário".[63] Da mesma forma, o art. 274 do Código Civil de 2002 aparentemente estende a coisa julgada para beneficiar terceiros credores solidários, ao estatuir que "o julgamento contrário a um dos credores solidários não atinge os demais; o julgamento favorável aproveita-lhes, a menos que se funde em exceção pessoal ao credor que o obteve".[64]

No âmbito dos processos objetivos, a Lei nº 9.868/1999, ao tratar da ação direta de inconstitucionalidade e da ação declaratória de constitucionalidade, consagra a chamada coisa julgada *erga omnes*, ao prever no parágrafo único do art. 28 que

> a declaração de constitucionalidade ou de inconstitucionalidade, inclusive a interpretação conforme a Constituição e a declaração parcial de inconstitucionalidade sem redução de texto, têm eficácia contra todos e efeito vinculante em relação aos órgãos do Poder Judiciário e à Administração Pública federal, estadual e municipal.

O mesmo se diga em relação ao processo coletivo, em que o Código de Defesa do Consumidor prevê a coisa julgada *erga omnes* e a coisa julgada *ultra partes* nos incisos do art. 103.[65] De outra perspectiva, esse dispositivo do

---

62. Nesse sentido, Barbosa Moreira (1967:95) leciona que "o ordenamento jurídico em regra se esforça ao máximo por evitar a contradição prática dos julgados, mas não se inquieta no mesmo grau com a contradição puramente lógica ou teórica. O que a lei não quer, acima de tudo, é que uma decisão judicial negue a determinada pessoa o 'bem da vida' que outra decisão lhe atribuir, ou vice-versa". Idem: Id. (2005a:459).
63. A esse respeito, confira-se o seguinte: Fux (2004:832-834); Câmara (2012:v. 1, p. 535-539).
64. Confira-se, a respeito do mencionado dispositivo do Código Civil, os seguintes trabalhos: Barbosa Moreira (2007g:233); Cruz e Tucci (2006:271-283).
65. O texto integral do dispositivo da Lei nº 8.078/1990 é o seguinte: "Art. 103. Nas ações

estatuto consumerista ainda consagra a coisa julgada *secundum eventum litis* e a coisa julgada *secundum eventum probationis.*[66]

É importante registrar que o fato de o sistema jurídico brasileiro adotar como regra a limitação da coisa julgada às partes não significa que a extensão, em alguma medida, da coisa julgada a terceiros possa ser encarada como inconstitucional ou violadora da ordem pública processual, ao menos quando essa extensão estiver amparada no direito processual aplicável à arbitragem. Tanto é assim que o próprio direito positivo brasileiro consagra algumas hipóteses excepcionais, ainda que normalmente para beneficiar o terceiro e não prejudicá-lo. Trata-se, como se antecipou, de perspectiva muito importante em relação à arbitragem, na medida em que o direito processual aplicável ao processo arbitral pode estabelecer limites subjetivos da coisa julgada diversos da regra geral do ordenamento processual brasileiro, o que, eventualmente, pode causar dúvidas de compatibilidade com a ordem pública.

É de se destacar, por fim, que prevalece no Brasil a distinção criada por Enrico Tullio Liebman entre eficácia natural da sentença e autoridade da coisa

---

coletivas de que trata este código, a sentença fará coisa julgada: I — *erga omnes*, exceto se o pedido for julgado improcedente por insuficiência de provas, hipótese em que qualquer legitimado poderá intentar outra ação, com idêntico fundamento valendo-se de nova prova, na hipótese do inciso I do parágrafo único do art. 81; II — *ultra partes*, mas limitadamente ao grupo, categoria ou classe, salvo improcedência por insuficiência de provas, nos termos do inciso anterior, quando se tratar da hipótese prevista no inciso II do parágrafo único do art. 81; III — *erga omnes*, apenas no caso de procedência do pedido, para beneficiar todas as vítimas e seus sucessores, na hipótese do inciso III do parágrafo único do art. 81. §1º. Os efeitos da coisa julgada previstos nos incisos I e II não prejudicarão interesses e direitos individuais dos integrantes da coletividade, do grupo, categoria ou classe. §2º. Na hipótese prevista no inciso III, em caso de improcedência do pedido, os interessados que não tiverem intervindo no processo como litisconsortes poderão propor ação de indenização a título individual. §3º. Os efeitos da coisa julgada de que cuida o art. 16, combinado com o art. 13 da Lei nº 7.347, de 24 de julho de 1985, não prejudicarão as ações de indenização por danos pessoalmente sofridos, propostas individualmente ou na forma prevista neste código, mas, se procedente o pedido, beneficiarão as vítimas e seus sucessores, que poderão proceder à liquidação e à execução, nos termos dos arts. 96 a 99. §4º. Aplica-se o disposto no parágrafo anterior à sentença penal condenatória". Segundo Fredie Didier Jr. e Hermes Zaneti Jr. (2012:v. 4, p. 375), "a coisa julgada *ultra partes* é aquela que atinge não só as partes do processo, mas também determinados terceiros", enquanto "a coisa julgada *erga ommes*, por fim, é aquela cujos efeitos atingem a todos — tenham ou não participado do processo". Os autores anotam, porém, que a distinção entre coisa julgada *ultra partes* e coisa julgada *erga omnes* tem sido contestada na doutrina brasileira.

66. A esse respeito, confira-se a explicação de Nelson Nery Junior e Rosa Maria de Andrade Nery (2012:820): "A coisa julgada determinada pelo resultado da lide (*secundum eventum litis*), gênero do qual é espécie a coisa julgada segundo o resultado da prova (*secundum eventum probationis*), constitui-se como expediente de exceção à intangibilidade da coisa julgada. Sendo assim, apenas e somente pode ser utilizado nos casos arrolados taxativamente pela lei, não se admitindo interpretação extensiva ou analógica".

julgada, especificamente no que tange à extensão a terceiros.[67] O renomado autor italiano explica que

> a sentença produz normalmente efeitos também para os terceiros, mas com intensidade menor que para as partes; porque, para estas, os efeitos se tornam imutáveis pela autoridade da coisa julgada, ao passo que para os terceiros podem ser combatidos com a demonstração da injustiça da sentença. (Liebman, 2006:144)

Em outras palavras, o que se quer dizer é que, não obstante a regra geral consista em vincular apenas as partes do processo à coisa julgada material, isso em nada impede que a eficácia da sentença se produza em relação a terceiros. A consequência prática disso é que a sentença pode ser oposta a terceiros, não obstante o seu conteúdo não se apresente imutável perante eles, razão pela qual pode ser por eles rediscutido em juízo. Confira-se a lição, nas palavras de Liebman (2006:283):

> Quer dizer que, diversamente do que ocorre com as partes, para quem a própria sentença adquire a coisa julgada e seus efeitos se tornam imutáveis, para os terceiros a sentença é eficaz, mas não ficando coberta pelo julgado é discutível a qualquer tempo. O terceiro, desde que tenha interesse, pode, em qualquer circunstância e em qualquer novo juízo, demonstrar que a sentença está errada e não lhe pode ser oposta.

A questão pode ser explicada a partir do clássico exemplo da ação de rescisão de contrato de locação, em que o locador ingressa em face do locatário, que, por sua vez, estabeleceu um contrato de sublocação. Se o locador sagra-se vencedor, essa decisão afetará a situação jurídica do sublocatário, não obstante ele não tenha relação jurídica de direito material com o locador e, por conseguinte, não tenha figurado no polo passivo da causa. Ele não poderá se negar a deixar o imóvel alegando que não está sujeito àquela decisão. Ele está sim submetido a ela em razão da chamada eficácia natural da

---

67. Adotando, ainda que com algumas ressalvas, a tese de Liebman, confira-se: Cruz e Tucci (2006:346); Marinoni (2011b:v. I, p. 449); Talamini (2004:203). Para a crítica de Barbosa Moreira a respeito da expressão "eficácia natural da sentença", confira-se o seguinte: Barbosa Moreira (1984b:101, nota 3).

sentença, o que, todavia, não o impede de ingressar com uma ação própria posteriormente para ver reconhecido o seu direito a permanecer na posse direta do bem.[68] Em outros termos, o sublocatário submete-se à sentença, mas não à coisa julgada.[69]

Para os fins deste trabalho, importa registrar o fundamento que sustenta a tese da eficácia natural da sentença. Liebman (2006:123), fazendo uso da conhecida máxima *chiovendiana*, afirma que "uma vez que o juiz é o órgão ao qual atribui o Estado o mister de fazer atuar a vontade da lei no caso concreto, apresenta-se a sua sentença como eficaz exercício dessa função perante todo o ordenamento jurídico e todos os sujeitos que nele operam". O fundamento, portanto, é que a sentença judicial é prolatada pelo órgão ao qual o Estado — por meio da lei — atribuiu a função de fazer atuar a vontade concreta do direito objetivo. Cumpre dizer, nos itens seguintes, se a sentença arbitral também possui essa eficácia natural perante todos ou apenas em relação às partes da convenção arbitral.

---

68. Observe-se, por relevante, na linha de José Rogério Cruz e Tucci (2006:348), que "enquanto a eficácia da sentença pode trazer prejuízo ao terceiro, a imutabilidade da decisão, por força das consequências processuais que daí advêm, vincula-o tão somente quando lhe propiciar benefício".

69. Diferenciando bem a eficácia da sentença dos limites subjetivos da coisa julgada, José Rogério Cruz e Tucci (2006:27) traz alguns bons exemplos, inclusive o utilizado no corpo do texto: "Mas para alcançar a autoridade de coisa julgada, a sentença há de ter plena eficácia quanto ao que foi decidido. É por essa razão que a questão da eficácia da sentença e, consequentemente, da delimitação de seus respectivos efeitos antecede à dos limites subjetivos da coisa julgada. Desse modo, insta frisar que, em certas hipóteses previstas em nosso direito positivo, são os efeitos da sentença que irão atingir terceiros. Tome-se o exemplo clássico da rescisão judicial do contrato de locação. O sublocatário sofrerá, de modo incontornável, a eficácia daquela decisão. O promitente comprador de um determinado bem imóvel também será atingido por tais efeitos se o promitente vendedor for vencido em ação reivindicatória. A hipoteca judiciária constitui efeito secundário da sentença condenatória, cuja especialização, em princípio *inter partes*, também pode provocar efetivo prejuízo jurídico a um estranho. Em outras situações, pelo contrário, é a coisa julgada que se projeta sobre a posição jurídica de um terceiro. É o que ocorre, *e.g.*, na hipótese prevista na 2ª parte do art. 274 do Código Civil em vigor, que estende a *auctoritas rei iudicatae* aos credores que não foram parte no processo. Isso significa que estes não mais poderão discutir o objeto litigioso do precedente processo. Ficam eles atingidos pela imutabilidade do conteúdo decisório da sentença de procedência transitada em julgado". Eduardo Talamini (2004:204) também traz interessantes exemplos da eficácia natural da sentença perante terceiros: "Assim, a sentença de divórcio, que desconstitui o casamento, faz com que o casamento deixe de existir perante todos, e não apenas em relação aos cônjuges, que figuraram como partes no processo; a condenação obtida pelo autor em face do réu põe-se como tal diante de qualquer terceiro; a declaração de nulidade de um ato vigora igualmente perante os terceiros — e assim por diante".

3. A coisa julgada na arbitragem doméstica, sujeita ao direito processual brasileiro

3.1 Os arts. 18, 29, 31 e 33 da Lei de Arbitragem

O art. 18 da Lei de Arbitragem brasileira estabelece que "o árbitro é juiz de fato e de direito, e a sentença que proferir não fica sujeita a recurso ou a homologação pelo Poder Judiciário". A primeira parte do art. 29 da mesma Lei dispõe que "proferida a sentença arbitral, dá-se por finda a arbitragem".[70] Essa última disposição deve ser lida com uma ressalva: havendo erro material, omissão, contradição, obscuridade ou dúvida, a sentença arbitral não põe fim à arbitragem, na medida em que a parte interessada poderá apresentar o pedido de esclarecimentos ("embargos arbitrais") no prazo de 5 (cinco) dias, objetivando, em regra, o aclaramento da decisão.[71] Em outras palavras, em tal hipótese, é a decisão integrada pelo julgamento do pedido de esclarecimentos que, de fato, encerra a arbitragem.

O art. 31 da Lei nº 9.307/1996 estatui que "a sentença arbitral produz, entre as partes e seus sucessores, os mesmos efeitos da sentença proferida pelos órgãos do Poder Judiciário e, sendo condenatória, constitui título executivo". Por fim, tratando da ação de anulação da sentença arbitral — instituto assemelhado à ação rescisória da sentença judicial —, o §1º do art. 33 da Lei estabelece que "a demanda para a decretação de nulidade da sentença arbitral seguirá o procedimento comum, previsto no Código de Processo Civil, e deverá ser proposta no prazo de até noventa dias após o recebimento da notificação da sentença arbitral ou de seu aditamento".

A interpretação desses quatro dispositivos impõe a conclusão de que, em regra, a sentença arbitral transita em julgado quase que imediatamente após

---

70. O texto integral é o seguinte: "Art. 29. Proferida a sentença arbitral, dá-se por finda a arbitragem, devendo o árbitro, ou o presidente do tribunal arbitral, enviar cópia da decisão às partes, por via postal ou por outro meio qualquer de comunicação, mediante comprovação de recebimento, ou, ainda, entregando-a diretamente às partes, mediante recibo".

71. A esse respeito, transcreva-se o texto do art. 30 da Lei de Arbitragem brasileira: "No prazo de cinco dias, a contar do recebimento da notificação ou da ciência pessoal da sentença arbitral, a parte interessada, mediante comunicação à outra parte, poderá solicitar ao árbitro ou ao tribunal arbitral que: I — corrija qualquer erro material da sentença arbitral; II — esclareça alguma obscuridade, dúvida ou contradição da sentença arbitral, ou se pronuncie sobre ponto omitido a respeito do qual devia manifestar-se a decisão. Parágrafo único. O árbitro ou o tribunal arbitral decidirá, no prazo de dez dias, aditando a sentença arbitral e notificando as partes na forma do art. 29". A respeito do pedido de esclarecimentos (ou "embargos arbitrais"), permita-se a indicação de outro texto dos autores: Fichtner e Monteiro (2010g:189-226).

a sua prolação, mais especificamente logo depois de decorrido o prazo para apresentação do pedido de esclarecimentos, caso esse não seja apresentado, ou, ressalvada a hipótese de a própria decisão aclaratória ensejar a necessidade de novos esclarecimentos, após a respectiva apreciação e decisão, quando manejados por qualquer das partes. Isso porque a sentença arbitral, em regra, não está sujeita a recursos de outra espécie, como ocorre com a sentença judicial — e nem a homologação judicial —, o que permite um trânsito em julgado quase instantâneo.[72]

Ademais, a sentença arbitral, a partir do trânsito em julgado, produz "os mesmos efeitos da sentença proferida pelos órgãos do Poder Judiciário", o que sugere que a decisão arbitral de mérito adquire a natureza de coisa julgada material, assim como ocorre com a sentença proferida pelo juízo togado. Essa é a conclusão da maioria da doutrina brasileira, não obstante algumas divergências.

3.2 A posição minoritária na doutrina brasileira

Adotando posição minoritária, no sentido de negar que a coisa julgada recaia sobre a sentença arbitral, Alexandre Freitas Câmara (2002:137), depois de negar natureza jurisdicional à arbitragem, já que a jurisdição seria monopólio do Estado, explica que

> se pode afirmar que o laudo arbitral se torna imune a discussões posteriores (mesmo porque, se assim não fosse de nada adiantaria o processo arbitral, restando inteiramente esvaziado o poder dos árbitros), mas não se pode afirmar que aquele provimento seja alcançado pela autoridade de coisa julgada material.

O autor não chega a dizer qual instituto, diverso da coisa julgada, que garantiria a imutabilidade da sentença arbitral, o que acaba por dificultar o alcance de sua posição em toda plenitude.

---

72. Nesse sentido, Pedro A. Batista Martins (1999:406) afirma o seguinte: "Na arbitragem, por pressuposto, não ocorre o duplo grau de jurisdição — o que acelera e dá agilidade ao processo — florescendo a coisa julgada assim que concluída a função jurisdicional privada". Idem: Fonseca (2005:47).

Também negando a coisa julgada na arbitragem, Marcus Vinicius Tenorio da Costa Fernandes (2007:48) defende que, "muito embora o art. 31 da Lei de Arbitragem afirme que a sentença arbitral produz os mesmos efeitos da sentença proferida pelos órgãos do Poder Judiciário, viu-se acima que a coisa julgada não se confunde com os efeitos do julgamento".

Como se vê, o autor prende-se ao conceito *liebmaniano* de coisa julgada para dizer que o art. 31 da Lei não prevê a coisa julgada na sentença arbitral, pois como a coisa julgada, segundo Liebman, não é efeito da sentença, ela não estaria prevista na expressão legal "mesmos efeitos da sentença proferida pelos órgãos do Poder Judiciário". *Data maxima venia*, parece-nos uma interpretação excessivamente literal.

Ricardo Ranzolin argumenta que não existe na arbitragem a função negativa da coisa julgada, razão pela qual, se fosse proposta judicialmente uma demanda exatamente idêntica a outra já decidida pelos árbitros, o Poder Judiciário não poderia extinguir o processo sem a resolução do mérito, o que significa que o juízo togado acabaria por julgar novamente a mesma lide, a não ser que a parte contrária invocasse a existência de convenção de arbitragem.

Nessa linha, o autor defende que "não há o dever, nem mesmo a possibilidade de o magistrado invocar de ofício a existência de convenção arbitral (ou de decisão arbitral anterior) para extinguir a ação judicial que trata da mesma questão já julgada pela decisão arbitral antecedente", razão pela qual "o magistrado estatal não está, pela simples existência da decisão arbitral, proibido de julgar novamente o que já foi julgado na via arbitral, pois a imutabilidade da sentença arbitral não tem tal propriedade".[73]

Com o devido respeito, parece-nos que a existência de convenção de arbitragem e a existência de decisão arbitral de mérito transitada em julgado produzem consequências diversas em relação ao Poder Judiciário. Já tivemos oportunidade de dizer, em outro trabalho, que "a convenção de arbitragem é exceção processual indireta e peremptória, razão pela qual nem a cláusula compromissória e nem o compromisso arbitral podem ser

---

73. Ranzolin (2011:171-172). Em outro trecho, o autor repete a ideia: "As consequências do fato de o magistrado estatal não poder extinguir a ação de ofício quando já houver decisão arbitral anterior sobre a mesma lide são de tal ordem que, se o réu não inovar tempestivamente a exceção de convenção arbitral, o juiz estatal não só não poderá extinguir a ação, como estará obrigado a julgar a lide de novo. Haverá, de forma válida, um processo judicial a tratar da mesma questão decidida na via arbitral, com sentença que vai julgar, de forma também válida, a mesma questão" (Ibid., p. 172).

conhecidos de ofício pelo juízo estatal" (Fichtner e Monteiro, 2010b:78), o que, aliás, está previsto no art. II.3 da Convenção de Nova York. No mesmo trabalho, esclarecemos que

> no caso de arbitragem já instituída, a demanda judicial com identidade de partes, causa de pedir e pedido esbarrará na litispendência ocasionada pela demanda arbitral anterior, razão pela qual o juiz poderá extinguir o processo judicial de ofício, com base no art. 267, inciso V, do Código de Processo Civil. (Fichtner e Monteiro, 2010b:79)

Esse mesmo último raciocínio se aplica, *a fortiori*, para coisa julgada arbitral anterior, ocasionando igualmente a extinção sem a resolução do mérito do processo judicial idêntico à arbitragem já antes decidida. Em outras palavras, no momento em que é instituída a arbitragem, cria-se a litispendência arbitral, razão pela qual eventual demanda judicial idêntica que seja proposta deverá ser extinta sem resolução de mérito, uma vez demonstrada ao juiz a existência da arbitragem em curso e a convenção de arbitragem. Já no caso de uma eventual demanda judicial que seja proposta após o trânsito em julgado de sentença arbitral sobre causa idêntica, esta deverá ser extinta sem resolução de mérito, não pela existência de convenção de arbitragem, mas sim pela existência de coisa julgada arbitral anterior.

Não se trata mais de averiguar a convenção de arbitragem — já que a arbitragem dela decorrente já foi instituída e concluída —, mas sim de examinar a coisa julgada arbitral anterior. E no caso de coisa julgada arbitral, assim como na litispendência arbitral, permite-se o conhecimento de ofício pelo Poder Judiciário. A problemática levantada pelo referido autor, segundo nos parece, inexiste e não afasta, assim, a coisa julgada na arbitragem.

No mesmo sentido, na hipótese de ser proferida decisão judicial definitiva a respeito da mesma relação jurídica processual (tríplice identidade, total ou parcial) que restou solucionada, também em definitivo, em processo arbitral antecedente, pode-se dizer que a parte prejudicada dispõe da via da ação rescisória, prevista no art. 485, inciso IV, do Código de Processo Civil, para desconstituir essa última decisão judicial transitada em julgado e, assim, fazer prevalecer a decisão original proferida no âmbito arbitral. Trata-se de entendimento que privilegia a segurança jurídica — constitucionalmente assegurada, *ex vi* do *caput* do art. 5º da Carta — e a economia processual, bem como reconhece o devido valor à atividade arbitral.

3.3 A posição majoritária na doutrina brasileira

A posição majoritária na doutrina brasileira aponta para a existência de coisa julgada na arbitragem. Luiz Olavo Baptista (2011:238), referindo-se a efeitos da sentença arbitral, aduz que "o primeiro é o de produzir coisa julgada".

Nessa linha, Carlos Alberto Carmona (2009a:393) entende que "a equiparação entre a sentença estatal e a arbitral faz com que a segunda produza os mesmos efeitos da primeira", razão pela qual, "além da extinção da relação jurídica processual e da decisão da causa (declaração, condenação ou constituição), a decisão de mérito faz coisa julgada às partes entre as quais é dada (e não beneficiará ou prejudicará terceiros)". Também assim, Pedro A. Batista Martins (1999:404) considera que "a sentença proferida pelo juízo privado, assim que não mais se torna passível de recurso, transitará em julgado, operando-se, por sua vez, a coisa julgada".

Comungando dessa posição, Arruda Alvim (2011:198-199) leciona que "a sentença arbitral produz coisa julgada, de molde que seus efeitos revestem-se da característica da imutabilidade, inerente à atividade jurisdicional, que é definitiva por natureza". Donaldo Armelin é preciso ao dizer que

> embora a coisa julgada, a despeito da redação do art. 467 do CPC, não seja um efeito, mas sim uma qualidade da sentença, considerando-se exatamente esse dispositivo legal, pode-se reconhecer nela a imutabilidade correspondente à coisa julgada material no plano do processo civil.[74]

Da mesma forma, Paulo Cezar Pinheiro Carneiro (1999:309) aduz que

> proferida a sentença e após a eventual utilização do procedimento de integração, sobre a qual acima se discorreu, estará encerrado o procedimento arbitral, revestindo-se a sentença arbitral, por equiparação de efeitos (art. 31 da nova lei), da autoridade da coisa julgada.

Também assim, Rodrigo Garcia da Fonseca (2005:47) afirma que, "depois de passado o prazo de cinco dias para embargos de declaração, e tor-

---

74. Armelin (2004:13). Idem: Id. (2007:6.9).

nando-se definitiva, a sentença arbitral faz coisa julgada tal como a sentença judicial". No mesmo sentido, Eduardo Parente (2012:304) explica que "está bastante evidente que os requisitos clássicos da coisa julgada estão presentes na sentença arbitral, na medida em que nenhum outro julgador, juiz togado ou árbitro, poderá reapreciar a matéria objeto da decisão". Por fim, Luis Fernando Guerrero (2009:129) ensina que "o art. 31 da Lei de Arbitragem equiparou a sentença judicial e a arbitral em todos os efeitos, com idêntica qualidade, isto é, autoridade de coisa julgada". Trata-se, pois, do entendimento majoritário da doutrina brasileira, ao qual nos filiamos expressamente, pelas razões adiante descritas.

3.4 Excertos de direito comparado

Em muitas legislações estrangeiras de arbitragem há disposição explícita a respeito da coisa julgada.[75] O *Code de Procédure Civile* francês estabelece, no art. 1.484, que "*la sentence arbitrale a, dès qu'elle est rendue, l'autorité de la chose jugée relativement à la contestation qu'elle tranche*".[76] Observe-se, assim, que no direito francês há previsão direta e objetiva a respeito da formação da coisa julgada a partir do momento em que a sentença arbitral é proferida. Philippe Fouchard, Emmanuel Gaillard e Berthold Goldman (1999:12) afirmam, a esse respeito, que "*any arbitral award, whether made in France or not, is immediately deemed to be res judicata in France*".

Também prevendo expressamente a coisa julgada na arbitragem, o art. 43 da *Ley de Arbitraje* espanhola (Lei nº 60/2003, modificada pela Lei nº 11/2011) dispõe que "*el laudo produce efectos de cosa juzgada y frente a él sólo cabrá ejercitar la acción de anulación y, en su caso, solicitar la revisión conforme a lo establecido en la Ley 1/2000, de 7 de enero, de Enjuiciamiento Civil para las sentencias firmes*".[77] Interpretando o ordenamento espanhol, Giovanni Bonato (2012:v. III, p. 819) explica que "*buona parte della dottrina spagnola pro-*

---

75. Bernard Hanotiau (2005:246) dá como exemplos de ordenamentos jurídicos que garantem a coisa julgada na arbitragem os seguintes: França, Bélgica, Alemanha, Holanda, Áustria, Suíça, Itália e Espanha. Philippe Fouchard, Emmanuel Gaillard e Berthold Goldman (1999:779-780), na mesma linha, mas em enumeração um pouco menor, elencam os seguintes: Bélgica, Holanda, Alemanha, França. Também assim, mencionando França, Holanda e Alemanha: Bernardini (2008:207).

76. Disponível em: < www.legifrance.gouv.fr>.

77. Disponível em: <www.boe.es>.

pende per la natura giurisdizionale dell'arbitrato, (...) sostenendo a tal proposito l'identità di effetti tra il lodo e la sentenza statale, compresa la produzione della cosa giudicata formale e materiale".

Em termos também bem diretos, o *Code Judiciaire* belga estatui, no art. 1.703, item 1, que

> *a moins que la sentence ne soit contraire à l'ordre public ou que le litige ne soit susceptible d'être réglé par la voie de l'arbitrage, la sentence arbitrale a l'autorité de la chose jugée lorsqu'elle a été notifiée conformément à l'article 1702, alinéa 1er, et qu'elle ne peut plus être attaquée devant les arbitres.*[78]

Da mesma forma, o Código de Processo Civil da Holanda, no art. 1.059, item 1, prevê que *"only a final or partial final arbitral award is capable of acquiring the force of* res judicata".[79] A menção ao termo latino *res judicata* não deixa dúvida de que no ordenamento jurídico holandês, assim como no direto belga, a sentença arbitral é acobertada pela coisa julgada material, tornando-se, assim, imutável.

Na Inglaterra, o *Arbitration Act 1996* prevê, no art. 58, item 1, que *"unless otherwise agreed by the parties, an award made by the tribunal pursuant to an arbitration agreement is final and binding both on the parties and on any persons claiming through or under them".* De forma semelhante, na Escócia, o art. 11, item 1, do *Arbitration Act 2010* estabelece que *"a tribunal's award is final and binding on the parties and any person claiming through or under them (but does not of itself bind any third party)".* Nesses casos, como se vê, as leis de regência não utilizam a expressão latina *res judicata*, mas os termos em inglês *final and binding.* Segundo nos parece, essa expressão deve ser interpretada como garantidora do *status* de coisa julgada nas arbitragens inglesa e escocesa.[80] Trata-se de expressão também empregada, em parte, na versão em inglês do texto do art. III, primeira parte, da Convenção de Nova York.[81]

---

78. Disponível em: <www.ejustice.just.fgov.be e http://www.droitbelge.be>.
79. Dutch Civil Law (DCL). Disponível em: <www.dutchcivillaw.com>.
80. Não obstante não haja semelhante previsão no *United States Federal Arbitration Act*, os tribunais norte-americanos têm entendido que existe coisa julgada na arbitragem. Nesse sentido, Bernard Hanotiau (2005:246, nota 616) narra que *"US courts have also repeatedly affirmed that a* res judicata *objection to a new arbitration based on prior arbitration proceedings is a legal defence that, in turn, is a component of the dispute on the merits and must be considered by the arbitrator, not the courts".*
81. O texto do mencionado dispositivo da Convenção de Nova York de 1958 é o seguinte:

Em linguagem um pouco menos direta, mas ainda assim consagrando a coisa julgada, o art. 42, item 7, da nova Lei de Arbitragem portuguesa (Lei nº 63/2011) dispõe que

> a sentença arbitral de que não caiba recurso e que já não seja susceptível de alteração no termos do artigo 45º tem o mesmo caráter obrigatório entre as partes que a sentença de um tribunal estadual transitada em julgado e a mesma força executiva que a sentença de um tribunal estadual.

Em disposição mais semelhante ao direito brasileiro, a *Zivilprozessordnung* — ZPO alemã prevê, no §1.055, na tradução em espanhol de Juan Carlos Ortiz Pradillo e Álvaro J. Pérez Ragone, que *"el laudo arbitral produce entre las partes los mismos efectos que una sentencia judicial firme"*.[82] Também assim, o §607 da *ZPO* austríaca dispõe que *"Der Schiedsspruch hat zwischen den Parteien die Wirkung eines rechtskräftigen gerichtlichen Urteils"*.[83]

Na Itália, houve bastante divergência na doutrina até a última reforma processual, quando o art. 824-*bis* do *Codice di Procedura Civile* (Decreto nº 1.443/1940) passou a dispor que *"salvo quanto disposto dall'articolo 825, il lodo ha dalla data della sua ultima sottoscrizione gli effetti della sentenza pronunciata dall'autorità giudiziaria"*. Interpretando a nova disposição, Salvatore Boccagna atesta que *"secondo l'opinione che appare preferibile, il legislatore ha in tal modo operato una piena equiparazione effettuale tra il lodo e la sentenza del giudice togato, riconoscendo l'attitudine del primo al giudicato formale e sostanciale"*.[84]

"Article III. Each Contracting State shall recognize arbitral awards as binding *and enforce them in accordance with the rules of procedure of the territory where the award is relied upon, under the conditions laid down in the following articles".*

82. *Código Procesal Civil Alemán* (2006). O texto original é o seguinte: *"§1055. Wirkungen des Schiedsspruchs. Der Schiedsspruch hat unter den Parteien die Wirkungen eines rechtskräftigen gerichtlichen Urteils".* Interpretando o ordenamento alemão — e também o austríaco —, Marco Gradi (2012:v. III, p. 873) aduz que *"in virtù della formulazione letterale del §1055 ZPO tedesca e del §607 ZPO austriaca è conseguentemente assai diffusa l'affermazione secondo la quale il lodo arbitrale ha tra le parti gli effetti della sentenza statale passata in giudicato e, quindi, anche l'attitudine ad acquisire la forza del giudicato materiale".*

83. Tradução livre: A sentença arbitral produz entre as partes os mesmos efeitos de uma sentença judicial transitada em julgado. Disponível em: <www.ris.bka.gv.at e http://www.jusline.at>.

84. Boccagna (2010:305). Contra, porém, estabelecendo diferenças entre a sentença judicial e a sentença arbitral, confira-se: Punzi (2012:v. II, p. 392-426).

A *Legge federale sul diritto internazionale privato* suíça de 1987 — aplicável à arbitragem internacional — estatui, no art. 190, IX, item 1, que "*notificato che sia, il lodo è definitivo*".[85] Já o art. 387 do *Codice di diritto processuale civile svizzero* — aplicável à arbitragem doméstica e bem mais expresso — dispõe que "*una volta comunicato alle parti, il lodo ha gli stessi effetti di una decisione giudiziaria esecutiva e passata in giudicato*".[86]

Diante do exposto, não parece haver dúvidas de que no direito comparado prevalece com larga vantagem a posição, muitas vezes decorrente de texto expresso de lei, segundo a qual a sentença arbitral é acobertada pela coisa julgada material. Trata-se, a nosso ver, realmente do mais adequado posicionamento. Bernard Hanotiau (2005:246) atesta, nessa ordem de ideias, que "*it is now commonly accepted that arbitral awards have* res judicata *effect*", bem como que "*it is indeed so provided in the United Nations Convention on the Recognition and Enforcement of Foreign Arbitral Awards (New York Convention) and in various national statutes*". Em outro trecho, o autor chega a dizer que "*there is no doubt that* res judicata *is a principle of international law, and even a general principle of law within the meaning of Article 38 (1) (c) of the Statute of the International Court of Justice*" (Hanotiau, 2005:239-240).

3.5 Natureza da coisa julgada na arbitragem

A coisa julgada na arbitragem deriva, especialmente, da natureza jurisdicional do processo arbitral.

Ao contrário do que alguns autores brasileiros sustentam, conforme mencionado, não nos parece correto dizer, com arrimo nos ordenamentos constitucional e legal brasileiros, que, atualmente, a jurisdição seja monopólio estatal, pois, na verdade, a exclusividade do Estado se limita aos atos de império. E a falta de poder coercitivo do árbitro em nada macula essa natureza jurisdicional, pois, do contrário, por imperativo lógico, ter-se-ia que defender que apenas quando houvesse execução haveria jurisdição, o

---

85. Ou, em alemão: "*Mit der Eröffnung ist der Entscheid endgültig*". Ou, em francês: "*La sentence est définitive dès sa communication*". Disponível em: <www.swissarbitration.org e http://www.admin.ch>.

86. Ou, em alemão: "*Mit der Eröffnung hat der Schiedsspruch die Wirkung eines rechtskräftigen und vollstreckbaren gerichtlichen Entscheids*". Ou, em francês: "*Dès qu'elle a été communiquée, la sentence déploie les mêmes effets qu'une décision judiciaire entrée en force et exécutoire*". Disponível em: <www.admin.ch>. A respeito da arbitragem na Suíça, especialmente das repercussões do novo *Codice di diritto processuale civile*, confira-se o texto de Fabiane Verçosa (2013:869-895).

que não é verdade nem mesmo no âmbito exclusivo do Poder Judiciário, bastando pensar nos casos em que resulta sentença de conteúdo apenas declaratório ou constitutivo. Na verdade, consoante anota Giuseppe Ruffini (2010:5), *"esclusiva dello Stato non è infatti la decisione delle controversie, ma la tutela coativa dei diritti".*

A lei pode delegar a particulares o exercício de função pública, tal como ocorre com o exercício da jurisdição pelos árbitros, principalmente quando essa delegação se legitima, em abstrato, pela Constituição da República e, em concreto, pela vontade das partes.[87] Assim, ao editar a Lei de Arbitragem, o Estado brasileiro passou a atribuir a função pública de atuar a vontade concreta do direito e de solucionar os conflitos a árbitros, sem que isso possa ser visto como inconstitucional, ilegal ou ilegítimo.

Muito ao contrário, pois a própria Constituição legitima essa delegação, ao prever a arbitragem em seu texto (art. 114, §§1º e 2º). O STJ, conforme consta do voto do ministro Sidnei Beneti, também já chegou a pronunciar que "apenas a coerção que não é atribuída à arbitragem, o resto é delegado, realmente, pela Lei da arbitragem para o Juízo arbitral".[88] Trata-se de verdadeira exceção ao tradicional princípio da indelegabilidade da jurisdição, consoante precisamente anota Arruda Alvim (2011:198):

> Nesse contexto, a maior parte da doutrina já faz alusão à arbitragem como modalidade jurisdicional, ao argumento de que o instituto exerce idêntica função e produz os mesmos efeitos que a atividade jurisdicional do Estado, de sorte que o propagado "monopólio estatal" não poderia justificar a exclusão da arbitragem do conceito de jurisdição. (...). Diante disso, a atividade do árbitro, que antes poderia ser considerada como "equivalente" jurisdicional, pode, atualmente, inserir-se no próprio conceito de jurisdição, como espécie privada deste gênero.

Observe-se, ademais, que, além de atuar a vontade concreta do direito e promover a pacificação social — escopos da jurisdição —, o processo ar-

---

87. Nessa linha, Guido Zanobini (apud Calamandrei, 1996:v. II, p. 278) leciona que *"los poderes de decisión conferidos a los árbitros serían poderes públicos de naturaleza jurisdiccional, derivados de la ley, y no de la voluntad de las partes comprometientes, cuyo acuerdo funcionaría únicamente como presupuesto para conferir ex lege dicho encargo público".*
88. STJ, Segunda Seção, CC nº 113.260/SP, rel. min. João Otávio de Noronha, j. em 8.9.2010, *D.J.* de 7.4.2011, trecho do voto do min. Sidnei Beneti.

bitral se inicia mediante provocação da parte interessada e em substituição às partes, o que significa que ele compartilha com a jurisdição estatal dos postulados da inércia e da substitutividade. Ademais, os árbitros atuam com independência, imparcialidade e em observância ao devido processo legal, tudo a indicar que a arbitragem possui as mesmíssimas características da chamada jurisdição estatal.

Como se não bastasse, a Lei de Arbitragem expressamente estatui que a sentença arbitral produz os mesmos efeitos da sentença judicial (art. 31, primeira parte), bem como esse mesmo diploma arbitral e o Código de Processo Civil elencam a sentença arbitral dentre os títulos executivos judiciais (art. 31, parte final, e art. 475-N, IV, respectivamente).

Para completar o quadro, vale dizer que o mérito da sentença arbitral, em regra, é insuscetível de controle pelo Poder Judiciário. Ora, se a arbitragem tivesse natureza jurídica de mero contrato ou de negócio jurídico, como explicar que um ato privado pudesse ficar intocável ao controle de mérito do Poder Judiciário? A intangibilidade do mérito da sentença arbitral pelo Poder Judiciário somente se explica, técnica e logicamente, pelo reconhecimento da natureza jurisdicional da arbitragem e de sua submissão à teoria geral do processo, sob pena de, entendendo-se o contrário, aí sim restar violado o princípio da inafastabilidade da jurisdição, o que não ocorre com a arbitragem, conforme já placidamente anunciado pelo STF em 2001, no julgamento da questão de ordem no Ag. Reg. na SE nº 5.206/ES.

Cumpre, ainda, afastar interpretações literais do art. 31 da Lei de Arbitragem, especificamente a respeito da expressão "os mesmos efeitos da sentença proferida pelos órgãos do Poder Judiciário". Doutrina minoritária afirma que esse dispositivo não garante a coisa julgada na arbitragem porque a coisa julgada não seria um efeito da sentença, na linha emplacada por Liebman.

Não obstante a forte penetração do conceito *liebmaniano* de coisa julgada na doutrina brasileira, o fato é que o Código de Processo Civil brasileiro não o adotou, preferindo identificar a coisa julgada justamente com a eficácia da sentença.[89] Assim, a referência feita pelo art. 31 da Lei nº 9.307/1996 aos

---

89. Nesse sentido, Nelson Nery Junior (2010:v. IV, p. 417, nota 2), com argumento histórico, esclarece que "o Anteprojeto Buzaid adotava a teoria de Liebman (art. 507), mas sofreu modificações no Congresso Nacional e o texto do CPC 467 não contempla essa teoria". Em relação ao mesmo dispositivo, Thereza Alvim (2008:400) expressamente aduz que "nossa lei, por outro lado, como se adiantou, recebeu redação ainda mais imprecisa assemelhando-se, nesse passo, à posição de Chiovenda". No mesmo sentido, confira-se: Barbosa Moreira (2011b:v. VI, p. 681, nota 5, 2007e:219); Talamini (2005:43). No mesmo sentido, Cândido

"mesmos efeitos" da sentença judicial casa-se, perfeitamente, com o conceito de coisa julgada adotado pelo art. 467 do diploma processual civil, tudo a conspirar pelo reconhecimento da coisa julgada na arbitragem.

É de se destacar, ademais, sob o ângulo prático, que o STJ, recentemente, reconheceu a natureza jurisdicional da arbitragem. No Conflito de Competência nº 113.260/SP, consta do voto da ministra Nancy Andrighi que "os argumentos da doutrina favoráveis à jurisdicionalidade do procedimento arbitral revestem-se de coerência e racionalidade", razão pela qual "não há motivos para que se afaste o caráter jurisdicional dessa atividade".[90] No mesmo sentido, o ministro Sidnei Beneti, não obstante votando contrariamente à relatora, e de acordo com a divergência vencedora, consignou que não se nega "que a jurisdição arbitral seja também jurisdição, mas uma jurisdição que não é a jurisdição estatal, é a jurisdição convencional".[91]

Em resumo, tal como a jurisdição estatal, a arbitragem tem por fim a atuação da vontade concreta do direito e a pacificação social (escopos da jurisdição), começa por iniciativa do interessado (inércia da jurisdição), substitui a atuação das partes (substitutividade da jurisdição), se desenvolve com imparcialidade (imparcialidade da jurisdição) e a decisão de mérito nela proferida é insuscetível de modificação (definitividade da jurisdição).[92]

Rangel Dinamarco (2006:viii) afirma explicitamente que "o Código de Processo Civil não foi fiel àquela distinção, dela se afastando (e sem muita clareza) ao definir a coisa julgada como 'a eficácia que torna imutável e indiscutível a sentença não mais sujeita a recurso ordinário ou extraordinário'". Antonio Carlos de Araújo Cintra (2003:v. IV, p. 309 e 310) afirma, primeiramente, que "do artigo 507 do anteprojeto ao artigo 467 do Código de processo Civil o conceito de coisa julgada foi se afastando cada vez mais da doutrina de Liebman", para, em seguida, entender que "considerando a coisa julgada como efeito da sentença, a lei, na realidade, se ajustou à doutrina de Celso Neves, na linha do pensamento de Hellwig". Ada Pellegrini Grinover (2006:10), referindo-se à doutrina de Liebman, prefere considerar que "o Código de 1973 encampou em grande parte a posição, ainda que com algum recuo e certa imprecisão". Aparentemente em sentido contrário, e sem maiores distinções, Humberto Theodoro Júnior (2002:v. I, p. 477) afirma que "filiando-se ao entendimento de Liebman, o novo Código não considera a *res iudicata* como um efeito da sentença". Parece-nos realmente que o diploma processual civil não adotou o conceito de Liebman de coisa julgada, pois a identifica com a eficácia da sentença.

90. STJ, Segunda Seção, CC nº 113.260/SP, rel min. João Otávio de Noronha, j. em 8.9.2010, *D.J.* de 7.4.2011, trecho do voto da ministra Nancy Andrighi.

91. Ibid., trecho do voto do ministro Sidnei Beneti.

92. A posição pela natureza jurisdicional da arbitragem é majoritária no Brasil e defendida, *inter plures*, pelos seguintes autores: Carmona (2009a:26); Wald (2009b:22 e ss.); Nery Junior e Nery (2006:1167); Figueira Júnior (1999:157); Strenger (1996:143). Barbosa Moreira (2004:185-186), sem descer a minúcias, faz alusão ao fato de a sentença arbitral gerar "situação equiparável à da coisa julgada material".

A coisa julgada na arbitragem doméstica

Trata-se, inegavelmente, de jurisdição.[93] E tratando-se de jurisdição, o único instituto apto a tornar a sentença arbitral definitiva e intangível, como de fato ela é, na forma consagrada pela Lei de Arbitragem, é justamente a coisa julgada material. Em uma frase: a arbitragem possui natureza jurisdicional, está submetida à teoria geral do processo e, assim, a sentença arbitral de mérito transitada em julgado fica acobertada pela coisa julgada material. Árbitro não é parecerista, não emite opinião legal; é julgador, profere sentença de mérito definitiva,[94] quando possível, evidentemente.

3.6 Limites objetivos, eficácia preclusiva e limites subjetivos

Destacamos acima que os arts. 18, 29, 31 e 33 da Lei de Arbitragem formam um conjunto normativo apto a ensejar a conclusão de que a sentença arbitral de mérito é acobertada pela coisa julgada material, o que, em harmonia com o pensamento da doutrina brasileira dominante, melhor se relaciona com as previsões legais do direito comparado e decorre da natureza jurisdicional da arbitragem. A partir desta conclusão, pretende-se demonstrar, rapidamente, os limites objetivos, a eficácia preclusiva e os limites subjetivos da coisa julgada arbitral.

Não temos dúvida em afirmar que os limites objetivos da coisa julgada arbitral são exatamente os mesmos da coisa julgada formada com a sentença judicial de mérito, ao menos quando se tratar de arbitragem doméstica, sujeita ao direito processual brasileiro. Em outras palavras, a coisa julgada arbitral alcança apenas e tão somente o dispositivo da sentença arbitral de mérito, não se estendendo às questões prejudiciais enfrentadas na fundamentação da

---

93. Ressalte-se, ainda, que, quando se analisa a natureza jurídica da arbitragem, parece-nos que o foco de análise deve ser o processo arbitral. Afinal, só existe arbitragem a partir de sua instituição, na forma do art. 19 da Lei de Arbitragem. Em outras palavras, o que se quer dizer é que não parece adequado incluir no debate a respeito da natureza jurídica da arbitragem o exame da convenção arbitral (cláusula compromissória e compromisso arbitral), pois essa é ato com outra natureza, anterior e exterior ao processo arbitral. Essa mistura de institutos, com o devido respeito, parece ser o equívoco da teoria mista da arbitragem, que dá muito destaque à origem contratual da convenção arbitral para explicar a natureza jurídica da arbitragem. Tem-se a impressão de que o mesmo engano seria cometido pelo processualista que pretendesse atribuir natureza mista à jurisdição estatal quando o conflito decorresse, por exemplo, de avença em que constasse cláusula de eleição de foro judicial.
94. Parece possível aproveitar a frase de Ugo Rocco (apud Liebman, 2006:39), sobre a coisa julgada no processo judicial, para estendê-la à arbitragem: "O juiz já não seria juiz e a sua função não judicante mas consultiva, se não fosse a sua decisão obrigatória e irretratável".

decisão. Da mesma forma, a verdade dos fatos estabelecida na sentença arbitral, assim como ocorre na sentença judicial, também não é acobertada pela coisa julgada, de maneira que a interpretação do árbitro a respeito da ocorrência dos fatos não fica imutável à eternidade, podendo o substrato fático ser nova e diferentemente entendido em casos judiciais ou arbitrais futuros. Realizando essa equiparação, consulte-se José Carlos Barbosa Moreira:

> Vê-se que o julgador resolve questões tanto na motivação quanto no dispositivo; mas obviamente não as mesmas. A distinção é de capital importância, *v.g.*, para a delimitação do âmbito objetivo da coisa julgada: nele só se compreenderá a solução das questões finais, não a das questões instrumentais. A afirmação, *mutatis mutandis*, não é menos válida para a arbitragem do que para o processo judicial.[95]

Assim, se o árbitro, numa demanda em que se pretende o cumprimento forçado de um contrato entabulado entre as partes, é provocado a se manifestar sobre a validade do negócio jurídico em razão da defesa do requerido — sem que ele tenha feito pedido (em sentido técnico) a esse respeito —, inevitavelmente a decisão que rejeitar a alegação de invalidade não fará coisa julgada material. Isso porque a solução dessa questão — prejudicial — não corresponde ao mérito da causa (= objeto litigioso = pedidos, em sentido técnico) e, por consequência, estará compreendida na fundamentação da sentença e não na parte dispositiva. Assim, a anulabilidade e/ou nulidade da avença poderá ser, posteriormente, rediscutida em outro processo judicial ou mesmo em outra arbitragem, já que não recai sobre ela a autoridade da coisa julgada.[96]

Destaque-se que o conhecimento dessa questão prejudicial na arbitragem não precisa estar autorizado pelas partes, pois todas as questões que circundam o mérito da causa presumem-se abrangidas na convenção de arbitragem. Nessa linha de pensamento, confira-se a doutrina de José Eduardo Carreira Alvim (2004:298):

---

95. Barbosa Moreira (2004:189). No mesmo sentido, transcreva-se a lição de José Eduardo Carreira Alvim (2004:377): "Não são diferentes os limites objetivos da coisa julgada no processo arbitral e no processo judicial, alcançando, em princípio, apenas o 'dispositivo', que consubstancia a verdadeira decisão da causa".
96. Situação diferente ocorreria se o interessado iniciasse uma arbitragem objetivando a declaração de invalidade desse negócio jurídico, pois, nesse caso, a declaração seria o mérito do processo arbitral (= objeto litigioso = pedidos, em sentido técnico) e constaria do dispositivo da sentença, razão pela qual ficaria acobertada pela coisa julgada material.

> Em princípio, quem escolhe a arbitragem para resolver uma controvérsia sobre indenização por danos, como, de resto, sobre qualquer litígio, confere implicitamente ao árbitro poderes para resolver todas as questões periféricas, como tal entendidas as que não se refiram ao mérito da causa. Destarte, as questões preliminares, as questões sobre competência, impedimento e suspeição, as questões prejudiciais, situam-se, todas, na periferia do mérito da causa, devendo ser percorridas, para que se alcance o objetivo do processo principal, que é a decisão da causa. Portanto, não é necessário que a convenção de arbitragem a elas se refira, especificamente, porque, ao acordarem as partes sobre o objeto da demanda arbitral, já estarão acordando quanto aos poderes concedidos ao árbitro, para resolver as questões relacionadas com ele. Para tanto, não precisa o árbitro de poderes expressos, porque eles já existem implícitos.

No âmbito do processo judicial, sabe-se que as questões prejudiciais incidentemente solucionadas também não ficam acobertadas pela coisa julgada material, mas as partes têm a possibilidade de ampliar o *thema decidendum* por meio da propositura, no curso do processo dito principal, de uma ação declaratória incidental. Na arbitragem, atendendo-se ao princípio da flexibilidade procedimental, não há necessidade de instaurar-se uma nova arbitragem — com novo requerimento, nova nomeação de árbitros etc. — quando se pretender transformar uma questão prejudicial em causa prejudicial, bastando que as partes formulem no curso da arbitragem, enquanto tecnicamente possível, um novo pedido. Esse pedido, perfeitamente identificado, transformará a questão prejudicial em causa prejudicial.

Destaque-se que, nesse caso, não há necessidade de concordância da parte contrária e nem dos árbitros a respeito dessa ampliação do mérito do processo arbitral, pois, em verdade, não se estará ampliando o objeto da cognição do caso, mas apenas transferindo uma questão que já seria examinada na fundamentação da decisão para a parte dispositiva da sentença. A matéria de fato, a matéria de direito e as provas serão igualmente examinadas tanto em uma situação como na outra, razão pela qual isso não importará em prejuízo para a celeridade da arbitragem e nem significará qualquer infringência ao princípio do devido processo legal e ao princípio do contraditório.[97] Situação

---

97. Em sentido contrário, entendendo que a transformação da questão prejudicial em causa prejudicial exige a concordância de todas as partes, José Eduardo Carreira Alvim (2004:299)

bem diferente ocorreria se a parte pretendesse fazer uma cumulação ulterior de pedidos autônomos, isto é, acrescentando um novo pedido, completamente desvinculado do objeto já estabilizado do processo arbitral.

Da mesma forma, também na sentença arbitral de mérito transitada em julgado ocorre a eficácia preclusiva da coisa julgada, exatamente da mesma forma que no caso da sentença judicial.[98] Assim, os eventuais argumentos fáticos e/ou jurídicos que poderiam ter sido alegados pelas partes e/ou conhecidos pelo árbitro, mas não foram, passam a ser irrelevantes, a partir do trânsito em julgado, para fins de afastar o resultado prático emanado daquela sentença arbitral. Mesmo que se trate de matéria que inexoravelmente alteraria o resultado do julgamento arbitral, mas que não tenha sido alegada e/ou conhecida no curso da arbitragem em que se formou a coisa julgada, incide a eficácia preclusiva da coisa julgada, tornando-a irrelevante para fins de afastar o resultado prático proveniente da decisão arbitral definitiva.

Ainda nessa linha, pouco importa se a matéria de fato ou de direito era ou não conhecida pela parte, pois, ainda que a parte a desconhecesse, produz-se a eficácia preclusiva da coisa julgada, tornando a matéria irrelevante para fins de perturbar o resultado prático do julgado arbitral. A eficácia preclusiva da coisa julgada arbitral alcança, em síntese, (i) as questões que, passíveis de conhecimento *ex officio*, não foram examinadas pelo árbitro; (ii) as questões que, dependentes de alegação da parte, foram suscitadas mas não enfrentadas pelo árbitro; e, também, (iii) as questões que, também dependentes da iniciativa da parte, não foram alegadas e, menos ainda, examinadas pelo árbitro. Nenhuma dessas questões, posteriormente, é influente ou importante para fins de afastar o resultado prático da sentença arbitral trânsita em julgado.

Destaque-se, também, que a eficácia preclusiva da coisa julgada arbitral se opera tanto em relação a futuras arbitragens como no que tange a futuros

---

considera que "se pretenderem as partes, na arbitragem, que a questão prejudicial faça coisa julgada, com o alcance do art. 470 do Código de Processo Civil, devem convencioná-lo, e, se não o fizerem, originariamente, devem fazê-lo por aditamento ao compromisso, no curso da demanda arbitral. Havendo resistência de qualquer das partes à celebração do aditamento, fica excluída qualquer possibilidade de ação declaratória incidental, em sede arbitral, permanecendo a questão prejudicial em residência periférica, sem condições de residir no núcleo da demanda principal; será apreciada, mas não julgada".

98. Em sentido oposto, Marcus Vinicius Tenorio da Costa Fernandes (2007:49) aduz que "o mesmo raciocínio de aplica à eficácia preclusiva da coisa julgada. A sentença judicial será apta a desconstituir a sentença arbitral por vício dela própria ou até antecedente, já que a sentença arbitral não está protegida pela eficácia preclusiva da coisa julgada. Assim, nada impede que uma questão já decidida venha a ser discutida depois".

processos judiciais, pois em nenhum deles será lícito trazer argumentos de fato e/ou de direito não utilizados na primeira oportunidade para fins de inquinar o resultado prático da sentença arbitral definitiva. Note-se que, nas relações jurídicas de trato sucessivo, fatos e circunstâncias supervenientes podem ser utilizados para operar modificações no mundo real, como exceção ao princípio da vinculação à coisa julgada.

Ressalte-se, por fim, que a coisa julgada não alcança sentenças arbitrais proferidas em arbitragens inexistentes, isto é, quando inexista base contratual para instauração da arbitragem. Nessa hipótese, sequer é o caso de se averiguarem os limites objetivos, a eficácia preclusiva e os limites subjetivos, pois não houve coisa julgada.

É o caso, por exemplo, de se instaurar uma arbitragem sem convenção de arbitragem, situação em todo semelhante àquela do processo judicial em que não houve citação. Nesse caso, inexiste convenção de arbitragem, inexiste processo arbitral, inexiste sentença arbitral e, por conseguinte, inexiste coisa julgada arbitral, de maneira que a parte prejudicada poderá se opor a essa decisão de três maneiras: (i) propositura, a qualquer tempo, de ação declaratória de inexistência de convenção de arbitragem, (ii) propositura, dentro do prazo de 90 (noventa) dias a que se refere o §1º do art. 33 da Lei de Arbitragem, de ação de anulação da sentença arbitral e (iii) apresentação, dentro do prazo de 15 (quinze) dias a que se refere o §1º do art. 475-J do Código de Processo Civil, de impugnação ao cumprimento da sentença.

Destaque-se que a utilização da ação de anulação da sentença arbitral e da impugnação ao cumprimento de sentença arbitral para a finalidade de ver declarada a inexistência da convenção de arbitragem serve apenas ao princípio da economia processual e ao princípio da instrumentalidade das formas, pois, em verdade, a alegação de inexistência da convenção de arbitragem não está sujeita ao prazo de 90 (noventa) dias para ajuizamento da ação de anulação e nem ao prazo de 15 (quinze) dias para apresentação da impugnação ao cumprimento de sentença.

Decorridos esses prazos, nada obsta que a parte prejudicada ingresse com a ação declaratória de inexistência de convenção de arbitragem, podendo solicitar, inclusive, medidas de urgência para ver suspensos os atos de execução eventualmente já tomados contra o seu patrimônio. Se, todavia, ainda estiver no prazo para o ingresso da ação de anulação ou da apresentação da impugnação ao cumprimento de sentença, pode a alegação de inexistência da convenção de arbitragem ser veiculada também por esses meios. Em outro trabalho, sobre a ação de anulação da sentença arbitral, ressalvamos que a sentença arbitral inexistente poderia ser atacada a qualquer tempo:

> Dentro desse prazo decadencial, essas causas previstas no art. 32 da Lei de Arbitragem podem sim servir de fundamento à impugnação ao cumprimento de sentença (execução da sentença arbitral). Decorrido esse prazo, contudo, o interessado não tem mais o direito — extinto pela decadência — de atacar a sentença arbitral pelas causas dispostas no art. 32 da Lei de Arbitragem, nem no âmbito da ação de anulação e nem na via da impugnação ao cumprimento de sentença. Trata-se de consequência inarredável para quem considera que a ação de anulação prevista no art. 32 da Lei nº 9.307/1996 possui natureza desconstitutiva, bem como, e por conseguinte, que o prazo de 90 (noventa) dias é decadencial. Ultrapassado o prazo, decai o direito. A exceção que se registra é quando se estiver diante de sentença arbitral inexistente, tema a ser objeto de estudo em outra oportunidade.[99]

Esta distinção entre os vícios de inexistência da convenção de arbitragem e demais irregularidades havidas na arbitragem, inclusive hipóteses de nulidade e anulabilidade da convenção de arbitragem, já foi notada, em *obtier dictum*, pelo STJ. No caso *Samarco v. Jerson Valadares da Cruz* (REsp. nº 1.278.852/MG), discutiu-se, no âmbito de uma ação de anulação proposta antes da instauração da arbitragem, se o Poder Judiciário poderia apreciar, com prioridade cronológica, os vícios de existência, validade e eficácia de uma cláusula compromissória inserida num acordo homologado judicialmente.

A Quarta Turma, a partir do voto do ministro Luis Felipe Salomão, entendeu, conforme consta da ementa, que "é certa a coexistência das competências dos juízos arbitral e togado relativamente às questões inerentes à existência, validade, extensão e eficácia da convenção de arbitragem". Em seguida, registrou-se que,

> em verdade — excluindo-se a hipótese de cláusula compromissória patológica ("em branco") —, o que se nota é uma alternância de competência entre os referidos órgãos, porquanto a ostentam em momentos procedi-

---

99. Fichtner, Mannheimer e Monteiro (no prelo). A esse respeito, recomenda-se a leitura do texto de Clávio Valença Filho (2009:181-200).

mentais distintos, ou seja, a possibilidade de atuação do Poder Judiciário é possível tão somente após a prolação da sentença arbitral, nos termos dos arts. 32, I, e 33 da Lei de Arbitragem.

A conclusão, no caso, foi a de que, diante de cláusula compromissória vazia, pode o Poder Judiciário apreciar a existência, validade e eficácia da cláusula compromissória no curso da ação de execução específica dessa cláusula. Porém, em se tratando de cláusula compromissória cheia, essa análise somente seria possível posteriormente, no âmbito da ação de anulação da sentença arbitral. Não obstante concordar com a conclusão e os fundamentos, a ministra Maria Isabel Gallotti ressalvou que

> apenas em relação à tese de que não pode haver exame de questões pelo Poder Judiciário, na hipótese de cláusula arbitral cheia, antes do final do procedimento, reservo-me para apreciar, em outras circunstâncias, a possibilidade de haver alegações que ponham em dúvida até mesmo que a parte tenha assinado esse compromisso arbitral.[100]

Parece-nos que a distinção entre os vícios que maculam a convenção de arbitragem serve não apenas para fins de excepcionar o princípio da competência-competência, como também para alargar os meios de veiculação dessa alegação posteriormente à sentença arbitral, como ocorre na hipótese de ajuizamento de ação declaratória de inexistência de convenção de arbitragem, o que se aplica, evidentemente, diante de clamorosos e felizmente raros casos de manifesta ausência de base contratual a subsidiar a arbitragem.

No que diz respeito aos limites subjetivos da coisa julgada, parece-nos que o assunto deve ser analisado sob o ângulo estritamente processual, tal como se faz em relação à sentença judicial. Isso significa, em outros termos, que para fins de definir os limites subjetivos da coisa julgada arbitral não importa quem esteja presente na convenção de arbitragem, mas sim quem é parte na arbitragem e, por conseguinte, quem fica subordinado à decisão de mérito transitada em julgado.[101]

---

100. STJ, 4. T., REsp. nº 1.278.852/MG, min. Luis Felipe Salomão, j. em 21.5.2013, *D.J.* de 19.6.2013.
101. Aparentemente em sentido contrário, dando destaque ao vínculo entre os limites subjetivos da coisa julgada e a convenção de arbitragem, confira-se a posição de José Rogério Cruz e Tucci (2006:140): "Tendo-se em vista os limites subjetivos da convenção arbitral não

Aplica-se também na arbitragem a regra geral de que a sentença faz coisa julgada entre partes nas quais é dada, não beneficiando, nem prejudicando terceiros. Isso se justifica, também na seara arbitral, em razão da incidência dos princípios constitucionais do devido processo legal e do contraditório, insuscetíveis de afastamento por lei e/ou pela vontade das partes. Também à arbitragem se aplicam, quando aplicável o direito brasileiro, as hipóteses de submissão dos sucessores a títulos universal ou singular, bem como do substituído processual à coisa julgada. A submissão à coisa julgada, por exemplo, de litisconsortes unitários, de legitimados concorrentes à impugnação de ato comum, de devedores solidários e de partes de obrigações indivisíveis é fenômeno complexo no âmbito do processo judicial e que comporta exame mais específico, em outra oportunidade, em relação à arbitragem.[102]

Não é possível na arbitragem, à míngua de previsão legal, a coisa julgada *secundum eventum litis* e a coisa julgada *secundum eventum probationis*. Em outras palavras, a coisa julgada resulta da arbitragem nas hipóteses de procedência ou improcedência do pedido, bastando que se tenha analisado o mérito da causa. Da mesma forma, há coisa julgada na improcedência do pedido tanto diante de material probatório farto quanto diante de ausência de provas a embasar a pretensão do requerente. Procedente ou improcedente o pedido, por qualquer que seja o motivo, há coisa julgada arbitral.

Da mesma forma que a sentença judicial, a sentença arbitral também possui eficácia natural, razão pela qual terceiros estranhos (não aqueles acima referidos) ao processo arbitral não ficam sujeitos à coisa julgada material, mas se subordinam à eficácia natural da sentença arbitral. Isso porque, assim como no caso do juízo togado, o árbitro é órgão escolhido pela lei para fazer atuar a vontade concreta do direito objetivo e solucionar o conflito de interesses.

3.7 Formas de alegação/conhecimento da coisa julgada arbitral

Neste trabalho, concluiu-se que há coisa julgada material na arbitragem submetida ao direito processual brasileiro. Importa averiguar, neste item,

---

há como se admitir que a imutabilidade do conteúdo decisório da sentença possa atingir terceiros". Também assim, José Eduardo Carreira Alvim (2004:379) afirma que, "se a sentença arbitral é o produto de um processo de base convencional, que se apoia na convenção de arbitragem, em princípio só está sujeito aos seus efeitos quem firmou a convenção".

102. A respeito do assunto, no âmbito do processo judicial, confira-se a seguinte obra: Cruz e Tucci (2006).

como a parte interessada pode fazer valer a coisa julgada material anterior para fins de impedir que nova demanda idêntica, judicial ou arbitral, tenha prosseguimento.

A coisa julgada material é classificada, sob o ângulo do direito de defesa, como uma objeção processual indireta e peremptória. É objeção — e não exceção — porque o julgador pode conhecê-la *ex officio*, isto é, independentemente de alegação da parte interessada. É processual porque se atém à relação jurídica processual e não ao mérito da causa. É indireta porque ataca a relação jurídica processual a partir de fatos externos ao caso, como, na hipótese, a existência de outra causa idêntica já julgada em definitivo anteriormente. E é peremptória — e não dilatória — porque ocasiona a extinção imediata do processo e não apenas o seu retardamento.[103]

Assim, caso uma parte ingresse com ação judicial a respeito de causa idêntica já julgada em definitivo na arbitragem, o Poder Judiciário deverá, com base no art. 267, V, do Código de Processo Civil, extinguir esse processo judicial sem a resolução do mérito, independentemente de alegação da parte contrária, isto é, de ofício. Caso o juízo togado desconheça a preexistência de uma causa idêntica já decidida anteriormente na arbitragem, nada impede que a parte interessada alegue a existência de coisa julgada arbitral anterior e aí, acolhendo essa alegação, o juízo togado extinga o processo judicial sem resolução do mérito. Observe-se, a teor do §3º do art. 267 do diploma processual civil, que o Poder Judiciário deverá reconhecer a existência da coisa julgada arbitral e extinguir o subsequente processo judicial idêntico em qualquer tempo e grau de jurisdição ordinário.

Da mesma forma, em vez de a demanda idêntica posterior ser ajuizada perante o juízo togado, pode acontecer de uma das partes pretender instituir arbitragem subsequente idêntica a processo judicial ou arbitral anterior. Nesse caso, o árbitro, assim como o juízo togado, poderá conhecer de ofício da matéria e extinguir o processo arbitral sem resolução do mérito. Caso o árbitro não saiba da existência de sentença judicial ou arbitral anterior versando sobra a mesma causa, a parte interessada poderá suscitar a coisa julgada arbitral, circunstância que ocasionará a extinção da arbitragem posterior sem a resolução do mérito.

---

103. A respeito da classificação do direito de defesa e dessa classificação na arbitragem, recomenda-se a leitura dos seguintes textos: Fichtner e Monteiro (2010b:35-80); Monteiro (2013:35-55).

4. Conclusão

Diante de tudo quanto exposto, não parece haver dúvidas, de nossa parte, que a sentença arbitral de mérito, proferida em arbitragem doméstica, sujeita ao direito processual brasileiro, tem a natureza de coisa julgada material e submete-se à mesma disciplina da sentença judicial de mérito, para fins de identificação dos seus limites objetivos e subjetivos, bem como da eficácia preclusiva da coisa julgada. Assim, eventual arbitragem ou processo judicial posteriormente instaurado com identidade de partes, causas de pedir e pedidos em relação a processo arbitral já findo deve ser extinto sem a resolução do mérito, em respeito à coisa julgada material arbitral.

8

Questões concernentes à anulação de sentenças arbitrais domésticas

José Antonio Fichtner
Sergio Nelson Mannheimer
André Luís Monteiro

1. Introdução. 2. Delimitação do objeto deste estudo: sentenças arbitrais domésticas. 3. Premissa fundamental: o modelo brasileiro de controle judicial da sentença arbitral doméstica. 4. É possível renunciar ao direito de anular a sentença arbitral? 5. Legitimidade passiva: árbitros e/ou instituição arbitral devem ser incluídos no polo passivo da ação de anulação? 6. O rol do art. 32 da Lei de Arbitragem é taxativo (*numerus clausus*) ou exemplificativo (*numerus apertus*)? 7. Além da ação de anulação, é cabível ação rescisória contra a sentença arbitral? 8. É possível requerer a anulação da sentença arbitral na execução, por ocasião da impugnação ao cumprimento do julgado? 9. Conclusão.

1. Introdução[1]

A arbitragem, assim como a jurisdição estatal, tem como escopos a atuação do direito, a solução dos conflitos de interesses e a pacificação social. Não obstante vocacionado a essas finalidades, o instituto eventualmente, como

---

1. Texto revisto e atualizado. A versão original foi escrita para compor a coletânea *Arbitragem e mediação: temas controvertidos*, da Ordem dos Advogados do Brasil — Seccional do Estado do Rio de Janeiro, sob a coordenação de Joaquim de Paiva Muniz, Fabiane Verçosa, Samantha Pelajo, Fernanda Pantoja e Diogo Rezende de Almeida, com publicação prevista para este ano pela Editora Forense. Os autores agradecem à acadêmica Nathalia Cal (Faculdade de Direito da Universidade do Estado do Rio de Janeiro — Uerj) e ao agora bacharel Rodrigo Moreira (Faculdade de Direito da Pontifícia Universidade Católica do Rio de Janeiro — PUC/RJ) pela pesquisa realizada.

todo fenômeno jurídico, pode ser inadequadamente manejado, com violação do programa contratual das partes ou de direitos de natureza processual, com efeitos sobre toda a validade do procedimento. Há também o risco de que a decisão proferida pelos árbitros infrinja algum postulado fundamental do Estado que serviu de sede ou em que se pretende a produção de efeitos da sentença. Diante dessas hipóteses, nada mais natural do que a existência de um sistema de controle da validade da sentença arbitral.

Evidentemente que esse controle pode ser amplo ou restrito, a depender da cultura e da experiência arbitral, bem como da sociedade específica onde ele é aplicado. William Park (2004:161), em excelente texto, considera que "a revisão judicial de sentenças arbitrais constitui uma forma de controle de riscos". O autor anota que "o exame judicial da integridade de uma arbitragem garante um processo arbitral mais eficiente ao promover a fidelidade às expectativas pré-contratuais das partes" (Pack, 2004:162), bem como que "é pouco provável que operadores comerciais se sintam confortáveis com um sistema de solução de disputas que permita aos árbitros decidir casos ao acaso ou, ainda, desrespeitando o devido processo legal" (Pack, 2004:163). A existência de um sistema legal de controle da arbitragem, sob o ângulo econômico, serve de incentivo ao instituto, pois assegura às partes de que não serão surpreendidas com soluções anômalas ou em desacordo com o programado. E se o forem, terão, à sua disposição, os instrumentos suficientes e necessários para as adequadas correções de rumo.

Em relação à teoria da deslocalização da arbitragem, William Park considera que "a ausência de qualquer escrutínio judicial na sede da arbitragem poderia, adversamente, afetar as vítimas de arbitragens defeituosas, e em alguns casos os interesses do próprio Estado revisor" (Pack, 2004:166). Em seguida, o autor ensina que "o controle judicial na sede da arbitragem assegura a eficiência do controle de arbitragens aberrantes, promovendo a confiança dentro da comunidade comercial de que a arbitragem não é uma loteria de resultados erráticos" (Pack, 2004:167). Acrescente-se, de nossa parte, que a possibilidade de controle, mesmo que em tese, da decisão proferida ocasiona, consciente ou inconscientemente, uma maior preocupação do julgador. No âmbito judicial, esse efeito é obtido por meio dos recursos; na arbitragem, por meio dos "embargos arbitrais" e de instrumentos jurisdicionais de controle estatal da arbitragem.

Adriana Braghetta (2010:10) entende que

Questões concernentes à anulação de sentenças arbitrais domésticas

para a eficiência da arbitragem como método de solução de controvérsias, largamente utilizado, algum tipo de controle coordenado do laudo arbitral é necessário, sob pena de nem mesmo se poder aferir se existia uma cláusula compromissória ou se o poder concedido aos árbitros pelas partes foi respeitado.

Partindo-se da realidade brasileira, pode-se dizer que o tipo de controle da sentença arbitral não pode, por óbvio, traduzir-se em um segundo grau de jurisdição no âmbito do Poder Judiciário. Atento a esse eventual excesso, Cândido Rangel Dinamarco anota que "a liberalização desse controle pelos juízes estatais, quando levada a patamares de abuso, seria um perigosíssimo fator de esvaziamento do instituto da arbitragem".[2]

Alguém menos avisado poderia conceber estrutura teórica em que se extirpasse qualquer forma de controle, prestigiando, em grau máximo, a autonomia privada manifestada pelas partes ao optar pela arbitragem e a liberdade dos árbitros de exercer o poder a eles delegado. Tal entendimento parece desconsiderar os fundamentos acima narrados, de ordem jurídica e econômica, bem como ignorar experiência internacional simbólica e fracassada até mesmo em países de grande tradição arbitral. Lembre-se que em 1985, num primeiro momento, a Bélgica reformou seu sistema arbitral e excluiu, em alguns casos, a possibilidade de ajuizamento de ação de anulação de sentença arbitral proferida naquele país. Conforme informa Adriana Braghetta, "a doutrina defende que, salvo raras exceções, como o caso Eurotúnel, o sistema de 1985 parece que dissuadiu as partes de procurarem a Bélgica como sede de arbitragem".[3] Não foi por outra razão que, posteriormente, em 1998, o sistema foi novamente alterado, abandonando-se a posição excessivamente liberal e restabelecendo-se o controle da sentença arbitral.

Existe, pois, um meio-termo nesse sistema de controle, certamente virtuoso, que prestigia as garantias das partes e do Estado sem comprometer as características essenciais da arbitragem. Arnoldo Wald (2004:64) compartilha do entendimento segundo o qual "não se pode abandonar todo controle judicial das decisões arbitrais, numa posição excessivamente liberal que se

---

2. Dinamarco (2003b:33-34). O autor complementa a lição esclarecendo que "alargar tanto o controle estatal implicaria comprometer a própria arbitragem como instituição que a cultura dos povos modernos tende a incrementar" (Ibid., p. 46).
3. Braghetta (2010:119). A autora considera, a partir dessa experiência, que "o retrocesso belga serve de ótimo exemplo para mostrar os perigos do exagero" (Ibid., p. 120).

pode tornar perigosa", mas, por outro lado, "o controle pelo Poder Judiciário não deve ser uma espécie de camisa de força tolhendo o desenvolvimento da arbitragem e burocratizando-a de tal modo que possa perder a sua eficiência e a sua rapidez, que são essenciais no terceiro milênio". É de se destacar ainda que a opção legislativa do Estado, ao estabelecer uma forma de controle razoável da arbitragem, precisa ser acompanhada pelos seus praticantes, em uma sintonia saudável ao instituto e às expectativas das partes.

José Emilio Nunes Pinto (2008:251) prega uma mudança de cultura, em especial de advogados brasileiros e norte-americanos, no sentido de considerar que "a ação anulatória de sentença arbitral não corresponde à apelação no processo civil". Eventual desarmonia entre o sistema de controle da arbitragem estabelecido pelo Estado e o espírito litigioso de seus praticantes pode apontar, conforme alerta Valeria Galíndez, para "a existência de uma tendência em se utilizar, impropriamente, a ação anulatória de sentença arbitral como instância recursal e, assim, evitar os efeitos de decisão desfavorável aos interesses de uma das partes".[4] Esse exagero certamente é o responsável pelo questionamento de um membro da Corte de Apelação de Gênova narrado por Sergio La China (2007:xxii): *"ma le parti che ci vanno a fare in arbitrato se poi tornano sempre da noi?"*.

Neste texto, não se pretende elaborar uma análise exaustiva do sistema de controle da arbitragem adotado no Brasil, nem mesmo realizar um exame caso a caso das hipóteses dos arts. 32 e 33 da Lei de Arbitragem brasileira. O objetivo deste ensaio é apenas trazer ao conhecimento do leitor algumas questões complexas em torno da ação de anulação da sentença arbitral doméstica, bem como provocar alguns questionamentos diante dos entendimentos doutrinários que têm prevalecido a respeito de algumas dessas difíceis hipóteses.

2. Delimitação do objeto deste estudo: sentenças arbitrais domésticas

Antes de qualquer consideração sobre o modelo de controle da sentença arbitral adotado no Brasil, é preciso deixar claro que neste trabalho se ana-

---

4. Galíndez (2007:241). A autora continua a lição esclarecendo que "tal manobra representa uma flagrante violação ao princípio da autonomia das partes, pois foram elas próprias que optaram pela via arbitral ao celebrarem a convenção de arbitragem, assumindo os respectivos riscos" (Ibid., p. 241).

lisará apenas a impugnação de sentenças arbitrais proferidas em território nacional. Trata-se de distinção fundamental, na medida em que a doutrina nacional dominante, na esteira do entendimento doutrinário estrangeiro, considera que apenas o país sede da arbitragem tem jurisdição para examinar a ação de anulação da sentença arbitral.

Em termos práticos, isto significa que o Brasil não teria jurisdição para julgar uma ação de anulação de sentença arbitral prolatada em arbitragem que tivesse sede, por exemplo, nos Estados Unidos. O Poder Judiciário brasileiro somente teria jurisdição para julgar ações de anulação de sentenças arbitrais decorrentes de arbitragens com sede no Brasil. A respeito da sede da arbitragem, Adriana Braghetta (2010, justificativa) leciona que

> o estudo da sede da arbitragem tem repercussão, do ponto de vista e de acordo com a Convenção de Nova Iorque, para: (i) a definição da nacionalidade do laudo com reflexos na sua execução; (ii) a definição da competência do Judiciário que controlará o laudo via ação de anulação; (iii) a verificação de sua influência, de forma subsidiária, para a regularidade da validade da convenção arbitral; e (iv) a análise das disposições procedimentais imperativas da sede.

Como se vê, dentre as repercussões da sede da arbitragem está a de definir qual o Estado que tem jurisdição para a ação de anulação da sentença arbitral. Nesse sentido, José Carlos de Magalhães (2004:148), em parecer, entende que "a justiça brasileira é incompetente para apreciar ação de nulidade de sentença arbitral estrangeira proferida em Nova Iorque, local escolhido pelas partes como sede do tribunal arbitral". No mesmo sentido, Selma Ferreira Lemes (2004:191), em parecer, defende que "a Justiça brasileira é incompetente para apreciar a sentença arbitral estrangeira no âmbito de ação de nulidade". Também assim, Pedro A. Batista Martins (2004:169), também em parecer, considera que "a Justiça brasileira não tem jurisdição (competência internacional) para apreciar ação de nulidade de sentença arbitral estrangeira". Por fim, no mesmo sentido, Arnoldo Wald afirma que "a Justiça Brasileira não é competente para julgar pedidos de sustação, nulidade ou anulação de convenção de arbitragem, procedimento arbitral ou de sentença arbitral estrangeira".[5]

---

5. Wald (2007:205). O autor continua a defesa, explicando que "o Poder Judiciário brasileiro não poderia, em hipótese alguma, interferir em arbitragem com sede no exterior, já que a

Para fundamentar essa posição, a doutrina utiliza a própria natureza do processo homologatório de sentença estrangeira, bem como o artigo V, item 1, alínea "e", da Convenção de Nova York e os artigos 35 e 38, VI, da Lei de Arbitragem brasileira. Ricardo Ramalho Almeida (2005:257) entende que "tratando-se de sentença arbitral prolatada no exterior, simplesmente a Lei nº 9.307/1996 não contempla a possibilidade de propositura da ação anulatória no Brasil, porque a sentença não existe juridicamente como tal, não surtindo efeitos no território nacional, antes de devidamente homologada", razão pela qual "se não há sentença, assim reconhecida no ordenamento jurídico interno, não pode haver, no Brasil, ação anulatória de algo que não existe". Adriana Noemi Pucci (2007:126) explica que "os dispositivos relativos à anulação de sentença arbitral constantes da Lei nº 9.307/1996 são aplicáveis às sentenças arbitrais domésticas".

Arnoldo Wald (2007:202-203), com base na Convenção de Nova York, afirma que "o juízo de apoio e de controle da arbitragem é o da sua sede", pois

> é o que determina o art. V, 1, letra *e* da Convenção de Nova Iorque de 1958, segundo o qual uma sentença arbitral estrangeira poderá deixar de ser reconhecida caso tenha sido anulada ou suspensa pelo órgão judicial do país onde foi prolatada, isto é, pelos tribunais competentes da sede da arbitragem.

Já com base no art. 35 da Lei de Arbitragem brasileira, o autor defende que "o advérbio unicamente evidencia que nenhum outro tribunal brasileiro, a não ser o Superior Tribunal de Justiça, tem competência para examinar as sentenças arbitrais estrangeiras" (Wald, 2007:204). E com base no art. 38, VI, da Lei nº 9.307/1996, o jurista considera que "a anulação da sentença

---

jurisdição competente para o apoio e controle da arbitragem é a do local da sua sede" (Ibid., p. 224). Adriana Noemi Pucci (2007:122 e 126) compartilha desse entendimento, ao explicar que "o Judiciário brasileiro é incompetente para conhecer e julgar a respeito de eventual nulidade de sentença arbitral prolatada no exterior", bem como que "ao Judiciário brasileiro somente lhe compete conhecer e decidir a respeito da anulação de sentenças arbitrais domésticas". Eduardo Grebler (2005:55) comunga dessa opinião e aduz que "não há, portanto, no sistema em que se integram a Lei de Arbitragem, a Lei de Introdução ao Código Civil, o Código de Processo Civil e o Regimento Interno do Supremo Tribunal Federal, possibilidade de que a sentença estrangeira, arbitral ou judicial, seja declarada ontologicamente inválida por meio do controle exercido pelo Judiciário brasileiro". No mesmo sentido, Ricardo Ramalho Almeida (2005:255) explica que "o poder judiciário normalmente competente para conhecer da ação de anulação da sentença arbitral será o do país onde a arbitragem teve a sua sede".

arbitral estrangeira é exclusivamente da competência da Justiça do país onde foi prolatada a sentença arbitral" (Wald, 2007:204-205).

Em resumo, segundo a doutrina prevalente, pode-se dizer que, enquanto a sentença arbitral decorrente de arbitragem com sede no Brasil pode ser objeto de ação de anulação ajuizada perante o Poder Judiciário brasileiro, a sentença arbitral estrangeira está sujeita à ação de anulação a ser proposta perante o Poder Judiciário do local da sede da arbitragem e, no Brasil, unicamente ao controle do STJ, no julgamento da ação de homologação de sentença arbitral estrangeira.[6] Em quaisquer dos dois casos, destaque-se, caso se trate de sentença de natureza condenatória, ainda é possível o exame de alguns aspectos da sentença arbitral em sede de execução do julgado, conforme se examinará no curso deste trabalho.

Diante disso, deixe-se claro que o objeto de estudo deste artigo se limita à sentença arbitral decorrente de arbitragem sediada no Brasil, bem como do modelo de controle dessas decisões de acordo com o ordenamento jurídico nacional. No que diz respeito às sentenças arbitrais proferidas fora do território nacional, é de interesse o exame das hipóteses de denegação do reconhecimento e execução de sentenças arbitrais estrangeiras, o que, porém, não encontra espaço nos breves limites deste ensaio.[7]

---

6. Nesse sentido, transcreva-se a lição de Arnoldo Wald (2007:203-204): "Efetivamente, enquanto as sentenças arbitrais nacionais podem ser objeto de ações de nulidade e de anulação perante os tribunais brasileiros, nos precisos termos do art. 33 da Lei 9.307/96, as sentenças arbitrais estrangeiras têm a sua eficácia no território nacional dependente, exclusivamente, de dois tipos de recursos que podem ser interpostos pelas partes: — a contestação da homologação no Superior Tribunal de Justiça; e — a anulação ou decretação de nulidade perante a Justiça do local da sede da arbitragem". Também resumindo a questão, confira-se o pensamento de Ricardo Ramalho Almeida (2005:257-258): "Em síntese, o controle judicial da sentença arbitral, segundo o sistema da Lei nº 9.307/96, é estruturado da seguinte forma: sentenças arbitrais prolatadas no Brasil (sentenças nacionais) estão sujeitas à ação anulatória; sentenças arbitrais prolatadas no exterior (sentenças estrangeiras) estão sujeitas à ação homologatória. Em apoio dessa afirmação, note-se que as hipóteses de anulação da sentença arbitral, previstas no artigo 32 da Lei, fazem remissão, em diversos casos (incisos III, VII e VIII), à inobservância de preceitos da própria Lei, relativos, respectivamente, (i) aos elementos — chamados, equivocadamente (como adverte Barbosa Moreira, 2003, p. 135), de 'requisitos' — que devem figurar na sentença arbitral, (ii) ao prazo de sua prolação e (iii) aos princípios que o procedimento arbitral deve respeitar. Ora, a Lei nº 9.307/96 somente se aplica às arbitragens realizadas no Brasil, tornando sem sentido a remissão a dispositivos da própria Lei, se as hipóteses de anulação devessem aplicar-se também a sentenças prolatadas no exterior". O autor complementa, esclarecendo que "depois de homologada a sentença arbitral estrangeira — e, portanto, acolhida no ordenamento jurídico interno, para surtir efeitos no Brasil — não estará a mesma sujeita à ação anulatória, pois já terá passado pelo único crivo que a Lei prevê: a homologação perante o órgão competente do Poder Judiciário nacional" (Ibid., p. 258).
7. Já se teve oportunidade de tratar do assunto em duas oportunidades, para as quais o leitor

3. Premissa fundamental: o modelo brasileiro de controle judicial da sentença arbitral doméstica

William Park (2004:163-164) explica que "muitos modelos têm emergido para a revisão da sentença arbitral no local da sede da arbitragem", sendo certo que "os mais populares dão à parte perdedora o direito de contestar sentenças arbitrais somente pelos critérios de abuso de autoridade e de falhas processuais básicas, tais como suspeição ou desrespeito ao devido processo legal". O autor continua, explicando que "outro paradigma complementa o controle da lealdade de um procedimento arbitral por meio do direito de contestar questões de mérito", bem como que "alguns países permitem escolher entre essas alternativas". A partir do estudo comparado feito por Park, pode-se pensar em modelos de controle da arbitragem que permitem ao Poder Judiciário a revisão de mérito da sentença arbitral e outros que não.

Vicenzo Vigoriti (1998:22), escrevendo a respeito do ordenamento italiano em 1994, mas com conclusões ainda atuais, aduz, em relação às arbitragens domésticas, que "anulado o laudo, o juiz estatal decide também sobre o mérito", salvo convenção em contrário das partes. Em seguida, o autor esclarece que

> enquanto na arbitragem nacional a impugnação por vícios *in iudicando* é admitida — salvo acordo em sentido diverso entre as partes — na arbitragem internacional a perspectiva é invertida, e a vontade das partes deve ser manifestada a favor da impugnação, e não para excluí-la, o que acabará por tornar o laudo internacional substancialmente definitivo.[8]

---

pode se dirigir: Fichtner e Monteiro (2010e:227-275, 2010d:277-346).

8. Vigoriti (1998:22). Não obstante tomadas em 1994, as conclusões do autor a respeito do ordenamento italiano permanecem válidas para caracterizá-lo mesmo após a reforma de 2006 (DL nº 40/2006). Com exceção da referência à arbitragem internacional, conceito excluído da lei italiana pela reforma de 2006, pode-se dizer que ainda hoje a regra na arbitragem entre partes residentes na Itália é que o juízo estatal, após invalidar a sentença arbitral, passará diretamente ao julgamento de mérito, salvo se as próprias partes tiverem afastado essa possibilidade consensualmente. A regra é invertida caso uma das partes seja residente fora do território italiano na época da celebração da convenção de arbitragem, o que importa numa ligeira correção da lição do autor, já que ele faz menção genericamente à arbitragem internacional. A redação atual do art. 830 (*Decisione sull'impugnazione per nullità*) é a seguinte: "*La corte d'appello decide sull'impugnazione per nullità e, se l'accoglie, dichiara con sentenza la nullità del lodo. Se il vizio incide su una parte del lodo che sia scindibile dalle altre, dichiara la nullità parziale del lodo. Se il lodo è annullato per i motivi di cui all'articolo 829, commi primo, numeri 5), 6), 7), 8), 9), 11) o 12), terzo, quarto o quinto, la corte d'appello decide la controversia nel merito*

Com base nas explicações do autor italiano, é possível pensar em modelos de controle que permitem ao Poder Judiciário, depois de anulada a sentença arbitral, julgar diretamente o mérito da causa.

As duas notas de direito comparado que iniciam este item servem para abrir a mente do leitor aos diversos modelos de controle da arbitragem. E servem também de ponto de partida para a definição do modelo de controle da sentença arbitral doméstica adotado no Brasil. Primeiramente, é preciso dizer que a Lei de Arbitragem brasileira não prevê recurso contra a sentença arbitral, com a ressalva do chamado pedido de esclarecimentos ou "embargos arbitrais", que, quando ostentam natureza infringente, bem se assemelham a um verdadeiro recurso. Essa ausência de recurso está expressa na segunda parte do art. 18 da Lei nº 9.307/1996, segundo a qual "a sentença que proferir [o árbitro] não fica sujeita a recurso ou a homologação pelo Poder Judiciário". O modelo de controle da sentença arbitral doméstica no Brasil, portanto, não prevê recurso de efeito devolutivo amplo contra a decisão, limitando-se a estabelecer apenas dois remédios: (i) a ação de anulação e, para as sentenças de natureza condenatória, (ii) a impugnação ao cumprimento.

No que diz respeito a esses dois remédios de controle da sentença arbitral doméstica, cumpre dizer que o modelo brasileiro, em regra, não permite a revisão do mérito da sentença arbitral pelo Poder Judiciário. Aliás, conforme informa Adriana Braghetta (2010:13), "a verdade é que não foi essa opção — revisão no mérito — a adotada pela comunidade internacional". Com base na Lei de Arbitragem brasileira, Cândido Rangel Dinamarco (2003b:33) explica que

> no sistema brasileiro as decisões arbitrais jamais se sujeitam ao controle jurisdicional estatal no que se refere à substância do julgamento, ou seja, ao *meritum causae* e possíveis *errores in judicando*; não comportam censura no tocante ao modo como apreciam fatos e provas, ou quanto à interpretação do direito material ou aos pormenores de sua motivação.

salvo che le parti non abbiano stabilito diversamente nella convenzione di arbitrato o con accordo successivo. Tuttavia, se una delle parti, alla data della sottoscrizione della convenzione di arbitrato, risiede o ha la propria sede effettiva all'estero, la corte d'appello decide la controversia nel merito solo se le parti hanno cosi' stabilito nella convenzione di arbitrato o ne fanno concorde richiesta. Quando la corte d'appello non decide nel merito, alla controversia si applica la convenzione di arbitrato, salvo che la nullità dipenda dalla sua invalidità o inefficacia. Su istanza di parte anche successiva alla proposizione dell'impugnazione, la corte d'appello può sospendere con ordinanza l'efficacia del lodo, quando ricorrono gravi motivi".

No mesmo sentido, Pedro A. Batista Martins (1999:413) explica que

> a ação de nulidade não se presta a rever a justiça do julgamento ou o fundo da controvérsia, mas, tão somente, a desconstituir os efeitos da decisão arbitral, por inobservância ou infração de matérias de ordem pública que o sistema legal impõe como indispensável a manutenção da ordem jurídica.

José Emilio Nunes Pinto ensina que "as causas para anulação de uma sentença arbitral se situam no plano das questões relativas à inobservância de princípios gerais, estes de ordem pública, e que não levam à revisão do mérito da controvérsia".[9] Da mesma forma, Donaldo Armelin (2006:116) considera que pelo "exame do elenco do referido art. 32 pode-se concluir que as hipóteses de nulidade das sentenças dizem respeito a vícios de natureza formal não abrangendo o seu conteúdo decisório".

Comungando dessa posição, Flávio Luiz Yarshell (2005:97-98) anota que "parece lícito partir da premissa de que a sentença do árbitro só está sujeita a controle jurisdicional estatal por vícios que configurem *error in procedendo*, ficando excluídas as hipóteses de controle sobre eventual *error in iudicando*". Compartilhando desse entendimento, Francisco José Cahali entende que

> o inconformismo do vencido com a solução jurídica dada ao conflito pelo árbitro (ou tribunal arbitral) não é causa de ação de anulação de sentença arbitral, ou seja, *error in judicando* é matéria estranha à desconstituição do julgado pela forma prevista na Lei de Arbitragem e o Poder Judiciário não é instância revisora ou recursal da sentença arbitral.[10]

---

9. Pinto (2008:250). O autor, desta vez em coautoria com Emir Calluf Filho, repete a lição em outra oportunidade: "Os arts. 32 e 33 da Lei de Arbitragem deixam claro que a parte interessada pode pleitear ao Poder Judiciário a decretação de nulidade da sentença arbitral, mas jamais o reexame do mérito" (Pinto e Calluf Filho, 2006:116).

10. Cahali (2011:312). Também assim, Ricardo Ramalho Almeida (2006:265) esclarece que "não permite a Lei, assim, a revisão da solução dada pelo árbitro ao mérito do litígio. A apreciação dos fatos e a aplicação do direito, a interpretação de contratos, a qualificação das relações jurídicas, a fundamentação da decisão, a determinação e quantificação de danos, as cominações, declarações e condenações impostas pelo árbitro, tudo pertence à esfera jurisdicional deste, que não pode ser invadida ou desconsiderada pelo juiz estatal eventualmente chamado a se pronunciar sobre a validade ou eficácia de uma sentença arbitral". A partir do exame das legislações da América Latina, José Carlos Fernández Rozas (2008:1096) conclui o seguinte: "*La regla de base es la imposibilidad de una intervención revisora del laudo por parte de la autoridad judicial en cuanto al fondo* (meritum causae*) y respecto a los eventuales* errores in iudicando*; las decisiones de los árbitros están exentas de una censura ulterior en lo concerniente a la*

O STJ já teve oportunidade de examinar em pelo menos um caso essa matéria e decidiu que "não é possível a análise do mérito da sentença arbitral pelo Poder Judiciário, sendo, contudo, viável a apreciação de eventual nulidade no procedimento arbitral".[11] Em conclusão, pode-se dizer, na linha da doutrina dominante, que conta inclusive com precedente do STJ, que o modelo de controle da sentença arbitral adotado no Brasil não permite, em regra, a revisão do mérito da decisão arbitral pelo Poder Judiciário. Excepcionalmente, conforme se verá mais adiante, permite-se o exame do mérito da decisão arbitral para fins de averiguação da sua compatibilidade com a ordem pública.

É importante que se diga, também, que o modelo de controle da sentença arbitral adotado no Brasil não permite ao Poder Judiciário, depois de anulada a sentença, julgar diretamente e em ato contínuo o mérito do conflito. Isso decorre do §2º do art. 33 da Lei, segundo o qual "a sentença que julgar procedente o pedido: I — decretará a nulidade da sentença arbitral, nos casos do art. 32, incisos I, II, VI, VII e VIII; II — determinará que o árbitro ou o tribunal arbitral profira novo laudo, nas demais hipóteses". Como se vê, a partir da anulação da sentença arbitral, *grosso modo*, de duas uma: (i) ou as partes terão que propor ação judicial perante o Poder Judiciário para resolver o conflito (art. 33, §2º, I) ou (ii) os árbitros deverão retomar a arbitragem, sanado o vício que ensejou a anulação (art. 33, §2º, II).

Em outras palavras, em razão da opção contratual validamente eleita pelas partes, no sentido da solução do litígio pela via da arbitragem, não há a possibilidade de julgamento do mérito do conflito diretamente pelo juízo estatal por ocasião da anulação da sentença arbitral. Nesse sentido, Ada Pellegrini Grinover (2008:164) leciona que, "anulado o laudo, não pode o juiz togado passar ao exame da causa". No mesmo sentido, Flávio Luiz Yarshell (2005:99) ensina que, "sendo o caso de novo julgamento ('juízo rescisório'), não há margem para que ele seja feito pelo órgão judicial, a quem compete exclusivamente o controle da regularidade formal da decisão arbitral". Em resumo, fazendo uso de nomenclatura conhecida no âmbito da ação rescisória contra sentença judicial, pode-se dizer que na ação de anulação da senten-

---

manera de apreciar los hechos o las pruebas, a la interpretación del Derecho material o a los extremos que han conducido a un determinado razonamiento jurídico".
11. STJ, 3. T., REsp. nº 693.219/PR, min. Nancy Andrighi, j. em 19.4.2005, *D.J.* de 6.6.2005.

ça arbitral somente há juízo rescindente (*iudicium rescindens* — juízo de desconstituição do julgado) e não juízo rescisório (*iudicium rescissorium* — juízo de rejulgamento da causa). O juízo rescisório, se não for caso de submissão da causa novamente ao árbitro, caberá ao Poder Judiciário, na apreciação de nova demanda a ser proposta pela parte interessada.

Por fim, cumpre destacar que o sistema estabelecido no art. 32 da Lei de Arbitragem contém rol extenso de fundamentos capazes de alicerçar o pedido de anulação da sentença arbitral. É relevante que se perceba que o controle da sentença arbitral doméstica por meio da ação de anulação seguirá sistemas diferentes conforme o fundamento — causa de pedir — utilizado na demanda judicial. Assim, no caso do inciso I do referido art. 32, em que o pedido de anulação está fundamentado na nulidade do "compromisso" (leia-se, convenção de arbitragem), aplica-se a teoria das nulidades do negócio jurídico, na medida em que se busca, em tal caso, a desconstituição de negócio jurídico pré-processual, com natureza privada e subordinado ao ordenamento civil.

Nas demais hipóteses do mesmo art. 32, contudo, o procedimento infringido e/ou a sentença arbitral não correspondem a institutos de direito privado, mas sim de direito público, configurando atos jurisdicionais equiparados, por lei, à atividade judicial, maximamente representada pela sentença. Em outras palavras, pode-se dizer que, para as hipóteses de anulação da sentença arbitral com base nos demais incisos do art. 32 da Lei de Arbitragem, aplica-se a teoria das nulidades do direito processual civil.

Defendendo a aplicação da teoria das nulidades processuais ao modelo de controle da sentença arbitral, o saudoso Edoardo Ricci (2004b:192) explica que "produzindo efeitos idênticos aos da sentença judicial, a sentença arbitral encontra, nos princípios que informam aquela, a mais adequada disciplina". No mesmo sentido, Francisco José Cahali (2011:308) considera que "a invalidade de sentença é matéria que deve ser analisada com as lentes do direito processual civil".

Defendendo — para todas as hipóteses — opinião contrária, ou seja, no sentido de que ao modelo de controle da sentença arbitral se aplica a teoria das nulidades do negócio jurídico, Luiz Antonio Scavone Junior (2011:172) aduz que "em razão da natureza material e obrigacional da arbitragem, a sentença arbitral é um negócio jurídico e, como tal, se submete, no nosso entendimento, às causas de nulidade do Código Civil". Aparentemente também nesse sentido, Alexandre Freitas Câmara (2002:142) afirma, em relação à ação dos arts. 32 e 33 da Lei de Arbitragem brasileira, que "trata-se de ação de conhecimento, meramente declaratória, como soem ser as demandas em que se pretende o reconhecimento da nulidade absoluta dos atos jurídicos em geral".

4. É possível renunciar ao direito de anular a sentença arbitral?

Questão bastante complexa no exame do controle da sentença arbitral é a da possibilidade de renúncia prévia, na convenção de arbitragem, do direito de anular a futura decisão. Sob o ângulo do direito italiano, comentando o texto de Vicenzo Vigoriti escrito em 1994, Carlos Alberto Carmona leciona que "não é admitida a renúncia prévia à impugnação".[12] Mais modernamente, Mauro Rubino-Sammartano (2006:947) explica que "*l'impugnazione per nullità è espressamente dichiarata non rinunciabile*" (Rubino-Sammartano, 2006:948). Em seguida, abordando tema correlato, o autor ainda afirma que "*è altresì da escludersi il potere delle parti di ampliare i motivi dell'impugnazio-*

---

12. Vigoriti (1998:21). A redação atual do *caput* e dos incisos do art. 829 (*Casi di nullità*), mantendo a impossibilidade de renúncia prévia, estabelece o seguinte: "*L'impugnazione per nullità è ammessa, nonostante qualunque preventiva rinuncia, nei casi seguenti: 1) se la convenzione d'arbitrato è invalida, ferma la disposizione dell'articolo 817, terzo comma; 2) se gli arbitri non sono stati nominati con le forme e nei modi prescritti nei capi II e VI del presente titolo, purchè la nullità sia stata dedotta nel giudizio arbitrale; 3) se il lodo è stato pronunciato da chi non poteva essere nominato arbitro a norma dell'articolo 812; 4) se il lodo ha pronunciato fuori dei limiti della convenzione d'arbitrato, ferma la disposizione dell'articolo 817, quarto comma, o ha deciso il merito della controversia in ogni altro caso in cui il merito non poteva essere deciso; 5) se il lodo non ha i requisiti indicati nei numeri 5), 6), 7) dell'articolo 823; 6) se il lodo è stato pronunciato dopo la scadenza del termine stabilito, salvo il disposto dell'articolo 821; 7) se nel procedimento non sono state osservate le forme prescritte dalle parti sotto espressa sanzione di nullità e la nullità non è stata sanata; 8) se il lodo è contrario ad altro precedente lodo non più impugnabile o a precedente sentenza passata in giudicato tra le parti purchè tale lodo o tale sentenza sia stata prodotta nel procedimento; 9) se non è stato osservato nel procedimento arbitrale il principio del contraddittorio; 10) se il lodo conclude il procedimento senza decidere il merito della controversia e il merito della controversia doveva essere deciso dagli arbitri; 11) se il lodo contiene disposizioni contraddittorie; 12) se il lodo non ha pronunciato su alcuna delle domande ed eccezioni proposte dalle parti in conformità alla convenzione di arbitrato. La parte che ha dato causa a un motivo di nullità, o vi ha rinunciato, o che non ha eccepito nella prima istanza o difesa successiva la violazione di una regola che disciplina lo svolgimento del procedimento arbitrale, non può per questo motivo impugnare il lodo. L'impugnazione per violazione delle regole di diritto relative al merito della controversia è ammessa se espressamente disposta dalle parti o dalla legge. È ammessa in ogni caso l'impugnazione delle decisioni per contrarietà all'ordine pubblico. L'impugnazione per violazione delle regole di diritto relative al merito della controversia è sempre ammessa: 1) nelle controversie previste dall'articolo 409; 2) se la violazione delle regole di diritto concerne la soluzione di questione pregiudiziale su materia che non può essere oggetto di convenzione di arbitrato. Nelle controversie previste dall'articolo 409, il lodo è soggetto ad impugnazione anche per violazione dei contratti e accordi collettivi*".

ne". William Park (2004:175) considera, por outro lado, numa perspectiva comparatista, que "as partes deveriam poder optar entre excluir contratualmente qualquer possibilidade de revisão ou admitir a possibilidade de revisão do mérito do litígio".

Na doutrina brasileira, a posição dominante é no sentido da proibição da renúncia prévia. Pedro A. Batista Martins (2008:331) considera que "é nula, portanto, de pleno direito, a disposição contratual constante de convenção de arbitragem que retire das partes a possibilidade de impugnar, em sede de ação de nulidade, os vícios contidos na sentença arbitral". No mesmo sentido, Carlos Alberto Carmona (2009a:422-423) leciona que "este direito de impugnar o laudo arbitral (por conta exclusivamente de *errores in procedendo*) não pode ser objeto de renúncia por qualquer das partes", uma vez que,

> embora a lei brasileira não tenha expressamente estabelecido tal irrenunciabilidade, esta pode ser deduzida do próprio texto constitucional, pois impedir a análise dos motivos de nulidade significaria impedir a submissão ao Poder Judiciário de lesão de direitos, retirando qualquer controle sobre a atividade dos árbitros.

Em outra oportunidade, Pedro A. Batista Martins (1999:413) ensina, com fundamento constitucional, que "a ação de nulidade (art. 33) é irrenunciável e vai ao encontro do contido no art. 5º, XXXV, da Constituição Federal, que garante o direito de defesa na justiça comum". No mesmo sentido, Flávio Luiz Yarshell (2005:96) aduz que "não se pretende sustentar que as partes possam validamente renunciar ao controle estatal: disposição dessa ordem feriria a garantia inscrita no inciso XXXV da Constituição da República e deveria ser tida como desprovida de qualquer eficácia". Também assim, Luiz Antonio Scavone Junior (2011:185) considera que, em certos casos, "as partes poderão buscar a anulação da sentença arbitral, direito este que não admite renúncia prévia na convenção de arbitragem".

Depois de fazer menção a países que permitem a renúncia à ação de anulação (Suíça, Suécia, Inglaterra, Tunísia e Bélgica), Adriana Braghetta (2010:354) defende que "as partes podem renunciar à ação de anulação, já que estão no campo da autonomia da vontade, mas não de forma absoluta, respeitando, por óbvio, a ordem pública". A autora sustenta, exemplificativamente, que as partes podem renunciar ao direito de anular a sentença

Questões concernentes à anulação de sentenças arbitrais domésticas

arbitral que não contiver relatório, fundamentação e dispositivo (art. 32, III, Lei de Arbitragem), bem como for proferida fora do prazo convencionado pelas partes (art. 32, VII, Lei nº 9.307/1996). Trata-se, porém, de posição minoritária na doutrina brasileira, que, como visto, é consistente no sentido de defender que não é possível a renúncia prévia, disposta na convenção de arbitragem, ao direito de anular a sentença arbitral.

Parece-nos que a renúncia prévia, ou seja, antes da prolação da sentença arbitral, ao direito de anular a decisão proferida pelos árbitros é inconstitucional, pois efetivamente, e aí sim, implicaria se impedir a parte prejudicada de levar a lesão ou ameaça a direito contida na sentença arbitral ao exame do Poder Judiciário. A busca de solução perante o Poder Judiciário nunca pode ser prévia e completamente afastada, sob pena de violação ao art. 5º, XXXV, da Constituição da República. Ademais, renunciar a vícios que se materializarão apenas no futuro representa outorgar um cheque em branco ao árbitro, fazendo letra morta, por completo, de toda a filosofia que recomenda a existência de um sistema de controle da arbitragem, tal como explicado logo no início deste trabalho.

Após proferida a sentença arbitral, contudo, as partes podem validadamente renunciar ao direito de ajuizar a ação de anulação da sentença arbitral, seja expressa, seja tacitamente, com a fluência *in albis* do prazo de 90 (noventa) dias para o ataque da decisão arbitral. Enquanto não proferida a sentença e não conhecidos, em toda a sua extensão, os vícios passíveis de serem criados no âmbito da arbitragem, o direito de acesso ao Poder Judiciário para corrigi-los é indisponível.

Hipótese semelhante é aquela consubstanciada na possibilidade de aumentar ou reduzir consensualmente as causas de anulação da sentença arbitral previstas no art. 32 da Lei de Arbitragem. No que tange à redução, Pedro A. Batista Martins (2008:331) considera que "será inválida a convenção que, apenas, reduza o elenco de casos sujeitos à nulidade contemplados no art. 32 da Lei de Arbitragem". No que tange, porém, à ampliação do rol, o autor entende que "são hipóteses intocáveis que dizem com direito fundamental ao cidadão, passíveis, em princípio, e tão somente, de ampliação" (Martins, 2008:331). Carlos Alberto Carmona, aparentemente, rejeita qualquer modificação convencional no rol do art. 32 da Lei de Arbitragem, argumentando que "não podem as partes criar outros casos de impugnação à sentença arbitral que não sejam estritamente aqueles previstos no art. 32".[13]

---

13. Carmona (2009a:412). O autor continua a lição, na mesma página, com exemplos: "Inú-

No que tange ao aumento ou à redução das causas legais de anulação da sentença arbitral, cumpre destacar que os incisos do art. 32 da Lei nº 9.307/1996 traduzem regra processual de caráter cogente — como, em geral, são as regras processuais —, afastando, assim, o poder de disposição das partes. Ademais, as hipóteses dispostas no art. 32 da Lei de Arbitragem não são dirigidas apenas às partes e aos árbitros, mas também ao Poder Judiciário, o que já é suficiente para conduzir à conclusão de que tais regras não comportam disposição ou alargamento pelas partes, pois tais atos particulares de disposição não vinculam o Estado. O que se revela possível, dentro do exercício da autonomia privada, é que as partes estabeleçam um recurso de revisão da sentença arbitral na própria convenção de arbitragem, a ser julgado por outro colégio arbitral, tudo isso dentro da arbitragem, e não pelo Poder Judiciário, pois neste último caso mais uma vez a disposição não teria valor legal.

5. Legitimidade passiva: árbitros e/ou instituição arbitral devem ser incluídos no polo passivo da ação de anulação?

A doutrina brasileira não tem enfrentado o tema da legitimidade passiva na ação de anulação da sentença arbitral no que se refere à inclusão dos árbitros ou da instituição administradora da arbitragem. Entre os autores estrangeiros, José Carlos Fernández Rozas (2008:1144), em excelente trabalho sobre a arbitragem na América Latina, afirma que

> *es una cuestión sobre la que existen notables discrepancias pues de un lado se sostiene que si el árbitro es llamado a juicio puede alegar a favor del laudo, ya que la nulidad de éste le perjudica, pero, de otro lado, se mantiene que el árbitro no tiene interés jurídico, por lo que no debe ser llamado a juicio.*

Mauro Rubino-Sammartano (2006:956) explica, por sua vez, que "*il parallelo con il giudizio ordinario, che è una delle costanti del giudizio arbitrale, fornisce peraltro degli elementi di valutazione in senso contrario*", razão pela qual

---

til (e absolutamente sem efeito) prever o pacto arbitral que o laudo poderá ser impugnado se a decisão contrariar súmula do Supremo Tribunal Federal ou se a decisão não for proferida de modo unânime pelos membros do colégio arbitral (isso, claro, sem prejuízo dos recursos internos ao juízo arbitral, que as partes podem livremente criar)".

Questões concernentes à anulação de sentenças arbitrais domésticas

> *non sarebbe infatti ipotizzabile che il giudice di primo grado intervenisse din-nanzi al giudice di appello né* ad adiuvandum, *ossia per sostenere le ragioni di una delle parti, né autonomamente, anche ove egli ravvisasse la possibilità che la dichiarazione di nullità del procedimento di primo grado comportasse una pro-pria responsabilità.*

Segundo o autor, "*così la stessa valutazione sembra dover esser di regola effet-tuata quanto al comportamento dell'arbitro il quale scenda nell'arena anche se per interesse personale*". Rubino-Sammartano ressalva, porém, que "*solo quindi ove venga emessa una decisione, la quale accerti un fatto che possa essere fonte di sua responsabilità, l'arbitro, portrà, eventualmente, proporre opposizione di terzo*".

Na doutrina brasileira, Alexandre Freitas Câmara (2002:144), depois de dizer que a sentença judicial que determina a prolação de nova sentença arbi-tral possui natureza mandamental condenatória, defende que

> proposta ação visando à declaração de nulidade do laudo arbitral, com a consequente condenação do árbitro a proferir novo laudo, por uma das par-tes do processo arbitral, haverá litisconsórcio necessário entre as demais partes e o árbitro, sob pena de não se poder sujeitar este aos efeitos da decisão proferida num processo em que não tenha tido a oportunidade de se manifestar.

A redação do §2º do art. 33 da Lei de Arbitragem parece sugerir que a ação de anulação da sentença arbitral deva ser proposta perante o Poder Ju-diciário pela parte vencida na arbitragem em face da parte vencedora com a inclusão dos árbitros e da instituição arbitral administradora neste processo de anulação. Isso porque a Lei de Arbitragem, especificamente no inciso II do §2º do art. 33, dispõe que "a sentença que julgar procedente o pedido (...) determinará que o árbitro ou o tribunal arbitral profira novo laudo, nas demais hipóteses". A princípio, poder-se-ia pensar que, se a sentença judicial de anulação contém uma determinação para que se profira nova sentença arbitral, o árbitro deveria ser parte, já que seria ele o destinatário dessa de-terminação.

A despeito disto, porém, ousamos concluir de forma diversa: pensar que árbitros e entidade arbitral devessem ser incluídos no polo passivo de ação de anulação com base nos arts. 32 e 33 da Lei nº 9.307/1996 seria o mesmo que considerar que o juiz togado deveria figurar no polo passivo de ação rescisória contra sentença de mérito que houvesse proferido, o que nos parece, com o devido respeito às opiniões em contrário, não seja a solução mais correta.

Em relação às hipóteses em que a anulação da sentença arbitral ocasiona a obrigação de o árbitro proferir nova decisão — ou seja, naqueles casos em que a anulação da sentença arbitral não decorra de vícios da própria existência ou da validade da convenção de arbitragem —, não nos parece, *data maxima venia*, que essa obrigação decorra diretamente da sentença judicial, a justificar a inclusão do árbitro no polo passivo desta demanda. Segundo nos parece, a ação de anulação nessas hipóteses não possui natureza condenatória e nem mandamental, mas sim desconstitutiva. E com a desconstituição da sentença arbitral, ressurge a obrigação de o árbitro proferir a sentença arbitral, obrigação esta decorrente do contrato original de arbitragem celebrado entre partes e árbitros. Não é o juiz togado, julgando procedente o pedido de anulação da sentença arbitral, que ordena a prolação de nova sentença arbitral pelo árbitro. Trata-se, simplesmente, do cumprimento, em toda a sua extensão, do contrato de arbitragem, que impõe ao árbitro a prolação de sentença válida.[14]

Isso não significa, porém, que não exista hipótese em que os árbitros e a instituição arbitral administradora não possam ser incluídos no polo passivo da ação de anulação. Sempre que houver pretensão de responsabilidade civil do árbitro ou da instituição arbitral decorrente de alegada má condução do processo arbitral, isso, em tese, será possível. Imagine-se, por exemplo, a hipótese de a parte requerer, em cumulação de pedidos, a anulação da

---

14. A respeito da matéria, temos conhecimento de duas decisões proferidas pelo Tribunal de Justiça do Estado do Rio de Janeiro. Na primeira decisão, proferida no caso *Banco ABN Amro Real v. Cosma Desiderio e outra*, a 17ª Câmara Cível do Tribunal entendeu pela ilegitimidade passiva da instituição arbitral, aduzindo que: "Somente as partes que submeteram a solução do litígio ao juízo arbitral e se sujeitam aos efeitos da decisão proferida devem integrar a lide em que se postula a anulação do procedimento arbitral. Como simples organizadora, a instituição arbitral carece de legitimidade para compor o polo passivo na ação de nulidade de sentença arbitral fundada em parcialidade do árbitro" (TJ/RJ, AI nº 2005.002.15963, des. Henrique Carlos de Andrade Figueira, j. em 14.9.2005). Na segunda decisão, proferida no caso *Felipe Cordeiro Martins v. 8º Tribunal de Justiça Arbitral do Estado do Rio de Janeiro*, a 1ª Câmara Cível daquela Corte entendeu pela legitimidade passiva da instituição arbitral: "não há como concebermos como parte ilegítima o tribunal arbitral, porquanto corroborou para a feitura de um título, em tese, nulo" (TJ/RJ, AC nº 0005240-93.2004.8.19.0205, des. Mario Guimarães Neto, j. em 17.1.2006). Destaque-se no caso que, apesar de o acórdão utilizar a expressão "tribunal arbitral", em verdade a demanda foi movida contra a instituição administradora da arbitragem (câmara arbitral) e não contra os árbitros que decidiram o conflito (tribunal arbitral), consoante se pode observar da qualificação das partes.

sentença arbitral e a devolução dos valores pagos a título de honorários arbitrais. Nesse caso, evidentemente, o árbitro deve integrar o polo passivo, para poder exercer seu direito de defesa, não em razão do pleito de anulação propriamente dito, mas sim em função do pedido de devolução dos valores correspondentes aos seus honorários.

6. O rol do art. 32 da Lei de Arbitragem é taxativo (*numerus clausus*) ou exemplificativo (*numerus apertus*)?

Questão fundamental no que diz respeito à ação de anulação de sentença arbitral doméstica é saber se o rol de causas dispostas no art. 32 da Lei de Arbitragem é taxativo (*numerus clausus*) ou exemplificativo (*numerus apertus*). O dispositivo estabelece que

> é nula a sentença arbitral se: I — for nulo o compromisso; II — emanou de quem não podia ser árbitro; III — não contiver os requisitos do art. 26 desta Lei; IV — for proferida fora dos limites da convenção de arbitragem; V — não decidir todo o litígio submetido à arbitragem; VI — comprovado que foi proferida por prevaricação, concussão ou corrupção passiva; VII — proferida fora do prazo, respeitado o disposto no art. 12, inciso III, desta Lei; e VIII — forem desrespeitados os princípios de que trata o art. 21, § 2º, desta Lei.

Indiscutivelmente, a doutrina brasileira majoritária considera que se trata de rol taxativo, cujos termos devem ser interpretados restritivamente. Arnoldo Wald (2004:52) defende que "as hipóteses de cabimento da ação anulatória contra sentença arbitral brasileira estão, taxativamente, enumeradas no art. 32 da Lei". Selma Ferreira Lemes (2005:30) também entende que "prevê a lei a possibilidade de ser proposta ação de anulação da sentença arbitral, desde que presentes as situações previstas no rol taxativo do art. 32". No mesmo sentido, José Emilio Nunes Pinto (2008:250) considera que "o artigo 32 da Lei de Arbitragem contém uma lista fechada de motivos que podem dar causa à anulação da sentença arbitral, o que nos permite afirmar tratar-se de uma lista *numerus clausus*".

Comungando desse entendimento, Carlos Alberto Carmona (2009a:399) argumenta que "os casos de nulidade de sentença arbitral — para utilizar a expressão endossada pela Lei — são taxativos, de modo que não podem as partes ampliar os motivos de impugnação nem estabelecer na convenção de arbitragem novas formas de revisão judicial do laudo". Donaldo Armelin (2004:13) aduz que "tal como sucede com a ação rescisória, a anulatória está vinculada a certas hipóteses de cabimento, especificadas em *numerus clausus* no art. 32 da Lei 9.307/96". Flávio Luiz Yarshell, da mesma forma, considera que "é certo que os fundamentos que justificam a desconstituição da sentença arbitral são aqueles previstos no art. 33 [leia-se, evidentemente, art. 32] da lei de arbitragem que, no paralelismo com o art. 485 do CPC, aqueles devem ser tidos como taxativos".[15]

O entendimento contrário, ou seja, de que o rol do art. 32 da Lei nº 9.307/1996 é meramente exemplificativo foi expressamente defendido pelo saudoso Edoardo Ricci (2004a:71), para quem, a partir de interpretação do art. 5º, XXXV, da Constituição da República, "o catálogo dos motivos previstos pelo art. 32 não pode ser considerado *a priori* como exaustivo". Também assim, José Cretella Neto (2004a:173) argumenta que "o art. 32 da lei de arbitragem numera, exemplificativamente, sete causas específicas de nulidade da sentença arbitral". Ricardo Ramalho Almeida, após reconhecer a limitação imposta pelo art. 32 da Lei de Arbitragem, abre uma exceção, considerando que "as garantias constitucionais de acesso à Justiça (art. 5º, XXXV, da CF/88) e de ampla defesa, com os meios e recursos a ela inerentes (art. 5º, LV, da CF/88), poderão, assim, excepcionalissimamente, justificar tal interpretação que, embora *contra legem*, é mais conforme à Constituição".[16]

É de se destacar, por relevante, que, ao contrário do que ocorre em relação ao controle da sentença arbitral estrangeira, a Lei de Arbitragem não inclui em seu art. 32 a possibilidade de anulação da sentença arbitral por

---

15. Yarshell (2005:98). Idem: Eleonora Coelho (2006:120), Francisco José Cahali (2008:78) e, numa perspectiva de direito comparado, José Carlos Fernández Rozas (2008:1105).

16. Almeida (2006:269). Ricardo Ranzolin (2011:181) é expresso em afirmar que "não é exaustiva a lista do aludido artigo 32, pois a ação de nulidade se refere também a questões de inexistência e às diversas possibilidades de invalidade e ineficácia do negócio *ad finiendam litem*, desde sua constituição inicial, e dos atos ulteriores do processo arbitral". É de se destacar também a visão de Eduardo Grebler (2005:53) sobre a questão: "Embora seja uma lista em *numerus clausus*, alguns de seus incisos remetem a outros dispositivos da própria lei, os quais, por seu turno, também contêm distintas hipóteses, pelo que as situações que podem ensejar a nulidade da sentença arbitral brasileira são, na realidade, mais do que aquelas expressamente contempladas no art. 32 da Lei de Arbitragem, e para isto devem estar atentos os que pretendem intentar a ação de nulidade".

violação à ordem pública.[17] Como parece absurdo afirmar que não é possível anular uma sentença arbitral doméstica que contrarie a ordem pública, parte da doutrina que expressamente defende a taxatividade do rol do art. 32 da Lei de Arbitragem abre uma única exceção consistente justamente na ofensa à ordem pública. *Grosso modo*, é como se fosse dito, a despeito de alguma contradição lógica, que o rol do art. 32 da Lei de Arbitragem é taxativo, mas engloba a hipótese não prevista de infringência à ordem pública.

Nesse sentido, admitindo o controle da sentença arbitral por violação à ordem pública, apesar de considerar o rol taxativo, Carlos Alberto Carmona (2009a:417) afirma que "não teria cabimento que o legislador se preocupasse em repelir ataques à ordem pública vindos de laudos proferidos no exterior, mantendo aberto o flanco às sentenças arbitrais nacionais", razão pela qual, conclui o autor, "tanto as sentenças arbitrais nacionais quanto as sentenças arbitrais estrangeiras estão sujeitas à mesma condição geral de validade, qual seja, não atentar contra a ordem pública" (Carmona, 2009a:418).

Da mesma forma, Pedro A. Batista Martins (2008:319-320) é claro em admitir que "a ordem pública extraordinária e fundamental, enraizada, efetiva e concreta, uma vez manifestamente infringida, obviamente violada, permite que se integre às hipóteses de nulidade da decisão arbitral". Marcus Vinícius Tenório da Costa (2007:72) também defende que "não serão dotadas de eficácia as sentenças arbitrais que atentem contra a ordem pública, consistindo esta nas normas que estabelecem os princípios que devem ser observados para salvaguardar o equilíbrio social".

Parece-nos que o controle da sentença arbitral doméstica pela violação de ordem pública é um imperativo do próprio sistema jurídico, razão pela qual, ainda que literalmente a infringência à ordem pública não esteja prevista no art. 32 da Lei de Arbitragem, não se pode pensar que a decisão arbitral escape desse controle. Tanto a sentença arbitral doméstica quanto a sentença arbitral

---

17. A respeito da omissão da Lei de Arbitragem quanto à possibilidade de anulação da sentença arbitral por violação de ordem pública, é interessante transcrever a passagem anotada por Ricardo Ramalho Almeida (2006:264), dando conta de que a omissão foi proposital: "Em debate realizado em 13.04.2004 na Confederação Nacional do Comércio, os ilustres juristas Carlos Alberto Carmona, Selma Ferreira Lemes e Pedro Batista Martins, membros da Comissão que redigiu a Lei, revelaram ter sido proposital a omissão da 'ordem pública' como fundamento para a anulação da sentença arbitral. Pretendia, de fato, a Comissão, dar caráter taxativo ao rol de motivos de anulação da sentença arbitral, tendo-se recusado a deixar uma porta aberta de tão amplas possibilidades como a ordem pública, com o receio de que virtualmente todos os inconformismos viessem a desaguar no Poder Judiciário, sob a roupagem vaga e multiforme de 'ofensa à ordem pública'".

estrangeira estão sujeitas ao controle de violação da ordem pública, sendo certo que no primeiro caso esse controle é realizado principalmente no âmbito da ação de anulação, enquanto no segundo caso esse controle é realizado principalmente em sede de ação de homologação. Diante disso, podemos concluir que o rol de causas de anulação da sentença arbitral previsto no art. 32 da Lei nº 9.307/1996 não é taxativo, justamente em razão da exceção aplicável unicamente às situações em que haja violação à ordem pública, o que não significa dizer que seja exemplificativo, uma vez que, abstraídas as hipóteses elencadas no art. 32 da Lei nº 9.307/1996, existe apenas uma causa implícita de anulação da sentença arbitral doméstica: a ofensa à ordem pública.

Diante disso, impende compatibilizar essa possibilidade com o modelo de controle da sentença arbitral doméstica adotado no Brasil, cuja característica principal é a impossibilidade de revisão de mérito da decisão arbitral pelo Poder Judiciário (impossibilidade de controle de *errores in iudicando*). Considerando esse aspecto e afastada, assim, a possibilidade de reexame da matéria de fundo em sede de ação de anulação, trazemos à consideração algumas hipóteses não previstas no art. 32 da Lei de Arbitragem que, em tese, poderiam representar violação à ordem pública.

Primeiramente, é de se questionar se a sentença arbitral pautada em prova ilícita ou em prova obtida por meio ilícito pode ser anulada perante o Poder Judiciário. Literalmente, nenhuma das causas previstas no art. 32 da Lei de Arbitragem permitiria essa anulação, o que, contudo, pode representar grave inconstitucionalidade e ilegalidade. Imagine-se, por exemplo, um caso em que um sócio pretenda a dissolução de uma sociedade por alegação de quebra de *affectio societatis*. No curso da arbitragem, esse sócio apresenta uma fita em que consta a gravação de uma conversa telefônica entre seu sócio — parte adversa — e um concorrente. No exemplo, o conteúdo dessa conversa telefônica gravada é justamente a prova alegada pelo sócio interessado na dissolução de que houve a quebra do interesse comum.[18]

Caso a sentença arbitral julgue procedente o pedido pautando-se exclusivamente nessa prova, aparentemente se estará diante de decisão fundada em prova obtida por meio lícito, já que a Constituição da República (art. 5º,

---

18. O exemplo de sentença arbitral fundada em prova ilícita é lembrado por Edoardo Ricci (2004a:77), para quem a sentença deve ser anulada: "Podemos constatá-lo, supondo que os árbitros — sem violação do contraditório, sem violação da igualdade das partes no procedimento — fundamentem sua decisão em provas obtidas por meios ilícitos (art. 5º, inc. LVI, CF)".

XII) e a Lei de Interceptações Telefônicas (Lei nº 9.296/1996) inquinam de ilícita a gravação feita por terceiro sem o conhecimento dos interlocutores. Diante do rol do art. 32 da Lei de Arbitragem, seria de se questionar se essa situação poderia ser vislumbrada como violação ao princípio do contraditório, previsto nos arts. 32, VIII, c/c art. 21, §2º, da Lei nº 9.307/1996 ou caso de infringência à ordem pública.

Tratando de outra hipótese, imagine-se que em uma arbitragem os árbitros desprezem o mandamento impositivo constante do art. 25 da Lei de Arbitragem, que determina a suspensão da arbitragem quando surgir questão prejudicial acerca de direitos indisponíveis, e prossigam com o processo arbitral. Trata-se de violação de norma cogente, *error in procedendo*, a macular o processo arbitral. Diante do rol do art. 32 da Lei de Arbitragem, parece-nos que se estaria diante de situação onde a ordem pública se veria vulnerada.

Além desses casos, imagine-se situação em que as partes, sem o conhecimento dos árbitros, se utilizem da arbitragem para atingir finalidade ilícita ou fraudar a lei.[19] No âmbito do processo judicial, o art. 485, III, parte final, do Código de Processo Civil, permite a rescisão da sentença de mérito transitada em julgado que "resultar de dolo da parte vencedora em detrimento da parte vencida, ou de colusão entre as partes, a fim de fraudar a lei". Caso os árbitros percebam esse intuito no curso da arbitragem, é possível que o tribunal arbitral extinga o processo arbitral sem resolução de mérito por meio daquilo que a doutrina designa de sentença obstativa (consoante previsão, para o processo judicial, no art. 129 do diploma processual civil). A questão que surge envolve a situação em que a sentença já tenha sido proferida e já esteja acobertada pela autoridade da coisa julgada. Neste caso, a anulação da decisão demandaria examinar se esta situação caracterizaria ofensa à ordem pública, o que nos parece merecer resposta afirmativa.

7. Além da ação de anulação, é cabível ação rescisória contra a sentença arbitral?

Como se viu, a questão concernente à possibilidade de anulação da sentença arbitral além das hipóteses literalmente previstas no art. 32 da Lei de

---

19. A respeito do assunto, recomenda-se a leitura do livro de Regis Fichtner Pereira (1996).

Arbitragem é bastante complexa. Por um lado, o entendimento dominante no sentido de que o rol do mencionado dispositivo é taxativo preserva a arbitragem de manobras procrastinatórias e evita indevidas incursões das partes insatisfeitas com a decisão arbitral no Poder Judiciário. Por outro lado, contudo, esse entendimento pode acabar deixando incólumes sentenças decorrentes de processos arbitrais em que houve graves *errores in procedendo*, alguns violadores de direitos e garantias processuais previstos na Constituição. É nesse quadro de dúvida que se examina a possibilidade de propositura de ação rescisória contra a sentença arbitral.

Pode-se antecipar que a doutrina brasileira dominante nega a possibilidade de ajuizamento de ação rescisória contra a sentença arbitral. Arnoldo Wald (2004:56) defende que "a ação rescisória não tem qualquer utilidade porquanto a Lei de Arbitragem já dispõe que o controle da sentença arbitral será exercido por meio da ação de anulação", bem como que "a ação rescisória é, ademais, contrária à tradição do direito arbitral pela qual a intervenção dos juízes estatais deve ser limitada após a prolação da sentença, não podendo afetar o mérito dos litígios resolvidos na arbitragem". Comungando desse entendimento, Donaldo Armelin considera que "o legislador, ao centrar na ação anulatória a via judicial para a decretação da nulidade da sentença arbitral, procurou descartar a via da ação rescisória".[20]

Flávio Luiz Yarshell (2005:96) também entende que "é forçoso reconhecer que sua desconstituição [da sentença arbitral] não pode e não deve ser buscada, perante o Poder Judiciário, pelo exercício da ação rescisória". Eleonora Coelho (2006:119), no mesmo sentido, argumenta que "não obstante a sentença arbitral seja, por força do artigo 31 do mencionado diploma legal, equiparada à sentença judicial, não pode ela ser atacada por meio de ação rescisória e ou por ações declaratórias autônomas". Observe-se que a autora nega até mesmo a possibilidade de controle da sentença arbitral por meio de ações declaratórias autônomas, o que tem repercussão diante da hipótese de sentenças arbitrais inexistentes.

Também assim, Francisco José Cahali (2011:311) anota que "a reconhecida semelhança entre sentença arbitral e judicial não permite, porém, admitir àquela submeter-se à ação rescisória, privativa desta", na medida em

---

20. Armelin (2004:14). O autor complementa a lição explicando que "o cabimento da rescisória diz respeito apenas à decisão judicial que julgar o pedido de anulação daquela arbitral e, mesmo assim, se configurada uma das hipóteses do art. 485 do CPC" (Ibid., p. 14).

Questões concernentes à anulação de sentenças arbitrais domésticas

que "o legislador identifica a patologia de cada qual e a ação própria para sua desconstituição", que, no caso, seria a ação de anulação disposta no art. 32 da Lei de Arbitragem. No mesmo sentido, Ana Lucia Pereira (2008:87) afirma que "essas conexões ou similitudes não são suficientes para justificar a aplicabilidade da ação rescisória à sentença arbitral, visto que cada uma possui objetivos e naturezas distintas uma da outra".

Em sentido diverso, Carlos Augusto da Silveira Lobo e Guilherme Leporace (2011:221) consideram que "não há na lei brasileira disposição que explícita ou implicitamente exclua a ação rescisória da sentença arbitral". Logo em seguida, os autores, com base nos exemplos da colusão das partes e da sentença baseada em prova falsa, defendem que "não fosse cabível a ação rescisória contra a sentença arbitral, o art. 18 da Lei 9.307/1996 deveria dizê-lo expressamente, como, aliás, fez em relação aos recursos" (Lobo e Leporace, 2011:222). Em relação ao julgamento da ação rescisória contra a sentença arbitral, os autores entendem que "não é o caso de o tribunal ingressar no *judicium rescissorium*, pois o efeito negativo da convenção de arbitragem lhe bloqueia o acesso: limita-se a rescindir a sentença arbitral, cabendo às partes, se quiserem, submeter o litígio a nova arbitragem". Em resumo, Carlos Augusto da Silveira Lobo e Guilherme Leporace (2011:222) concluem que "não há, portanto, incompatibilidade entre a ação rescisória e o sistema da Lei 9.307/1996".

Como se vê, não obstante não se tratar de posição unânime, pode-se dizer que a doutrina dominante entende pelo descabimento da ação rescisória contra a sentença arbitral. Não se pretende aqui apresentar uma resposta definitiva sobre o assunto, mas parece-nos, com o devido respeito àqueles que já enfrentaram o tema, que a matéria precisa ser examinada com maior profundidade. Cabe lembrar, nesta sede, que o Código de Processo Civil prevê algumas hipóteses em que será possível rescindir a sentença judicial de mérito, dentre as quais fazemos questão de destacar quatro delas: (i) no caso de a decisão ofender a coisa julgada (art. 485, IV), (ii) quando o *decisum* violar literal disposição de lei (art. 485, V), (iii) no caso de a sentença se fundar em prova falsa (art. 485, VI) e (iv) quando após a sentença for descoberto documento novo que por si só seria suficiente a alterar o resultado do processo (art. 485, VII).

Pois bem, imagine-se que se instaure uma arbitragem para decidir causa já submetida anteriormente ao Poder Judiciário ou até mesmo a anterior arbitragem, cuja sentença de mérito tenha transitado em julgado. Não obstante a alegação de existência de coisa julgada, os árbitros, nessa hipotética arbitragem, ignoram a alegação e proferem sentença de mérito, decidindo o conflito em sentido diametralmente oposto ao da decisão anterior, invertendo quem até então era vencedor e vencido. Aparentemente, o rol do art. 32 da Lei de Arbitragem não permite o ajuizamento de ação de anulação da sentença arbitral por violação da coisa julgada. Como, então, solucionar essa hipótese? Poder-se-ia admitir o cabimento da ação de anulação por violação à ordem pública? E se o prazo de 90 (noventa) dias já houvesse se encerrado? Poder-se-ia admitir o cabimento de ação rescisória? Dever-se-ia fazer uso da doutrina processual que determina a prevalência da primeira ou da segunda coisa julgada? Poder-se-ia pensar na propositura, a qualquer tempo, de uma ação declaratória de inexistência da segunda coisa julgada?

Pense-se também no caso de sentença arbitral que viole conscientemente dispositivo legal assegurador de direitos subjetivos. Como se trata do mérito, não parece possível o ajuizamento da ação de anulação. Não obstante, a partir da teoria do *manifest disregard of the law*, existem diversos pronunciamentos de cortes estrangeiras admitindo o ajuizamento de ação de anulação nesses casos por violação à ordem pública. A esse respeito, aliás, Fabiane Verçosa, em excelente texto, considera que "para se caracterizar o *manifest disregard of the law*, é necessário que a manifesta desconsideração, pelo árbitro, do Direito aplicável, seja deliberada; não sendo suficientes a simples negligência ou mesmo a ignorância acerca do Direito que deveria reger aquela situação fática".[21] Será que a admissão de ação rescisória com base em literal violação de lei seria um instrumento a permitir o controle da sentença arbitral em casos de *manifest disregard of the law*? Ou trata-se de violação à ordem pública, a servir de fundamentação para ação de anulação?

É preciso pensar também nos casos em que a sentença arbitral é fundada em prova falsa, bem como naquelas hipóteses em que, após a prolação da sentença arbitral, se descobre documento novo capaz de por si só alterar diametralmente o resultado da arbitragem. Nenhum dos dois casos parece estar abrangido pelo art. 32 da Lei nº 9.307/1996. A partir do último exemplo, defendendo posição mais moderada, Pedro A. Batista Martins (1999:409) considera que

---

21. Verçosa (2011:360). Recomenda-se, ainda, da mesma autora, a leitura de sua tese de doutorado, até então não publicada: Id. (2010).

Questões concernentes à anulação de sentenças arbitrais domésticas

a obtenção de documento novo, cuja existência era ignorada ou de que não pôde o autor fazer uso capaz, por si só, de lhe assegurar pronunciamento favorável, por exemplo, põe em relevo a eventual necessidade de viabilizar a rescindibilidade das sentenças proferidas por julgadores privados, pois, assim, a questão estaria soberanamente pacificada.

O autor, porém, considera que essa questão deve ser submetida ao árbitro e não ao Poder Judiciário,[22] bem como que só deve ser permitida dentro do prazo de 90 (noventa) dias para a propositura da ação de anulação da sentença arbitral. O mesmo autor, um dos coautores do anteprojeto da Lei de Arbitragem brasileira, faz a seguinte consideração a respeito dessa complexa questão, de *lege ferenda*:

> Destarte, a existência de documento novo ou a demonstração da falsidade da prova em que fundou a sentença, elementos, dentre outros, elencados no art. 485 da nossa lei adjetiva, capazes de modificar, radicalmente, o comando sentencial, deveriam ter a oportunidade de ser apresentados, tão somente, dentro do prazo de 90 dias conferido àqueles que tencionam a declaração de nulidade da sentença arbitral, sob o argumento da violação de garantias individuais, inclusive, ao direito da parte a um processo justo onde seja assegurado o amplo direito de defesa. (Martins, 1999:411)

Na prática, contudo, nem todas as matérias constantes do art. 485 do Código de Processo Civil podem ser objeto da ação de anulação no prazo fixado na Lei de Arbitragem. Com efeito, algumas situações podem só se apresentar ou ser reveladas após o decurso do prazo decadencial de 90 (noventa) dias, mas antes do prazo de dois anos fixado no Código de Processo Civil.

Cumpre examinar, ainda, se a aplicação subsidiária do Código de Processo Civil na arbitragem — o que, por vezes, ainda se encontra em algumas convenções de arbitragem — solucionaria a questão ou alteraria as respostas alcançadas pela doutrina. Flávio Luiz Yarshell (2005:96-97) entende que "não parece possível que as partes convencionem o cabimento da ação resci-

---

22. Nesse sentido, o autor registra seu pensamento: "Assim, a admitir-se a rescisória, justo pretender seja mantida a derrogação da jurisdição ordinária e analisada a questão pelo juízo arbitral, salvo se, expressamente, disposto o contrário na convenção de arbitragem" (Martins, 1999:410).

sória, dado que determinação de via processual diz com tema fora do alcance do poder de disposição das partes, incidindo o disposto no §1º do art. 2º da Lei de Arbitragem". Pedro A. Batista Martins (1999:409), por outro lado, argumenta que "não vemos impropriedade em admitir-se submeter a decisão arbitral à potencial ação rescisória pois, do ponto de vista técnico, sentença que é, poderia ser passível de rescisão, desde que aplicável as regras do Código de Processo Civil". Como se percebe desse último trecho, o autor parece admitir o cabimento de ação rescisória no caso de aplicação do Código de Processo Civil na arbitragem.

A matéria é complexa, possivelmente não comportando solução definitiva sem intervenção do legislador. Por isto mesmo, seria temerário pretendermos aqui fechar posição quanto ao assunto, mas válido nos parece apenas provocar a doutrina majoritária que entende pelo descabimento da ação rescisória a refletir sobre as situações envolvendo sentença arbitral que ofende a coisa julgada, desrespeita conscientemente o direito aplicável, se funda em prova falsa, bem como é inquinada por documento novo descoberto mais de 90 (noventa) dias após a sua prolação. Não basta dizer, segundo nos parece, que não cabe ação rescisória, é preciso que se diga, a partir de tal posição, como se resolvem os exemplos acima elencados.

8. É possível requerer a anulação da sentença arbitral na execução, por ocasião da impugnação ao cumprimento do julgado?

A Lei de Arbitragem brasileira cuidou, em seu art. 32, de arrolar as hipóteses de cabimento do pedido de anulação da convenção de arbitragem, do procedimento arbitral e da sentença arbitral. Em sequência, dentro de uma estrutura absolutamente lógica, apresentou, no dispositivo seguinte, os meios processuais destinados a permitir às partes o atingimento de tal fim.

Assim, o §1º do art. 33 da Lei de Arbitragem estatui que "a demanda para a decretação de nulidade da sentença arbitral seguirá o procedimento comum, previsto no Código de Processo Civil, e deverá ser proposta no prazo de até noventa dias após o recebimento da notificação da sentença arbitral ou de seu aditamento". Já o §3º do mesmo dispositivo de lei prevê que "a decretação da nulidade da sentença arbitral também poderá ser arguida mediante ação de embargos do devedor, conforme o art. 741 e seguintes do Código de Processo Civil [leia-se, hoje, art. 475-L do estatuto processual civil], se houver execução judicial". A doutrina diverge, então, sobre a possibilidade ou não de requerer a anulação da sentença arbitral em sede de impugnação ao cumprimento de sentença depois de transcorrido o prazo decadencial de 90 (noventa) dias "após o recebimento da notificação da sentença arbitral ou de seu aditamento".

José Emilio Nunes Pinto e Emir Calluf Filho (2006:117), tratando da hipótese de "interposição dos embargos [leia-se, hoje, impugnação] após o prazo de 90 dias", defendem que "aí poderá [o embargante, ou melhor, o impugnante] alegar tão somente as matérias relativas aos ataques de títulos executivos judiciais, contempladas no art. 741 do CPC, já que é a ação que tem fundamentos específicos". Pedro A. Batista Martins (2008:333) também entende que "a nulidade posta mediante embargos [leia-se, atualmente, impugnação] somente será admissível se arguida no prazo de 90 dias". No mesmo sentido, Edoardo Ricci considera que, "decorrido o prazo, a impugnação deve ser rejeitada, o que produz, também, rejeição da ação de embargos [leia-se, hoje, impugnação] baseada na nulidade da sentença arbitral".[23]

Carlos Alberto Carmona (2009a:430), revendo sua posição anterior, defende, em relação à apresentação da impugnação ao cumprimento de sentença após o prazo de 90 (noventa) dias, que "terá o impugnante, em tal hipótese, perdido, por inércia, o direito de levar ao conhecimento do juiz togado qualquer uma das matérias enumeradas no art. 32 da Lei". Arnoldo Wald (2004:55) também compartilha desse entendimento, de maneira que "a interpretação da lei não deveria permitir à parte executada, que não pleiteou a anulação da sentença arbitral no momento oportuno, suscitar em sua defesa [causas] que permitiriam a anulação da sentença". Após narrar a possibilidade de alegação das causas de anulação na impugnação ao cumprimento da sentença após os 90 (noventa) dias, Ada Pellegrini Grinover (2008:181) afirma que "na linha de prestigiosa doutrina, entende-se que não é possível".

Comungando desse entendimento, Alexandre Freitas Câmara (2002:148) aduz que "o prazo decadencial é, como se sabe, fatal, fazendo desaparecer o

---

23. Ricci (2004b:212-213). O autor complementa a lição explicando que "isso pode ocorrer somente na hipótese em que o prazo previsto pelo §1º do art. 33 não tenha ainda se escoado. Se o prazo fluir, a nulidade foi sanada. Neste caso, os efeitos da sentença arbitral alcançam a imutabilidade da coisa julgada material, conforme já afirmado e o meio defensivo da parte sucumbente deve ser logo rejeitado, pela impossibilidade de contestação dos efeitos da decisão já tornados imutáveis" (Ibid., p. 203).

direito potestativo de índole substancial", razão pela qual "decorrido tal prazo, portanto, desaparece o direito de ver reconhecida a invalidade do laudo". Também assim, Eleonora Coelho (2006:120) explica que

> caso a parte renitente tenha perdido o prazo decadencial de 90 dias para impugnação da sentença arbitral, restar-lhe-á a possibilidade de opor embargos do devedor [leia-se, atualmente, impugnação], podendo, neste âmbito, somente alegar as matérias previstas no artigo 741 [leia-se, hoje, art. 475-L] do Código de Processo Civil.

No mesmo sentido, Francisco José Cahali argumenta que "ultrapassado este prazo, não poderá o executado alegar quaisquer desses fundamentos na impugnação ao cumprimento de sentença".[24]

---

24. Cahali (2011:295). Eduardo Grebler (2005:53-54) também faz coro com esse entendimento: "De fato, se a parte vencida na arbitragem não propôs a ação de nulidade no prazo que lhe reservou a lei, não faz sentido que possa suscitar, em embargos de devedor [leia-se, hoje, impugnação], nulidades cuja existência não invocou oportunamente, tendo decaído do direito de fazê-lo. Menos lógico, ainda, seria a hipótese de a parte vencida na arbitragem ter proposto a ação de nulidade e esta já ter sido julgada improcedente, pois neste caso a renovação dos argumentos em embargos de devedor [leia-se, atualmente, impugnação] implicaria violação à coisa julgada material". Jan Kleinheisterkamp (2008:98) também segue essa corrente e vai mais longe, propondo alteração legislativa no texto do art. 33 da Lei de Arbitragem brasileira no seguinte sentido: "Art. 33. A parte interessada poderá pleitear ao órgão do Poder Judiciário competente a decretação da nulidade da sentença arbitral nos casos previstos nesta Lei. §1º. A demanda para a decretação de nulidade da sentença arbitral seguirá o procedimento comum, previsto no Código de Processo Civil, e deverá ser proposta no prazo de até noventa dias após o recebimento da notificação da sentença arbitral. Em caso de aditamento, o prazo será prorrogado por até trinta dias contados da notificação do aditamento. §2º. A sentença que julgar procedente o pedido: I — decretará a nulidade da sentença arbitral, nos casos do art. 32, incisos I, II, VI, VII e VIII; II — determinará que o árbitro ou o tribunal arbitral profira novo laudo, nas demais hipóteses. §3º. A decretação da nulidade da sentença arbitral deverá ser arguida mediante impugnação, conforme o art. 475-J, §1º, do Código de Processo Civil, se houver execução judicial. No entanto, os motivos do art. 32, salvo aqueles do seu inciso VI, poderão ser invocados somente dentro do prazo previsto no §1º". O autor também propõe modificação de redação do art. 38 da Lei: "Art. 38. Somente poderá ser negada a homologação para o reconhecimento ou execução de sentença arbitral estrangeira, quando o réu demonstrar que: (...). Parágrafo único. Esses motivos para negar a homologação para o reconhecimento ou execução de sentença estrangeira não poderão ser invocados nem provados pelo réu caso não tenha intentado, anteriormente, os recursos previstos pela lei do país sede da arbitragem nos prazos previstos nela, salvo se o réu se tenha recusado, desde o começo, a participar na arbitragem por falta de convenção de arbitragem válida". Essa opinião é compartilhada também por Ana Lucia Pereira (2008:81), para quem "é perfeitamente possível concluir que somente se admitirá a arguição de qualquer nulidade em sede do agora instituto da 'impugnação' em duas situações: i) se estes já o tiverem sido efetuados em ação própria de nulidade, dentro do prazo de 90 dias; ii) se a impugnação à execução do título executivo judicial — espécie sentença

Questões concernentes à anulação de sentenças arbitrais domésticas

Como se vê, uma parte considerável da doutrina entende que, ultrapassado o prazo para propositura da ação de anulação, não poderá o executado suscitar as hipóteses previstas no art. 32 da Lei de Arbitragem em sede de impugnação ao cumprimento da sentença. Não obstante a grande adesão a esse entendimento, há outra corrente considerando que, mesmo após o decurso do prazo de 90 (noventa) dias, o executado poderá requerer a anulação da sentença arbitral com base na Lei de Arbitragem por ocasião da apresentação da impugnação ao cumprimento de sentença. Com esse ponto de vista, Donaldo Armelin aduz que "se a matéria referente à nulidade não for suscitada em ação que deveria ter sido proposta nos noventa dias de prazo fixado em lei, poderá ser arguida nos embargos do devedor [leia-se, hoje, impugnação]". O autor complementa com a seguinte lição:

> Isto porque, embora o prazo de noventa dias seja decadencial para a anulação de sentenças arbitrais declaratórias _stricto sensu_ e constitutivas, não o é para aquelas condenatórias, que são passíveis de serem atacadas por vício de nulidade, que poderia ter sido suscitado mediante a ação de decretação de nulidade. A exaustão do prazo para a propositura da ação anulatória deixa em aberto a oportunidade para propor a mesma ação, agora rotulada de embargos de executado [leia-se, atualmente, impugnação]. (Armelin, 2004:15)

Também assim, Felipe Scripes Wladeck (2008:100) argumenta que "em que pesem os argumentos dos estudiosos que aderem às correntes 'restritiva' e 'intermediária', a conclusão a que os arts. 32 e 33 da Lei de Arbitragem permitem chegar não comporta qualquer limitação no que concerne ao possível objeto dos embargos do devedor [leia-se, hoje, impugnação]". Luiz Antonio

---

arbitral — ocorrer dentro do prazo de 90 dias após a notificação da sentença. Caso contrário, restará ao impugnante da ação de execução de sentença arbitral, os elementos listados no atual art. 475-L, não se confundindo com a nulidade e, consequentemente, restringindo àqueles itens lá citados, sua liberdade de questionamento da dita sentença arbitral". Da mesma forma, confira-se o entendimento de Marcus Vinícius Tenório da Costa Fernandes (2007:84-85): "A impugnação poderá ser oferecida — no prazo de 15 dias estabelecido pelo art. 475-J, §1º, do Código de Processo Civil — mesmo que tenha decorrido _in albis_ o prazo decadencial de 90 dias para a propositura da demanda anulatória e, caso o referido prazo decadencial não tenha se operado, poderá trazer toda a matéria de defesa de que poderia ter se valido o devedor por meio de demanda anulatória. Entretanto, caso tenha se operado o prazo decadencial, poderá o devedor arguir em impugnação as matérias de defesa constantes do art. 475-J do Código de Processo Civil (cfr. art. 33, §3º, da LA), sem a possibilidade de invocar os vícios descritos no art. 32 da Lei de Arbitragem".

Scavone Junior (2011:192-193), fiel ao seu entendimento de que o controle da sentença arbitral doméstica deve seguir a teoria das nulidades do negócio jurídico, adota posição diversa das até aqui narradas, considerando que o decurso do prazo de 90 (noventa) dias impossibilitará o executado de alegar na impugnação ao cumprimento da sentença apenas as nulidades relativas, pois "nas demais causas, de nulidade absoluta, o título é inexigível, a sentença não produz efeitos e a pretensão declaratória poderá ser manejada a qualquer tempo".

Em nosso ponto de vista, pode-se dizer que a parte interessada tem dois instrumentos para requerer a desconstituição da sentença arbitral, com fundamentos diferentes: (i) a ação de anulação da sentença arbitral, de que tratam os arts. 32 e 33 da Lei de Arbitragem, e (ii) a defesa na execução da sentença arbitral de conteúdo condenatório, isto é, a impugnação ao cumprimento da sentença. O sistema da lei estabelece a prerrogativa de a parte interessada pleitear a "decretação da nulidade da sentença arbitral, nos casos previstos nesta lei", sob o procedimento ordinário e subordinada a prazo decadencial fixado no §1º do art. 33, não sem depois estabelecer os efeitos jurídicos de tal sentença no §2º desse mesmo dispositivo legal.

Ao completar tal raciocínio, o legislador claramente vinculou o *caput* e os dois primeiros parágrafos do art. 33 às hipóteses de invalidade arroladas no art. 32 da mesma lei (art. 33, *caput, in fine*). O §3º, entretanto, cuida claramente de hipótese distinta, prevista na legislação processual civil codificada, para a qual o legislador da arbitragem afirma também possível a decretação da anulação da sentença arbitral nas hipóteses de ajuizamento de impugnação ao cumprimento de sentença, mas restrita aos fundamentos previstos no art. 475-L do diploma processual civil. Assim, comungamos do entendimento de que as causas de anulação previstas no art. 32 da Lei nº 9.307/1996 somente podem ser levantadas dentro do prazo decadencial de 90 (noventa) dias a que se refere o §1º do art. 33 da Lei de Arbitragem.

Dentro desse prazo decadencial, essas causas previstas no art. 32 da Lei de Arbitragem podem sim servir de fundamento à impugnação ao cumprimento de sentença (execução da sentença arbitral). Decorrido esse prazo, contudo, o interessado não tem mais o direito — extinto pela decadência — de atacar a sentença arbitral pelas causas dispostas no art. 32 da Lei de Arbitragem, nem no âmbito da ação de anulação e nem na via da impugnação ao cumprimento de sentença. Trata-se de consequência inarredável para quem considera que a ação de anulação prevista no art. 32 da Lei nº 9.307/1996 possui natureza desconstitutiva, bem como, e por conseguinte, que o prazo de 90 (noventa) dias é decadencial. Ultrapassado o prazo, decai o direito. A exceção que se registra é quando se estiver diante de sentença arbitral inexistente, tema a ser objeto de estudo em outra oportunidade.[25]

9. Conclusão

O modelo de controle da sentença arbitral doméstica adotado no Brasil caracteriza-se, precipuamente, por não conter um recurso em sentido estrito, mas sim uma ação autônoma de natureza desconstitutiva, cujo objetivo não é, em regra, o exame do mérito da sentença arbitral, de maneira a controlar a justiça da decisão, mas sim a averiguação do cumprimento pelo árbitro dos direitos e garantias processuais das partes, bem como daquilo que as partes esperavam da arbitragem.

Ao contrário de outros ordenamentos jurídicos, no Brasil, caso anulada a sentença arbitral, não pode o juízo togado passar diretamente e em ato contínuo ao exame da causa, restando às partes propor nova demanda arbitral ou propor demanda judicial em primeiro grau de jurisdição (art. 33, §2º, inciso I, nesses dois casos) ou, corrigida a causa de invalidade, continuar na própria arbitragem (art. 33, §2º, inciso II, da Lei de Arbitragem). O que parece fundamental, no que tange a este modelo de controle, é compreender que os vícios da sentença arbitral se submetem à teoria das nulidades processuais — à exceção do inciso I do art. 32 da Lei —, e não à teoria das nulidades do negócio jurídico, o que representa diferenças práticas bastante relevantes.

Além dessas considerações de ordem essencial, a matéria é repleta de divergências, conforme se teve oportunidade de apontar, ainda que brevemente, nas linhas acima. O objetivo deste trabalho não foi o de solucionar todas essas controvérsias, o que seria tarefa por demais difícil, mas apenas o de registrar que muitas das soluções propostas pela doutrina majoritária não têm levado em consideração todos os aspectos das questões, a indicar, assim, que esses problemas estão ainda longe de uma compreensão e enfrentamento

---

25. A esse respeito, recomenda-se a leitura do texto de Clávio Valença Filho (2009:181-200).

ideais. Espera-se que este ensaio sirva de incentivo ao leitor que deseje se aprofundar na matéria e, quem sabe, colaborar com o desenvolvimento do instituto.

9

A jurisprudência do Superior Tribunal de Justiça na homologação de sentenças arbitrais estrangeiras: um importante capítulo na luta pela efetividade da jurisdição

José Antonio Fichtner
André Luís Monteiro

1. A relevância da ação de homologação de sentença arbitral estrangeira para a efetividade da jurisdição internacional. 2. Precedentes do Superior Tribunal de Justiça em matéria de homologação de sentença arbitral estrangeira. 2.1. Aplicação da Lei de Arbitragem brasileira a cláusulas compromissórias celebradas antes de sua vigência. 2.2. Autossuficiência da cláusula compromissória cheia para instauração da arbitragem e dispensabilidade de celebração do compromisso arbitral. 2.3. Negativa de homologação quando a parte não assinou a cláusula compromissória e a influência da alegação dessa matéria na própria arbitragem. 2.3.1. O caso *L'Aiglon v. Têxtil União* (SEC nº 856/EX). 2.3.2. O caso *Kanematsu v. ATS* (SEC nº 885/US). 2.3.3. O caso *Oleaginosa v. Moinho Paulista* (SEC nº 866/EX). 2.3.4. O caso *Plexus v. Santana* (SEC nº 967/EX). 2.3.5. O caso *Indutech v. Algocentro* (SEC nº 978/EX). 2.4. Incorporação societária e transmissão da cláusula compromissória. 2.4.1. O caso *Litsa v. SV Engenharia e Inepar* (SEC nº 894/UY). 2.4.2. O caso *Spie v. Inepar* (SEC nº 831/FR). 2.5. Homologação mesmo quando a parte alega desconhecer o instituto da arbitragem. 2.5.1. O caso *Jess Smith v. Orlando Polato e Outro* (SEC nº 4.415/US). 2.5.2. O caso *First e Outro v. STP e Outro* (SEC nº 611/EX). 2.6. Legitimidade ativa para propositura da ação de homologação de sentença arbitral estrangeira, cessionário de crédito e sucessor por incorporação. 2.7. Legitimidade e interesse de terceiro em relação à arbitragem para homologar a sentença arbitral estrangeira com o fito de se defender em processo em cur-

so no Brasil. 2.8. Homologação de sentença estrangeira quando há processo idêntico em curso perante o Poder Judiciário brasileiro. 2.9. Homologação de sentença estrangeira quando há ação anulatória da sentença arbitral em curso perante o Poder Judiciário brasileiro. 2.10. Comunicações na arbitragem, observância do procedimento convencionado e dispensa de expedição de carta rogatória. 2.10.1. O caso *Plexus v. Ari Giongo* (SEC nº 3.661/EX). 2.10.2. *Devcot v. Ari Giongo* (SEC nº 3.660/GB). 2.10.3. O caso *UEG v. Multipole* (SEC nº 874/EX). 2.11. Ausência de fundamentação da sentença arbitral estrangeira e fundamentação sucinta da decisão arbitral na ação de homologação. 2.12. Escolha de lei aplicável na arbitragem internacional, desrespeito pelo árbitro do direito material escolhido e impossibilidade de reexame do mérito da sentença arbitral. 2.13. Impossibilidade de reexame do mérito da sentença arbitral estrangeira no juízo de delibação próprio da ação de homologação. 2.14. Alegação de exceção de contrato não cumprido no âmbito da ação de homologação, violação da ordem pública e impossibilidade de reexame de mérito. 2.14.1. O caso *Thales v. Farco* (SEC nº 802/EX). 2.14.2. O caso *Grain v. Coopergrão e Outro* (SEC nº 507/EX). 2.15. Ônus da prova da falta de comunicação do requerido a respeito da arbitragem. 2.16. Dispensa da caução do art. 835 do Código de Processo Civil na ação de homologação de sentença arbitral estrangeira. 2.17. Fixação de honorários de sucumbência na ação de homologação de sentença arbitral estrangeira. 3. Conclusão.

1. A relevância da ação de homologação de sentença arbitral estrangeira para a efetividade da jurisdição internacional[1]

A expressão jurisdição internacional não passa imune a críticas, na medida em que tradicionalmente o termo jurisdição expressa parcela de poder, decorrente da soberania, própria de um Estado. Como não existe um Estado internacional, não há, por conseguinte, soberania internacional e nem jurisdição internacional, ao menos na acepção clássica de todas essas expressões. Não obstante, parece-nos absolutamente didática a expressão para transmitir

---

1. Texto revisto e atualizado. A versão original foi publicada, em versão reduzida, na coletânea em homenagem ao ministro Cesar Asfor Rocha: Fichtner e Monteiro (2012:v. 2, p. 198-218).

aos leitores aquilo que mais interessa às partes numa disputa litigiosa internacional, isto é, obter o bem da vida perseguido, pouco importando as fronteiras temporais, espaciais ou institucionais.

Nesse sentido, emprega-se a expressão jurisdição internacional para designar a obtenção de tutela jurisdicional em qualquer país do mundo, tema intrinsecamente relacionado à ação de homologação de sentenças estrangeiras, especialmente de sentenças arbitrais estrangeiras. A arbitragem, conforme já se pôde ressaltar, "é um método de heterocomposição de conflitos em que o árbitro, exercendo a cognição nos limites da convenção de arbitragem livremente estabelecida pelas partes, decide a controvérsia com autonomia e definitividade" (Fichtner e Monteiro, 2010a:1-2). Dentre as qualidades da arbitragem, destacam-se a possibilidade de escolha dos julgadores, a especialidade dos árbitros, a neutralidade do foro, a flexibilidade procedimental, a celeridade do processo e a confidencialidade.

De acordo com o ordenamento jurídico brasileiro, a sentença arbitral proferida no Brasil independe de homologação judicial para produzir efeitos. Já a sentença arbitral prolatada fora do território nacional precisa passar pelo regime de reconhecimento para se tornar eficaz em solo brasileiro, tudo nos termos dos arts. 34 e 35 da Lei de Arbitragem, o que se instrumentaliza por meio da ação de homologação de sentença arbitral estrangeira. Em âmbito global, no momento em que se necessita homologar a sentença arbitral estrangeira perante o Poder Judiciário de local diverso do qual a decisão foi proferida, cria-se na parte interessada o receio de que a neutralidade e a celeridade pensadas originalmente possam se perder, importando num prejuízo a duas características fundamentais da arbitragem.

Especificamente em relação ao Brasil, pode-se dizer que hoje o país está longe de se caracterizar como um local avesso às trocas internacionais e desconfiado do parceiro estrangeiro. Isso se revela evidente não apenas pelos dados econômicos publicados todos os dias como também — e este é o ponto que nos interessa destacar — pelas recentes decisões legislativas e pela postura do Poder Judiciário. O próprio conceito de ordem pública tem sido entendido num contexto internacional, valendo destacar, como exemplo, a conhecida decisão proferida pelo ministro Marco Aurélio a respeito da possibilidade de homologação de sentença estrangeira que havia condenado brasileiro ao pagamento de dívida de jogo validamente contraída no país de origem.[2] No âmbito jurídico, o tema da arbitragem é paradigmático dessa postura de receptividade, especialmente a partir da jurisprudência do STJ.

O primeiro passo fundamental nesse caminho foi a edição da Lei de Arbitragem em 1996 (Lei nº 9.307/1996), inaugurando uma disciplina arbitral moderna para o país naquele momento. O segundo passo foi o reconhecimento da sua constitucionalidade pelo Supremo Tribunal Federal em 2001 (Ag. Reg. na SE nº 5.206-7/ES). O terceiro passo foi a promulgação em 2002 da Convenção de Nova York de 1958 (Decreto nº 4.311/2002), mostrando ao mundo que o país tinha uma disciplina moderna de reconhecimento de decisões estrangeiras. O quarto passo foi a transferência do STF para o STJ da competência para as ações de homologação de sentenças arbitrais estrangeiras com a EC nº 45/2004. O quinto e último passo foi a jurisprudência progressista que se formou no Poder Judiciário brasileiro em prol da arbitragem, como se pôde constatar empiricamente.[3]

---

2. A decisão monocrática do ministro Marco Aurélio é a seguinte: "DECISÃO DÍVIDA DE JOGO — ATIVIDADE LÍCITA NA ORIGEM — AÇÃO — CONHECIMENTO — CARTA ROGATÓRIA — EXECUÇÃO DEFERIDA. (...) O ordenamento jurídico brasileiro não considera o jogo e a aposta como negócios jurídicos exigíveis. Entretanto, no país em que ocorreram, não se consubstanciam tais atividades em qualquer ilícito, representando, ao contrário, diversão pública propalada e legalmente permitida, donde se deduz que a obrigação foi contraída pelo acionado de forma lícita. 2. Dada a colisão de ordenamentos jurídicos no tocante à exigibilidade da dívida de jogo, aplicam-se as regras do Direito Internacional Privado para definir qual das ordens deve prevalecer. (...) A própria Lei de Introdução ao Código Civil limita a interferência do Direito alienígena, quando houver afronta à soberania nacional, à ordem pública e aos bons costumes. A ordem pública, para o direito internacional privado, é a base social, política e jurídica de um Estado, considerada imprescindível para a sua sobrevivência, que pode excluir a aplicação do direito estrangeiro. 4. Considerando a antinomia na interpenetração dos dois sistemas jurídicos, ao passo que se caracterizou uma pretensão de cobrança de dívida inexigível em nosso ordenamento, tem-se que houve enriquecimento sem causa por parte do embargante, que abusou da boa-fé da embargada, situação essa repudiada pelo nosso ordenamento, vez que atentatória à ordem pública, no sentido que lhe dá o Direito Internacional Privado. 5. Destarte, referendar o enriquecimento ilícito perpetrado pelo embargante representaria afronta muito mais significativa à ordem pública do ordenamento pátrio do que admitir a cobrança da dívida de jogo. 6. Recurso improvido. (...) Portanto, acolho o pedido de homologação formalizado. 3. Pelas razões acima, defiro a execução desta carta rogatória, a ser remetida à Justiça Federal do Rio de Janeiro para a ciência pretendida" (STF, Decisão monocrática, CR nº 9.897/EU, min. Marco Aurélio, j. em 15.12.2001). Posteriormente, com a alteração de competência ocasionada pela Emenda Constitucional nº 45/2004, o caso foi remetido ao STJ, que manteve a decisão, pela Corte Especial, nos seguintes termos: "Não ofende a soberania do Brasil ou a ordem pública conceder exequatur para citar alguém a se defender contra cobrança de dívida de jogo contraída e exigida em Estado estrangeiro, onde tais pretensões são lícitas" (STJ, Corte, AgRg na CR. nº 3.198/US, min. Humberto Gomes de Barros, j. em 30.6.2008, *D.J.* de 11.9.2008).
3. Prova disso são os resultados da pesquisa elaborada pelo Comitê Brasileiro de Arbitragem e pela Escola de Direito da Fundação Getulio Vargas. Os dados foram publicados no caderno Legislação & Tributos do jornal *Valor Econômico* de 30 de junho de 2009, em reportagem

Em seu trabalho sobre a efetividade da jurisdição, Cesar Asfor Rocha (2007:71) destaca que "o estudo do núcleo mínimo do princípio do acesso à justiça deve analisar pelo menos três facetas igualmente importantes e ao mesmo tempo intercomplementares", que são

> (a) a segurança dos litigantes e do processo; (b) o tempo e os custos exigidos na sua dinamização; (c) a justiça, entendida como potencial de adequação ao equitativo (e não ao meramente normativo); e a sua eficácia, isto é, a potencialidade de realizar no mundo dos fatos a força do seu preceito"

No exercício de sua competência constitucional de apreciar as ações de homologação de sentenças arbitrais estrangeiras, o STJ vem mostrando conhecimento técnico e grandeza em suas decisões, tudo a garantir, dentro da concepção que se anunciou no início deste item, a efetividade da jurisdição internacional e, por conseguinte, o acesso à justiça.

2. Precedentes do Superior Tribunal de Justiça em matéria de homologação de sentença arbitral estrangeira

2.1 Aplicação da Lei de Arbitragem brasileira a cláusulas compromissórias celebradas antes de sua vigência

No caso *Mitsubishi v. Evadin* (SEC nº 349/EX), pretendia-se a homologação de sentença arbitral estrangeira, proferida no âmbito da Associação de Arbitragem Comercial do Japão, que havia condenado a requerida pelo descumprimento de contratos de transferência de tecnologia e utilização de marca, assinados em 1993, antes, portanto, da entrada em vigor da Lei de Arbitragem brasileira (Lei nº 9.307/1996). A sentença arbitral objeto da homologação declarou o termo final dos contratos celebrados entre as partes, condenou a requerida ao pagamento de quase um trilhão e quinhentos

---

assinada pela jornalista Zínia Baeta. Os relatórios da pesquisa, da qual o segundo autor deste artigo teve oportunidade de participar, podem ser acessados no *site* do Comitê Brasileiro de Arbitragem: <www.cbar.org.br>. É importante registrar, porém, que o STJ tem levado em média 4,6 anos para homologar sentenças arbitrais estrangeiras, o que parece um tempo demasiadamente longo. Nesse sentido, vale a leitura da pesquisa realizada em 2014 pela professora Nádia de Araújo, gentilmente enviada aos autores, com 51 casos julgados ou em curso naquele tribunal.

milhões de ienes, bem como determinou que a requerida se abstivesse de produzir e comercializar os produtos da marca Mitsubishi.

Na ação de homologação, a requerida alegou em sua defesa, principalmente, que quando da realização dos contratos ainda não havia sido editada a Lei nº 9.307/1996, já que esses instrumentos contratuais foram firmados em 1993. Em razão disso, a cláusula compromissória seria inexequível, já que, no regime legal anterior, a arbitragem somente poderia ser instaurada a partir da celebração do compromisso arbitral e não meramente diante da cláusula compromissória. A questão, como se vê, diz respeito à aplicação da Lei de Arbitragem a contratos firmados anteriormente à sua vigência, o que leva, por conseguinte, ao debate sobre a natureza material ou processual de seus dispositivos, haja vista a repercussão dessa distinção em tema de direito intertemporal.

O ponto ganhava ainda mais relevo diante da existência de precedentes em sentidos opostos do STJ. Em julgamento ocorrido em maio de 2003, a Terceira Turma, em acórdão relatado pelo ministro Antônio de Pádua Ribeiro, vencido o ministro Carlos Alberto Menezes Direito, considerou que "a Lei nº 9.307/96, sejam considerados os dispositivos de direito material, sejam os de direito processual, não pode retroagir para atingir os efeitos do negócio jurídico perfeito".[4] Em sentido oposto, em agosto de 2005, a Terceira Turma decidiu, em acórdão relatado pela ministra Nancy Andrighi, à unanimidade, que "impõe-se a extinção do processo sem julgamento do mérito se, quando invocada a existência de cláusula arbitral, já vigorava a Lei de Arbitragem, ainda que o contrato tenha sido celebrado em data anterior à sua vigência, pois, as normas processuais têm aplicação imediata".[5]

No julgamento da Corte Especial, a ministra Eliana Calmon, filiando-se a este último entendimento, afastou "a preliminar de inaplicabilidade da Justiça Arbitral Japonesa". Em voto-vista, o ministro Luiz Fux acompanhou a relatora, destacando que "a arbitragem é instituto eminentemente processual, razão pela qual a lei que regula o instituto aplica-se de imediato aos feitos pendentes e *a fortiori* aos que ainda não se iniciaram", razão pela qual "inaugurada a demanda arbitral sob a égide da nova lei, inegável a sua incidência, quer quanto às matérias submetidas a esse novel equivalente jurisdicional, quer quanto aos requisitos da homologabilidade da sentença arbitral".

---

4. STJ, 3. T., REsp. nº 238.174/SP, min. Antônio de Pádua Ribeiro, j. em 6.5.2003, *D.J.* de 16.6.2003.

5. STJ, 3. T., REsp. nº 712.566/RJ, min. Nancy Andrighi, j. em 18.8.2005, *D.J.* de 5.9.2005.

Em voto divergente, o ministro Ari Pargendler entendeu que "nem o compromisso, subsequente à cláusula compromissória, constitui instituto de direito processual", bem como que "processual é apenas o juízo arbitral, especialmente quanto às regras que lhe ditam o procedimento", razão pela qual "a cláusula compromissória, na época em que ajustada, não implicava automaticamente a renúncia da jurisdição brasileira". Ao final, porém, a Corte Especial, por maioria, julgou procedente o pedido de homologação de sentença arbitral estrangeira, considerando que "as disposições da Lei 9.307/96 têm incidência imediata nos contratos celebrados antecedentemente, se neles estiver inserida a cláusula arbitral".[6]

Recentemente, o STJ, em abono dessa posição, editou, inclusive, o Enunciado nº 485 de sua Súmula de Jurisprudência, no sentido de que "a Lei de Arbitragem aplica-se aos contratos que contenham cláusula arbitral, ainda que celebrados antes da sua edição".

2.2 Autossuficiência da cláusula compromissória cheia para instauração da arbitragem e dispensabilidade de celebração do compromisso arbitral

No caso *ICT v. Odil Campos Filho* (SEC nº 1.210/EX), pretendia-se a homologação de sentença arbitral estrangeira, proferida no âmbito da *Liverpool Cotton Association*, hoje denominada *International Cotton Association*, em que o requerido foi condenado ao pagamento de indenização no valor de US$ 242.565,20, decorrente do inadimplemento do contrato de venda e compra celebrado entre as partes, cujo objeto era a entrega de 300 toneladas de algodão.

Conforme consta do relatório do acórdão, o requerido em sua defesa no processo homologatório alegou a ausência de compromisso arbitral, a nulidade da sentença arbitral por ofensa à ordem pública e a inadimplência da requerente compradora. No que tange à ausência de compromisso arbitral, a requerida reconheceu a existência de cláusula compromissória, mas aduziu que essa representava apenas uma promessa de constituir o juízo arbitral, retirando daí, provavelmente, a consequência jurídica de que a cláusula compromissória não teria força vinculante.

Amparando-se nas lições de Alexandre Freitas Câmara, o ministro Fernando Gonçalves explicou que "a doutrina especializada é uníssona ao afirmar que as duas formas de ajuste (cláusula compromissória e compromisso arbitral)

---

6. STJ, Corte, SEC nº 349/JP, min. Eliana Calmon, j. em 21.3.2007, *D.J.* de 21.5.2007.

dão origem ao processo arbitral". Em seguida, na esteira de precedente do próprio Tribunal, o relator fundamentou seu voto no sentido de que,

> malgrado o requerido asseverar não ter firmado qualquer compromisso arbitral com a requerente, este detalhe se mostra irrelevante, pois como destacado, a pactuação de cláusula compromissória no bojo do contrato celebrado entre as partes, por si só, é suficiente para levar a discussão e a solução da controvérsia estabelecida à Corte Arbitral escolhida.

Ao final, em votação unânime, a Corte Especial deferiu a homologação, sob a fundamentação, segundo consta da ementa, de que

> as duas espécies de convenção de arbitragem, quais sejam, a cláusula compromissória e o compromisso arbitral, dão origem a processo arbitral, porquanto em ambos ajustes as partes convencionam submeter a um juízo arbitral eventuais divergências relativas ao cumprimento do contrato celebrado.[7]

A decisão do STJ, segundo nos parece, está evidentemente correta, na medida em que a Lei de Arbitragem brasileira, cujo conteúdo é essencialmente processual, estabelece a chamada autossuficiência da cláusula compromissória cheia para fins de instauração da arbitragem, dispensando, assim, a celebração do compromisso arbitral.

2.3 Negativa de homologação quando a parte não assinou a cláusula compromissória e a influência da alegação dessa matéria na própria arbitragem

2.3.1 O caso *L'Aiglon v. Têxtil União* (SEC nº 856/EX)

No caso *L'Aiglon v. Têxtil União* (SEC nº 856/EX), pretendia-se a homologação de sentença arbitral estrangeira, proferida no âmbito da *Liverpool*

---

7. STJ, Corte, SEC nº 1.210/GB, min. Fernando Gonçalves, j. em 20.6.2007, *D.J.* de 6.8.2007. Também dispondo sobre a cláusula compromissória, confira-se o voto do min. Cesar Asfor Rocha no seguinte julgado: STJ, Corte, SEC nº 839/FR, min. Cesar Asfor Rocha, j. em 16.5.2007, *D.J.* de 13.8.2007.

Cotton Association, que havia condenado a requerida ao pagamento de US$ 910.297,89, em razão do descumprimento parcial de contratos mercantis que tinham por objeto a venda e compra de 2 mil toneladas métricas de algodão oriundo da África.

Em sua defesa no processo de reconhecimento, a requerida alegou, principalmente, que esses contratos mercantis de venda e compra de algodão se formaram pela troca de correspondências, não existindo, normalmente, um verdadeiro e uno instrumento contratual. Isso poderia significar que não houve expressa concordância da requerida em relação à cláusula compromissória constante destes ajustes. O ministro Carlos Alberto Menezes Direito atestou, em seu voto, que "a requerente juntou os contratos", mas eles "não [estavam] assinados pela ora requerida", razão pela qual, concluiu o relator, "de fato, não há nos autos correspondências trocadas entre as partes sobre a aceitação da cláusula arbitral para solucionar futuros litígios".

Em seguida, porém, o ministro Menezes Direito destacou que constam dos autos cartas enviadas pela requerida à corte de arbitragem, dando conta de sua efetiva participação no processo arbitral. O relator expressamente registrou que "nesses documentos não consta nenhuma impugnação quanto à instalação do Juízo Arbitral". A partir disso, o relator passou a considerar que

> se o contrato foi parcialmente cumprido, se dos autos consta a indicação precisa de que a parte requerida efetivamente manifestou defesa sobre o mérito da controvérsia, sem impugnar a instauração do Juízo arbitral, não me parece razoável acatar a impugnação apresentada na contestação.

Até porque, prossegue, "se a empresa requerida, tomando conhecimento da instauração do Juízo arbitral, não apresentou impugnação sobre a ausência da convenção arbitral, mas, ao contrário, apresentou sua defesa, não se pode negar que houve o reconhecimento da cláusula arbitral".

Acompanhando o voto do relator, o ministro Luiz Fux interveio na sessão para anotar que a solução preconizada no voto reconheceu "a cláusula compromissória tácita", que "é uma questão do Direito Comercial, em que a formalidade obstativa da homologação não teria o menor sentido". Também assim, o ministro José Augusto Delgado, traçando explicitamente os requisitos para a admissibilidade da cláusula compromissória tácita, destacou que "o eminente Ministro Relator afirmou, a meu ver, aquilo que a doutrina da arbitragem já vem determinando, a possibilidade da cláusula compromissária tácita, desde que a parte compareça ao processo de arbitragem e não impugne a sua existência". Assim, a Corte Especial julgou procedente o pedido de homologação, com base no seguinte fundamento: "Tem-se como satisfeito o requisito da aceitação da convenção de arbitragem quando a parte requerida, de acordo com a prova dos autos, manifestou defesa no juízo arbitral, sem impugnar em nenhum momento a existência da cláusula compromissória".[8]

Trata-se de precedente muito importante no universo do processo de homologação de sentenças arbitrais estrangeiras, cujo conteúdo revela um grande prestígio ao princípio da boa-fé, à lealdade processual e à instrumentalidade do processo. Isso porque, mesmo não havendo cláusula compromissória expressamente assinada pelas partes, não se pode dizer que a requerida foi prejudicada em seu direito de defesa, na medida em que ela participou ativamente do processo arbitral sem em nenhum momento impugnar-lhe a regularidade. Havendo participação do interessado na arbitragem e inexistindo resistência de sua parte no processo arbitral, parece-nos acertada a decisão de acolher a chamada cláusula compromissória tácita, uma vez que a manifestação do consentimento em relação à arbitragem pode muito bem ser extraída da conduta das partes no próprio processo arbitral.

2.3.2 O caso *Kanematsu v. ATS* (SEC nº 885/US)

No caso *Kanematsu v. ATS* (SEC nº 885/US), o STJ tratou de enfrentar a possibilidade de homologação de sentença arbitral estrangeira quando a requerida não assinou a cláusula compromissória, mas alegou essa matéria na própria arbitragem. Tratava-se de homologação de sentença arbitral estrangeira proferida no âmbito da American Arbitration Association, em que a requerida foi condenada ao pagamento de US$ 1.348.939,05, em razão dos prejuízos causados pelo descumprimento de contrato internacional de venda e compra de equipamentos e produtos de telecomunicação.

A Corte Especial, por unanimidade, com fundamento no art. 37, II, da Lei de Arbitragem, decidiu, conforme se extrai da ementa, que "não trazida aos autos a prova da convenção de arbitragem, não é possível homologar-se

---

8. STJ, Corte, SEC nº 856/GB, min. Carlos Alberto Menezes Direito, j. em 18.5.2005, *D.J.* de 27.6.2005.

laudo arbitral".[9] Adotando o parecer do *Parquet*, o ministro Francisco Falcão asseverou que

> o contrato ou "minuta de contrato" apresentado pelo próprio requerente, que deu origem ao pedido de arbitragem pela empresa requerente, não traz a assinatura das partes envolvidas, e perante o juízo arbitral — embora haja registro de aceite de um único árbitro, sem indicar ou concordar com o nome do mesmo —, fez a requerida tempestivas contestações, alegando que não estava submetida, por contrato, ao julgamento da AAA.

Constou do voto ainda que "a falta de assinatura deste contrato pelos intervenientes, é prova inconteste da falta de obrigatoriedade de submissão ao foro arbitral, como pretendeu demonstrar a requerida, nas oportunidades que lhe coube falar aos autos". Pelo que consta do relatório e do voto, efetivamente a requerida não assinou a cláusula compromissória e fez questão de alegar essa matéria na arbitragem, ou seja, fez questão de manifestar sua oposição à solução arbitral, o que, segundo nos parece, realmente inquina de nulidade a sentença arbitral, na medida em que não se consegue demonstrar o consentimento essencial ao instituto. Essa conclusão só poderia ser afastada quando, de acordo com o caso concreto, fosse possível extrair o consentimento das partes, ainda que indiretamente.

2.3.3 O caso *Oleaginosa v. Moinho Paulista* (SEC nº 866/EX)

No caso *Oleaginosa v. Moinho Paulista* (SEC nº 866/EX), buscava-se a homologação de sentença arbitral estrangeira, proferida no âmbito da The Grain and Feed Trade Association (Gafta), em que a requerida havia sido condenada ao pagamento de indenização no valor de US$ 1.579.000,00, em razão do descumprimento de quatro contratos de venda e compra de trigo argentino para pão, que, consoante consta do relatório do acórdão, foram realizados por via telefônica entre a corretora Cereagro S.A., agindo em nome da requerente (vendedora), e o senhor Antônio Adriano Farinha de Campos, atuando em nome da requerida (compradora).

Em sua defesa na ação de homologação, a requerida alegou a inexistência dos referidos contratos, uma vez que o senhor Antônio Adriano Farinha de

---

9. STJ, Corte, SEC nº 885/US, min. Francisco Falcão, j. em 2.8.2010, *D.J.* de 10.9.2010.

Campos não dispunha de poder para contratar em nome da requerida, sendo certo que qualquer negócio por ele intermediado somente seria considerado fechado com a confirmação escrita da empresa brasileira. Além disso, a requerida afirmou a inexistência de cláusula compromissória escrita entre as partes, o que inviabilizaria a homologação da sentença arbitral.

Em relação ao primeiro argumento da defesa, o ministro Felix Fischer ressaltou que

> a primeira alegação da requerida é o próprio mérito da sentença arbitral, uma vez que a *quaestio* posta a exame no juízo arbitral foi a autoridade do Sr. Antônio Adriano Farinha de Campos para firmar contratos em nome da requerida, razão pela qual a matéria referente à alegada inexistência dos contratos objeto do juízo arbitral não pode ser apreciada por esta Corte.

Quanto à inexistência de cláusula compromissória, o relator asseverou que "é fato incontroverso que os aludidos contratos foram negociados verbalmente entre as partes". Dessa forma, com base no §1º do art. 4º da Lei nº 9.307/1996, o ministro considerou que "a legislação brasileira exige que a cláusula compromissória seja estipulada por escrito no contrato, todavia ressalva que a referida cláusula pode ser firmada em outro documento apartado que se refira ao contrato". E, com base no art. 2º, II, da Convenção de Nova York, o relator aduziu que

> o fato de os contratos firmados entre as partes terem sido celebrados verbalmente não impediria, por si só, a estipulação de cláusula compromissória, desde que esta estivesse pactuada de forma expressa e escrita em outro documento referente ao contrato originário ou em correspondência.

No caso em tela, segundo consta do voto do relator, embora os contratos tivessem sido celebrados verbalmente, existiam telegramas trocados entre as partes convalidando as operações de venda e compra que continham a cláusula compromissória com expressa referência às regras de arbitragem do Gafta. A esse respeito, porém, o ministro Felix Fischer entendeu que "os telex acostados pela requerente, conquanto façam referência à cláusula de arbitragem do Gafta, não ostentam a assinatura da requerida ou qualquer outra forma de anuência quanto ao proposto", razão pela qual concluiu-se que "não há nos autos elementos seguros de que a empresa requerida acordou com a cláusula compromissória, renunciando à jurisdição estatal, o que impõe o reconhecimento da incompetência do juízo arbitral".

Por fim, em interessante juízo de distinção, o ministro ressaltou que "a participação de empresa requerida no processo arbitral implica aceitação da convenção de arbitragem, desde que esta não apresente impugnação sobre a ausência de cláusula compromissória". Ao final, a Corte Especial julgou improcedente, por unanimidade, o pedido de homologação de sentença arbitral estrangeira, sob o fundamento de que "não há nos autos elementos seguros que comprovem a aceitação de cláusula compromissória por parte da requerida", bem como que "a requerida apresentou defesa no juízo arbitral alegando, preliminarmente, a incompetência daquela instituição, de modo que não se pode ter como aceita a convenção de arbitragem, ainda que tacitamente".[10]

2.3.4 O caso *Plexus v. Santana* (SEC nº 967/EX)

Essa questão da ausência de assinatura na cláusula compromissória também foi debatida no caso *Plexus v. Santana* (SEC nº 967/EX), em que se buscava a homologação de sentença arbitral estrangeira prolatada no âmbito da Liverpool Cotton Association. A sentença havia condenado a requerida ao pagamento de indenização no montante de USD 231.776,35, além de determinar que a requerida providenciasse o faturamento de parte da mercadoria ou o equivalente a 2.204.600 libras líquidas, em razão de descumprimento de contrato de venda e compra, cujo objeto correspondia a aproximadamente 4 mil toneladas métricas de algodão cru da Nigéria.

Em sua defesa no processo de reconhecimento, a requerida alegou, principalmente, que não existia contrato formal assinado entre as partes e que, por conseguinte, inexistia cláusula compromissória assinada que obrigasse a requerida a se submeter à arbitragem perante a Liverpool Cotton Association. Além disso, a requerida alegou que havia coisa julgada material sobre o pedido de homologação desta sentença, na medida em que a requerente já havia tentado homologar o *decisum* perante o STF (SEC nº 5.378, rel. Maurício Corrêa) — na época em que o Tribunal exercia a competência

---

10. STJ, Corte, SEC nº 866/GB, min. Felix Fischer, j. em 17.5.2006, *D.J.* de 16.10.2006.

para homologação de sentenças estrangeiras —, mas o Pretório Excelso havia julgado improcedente o pedido por ausência de cláusula compromissória.

Em réplica, a requerente destacou que a requerida foi regularmente notificada do início da arbitragem e que, inclusive, nomeou árbitro, mas nesta ocasião não se opôs à arbitragem, vindo a fazê-lo somente agora, após a prolação da sentença arbitral desfavorável. Quanto ao julgado do STF, alegou a requerente que não havia coisa julgada material sobre a questão, mas apenas coisa julgada formal, o que não impediria a reiteração do pedido homologatório, nos termos do art. 40 da Lei de Arbitragem brasileira. Isso porque a rejeição do pedido havia se dado por motivos meramente formais, isto é, pela não instrução da ação de homologação de sentença arbitral estrangeira com a cláusula compromissória.

Contrariando, porém, a primeira afirmação da requerente, o ministro José Delgado atestou que "é de se ressaltar que, em todas as oportunidades que a requerida compareceu ao juízo arbitral, alegou a sua incompetência". E rechaçando também a segunda alegação da requerente, o relator, após exame do julgado do STF na SEC nº 5.378, concluiu que "a decisão do STF, de forma clara, reconheceu a inexistência de cláusula compromissória e, consequentemente, a impossibilidade absoluta da homologação, por o julgado ter sido proferido por juízo incompetente". Assim, continuou o relator, "essa questão, como decidida, não apreciou questões formais", mas sim se baseou "na aplicação de princípio de ordem pública para indeferir a homologação".

O ponto central do acórdão, portanto, era a ausência de cláusula compromissória. O acórdão, porém, não permite concluir se o STJ indeferiu o pedido de homologação pela anterior coisa julgada material — decorrente da decisão do STF no feito anterior — ou se, propriamente, superou essa preliminar e julgou improcedente o pedido de homologação pela ausência de assinatura da requerida na cláusula compromissória, o que só viria a ser esclarecido com o provimento dos embargos de declaração opostos contra esse acórdão, ocasião na qual a Corte atestou que se ateve apenas ao reconhecimento da coisa julgada material.

Independentemente disso, parece-nos mais proveitoso examinar a questão como se, efetivamente, ela tivesse integrado o mérito da causa, mesmo porque os fundamentos do acórdão extravasam bastante a mera análise da preliminar de coisa julgada material. Nesse sentido, o ministro José Delgado destacou que "não consegui identificar na documentação apresentada pela requerente a existência de cláusula compromissória aceita pela parte requerida", na medida em que "do mesmo modo como constatou o Supremo Tribunal Federal, não há nos dois contratos apresentados, assinatura da empresa requerida".

O relator, a respeito das alegações da requerida em sede arbitral de que não havia celebrado cláusula compromissória, narrou que "o tribunal de arbitragem aceitou ser competente, afastando a exceção, sob o argumento de que, conforme as leis inglesas, 'cláusula de arbitragem dentro de um contrato produz efeito seja assinado ou não pelas partes'". Em seguida, porém, o ministro José Delgado afirmou que "no nosso ordenamento jurídico inexiste a regra apontada do direito inglês", transcrevendo, logo em seguida, o art. 4º da Lei de Arbitragem brasileira, cujo §1º dispõe que "a cláusula compromissória deve ser estipulada por escrito, podendo estar inserta no próprio contrato ou em documento apartado que a ele se refira".

Pautando-se no julgado do STF, já algumas vezes mencionado acima, o ministro fundamentou que "não se admite, em consequência, até pela sua excepcionalidade, convenção de arbitragem tácita, implícita e remissiva, como se pretende". E, em palavras próprias, o relator considerou que homologar a sentença arbitral estrangeira em tela "é, portanto, ofensa à ordem pública por ir de encontro a princípio insculpido em nosso ordenamento jurídico que exige aceitação expressa das partes para submeterem a solução dos conflitos surgidos nos negócios jurídicos contratuais privados à arbitragem". No julgamento, a Corte Especial do Superior Tribunal de Justiça rejeitou a homologação pelos seguintes fundamentos:

> Na hipótese em exame, consoante o registrado nos autos, não restou caracterizada a manifestação ou a vontade da requerida no tocante à eleição do Juízo arbitral, uma vez que não consta a sua assinatura nos contratos nos quais se estabeleceu a cláusula arbitral. A inequívoca demonstração da manifestação de vontade de a parte aderir e constituir o Juízo arbitral ofende à ordem pública, porquanto afronta princípio insculpido em nosso ordenamento jurídico, que exige aceitação expressa das partes por submeterem a solução dos conflitos surgidos nos negócios jurídicos contratuais privados [à] arbitragem.[11]

---

11. STJ, Corte, SEC nº 967/GB, min. José Delgado, j. em 15.2.2006, *D.J.* de 20.3.2006.

2.3.5 O caso *Indutech v. Algocentro* (SEC nº 978/EX)

Semelhante debate ocorreu no caso *Indutech v. Algocentro* (SEC nº 978/ EX), em que se buscava a homologação de sentença arbitral estrangeira, proferida no âmbito da Liverpool Cotton Association, que havia condenado a requerida ao pagamento de US$ 416.323,77, em razão de descumprimento de contrato de fornecimento de algodão cru. Em sua defesa na ação de homologação, a requerida alegou, entre outras coisas, que não havia assinado nem os contratos objeto da sentença arbitral e nem a cláusula compromissória, o que impediria a homologação do *decisum*. Em réplica, a requerente registra que no processo arbitral, no que tange à ausência de assinatura, "a requerida preferiu não se manifestar, em que pese devidamente intimada a fazê-lo". Além disso, segundo alega a requerente, a requerida "inclusive fez a indicação de seu árbitro".

O ministro Hamilton Carvalhido principiou seu voto afirmando que "a legislação pátria prevê a adoção do sistema arbitral para solução dos litígios, exigindo, contudo, como condição de eficácia, expressa manifestação por escrito das partes acerca da opção pelo juízo arbitral". Em seguida, o relator destacou que

> tal manifestação pode se dar em instrumento apartado ou no próprio contrato, desde que haja anuência expressa e específica em relação à cláusula compromissória, não se admitindo, pois, anuência tácita ou implícita, por se tratar de exceção à regra da jurisdição estatal.

A respeito da suposta participação da requerida no processo arbitral, consta do voto do ministro que

> a cláusula de eleição do juízo arbitral contida no contrato de fornecimento de algodão cru e seu termo aditivo, bem assim a indicação de árbitro em nome da requerida, não possuem assinatura ou visto qualquer de Algocentro Armazéns Gerais Ltda, ressentindo-se, assim, da sua indispensável anuência ao juízo arbitral.

No julgamento em colegiado, a Corte Especial decidiu que

a falta de assinatura na cláusula de eleição do juízo arbitral contida no contrato de compra e venda, no seu termo aditivo e na indicação de árbitro em nome da requerida exclui a pretensão homologatória, enquanto ofende o artigo 4º, parágrafo 2º, da Lei nº 9.307/96, o princípio da autonomia da vontade e a ordem pública brasileira.[12]

Ao que parece, segundo se pode extrair do relatório, a requerida, além de não assinar a cláusula compromissória, não participou da arbitragem. Nessas circunstâncias, parece-nos correta a decisão do STJ. É importante que em situações como essa se valorize também a boa-fé objetiva e a lealdade processual, de maneira que, mesmo diante de ausência de assinatura da cláusula compromissória, a participação voluntária e resignada da parte na arbitragem supere o vício.

2.4 Incorporação societária e transmissão da cláusula compromissória

2.4.1 O caso *Litsa v. SV Engenharia e Inepar* (SEC nº 894/UY)

No caso *Litsa v. SV Engenharia e Inepar* (SEC nº 894/UY), pretendia-se a homologação de sentença arbitral estrangeira proferida no âmbito da Câmara de Comércio Internacional (CCI). A sentença condenou as requeridas, solidariamente, ao pagamento de indenização no valor de pouco mais de US$ 2.000.000,00, em decorrência de valores devidos por conta de contrato para fornecimento, montagem e instalação de duas linhas de transmissão de alta tensão. As requeridas alegaram diversos argumentos no processo homologatório, mas o que realmente vale destacar é o atinente à ilegitimidade passiva da Inepar, sob a alegação de que o contrato e, por conseguinte, a cláusula compromissória não foram celebrados por ela, mas sim por duas empresas que posteriormente foram por ela incorporadas.

Não se consegue entender em detalhes, a partir do relatório do acórdão, toda a dinâmica temporal e factual da celebração do contrato, do desenvolvimento do processo arbitral e da incorporação societária. Não obstante, a par-

---

12. STJ, Corte, SEC nº 978/GB, min. Hamilton Carvalhido, j. em 17.12.2008, *D.J.* de 5.3.2009.

tir do que consta, e com essa ressalva, é possível dizer que o STJ efetivamente reconheceu a transmissão da cláusula compromissória ao sucessor a título universal, decorrente de incorporação societária. Nesse sentido, a ministra Nancy Andrighi narrou que "afirma a requerida SV Engenharia que o contraditório restou violado no processo arbitral e que a correquerida Inepar não teria assumido as obrigações e direitos das empresas que incorporou, Sade Vigesa Industrial e Serviços S/A e Sade Vigesa Montajes S/A".

Adotando a manifestação do *Parquet*, a relatora considerou que "a posição assumida pela Inepar ao incorporar a SVIS teve reflexos em relação aos contratos e, por conseguinte, no juízo arbitral, no que diz respeito à transmissão da cláusula arbitral, bem como nas demais obrigações e aos créditos a ela devidos", razão pela qual "a incorporadora assume todos os direitos e obrigações da incorporada, que se lhe transmite globalmente por efeito do negócio único que estipularam". O ministro Luiz Fux, por ocasião da sessão, destacou que "na homologação da sentença arbitral, que é um procedimento nacionalizado, na lacuna da lei, aplica-se o Código de Processo Civil, porque é uma lei processual". Assim, continuou o ministro, "o art. 42 do Código de Processo Civil dispõe que a sentença proferida entre as partes originárias estende seus efeitos ao adquirente ou cessionário".

Ao final, a Corte Especial, por unanimidade, homologou a decisão, constando da ementa, principalmente, que "a requerida Inepar, ao incorporar duas outras empresas contratantes, assumiu todos os direitos e obrigações das cedentes, inclusive a cláusula arbitral em questão".[13] Não obstante não seja possível compreender detalhadamente os contornos da controvérsia, trata-se de decisão bastante relevante no espinhoso tema da transmissão da cláusula compromissória, o que, ao menos na relação entre incorporado e incorporador, o STJ reconheceu.

2.4.2 O caso *Spie v. Inepar* (SEC nº 831/FR)

No semelhante caso *Spie v. Inepar* (SEC nº 831/FR), buscava-se a homologação de sentença arbitral estrangeira, proferida no âmbito da CCI. Antes de ingressar propriamente na solução do caso, faz-se necessária uma

---

13. STJ, Corte, SEC nº 894/UY, min. Nancy Andrighi, j. em 20.8.2008, *D.J.* de 9.10.2008.

breve descrição do contrato assinado e das operações societárias envolvendo a requerida para fins de melhor compreensão. Segundo os dados do relatório, a empresa francesa Spie Enertrans S.A. e a empresa brasileira S/V Engenharia S.A. foram contrapartes em um consórcio firmado com a Ethiopian Electric Light & Power Authority para o fornecimento, construção e colocação de linha de transmissão de energia na Etiópia.

A empresa Sade Vigesa Industrial e Serviços S.A. tornou-se cessionária de todos os direitos e obrigações da empresa Sade Vigesa S.A., cujo nome foi posteriormente alterado para S/V Engenharia S.A. Por sua vez, a Sade Vigesa Industrial e Serviços S.A. foi sucedida, por incorporação, pela Inepar. Assim, no final das contas, todos os direitos e as obrigações decorrentes do referido contrato de fornecimento, construção e colocação de linhas de transmissão de energia em nome da S/V Engenharia S.A. foram assumidos pela Inepar. Esta a razão pela qual a requerente moveu a ação de homologação em face da Inepar.

A Inepar, em defesa, alegou ilegitimidade passiva, uma vez que a arbitragem seria um direito personalíssimo, razão pela qual a cláusula compromissória seria intransferível, bem como se exigiria para essa transferência expressa e manifesta declaração de vontade da requerida. Apoiando-se no parecer ministerial, o ministro Arnaldo Esteves Lima destacou que "é certo que a Inepar S/A, embora não tenha sido contratante original, obrigou-se em face de uma cessão do 'Acordo de Contrato' pela SVE à SVIS, subsidiária da ora requerida e que foi por esta incorporada e extinta". Em seguida, e mais especificamente, ainda com base no parecer do *Parquet*, constou do voto que "a posição assumida pela Inepar ao incorporar a SVIS em relação à cessão de contratos é prova inequívoca da transmissão da cláusula arbitral".

Na mesma toada, o relator explicou que "na cessão de Contrato, não ocorre apenas a substituição de uma parte", mas, na verdade,

> o cessionário assume todos os direitos e obrigações do cedente, que se lhe transmite globalmente por efeito do negócio único que estipularam — no caso específico, a cláusula arbitral, prevista no Acordo de Consórcio, que resultou inadimplido pelo cessionário SVIS-Inepar.

Importa destacar, sob o ângulo dos fatos, que a requerida e/ou suas sucedidas participaram regularmente do processo arbitral, indicando árbitro, celebrando o termo de arbitragem, valendo destacar, inclusive, que foi celebrado um adendo ao termo de arbitragem para expressamente constar que a Inepar havia sucedido às outras empresas em todos os direitos e em todas as obrigações.

Em seu voto, o ministro Arnaldo Esteves Lima asseverou que "a empresa Inepar, ao incorporar a SVIS, assumiu todos os direitos e obrigações da cedente, inclusive a cláusula arbitral em questão, que fora prevista no Acordo de Consórcio firmado com a ora requerente, o qual restou inadimplido". No julgamento, a Corte Especial entendeu que "a empresa requerida, ao incorporar a original contratante, assumiu todos os direitos e obrigações da cedente, inclusive a cláusula arbitral em questão, inserida no Acordo de Consórcio que restou por ela inadimplido".[14] Parece-nos, mais uma vez, que acertou o STJ, na medida em que a incorporação importa a transferência de todos os direitos e obrigações, inclusive aqueles decorrentes da cláusula compromissória.

2.5 Homologação mesmo quando a parte alega desconhecer o instituto da arbitragem

2.5.1 O caso *Jess Smith v. Orlando Polato e Outro* (SEC nº 4.415/US)

No caso *Jess Smith v. Orlando Polato e Outro* (SEC nº 4.415/US), pretendia-se a homologação de sentença arbitral estrangeira proferida no âmbito da International Cotton Association. Segundo constou do relatório, o requerido apresentou contestação ao pedido de homologação, sob a alegação de erro na manifestação de vontade, já que "não foi assistido por advogado, mas por economista e contador, que não conhecia a arbitragem".

O STJ, por unanimidade, considerou "inexistente, no caso, a demonstração do alegado erro na manifestação de vontade da parte ao se submeter ao compromisso arbitral, nem tampouco de qualquer elemento que denote ofensa à ordem pública".[15] Com base no parecer do Ministério Público, o ministro Aldir Passarinho Junior assentou que "os requeridos afirmam que, na fase de negociação e assinatura do contrato, não foram assistidos por ad-

---

14. STJ, Corte, SEC nº 831/FR, min. Arnaldo Esteves Lima, j. em 3.10.2007, *D.J.* de 19.11.2007.
15. STJ, Corte, SEC nº 4.415/US, min. Aldir Passarinho Junior, j. em 29.6.2010, *D.J.* de 19.8.2010.

vogado mas por economista". Porém, continuou o relator, respondendo agora ao argumento, "tal não procede, pois não há obrigatoriedade da intervenção de advogado na realização de contratos".

A contar pela experiência de direito comparado, pode-se dizer que dificilmente a legislação que regia o contrato assinado entre as partes, isto é, aquela vigente no local de sua celebração, nos termos do art. 9º da Lei de Introdução às Normas do Direito Brasileiro, estabelecia como requisito de validade a assinatura de advogados. E ainda que fosse assim, trata-se de matéria que está compreendida no mérito da causa, insuscetível, em regra, de apreciação no juízo de delibação próprio da homologação de sentença arbitral estrangeira. E ainda que isso configurasse erro, o defeito do negócio jurídico não poderia ser conhecido como matéria de defesa e nem de ofício no processo homologatório, pois dependeria de ação própria para desconstituir o contrato.

2.5.2 O caso *First e Outro v. STP e Outro* (SEC nº 611/EX)

Também no caso *First e Outro v. STP e Outro* (SEC nº 611/EX), o STJ enfrentou essa alegação de erro pela ausência de assistência técnica de advogado, restando refutada a alegação pelo ministro João Otávio de Noronha, sob o fundamento de que

> se reclamam de má assistência, na verdade, estão reclamando dos efeitos de suas próprias escolhas, ao aventurar-se no mercado internacional, alienando o controle acionário de sociedades comerciais sem a devida assistência jurídica (sem embargo da assistência econômica).

Em seguida, o relator afirmou que "se entenderam que não necessitavam de assistência jurídica, optando apenas pela econômica, evidentemente que assumiram risco cujas consequências devem suportar, porque fruto de suas opções", razão pela qual "não devem alegar que incorreram em erro escusável, até porque o homem médio (o mesmo a que as rés fizeram alusão) optaria pela assistência legal, sem embargo da econômica".[16] Em ambos os casos, parece acertada a decisão do STJ ao homologar a sentença arbitral estrangeira.

---

16. STJ, Corte, SEC nº611/US, min. João Otávio de Noronha, j. em 23.11.2006, *D.J.* de 11.12.2006.

Novos temas de arbitragem

2.6 Legitimidade ativa para propositura da ação de homologação de sentença arbitral estrangeira, cessionário de crédito e sucessor por incorporação

No caso *Gottwald v. Rodrimar* (SEC nº 968/EX), a Corte Especial do Superior Tribunal de Justiça enfrentou a possibilidade de o cessionário do direito de crédito reconhecido na sentença arbitral requerer a sua homologação. Conforme se pode extrair do relatório do ministro Felix Fischer, a requerente pretendia a homologação de sentença arbitral estrangeira, proferida pelo Tribunal Internacional de Arbitragem, em que eram partes a empresa alemã Mannesmann Dematic AG e a empresa brasileira Rodrimar S/A — Transportes, Equipamentos Industriais e Armazéns Gerais.

A sentença havia condenado a requerida ao pagamento de indenização no valor de € 510.078,90, por descumprimento de contrato de venda e compra de um guindaste móvel portuário. Como se vê, a requerente, Gottwald, não havia integrado o processo arbitral, mas justificava sua legitimidade ativa com base em contrato de cessão do crédito celebrado entre ela e a vencedora da arbitragem, Mannesmann. A defesa da requerida pautou-se em especial nessa eventual ilegitimidade ativa.

O ministro Felix Fischer, ao enfrentar a questão, reproduziu trecho de decisão do ministro Celso de Mello, do STF, na SE nº 5.590/AO, no sentido de que

> a homologação da sentença estrangeira 'deve limitar-se, estritamente, aos termos que emergem do conteúdo desse ato sentencial, não podendo abranger e nem estender-se a tópicos, acordos ou cláusulas que não se achem formalmente incorporados ao texto da decisão homologanda'.

A partir disso, considerou o relator que para enfrentar o mérito da homologação se "torna imprescindível a análise do contrato de cessão de crédito firmado entre as empresas", sendo certo que "não compete ao Poder Judiciário brasileiro conferir eficácia a contrato de cessão firmado por empresa estrangeira, como pleiteia, em última análise, a requerente". Confira-se, pois, a ementa do julgado:

> A homologação da sentença estrangeira não pode abranger e nem estender-se a tópicos, acordos ou cláusulas que não se achem formalmente incor-

porados ao texto da decisão homologanda. Precedentes do c. Supremo Tribunal Federal. Na hipótese dos autos, a sentença homologanda sequer faz menção à requerente como parte ou interessada na lide arbitral. *In casu*, para que se possa verificar a legitimidade ativa da requerente, imprescindível é a análise do contrato de cessão firmado entre esta e a empresa vencedora da lide arbitral, o que é vedado em sede de homologação de sentença estrangeira. Processo extinto sem julgamento do mérito, em razão da ausência de legitimidade ativa da requerente.[17]

Curiosamente, pouco tempo depois, surgiu no STJ o caso *Atecs v. Rodrimar* (SEC nº 3.035/FR), em que se buscava a homologação da mesmíssima sentença arbitral estrangeira. Desta vez, contudo, a requerente era a empresa Atecs, sucessora por incorporação da empresa Mannesmann Dematic AG. Como sucessora, a requerente se outorgava o direito de buscar a homologação da sentença arbitral estrangeira proferida em favor de sua incorporada, mas a defesa da requerida novamente insistiu na tese da ilegitimidade ativa, desta vez utilizando em seu favor justamente aquele contrato de cessão de crédito desprezado no caso *Gottwald v. Rodrimar* (SEC nº 968/EX).

O ministro Fernando Gonçalves, amparando-se na doutrina de José Carlos Barbosa Moreira e em precedente da própria Corte, rechaçou a alegação de ilegitimidade ativa por considerar que "o pedido de homologação pode ser proposto por qualquer pessoa interessada nos efeitos da sentença estrangeira: as partes no processo original, seus sucessores ou terceiros". Em seu voto-vista, a ministra Nancy Andrighi destacou, em relação à requerente, que com a incorporação "tornou-se sucessora, a título universal, da empresa primitiva, de modo que não há mais o óbice da ilegitimidade, impedindo o conhecimento deste requerimento".

A ministra, porém, não deixou de indicar que,

> se no julgamento da SEC 968/CH, o pedido de homologação da sentença arbitral estrangeira foi indeferido justamente porque não seria possível analisar a alegada cessão dos direitos decorrentes da sentença, seria contraditório, agora, analisar e valorar essa cessão, para dizer que ela impediria a transmissão de tais direitos mediante a incorporação.

---

17. STJ, Corte, SEC nº 968/CH, min. Felix Fischer, j. em 30.6.2006, *D.J.* de 25.9.2006.

Razão pela qual, continuou a magistrada, "por uma questão de coerência, a impossibilidade de apreciação do pedido formulado pela Gottwald leva à possibilidade de se apreciá-lo, quando formulado pela Atecs". Ao final, a Corte Especial, por unanimidade, entendeu que "o pedido de homologação pode ser proposto por qualquer pessoa interessada nos efeitos da sentença estrangeira".[18]

A respeito do tema, já tivemos oportunidade de dizer que

> o sucessor, tanto a título singular quanto a título universal, tem legitimidade ativa para a propositura da ação de homologação, sendo certo que a cognição exercida pelo Superior Tribunal de Justiça, a respeito da sucessão, deve ser extensa e profunda, apreciando todos os argumentos e, inclusive, permitindo a produção de provas para a correta aferição da legitimidade. (Fichtner e Monteiro, 2010e:262)

Em outras palavras, não há distinção, para efeito de legitimidade ativa na ação de homologação de sentença arbitral estrangeira, entre o sucessor a título singular — decorrente, por exemplo, de um contrato de cessão de crédito, como no caso *Gottwald v. Rodrimar* — e o sucessor a título universal — oriundo, por exemplo, de uma incorporação societária, como no caso *Atecs v. Rodrimar.*

Além disso, na demanda de homologação de sentença estrangeira, fora as exceções legais relacionadas intrinsecamente à sentença estrangeira e ao processo originário, o exame da matéria deve ser amplo e profundo, o que permite o debate a respeito da legitimidade das partes, principalmente quando essa questão não foi objeto de análise pelo tribunal arbitral por decorrer de fato posterior e exterior à sentença arbitral. Nos casos em exame, tanto a cessão de crédito quanto a sucessão por incorporação foram atos realizados posteriormente ao término do processo arbitral, razão pela qual, obviamente, não integraram aquele julgamento. Por fim, registre-se que não se trata de conceder, no processo homologatório, eficácia no Brasil a atos civis e comerciais realizados no exterior, até porque eles simplesmente já são eficazes, dispensando qualquer sistema de reconhecimento em solo brasileiro.

No final das contas, analisando o caso concreto, e considerando que a cessão de crédito feito à Gottwald foi anterior à incorporação societária pro-

---

18. STJ, Corte, SEC nº 3.035/FR, min. Fernando Gonçalves, j. em 19.8.2009, *D.J.* de 31.8.2009.

movida pela Atecs, constata-se que o STJ acabou reconhecendo legitimidade ativa justamente a quem não a detinha — ao menos não na qualidade de titular do direito de crédito reconhecido na sentença homologanda. Afinal, no momento da incorporação realizada pela Atecs, o crédito corporificado na sentença arbitral já havia sido singularmente cedido à Gottwald e, portanto, não integrava mais o acervo objeto da transferência universal de direitos e obrigações. Nesses dois casos, *data maxima venia*, não andou bem o Tribunal.

2.7 Legitimidade e interesse de terceiro em relação à arbitragem para homologar a sentença arbitral estrangeira com o fito de se defender em processo em curso no Brasil

No caso *Samsung v. Carbografite* (SEC nº 1.302/EX), a Samsung Eletrônica da Amazônia Ltda. requereu a homologação de sentença arbitral, proferida no âmbito da Câmara Coreana de Arbitragem Comercial, que condenou a empresa Samsung Aerospace Industries Ltd. ao pagamento de indenização à empresa Carbografite Comércio, Indústria e Participações Ltda. no valor de US$ 191.519,61.

Chama a atenção no caso o fato de que a requerente é representante exclusiva da parte vencida na arbitragem, o que poderia levantar dúvidas quanto à sua legitimidade e o seu interesse jurídico na homologação. A requerente, conforme se extrai do relatório, justificou o seu interesse jurídico na homologação da mencionada sentença arbitral estrangeira em razão de uma ação de indenização proposta pela Carbografite contra ela perante o Poder Judiciário brasileiro. Essa demanda judicial, aparentemente, possuía o mesmo objeto do processo arbitral, razão pela qual, para evitar uma dupla condenação às empresas do grupo, a requerente pretendia homologar a sentença arbitral estrangeira e se defender no processo judicial em curso no Brasil com a alegação de coisa julgada.

Apoiando-se nas lições de Pontes de Miranda e José Carlos Barbosa Moreira, o ministro Paulo Gallotti aduziu que

> verifica-se que a requerente, Samsung Eletrônica da Amazônia Ltda., representante exclusiva da Samsung Aerospace Industries Ltd. no Brasil, tem interesse na homologação da sentença arbitral proferida pela Câmara Coreana de Arbitragem Comercial, dado que a aludida decisão poderá ser útil para o julgamento da ação contra si ajuizada.

Ao final, por unanimidade, a Corte Especial do Superior Tribunal de Justiça decidiu que "qualquer pessoa interessada tem legitimidade para requerer a homologação de sentença estrangeira.[19]

2.8 Homologação de sentença estrangeira quando há processo idêntico em curso perante o Poder Judiciário brasileiro

No caso *GE Medical Systems v. Paramedics* (SEC nº 854/EX), a Corte Especial do Superior Tribunal de Justiça teve a oportunidade de analisar a influência, sobre a homologação de sentença estrangeira, da pendência de processos judiciais no Brasil. No caso, havia um acórdão do Tribunal de Justiça do Estado do Rio Grande do Sul, ainda sujeito a embargos de divergência no âmbito do próprio STJ, declarando nula a cláusula compromissória contida no contrato firmado entre as partes, que, por sua vez, embasava o pedido de reconhecimento da sentença estrangeira.

As decisões estrangeiras objeto de homologação na SEC nº 854/EX — inicialmente sob a relatoria do ministro Luiz Fux — não eram arbitrais, mas sim judiciais, todas elas proferidas pelo Poder Judiciário dos Estados Unidos e sempre reconhecendo a validade da convenção de arbitragem estabelecida entre as partes, bem como determinando que a arbitragem fosse o método de resolução dos conflitos entre as partes. A sentença arbitral proferida na esteira dessas decisões judiciais foi objeto de distinto processo, identificado como SEC nº 853/EX, sob a relatoria não do ministro Luiz Fux, mas sim do ministro Castro Meira. Os mencionados processos tramitaram concomitantemente, mas em feitos separados.

Diante da pendência dos mencionados embargos de divergência, a *Paramedics* requereu a suspensão das ações homologatórias, o que foi deferido em ambas.[20] Contra essas decisões monocráticas, a *GE Medical Systems* interpôs

---

19. STJ, Corte, SEC nº 1.302/KR, min. Paulo Gallotti, j. em 18.6.2008, *D.J.* de 6.10.2008.
20. Na SEC nº 854/EX, o min. Luiz Fux, em 16.12.2009, acolheu o pedido, pois "não se pode olvidar que é inequívoca a prejudicialidade entre as duas demandas, uma vez que, mantendo-se o acórdão prolatado pelo Egrégio Tribunal de Justiça do Estado do Rio Grande do Sul, que declarou nulo o compromisso arbitral, *a fortiori*, nulas serão as sentenças arbitrais que se pretende homologar na presente ação". Na SEC nº 853/EX, o min. Castro Meira também determinou, em 22.2.2010, a suspensão do feito, sob o fundamento de que "surge inequívoca a prejudicialidade entre as duas demandas, uma vez que a eventual manutenção do acórdão proferido pelo Tribunal de Justiça do Estado do Rio Grande do Sul para declarar nulo o compromisso arbitral importaria, via de consequência, a nulidade da sentença arbitral

dois agravos regimentais à Corte Especial. Apenas o agravo regimental na SEC nº 854/EX foi julgado, preferindo o relator da SEC nº 853/EX aguardar o seu desfecho. No julgamento, então, do Agravo Regimental na SEC nº 854/EX, a Corte Especial entendeu, por maioria, vencidos o ministro Luiz Fux e o ministro Hamilton Carvalhido, que a pendência de demanda judicial com o mesmo objeto no Brasil não obsta o prosseguimento da ação de homologação de sentença estrangeira.[21] Confira-se trecho principal da ementa do julgado da Corte Especial, cujo voto vencedor foi prolatado pela ministra Nancy Andrighi:

> A propositura de ação, no Brasil, discutindo a validade de cláusula arbitral porque inserida, sem destaque, em contrato de adesão, não impede a homologação de sentença arbitral estrangeira que, em procedimento instaurado de acordo com essa cláusula, reputou-a válida. A jurisprudência do STF, à época em que a homologação de sentenças estrangeiras era de sua competência constitucional, orientava-se no sentido de não vislumbrar óbice à homologação o fato de tramitar, no Brasil, um processo com o mesmo objeto do processo estrangeiro. Precedentes. A jurisprudência do STJ, ainda em formação quanto à matéria, vem se firmando no mesmo sentido. Precedente. Exceção a essa regra somente se dava em hipóteses em que se tratava de competência internacional exclusiva do Brasil, ou em matéria envolvendo o interesse de menores. Precedentes. Se um dos elementos que impediria o deferimento do pedido de homologação de sentença estrangeira é o fato de haver, no Brasil, uma sentença transitada em julgado sobre o mesmo objeto, suspender a homologação até que se julgue uma ação no país implicaria adiantar o fato ainda inexistente, para dele extrair efeitos que, presentemente, ele não tem.[22]

O STJ seguiu a doutrina processual sobre o tema, valendo destacar que José Carlos Barbosa Moreira (2009:v. V, p. 96), expressamente citado no acórdão, leciona que

> o simples fato de estar pendente no Brasil — em qualquer grau de jurisdição — processo relativo a lide anteriormente julgada noutro Estado não

---

objeto do pedido de homologação em tela".

21. Após essa decisão, o min. Castro Meira reconsiderou sua decisão na SEC nº 853/EX.

22. STJ, Corte, AgRg. na SEC nº 854/EX, min. Nancy Andrighi, j. em 16.2.2011, *D.J.* de 14.4.2011.

constitui óbice a que se pleiteie a homologação da sentença alienígena, nem exclui que o tribunal a conceda, satisfeitos os pressupostos legais.

No mesmo sentido, em texto de 1977, Arruda Alvim (1977:passim) ensina que "a litispendência nacional não pode obstar a homologação da sentença estrangeira". Consoante se extrai das mencionadas lições, apenas a coisa julgada em caso idêntico no Brasil poderia impedir a homologação da sentença estrangeira, mas não a mera existência de demanda em curso.[23]

2.9 Homologação de sentença estrangeira quando há ação anulatória da sentença arbitral em curso perante o Poder Judiciário brasileiro

Também no caso *First e Outro v. STP e Outro* (SEC nº 611/EX), o STJ enfrentou essa questão da influência, sobre o processo homologatório, da propositura de demanda no Brasil, valendo ressaltar que, nesse caso, a demanda judicial objetivava anular a sentença arbitral que era justamente o objeto da ação de homologação. Descartando qualquer influência, o ministro João Otávio de Noronha afirmou que

> o fato de as rés terem pleiteado na Justiça brasileira a anulação da sentença arbitral não constitui fato impeditivo à presente homologação, nem mesmo significa ferimento à soberania nacional, hipótese que exigiria a existência de decisão pátria relativa às mesmas questões resolvidas pelo Juízo arbitral.

Não obstante tenha concordado com a conclusão do voto do relator, o ministro Carlos Alberto Menezes Direito interveio na sessão para dizer que a ação anulatória da sentença arbitral em curso no Brasil não teria influência nenhuma sobre a decisão depois de homologada. Sugerindo a retirada de

---

23. Em seu voto, a ministra Nancy Andrighi estabeleceu que "se um dos elementos que impediria esse deferimento é a prévia existência de sentença transitada em julgado no Brasil, suspender a homologação até que essa sentença seja proferida implicaria adiantar o fato ainda inexistente, para dele extrair efeitos que, presentemente, ele não tem". Também assim, o ministro Teori Albino Zavascki esclareceu que "é da essência do sistema que, se transitar em julgado primeiro a sentença estrangeira, fica prejudicada a brasileira e vice-versa". O ministro Castro Meira também fez questão de salientar que "se já há coisa julgada no Brasil sobre a mesma lide, fica obstado o deferimento do pedido de homologação, porque haveria violação à *res judicata*", mas "se a decisão homologatória transitou em julgado antes da sentença proferida na demanda interna, inibe-se o prosseguimento do processo perante a jurisdição nacional".

parte do voto do ministro João Otávio de Noronha que dizia que a procedência do pedido homologatório resultaria na necessidade de prolação de nova sentença pelos árbitros, o ministro Menezes Direito ressaltou que "essa disciplina, pelo menos em princípio, refere-se às sentenças arbitrais no Brasil, não às sentenças arbitrais estrangeiras, porque, nestas, as matérias relativas à nulidade são examinadas quando do reconhecimento da sentença estrangeira".

A observação do ministro trata diretamente do tema do controle judicial da sentença arbitral, que, de acordo com a Lei nº 9.307/1996, está sujeito a dois regimes distintos, conforme se trate de sentença arbitral doméstica (ou seja, proferida no Brasil) ou sentença arbitral estrangeira (isto é, prolatada no exterior). Já tivemos oportunidade de esclarecer que, de acordo com a doutrina dominante,

> enquanto a sentença arbitral decorrente de arbitragem com sede no Brasil pode ser objeto de ação de anulação ajuizada perante o Poder Judiciário brasileiro, a sentença arbitral estrangeira está sujeita à ação de anulação a ser proposta perante o Poder Judiciário do local da sede da arbitragem e, no Brasil, unicamente ao controle do Superior Tribunal de Justiça no julgamento da ação de homologação de sentença arbitral estrangeira.[24]

A ementa do julgado, decidido à unanimidade pela Corte Especial, deixa claro que

> a existência de ação anulatória da sentença arbitral estrangeira em trâmite nos tribunais pátrios não constitui impedimento à homologação da sentença alienígena, não havendo ferimento à soberania nacional, hipótese que exigiria a existência de decisão pátria relativa às mesmas questões resolvidas pelo Juízo arbitral.[25]

Não obstante o ministro João Otávio de Noronha tenha seguido a sugestão do ministro Menezes Direito e retirado uma parte de seu voto, perma-

---

24. Fichtner, Mannheimer e Monteiro. Questões concernentes à anulação de sentenças arbitrais domésticas (presente nesta coletânea). A versão original foi escrita para compor a coletânea *Arbitragem e mediação: temas controvertidos*, da Ordem dos Advogados do Brasil — Seccional do Estado do Rio de Janeiro, sob a coordenação de Joaquim de Paiva Muniz, Fabiane Verçosa, Samantha Pelajo, Fernanda Pantoja e Diogo Rezende de Almeida, com publicação prevista para este ano pela Editora Forense.
25. STJ, Corte, SEC nº 611/US, min. João Otávio de Noronha, j. em 23.11.2006, *D.J.* de 11.12.2006.

neceu na ementa do julgado, aparentemente por um lapso, a consideração de que "a Lei n. 9.307/96, no §2º do seu art. 33, estabelece que a sentença que julgar procedente o pedido de anulação determinará que o árbitro ou tribunal profira novo laudo, o que significa ser defeso ao julgador proferir sentença substitutiva à emanada do Juízo arbitral".

A conclusão do acórdão parece, mais uma vez, adequada, não obstante estivesse, consoante a doutrina dominante, certa a advertência do ministro Menezes Direito no sentido de que as disposições da Lei de Arbitragem brasileira sobre a ação de anulação da sentença se aplicam apenas às sentenças arbitrais proferidas no Brasil, na medida em que o controle judicial da sentença arbitral estrangeira em território nacional se faz, exclusivamente, no âmbito da ação de homologação perante o STJ. Com essa ressalva de fundamentação, presente apenas na ementa do julgado, e não mais no voto do relator, pode-se dizer que a decisão está correta.

2.10 Comunicações na arbitragem, observância do procedimento convencionado e dispensa de expedição de carta rogatória

2.10.1 O caso *Plexus v. Ari Giongo* (SEC nº 3.661/EX)

No caso *Plexus v. Ari Giongo* (SEC nº 3.661/EX), pretendia-se a homologação de sentença arbitral estrangeira, proferida no âmbito da International Cotton Association, que havia condenado a requerida ao pagamento de valores em razão do descumprimento do contrato de compra e venda de 1.100 toneladas métricas de algodão bruto, pois a requerida havia recebido o pagamento antecipado, mas não havia entregado o produto nos tempo e modo convencionados. O ponto central neste caso é que a requerida não participou do processo arbitral, razão pela qual, em sua defesa no processo homologatório, alegou que, não obstante comunicada por carta postal da arbitragem, deveria, na verdade, ter sido citada por carta rogatória.

O ministro Paulo Gallotti, com base no parágrafo único do art. 39 da Lei nº 9.307/1996, destacou que,

> no caso, em certidão traduzida às fls. 446/447, o Diretor Geral da *International Cotton Association Limited* afirma que Ari Giongo foi devidamente

comunicado da nomeação dos árbitros e dos procedimentos de arbitragem, além de lhe ser oferecida a oportunidade de dela participar, declarando, ainda, que o laudo arbitral não está sujeito a recurso.

Em seguida, o relator anotou que

> a Corte Internacional, por via postal, deu ciência ao requerido de todos os atos do procedimento arbitral, tendo a requerente, inclusive, trazido aos autos os recibos fornecidos pela empresa encarregada da postagem, não havendo que se falar, portanto, em nulidade de citação.

Ao final, a Corte Especial entendeu, por unanimidade, que "comprovado que o requerido foi devidamente comunicado de todos os atos do procedimento arbitral, tendo a requerente, inclusive, trazido aos autos os recibos fornecidos pela empresa encarregada da postagem, não há que se falar em nulidade da citação".[26]

2.10.2 *Devcot v. Ari Giongo* (SEC nº 3.660/GB)

Exatamente no mesmo sentido é o caso *Devcot v. Ari Giongo* (SEC nº 3.660/GB), em que a Corte Especial, por unanimidade, seguindo o voto do ministro Arnaldo Esteves Lima, decidiu que,

> nos termos do art. 39, parágrafo único, da Lei de Arbitragem, é descabida a alegação, *in casu*, de necessidade de citação por meio de carta rogatória ou de ausência de citação, ante a comprovação de que o requerido foi comunicado acerca do início do procedimento de arbitragem, bem como dos atos ali realizados, tanto por meio das empresas de serviços de *courier*, como também via correio eletrônico e fax.[27]

Parece-nos que o art. 39, p.ú., da Lei de Arbitragem não deixa dúvida quanto ao acerto das decisões, na medida em que estabelece que

---

26. STJ, Corte, SEC nº 3.661/GB, min. Paulo Gallotti, j. em 28.5.2009, *D.J.* de 15.6.2009.
27. STJ, Corte, SEC nº 3.660/GB, min. Arnaldo Esteves Lima, j. em 28.5.2009, *D.J.* de 25.6.2009.

não será considerada ofensa à ordem pública nacional a efetivação da citação da parte residente ou domiciliada no Brasil, nos moldes da convenção de arbitragem ou da lei processual do país onde se realizou a arbitragem, admitindo-se, inclusive, a citação postal com prova inequívoca de recebimento, desde que assegure à parte brasileira tempo hábil para o exercício do direito de defesa.

Impõe-se, apenas, seguir o procedimento de comunicação convencionado pelas partes, disposto no regulamento arbitral ou constante da lei processual da sede da arbitragem.

2.10.3 O caso *UEG v. Multipole* (SEC nº 874/EX)

No caso *UEG v. Multipole* (SEC nº 874/EX), pretendia-se a homologação de sentença arbitral estrangeira, proferida no âmbito do Tribunal Arbitral do Esporte, em Lausanne, Suíça, que condenou a requerida em razão do descumprimento de contrato para aquisição e distribuição de programas televisivos para fins de exibição, com exclusividade, de competições de ginástica que ocorreriam em 1997 e 1998.

A requerida alegou diversas matérias de defesa no processo homologatório, mas principalmente a ausência de comunicação válida a respeito da arbitragem, já que, segundo alega, deveria ela ter sido citada por carta rogatória. A esse respeito, o ministro Francisco Falcão, depois de citar o texto do parágrafo único do art. 39 da Lei de Arbitragem brasileira, atestou que "na hipótese em exame, é farto o conjunto probatório, a demonstrar que a requerida recebeu, pela via postal, não somente a citação, como também intimações objetivando o seu comparecimento às audiências que foram realizadas, afinal, à sua revelia".

No julgamento, a Corte Especial acolheu o pedido homologatório, por unanimidade, exatamente sob o fundamento acima destacado do voto do ministro relator.[28] Mais uma vez, parece-nos que a simples leitura do parágrafo único do art. 39 da Lei nº 9.307/1996 serve de fundamento à resolução da questão, na medida em que, para fins de homologação de sentença arbitral estrangeira, não se exige que no processo arbitral as partes tenham sido co-

---

28. STJ, Corte, SEC nº 874/CH, min. Francisco Falcão, j. em 19.4.2006, *D.J.* de 15.5.2006.

municadas por carta rogatória, mas sim que o procedimento convencionalmente estipulado tenha sido seguido e as partes possam ter tido a oportunidade de exercer adequadamente todas as faculdades de defesa.[29]

2.11 *Ausência de fundamentação da sentença arbitral estrangeira e fundamentação sucinta da decisão arbitral na ação de homologação*

No caso *Tremond v. Metaltubos* (SEC nº 760/EX), pretendia-se a homologação de sentença arbitral estrangeira, proferida no âmbito da American Arbitration Association (AAA), em que a requerida havia sido condenada ao pagamento da quantia de US$ 60.010,87 pelo inadimplemento de contrato de venda e compra de 90 toneladas métricas de resíduos de pentóxido de vanádio. A defesa da requerida alegou, dentre outras coisas, também que a sentença arbitral não continha relatório e nem fundamentação, o que geraria a sua nulidade e impediria a procedência do pedido homologatório.

Invocando precedente do STF, o ministro Felix Fischer destacou, primeiramente, que,

> de fato, nos termos do art. 26, I e II, da Lei nº 9.307/96, o relatório e a fundamentação são requisitos obrigatórios da sentença arbitral, de modo que a "decisão que se limita a revelar a sanção aplicada à ré, sem dizer das razões que orientaram o árbitro, não se qualifica como hábil à homologação". (SE 3.977, STF, Rel. Min. Francisco Rezek, DJU de 26.08.1988)

Em seguida, porém, afirmou que "na hipótese dos autos, embora conciso, o laudo arbitral apresentou relatório e está devidamente fundamentado, como se lê de seu inteiro teor". Conforme consta do voto do relator, em que se fez questão de transcrever a sentença arbitral, a decisão é formada por um parágrafo de relatório, um parágrafo e mais uma frase de fundamentação e três parágrafos de dispositivo.

Por unanimidade, a Corte Especial julgou procedente o pedido de homologação, atestando, quanto ao ponto, simplesmente, que "impõe-se a homologação da sentença arbitral estrangeira quando atendidos todos os re-

---

29. Confira-se, também, a respeito do assunto o caso *Subway v. HTP* (SEC nº 833/US).

quisitos indispensáveis ao pedido, bem como constatada a ausência de ofensa à soberania nacional, à ordem pública e aos bons costumes".[30] Segundo nos parece, a questão da homologação de sentenças arbitrais desmotivadas ainda não foi debatida com profundidade pela jurisprudência e pela doutrina brasileiras, mas é possível dizer que a suficiência ou não da fundamentação deve ser avaliada casuisticamente, confrontando os motivos expostos com a possibilidade de controle da sentença arbitral estrangeira.

2.12 Escolha de lei aplicável na arbitragem internacional, desrespeito pelo árbitro do direito material escolhido e impossibilidade de reexame do mérito da sentença arbitral

Ainda no caso *Atecs v. Rodrimar* (SEC nº 3.035/FR), retratado nos itens acima, surgiu uma questão bastante relevante sob o ângulo da arbitragem internacional e do direito internacional privado. Trata-se do tema do desrespeito pelo árbitro do direito material escolhido pelas partes na arbitragem. O caso contou, inclusive, com embate doutrinário, na medida em que a requerente juntou aos autos do processo homologatório parecer da professora Maristela Basso e a requerida, parecer da professora Selma Ferreira Lemes.

A requerida argumentou que a sentença arbitral ofendia a ordem pública brasileira, uma vez que não havia sido aplicado ao caso o direito substantivo suíço, expressamente eleito pelas partes, mas sim a Convenção de Viena sobre Contratos de Compra e Venda Internacional de Mercadorias (Cisg). Ademais, a sentença, segundo a requerida, teria violado também a Constituição da República e, por conseguinte, a ordem pública, uma vez que o Brasil não é signatário da mencionada Convenção, não obstante a Suíça o seja. Por fim, a requerida argumentou que a sentença arbitral estrangeira havia violado o princípio da vedação ao enriquecimento ilícito, na medida em que não houve comprovação do prejuízo apto a amparar a condenação.

Ao enfrentar a questão, o ministro Fernando Gonçalves se limitou a considerar que,

> no tocante às alegações de que o pedido de homologação ofende a ordem pública brasileira porque não foi aplicada a legislação expressamente deter-

---

30. STJ, Corte, SEC nº 760/US, min. Felix Fischer, j. em 19.6.2006, *D.J.* de 28.8.2006.

minada no contrato, bem como ofende o princípio da vedação ao enrique-cimento ilícito pois não houve prova efetiva do prejuízo, igualmente não merecem acolhida.

Isso porque, continuou o ministro relator,

> essas questões se confundem com o próprio mérito da sentença arbitral, que, na esteira da jurisprudência do Colendo Supremo Tribunal Federal e deste Superior Tribunal de Justiça, não pode ser apreciado por esta Corte, já que o ato homologatório da sentença estrangeira restringe-se à análise dos seus requisitos formais.

No seu voto-vista, que contém importantes elementos para o perfeito en-tendimento do caso, a ministra Nancy Andrighi relatou que o debate, para se aferir o desrespeito ou não do direito material escolhido pelas partes, consistia em saber se a Cisg se enquadrava ou não no conceito de direito material suíço. A requerida argumentava que, não obstante fosse a Suíça signatária da Cisg, a referida Convenção não integrava propriamente o direito material suíço, mas sim o conceito mais amplo de regras de direito suíças, o que extravasaria a opção eleita pelas partes. Em seu voto-vista, a ministra transcreveu trecho da sentença arbitral em que a questão é enfrentada, parecendo aos árbitros que

> uma referência à legislação material suíça em uma arbitragem ou um artigo de lei aplicável, contida em um contrato de compra e venda internacional de mercadorias, resulta no fato de que a Cisg se torna aplicável como parte da legislação material suíça, a menos que seja excluída pelas partes.

A partir disso, a ministra entendeu que "o mero juízo de delibação que é possível fazer, em sede de homologação de sentença estrangeira, não permite que o julgador brasileiro decida, em lugar do árbitro estrangeiro, como deve ser interpretado o termo direito material suíço". Em seguida, lê-se do voto que "a inclusão de uma convenção recepcionada pelo direito suíço nesse con-ceito não implica ofensa aos limites da convenção de arbitragem ou mesmo à ordem pública brasileira, para fins de homologação". No que diz respeito à alegação de que a sentença arbitral estrangeira violaria a ordem pública bra-sileira por aplicar uma Convenção que não havia sido ratificada pelo Brasil, a ministra Nancy Andrighi faz considerações dignas de destaque, em especial a respeito da escolha do direito material em arbitragens internacionais:

> Ao eleger o direito material suíço para a solução da controvérsia, as partes renunciaram à aplicação da lei interna de seu respectivo país, em prol da regulação da matéria por um sistema normativo estrangeiro. Não há, na arbitragem internacional, qualquer restrição a que se faça isso. (art. 2º, §1º, da Lei 9.307/96)

Ao final, a ementa do julgado dispõe apenas que "o mérito da sentença estrangeira não pode ser apreciado pelo Superior Tribunal de Justiça, pois o ato homologatório restringe-se à análise dos seus requisitos formais".[31] No caso, não se tratou, como poderia parecer à primeira vista, de um completo desrespeito pelo árbitro do direito material eleito pelas partes, mas apenas de uma discussão a respeito do conceito de direito material suíço, tal como estipulado na convenção de arbitragem. Nesse sentido, e com essas ressalvas, parece que andou bem o STJ ao considerar que analisar o assunto, objeto de expressa referência na sentença arbitral, significaria o reexame do *decisum*, vedado em sede de juízo de delibação.

2.13 Impossibilidade de reexame do mérito da sentença arbitral estrangeira no juízo de delibação próprio da ação de homologação

Ainda no caso *Tremond v. Metaltubos* (SEC nº 760/EX), já mencionado, a requerida, em sua defesa, alegou que o contrato já havia sido cumprido, razão pela qual a sentença estrangeira não deveria ser homologada.

O ministro Felix Fischer, fazendo menção aos arts. 38 e 39 da Lei nº 9.307/1996, anotou que

> constata-se que o controle judicial da sentença arbitral estrangeira está limitado a aspectos de ordem formal, não podendo ser apreciado o mérito do arbitramento, razão pela qual a contestação ao pedido de homologação deve-se restringir às hipóteses dos artigos supramencionados.

---

31. STJ, Corte, SEC nº 3.035/FR, min. Fernando Gonçalves, j. em 19.8.2009, *D.J.* de 31.8.2009.

Assim, continuou o relator,

> percebe-se que a alegação da requerida referente ao eventual cumprimento do contrato é o próprio mérito da sentença arbitral, uma vez que a *quaestio* posta a exame no juízo arbitral foi o inadimplemento contratual por parte da requerida, razão pela qual esta matéria não pode ser apreciada por esta Corte.

Por unanimidade, a Corte Especial julgou procedente o pedido de homologação, atestando que "o controle judicial da sentença arbitral estrangeira está limitado a aspectos de ordem formal, não podendo ser apreciado o mérito do arbitramento".[32] A decisão do STJ está, segundo nos parece, correta, pois entendimento tradicionalíssimo atesta que no juízo de delibação da homologação de sentença arbitral estrangeira não é possível o reexame de mérito da decisão alienígena, mas apenas a verificação do preenchimento dos requisitos formais exigidos por lei.

2.14 Alegação de exceção de contrato não cumprido no âmbito da ação de homologação, violação da ordem pública e impossibilidade de reexame de mérito

2.14.1 O caso *Thales v. Farco* (SEC nº 802/EX)

No caso *Thales v. Farco* (SEC nº 802/EX), pretendia-se a homologação de sentença arbitral estrangeira, proferida por tribunal arbitral constituído de acordo com as Regras de Arbitragem da Comissão das Nações Unidas para o Direito do Comércio Internacional (Uncitral), que havia condenado a requerida ao pagamento da quantia de US$ 1.326.925,06 em razão do descumprimento de dois contratos, firmados entre as partes, de execução de levantamento batimétrico do leito de parte dos rios Madeira e Paraná com o objetivo de dar segurança à navegação desta via fluvial.

A requerida concentra sua defesa na afirmação de que suspendeu os pagamentos devidos em decorrência de inadimplemento de obrigação por parte da requerente, conforme lhe permitia, à época, o art. 1.092 do Código Civil de 1916, correspondente ao atual art. 476 do Código Civil de 2002, atinente

---

32. STJ, Corte, SEC nº 760/US, min. Felix Fischer, j. em 19.6.2006, *D.J.* de 28.8.2006.

à chamada exceção de contrato não cumprido ou *exceptio non adimpleti contractus*. Isso porque a requerente deveria ter entregue à Marinha brasileira todos os dados coletados com o levantamento do perfil do leito dos rios, conhecidos como "dados brutos", o que não teria ocorrido.

O Ministério Público Federal, em parecer da lavra do procurador-geral da República, doutor Cláudio Fonteles, opinou pela procedência do pedido de homologação da sentença arbitral, embora defendendo que "os efeitos jurídicos da sentença arbitral fiquem condicionados, no momento, à apresentação por parte da requerente dos referidos 'dados brutos' ao Juiz Federal competente, evitando, assim, eventual prejuízo à União e a necessidade de processo autônomo para tal fim".

Após tecer comentários sobre a dificuldade de precisar o conceito de ordem pública, inclusive na doutrina pátria, o ministro José Delgado entendeu que "no caso em análise, a alegação da parte requerida de que não efetuou o pagamento das quantias devidas à requerente, em face da regra do art. 1.092 do CC de 1916, não se enquadra no conceito de violação à ordem pública". Ademais, a questão da exceção de contrato não cumprido, conforme consta do voto do relator, foi expressamente analisada e enfrentada na sentença arbitral, integrando, portanto, o mérito do julgado arbitral.

Por fim, o ministro rechaçou a proposta do Ministério Público Federal, sob o fundamento de que "o nosso ordenamento jurídico exige que a sentença seja executada de modo certo e determinado". No que tange à alegação de exceção de contrato não cumprido, o ministro Carlos Alberto Menezes Direito interveio no julgamento para esclarecer que "no momento em que a sentença arbitral julgou essa matéria, na homologação só posso examinar os aspectos formais de compatibilidade". A Corte Especial do Superior Tribunal de Justiça, ao final, julgou procedente o pedido de homologação da sentença arbitral estrangeira considerando, em relação à *exceptio non adimpleti contractus*, segundo consta da ementa, que se trata de "questão que não tem natureza de ordem pública e que não se vincula ao conceito de soberania nacional".[33]

Certamente que não pode o STJ, no juízo de delibação da ação de homologação de sentença arbitral estrangeira, verificar se a requerida faz jus à chamada exceção de contrato não cumprido, principalmente quando essa questão já foi objeto de exame na sentença arbitral, integrando, assim, o seu conteúdo meritório, insuscetível de reexame no processo homologatório. Não

---

33. STJ, Corte, SEC nº 802/US, min. José Delgado, j. em 17.8.2005, *D.J.* de 19.9.2005.

nos parece, contudo, completamente despropositada a solução engendrada pelo Ministério Público Federal, na medida em que o ordenamento jurídico brasileiro admite a execução sujeita à condição ou termo, na forma do disposto no art. 572 do Código de Processo Civil, o que, porém, não significa que a admitamos no âmbito do processo homologatório.

José Carlos Barbosa Moreira expressamente aduz, a respeito da questão da sentença sujeita a condição, que "o que a lei não admite é a condenação que, como tal, se subordine à verificação de evento futuro e incerto". O jurista continua a lição ressalvando que

> se, contudo, a eficácia da relação jurídica de direito material foi posta, ela mesma, sob condição, em negócio celebrado entre as partes, não é dado ao órgão judicial deixar de levar em consideração a cláusula, para proferir condenação suscetível de executar-se independentemente do acontecimento indicado.

Em conclusão, aduz Barbosa Moreira (2001:113) que "a sentença, aí, nada perde em certeza; o efeito executivo é que vai depender da ocorrência do evento". Não nos parece, portanto, que o apontamento do *Parquet* infrinja os princípios, mas destacamos que a exigência do cumprimento da condição para que a sentença possa ser executada não é matéria para ser apreciada em sede de homologação, mas sim pelo juízo da execução, posteriormente.

2.14.2 O caso *Grain v. Coopergrão e Outro* (SEC nº 507/EX)

No caso *Grain v. Coopergrão e Outro* (SEC nº 507/EX), buscava-se a homologação de sentença arbitral estrangeira, prolatada no âmbito da Federation of Oils, Seeds and Fats Associations Limited (Fosfa), que condenou a requerida ao pagamento de indenização, decorrente do inadimplemento de diversos contratos de venda e compra de soja no total de 46 mil toneladas métricas.

A segunda requerida, em sua defesa, alegou que a sentença arbitral estrangeira violaria a ordem pública brasileira uma vez que não lhe foi possível exercer a exceção de contrato não cumprido. A esse respeito, citando o precedente da própria Corte Especial, o ministro Gilson Dipp explicou que além do tema referir-se especificamente ao mérito da sentença homologanda — sendo inviável sua análise na presente via — a Eg. Corte Especial já se manifestou no sentido de que a referida questão não tem natureza de ordem pública, não se vinculando ao conceito de soberania nacional.[34]

2.15 Ônus da prova da falta de comunicação do requerido a respeito da arbitragem

No caso *Bouvery v. Irmãos Pereira* (SEC nº 887/EX), buscava-se a homologação de sentença arbitral estrangeira, prolatada no âmbito da Câmara Arbitral dos Cafés e Pimentas do Reino de Havre, que havia condenado a requerida ao pagamento de indenização no valor de US$ 150.263,78, em razão do descumprimento do contrato de venda e compra de 3.300 sacas de café.

A principal alegação da requerida era a de que não tinha sido comunicada da arbitragem. A respeito do ponto, depois de citar o *caput* e o inciso III do art. 38 da Lei de Arbitragem, o ministro João Otávio de Noronha aduziu que "segundo o que consta do dispositivo acima transcrito, eventual falta das comunicações necessárias tem de ser comprovada pelo réu, e ele não se desincumbiu de tal ônus". Continuou o relator, esclarecendo que a requerida "em sua defesa, alegou fartamente que não tomou parte do juízo arbitral, mas não demonstrou a falta de notificação para o feito nem sequer alegou que tal falta houve, pois limitou-se a repetir partes da lei nacional que definem a necessidade dessa informação".

Em seguida, o ministro atestou que "o que está comprovado nos autos é que o procedimento de arbitragem correu à revelia da requerida não por falta de notificação, mas pelo não comparecimento espontâneo da requerida", na medida em que constam dos autos as comunicações realizadas via telex e por fax, bem como até mesmo a notificação cartorial a respeito do teor da sentença. À unanimidade, a Corte Especial acolheu o pedido homologatório, ressaltando, conforme se constata da ementa, que "para a homologação de sentença de arbitragem estrangeira proferida à revelia do requerido, deve ele,

---

34. A ementa do julgado está assim redigida, nesta parte: "A Eg. Corte Especial deste Tribunal já se manifestou no sentido de que a questão referente à discussão acerca da regra da exceção do contrato não cumprido não tem natureza de ordem pública, não se vinculando ao conceito de soberania nacional. Ademais, o tema refere-se especificamente ao mérito da sentença homologanda, sendo inviável sua análise na presente via" (STJ, Corte, SEC nº 507/ GB, min. Gilson Dipp, j. em 18.10.2006, *D.J.* de 13.11.2006).

por ser seu o ônus, comprovar, nos termos do inciso III do art. 38 da Lei n. 9.307/96, que não foi devidamente comunicado da instauração do procedimento arbitral".[35]

Parece-nos que o teor do *caput* do art. 38 da Lei de Arbitragem brasileira não deixa mesmo dúvida de que o ônus da prova das causas de denegação da sentença arbitral estrangeira está a cargo do requerido, tal como corretamente decidiu o STJ nesse caso. Ressalve-se, apenas, que isso não pode importar em transferir para a outra parte o ônus da prova de fato negativo ou prova diabólica.

2.16 Dispensa da caução do art. 835 do Código de Processo Civil na ação de homologação de sentença arbitral estrangeira

Também no caso *Grain v. Coopergrão e Outro* (SEC nº 507/EX), já retratado nos itens anteriores, dentre diversas alegações de defesa, cumpre destacar a arguição feita pela segunda requerida a respeito do descumprimento, no processo homologatório, do disposto no art. 835 do Código de Processo Civil, segundo o qual

> o autor, nacional ou estrangeiro, que residir fora do Brasil ou dele se ausentar na pendência da demanda, prestará, nas ações que intentar, caução suficiente às custas e honorários de advogado da parte contrária, se não tiver no Brasil bens imóveis que lhes assegurem o pagamento.

O ministro Gilson Dipp afastou a alegação, esclarecendo que "a homologação de sentença estrangeira está prevista no art. 483 do Código de Processo Civil, que em seu parágrafo único dispõe que 'a homologação obedecerá ao que dispuser o regimento interno do Supremo Tribunal Federal'". Assim, continuou o relator, "com a Emenda Constitucional nº 45 a competência para a homologação passou a ser do Superior Tribunal de Justiça, sendo a matéria processada e julgada de acordo com a Resolução/STJ nº 9, de 04.05.2005", sendo certo que "na referida Resolução não há qualquer previsão de prestação de caução para a homologação de sentença estrangeira".

---

35. STJ, Corte, SEC nº 887/FR, min. João Otávio de Noronha, j. em 6.3.2006, *D.J.* de 3.4.2006.

A Corte Especial, amparada em precedentes do STF também nesse sentido, julgou procedente o pedido de homologação de sentença arbitral estrangeira, destacando, conforme consta da ementa do julgado unânime, que "não é exigível a prestação de caução para o requerimento de homologação de sentença estrangeira".[36] Segundo nos parece, não se pode dizer, para todos os casos, que as demais disposições do Código de Processo Civil, além dos arts. 483 a 484, não se aplicam ao processo de homologação, sob o fundamento de que este se regularia exclusivamente pela Resolução nº 09/2005 da Presidência do Superior Tribunal de Justiça, mas, no caso específico da caução do art. 835 do diploma processual, consideramos que foi acertada a decisão da Corte.

2.17 Fixação de honorários de sucumbência na ação de homologação de sentença arbitral estrangeira

Ainda no caso *Grain v. Coopergrão e Outro* (SEC nº 507/EX), dentre as diversas alegações de defesa feitas pelas requeridas, das quais se destacou no item precedente a questão da caução do art. 835 do Código de Processo Civil, a Corte Especial do Superior Tribunal de Justiça enfrentou também a matéria atinente à fixação de honorários de sucumbência no processo homologatório. A dúvida consistia em saber se o estabelecimento da verba honorária se daria com a observância do percentual disposto no §3º do art. 20 do Código de Processo Civil (10% a 20% sobre o valor da condenação) ou com base no §4º do mesmo art. 20 do diploma processual (apreciação equitativa do juiz).

O ministro Gilson Dipp principiou sua fundamentação esclarecendo que "o ato homologatório da sentença estrangeira limita-se à análise dos seus requisitos formais". Assim, continua o relator, "o objeto da delibação na ação de homologação de sentença estrangeira não se confunde com aquele do processo que deu origem à decisão alienígena, não possuindo conteúdo econômico", razão pela qual "é no processo de execução, a ser instaurado após a extração da carta de sentença, que poderá haver pretensão de cunho econômico". A partir disso, o ministro defendeu que "quando for contestada a homologação, a eventual fixação da verba honorária em percentual sobre o valor da causa pode mostrar-se exacerbada".

---

36. STJ, Corte, SEC nº 507/GB, min. Gilson Dipp, j. em 18.10.2006, *D.J.* de 13.11.2006.

Em conclusão, o relator considerou que "na hipótese de sentença estrangeira contestada, por não haver condenação, a fixação da verba honorária deve ocorrer nos moldes do art. 20, §4º, do Código de Processo Civil, devendo ser observadas as alíneas do §3º do referido artigo". No caso concreto, cujo valor atribuído à causa era de R$ 2.477.798,40, o ministro arbitrou a verba honorária em R$ 10.000,00. A Corte Especial, por unanimidade, decidiu que "na hipótese de sentença estrangeira contestada, por não haver condenação, a fixação da verba honorária deve ocorrer nos moldes do art. 20, §4º, do Código de Processo Civil, devendo ser observadas as alíneas do §3º do referido artigo".[37]

A decisão, segundo nos parece, está correta, na medida em que realmente a ação de homologação de sentença arbitral estrangeira não possui conteúdo condenatório, mas sim constitutivo, no sentido de conferir uma única eficácia à decisão estrangeira que ela não tinha, qual seja, a de produzir efeitos em território nacional. Nesse sentido, já tivemos oportunidade de explicar, amparados nos entendimentos de Chiovenda, Liebman, Pontes de Miranda, José Carlos Barbosa Moreira e Arruda Alvim, que no processo homologatório "o que se pretende é a atribuição à decisão estrangeira de aptidão para produzir os seus efeitos no território nacional" (Fichtner e Monteiro, 2010e:250). Trata-se, assim, de demanda de natureza constitutiva, razão pela qual a fixação dos honorários de sucumbência se dá, de fato, com base no §4º do art. 20 do diploma processual civil.

3. Conclusão

Neste breve ensaio, procurou-se trazer ao conhecimento do leitor os principais precedentes do STJ a respeito da ação de homologação de sentença arbitral estrangeira. Da análise feita de todos os julgados, não nos parece haver dúvida de que em sua quase totalidade os precedentes da Corte Especial valorizam a arbitragem e representam importante fator na efetividade da jurisdição nacional e internacional, colocando o Brasil no rol daqueles países receptivos à circulação internacional de decisões estrangeiras.

---

37. STJ, Corte, SEC nº 507/GB, min. Gilson Dipp, j. em 18.10.2006, *D.J.* de 13.11.2006.

10

A arbitragem e o Projeto de Novo Código de Processo Civil

José Antonio Fichtner
Sergio Nelson Mannheimer
André Luís Monteiro

1. Introdução. 2. Dispositivos de menor repercussão ou simplesmente reproduzidos. 3. Natureza jurídica da arbitragem. 4. Positivação do incentivo judicial à arbitragem. 5. Forma de alegação e conhecimento da convenção de arbitragem: exceção de arbitragem. 6. A chamada *carta arbitral*. 7. Preservação da confidencialidade da arbitragem no processo judicial. 8. A arbitragem, medidas provisórias e a tese da estabilização da tutela. 8.1. Alterações no trato da tutela provisória no Projeto. 8.2. Arbitragem e estabilização da tutela de urgência. 8.3. Repercussões do novo regime das medidas provisórias previsto no Projeto a ser aprovado na Câmara dos Deputados na arbitragem. 9. Sentença parcial na arbitragem e a definição de sentença judicial no Projeto da Câmara dos Deputados. 10. Arbitragem e fraude à execução. 11. Homologação da sentença arbitral estrangeira. 12. Conclusão.

1. Introdução[1]

Vive-se hoje no Brasil a expectativa da promulgação de um Novo Código de Processo Civil, ora em trâmite legislativo, para substituir o estatuto processual de 1973 (Código Buzaid). O Anteprojeto de Novo Código, redigido pela Comissão de Juristas presidida pelo ministro Luiz Fux e relatado pela professora Teresa Arruda Alvim Wambier, foi apresentado ao Senado Federal

---

1. Texto inédito.

em junho de 2010 (PLS nº 166/2010). O Senado Federal realizou, com auxílio do ministro Athos Gusmão Carneiro e do professor Cassio Scarpinella Bueno, uma revisão no seu texto e aprovou o Substitutivo ao Projeto de Novo Código em dezembro de 2010, remetendo-o ao exame da Câmara dos Deputados (PL nº 8.046/2010), que o aprovou em março de 2014. Aguarda-se, neste momento, a revisão final do Senado Federal e posterior sanção presidencial.

Já tivemos oportunidade de analisar as repercussões do Anteprojeto na arbitragem redigido originalmente pela Comissão de Juristas e também do Substitutivo ao Projeto aprovado no Senado Federal.[2] O que nos cabe neste trabalho é averiguar como o texto aprovado na Câmara dos Deputados repercutirá na arbitragem. Lembre-se que, apesar de não se aplicar automaticamente à arbitragem,[3] o Código de Processo Civil impacta no processo arbitral em algumas situações, notadamente quando há necessidade de cooperação entre árbitros e Poder Judiciário ou quando suas regras são eventualmente escolhidas pelas partes. É perfeitamente possível que as partes optem pela aplicação do diploma processual civil na arbitragem, ainda que subsidiariamente, o que, em quaisquer dos casos, exige do profissional que lida com a arbitragem o seu domínio.

Para fins didáticos, anote-se que o Anteprojeto de Novo Código de Processo Civil será referido neste texto simplesmente como "Anteprojeto"; o Substitutivo aprovado no Senado Federal, apenas como "Substitutivo"; e o texto aprovado na Câmara dos Deputados, tão somente como "Projeto". Todas as referências constantes das várias versões dos textos projetados foram extraídas dos sites do Senado Federal (<www.senado.gov.br>) e da Câmara dos Deputados (<www.camara.gov.br>).

2. Dispositivos de menor repercussão ou simplesmente reproduzidos

Após a promulgação da Lei de Arbitragem brasileira, o Código de Processo Civil de 1973 passou a conter pouquíssimos dispositivos relacionados à

---

2. Permita-se a seguinte referência: Fichtner, Mannheimer e Monteiro (2011:7-42, 2012:307-331).
3. Conforme destaca José Carlos de Magalhães (2012), "se o procedimento é fixado na convenção de arbitragem — nela se incluindo o regulamento da instituição de arbitragem, quando nela ocorre o processo — não há que se buscar na legislação processual pública os mecanismos para a condução do processo, salvo se a isso as partes autorizaram". Carlos Alberto Carmona (2011:49), em síntese, defende que "o Código de Processo Civil não se aplica à arbitragem".

arbitragem. Isso porque a Lei nº 9.307/1996 revogou todo o capítulo do estatuto processual civil que tratava do chamado "juízo arbitral" (arts. 1.072 a 1.102). Permaneceram, todavia, alguns poucos dispositivos que fazem menção à arbitragem ou ao juízo arbitral.

A Comissão de Juristas responsável pela elaboração do Anteprojeto optou por manter a arbitragem regulada por lei específica — a Lei nº 9.307/1996 —, sem ceder à tentação de incorporar ao novo diploma o instituto da arbitragem, como fazem, por exemplo, o *Codice di Procedura Civile* italiano, o *Code de Procédure Civile* francês e a *Zivilprozessordnung* alemã. Essa concepção não foi alterada no Projeto, razão pela qual se pode dizer que a disciplina arbitral no diploma processual civil continuará, acertadamente, espartana. Neste item, objetiva-se apenas indicar os dispositivos que foram simplesmente reproduzidos no Projeto aprovado na Câmara, bem como aqueles que foram introduzidos e/ou eliminados, em ambos os casos sem maiores repercussões.

O art. 86 do Código em vigor, no primeiro capítulo dedicado à competência, dispõe que "as causas cíveis serão processadas e decididas, ou simplesmente decididas, pelos órgãos jurisdicionais, nos limites de sua competência, ressalvada às partes a faculdade de instituírem juízo arbitral". Em redação bastante semelhante, o art. 42 do Projeto prevê que "as causas cíveis serão processadas e decididas pelo órgão jurisdicional nos limites de sua competência, ressalvado às partes o direito de instituir juízo arbitral, na forma da lei". As breves mudanças redacionais não trarão, no nosso modo de ver, qualquer repercussão na arbitragem, cumprindo destacar apenas que, ao substituir a palavra "faculdade" por "direito", o legislador quis reforçar o caráter obrigatório da convenção de arbitragem já livremente entabulada.

O art. 267 do estatuto processual em vigor, ao tratar das sentenças terminativas, estabelece que "extingue-se o processo, sem resolução de mérito: (...) VII — pela convenção de arbitragem". Em texto aproximado, para os fins da arbitragem, o art. 495 do Projeto dispõe que "o órgão jurisdicional não resolverá o mérito quando (...) VII — acolher a alegação de existência de convenção de arbitragem ou quando o juízo arbitral reconhecer sua competência, nos termos do art. 348". Não há, assim, alteração no que diz respeito à natureza da decisão que acolhe a alegação de existência de convenção de arbitragem: trata-se de sentença terminativa, que extingue o processo judicial sem examinar o mérito da causa.

O Código de Processo Civil de 1973, no que diz respeito aos títulos executivos judiciais, estipula no art. 475-N que "são títulos executivos judiciais: (...) IV — a sentença arbitral". O Projeto, de maneira semelhante, estatui, no art. 529, que "são títulos executivos judiciais, cujo cumprimento dar-se-á de acordo com os artigos previstos neste Título (...) VII — a sentença arbitral". Como se vê, o Novo Código de Processo Civil, se mantida a redação da Câmara, continuará elencando a sentença arbitral dentre os título executivos judiciais, não obstante se tratar de título formado extrajudicialmente, o que se explica, porém, pela intenção do legislador de equiparar a sentença arbitral à sentença judicial.

O art. 475-P do Código de Processo Civil de 1973 dispõe que

> o cumprimento da sentença efetuar-se-á perante: I — os tribunais, nas causas de sua competência originária; II — o juízo que processou a causa no primeiro grau de jurisdição; III — o juízo cível competente, quando se tratar de sentença penal condenatória, de sentença arbitral ou de sentença estrangeira.

Em semelhante redação, o art. 530 do Projeto prevê que

> o cumprimento da sentença efetuar-se-á perante: I — os tribunais, nas causas de sua competência originária; II — o juízo que decidiu a causa no primeiro grau de jurisdição; III — o juízo cível competente, quando se tratar de sentença penal condenatória, de sentença arbitral, de sentença estrangeira ou de acórdão proferido pelo tribunal marítimo.

A novidade interessante encontra-se nos parágrafos únicos desses dispositivos. Segundo o texto do Código em vigor, "no caso do inciso II do *caput* deste artigo, o exequente poderá optar pelo juízo do local onde se encontram bens sujeitos à expropriação ou pelo do atual domicílio do executado, casos em que a remessa dos autos do processo será solicitada ao juízo de origem". Já de acordo com o Projeto,

> nas hipóteses dos incisos II e III, o exequente poderá optar pelo juízo do atual domicílio do executado, pelo juízo do local onde se encontram os bens sujeitos à execução ou onde deve ser executada a obrigação de fazer ou de

não fazer, casos em que a remessa dos autos do processo será solicitada ao juízo de origem.

Em resumo, a possibilidade de a parte interessada escolher executar a decisão no juízo do local onde se encontram os bens, bem como do local de cumprimento da obrigação ou do local de domicílio do executado, será estendida à sentença arbitral, o que não acontece na redação atual do diploma processual. Trata-se de ponto positivo. Por evidente, não cabe, em relação ao processo arbitral, a solicitação de "remessa dos autos do processo ao juízo de origem", cabendo ao credor iniciar a execução diretamente no juízo competente de sua opção, instruindo a petição inicial com os documentos pertinentes, como a convenção de arbitragem e a sentença arbitral. Isso certamente permite que medidas cautelares antecedentes, como a de arresto, possam ser ajuizadas nos mesmos foros, quando necessário.

A regra geral do Código de Processo Civil em vigor é de que todos os recursos são recebidos no chamado duplo efeito (efeito devolutivo e efeito suspensivo), salvo quando a própria norma processual preveja o contrário. No que diz respeito à apelação, a primeira parte do art. 520 do estatuto processual civil em vigor dispõe que "a apelação será recebida em seu efeito devolutivo e suspensivo". Na segunda parte e nos seus incisos, o mencionado dispositivo prevê que "será, no entanto, recebida só no efeito devolutivo, quando interposta de sentença que: (...) VI — julgar procedente o pedido de instituição de arbitragem". Trata-se da hipótese em que, diante de cláusula compromissória vazia, o autor ingressa com demanda judicial objetivando a instauração compulsória da arbitragem, cuja sentença judicial, consoante diz o art. 7º, §7º, da Lei de Arbitragem, "valerá como compromisso arbitral".

A apelação interposta contra essa sentença é recebida apenas no efeito devolutivo, razão pela qual a arbitragem pode ser imediatamente iniciada. Não obstante a natureza constitutiva dessa sentença judicial, o que levou parte da doutrina a defender a necessidade de trânsito em julgado para produção de quaisquer de seus efeitos, já se teve oportunidade de esclarecer, em outro trabalho, que "a lei pode estabelecer verdadeiras exceções a esse postulado dogmático, criando hipóteses em que a sentença de natureza constitutiva produza os seus efeitos antes mesmo do trânsito em julgado", como, de fato, fez o inciso VI do art. 520 do estatuto processual em vigor. Assim, concluiu-se que "a sentença que julga procedente o pedido de execução específica da cláusula compromissória (ou melhor, instauração compulsória da arbitragem) produz efeitos imediatos, independentemente do trânsito em julgado" (Fichtner e Monteiro, 2010c:112-113).

O Projeto, na versão aprovada na Câmara dos Deputados, altera a regra geral do processo civil brasileiro, estatuindo, no art. 1.008, que "os recursos não impedem a eficácia da decisão, salvo disposição legal ou decisão judicial em sentido diverso". Isso significa que a regra geral passará a ser o recebimento dos recursos apenas no efeito devolutivo. No parágrafo único desse dispositivo, prevê-se que "a eficácia da decisão recorrida poderá ser suspensa por decisão do relator, se da imediata produção de seus efeitos houver risco de dano grave, de difícil ou impossível reparação, e ficar demonstrada a probabilidade de provimento do recurso". Se na vigência do Código de 1973 a regra geral dos recursos é o recebimento no duplo efeito, com a aprovação do Projeto nesses termos, a regra geral passará a ser o recebimento dos recursos apenas no efeito devolutivo.

Não obstante o estabelecimento dessa regra geral no art. 1.008 para todos os recursos, o Projeto excepciona justamente a hipótese de apelação, que continua a ser recebida no duplo efeito. Assim, o art. 1.025 do Projeto dispõe que "a apelação terá efeito suspensivo". No inciso IV do §1º desse dispositivo consta, todavia, que "além de outras hipóteses previstas em lei, começa a produzir efeitos imediatamente após a sua publicação a sentença que (...) julga procedente o pedido de instituição de arbitragem". Já o §2º desse mesmo dispositivo estatui que "nos casos do §1º, o apelado poderá promover o pedido de cumprimento provisório depois de publicada a sentença". Por fim, o *caput* do §3º desse art. 1.025 permite o "pedido de concessão de efeito suspensivo nas hipóteses do §1º".[4]

No que tange à arbitragem, portanto, não há maiores alterações, pois a apelação interposta contra a sentença que julgar procedente o pedido de instauração da arbitragem a partir de cláusula compromissória vazia, consoante a disposições dos arts. 6º e 7º da Lei de Arbitragem, será recebida apenas no efeito devolutivo. Isso significa que, publicada a sentença de procedência, a parte interessada já poderá apresentar o requerimento de arbitragem e, as-

---

4. O texto integral do art. 1.025, §3º, é o seguinte: "O pedido de concessão de efeito suspensivo nas hipóteses do §1º poderá ser formulado por requerimento dirigido ao: I — tribunal, no período compreendido entre a interposição da apelação e sua distribuição, ficando o relator designado para seu exame prevento para julgá-la; II — relator, se já distribuída a apelação".

sim, iniciar o processo arbitral. Evidentemente que também nesse caso é cabível à parte vencida pleitear a atribuição de efeito suspensivo a essa apelação, o que, se concedido, ocasionará a paralisação da arbitragem.

Em linhas gerais, esses dispositivos foram reproduzidos ou pouco modificados no Projeto de Novo Código de Processo Civil, tal como na versão aprovada na Câmara dos Deputados, razão pela qual não há, em relação a eles, repercussões sensíveis no universo arbitral brasileiro. Conforme observamos pontualmente nas linhas precedentes, essas modificações representam pontos positivos em relação à arbitragem, não obstante seu pequeno impacto.

3. Natureza jurídica da arbitragem

No Substitutivo aprovado no Senado Federal, repetindo regra presente no Anteprojeto, havia uma disposição que poderia causar alguma repercussão na arbitragem, ao menos sob o ponto de vista teórico. O texto do art. 3º estatuía que "não se excluirá da apreciação jurisdicional ameaça ou lesão a direito, ressalvados os litígios voluntariamente submetidos à solução arbitral, na forma da lei". Como se vê, a referida regra possuía inspiração no art. 5º, XXXV, da Constituição da República, segundo o qual "a lei não excluirá da apreciação do Poder Judiciário lesão ou ameaça a direito".

A reprodução, porém, não havia sido fiel ao texto constitucional e isso poderia ter dado margem a interpretações delicadas a respeito de aspecto fundamental da arbitragem, qual seja, a sua natureza jurídica. Literalmente, o art. 3º do Substitutivo excluía a arbitragem do conceito de apreciação jurisdicional, isto é, estatuía que a arbitragem não representava apreciação jurisdicional. Observe-se que o mencionado texto do Substitutivo não falava em "apreciação judicial", nem em "apreciação pelo Poder Judiciário", mas sim em "apreciação jurisdicional". Essa disposição poderia ter ressuscitado interpretações equivocadas a respeito da natureza jurídica da arbitragem.

Examinando o texto do Substitutivo, Guilherme Rizzo Amaral (2010) expressamente considerou que "o texto claramente retira da arbitragem o caráter jurisdicional, ao dispor que os litígios voluntariamente submetidos à arbitragem seriam excluídos da apreciação jurisdicional". Em outro sentido, em oportunidade anterior, registramos que "com o devido respeito às opiniões em contrário, entendemos que o art. 3º do Substitutivo em nada altera a natureza jurisdicional da arbitragem, mas apenas incentiva e ressalta o caráter voluntário do instituto" (Fichtner, Mannheimer e Monteiro, 2011:15). Em seguida, explicamos o seguinte:

> Em resumo, parece-nos que o legislador do art. 3º do Substitutivo ao Projeto de Novo Código de Processo Civil disse mais do que queria (*lex magis dixit quam voluit*), razão pela qual a norma deve ser interpretada restritivamente e em conformidade com o art. 5º, inciso XXXV, da Constituição da República, no sentido de que a arbitragem possui natureza jurisdicional, até porque, (i) além de preservar as características próprias da jurisdição, (ii) a convenção de arbitragem é causa de extinção do processo judicial, (iii) a sentença arbitral proferida no Brasil não está sujeita a homologação judicial, (iv) a sentença arbitral possui os mesmos efeitos da sentença judicial e (v) a execução da sentença arbitral se faz da mesma forma que a sentença judicial.[5]

Felizmente, para evitar dúvida, o Projeto adotou outra redação, estabelecendo no art. 3º que "não se excluirá da apreciação jurisdicional ameaça ou lesão a direito". Logo em seguida, no §1º, dispõe-se que "é permitida a arbitragem, na forma da lei". A nova redação, de fato, sepultou qualquer eventual dúvida que surgisse em relação à natureza jurisdicional da arbitragem, cuja discussão nos parece superada na doutrina brasileira. Basta dizer, como Arruda Alvim (2011:199), que "a atividade do árbitro, que antes poderia ser considerada como 'equivalente' jurisdicional, pode, atualmente, inserir-se no próprio conceito de jurisdição, como espécie privada deste gênero". Atribuir natureza jurisdicional à arbitragem é outorgar à sociedade civil — e não só ao Estado — papel fundamental na tarefa de pacificação social, o que o Projeto da Câmara dos Deputados fez questão de respeitar.

4. Positivação do incentivo judicial à arbitragem

Não há hoje a menor dúvida de que árbitro e Poder Judiciário são verdadeiros parceiros na tarefa de distribuir justiça com celeridade e efetividade.

---

5. Fichtner, Mannheimer e Monteiro (2011:16). Essa interpretação da natureza jurisdicional da arbitragem pode ser feita à luz da Constituição, como, aliás, sobressai da leitura do acórdão do STF em que se examinou a constitucionalidade da Lei nº 9.307/1996 (SE nº 5.206/ES).

Trata-se do que se pode chamar de dever de colaboração entre árbitro e juízes togados. O Projeto caminha nesse sentido e, no que diz respeito ao aspecto da informação, estabelece um verdadeiro incentivo judicial não apenas à arbitragem mas também a outros métodos alternativos de resolução de conflitos (ou, como se queira, métodos extrajudiciais de solução de conflitos).

Nesse sentido, o §2º do art. 3º do Projeto prevê que "o Estado promoverá, sempre que possível, a solução consensual dos conflitos", sendo certo que o §3º desse mesmo dispositivo aduz que "a conciliação, a mediação e outros métodos de solução consensual de conflitos deverão ser estimulados por magistrados, advogados, defensores públicos e membros do Ministério Público, inclusive no curso do processo judicial". Como se não bastasse, o art. 366, ao tratar da audiência de instrução e julgamento, prevê que "instalada a audiência, o juiz tentará conciliar as partes, sem prejuízo do emprego de outros métodos de solução consensual de conflitos, como a mediação e a arbitragem". Registre-se apenas que o termo "consensual", em regra, é utilizado para se referir a métodos autocompositivos, o que não é o caso da arbitragem.

Pode-se dizer, em resumo, que o Projeto positiva o incentivo judicial à arbitragem e aos demais métodos extrajudiciais de resolução de conflitos, o que integra, com êxito, aquilo que se pode denominar, mais amplamente, de dever de cooperação entre árbitro e juízo togado. Trata-se de interessante disposição, cuja melhor prova de sucesso será a prática.

5. Forma de alegação e conhecimento da convenção de arbitragem: exceção de arbitragem

O Código de Processo Civil de 1973, ao tratar das matérias que o réu deve alegar na contestação, determina, no art. 301, que "compete-lhe, porém, antes de discutir o mérito, alegar: (...) IX — convenção de arbitragem". O Anteprojeto e o Substitutivo aprovado no Senado Federal mantinham, em linhas gerais, essa dinâmica, ou seja, estabeleciam como forma e momento para alegação da convenção de arbitragem a contestação. Tivemos oportunidade de sugerir, ao comentar o Substitutivo, que "o ideal seria permitir que a convenção de arbitragem pudesse ser alegada em petição autônoma, com suspensão do processo, de maneira que não fosse necessário adiantar toda a defesa em sede judicial" (Fichtner, Mannheimer e Monteiro, 2011:16). Sugeriu-se, pois, a criação de uma *exceção de arbitragem*.

Vale lembrar que a possibilidade de alegação da convenção de arbitragem em peça autônoma chegou a fazer parte de uma proposta legislativa elaborada pela parceria entre o Grupo de Pesquisa em Arbitragem da PUC/SP e a Comissão de Arbitragem da OAB/RJ e encaminhada ao Senado Federal pelas mãos do senador Regis Fichtner em 2010, mas que acabou não sendo acolhida no Substitutivo.[6] O Projeto da Câmara dos Deputados incorporou a ideia e passou a prever, em capítulo próprio, em termos bastante detalhados, o que se pode designar de *exceção de arbitragem*, a exemplo das exceções de incompetência, impedimento e suspeição.

Assim, o art. 345 do Projeto prevê que "a alegação de existência de convenção de arbitragem deverá ser formulada, em petição autônoma, na audiência de conciliação ou de mediação". É de se destacar que, na atual redação do Projeto, a regra geral é a de que o prazo para apresentar a contestação somente começa a correr após a realização da audiência de conciliação ou de mediação — caso elas resultem infrutíferas[7] —, o que significa que a alegação de existência da convenção de arbitragem é apresentada em peça autôno-

---

6. O Grupo de Pesquisa em Arbitragem da PUC/SP, nesse momento, era liderado pelo professor Francisco José Cahali e coordenado por Valeria Galíndez e pelo terceiro autor deste ensaio, André Luís Monteiro, bem como conta com um conselho consultivo formado por professores de destaque nas áreas de direito civil, direito processual civil e direito internacional privado. As propostas de emenda ao Anteprojeto de Novo CPC foram elaboradas em parceria com a Comissão de Arbitragem da OAB/RJ, com a relevante participação de Joaquim de Paiva Muniz, Leonardo Corrêa e Ronaldo Cramer, e contaram com o apoio do Comitê de Arbitragem do Cesa, sob a coordenação de Giovanni Nanni, e do Instituto Brasileiro de Direito Empresarial (Ibrademp). No Senado Federal, elas foram apresentadas pelas mãos do senador Regis Fichtner (PMDB/RJ). Integraram o Grupo de Pesquisa, além do líder e dos dois coordenadores, os acadêmicos Daniel Bushatsky (secretário), Antonio Carlos Nachif Correia Filho, Flávia Gomes, Gledson Marques de Campos, Júlia Schledorn de Camargo, Juliana Cristina Gardenal, Maithe Lopez, Priscila Caneparo, Renata Paccola Mesquita, Shirley Graff, Thais Matallo Cordeiro e Welder Queiroz dos Santos.

7. Nesse sentido, confira-se a regra geral e as exceções constantes dos incisos do art. 336: "Art. 336. O réu poderá oferecer contestação, por petição, no prazo de quinze dias, cujo termo inicial será a data: I — da audiência de conciliação ou de mediação, ou da última sessão de conciliação, quando qualquer parte não comparecer ou, comparecendo, não houver autocomposição; II — do protocolo do pedido de cancelamento da audiência de conciliação ou de mediação apresentado pelo réu, quando ocorrer a hipótese do art. 335, § 4º, inciso I; III — prevista no art. 231, de acordo com o modo como foi feita a citação, nos demais casos. §1º. No caso de litisconsórcio passivo, ocorrendo a hipótese do art. 335, § 6º, o termo inicial previsto no inciso II será, para cada um dos réus, a data de apresentação de seu respectivo pedido de cancelamento da audiência. §2º. Quando ocorrer a hipótese do art. 335, § 4º, inciso II, e havendo litisconsórcio passivo, o autor desistir da ação em relação a réu ainda não citado, o prazo para resposta correrá da data de intimação do despacho que homologar a desistência".

ma e anterior à contestação. Assim, não haverá necessidade de adiantar toda a matéria de defesa em juízo para discutir apenas a convenção de arbitragem, o que representa um ponto importante sob o prisma estratégico. Além disso, define-se um momento preciso e condicionante do andamento do processo para que o juiz decida a respeito da convenção de arbitragem, eliminando-se o risco de o processo judicial continuar tramitando por longo tempo com a preliminar de convenção de arbitragem não examinada.

Caso não haja audiência de conciliação ou de mediação, em razão de ambas as partes manifestarem discordância quanto à sua realização,[8] o art. 346 prevê que "não tendo sido designada audiência de conciliação ou de mediação, a alegação da existência de convenção de arbitragem deverá ser formulada, em petição autônoma, no prazo da contestação". Também aqui, mesmo não havendo audiência designada, a alegação de existência da convenção de arbitragem é apresentada em peça autônoma e anterior à contestação. Mais uma vez, evita-se o adiantamento de todo o conteúdo de mérito da defesa e fixa-se um momento preciso e condicionante do andamento do processo para que o juiz examine e decida a respeito da convenção de arbitragem.

Ouvida a parte contrária, seja na própria audiência, seja em prazo autônomo, o juiz decidirá se rejeita a alegação e determina o prosseguimento do processo judicial ou se a acolhe e extingue o processo judicial sem a resolução do mérito. Caso o juiz rejeite a alegação, essa decisão interlocutória poderá ser atacada por agravo de instrumento, *ex vi* do art. 1.028, III, do Projeto.[9] Se, ao contrário, o juiz acolher a alegação, a sentença terminativa poderá ser atacada por apelação, conforme regra geral do direito processual civil brasileiro mantida no Projeto. No primeiro caso, o processo judicial continuará, até que eventualmente o relator do agravo de instrumento determine a sua suspensão ou o órgão julgador reforme a decisão monocrática de primeiro

---

8. A esse respeito, confira-se o texto do §4º do art. 335 do Projeto: "§ 4º A audiência não será realizada: I — se ambas as partes manifestarem, expressamente, desinteresse na composição consensual; II — no processo em que não se admita a autocomposição".

9. A possibilidade de interposição de agravo de instrumento contra a decisão que rejeita a alegação de convenção de arbitragem também foi incluída no Projeto a partir do acolhimento, no Substitutivo do Senado Federal, de outra proposta apresentada pela parceria entre o Grupo de Pesquisa em Arbitragem da PUC/SP e a Comissão de Arbitragem da OAB/RJ. No texto original do Anteprojeto, não havia essa possibilidade de interposição imediata de agravo de instrumento, o que significava que o órgão de segundo grau somente poderia revisar a decisão do juiz de primeiro grau a respeito da rejeição da alegação da convenção de arbitragem quando fosse julgar a apelação, interposta tão somente quando proferida a sentença judicial, ao final da fase de conhecimento do processo em primeiro grau.

grau. No segundo caso, a arbitragem já poderá ser instituída, não obstante a interposição do recurso de apelação, na medida em que, como se disse acima, o recurso de apelação nesse caso será recebido apenas no efeito devolutivo.

O art. 347 do Projeto, privilegiando — ao menos em parte — o princípio da competência-competência (*kompetenz-kompetenz*),[10] dispõe que "se o procedimento arbitral já houver sido instaurado antes da propositura da ação, o juiz, ao receber a alegação de convenção de arbitragem, suspenderá o processo, à espera da decisão do juízo arbitral sobre a sua própria competência". E o parágrafo único complementa, esclarecendo que "não havendo sido instaurado o juízo arbitral, o juiz decidirá a questão". A primeira parte da disposição está em linha com o previsto no parágrafo único do art. 8º e no *caput* do art. 20 da Lei de Arbitragem brasileira. A segunda parte, porém, deve ser interpretada com a consciência de que, em regra, a prioridade para analisar a existência, validade e eficácia da convenção de arbitragem é do árbitro. Evidentemente que essa regra geral está sujeita a exceções, contempladas, inclusive, no art. II, item 3, da Convenção de Nova York, como nas hipóteses em que flagrantemente não exista base contratual ou manifestação de vontade apta a qualificar a renúncia à juridição estatal. Apenas hipóteses *prima facie* aferíveis pelo juízo togado.

Questão bastante duvidosa no âmbito do Código de Processo Civil em vigor é aquela que diz respeito à possibilidade ou não de o juiz conhecer de ofício da convenção de arbitragem. A divergência doutrinária é acirrada.[11] Já tivemos oportunidade de concluir, em outra ocasião, que "nem a cláusula compromissória e nem o compromisso arbitral podem ser conhecidos pelo juiz independentemente de alegação da parte interessada, ou seja, é necessária a provocação, tal como previsto também na Convenção de Nova York e

---

10. A respeito do princípio da competência-competência, recomenda-se a leitura dos seguintes textos: Gaillard (2009:passim) e Coelho (2007:passim).

11. Defendo a impossibilidade de conhecimento *ex officio* da convenção de arbitragem (seja a cláusula compromissória, seja o compromisso arbitral): Arruda Alvim (2011:915). Idem: Theodoro Júnior (2009:v. I, p. 378); Dinamarco (2009:v. III, p. 410); Calmon de Passos (1998:v. III, p. 273); Câmara (2002:40, especialmente, nota 64); Santos (2006:v. 1, p. 465); Costa (2006:123). Em sentido contrário, defendendo a possibilidade de conhecimento *ex officio* da cláusula compromissória, mas não do compromisso arbitral: Carmona (2009a:485). Idem: Martins (2008:418); Carmona e Lemes (1999:45); Wambier (2007:80-81). Registre, por oportuno, que a professora Teresa Arruda Alvim Wambier alterou a sua posição a esse respeito e passou a não admitir o conhecimento da cláusula compromissória de ofício, conforme consta no novo trabalho de sua autoria e do professor Luiz Rodrigues Wambier: Wambier e Wambier (2013:v. II, p. 969-985).

na Lei Modelo Uncitral" (Fichtner e Monteiro, 2010b:79-80). O Projeto a ser aprovado na Câmara põe uma pá de cal sobre a controvérsia e, seguindo tal linha, dispõe no art. 349 que "a existência de convenção de arbitragem não pode ser conhecida de ofício pelo órgão jurisdicional", bem como, no art. 350, que "a ausência de alegação da existência de convenção de arbitragem, na forma prevista neste Capítulo, implica aceitação da jurisdição estatal e renúncia ao juízo arbitral".

6. A chamada *carta arbitral*

No desenvolvimento da tarefa de distribuir justiça com rapidez e eficiência, o árbitro e o juiz não rivalizam: muito ao contrário, são parceiros que perseguem os mesmos escopos filosófico, social, político e jurídico. Essa noção é absolutamente fundamental para o sucesso da arbitragem, na medida em que a completa efetividade dos pronunciamentos arbitrais exige, eventualmente, a cooperação e o apoio do juízo estatal. É enganosa a ideia de que a arbitragem deve se afastar do Poder Judiciário, assim como é enganoso o conceito de "foros antagônicos". Na verdade, é necessário prestigiar a crescente cultura de cooperação entre árbitro e juiz togado, tudo em prol da efetividade da jurisdição.

Essa noção, evidentemente, contém um elemento teórico e acadêmico muito forte, que vem sendo desenvolvido com notável sucesso pela doutrina especializada e pela jurisprudência dos tribunais, em especial a do STJ. O regime de cooperação entre árbitro e juiz togado, portanto, está caminhando a passos largos no Brasil. Esse importante regime, contudo, carece de um instrumento formal que permita a realização e coordenação prática e célere dos atos processuais que dependam desse apoio judicial à arbitragem. Isso porque em diversas ocasiões o árbitro precisa do auxílio do Poder Judiciário para efetivar, na prática, uma decisão proferida na arbitragem, mas não dispõe de mecanismos previamente definidos na lei para tanto.

Isso ocorre, por exemplo, quando é necessária a execução de alguma medida urgente concedida pelo árbitro e não cumprida voluntariamente pela parte à qual ela se dirige. O poder jurisdicional do árbitro está restrito à atividade típica de processo de conhecimento e expedição de medidas urgentes, não possuindo, contudo, poderes para implementar, de maneira forçada, no mundo real, as suas decisões, o que significa dizer, conforme já tivemos oportunidade de registrar, que "o árbitro detém o *ius cognitio*, mas não o *ius imperium*, esse sim exclusividade do Estado, através do Poder Judiciário" (Fichtner e Monteiro, 2010f:121). Dessa forma, a atribuição de conceder a medida urgente, tenha ela natureza satisfativa ou cautelar, é do árbitro, ao menos a partir do momento em que se considera instituída a arbitragem. É o árbitro que analisará as alegações das partes e, fundamentadamente, deferirá ou não a medida urgente. Concedida a medida e cumprida voluntariamente pela parte contrária, tudo se resolve na própria seara arbitral.

Caso, porém, a outra parte manifeste resistência, inevitavelmente o árbitro ou a parte interessada deverá solicitar o apoio do Poder Judiciário para a efetivação da medida. Nesse sentido, dispõe o §4º do art. 22 da Lei de Arbitragem que "ressalvado o disposto no §2º, havendo necessidade de medidas coercitivas ou cautelares, os árbitros poderão solicitá-las ao órgão do Poder Judiciário que seria, originariamente, competente para julgar a causa". A menção literal restrita ao termo "árbitros" contida nesse parágrafo não exclui, na verdade, a possibilidade de a instituição arbitral administradora e/ou de a própria parte, demonstrando interesse, solicitar ao Poder Judiciário o cumprimento forçado da medida.

O mesmo pode ocorrer, por exemplo, quando a parte interessada requer a oitiva de uma testemunha e, após o deferimento da prova pelo árbitro, há recusa em comparecer à audiência arbitral. É exatamente a hipótese do §2º do art. 22 da Lei de Arbitragem, conforme o qual,

> em caso de desatendimento, sem justa causa, da convocação para prestar depoimento pessoal, o árbitro ou o tribunal arbitral levará em consideração o comportamento da parte faltosa, ao proferir sua sentença; se a ausência for de testemunha, nas mesmas circunstâncias, poderá o árbitro ou o presidente do tribunal arbitral requerer à autoridade judiciária que conduza a testemunha renitente, comprovando a existência da convenção de arbitragem.[12]

Esse mecanismo hoje é amplamente defendido pela doutrina e perfeitamente entendido e aplicado pelo Poder Judiciário, sendo raros os casos de decisões judiciais de primeiro grau que, destoando dessa tendência, não

---

12. Em tais hipóteses, o árbitro ou o tribunal arbitral aplicará o sistema vigente de presunções legais.

sejam reformadas em grau de recurso. O problema que se instaura na atualidade é que não existe um instrumento formal que permita a comunicação e, mais do que isso, a cooperação entre árbitro e Poder Judiciário. Como, na prática do dia a dia, o árbitro deveria solicitar o apoio do juízo estatal? Deveria o árbitro enviar um ofício ao juiz? Instruído com o quê? Deveria ele propor uma ação? O árbitro ou a parte interessada? Contra quem?

É nesse contexto que o Projeto, mantendo a previsão que já existia no Substitutivo do Senado Federal — que, por sua vez, acolheu proposta elaborada pela parceria entre o Grupo de Pesquisa em Arbitragem da PUC/SP e a Comissão de Arbitragem da OAB/RJ —, instituiu a chamada *carta arbitral*. A *carta arbitral* pode ser definida como o instrumento de cooperação formal entre o árbitro e o Poder Judiciário para fins de cumprimento forçado das decisões proferidas no processo arbitral. A seu respeito, Donaldo Armelin (2011:134) afirma que "instituiu-se, com ela, um veículo de comunicação entre os órgãos da jurisdição estatal e da arbitral, implementando uma lacuna existente a respeito". Em seguida, concluindo, o jurista afirma que se trata de "novidade que vem ao encontro dos legítimos interesses dos arbitralistas" (Armelin, 2011:134).

O Projeto, além de fazer menção à *carta arbitral* no §1º do art. 69,[13] prevê no art. 237, inciso IV, que

> será expedida carta (...) arbitral, para que órgão do Poder Judiciário pratique ou determine o cumprimento, na área da sua competência territorial, de ato objeto de pedido de cooperação judiciária formulado por juízo arbitral, inclusive os que importem efetivação de tutela antecipada.

A perfeita interpretação do mencionado dispositivo exige duas observações. Primeiramente, quando o dispositivo afirma que o órgão judicial "pratique ou determine o cumprimento" do ato solicitado pelo árbitro, significa dizer que não haverá, salvo a existência de patentes vícios de ilegalidade, reexame do mérito da decisão do árbitro pelo Poder Judiciário.

Em segundo lugar, quando o dispositivo fala em "ato objeto de pedido de cooperação judiciária formulado por juízo arbitral", deve-se entender a expressão de forma ampla, de maneira a compreender não só a solicitação do

---

13. O dispositivo estabelece o seguinte: "Art. 69. §1º. As cartas de ordem, precatória e arbitral seguirão o regime previsto neste Código".

árbitro, mas também do tribunal arbitral, do presidente do tribunal arbitral, da instituição administradora da arbitragem e, do mesmo modo, da própria parte interessada, desde que em cumprimento a ordem emanada do árbitro. Assim, quando, por exemplo, uma arbitragem com sede no Brasil é administrada pela Corte Internacional de Arbitragem da Câmara de Comércio Internacional, a decisão proferida pelo árbitro e não satisfeita pela parte destinatária poderá ser efetivada no Poder Judiciário por meio da expedição de uma carta arbitral solicitada pelo secretário-geral da entidade arbitral. A mesma regra vale para as instituições arbitrais brasileiras, observadas as diferenças organizacionais.

Em seguida, após elencar os requisitos da carta rogatória, da carta de ordem e da carta precatória no *caput*,[14] o §3º do art. 260 prevê que "a carta arbitral atenderá, no que couber, aos requisitos a que se refere o *caput* e será instruída com a convenção de arbitragem e com as provas da nomeação do árbitro e da sua aceitação da função". A *carta arbitral* deve ser instruída com a convenção de arbitragem para que fique claro ao Poder Judiciário que as partes nela mencionadas livremente acordaram em submeter seus conflitos de interesse à solução arbitral. A prova da nomeação do árbitro deve instruir a *carta arbitral* para evidenciar que as partes validamente participaram do processo de escolha do árbitro. Por fim, a prova da aceitação da função pelo árbitro serve para tornar claro que o árbitro prolator da decisão objeto do ato de cooperação está validamente investido daquela função.

Por fim, o art. 267 do Projeto estatui que

> o juiz recusará cumprimento à carta precatória ou arbitral, devolvendo-a com despacho motivado quando: I — não estiver revestida dos requisitos legais; II — faltar-lhe competência em razão da matéria ou da hierarquia; III — tiver dúvida acerca de sua autenticidade.

Em resumo, pode-se dizer que a criação da *carta arbitral* no Projeto de Novo Código de Processo Civil, tal como consta da versão a ser aprovada na Câmara, é ponto favorável ao desenvolvimento da arbitragem no Brasil.

---

14. O mencionado dispositivo prevê o seguinte: "Art. 260. São requisitos das cartas de ordem, precatória e rogatória: I — a indicação dos juízes de origem e de cumprimento do ato; II — o inteiro teor da petição, do despacho judicial e do instrumento do mandato conferido ao advogado; III — a menção do ato processual que lhe constitui o objeto; IV — o encerramento com a assinatura do juiz".

A carta arbitral formalizará na prática mais um importante veículo para o aperfeiçoamento do tão propalado regime de cooperação entre árbitro e Poder Judiciário, tornando a jurisdição arbitral mais efetiva.

7. Preservação da confidencialidade da arbitragem no processo judicial

Inegavelmente, a confidencialidade na arbitragem é uma qualidade reconhecida internacionalmente. A Comissão das Nações Unidas para o Direito do Comércio Internacional, em suas *Notes on organizing arbitral proceedings*, de 1996, reconhece, na primeira parte do item 31, que *"it is widely viewed that confidentiality is one of the advantageous and helpful features of arbitration"*. A International Law Association, por sua vez, em recente relatório sobre o tema, também deixa claro que *"confidentiality is an important feature of international commercial arbitration"*.

Em pesquisa de campo realizada pela Queen Mary — University of London e a PricewaterhouseCoopers, entre os anos de 2005 e 2006 no Reino Unido, chegou-se à conclusão de que *"the top reasons for choosing international arbitration are flexibility of procedure, the enforceability of awards, the privacy afforded by the process and the ability of parties to select the arbitrators"*.[15]

Na doutrina estrangeira especializada a opinião não é diferente. Philippe Fouchard, Emmanuel Gaillard e Berthold Goldman (1999:612), em sua famosa obra sobre arbitragem comercial internacional, deixam claro que *"one of the fundamental principles — and one of the major advantages — of international arbitration is that it is confidential"*. Dentre os brasileiros, João Bosco Lee (2008:286) explica que "um dos principais motivos para a escolha da arbitragem é a confidencialidade". Como se vê, importantes entidades internacionais dedicadas ao estudo e à prática da arbitragem, bem como a doutrina estrangeira e a doutrina brasileira reconhecem a confidencialidade como uma das grandes qualidades da arbitragem.

Não obstante reconhecida essa qualidade da arbitragem, o fato é que, no Brasil e em muitos outros países, sempre que o árbitro necessita do apoio do Poder Judiciário para a realização prática de algum ato processual da arbitragem

---

15. A interessante pesquisa, que foi realizada também em 2008 e 2010 com diversas outras questões, pode ser encontrada no seguinte link: <www.pwc.co.uk/eng/publications/International_arbitration.html>.

— no chamado regime de cooperação, de que já se falou anteriormente —, as partes são expostas, em regra, à publicidade do processo judicial e veem desaparecer a confidencialidade que havia sido programada, convencionada e, às vezes, decisiva para a escolha do método de resolução de conflitos, em especial naqueles casos em que grandes segredos estratégicos e comerciais estão em debate.

Para tornar essa situação ainda mais angustiante, muitas vezes a parte renitente sabe da importância da confidencialidade para a parte contrária e, propositadamente, se recusa a cumprir a ordem arbitral, impondo com isso um prejuízo ao adversário decorrente da publicidade do processo judicial. Num mundo globalizado e altamente competitivo, com uma imprensa especializada bastante atuante, muitas vezes a revelação de estratégias comerciais sai mais cara ao litigante do que a própria vitória no certame. E tudo isso em flagrante violação ao livremente convencionado e à boa-fé objetiva que também tem importância decisiva na arbitragem.

Em termos legais, isso ocorre porque o art. 155 do Código de Processo Civil de 1973, em atenção à garantia constitucional da publicidade dos atos do Estado (art. 37 e art. 93, incisos IX e X, ambos da Constituição da República), prevê poucas hipóteses em que é possível a decretação do chamado *segredo de justiça*. O mencionado dispositivo legal estabelece que "os atos processuais são públicos", mas "correm, todavia, em segredo de justiça os processos: I — em que o exigir o interesse público; II — que dizem respeito a casamento, filiação, separação dos cônjuges, conversão desta em divórcio, alimentos e guarda de menores". Literalmente, não há possibilidade de decretação do segredo de justiça quando se leva ao Poder Judiciário o cumprimento de atos processuais tomados em arbitragem confidencial, como a efetivação de uma medida urgente, a condução forçada de uma testemunha, a homologação da sentença arbitral estrangeira ou a própria execução da sentença arbitral.

O Projeto, mantendo a previsão do Substitutivo — que, por sua vez, acolheu outra proposta formulada pela parceria formada entre o Grupo de Pesquisa em Arbitragem da PUC/SP e a Comissão de Arbitragem da OAB/RJ —, estabelece a possibilidade de decretação do segredo de justiça nas hipóteses de cooperação do Poder Judiciário na arbitragem. O Projeto de Novo Código de Processo Civil, na versão aprovada na Câmara dos Deputados, estatui, no art. 189, inciso IV, que "os atos processuais são públicos", mas "tramitam, todavia, em segredo de justiça os processos (...) que versam sobre arbitragem, inclusive sobre cumprimento de carta arbitral, desde que a confidencialidade estipulada na arbitragem seja comprovada perante o juízo". Essa disposição foi repetida no parágrafo único do art. 22-C do Projeto de Reforma da Lei de Arbitragem.

Analisando o texto do Projeto com a adoção da mencionada proposta, Donaldo Armelin (2011:135) considera que "essa sugestão é pertinente e adimple uma das características básicas da arbitragem, que é a de manter o sigilo a respeito da matéria objeto de sua atuação, o que seria esgarçado se escancarado na carta arbitral o objeto da arbitragem". Trata-se de outro ponto favorável ao processo arbitral no Brasil, pois garante, quando assim estipulado pelas partes, a observância de uma das mais festejadas qualidades da arbitragem.

O mencionado dispositivo do Projeto exige uma observação, especificamente no que diz respeito à expressão "desde que a confidencialidade estipulada na arbitragem seja comprovada perante o juízo". Cumpre dizer que há manifesta divergência doutrinária no que tange à natureza convencional ou implícita da confidencialidade na arbitragem. Alguns defendem que a confidencialidade decorreria da convenção das partes, razão pela qual não se trataria de um princípio implícito da arbitragem, mas sim exigiria expressa disposição das partes a respeito. Outros, ao contrário, entendem que se trata de um princípio implícito da arbitragem, razão pela qual, ainda que não houvesse convenção das partes a respeito, a confidencialidade deveria ser respeitada no processo arbitral.

Já tivemos oportunidade de esclarecer, em outro momento, que "no ordenamento jurídico brasileiro, os árbitros e as instituições arbitrais estão sujeitos à observância do dever de confidencialidade por expressa previsão legal, tal como se extrai do parágrafo sexto do art. 13 da Lei nº 9.307/96", bem como que

> no que tange às partes e a terceiros partícipes, não há imposição legal, razão pela qual o dever de confidencialidade exige expressa previsão convencional, o que pode ocorrer na convenção de arbitragem, no termo de arbitragem, no regulamento da instituição arbitral escolhida ou, até mesmo, em ato próprio e específico durante o trâmite do litígio.[16]

---

16. Fichtner, Mannheimer e Monteiro (2012:282 e 283). A versão revista e atualizada desse texto consta desta coletânea.

Inegavelmente, o Projeto acolheu essa ideia, razão pela qual o dispositivo condiciona o segredo de justiça no processo judicial à demonstração de que as partes efetivamente convencionaram, direta ou indiretamente, a confidencialidade na arbitragem. Mais uma vez, trata-se de interessante previsão do Projeto de Novo Código de Processo Civil.

8. A arbitragem, medidas provisórias e a tese da estabilização da tutela

8.1 Alterações no trato da tutela provisória no Projeto

Uma das grandes modificações empreendidas no Projeto de Novo Código de Processo Civil é, indiscutivelmente, o trato dado às medidas provisórias. O Código em vigor possui (i) regras disciplinando a tutela cautelar (arts. 796 a 812, genericamente), (ii) regras disciplinando a tutela antecipada (art. 273) e (iii) regras disciplinando a tutela específica relativa às obrigações de fazer, de não fazer e de dar (arts. 461 e 461-A). Em linhas gerais, pode-se dizer que a doutrina tradicional considera que no primeiro caso se trata de tutela provisória não satisfativa, destinada a resguardar o resultado útil do processo; enquanto, nos dois últimos, a tutela provisória é satisfativa, antecipando-se a própria tutela jurisdicional requerida.

Como exemplos de tutela cautelar, podemos citar a suspensão dos efeitos de deliberação assemblear, o arresto, o sequestro etc. Como exemplo de tutela antecipada, vale mencionar a imissão na posse, a revisão de termos contratuais, a declaração de inexistência de relação jurídica, a ordem de pagamento imediato, todas elas veiculadas por meio de decisões, em regra, proferidas liminarmente. São hipóteses, por fim, de tutela específica a entrega de determinado objeto, a construção de muro de arrimo entre duas propriedades, a cessação da poluição de um rio, a abstenção ao desenvolvimento de certa atividade, também aqui, geralmente, concedidas *in limine litis*.

O Projeto, inovando em alguns aspectos em relação aos anteriores textos do Anteprojeto e do Substitutivo do Senado Federal, adota classificação diversa dessas tutelas. Conforme estabelece o *caput* do art. 295 do texto projetado, "a tutela antecipada, de natureza satisfativa ou cautelar, pode ser concedida em caráter antecedente ou incidental". Já o parágrafo único desse mesmo dispositivo dispõe que "a tutela antecipada pode fundamentar-se em urgência ou evidência".[17] Não se pretende neste texto tratar do tema profundamente, mas apenas apontar os principais dispositivos que podem repercutir na arbitragem. Após algumas disposições gerais, aparentemente aplicáveis a todas as modalidades de tutela antecipada (arts. 295 a 300), o Projeto trata em capítulos separados "Da tutela de urgência" (arts. 301 a 305), "Da tutela da evidência" (art. 306) e, por fim, do que se designou de "Do procedimento da tutela cautelar requerida em caráter antecedente" (arts. 307 a 312).

No que diz respeito à tutela antecipada de urgência, o art. 301 prevê que "a tutela antecipada de urgência será concedida quando houver elementos que evidenciem a probabilidade do direito e o perigo na demora da prestação da tutela jurisdicional". Trata-se da previsão dos tradicionais requisitos do *fumus boni iuris* e do *periculum in mora*. Não há mais referência a "prova inequívoca" e a "verossimilhança da alegação", como consta do art. 273 do Código atual, o que conspira para o entendimento de que se pretende que os pressupostos da tutela satisfativa e da tutela cautelar venham a ser os mesmos. Numa primeira análise, parece-nos que esses requisitos se aplicam (i) à tutela antecipada de urgência satisfativa, requerida antecedente ou incidentalmente, bem como (ii) à tutela antecipada de urgência cautelar, requerida antecedente ou incidentalmente. Eles não são exigidos, a princípio, em relação à tutela da evidência, conforme se verá um pouco mais adiante.

O art. 304 do Projeto estatui que

> nos casos em que a urgência for contemporânea à propositura da ação, a petição inicial pode limitar-se ao requerimento da tutela antecipada satisfativa e à indicação do pedido de tutela final, com a exposição sumária da lide, do direito que se busca realizar e do perigo da demora da prestação da tutela jurisdicional.

Em princípio, o dispositivo garante a possibilidade de tutela antecipada de urgência satisfativa antecedente (preparatória), o que representa um avanço em relação à sistemática hoje em vigor, que, literalmente, contemplaria apenas a possibilidade de tutela cautelar antecedente (preparatória — arts. 796, 800 e 806), não abrangendo, ao menos explicitamente, a possibilidade

---

17. Trata-se, ao que parece, de adoção, em texto de lei, da classificação acadêmica proposta por Fredie Didier Jr., Paula Sarno Braga e Rafael Oliveira, valendo destacar que o primeiro dos autores trabalhou intensamente em apoio ao primeiro relator-geral do Projeto na Câmara dos Deputados. Confira-se, a esse respeito, a obra dos autores: Didier Jr., Braga e Oliveira (2012:v. 2, p. 461-564).

de tutela antecipada antecedente (preparatória), já que o art. 273 do Código silencia a respeito.

No caso da tutela cautelar antecedente (preparatória) hoje regida pelo Código de Processo Civil de 1973, há a necessidade de se propor a ação principal no prazo de 30 (trinta) dias contados da efetivação da liminar, na forma do art. 806 do estatuto processual, sob pena de perda da eficácia da liminar concedida. Trata-se, nesse caso, de outro processo, inclusive com autos independentes.

O Projeto trata da questão de maneira diversa em relação à tutela antecipada de urgência satisfativa antecedente, estabelecendo, no inciso I do §1º desse art. 304, que

> concedida a tutela antecipada a que se refere o *caput* deste artigo (...) o autor deverá aditar a petição inicial, com a complementação da sua argumentação, juntada de novos documentos e a confirmação do pedido de tutela final, em quinze dias, ou em outro prazo maior que o órgão jurisdicional fixar.

Como se vê, segundo o Projeto, não haverá necessidade de propor nova ação em 30 (trinta) dias, com novos autos, mas apenas de emendar a petição inicial que veiculou o pedido de tutela provisória em normalmente 15 (quinze) dias, expondo, agora, os argumentos que poderíamos chamar de principais.

Em relação à tutela antecipada de urgência cautelar, o Projeto, em outro capítulo, prevê, no art. 307, que "a petição inicial da ação que visa à prestação de tutela cautelar em caráter antecedente indicará a lide, seu fundamento e a exposição sumária do direito que se visa assegurar e o perigo na demora da prestação da tutela jurisdicional". Consagra-se, a exemplo do que já havia feito em termos gerais o art. 301, os requisitos do *fumus boni iuris* e do *periculum in mora*, desta vez especificamente para a tutela de urgência cautelar antecedente. O art. 310, pressupondo a concessão da liminar, estabelece, na primeira parte, que "efetivada a tutela cautelar, o pedido principal terá de ser formulado pelo autor no prazo de trinta dias", bem como, na segunda parte, que, "neste caso, será apresentado nos mesmos autos em que veiculado o pedido de tutela cautelar, não dependendo do adiantamento de novas custas processuais". Nesse caso, novamente não se exige a propositura de outra ação, com novos autos, como ocorre hoje, mas apenas a apresentação, no prazo de 30 (trinta) dias, do pedido principal nos mesmos autos em que foi requerida a tutela antecipada cautelar antecedente.

No que diz respeito à tutela antecipada da evidência, o art. 306, único dispositivo dedicado a ela, dispõe que

> a tutela da evidência será concedida, independentemente da demonstração de perigo da demora da prestação da tutela jurisdicional, quando: I — ficar caracterizado o abuso do direito de defesa ou o manifesto propósito protelatório da parte; II — as alegações de fato puderem ser comprovadas apenas documentalmente e houver tese firmada em julgamento de casos repetitivos ou em súmula vinculante; III — se tratar de pedido reipersecutório fundado em prova documental adequada do contrato de depósito, caso em que será decretada a ordem de entrega do objeto custodiado, sob cominação de multa.

Não se exige *periculum in mora* (a urgência é dispensada) e nem *fumus boni iuris* (na verdade, exige-se mais: evidência).

O mencionado dispositivo não deixa claro se apenas é possível a concessão de tutela antecipada da evidência satisfativa ou se também permite-se a concessão de tutela antecipada da evidência cautelar. E nem esclarece se é possível a tutela antecipada da evidência — satisfativa ou cautelar — também em caráter antecedente (preparatório) ou apenas incidental. Em relação à primeira pergunta, poder-se-ia pensar, por um lado, que seria possível a tutela antecipada da evidência de natureza cautelar já que o art. 295 e o restante das "disposições gerais" não fazem distinção, bem como que o art. 306, ao tratar da tutela antecipada da evidência, não apresenta nenhuma restrição. Por outro lado, a tutela antecipada cautelar exige urgência, sendo certo que esse requisito é dispensado em relação à tutela da evidência, consoante o *caput* do art. 306, o que poderia sugerir certa incompatibilidade entre a tutela cautelar e a tutela da evidência. Trata-se de questão a ser solucionada pela doutrina e pela jurisprudência.

No que diz respeito à segunda questão, isto é, se seria possível a tutela antecipada da evidência — satisfativa ou cautelar — em caráter antecedente (preparatório), surgem também dois argumentos antagônicos. De um lado, o art. 300 do Projeto, ao estatuir, nas "disposições gerais", que "a tutela antecipada será requerida ao juízo da causa e, quando antecedente, ao juízo competente para conhecer do pedido principal", não traça distinções entre as modalidades de tutela antecipada. E o art. 306, ao tratar especificamente da tutela da evidência, não excepciona essa regra geral do referido art. 300. Aplicar-se-ia, então, ao caso, a regra de hermenêutica segundo a qual onde a lei não distingue, não pode o intérprete distinguir (*ubi lex non distinguit nec nos distinguere debemus*).[18] Por outro lado, a tutela antecipada — satisfativa ou cautelar — em caráter antecedente (preparatório) exige urgência, sendo certo que esse requisito é dispensado em relação à tutela da evidência, como visto anteriormente, o que poderia sugerir certa incompatibilidade entre as duas também.

Por fim, destaque-se que o art. 297 do Projeto, presente nas "disposições gerais", estatui que "a tutela antecipada conserva sua eficácia na pendência do processo, mas pode, a qualquer tempo, ser revogada ou modificada". Também mencionando a possibilidade de revogação da tutela antecipada nas "disposições gerais", o art. 299 prevê que "na decisão que conceder, negar, modificar ou revogar a tutela antecipada, o juiz justificará as razões de seu convencimento de modo claro e preciso". Em relação à tutela antecipada de urgência — satisfativa ou cautelar —, não há a menor dúvida de que a modificação ou a revogação da medida a qualquer tempo é plenamente possível.

A dúvida surge a respeito da tutela antecipada da evidência, pois aparentemente o Projeto tratou a questão como medida provisória e não como medida definitiva, o que significaria, em relação a essa decisão, inexistência de coisa julgada material. Isso quer dizer, na prática, que, mesmo tendo sido concedida a tutela antecipada da evidência no curso do processo, o juiz poderia revogá-la quando da prolação da sentença de mérito, ao final da fase de conhecimento do processo. Rejeita-se, pois, num primeiro momento, a tese defendida por parcela da doutrina em relação ao atual §6º do art. 273, no sentido de que a decisão com base nele proferida — tutela da evidência — estaria acobertada pela autoridade da coisa julgada, tornando-se imodificável mesmo em relação à futura sentença de mérito. O Projeto, aparentemente, tomou a direção da provisoriedade, também amparada em doutrina.[19]

---

18. Nesse sentido, vale lembrar o clássico Carlos Maximiliano (1998:247): "(...) quando o texto dispõe de modo amplo, sem limitações evidentes, é dever do intérprete aplicá-lo a todos os casos particulares que se possam enquadrar na hipótese geral prevista explicitamente; não tente distinguir entre as circunstâncias da questão e as outras; cumpra a norma tal qual é, sem acrescentar condições novas, nem dispensar nenhuma das expressas".

19. Parte da doutrina, após a promulgação da Lei nº 10.444/2002, que acrescentou ao estatuto processual o art. 273, §6º (tutela antecipada da parcela incontroversa do pedido), passou a entender que esse era mais um caso de sentença parcial. Nesse sentido, Luiz Roberto Ayoub e Antônio Pedro Pellegrino (2008:75) defendem que "o referido parágrafo encerra uma sentença parcial por via oblíqua, isto é, a sentença se encontra, no caso *sub examen*, camuflada na tutela antecipada". A questão, contudo, não é pacífica, pois, conforme reconhece Teori Albino Zavascki (2007:112), o legislador não optou pela sentença parcial, mas sim "preferiu

A arbitragem e o Projeto de Novo Código de Processo Civil

Exposta, em linhas bem gerais, a nova sistemática das medidas provisórias no Projeto aprovado da Câmara dos Deputados, importa agora examinar a chamada tese da estabilização da tutela antecipada, no item seguinte.

8.2 Arbitragem e estabilização da tutela de urgência

A maior novidade no que diz respeito às medidas provisórias adotada pelo Projeto, na linha dos textos do Anteprojeto e do Substitutivo, é a chamada "estabilização da tutela". Trata-se da incorporação na lei de tese defendida pela professora Ada Pellegrini Grinover há muitos anos, com inspiração nas legislações processuais belga, francesa e italiana. A primeira proposta de estabilização da tutela foi feita pela mencionada estudiosa ao Instituto Brasileiro de Direito Processual em 1997.[20] Alguns anos mais tarde, o Instituto Brasileiro de Direito Processual montou Grupo de Trabalho para tratar da matéria, composto por Ada Pellegrini Grinover, José Roberto dos Santos Bedaque, Kazuo Watanabe e Luiz Guilherme Marinoni.

O Grupo de Trabalho, então, formulou nova proposta de estabilização da tutela, com a finalidade de alterar o estatuto processual civil de 1973 de modo a contemplá-la. Conforme consta da exposição de motivos do trabalho, "a proposta de estabilização da tutela antecipada procura, em síntese, tornar definitivo e suficiente o comando estabelecido por ocasião da decisão antecipatória" (Grinover, 2005b: 55). Como explica José Roberto dos Santos Bedaque (2004:367), "em apertada síntese, sua ideia é a seguinte: deferida a tutela antecipada, incidentalmente ou em procedimento prévio, e omitindo-se as partes quanto ao prosseguimento do processo ou à propositura da demanda cognitiva, a decisão transitará em julgado". Confira-se também a explicação de Ada Pellegrini Grinover (2005b:56):

> No sistema pátrio, o mandado monitório não impugnado estabiliza a tutela diferenciada. Simetricamente, a mesma coisa deve ocorrer com a decisão antecipatória com a qual as partes se satisfazem, considerando pacificado

---

o caminho da tutela antecipada provisória". E a opção do legislador tem sido acompanhada pela maioria da doutrina, conforme se percebe em José Roberto dos Santos Bedaque (2003:367) e Cândido Rangel Dinamarco (2003a:96).
20. Veja texto da proposta em: Grinover (2000:128-133).

o conflito: as partes, e não apenas o demandado, porquanto a antecipação da tutela pode ser parcial, podendo neste caso também o autor ter interesse na instauração ou prosseguimento da ação de conhecimento. Assim, a instauração ou o prosseguimento da demanda são considerados ônus do demandado e, em caso de antecipação parcial, do demandante, sendo a conduta omissiva seguro indício de que não há mais necessidade de sentença de mérito.

O Projeto trata da estabilização da tutela de forma um pouco diversa da idealizada nas duas propostas anteriormente mencionadas. Concentrando o objeto de nossa análise na tutela antecipada de urgência antecedente (preparatória), cumpre destacar que o art. 305 estabelece que "a tutela antecipada satisfativa, concedida nos termos do art. 304, torna-se estável se da decisão que a conceder não for interposto o respectivo recurso". O Projeto, como se nota, prevê que, concedida a tutela antecipada satisfativa de urgência antecedente (preparatória), o réu deverá interpor recurso contra essa decisão — no caso, agravo. Caso o réu não interponha o recurso, a decisão se tornará estável, na linguagem do Projeto. Destaque-se que, consoante os termos literais do art. 305, não basta ao réu contestar o pedido do autor, é necessário interpor o recurso contra a decisão liminar concessiva da tutela de urgência.

Na forma do §1º desse mesmo dispositivo, caso o réu não interponha o recurso contra a decisão liminar, "o processo será extinto". Assim, concedida a tutela antecipada satisfativa de urgência antecedente (preparatória) e não impugnada pelo réu por meio do recurso de agravo, essa decisão se tornará estável e o processo será extinto. Consoante a previsão do §2º do art. 305, "qualquer das partes poderá demandar a outra com o intuito de rever, reformar ou invalidar a tutela antecipada satisfativa estabilizada nos termos do *caput*". Isso significa que a tutela antecipada concedida e irrecorrida permanecerá estável, extinguindo-se o processo, até que a parte interessada proponha nova ação para discutir a matéria objeto dessa decisão. O §5º do mencionado dispositivo, todavia, prevê que "o direito de rever, reformar ou invalidar a tutela antecipada, previsto no §2º deste artigo, extingue-se após dois anos, contados da ciência da decisão que extinguiu o processo, nos termos do §1º".

No Substitutivo aprovado no Senado Federal, o §2º do art. 284 dispunha que "a decisão que concede a tutela não fará coisa julgada, mas a estabilidade dos respectivos efeitos só será afastada por decisão que a revogar, proferida em ação ajuizada por uma das partes". De acordo com esse dispositivo, a decisão liminar estabilizada não ficava acobertada pela coisa julgada material, não obstante somente pudesse ser desconstituída com a propositura de nova demanda. O Projeto não repetiu essa regra, mas apenas previu, no §3º do art. 305, que "a tutela antecipada satisfativa conservará seus efeitos, enquanto não revista, reformada ou invalidada por decisão de mérito proferida na ação de que trata o §2º". Assim, o Projeto não definiu, expressamente, se há coisa julgada material sobre essa decisão, nem mesmo preclusão ou coisa formal, razão pela qual caberá à jurisprudência interpretar tal regra.

8.3 Repercussões do novo regime das medidas provisórias previsto no Projeto a ser aprovado na Câmara dos Deputados na arbitragem

Exposta, em linhas bem gerais, a nova sistemática das medidas provisórias no Projeto aprovado na Câmara dos Deputados, importa agora examinar as suas repercussões na arbitragem. Inegavelmente, o nosso foco de estudo a esse respeito é sobre as medidas provisórias de urgência antecedentes, inclusive no que tange à tese da estabilização da tutela, pois, como se sabe, enquanto não instituída a arbitragem — na forma do art. 19 da Lei nº 9.307/1996[21] —, a competência para conhecimento e decretação dessas medidas é do Poder Judiciário.[22] Vale, também, ao final, uma nota sobre a tutela antecipada da evidência na arbitragem.

Conforme analisado, as medidas provisórias urgentes antecedentes possuem procedimentos diversos conquanto se tratem de medidas de natureza satisfativa ou de medidas de natureza cautelar. No que diz respeito à tutela antecipada satisfativa de urgência antecedente (preparatória), o art. 304 do Projeto prevê que o autor pode requerer sumariamente o seu pedido de medida provisória satisfativa, expondo, evidentemente, o *periculum in mora* e o *fumus boni iuris*. Nesse momento, o autor deverá indicar qual o seu pedido de

---

21. O *caput* do art. 19 da Lei nº 9.307/1996 tem o seguinte teor: "Considera-se instituída a arbitragem quando aceita a nomeação pelo árbitro, se for único, ou por todos, se forem vários".
22. Permita-se, a esse respeito, a indicação do seguinte texto dos autores: Fichtner e Monteiro (2010f:115-147).

tutela final, a ser feito na via judicial ou na via arbitral, conforme o caso, isto é, conforme haja ou não convenção de arbitragem.

Quando se tratar de conflito a ser solucionado integralmente no âmbito judicial, concedida a medida, o autor não precisará propor uma nova ação, mas apenas deverá aditar a petição inicial, em 15 (quinze dias) ou em outro prazo maior fixado judicialmente, expondo agora todos os argumentos e reiterando o pedido principal, tudo na forma do §1º do art. 304. Destaque-se que, consoante estatuído no §2º desse mesmo dispositivo, "não realizado o aditamento a que se refere o inciso I do § 1º deste artigo, o processo será extinto sem resolução do mérito". Esse procedimento, todavia, não se aplica quando se tratar de medidas provisórias pré-arbitrais, uma vez que, nesse caso, o pedido principal será feito na arbitragem e não perante o Poder Judiciário. Dessa forma, parece-nos que, concedida a medida, o autor deverá, em 15 (quinze dias) ou em outro prazo maior fixado judicialmente, apresentar o seu requerimento de instauração da arbitragem, perante a entidade arbitral escolhida.

No que tange à tutela antecipada cautelar de urgência antecedente (preparatória), o art. 307 do Projeto dispõe que "a petição inicial da ação que visa à prestação de tutela cautelar em caráter antecedente indicará a lide, seu fundamento e a exposição sumária do direito que se visa assegurar e o perigo na demora da prestação da tutela jurisdicional". Quando se tratar de conflito a ser solucionado integralmente no âmbito judicial, expostos o *periculum in mora* e o *fumus boni iuris* e deferida a medida cautelar, o autor não precisará propor uma nova ação, mas apenas deverá formular, no prazo de 30 (trinta) dias, o pedido principal nos mesmos autos, tal como determina o art. 310 do Projeto aprovado na Câmara. Destaque-se que, na forma do inciso I do art. 311, "cessa a eficácia da tutela concedida em caráter antecedente, se (...) o autor não deduziu o pedido principal no prazo legal".

Esse procedimento, todavia, da mesma forma como ocorre em relação à tutela antecipada satisfativa de urgência antecedente (preparatória), não se aplica quando se tratar de medidas cautelares pré-arbitrais, uma vez que, nesse caso, o pedido principal será feito na arbitragem e não perante o Poder Judiciário. Dessa forma, parece-nos que, concedida a medida cautelar, o autor deverá, em 30 (trinta) dias, apresentar o seu requerimento de instauração da arbitragem, perante a entidade arbitral escolhida. Tanto no caso da tutela antecipada satisfativa quanto no caso da tutela antecipada cautelar, a extinção do processo ou a cessão da eficácia da medida somente ocorrerão caso o autor não requeira, no prazo estabelecido, a instauração da arbitragem.

Em relação à tese da estabilização da tutela, cumpre dizer que, em âmbito judicial, apresentado o pedido de tutela antecipada satisfativa de urgência antecedente (preparatório) e concedida a medida, o réu deverá recorrer, pois, do contrário, essa decisão "torna-se estável", tal como determina o art. 305 do Projeto. Em relação à arbitragem, existem aqui três situações.

Primeira situação: caso ainda não tenha sido instituída a arbitragem e o réu interponha o recurso perante o Poder Judiciário, inegavelmente o autor deverá apresentar seu pedido de instauração da arbitragem, perante a instituição arbitral escolhida, sob pena de extinção do processo judicial, *ex vi* da interpretação do art. 311, inciso I, do Projeto.

Segunda situação: caso a arbitragem seja instituída no curso do prazo para o réu recorrer da decisão judicial concessiva da medida provisória, não se aplica a tese da estabilização da tutela e o réu não precisará interpor o recurso no âmbito judicial. Isso porque, a partir do momento da instituição da arbitragem, cessa a jurisdição do Poder Judiciário sobre a causa e o árbitro é quem deverá proferir uma decisão mantendo, modificando ou revogando a medida provisória concedida em sede judicial.

Terceira situação: caso a arbitragem não tenha sido instituída no prazo recursal do réu e ele deixe de impugnar a decisão do Poder Judiciário concedendo a medida provisória, a decisão se tornará estável e o autor não precisará instituir a arbitragem, na medida em que já obteve a proteção de seu direito, carecendo-lhe interesse processual em iniciar o processo arbitral. Ressalve-se, nessa situação, o caso em que o autor tenha outros interesses não contemplados pela medida provisória judicial a serem debatidos no processo arbitral, circunstância que lhe permitirá iniciar a arbitragem.

Estabilizada a decisão judicial e afastada a necessidade de instauração da arbitragem, caso qualquer das partes pretenda rediscutir a matéria, deverá apresentar requerimento de instauração da arbitragem, pois, no caso, a rediscussão não deverá se dar no âmbito do Poder Judiciário, mas sim na arbitragem. Em outras palavras, é na arbitragem, e não perante o Poder Judiciário, que poderá ser debatida a decisão liminar até então estabilizada. Aplica-se, porém, o prazo de 2 (dois) anos a que se refere o §5º do art. 305 do Projeto, para que a parte interessada apresente seu requerimento de instauração da arbitragem para rediscutir a decisão estabilizada.

9. Sentença parcial na arbitragem e a definição de sentença judicial no Projeto da Câmara dos Deputados

Em sua redação original, o estatuto processual civil de 1973 dispunha, no §1º do art. 162, que "sentença é o ato pelo qual o juiz põe termo ao processo, decidindo ou não o mérito da causa". A definição legal foi objeto de sérias críticas, pois se dizia que a sentença não punha termo ao processo, mas apenas ao procedimento em primeiro grau de jurisdição, pois a simples interposição do recurso de apelação prolongaria a vida do processo até o julgamento da instância recursal. Além disso, criticou-se também a redação da lei processual porque ela se utilizava apenas do critério topológico do ato para classificá-lo como sentença, ignorando o seu conteúdo.

Em 2005, com a reforma do modelo de execução de títulos judiciais, a Lei nº 11.232/2005 deu nova redação ao dispositivo em análise, razão pela qual o ordenamento processual brasileiro passou a considerar que "sentença é o ato do juiz que implica alguma das situações previstas nos arts. 267 e 269 desta Lei". Conscientemente ou não, o fato é que a mencionada lei ordinária federal acabou por alterar não apenas o conceito de sentença para adaptá-lo ao novo modelo de execução, mas também o critério de classificação do ato decisório. Literalmente, não importava mais a posição da decisão no curso do processo, mas apenas o seu conteúdo. Em resumo, aparentemente, o critério de classificação da sentença judicial deixou de ser o topológico para ser o do conteúdo.

Essa nova definição também recebeu e continua recebendo diversas críticas da doutrina, pois pode ocorrer que uma decisão proferida no curso do processo tenha como fundamento alguma das matérias elencadas nos incisos dos arts. 267 e 269 do diploma processual — *v.g.*, ilegitimidade de um dos corréus declarada no despacho saneador. Nesse caso, sob o ângulo estritamente legal, essa decisão poderia ser definida como sentença e a parte interessada teria que interpor recurso de apelação, o que inevitavelmente ocasionaria a remessa dos autos ao segundo grau de jurisdição para o julgamento do recurso. Esse procedimento todo impediria o imediato prosseguimento da demanda em relação aos demais corréus em primeiro grau de jurisdição. Para solucionar a questão, parte minoritária da doutrina sugeriu até mesmo uma chamada "apelação por instrumento", o que, porém, atualmente carece de amparo legal.[23]

---

23. A respeito dessa questão em âmbito judicial, defendendo a impossibilidade de adoção da chamada "apelação por instrumento", permita-se a indicação de texto do terceiro autor:

A arbitragem e o Projeto de Novo Código de Processo Civil

Diante dessa delicada questão, passamos a considerar que a sentença judicial, a partir da promulgação da Lei nº 11.232/2005, deve ser considerada, conforme a lição de Cassio Scarpinella Bueno (2006:v. 1, p. 20), "o ato que encerra uma fase do procedimento em primeiro grau de jurisdição e que terá, necessariamente, um dos conteúdos dos arts. 267, *caput*, e 269, *caput*". Essa definição, como se vê, utiliza tanto o critério do conteúdo do pronunciamento judicial quanto o critério de sua localização no *inter* procedimental, o que não gera atrito com o sistema recursal delineado no Código de Processo Civil em vigor. No exemplo antes citado, não obstante fundada no art. 267, a decisão proferida no curso do processo continua sendo classificada como interlocutória e o recurso cabível continua sendo o agravo, o que dispensa a remessa dos autos ao segundo grau.

A importância desse histórico da definição de sentença judicial é que parte da doutrina brasileira considerava que a adoção do critério topológico pelo ordenamento processual, como ocorria antes da entrada em vigor da Lei nº 11.232/2005, impediria a prolação de sentença parcial arbitral, pois esse critério representava a adoção no Brasil do princípio da *unità e unicità della sentenza civile*. Expressamente nesse sentido, Carlos Alberto Carmona (2004a:315) lecionava, em 2004, que "o sistema brasileiro não admite a denominada 'sentença parcial', de forma que os árbitros não poderão decidir o *an debeatur* para, depois, liquidarem (ainda que em sede arbitral) o *quantum debeatur*". Com a alteração do conceito de sentença judicial pela Lei nº 11.232/2005, o mesmo autor passou a entender, em 2008, que "na medida em que o Código de Processo Civil brasileiro passou a admitir, ainda que obliquamente, a sentença parcial, não parece haver óbice intransponível para a admissão do mecanismo em sede arbitral" (Carmona, 2008:23).

Em outras palavras, parte da doutrina considerava que, como o ordenamento processual brasileiro só admitiria prolação de uma sentença de mérito — o que atingiria tanto o processo judicial quanto a arbitragem —, as partes não teriam liberdade e nem seriam os árbitros titulares de poder para proferir mais de uma sentença de mérito na arbitragem, ou seja, para proferir uma ou mais sentenças parciais e, depois, a sentença final. Como o ordenamento processual brasileiro somente admitiria uma única e unitária sentença, não poderia haver sentença parcial na arbitragem, o que representaria, matema-

---

Monteiro (2010:9-22).

ticamente, ao menos duas sentenças (uma sentença parcial e uma sentença final). Com a mudança promovida pela Lei nº 11.232/2005, essa doutrina passou a considerar que não existiria mais óbice à prolação de mais de uma sentença no curso do processo, razão pela qual seria agora admissível o proferimento de sentença parcial na arbitragem.

O Projeto estatui no art. 203 que "os pronunciamentos do juiz consistirão em sentenças, decisões interlocutórias e despachos", sendo certo que, consoante o §1º desse mesmo dispositivo, "ressalvadas as disposições expressas dos procedimentos especiais, sentença é o pronunciamento por meio do qual o juiz, com fundamento nos arts. 495 e 497, põe fim ao processo ou a alguma de suas fases".

Como se vê, atendendo aos reclamos da doutrina processual, o Projeto passou a definir a sentença judicial a partir da conjugação do critério do conteúdo com o critério topológico. Importa, assim, debater se o retorno do critério topológico na classificação da sentença judicial importará na impossibilidade de prolação de sentença parcial na arbitragem. O retorno do critério topológico — independentemente ou não de conjugado com o critério do conteúdo — poderia significar, a princípio, trazer de volta ao ordenamento processual a impossibilidade de prolação de mais de uma sentença na mesma fase do processo.

Conforme o primeiro e o terceiro autores deste trabalho já haviam se manifestado em outra sede,

> a impossibilidade da adoção da sentença parcial como regra geral no processo judicial decorre da incompatibilidade do instituto com o sistema recursal positivo brasileiro. Não se trata, assim, de um empecilho da natureza ou da essência do Direito Processual, tal como eventualmente entendido no Brasil, mas apenas de uma incompatibilidade com o atual ordenamento positivo.[24]

Em outras palavras, a impossibilidade de prolação de mais de uma sentença na mesma fase do processo judicial decorria, antes e depois da Lei nº 11.232/2005, da completa incompatibilidade da sentença parcial judicial

---

24. Fichtner e Monteiro (2010h:167). Para aqueles que tiverem maior interesse no tema, sugere-se a leitura desse texto, pois nele os autores indicam farta e dominante doutrina nacional e estrangeira favorável à sentença parcial na arbitragem.

com o sistema recursal do Código de Processo Civil de 1973. Essa impossibilidade na seara judicial se dava em razão do sistema de recursos e não de qualquer princípio processual ou norma de essência do processo brasileiro.

Dessa forma, como na arbitragem, em regra, inexistem os óbices do sistema recursal judicial brasileiro, a sentença parcial é plenamente admissível, até porque não há ofensa à ordem pública brasileira, aos bons costumes e nem a qualquer garantia processual constitucional. Por essa razão, a sentença parcial na arbitragem já era possível antes da Lei nº 11.232/2005, continuou sendo lícita após a reforma do processo de execução de título judicial e permanecerá cabível com a entrada em vigor do texto projetado. Em resumo, entendemos que, independentemente da adoção do critério topológico pelo Projeto aprovado pela Câmara dos Deputados, a sentença parcial é e continuará sendo admissível na arbitragem.

10. Arbitragem e fraude à execução

A responsabilidade patrimonial garante que todos os bens, presentes e futuros, do devedor respondam pela obrigação assumida contratualmente ou imposta a ele por lei. Trata-se de uma garantia natural presente em qualquer relação jurídica, tenha ela origem contratual ou extracontratual. Evidentemente que, além dessa garantia natural, especialmente na seara dos negócios jurídicos, outras formas de segurança patrimonial podem ser convencionadas (fiança, hipoteca etc.), mas, na ausência de quaisquer delas, há sempre o patrimônio do devedor.

As legislações procuram salvaguardar os interesses do credor — e também do próprio Estado — com essa garantia mínima, em privilégio da boa-fé e da efetividade do processo. Nesse sentido, justifica-se a regulamentação legal das fraudes à responsabilidade patrimonial, em especial da fraude contra credores e da fraude à execução. Não nos cumpre aqui apresentar estudo detalhado a respeito desses institutos, mas apenas apontar algumas observações gerais, em especial a respeito da fraude à execução, cuja repercussão na arbitragem é bem mais sensível.

Em brevíssimo resumo, pode-se dizer que a fraude contra credores, consoante previsto nos arts. 158 e 159 do Código Civil de 2002, é o instituto de direito material consistente na alienação de bens capazes de levar o devedor à situação de insolvência, independentemente da existência de ação já ajuizada contra o devedor, o que permite ao credor anular judicialmente o negócio, em proveito próprio e dos demais credores.[25] Em relação à fraude contra credores, Caio Mario da Silva Pereira afirma que "o que se caracteriza como defeito, e sofre a repressão da ordem legal, é a diminuição maliciosa do patrimônio, empreendida pelo devedor com ânimo de prejudicar os demais credores, ou com a consciência de causar dano".[26] Não há, no que diz respeito à fraude contra credores, a exigência de que exista ação em curso contra o devedor, ou seja, litispendência, razão pela qual a sua disciplina aplica-se, igualmente, tanto na hipótese de o futuro litígio ser solucionado no âmbito judicial quanto no âmbito arbitral.

Já a fraude à execução, a partir da redação do art. 593 do Código de Processo Civil de 1973, é o instituto de direito processual consistente na alie-

---

25. Diante da fraude contra credores, entendendo pela necessidade de ajuizamento da ação de anulação (ou ação pauliana ou ação revocatória), confira-se a seguinte doutrina: Cahali (2008:78); Pereira (2008:v. I, p. 540); Didier Jr., Cunha, Braga e Oliveira (2011:v. 5, p. 304-305); Teixeira (1986:8); Theodoro Júnior (2001:83); Venosa (2009:v. I, p. 442); Lucon (2000:161); Nery Junior (1981:94); Gonçalves (2009:v. 1, p. 420); Dinamarco (2009:v. IV, p. 440).

26. Pereira (2006:v. I, p. 537). Carlos Roberto Gonçalves (2009:v. 1, p. 413-414), a seu turno, anota que "dois elementos compõem o conceito de fraude contra credores: o objetivo (*eventus damni*), ou seja, a própria insolvência, que constitui o ato prejudicial ao credor, e o subjetivo (*consilium fraudis*), que é a má-fé do devedor, a consciência de prejudicar terceiros". E Fredie Didier Jr., Leonardo Carneiro da Cunha, Paula Sarno Braga e Rafael Oliveira (2011:v. 5, p. 302-303), depois de narrar que tradicionalmente se exige a demonstração dos pressupostos objetivo (*eventus damni*) e subjetivo (*consilium fraudis*), defendem que se deve dispensar "totalmente o *consilium fraudis*", substituindo a exigência da intenção de fraudar pela simples consciência da fraude (*scientia fraudis*)". Sílvio de Salvo Venosa (2009:v. 1, p. 437), resumidamente, afirma que "são três os requisitos para a tipificação da fraude contra credores: a anterioridade do crédito, o *consilium fraudis* e o *eventus damni*". Humberto Theodoro Júnior (2001:79-80), em relação aos atos gratuitos, afirma que "no sistema do Código Civil, os atos fraudulentos a título gratuito se sujeitam à pauliana independentemente da aferição da boa ou má-fé do adquirente", razão pela qual, para esse caso, continua o jurista, "basta, então, a má-fé do devedor que, conscientemente, se despoja, de forma gratuita, dos bens que deveriam representar a garantia normal de seus credores". Em relação aos atos onerosos, porém, o jurista explica que "quando, todavia, a ação pauliana se volta contra ato de alienação onerosa, sua procedência reclama, além de *eventus damni* (insolvência do alienante), o elemento ético *scientia fraudis* por parte do adquirente". Paulo Henrique dos Santos Lucon (2000:161) explica que "na chamada fraude contra credores, suscitada por meio de ação pauliana ou revocatória, compete ao demandante demonstrar: a) a existência de um crédito em seu favor; b) a insolvabilidade do devedor em função de ato jurídico realizado entre o devedor e terceiro (*eventus damni*); c) com o objetivo de prejudicar seu direito de crédito (*consilium fraudis*)". O autor, em seguida, ressalva que "em certos casos, quando há transmissão gratuita de bens e nada foi desembolsado pelo adquirente, não há necessidade de prova da fraude bilateral (*consilium fraudis*), bastando a demonstração de desequilíbrio patrimonial resultante da fraude".

A arbitragem e o Projeto de Novo Código de Processo Civil

nação ou oneração de bens quando sobre eles pender ação fundada em direito real ou quando, ao tempo da alienação ou oneração, correr contra o devedor demanda capaz de reduzi-lo à insolvência, o que permite ao credor requerer a declaração da ineficácia do negócio, em exclusivo proveito, dispensando-se a prova da má-fé. Os pressupostos para configuração da fraude à execução são mais rígidos do que aqueles necessários à fraude contra credores, na medida em que se considera que nesse caso não se trata apenas de uma violação dos direitos do credor, restrita ao âmbito privado, mas de um obstáculo à atividade jurisdicional já iniciada.[27]

Araken de Assis, em sua conhecida obra, leciona que "dois requisitos formam a fraude contra o processo executivo: a litispendência e a frustração dos meios executórios".[28] Sálvio de Figueiredo Teixeira ensina que

> esta modalidade de fraude reclama, destarte, a ocorrência de dois pressupostos, a saber: uma ação em curso (seja executiva, seja condenatória) e o dano resultante da circunstância de seu resultado reduzir o devedor a um estado de insolvabilidade, aferido através de valores da relação bens-dívidas, em que a superioridade quantitativa destas sobre aquelas se manifesta.[29]

Na fraude à execução, exige-se, assim, que a alienação patrimonial ocorra numa situação em que haja (i) a pendência de uma ação contra o devedor e (ii) que essa alienação deixe o patrimônio do devedor imune à constrição judicial executiva.

---

27. Como afirma Yussef Said Cahali (2008:354), "a fraude de execução se caracteriza, assim, pela violação da função processual executiva, pois a alienação dificulta a atuação do Poder Judiciário". Na fraude à execução, o devedor não apenas viola os interesses do credor como torna inútil toda a atividade jurisdicional de examinar as alegações das partes, apreciar as provas produzidas e produzir uma decisão fazendo atuar a vontade concreta da lei, pois todos os atos executórios em seguida praticados acabarão por fracassados, diante de um devedor sem patrimônio.

28. Assis (2010:297). Em seguida, o autor explica que "a ideia de frustração dos meios executórios substitui, à luz do art. 593, a de insolvência, que, na fraude contra credores, se afigura consequência imediata do negócio suspeito. É que, nesta espécie de fraude, impende verificar a existência do dano. No âmbito da fraude contra a execução, ao invés, dispensável se revela a investigação do estado deficitário do patrimônio, bastando a inexistência de bens penhoráveis. Daí a noção mais adequada de frustração dos meios executórios" (Ibid., p. 300).

29. Teixeira (1986:9). Paulo Henrique dos Santos Lucon (2000:162) afirma que "antes da penhora, os requisitos caracterizadores da fraude de execução podem ser assim elencados: a) ato jurídico que importe a alienação ou oneração de bens; b) capaz de reduzir o devedor à insolvência; c) após a sua citação em processo cognitivo ou executivo ou, ainda, o seu conhecimento inequívoco da existência da demanda por qualquer meio possível de ser provado judicialmente (p. ex. notificação)".

Diante do pressuposto da existência de ação proposta contra o devedor, parece intuitivo que a questão que ganha real impacto na arbitragem é a de saber se o processo arbitral cumpriria esse papel. Em outras palavras, a litispendência arbitral serviria à caracterização da fraude à execução caso o devedor, réu ou requerido na arbitragem alienasse seus ativos durante o desenrolar da arbitragem a ponto de se tornar insolvente? Em caso positivo, a partir de que momento se considera a litispendência arbitral? Do requerimento de instauração da arbitragem? Da comunicação ao réu ou requerido do pedido de instauração da arbitragem? Da constituição do tribunal arbitral ou instituição da arbitragem (art. 19 da Lei de Arbitragem)? A doutrina e a jurisprudência ainda não se debruçaram sobre o assunto.

Vale destacar, porém, o entendimento de Donaldo Armelin, um dos poucos a manifestar opinião na matéria.[30] O autor defende que "a instituição da arbitragem haverá de implicar a litigiosidade do bem objeto da decisão arbitral, de forma a importar sua instauração em fato configurador de fraude à execução, se e quando alienado ou onerado esse bem" (Armelin, 2007:75). O processualista, como se vê, considera que a litispendência arbitral começa no momento em que a arbitragem é instituída, o que se considera, nos termos do art. 19 da Lei nº 9.307/1996, caracterizada "quando aceita a nomeação pelo árbitro, se for único, ou por todos, se forem vários". Seguindo-se essa linha de entendimento, poder-se-ia dizer que, a partir do momento em que fosse instituída a arbitragem, qualquer alienação de ativos passível de reduzir o requerido no processo arbitral à insolvência seria considerada fraude à execução.

Ocorre, porém, que há outro dado a considerar na caracterização da fraude à execução ou, mais corretamente, na possibilidade de tornar ineficaz o ato fraudulento. Trata-se de averiguar a posição do terceiro adquirente do bem. Isso porque o STJ, na linha de farta jurisprudência, editou o enunciado nº 375 de sua Súmula, segundo o qual "o reconhecimento da fraude à execução depende do registro da penhora do bem alienado ou da prova de má-fé do terceiro adquirente". Isso significa, em outras palavras, que, ainda que

---

30. Fredie Didier Jr., Leonardo Carneiro da Cunha, Paula Sarno Braga e Rafael Oliveira (2011:v. 5, p. 309), apesar de não se deterem no tema, fazem menção à arbitragem ao explicarem que "os pressupostos [da fraude à execução] são (i) a exigência de que o ato seja danoso, apto à reduzi-lo à insolvência (*eventus damni*), e (ii) que tenha sido praticado na pendência de um processo contra o devedor (litispendência), que pode ser condenatório, executivo, cautelar, penal, arbitral, etc.; não há fraude na iminência de processo, só na sua pendência".

haja ação em curso contra o devedor e que ele pratique alienação de ativos sujeita a torná-lo insolvente, a declaração de ineficácia da alienação não ocorrerá se o credor não provar que o terceiro adquirente do bem tinha ciência da fraude. O STJ, em resumo, exige também esse pressuposto, conforme se extrai do didático acórdão a seguir transcrito:

> Para que se tenha por fraude à execução a alienação de bens, de que trata o inciso II do art. 593 do Código de Processo Civil, é necessária a presença concomitante dos seguintes elementos: a) que a ação já tenha sido aforada; b) que o adquirente saiba da existência da ação, ou por já constar no cartório imobiliário algum registro dando conta de sua existência (presunção *juris et de jure* contra o adquirente), ou porque o exequente, por outros meios, provou que do aforamento da ação o adquirente tinha ciência; c) que a alienação ou a oneração dos bens seja capaz de reduzir o devedor à insolvência, militando em favor do exequente a presunção *juris tantum*.[31]

No âmbito do processo judicial, a ciência do terceiro adquirente é presumida quando a ação judicial proposta contra o devedor consta dos registros de distribuição de ações cíveis (presunção *juris et de jure* contra o adquirente). Caso a demanda judicial não conste desses registros, por qualquer motivo, o credor, na linha do julgado acima, deverá fazer a prova de que o terceiro adquirente tinha ciência de que o ato era fraudulento. Trata-se de prova bastante difícil, a colocar o credor numa situação complexa, em que, não obstante a pendência de ação judicial contra o devedor e a caracterização do estado de insolvência do devedor, a declaração de ineficácia não é obtida, privilegiando-se a boa-fé do terceiro adquirente. No âmbito judicial, essa segunda hipótese é mais rara, na medida em que, em regra, as ações cíveis ajuizadas são registradas pelos ofícios de distribuição e constam, assim, das respectivas certidões. Na arbitragem, porém, a tarefa é árdua, uma vez que não há registro de distribuição de ações arbitrais e, ademais, privilegia-se a confidencialidade da arbitragem.

O Projeto aprovado na Câmara dos Deputados trata da fraude à execução no art. 808, segundo o qual

---

31. STJ, 4. T., REsp. no 235.201/SP, min. Cesar Asfor Rocha, j. em 25.6.2002, *D.J.* de 11.11.2002.

considera-se fraude à execução a alienação ou a oneração de bem: I — quando sobre ele pender ação fundada em direito real ou com pretensão reipersecutória, desde que a pendência do processo tenha sido averbada no respectivo registro público, se houver; II — quando tiver sido averbada, em seu registro, a pendência do processo de execução, na forma do art. 844; III — quando tiver sido averbado, em seu registro, hipoteca judiciária ou outro ato de constrição judicial originário do processo onde foi arguida a fraude; IV — quando, ao tempo da alienação ou oneração, tramitava contra o devedor ação capaz de reduzi-lo à insolvência; V — nos demais casos expressos em lei.

Em relação à hipótese do inciso II, não há real problema para a arbitragem, pois como a execução da sentença arbitral (na verdade, cumprimento da sentença arbitral) se dá perante o Poder Judiciário, o ajuizamento da ação de execução da sentença arbitral constará, em princípio, dos registros dos ofícios de distribuição. Ou, então, caso assim se entenda, poderá o exequente fazer uso da faculdade prevista no art. 844 do Projeto[32] e averbar a existência da execução da sentença arbitral nos registros de imóveis, ações, veículos etc. de propriedade do devedor.[33] No que diz respeito aos casos dos incisos I e III, a questão é um pouco mais complexa, pois cumpre descobrir se seria possível, sob o ângulo notarial, averbar a existência de uma arbitragem e, caso isso seja possível, se esse procedimento não infringiria a confidencialidade privilegiada na arbitragem.

A questão se torna mais problemática no caso do inciso IV, em que se diz, repita-se, que "considera-se fraude à execução a alienação ou a oneração de

---

32. O art. 844 do Projeto, correspondente ao atual art. 615-A do Código de Processo Civil de 1973, dispõe o seguinte: "Art. 844. O exequente poderá obter certidão de que a execução foi admitida pelo juiz, com identificação das partes e do valor da causa, para fins de averbação no registro de imóveis, de veículos ou de outros bens sujeitos a penhora, arresto ou indisponibilidade. §1. No prazo de dez dias de sua concretização, o exequente deverá comunicar ao juízo as averbações efetivadas. §2. Formalizada penhora sobre bens suficientes para cobrir o valor da dívida, o exequente providenciará, no prazo de dez dias, o cancelamento das averbações relativas àqueles não penhorados. O juiz determinará o cancelamento das averbações, de ofício ou a requerimento, caso o exequente não o faça no prazo. §3. Presume-se em fraude à execução a alienação ou a oneração de bens efetuada após a averbação. §4. O exequente que promover averbação manifestamente indevida ou não cancelar as averbações nos termos do §2. indenizará a parte contrária, processando-se o incidente em autos apartados".
33. Marcus Vinicius dos Santos Andrade (2007:52), comentando o art. 615-A do diploma processual de 1973, depois de defender a sua aplicação ao cumprimento da sentença judicial e não apenas ao processo de execução por título extrajudicial, entende plenamente possível a sua incidência na execução da sentença arbitral, na medida em que "a situação, no que tange ao cumprimento da sentença arbitral, é exatamente a mesma [do cumprimento da sentença judicial]".

bem (...) quando, ao tempo da alienação ou oneração, tramitava contra o devedor ação capaz de reduzi-lo à insolvência". Isso porque, como não há registro de distribuição de ações arbitrais e, mesmo que houvesse, isso poderia representar ofensa à confidencialidade na arbitragem, torna-se improvável demonstrar que o terceiro adquirente tinha ciência da existência do processo arbitral.

O Projeto, na versão aprovada pela Comissão Especial da Câmara dos Deputados, continha uma previsão a esse respeito, incluída a pedido do ministro Cezar Peluso, conforme esclarecia naquela oportunidade o Relatório--Geral do texto projetado. Tratava-se do anterior §4º, segundo o qual "não será considerado adquirente de boa-fé aquele que tiver ciência da pendência de processo arbitral contra o executado". A versão atual, aprovada no Plenário da Câmara, não ostenta mais essa previsão, uma vez que o texto desse §4º foi substituído pelo texto do anterior §5º desse mesmo dispositivo, passando ele a conter, no total, apenas quatro parágrafos e não mais cinco parágrafos. Na versão mais atual, portanto, inexiste essa previsão.

De toda forma, vale dizer que, como é quase impossível provar que o terceiro adquirente tem ciência da pendência do processo arbitral — já que inexiste registro de distribuição de ações arbitrais e privilegia-se a confidencialidade da arbitragem —, cria-se uma situação realmente preocupante, a exigir atenção da doutrina e também dos legisladores, em face do conflito que pode surgir entre a confidencialidade da arbitragem e a proteção do terceiro adquirente de boa-fé.

11. Homologação da sentença arbitral estrangeira

O controle judicial da sentença arbitral estrangeira — o que se faz, no Brasil, na via da ação de homologação — representa um importante termômetro para a comunidade internacional da postura de um país em relação à arbitragem. Como no âmbito do comércio internacional a facilidade de reconhecimento e de execução de decisões arbitrais é um importante fator de negociação, não é exagero dizer que as boas ou más decisões no âmbito do controle judicial das sentenças arbitrais estrangeiras influem na colocação de um país no *ranking* de locais atrativos para o recebimento de investimentos estrangeiros. Por esse motivo, estudar a regulamentação da ação de homologação extravasa até mesmo o âmbito estritamente jurídico.

O Código de Processo Civil de 1973 possui disciplina bastante concisa em relação à homologação da sentença estrangeira, tanto judicial quanto arbitral. O art. 483 dispõe que "a sentença proferida por tribunal estrangeiro não terá eficácia no Brasil senão depois de homologada pelo Supremo Tribunal Federal". O parágrafo único desse dispositivo prevê que "a homologação obedecerá ao que dispuser o Regimento Interno do Supremo Tribunal Federal". Por fim, o art. 483 estatui que "a execução far-se-á por carta de sentença extraída dos autos da homologação e obedecerá às regras estabelecidas para a execução da sentença nacional da mesma natureza".

Em razão da Emenda Constitucional nº 45/2004, a homologação de sentença estrangeira — judicial ou arbitral — passou a ser da competência originária do STJ, que editou, em caráter transitório, a Resolução nº 09/2005 para tratar da matéria. No que diz respeito especificamente à sentença arbitral estrangeira, incidem no caso as disposições da Convenção de Nova York de 1958 (Decreto nº 4.311/2002) e as regras da Lei de Arbitragem brasileira, com a prevalência do direito convencional, uma vez que o direito brasileiro adotou para a arbitragem a teoria monista radical, conforme se extrai do art. 34 da Lei nº 9.307/1996. Nesse sentido, Jacob Dolinger e Carmen Tiburcio ensinam que "em matéria de arbitragem, por força de regra expressa da Lei, prevalece o original monismo kelseniano, pela supremacia hierárquica dos tratados internacionais sobre a legislação doméstica".[34]

O Projeto trata da homologação das sentenças estrangeiras de maneira bem mais abrangente (arts. 972-977), deixando menor espaço para as disposições do regimento interno do STJ, como faz a lei processual hoje em vigor.

---

34. Dolinger e Tiburcio (2003:42). No que tange ao conflito entre direito interno e direito internacional, a doutrina do direito internacional estabelece a distinção entre o sistema dualista (Alemanha, França, Itália) e o sistema monista (Brasil, EUA). Consoante a lição de Jacob Dolinger (1996:73), "de acordo com a escola dualista, os ordenamentos nacional e internacional são dois sistemas diferentes, independentes e desconectados", razão pela qual "as fontes e normas do direito internacional não têm influência alguma sobre questões de direito interno, nem o contrário". A escola monista, por sua vez, defende a integração entre o ordenamento interno e o ordenamento internacional, dividindo-se em monismo radical — prevalência do direito internacional — e monismo moderado — equiparação entre direito internacional e direito interno. Em texto recente, Jacob Dolinger (1996:107), analisando a jurisprudência brasileira até então consolidada, informa que a prevalência "é pela aceitação do monismo em sua versão moderada — o direito internacional não se sobrepõe ao nacional — na medida em que o princípio básico a considerar será o *later in time*". Também assim, confira-se a opinião de João Bosco Lee (2007:183-184): "O STF considera, portanto, que as regras de direito internacional e de direito interno estão, na pirâmide das normas, no mesmo nível hierárquico; também, no caso de conflito entre elas, a norma posterior aplicar-se-á em prioridade".

O texto projetado trata tanto da sentença judicial estrangeira quanto da sentença arbitral estrangeira, bem como das decisões interlocutórias judiciais e das decisões interlocutórias arbitrais estrangeirais, sem estabelecer, contudo, maiores distinções. Segundo nos parece, a ação de homologação da sentença arbitral estrangeira já é bem regulamentada pela Convenção de Nova York de 1958 e pela própria Lei de Arbitragem brasileira. Esses diplomas tratam, com correção, dos requisitos indispensáveis à propositura da ação de homologação, dos fundamentos de defesa e, ainda, dos requisitos para a concessão da homologação. Nada obsta, porém, a princípio, que o Projeto de novo Código traga elementos que incrementem esse mecanismo de reconhecimento.

O primeiro ponto fundamental contido no Projeto está presente no §2º do art. 972, que, se referindo tanto à sentença judicial estrangeira quanto à sentença arbitral estrangeira, prevê que "a homologação obedecerá ao que dispuserem os tratados em vigor no Brasil e o regimento interno do Superior Tribunal de Justiça". Logo em seguida, no §3º do art. 972, especificamente em relação à sentença arbitral estrangeira, o Projeto dispõe que "a homologação de decisão arbitral estrangeira obedecerá ao disposto em tratado e na lei, aplicando-se, subsidiariamente, as disposições deste Capítulo".

O mencionado dispositivo manteve a tese do monismo radical, elegendo como fonte primária e prevalente aquela disposta nos tratados internacionais, o que engloba, por evidente, a Convenção de Nova York de 1958, certamente o instrumento mais importante na matéria. Em seguida, o mesmo dispositivo ainda determina que a fonte secundária no trato da questão é aquela prevista na Lei nº 9.307/1996. O novo Código de Processo Civil, se assim aprovado, e o Regimento Interno do Superior Tribunal de Justiça aplicar-se-ão apenas na omissão dos tratados internacionais em vigor no Brasil e da Lei de Arbitragem brasileira. Segundo nos parece, trata-se de previsão positiva. A ordem de incidência legal sucessiva no processo de homologação de decisões arbitrais estrangeiras, portanto, será a seguinte: Convenção de Nova York, Lei de Arbitragem, Código de Processo Civil e Regimento Interno do Superior Tribunal de Justiça.

O art. 973 do Projeto, na versão atual, estatui que "a decisão estrangeira somente terá eficácia no Brasil após a homologação de sentença estrangeira ou a concessão do *exequatur* às cartas rogatórias, salvo disposição em sentido contrário de lei ou tratado". Destaque-se que esse dispositivo, exigindo a homologação, se aplica tanto para as sentenças judiciais estrangeiras quanto para as sentenças arbitrais estrangeiras. Vê-se, assim, que, não obstante as acirradas discussões durante a tramitação do texto projetado na Câmara dos Deputados, rejeitou-se a ideia de se tentar dispensar, pela via infralegal, a exigência de homologação da sentença arbitral estrangeira. A solução do Projeto, segundo nos parece, respeita a tradição do direito brasileiro e apresenta-se mais consentânea com a disciplina constitucional exposta no art. 105, inciso I, alínea "i", da Constituição da República.

O §3º desse mesmo art. 973 traz regra fundamental, aplicável a ambas as espécies de sentença estrangeira, segundo a qual "a autoridade judiciária brasileira poderá deferir pedidos de urgência e realizar atos de execução provisória no processo de homologação de decisão estrangeira". Essa previsão autoriza, expressamente, a concessão de medidas provisórias de urgência no seio da ação de homologação de sentença estrangeira, judicial e arbitral. Numa primeira análise, parece-nos lícito dizer que a concessão de medidas provisórias no âmbito do reconhecimento de decisões estrangeiras, além de permitir a imediata execução da decisão, pode ser eficaz para, por exemplo, obstar o ajuizamento no Brasil de demandas idênticas ao processo estrangeiro como forma de burlá-lo.

O art. 974 do Projeto, na redação aprovada na Câmara, ainda dispõe que "é passível de execução a decisão estrangeira concessiva de medida de urgência". Trata-se de outra previsão bastante importante, deixando claro que as medidas provisórias decretadas no exterior, judiciais ou arbitrais, podem ser também objeto de reconhecimento e, por conseguinte, produção de efeito em território brasileiro. Acertadamente, o §3º desse mesmo dispositivo estabelece que "o juízo sobre a urgência da medida compete exclusivamente à autoridade jurisdicional prolatora da decisão estrangeira". Isso significa que, salvo hipóteses excepcionais, eventualmente infringentes da ordem pública brasileira, o STJ não reapreciará os requisitos que o juízo alienígena considerou para conceder a medida de urgência.

Tratando dos requisitos para o reconhecimento da decisão estrangeira, o art. 975 do Projeto dispõe que

> constituem requisitos indispensáveis à homologação da decisão: I — ser proferida por autoridade competente; II — ser precedida de citação regular, ainda que verificada a revelia; III — ser eficaz no país em que foi proferida;

IV — não ofender a coisa julgada brasileira; V — estar acompanhada de tradução oficial, salvo disposição que a dispense prevista em tratado; VI — não haver manifesta ofensa à ordem pública.

Não obstante alguns desses requisitos se ajustarem às sentenças arbitrais estrangeiras, cumpre afastar a sua aplicação aos processos de reconhecimento de decisões arbitrais, pois, nesse caso, os requisitos são aqueles previstos na Convenção de Nova York de 1958 e na Lei de Arbitragem brasileira. Os requisitos previstos nesses dois últimos atos normativos é que prevalecem no âmbito da homologação de decisão arbitral estrangeira, com primazia do tratado internacional.

Atendendo à previsão constitucional do art. 109, inciso X, da Constituição da República — cujo conteúdo, obviamente, não pode ser desprezado e nem alterado pelo legislador ordinário —, o art. 977 do Projeto prevê, em disposição aplicável tanto às sentenças judiciais estrangeiras quanto às sentenças arbitrais estrangeiras, que "o cumprimento de decisão estrangeira far-se-á perante o juízo federal competente, a requerimento da parte, conforme as normas estabelecidas para o cumprimento de decisão nacional". No parágrafo único, em termos formais, dispõe-se que "o pedido de execução deverá ser instruído com cópia autenticada da decisão homologatória ou do *exequatur*, conforme o caso". A disciplina do Projeto sobre a ação de homologação de decisões, judiciais e arbitrais, estrangeiras parece adequada, ao menos numa primeira análise geral.

Cumpre destacar, porém, uma omissão bastante importante no que tange à homologação de decisões arbitrais estrangeiras. Como se sabe, as *sentenças* estrangeiras, judiciais ou arbitrais, são reconhecidas por meio do ajuizamento da *ação de homologação* de sentença estrangeira. Trata-se de verdadeira ação, ajuizada, em regra, pela parte vencedora contra a parte sucumbente, diretamente perante o STJ, sem nenhuma exigência de transmissão diplomática. Isso no caso de sentenças estrangeiras, judiciais ou arbitrais. Já no caso de *decisões interlocutórias* judiciais estrangeiras, o procedimento correto para se obter o reconhecimento é a expedição, pelo juízo alienígena, de uma *carta rogatória* e não a propositura de ação de homologação. Essa carta rogatória, todavia, não é apresentada nos tribunais brasileiros pela parte interessada, mas é transportada pela via diplomática, ou seja, Estado-Estado (salvo no caso de existir tratado entre os países remetente e destinatário).

O Projeto mantém essa linha ao estabelecer, no §1º do art. 972, que "a *decisão interlocutória* estrangeira poderá ser executada no Brasil por meio de *carta rogatória*". A orientação é, depois, confirmada pela regra do §1º do art. 974, específica em relação ao reconhecimento de medidas de urgência decretadas no exterior, segundo a qual "a execução no Brasil de *decisão interlocutória* estrangeira concessiva de medida de urgência dar-se-á por *carta rogatória*". O procedimento da carta rogatória, com a transmissão pela via diplomática, de um Estado para outro Estado, é adequado para o caso de decisões interlocutórias *judiciais* estrangeiras. Ocorre, porém, que esse procedimento não se aplica às decisões *arbitrais* estrangeiras — salvo no caso de existir tratado assim dispondo —, na medida em que o árbitro não pode contar com o serviço diplomático estatal para fazer circular suas decisões interlocutórias arbitrais, já que ele não é representante do Estado em que a decisão arbitral é proferida. Às vezes, sequer é cidadão daquele Estado.

Assim, parece-nos que o Projeto cometeu, no caso, flagrante imprecisão ao dizer nos §§1º dos arts. 972 e 974, de maneira genérica, que "a *decisão interlocutória* estrangeira" será reconhecida no Brasil por meio de *carta rogatória*. Esse procedimento, por impossibilidade jurídica e física, não se aplica às *decisões interlocutórias arbitrais estrangeiras* (salvo no caso de haver tratado entre os países remetente e destinatário). Para que não se corra o risco de impossibilitar essa circulação internacional de decisões interlocutórias arbitrais, parece-nos que, nesse caso, deve-se admitir o ajuizamento, diretamente pela parte interessada, de ação de homologação de decisão interlocutória arbitral estrangeira ou, então, a fixação de procedimentos adequados às decisões arbitrais pelo Ministério das Relações Exteriores e pelo Ministério da Justiça.[35]

12. Conclusão

Neste texto, procurou-se analisar os principais pontos de repercussão do Projeto de Novo Código de Processo Civil (na versão aprovada na Câma-

---

35. Registre-se também o texto do art. 976 do Projeto, segundo o qual "não será homologada a decisão estrangeira na hipótese de competência exclusiva da autoridade judiciária brasileira". O parágrafo único desse mesmo dispositivo estatui que "o dispositivo também se aplica à concessão do *exequatur* à carta rogatória". A interpretação desse dispositivo provocará o debate a respeito da possibilidade ou não de reconhecimento no Brasil de pronunciamentos arbitrais estrangeiros relacionados, por exemplo, a "ações relativas a imóveis situados no Brasil" (veja art. 23, inciso I, do Projeto).

ra dos Deputados) na arbitragem. De maneira geral, pode-se concluir que o projeto aborda favoravelmente o instituto da arbitragem, razão pela qual consideramos que a modificação legislativa será bem-vinda. Vale destacar, porém, que essas alterações deverão ser, oportunamente, compatibilizadas com o Projeto de alteração da Lei de Arbitragem, cuja Comissão de Juristas responsável — da qual o primeiro autor fez parte — foi nomeada em finais de 2012 e concluiu seu trabalho em outubro de 2013 (PLS nº 406/2013 no Senado Federal e PL nº 7.108/2014 na Câmara dos Deputados).

11

A chamada execução específica do acordo de acionistas em sede judicial ou arbitral: premissas para uma proposta de regulamentação do acordo de quotistas no Projeto de Novo Código Comercial (PL nº 1.572/2011)

José Antonio Fichtner
André Luís Monteiro

1. Introdução. 2. Algumas noções sobre o acordo de acionistas. 3. Classificação e objeto do acordo de acionistas. 4. A chamada execução específica do acordo de acionistas em sede judicial ou arbitral. 4.1. Panorama sobre a execução específica do acordo de acionistas. 4.2. Objetos dos acordos de acionistas típicos e tutela jurisdicional adequada. 4.3. A possibilidade de concessão de tutela antecipada na execução específica do acordo de acionistas mesmo quando se trata de tutela constitutiva. 5. Acordo de quotistas e o Projeto de Novo Código Comercial: uma proposta de regulamentação. 6. Conclusão.

1. Introdução[1]

Em 15 de junho de 2011, foi publicado no Diário da Câmara dos Deputados o texto do Projeto de Lei nº 1.572/2011, sob a relatoria do deputado Vicente Candido (PT/SP), que objetiva instituir um Novo Código Comercial no Brasil. Em ligeira síntese, o texto projetado — inspirado em trabalho elaborado pelo professor Fábio Ulhoa Coelho[2] — trata do empresário, das sociedades, das obrigações e contratos empresariais, dos títulos de crédito e da chamada crise da empresa.

---

1. Texto revisto e atualizado, redigido de acordo com a versão original do PL nº 1.572/2011. A versão original foi assim publicada: Fichtner e Monteiro (2013:689-733).
2. Faz-se menção à seguinte obra: Coelho (2010).

O Projeto de Novo Código Comercial, todavia, não substituirá a Lei nº 6.404/1976 no trato das sociedades por ações, mas apenas trará pouco mais de 20 dispositivos de ordem genérica a respeito do tema, o que nos parece uma decisão acertada. Na justificativa do Projeto, o deputado Vicente Candido deixa claro que "a sociedade anônima continuará submetida à Lei nº 6.404, de 15 de dezembro de 1976, que se tem mostrado adequada à regulação do dinâmico mercado de capitais e das relações societárias da companhia fechada", razão pela qual "no Código, assim, são previstas apenas normas gerais sobre este tipo societário, com o objetivo de conferir sistematicidade ao texto". Dessa forma, o acordo de acionistas previsto no art. 118 da Lei das Sociedades por Ações, na proposta legislativa em comento, permanecerá como hoje disciplinado.

Não se pode dizer o mesmo em relação à sociedade limitada. Isso porque o Projeto trará ampla regulamentação desse tipo societário, disciplinando-o específica e integralmente entre os arts. 170 e 233 do texto, tal como apresentado na Câmara dos Deputados. Vale destacar ainda que o art. 669, inciso V, do PL nº 1.572/2011 revogará expressamente a parte do Código Civil de 2002 dedicada à sociedade limitada (arts. 1.052 a 1.087). Em outras palavras, o Projeto de Novo Código Comercial regulamentará por inteiro e *ex novo* a sociedade limitada. No que diz respeito ao acordo de quotistas, porém, a disciplina projetada é tímida, contando o texto proposto com apenas dois dispositivos, e apenas um deles enfrenta o tema diretamente.

O art. 171 do texto projetado menciona que "nas omissões deste Título, e nada dispondo o contrato social, aplicam-se à sociedade limitada as normas da sociedade anônima fechada", o que, a nosso ver, permite a aplicação subsidiária às sociedades limitadas, no que couber, do art. 118 da Lei nº 6.404/1976. Já o art. 185 do Projeto explicitamente afirma que "sócios podem celebrar acordo de quotistas, mas será ineficaz, em relação a terceiros ou à sociedade, qualquer cláusula contrária ao contrato social". Essas duas menções, porém, nos parecem pouco ambiciosas para a complexidade e a importância do trato dos acordos de quotistas nas sociedades limitadas brasileiras, muitas delas de grande envergadura econômica.

Dessa forma e por ocasião da tramitação legislativa e com a finalidade de contribuir para saudável e democrático debate, este texto aborda o tema dos acordos de sócios. A partir da experiência e do conhecimento técnico desenvolvido a respeito do acordo de acionistas — no âmbito da sociedade anônima —, o presente trabalho propõe uma mais detalhada regulamentação legal do acordo de quotistas — no âmbito da sociedade limitada — no Projeto de Novo Código Comercial, especialmente no que diz respeito à possibilidade de sua execução específica em sede judicial ou arbitral.

2. Algumas noções sobre o acordo de acionistas

A Lei nº 6.404/1976 inovou no ordenamento jurídico brasileiro ao disciplinar o acordo de acionistas.[3] Evidentemente que antes de sua previsão na Lei das Sociedades por Ações, os acordos de sócios já eram utilizados na prática comercial, mas sem a tutela legal tal como hoje estabelecida. Rubens Requião (2003:v. 2, p. 160) lembra que "o pacto entre os acionistas, portanto, era considerado apenas uma relação obrigacional, particular", que, assim, "não se estendia à sociedade". A mencionada não extensão do acordo à sociedade significava a perda de boa parte de sua força, na medida em que se entendia que assim o pacto não poderia ser executado especificamente.

Com inspiração no direito comparado,[4] o diploma societário brasileiro de 1976 consagrou o acordo de acionistas. Consoante as palavras de Nelson Eizirik (2011:v. I, p. 702), em recente e completíssima obra,

> a Lei das S.A. não só supriu a omissão legislativa como também regulou com bastante propriedade a matéria, permitindo a utilização do acordo como instrumento dotado da necessária flexibilidade e eficácia para conciliar os interesses dos acionistas signatários.

A adequada regulamentação legal do acordo de acionistas não repercute apenas no âmbito jurídico, mas também no econômico, na medida em que os investidores passam a ter a segurança de que se trata de corporação melhor governada.[5]

---

3. Nesse sentido, Celso Barbi Filho (2011a:v. III, p. 607) esclarece que "no direito brasileiro anterior à Lei das S/A de 1976, não havia previsão legal sobre os acordos de acionistas". Idem: Cantidiano (2012).

4. Especificamente em relação à possibilidade de execução específica do acordo de acionistas, Celso Barbi Filho (1993:158) afirma que "o legislador brasileiro, sensível à influência norte-americana, previu expressamente a possibilidade de execução específica dos acordos de acionistas".

5. Também sob o aspecto da relevância do acordo de acionistas para os investidores, Paulo

O acordo de acionistas, nas palavras de Celso Barbi Filho, pode ser definido como "o contrato entre determinados acionistas de uma mesma companhia, distinto de seus atos constitutivos, e que tem por objeto o exercício dos direitos decorrentes da titularidade de suas ações, especialmente no que tange ao voto e à compra e venda dessas ações".[6] Trata-se, fundamentalmente, de um instrumento cuja finalidade mais abstrata é permitir a composição e, portanto, a estabilização dos interesses dos grupos acionários relevantes na sociedade.[7] Segundo Fábio Konder Comparato, em texto clássico, "da natureza contratual dos acordos de acionistas ninguém duvida, ainda mesmo quando mais se aproximam — pela generalidade, abstração e permanência de suas estipulações — das normas estatutárias".[8] Em decorrência de sua natureza jurídica, aplica-se

---

Cezar Aragão (2002:377) pontua que "os acordos de acionistas são públicos, deles tomam conhecimento os investidores em geral, e certamente, ao escolherem tal ou qual companhia para aplicar recursos, fazem-no na expectativa de que sejam seguidos os compromissos públicos dos acionistas do acordo e do estatuto". Destacando a importância do acordo de acionistas na relação entre controladores e minoritários, Gustavo Tepedino (2012b:v. III, p. 467), em parecer, explica que "diversamente do que ocorre com os contratos de sociedade, os acordos de acionistas dirigem-se, precipuamente, à tutela de interesses individuais dos contratantes, notadamente à proteção do investimento realizado pelo acionista minoritário, que, na ausência do ajuste, e afora a proteção mínima que lhe vem assegurada por lei, restaria inteiramente submetido às decisões do acionista controlador".

6. Barbi Filho (2011a:v. III, p. 605). Alfredo Lamy Filho (2007:299) leciona que "o acordo de acionistas é um contrato parassocial, hierarquicamente subordinado ao estatuto da empresa e à lei societária". Segundo Nelson Eizirik (2011:v. I, p. 702), trata-se de "um contrato celebrado entre acionistas de determinada companhia visando à composição de seus interesses individuais e ao estabelecimento de normas de atuação na sociedade, harmonizando seus interesses próprios ao interesse social". Marcelo Bertoldi (2006:31), por sua vez, explica que "trata-se, portanto, o acordo de acionistas de contrato firmado entre sócios de uma mesma companhia, tendo como objeto o exercício de direitos decorrentes da qualidade de sócios de seus signatários, devendo ser obrigatoriamente observado pela companhia e por terceiros se arquivado em sua sede e averbado no livro e certificado correspondente, desde que tratem do exercício do direito de voto ou disciplinem a negociação das ações pertencentes aos convenentes".

7. Fábio Ulhoa Coelho (2012:v. 2, p. 346) destaca esse aspecto ao lecionar que "o acordo de acionistas é, assim, o principal instrumento que o direito societário brasileiro reservou para a estabilização de posições acionárias". Da mesma forma, Tavares Borba (2003:356) destaca que "destina-se o acordo de acionistas a regrar o comportamento dos contratantes em relação à sociedade de que participam, funcionando, basicamente, como instrumento de composição de grupos".

8. Comparato (2011:v. III, p. 682). No mesmo sentido, Celso Barbi Filho (2011a:v. III, p. 609) e José Alexandre Tavares Guerreiro (2011:v. III, p. 711). Tavares Borba (2007:256) defende que são contratos comerciais: "O acordo de acionistas insere-se na categoria dos contratos comerciais, uma vez que é regulado pela lei das sociedades anônimas (art. 118 da Lei nº 6.404/76)". Adotando posição diversa da deste último autor, Celso Barbi Filho (2011a:v. III, p. 609) inclui os acordos de acionistas na categoria dos contratos civis: "E é contrato civil, posto que suas partes não são comerciantes no exercício da profissão de mercancia, mas apenas acionistas de uma mesma companhia regulando o exercício dos direitos decorrentes de suas ações".

ao acordo de acionistas toda disciplina contratual do direito privado, além das normas específicas contidas na Lei das Sociedades por Ações.[9]

Não se pode dizer que a incidência da boa-fé no acordo de acionistas decorra exclusivamente da regência da disciplina contratual civil a esses pactos, mas sem dúvida representa um argumento de reforço. Trata-se, porém, de uma aplicação adequada ao contexto e à finalidade do acordo de acionistas, evidentemente diferente em muitos aspectos da sua incidência, *v.g.*, em contrato de consumo. A partir dessa comparação, Gustavo Tepedino defende a submissão do acordo de acionistas à boa-fé, mas destaca que nesse caso

> a boa-fé objetiva assume papel de menor intensidade criadora e, informada pelos princípios constitucionais da isonomia e da solidariedade, deve ser interpretada exclusivamente como vetor — importantíssimo, vale sublinhar — destinado a assegurar as finalidades econômicas e sociais objetivadas pelas partes.[10]

---

9. Também defendendo a regência do acordo de acionistas pela disciplina contratual, pode-se listar Nelson Eizirik (2011:v. I, p. 702), Gustavo Tepedino (2012b:v. III, p. 472) e José Edwaldo Tavares Borba (2003:356). Tavares Borba destaca também que "os princípios gerais do direito comercial são, por conseguinte, aplicáveis ao acordo de acionistas" (Id., 2007:256).

10. A lição integral é a seguinte: "Nas relações societárias, em que os acionistas se afiguram centros de interesse de igual nível econômico, não se pode admitir orientação interpretativa assistencialista ou que tenha por premissa a vulnerabilidade de qualquer dos sócios ou cotistas. Em tal contexto, portanto, a boa-fé objetiva assume papel de menor intensidade criadora e, informada pelos princípios constitucionais da isonomia e da solidariedade, deve ser interpretada exclusivamente como vetor — importantíssimo, vale sublinhar — destinado a assegurar as finalidades econômicas e sociais objetivadas pelas partes. Isto não quer dizer que os acionistas não tenham o dever de se comportar de acordo com a boa-fé objetiva, colaborando para a consecução do melhor interesse da companhia; mas é evidente, todavia, que a aplicação do princípio da boa-fé objetiva nas relações contratuais paritárias repercute de modo diverso do que ocorre no âmbito consumerista, porque os *standards* de comportamento esperados das partes em cada um dos cenários em cotejo mostram-se inteiramente distintos" (Tepedino, 2012a:v. III, p. 420). Em seguida, o jurista reafirma que, "em definitivo, nas relações societárias, à luz da boa-fé contratual, não se pode exigir de uma parte o favorecimento de outra em detrimento de seus próprios interesses. Tal perspectiva não encontra fundamento na ordem jurídica brasileira. Exige-se, diferentemente disso, com base no princípio da boa-fé objetiva, que as partes privilegiem os objetivos comuns traçados na relação contratual — e, no caso de acordo de acionistas, sua plena consecução — em detrimento de qualquer outra interpretação que, posto lhes favoreça individualmente, não se mostre consentânea com as finalidades almejadas pelas partes" (Ibid., p. 421). Também defendendo a aplicação da boa-fé ao acordo de acionistas, José Edwaldo Tavares Borba (2007:257) justifica que "ainda mesmo que o acordo de acionistas se refira, como é o caso, a uma sociedade anônima, que é uma sociedade de capitais, as relações entre os sócios, por força do acordo de acionistas, ganham uma conotação pessoal e subjetiva".

A doutrina italiana caracteriza os acordos de acionistas como pactos parassociais com o objetivo de deixar clara a distinção entre eles e os atos constitutivos da sociedade, o que não significa, porém, que os acordos de acionistas não influenciem na vida da sociedade, como à primeira vista poderia parecer pela terminologia.[11] Calixto Salomão Filho esclarece que "um acordo entre sócios terá natureza parassocial na medida em que tratar de temas relativos à sociedade, complementando (e não substituindo) a regulamentação (legal ou estatutária) que norteia a sociedade".[12]

Diverge a doutrina em caracterizar o acordo de acionistas como contrato definitivo ou como contrato preliminar, o que, no nosso modo de ver, depende fundamentalmente do objeto do pacto parassocial.[13] Há também divergências na doutrina sobre a necessária caracterização do acordo de acionistas como contrato plurilateral.[14] Fábio Konder Comparato (2011:

---

11. Nesse sentido, Fábio Konder Comparato (2011:v. III, p. 681-682) explica que, "ao caracterizar os acordos de acionistas como 'pactos parassociais', a doutrina italiana teve em mira sublinhar o fato de que, embora eles se distingam nitidamente, pela forma e pelo escopo, dos atos constitutivos ou estatutos da companhia, são celebrados para produzir efeitos no âmbito social".

12. Salomão Filho (2006:108, nota 4). O autor complementa a lição esclarecendo que "o acordo parassocial é negócio jurídico autônomo com a nítida função de estabelecer vínculos tão somente entre os seus participantes — limitando-se seus efeitos à esfera pessoal dos que a ele se submetem —, tendo sua legitimidade e razão de ser fundadas no contrato de sociedade" (Ibid., p. 108, nota 4). Nelson Eizirik (2011:v. I, p. 703), por sua vez, anota que "o acordo de acionistas possui natureza acessória em relação ao estatuto social; embora celebrado entre os acionistas, sua eficácia depende da existência da pessoa jurídica, em cuja esfera ocorrerá sua execução".

13. Defendendo que se trata de contrato preliminar, pode-se citar a posição de José Alexandre Tavares Guerreiro (2011:v. III, p. 725) e a de Celso Barbi Filho (2011:v. III, p. 609). Contra, entendendo que o acordo de acionistas é contrato definitivo, confira-se o entendimento de Marcelo Bertoldi (2006:54): "No caso do acordo de voto, é evidente que o exercício do direito de voto jamais poderá ser tido como um 'contrato' posterior ao acordo. Trata-se aqui de obrigação de declarar a vontade num determinado sentido previamente estipulado pelo acordo. Essa obrigação nasce perfeita, não dependendo da existência de contrato posterior. Quanto ao acordo de bloqueio, o que se tem é um pacto de preferência ou direito de opção, onde, da mesma forma, não se está diante de estipulação que preveja a obrigação de se criar um contrato definitivo, pois a obrigação de respeitar o direito de preferência é que se apresenta como definitiva, prescindindo de qualquer outro instrumento contratual para gerar plenamente seus efeitos".

14. Celso Barbi Filho (2011:v. III, p. 610) traz interessante lição a respeito das consequências de se caracterizar o acordo de acionistas como contrato plurilateral: "As consequências da plurilateralidade são de que: — a esses contratos não se aplica a exceção do contrato não cumprido, pois cada signatário contraiu seu compromisso frente a todos; — a impossibilidade de cumprimento da obrigação de uma das partes não produz a resolução do contrato; — a nulidade ou anulabilidade que afete uma das partes não compromete o contrato como um todo; — o contrato é em princípio 'aberto', ou seja, a entrada e saída de partes não afeta, em regra, sua existência".

v. III, p. 682) contesta a natureza sempre plurilateral do acordo de acionistas, defendendo que essa posição "desconsidera a grande variedade de acordos acionários, no efetivo comércio jurídico". Segundo pensamos, a caracterização do pacto dependerá dos direitos e das obrigações estabelecidos pelas partes, pois pode haver acordos unilaterais, bilaterais e efetivamente plurilaterais.[15]

Na disciplina da Lei nº 6.404/1976, o art. 118 dispõe que "os acordos de acionistas, sobre a compra e venda de suas ações, preferência para adquiri-las, exercício do direito a voto, ou do poder de controle deverão ser observados pela companhia quando arquivados na sua sede". No §1º desse dispositivo, a lei societária prevê que "as obrigações ou ônus decorrentes desses acordos somente serão oponíveis a terceiros, depois de averbados nos livros de registro e nos certificados das ações, se emitidos".[16] O objeto do acordo de acionistas será abordado em item específico, o que nos interessa neste momento é a parte final do *caput* (arquivamento do acordo na sede) e o §1º acima transcrito (averbação nos livros e certificados). Esses dispositivos imporiam, implicitamente, a forma escrita ao acordo de acionistas?

---

15. Em seguida, o jurista apresenta exemplos de acordos de acionistas unilaterais, bilaterais e plurilaterais: "Contrato plurilateral ou com comunhão de escopo é a conclusão das análises doutrinárias mais recentes; conclusão apressada, a meu ver, posto que desconsidera a grande variedade de acordos acionários, no efetivo comércio jurídico. Há, assim, pactos francamente unilaterais, como as convenções de voto consequentes a uma cessão de ações, em que o cessionário se empenha, ainda, em manter certa influência sobre a companhia, por intermédio do cedente, que é, pois, o único a se obrigar no acordo. Existem, por outro lado, acordos bilaterais, de signalagma perfeito, pelos quais as partes trocam vantagens determinadas, como, p. ex., a eleição de representantes de um grupo para certos cargos administrativos, em contrapartida à eleição de representantes do outro grupo para outros cargos. Há, finalmente, pactos de natureza autenticamente plurilateral ou com comunhão de escopo, visando ora à manutenção do poder de controle, ora à sua conquista pela maioria dispersa, ora à defesa dos interesses da minoria" (Comparato, 2011:v. III, p. 682). Em interessante posição, Celso Barbi Filho (2011:v. III, p. 610) defende que o acordo de acionistas é "plurilateral quanto aos interesses que congrega, podendo ainda ser plurilateral, bilateral ou unilateral quanto às obrigações que impõe às partes".

16. Criticando o texto legal, Fran Martins (2010:423) explica: "faz-se a averbação das ações e não dos acordos, apesar de declarar a lei que 'os acordos' serão averbados. Na realidade, a averbação das ações nos livros de registro decorre do acordo; mas essa averbação é das ações de que os acionistas que participam do acordo são titulares, já que, no dizer do §4º, 'as ações averbadas nos termos deste artigo não poderão ser negociadas em bolsa ou no mercado de balcão'". Distinguindo a averbação conforme se trate de ações nominativas ou de ações escriturais, Tavares Borba (2003:359) explica que "a oponibilidade a terceiros depende, entretanto, de averbação nos livros de registro (nominativas) e nos controles da instituição financeira responsável (ações escriturais), ficando as ações assim averbadas excluídas das negociações de mercado (bolsa ou balcão)".

Luiz Gastão Paes de Barros Leães considera que "à míngua de instrumento escrito, não há falar propriamente em nulidade do acordo, que será, no entanto, ineficaz perante a sociedade e perante terceiros".[17] Fábio Konder Comparato entende que "a lei acionária não exige nenhuma forma escrita *ad substantiam*", razão pela qual "podem eles revestir a forma pública ou particular e, nesta última, apresentarem-se como convênios articulados ou simples cartas". O jurista alerta que "a única exigência legal é que haja a forma escrita, a fim de que se possam operar as formalidades de arquivamento e averbação das obrigações e ônus, decorrentes do acordo, nos livros de registro da companhia e nos certificados das ações".[18] Não obstante válido entre as partes, a forma escrita é que permitirá, a partir do arquivamento e da averbação, a fruição pelos acionistas convenentes da efetiva tutela legal predisposta a esses pactos.

A finalidade do arquivamento na sede da sociedade é não apenas dar-lhe ciência, mas criar-lhe a obrigação de observar e fazer observar os termos do pacto.[19] O STJ já teve oportunidade de decidir que "os acordos de acionis-

---

17. Leães (2004b:v. II, p. 1373). Aparentemente relacionando o arquivamento do acordo à sua validade, cite-se o entendimento de Rubens Requião (2003:v. 2, p. 161): "Os acordos secretos de acionistas, vale insistir, não podem ser opostos à sociedade ou a terceiros, pois a condição essencial de sua validade plena é a de que deles deve tomar conhecimento a sociedade, que possuirá em seu arquivo um exemplar do instrumento do acordo escrito".

18. Comparato (1981:54). Também assim, Celso Barbi Filho (2011:v. III, p. 623) esclarece que "a lei não exige expressamente qualquer forma para o acordo de acionistas, entretanto, suas características e a disciplina que lhe impõe o art. 118, da Lei 6.404/76 recomendam-lhe a forma escrita". Examinando o acordo de acionistas verbal — e, portanto, não arquivado na sede da companhia — Gustavo Tepedino (2012a:v. III, p. 426) preleciona que "a ausência de arquivamento importa, portanto, na impossibilidade de o acordo produzir efeitos perante a companhia, revelando-se inaceitável que o funcionamento de seus órgãos internos — assembleia geral e conselho de administração — fique vinculado a disposições contratuais a que não se tenha atribuído publicidade. Conseguintemente, a violação de acordo não arquivado na sede da companhia jamais terá por consequência a invalidade da deliberação social que lhe desafia, cingindo-se a problema intestino dos acionistas".

19. Reforçando, em relação a qualquer acordo de acionistas, independentemente do objeto, o dever de observância pela sociedade a partir do seu arquivamento, transcreva-se a posição de Calixto Salomão Filho (2006:116): "A sociedade não é mero oficial de registro de pactos de natureza não societária. Seus órgãos e administradores devem zelar pelo cumprimento do acordo, como o fazem pelo do estatuto, inclusive deixando de aceitar votos contrários a suas disposições. Desse modo, o pacto sobre preferência ou sobre compra e venda de ações é relevante para a sociedade (devendo ser nela registrado), pois a ela incumbe cumpri-lo. Do mesmo modo, o acordo de voto é relevante não só para a sociedade, mas também para os adquirentes, que poderão por ele obrigar-se. Assim, sua averbação no livro de transferência de ações é fundamental". Também assim, aparentemente em sentido mais amplo, Fran Martins (2010:422) considera que "cabe à sociedade, assim, ao arquivar o acordo, verificar o conteúdo do mesmo, observando, no que for aplicável, as normas contidas nos arts. 115, 116 e 117, relativas ao abuso do direito de voto e aos deveres e responsabilidades do acionista

tas sobre o poder de controle da sociedade anônima somente deverão ser observados pela companhia quando arquivados na sua sede (art. 118 da Lei n. 6.404/76)".[20] Já quanto à averbação das ações, busca-se com isso tornar o acordo público e garantir os direitos dos convenentes em face de terceiros.[21] Especificamente quanto à averbação, parece-nos válida a observação de Fábio Konder Comparato, consagradora da boa-fé, no sentido de que "a eficácia probatória da presunção legal de conhecimento de determinada relação contratual, por meio da publicidade jurídica, pode também ser substituída, em relação a terceiros determinados, pela prova de sua notificação pessoal".[22]

---

controlador". A respeito do assunto, vale ainda a lição de Paulo Cezar Aragão (2002:369): "Atribui-se à companhia e a seus administradores a função, por assim dizer, de fiscais do acordo de acionistas e de seu cumprimento, tornando mais difícil a respectiva violação".

20. Na sequência da ementa, consigna-se que "eventuais tratativas prévias entre os acionistas acerca da composição do Conselho de Administração da FÉRTIFOS, porquanto informais (via e-mail) e não arquivadas na sede social da empresa, não podem ser opostas à sociedade" (STJ, 3. T., REsp. nº 1.102.424/SP, min. Massami Uyeda, j. em 18.8.2009, *D.J.* de 8.10.2009). No voto do relator, extrai-se uma passagem relacionando a formalidade do arquivamento do acordo com os interesses da sociedade: "Dar-se, assim, prevalência à existência de correspondência informal sobre assunto de relevância societária em detrimento do que dispõe a própria lei específica é, *data venia*, dar respaldo a que acordos informais de parte de acionistas possam até mesmo conflitar com os interesses maiores da sociedade. Esta é a razão pela qual o art. 118 da LSA, repise-se, é enfático ao exigir que os acordos envolvendo compra e venda de suas ações, preferência para adquiri-las, exercício do direito a voto, ou do poder de controle, porque são de relevância societária, devem ser arquivados na sede da empresa" (STJ, 3. T., REsp. nº 1.102.424/SP, min. Massami Uyeda, j. em 18.8.2009, *D.J.* de 8.10.2009, trecho do voto do relator).

21. Nesse trecho, confira-se a lição de Luiz Gastão Paes de Barros Leães (2004a:v. I, p. 127): "O arquivamento do instrumento do acordo na sede social procura estender à própria sociedade os efeitos do pacto, naquilo em que este intervém no funcionamento regular dos seus órgãos, como o exercício do voto na assembleia da sociedade. Já a averbação das estipulações do acordo nos livros de registro e nos certificados acionários é apresentada como condição de sua oponibilidade a terceiros, vale dizer, não mais *interna corporis*, na atuação dos órgãos societários, mas perante pessoas estranhas à sociedade, eventualmente interessadas na aquisição das ações emitidas pela companhia e vinculadas a um acordo. Essas duas técnicas de publicidade não constituem, pois, condição de validade do pactuado, nem tampouco de eficácia *inter partes*, mas, sim, de sua eficácia reflexa junto à companhia e perante terceiros".

22. Comparato (2011:v. III, p. 685-686). O autor também considera que, em relação à companhia, o arquivamento pode ser substituído por sua notificação: "Daí por que ficou dito acima que o efeito da publicidade, vale dizer, de comunicação não receptível, próprio do arquivamento de acordo de acionistas na sede da sociedade anônima, opera em relação a acionistas, fiscais, conselheiros, individualmente considerados; não em relação aos órgãos societários, nos quais essas pessoas naturais se integram. Quanto a esses órgãos, a notificação do acordo, ou manifestação de ciência equivalente, produz diretamente os seus efeitos" (Id., 1981:65). Em sentido contrário em relação ao arquivamento, manifesta-se Celso Barbi Filho (1993:145): "Não pode ser considerado arquivamento do acordo de acionistas, para os efeitos da lei, a simples, ainda que efetiva, notificação do negócio à sociedade, sem que esta tenha a obrigação de funcionar como órgão de registro público do documento, dele fornecendo certidões e informações". No mesmo sentido, em relação ao arquivamento, confira-se a lição de Modesto Carvalhosa

Cumpre registrar, por fim, que o §2º do art. 118 da Lei das Sociedades por Ações estabelece que "esses acordos não poderão ser invocados para eximir o acionista de responsabilidade no exercício do direito de voto (artigo 115) ou do poder de controle (artigos 116 e 117)".[23]

3. Classificação e objeto do acordo de acionistas

No âmbito doutrinário, questão bastante rica é a da classificação dos acordos de acionistas. Conhecida classificação divide os acordos de acionistas levando em conta (i) os objetivos, (ii) os efeitos e (iii) o conteúdo (ou o objeto) (Comparato, 1981:54). Quanto aos objetivos, os acordos podem ser (a) para organização do controle (acordos entre controladores), (b) para reforço de posição acionária (acordo entre minoritários) e (c) para prevenir ou compor litígios sociais (acordos entre controladores e minoritários). Quanto aos efeitos, esses pactos subdividem-se em (a) unilaterais, (b) bilaterais e (c) plurilaterais.[24] Por fim, quanto ao conteúdo (ou ao objeto), os acordos de

---

(2008:v. 2, p. 576): "Arquivado o exemplar do acordo e efetuadas as averbações, será o pacto oponível à companhia e a terceiros, que não poderão alegar ignorância. O procedimento de remessa do exemplar do acordo à companhia não foi previsto na lei. Caberá aos convenentes promover esse depósito na sede social, sem outra formalidade que não a de recibo de entrega. Por medida de prudência, no entanto, poderão remeter o instrumento por via extrajudicial certificada (v.g., notificações por Cartórios de Títulos e Documentos)".

23. A respeito do tema, vale a transcrição da lição de Paulo Cezar Aragão (2002:378): "A única alteração, no particular, e bastante relevante, é que o acionista não poderá — mesmo se o acordo o prever — votar contra o interesse da companhia de forma que caracterize abuso do poder de controle, mas essa exceção deverá ser expressamente invocada, já que o descumprimento do disposto no acordo estará sempre sujeito a revisão judicial ou por via de arbitragem. Não existe, assim, a suposta possibilidade de o conselheiro descumprir o acordo com base na sua 'liberdade de consciência'. Se o fizer, deverá necessariamente basear-se naquelas hipóteses estabelecidas *numerus clausus* no referido §2º do art. 118". Resumindo bem a questão, Alfredo Lamy Filho (2007:325 afirma que "tais acordos não eximem o acionista de sua responsabilidade perante a sociedade e como acionista controlador". Também assim, confira-se a doutrina de Tavares Borba (2003:357): "A vinculação do acionista ao acordo de voto não o libera, porém, do dever superior de exercer o direito de voto no interesse da sociedade". No mesmo sentido, *inter plures*, Rubens Requião (2003:v. 2, p. 160): "Deixa claro, entretanto, esse preceito legal, na regra do §2º, que esses acordos de voto não poderão ser invocados para eximir o acionista de responsabilidade no exercício de direito de voto ou do poder de controle (arts. 115/117)".

24. Na sua obra clássica — *O poder de controle na sociedade anônima* —, Fábio Konder Comparato (2005:218-219) dá os seguintes exemplos de acordos unilaterais, bilaterais e plurilaterais: "No que concerne aos seus efeitos, os acordos sobre o exercício do direito de voto podem ser unilaterais, bilaterais ou plurilaterais, conforme façam surgir obrigações para uma só das partes, para ambas num contrato sinalagmático, ou para todas elas na convenção em

acionistas podem ser (a) acordos de voto (comando ou defesa) e (b) acordos de bloqueio (alienação, opção ou preferência).[25]

Neste ensaio, interessa-nos essa última classificação, pois é a que leva em consideração primordialmente o objeto — ou, como se queira, o conteúdo — dos acordos de acionistas. O *caput* do art. 118 da Lei nº 6.404/1976 dispõe que "os acordos de acionistas, sobre a compra e venda de suas ações, preferência para adquiri-las, exercício do direito a voto, ou do poder de controle deverão ser observados pela companhia quando arquivados na sua sede".[26] A primeira parte do texto legal prevê os objetos típicos dos acordos de acionistas e, certamente, aqueles mais utilizados na prática corporativa. Diante dessa enumeração, a primeira questão que surge é sobre a possibilidade de celebração de acordos de acionistas atípicos, ou seja, pactos com objetos distintos daqueles elencados no mencionado dispositivo de lei.

Luiz Gastão Paes de Barros Leães (2004a:v. II, p. 1145) considera que

> o acordo de acionistas, como ajuste de Direito Privado, poderá ter por objeto tudo aquilo que não seja defeso em lei, eleito pelos pactuantes para a

---

que duas ou mais partes perseguem um objetivo comum. São exemplos do primeiro tipo as convenções de voto consequentes a uma venda de ações, em que o vendedor deseja manter, ainda, uma influência sobre a companhia por intermédio do comprador, que é portanto o único a se obrigar no acordo. Costumam também ser unilaterais as convenções ligadas a uma distribuição de ações entre os empregados da companhia, pelos quais o controlador assegura o voto favorável destes. Exemplo de convenção bilateral encontra-se no acordo pelo qual um grupo de convenentes se obriga a eleger os componentes do outro para cargos de direção da companhia e estes, por sua vez, se comprometem a aumentar o dividendo, ou a distribuir bonificações. Quanto às plurilaterais, o seu escopo comum é a manutenção do controle, a sua conquista pela maioria dispersa ou a defesa da minoria".

25. Na verdade, no que diz respeito ao conteúdo, Fábio Konder Comparato classifica os pactos em (a) acordos sobre exercício do direito de voto, (b) acordos sobre exercício do poder de controle, (c) acordos sobre a compra e venda de ações e (d) acordos sobre o direito de preferência para aquisição de ações. A doutrina comercialista mais recente, porém, procura reagrupar essas quatro subespécies de acordos de acionistas em apenas duas subespécies, uma delas relacionada a direitos políticos dos acionistas e a outra delas correspondente a direitos patrimoniais dos acionistas: (i) acordos de voto (comando ou defesa) e (ii) acordos de bloqueio (alienação, opção ou preferência). Trata-se de divisão a ser seguida neste texto, uma vez que reconhecida pela maioria da doutrina.

26. Exemplificando, didaticamente, os acordos de acionistas típicos, cite-se a doutrina de Fábio Ulhoa Coelho (2012:v. 2, p. 346): "Os acionistas que detêm juntos o controle da companhia podem contratar, por exemplo, que todos votarão em determinadas pessoas para os cargos da diretoria; ou que se reunirão, previamente à assembleia, para definir, por maioria, o voto que todos irão manifestar no conclave. Podem, por outro lado, contratar que ninguém alienará suas ações a determinados investidores, para evitar fortalecimento de outras posições acionárias; ou que concederão uns aos outros direito de preferência, em igualdade de condições, se decidirem alienar suas participações. Iguais contratos podem estabelecer acionistas minoritários, que unem esforços e repartem custos, na defesa de interesses comuns".

satisfação de suas necessidades, no livre exercício da autonomia privada, não estando eles limitados a versar apenas sobre o direito de voto ou a negociabilidade das ações.

Também assim, Nelson Eizirik leciona que "os acionistas são inteiramente livres para convencionar ou não o acordo, assim como para estabelecer o seu conteúdo, uma vez que a Lei das S.A. não esgota a relação de matérias que dele podem constar; os limites são apenas a licitude do objeto e a conformidade ao interesse social".[27] No mesmo sentido, Celso Barbi Filho chega a anunciar que "constitui ponto já pacífico na doutrina que o objeto do acordo de acionistas não se limita às hipóteses enunciadas no *caput* do art. 118, da Lei 6.404/76".[28] Trata-se, sem dúvida, da doutrina majoritária, admitindo o acordo de acionistas atípico.[29]

Questão mais complexa, contudo, é a eventual equiparação de efeitos entre os acordos de acionistas típicos e atípicos. Fran Martins (2010:419) defende que "ainda mesmo que a sociedade arquive acordos com as cláusulas não mencionadas na lei, tais acordos não serão observados pela sociedade nem oponíveis a terceiros quando averbados nos livros de registro e nos certificados das ações, se emitidos". Comungando desse entendimento, Luiz Gastão Paes de Barros Leães (2004a:v. II, p. 1145) anota que os acordos de

---

27. Eizirik (2011:v. I, p. 703). A respeito da limitação ao objeto do acordo de acionistas, vale a transcrição da lição de Fábio Ulhoa Coelho (2012:v. 2, p. 346): "Em princípio, os acionistas podem contratar sobre quaisquer assuntos relativos aos interesses comuns que os unem, havendo, a rigor, um único tema excluído do campo da contratação válida: a venda de voto". Em seguida, o jurista explica que "é nula a cláusula de acordo de acionistas que estabeleça, por exemplo, a obrigação de votar sempre pela aprovação das contas da administração, das demonstrações financeiras ou do laudo de avaliação de bens ofertados à integralização do capital" (Ibid., p. 346-347).

28. Barbi Filho (2011b:v. III, p. 579). Ainda em outra sede: Id. (1993:64). Comungando do entendimento de que o objeto do acordo de acionistas não está limitado pelo art. 118 da Lei nº 6.404/1976, ou seja, de que é possível acordo de acionista atípico, confira-se: Fábio Konder Comparato (1981:56), Fran Martins (2010:419), José Alexandre Tavares Guerreiro (2011:v. III, p. 718), Fábio Ulhoa Coelho (2012:v. 2, p. 346), Tavares Borba (2003:357), Marcelo Bertoldi (2006:106).

29. Contra, dizendo que a lei só admite o acordo de acionistas nas taxativas hipóteses do art. 118 da Lei das Sociedades por Ações, confira-se Darcy Bessone (2011:v. III, p. 661) e Modesto Carvalhosa (2008:v. 2, p. 555). Esse último autor afirma expressamente que "as leis societárias de 1976 e de 2001, ao regularem a espécie, determinam exaustivamente que os acordos de acionistas poderão versar sobre a disponibilidade patrimonial das ações — acordos de bloqueio —, sobre o exercício do direito de voto — acordos de comando e de defesa — e sobre o poder de controle", bem como que "a lei não excluiu a eficácia, mas, sim, a validade perante a companhia e terceiros em geral dos acordos de acionistas que versem sobre outras questões, v.g., limitação de responsabilidade pessoal por dívidas da companhia etc.".

acionistas atípicos "não colhem os efeitos típicos do instituto, reservados aos objetos previstos na lei, não estando nem a companhia nem terceiros obrigados à observância dos termos do contrato". Também assim, Celso Barbi Filho entende que nesses casos "a companhia não estará obrigada à observância dos termos do contrato".[30] Fábio Ulhoa Coelho (2012:v. 2, p. 347), também correligionário dessa corrente, nega, inclusive, a possibilidade de execução específica dos acordos de acionistas atípicos:

> O direito societário, para disciplinar os acordos de acionistas, distingue duas hipóteses. De um lado, trata dos acordos que versam sobre determinados objetos (compra e venda de ações, preferência para as adquirir, exercício do direito de voto ou poder de controle) e se encontram revestidos de uma específica formalidade (arquivamento na sede da companhia), e, de outro, aqueles aos quais falta qualquer desses pressupostos. Os primeiros sujeitam-se à disciplina do art. 118 da LSA, ao passo que os últimos têm as suas obrigações resolvidas exclusivamente em perdas e danos. Em outros termos, os acordos de acionistas que têm por objeto a compra e venda de ações, preferência para as adquirir, exercício do direito do voto ou poder de controle (pressuposto material) e que se encontram arquivados na companhia (pressuposto formal), por atenderem aos requisitos do art. 118 da LSA, conferem aos seus partícipes duas garantias não contempladas aos demais. As garantias liberadas pelo direito societário para esses acordos de acionistas são duas: a proibição de a companhia praticar atos contrários ao contratado pelas partes e a execução judicial específica das obrigações nele pactuadas.

Segundo nos parece, esse ponto da equiparação de efeitos entre os acordos de acionistas típicos e atípicos exige uma investigação mais profunda a respeito, incompatível com os objetivos deste trabalho. Parece-nos lícito, porém, adiantar que os acordos de acionistas atípicos também podem ser objeto de execução específica, na medida em que na atualidade vigora o princípio da conservação dos contratos e privilegia-se a tutela específica das obrigações, especialmente a partir da entrada em vigor do Código Civil de 2002 e das últimas alterações do Código de Processo Civil.

---

30. Barbi Filho (1993:96). O autor repete a lição em outras duas sedes: Id. (2011a:v. III, p. 616, 2011b:v. III, p. 579). No mesmo sentido, Tavares Borba (2006:31) e André de Albuquerque Cavalcanti Abbud (2006:106 e 107).

Na redação original, o art. 118 da Lei das Sociedades por Ações previa literalmente três objetos para o acordo de acionistas: "Os acordos de acionistas, sobre a compra e venda de suas ações, preferência para adquiri-las, ou exercício do direito de voto, deverão ser observados pela companhia quando arquivados na sua sede". Na reforma promovida pela Lei nº 10.303/2001, acrescentou-se uma quarta hipótese ao referido art. 118, consistente no acordo sobre "poder de controle", o que, contudo, parece-nos já abrangida pela modalidade "exercício do direito a voto".[31]

Como se disse no início deste item, a doutrina comercialista mais recente procura classificar os acordos de acionistas quanto ao objeto (ou conteúdo) em apenas duas subespécies: (i) acordos de voto (comando ou defesa) e (ii) acordos de bloqueio (alienação, opção ou preferência). É de se destacar, conforme anota Paulo Cezar Aragão, que essa classificação em apenas duas subespécies também se justifica porque deixa clara a diferença entre direitos políticos (acordos de voto) e direitos patrimoniais (acordos de bloqueio)[32] dos acionistas. Também indica, na linha de Calixto Salomão Filho, que existem acordos sobre direitos exercidos pelos acionistas em relação também à companhia (acordos de voto) e acordos sobre direitos exercidos apenas em relação aos próprios acionistas (acordos de bloqueio).[33]

Celso Barbi Filho explica que "dentro da tipicidade que lhe impõe a lei, o acordo poderá ser de voto, quando versar sobre o prévio ajuste para o exercício do voto, ou de bloqueio, quando tiver por finalidade estabelecer regras sobre a negociabilidade das ações".[34] Em ótima passagem, Nelson Eizirik

---

31. A redação atual do art. 118 da Lei nº 6.404/1976 é a seguinte: "Os acordos de acionistas, sobre a compra e venda de suas ações, preferência para adquiri-las, exercício do direito a voto, ou do poder de controle deverão ser observados pela companhia quando arquivados na sua sede". A respeito do acréscimo promovido pela Lei nº 10.303/2001 no *caput* do art. 118 da lei societária, Tavares Borba (2003:356-357), sob o fundamento de que "o poder de controle é um dado de fato, fundado no exercício do direito de voto", considera que "a referência ao 'poder de controle' nada adiciona, posto que não poderia ter o efeito de permitir um acordo de acionistas sobre o próprio poder de controle em si mesmo". Também nesse sentido, Marcelo Bertoldi (2002:19).
32. Relacionando o objeto do acordo de acionistas com direitos patrimoniais ou políticos, Paulo Cezar Aragão (2002:368) explica o seguinte: "É sabido, à luz do disposto no citado art. 118 da Lei nº 6.404/76, que os acordos de acionistas podem ser divididos em dois grandes grupos, conforme versem sobre os direitos patrimoniais ou políticos atribuídos aos titulares de ações de sociedades anônimas".
33. Sob outro prisma, Calixto Salomão Filho (2006:112) explica que "das três matérias mencionadas no artigo 118 duas referem-se clara e exclusivamente à relação entre sócios (preferência e compra e venda) e uma à relação entre sócio e sociedade (voto)".
34. Barbi Filho (1993:98). Com diferenças a princípio terminológicas, também adotam essa classificação: Luiz Gastão Paes de Barros Leães (2004b:v. I, p. 233), Modesto Carvalhosa

(2011:v. I, p. 705) aduz que "quando o acordo versa sobre voto ou sobre o exercício do poder de controle, há uma comunhão de escopo entre as partes", enquanto "se o acordo trata de restrições à alienação de ações — direito de preferência, opção de compra ou venda, por exemplo — não existe uma comunhão de escopo". Pontue-se que essa classificação pode repercutir na solução de duas sérias questões societárias, uma atinente à possibilidade de dissolução unilateral dos acordos sem prazo determinado e a outra sobre a possibilidade de sua dissolução por quebra da *affectio societatis*, o que, porém, extravasa os breves limites deste ensaio (Eizirik, 2011:v. I, p. 705).

Os acordos de voto, como se viu, podem ser subdivididos em acordos de comando e acordos de defesa. Nesses casos, conforme leciona Luiz Gastão Paes de Barros Leães (2004b:v. I, p. 233), "os acionistas, entre si, comprometem por antecipação o sentido do voto em assembleia, sobre matérias específicas, tendo por finalidade ou a obtenção do controle acionário (acordo de comando), ou a formação de uma minoria coesa (acordo de defesa)". Observe-se, assim, que os acordos de voto-comando são firmados, em regra, entre acionistas que sozinhos não detêm o controle da companhia, mas que, em virtude da união de participações promovida pelo pacto, alcançam a maioria dos votos nas assembleias e passam a poder controlá-la.[35] Modesto Carvalhosa (2008:v. 2, p. 561) entende que esses acordos de voto-comando também "poderão somar votos majoritários, o que dará maior estabilidade ao controle; ou até mesmo abranger a totalidade das ações votantes".

Em relação aos acordos de voto-defesa, são eles celebrados entre acionistas minoritários que, não obstante não consigam com o pacto se tornar controladores, fortalecem suas posições, permitindo, eventualmente, o exercício de direitos que a lei só concede a quem detenha determinada soma acionária.[36] É o caso, por exemplo, do pedido de exibição de livros, do voto

---

(2008:v. 2, p. 561) e Marcelo Bertoldi (2006:71).

35. Afinal, conforme lembra sobre a sua finalidade Celso Barbi Filho (1993:104), "o acordo de controle tem por finalidade assegurar a preponderância nas deliberações da assembleia geral".

36. Nelson Eizirik (2011:v. I, p. 707), sob o ângulo prático, esclarece que normalmente os convenentes de acordos de voto realizam reuniões prévias à assembleia e que "o decidido na reunião prévia vincula todos os membros do acordo, inclusive os dissidentes, ausentes e abstinentes, devendo votar todos na assembleia geral no mesmo sentido. A deliberação adotada na reunião prévia é válida, uma vez que não significa alienação do direito de voto, que é vedada por lei, mas expressão da vontade de votar em bloco, em todas ou em determinadas matérias".

múltiplo, da eleição de representantes nos órgãos sociais.[37] Nesse sentido, Modesto Carvalhosa (2008:v. 2, p. 561-562) ensina que

> os acionistas que não têm o controle da companhia organizam sua posição, seja para opor-se aos controladores, seja apenas para fiscalizar eficazmente a legalidade e legitimidade dos atos por eles praticados, seja, sobretudo, para eleger seus representantes junto ao Conselho de Administração (art. 141) e ao Conselho Fiscal (art. 161).

Claro que esses acordos devem ser exercidos no interesse social, sob pena de caracterização, mesmo pelas minorias, de abuso do direito de voto.[38]

Brevemente examinados os acordos de voto (comando e defesa), cumpre apresentar algumas considerações sobre os chamados acordos de bloqueio. Pelos acordos de bloqueio, os acionistas convenentes acordam em restringir a transmissibilidade de suas ações aos termos do pacto, seja para permitir o direito de veto dos demais, seja para garantir o direito de preferência dos demais, seja para instituir um direito de opção, seja, ainda, para estabelecer de forma geral condições para que a alienação se realize.[39] Objetiva-se, com eles, limitar a alteração das participações acionárias dos contratantes ou

---

37. Confira-se, a respeito dos acordos de voto-defesa, a lição de Celso Barbi Filho (1993:108): "A Lei n. 6.404/76, ao assegurar direitos aos minoritários, impõe percentuais acionários mínimos para o exercício de alguns desses direitos. Tal exigência objetiva evitar que acionistas com participações desprezíveis utilizem-se isoladamente desses instrumentos legais de defesa, com finalidades meramente emulatórias. Para o acionista minoritário que pretenda agir em defesa de seus direitos, o acordo de voto surge como alternativa para que sejam atingidos os percentuais de ações necessários ao exercício desses direitos. Exemplificativamente, a exibição por inteiro dos livros da companhia só pode ser ordenada judicialmente a requerimento de acionistas que representem 5% (cinco por cento) do capital social, nos termos do art. 105, da lei societária. Da mesma forma, o sistema de voto múltiplo só pode ser adotado na eleição do conselho de administração a pedido de acionistas que representem 10% (dez por cento) ou mais do capital votante, nos termos do art. 141, da mesma lei".
38. Nesse sentido, inclusive para fins de verificar a validade do pacto, transcreva-se a lição de Celso Barbi Filho (1993:109): "O acordo de defesa deve funcionar como instrumento regulador e fiscalizador do controle da companhia. Contudo, se, ao invés disso, ele funcionar apenas como instrumento de uma oposição inoperante, sistemática e emulatória, sua validade poderá ser questionada com base no art. 115, da Lei das S/A, que impõe o exercício do voto no interesse da companhia". Em outro texto, o mesmo autor traz nova hipótese de eventual invalidade do acordo de voto-defesa: "Questionável também é a validade dos acordos de defesa que não tenham objeto definido, destinando-se apenas a formar uma minoria coesa que possa barganhar benefícios com os controladores" (Id., 2011a:v. III, p. 620).
39. Marcelo Bertoldi (2006:71) define o acordo de bloqueio da seguinte forma: "Por fim, os acordos de bloqueio são aqueles que têm por finalidade regular a negociabilidade das ações pertencentes a seus signatários".

A chamada execução específica do acordo de acionistas em sede judicial ou arbitral

o ingresso de terceiros na sociedade (Barbi Filho, 1993:112). Celso Barbi Filho (2011a:v. III, p. 623) traz uma série de exemplos de acordos de bloqueio, cuja transcrição é esclarecedora:

> Os acordos de bloqueio podem estabelecer basicamente: — preferência na venda de ações, obedecendo-se a um rito de oferta pactuado, sendo possível também o acordo sobre a cessão dos direitos de subscrição de ações; — opção de compra de ações outorgada a algum signatário; — prévio consentimento para alienação, condicionado a requisitos objetivos e rigorosos para a recusa de eventual adquirente, que não pode ser baseado exclusivamente no *intuitu personae*; — promessa de compra ou de venda de ações, por preço preestabelecido, na ocorrência de determinadas hipóteses contratadas, como a perda do controle, a não participação nos órgãos de administração e outras.

Nelson Eizirik (2011:v. I, p. 712) leciona que "tais acordos, em regral, preveem restrições à livre circulação das ações, que constitui uma das características essenciais da companhia, devendo, portando, em princípio, ser objeto de interpretação restritiva". Também nessa linha, em interessante passagem, Celso Barbi Filho explica que a "ideia básica a ser observada quando se estuda o acordo de bloqueio é a de que, em princípio, ninguém pode ser obrigado a comprar ou a vender ações", mas o que se pode, licitamente, "pactuar são as condições em que a compra ou venda deve se processar, no que se refere a aspectos como preferência em iguais condições, consentimento, opção, forma de pagamento, cessão do direito de preferência etc.".[40] A definição clara desses limites somente pode se dar no exame caso a caso das cláusulas constantes do acordo de acionistas.

No que diz respeito à cláusula de compra e venda de ações, instituída no acordo de acionistas de bloqueio, basta consignar que por meio dela uma parte se compromete a alienar sua posição acionária, parcial ou integralmente, ao outro convenente, que, por sua vez, se obriga a adquiri-la, nas condi-

---

40. Barbi Filho (1993:112). Em outra sede, o autor explica que "o acordo de bloqueio não pode vedar a negociabilidade das ações, mas apenas regulá-la" (Id., 2011a:v. III, p. 621). Em outra passagem, Nelson Eizirik (2011:v. I, p. 712) apresenta os requisitos de validade dos acordos de bloqueio: "Há alguns requisitos essenciais para a validade de tais cláusulas: (i) livre consentimento das partes no estabelecimento das restrições; (ii) possibilidade de razoavelmente prever como se daria a sua execução; e (iii) o fato de nenhuma das partes ficar na inteira dependência da outra para poder alienar suas ações, o que caracterizaria a condição potestativa, vedada em nosso sistema jurídico".

ções estabelecidas no acordo. Registre-se que os elementos essenciais dessa operação de compra e venda não precisam já estar precisamente determinados no momento da celebração da avença, mas devem ser determináveis, o que ganha especial relevo em relação ao preço, considerando a variação, por exemplo, do valor de mercado das ações.[41]

O acordo de bloqueio pode estabelecer também uma opção de compra (*call*), cuja definição é a de um contrato por meio do qual uma das partes se sujeita a alienar à outra um determinado bem, no prazo convencionado, caso esta deseje efetuar a compra (Leães, 2004c:v. II, p. 1134-1135). Trata-se de verdadeira promessa unilateral de venda, em que o promitente vendedor tem a obrigação de alienar e o promitente comprador a faculdade de adquirir.[42] O mesmo se pode dizer em relação à opção de venda (*put*), mas aqui os papéis se invertem, pois o promitente vendedor tem a faculdade de alienar e o promitente comprador fica sujeito a adquirir. Em termos práticos, há entendimentos pela aposição das cláusulas de irrevogabilidade e irretratabilidade,[43] mas vale dizer que, tecnicamente, essas cláusulas são rigorosamente desnecessárias em razão da natureza do direito outorgado, pois a irrevogabilidade e a irretratabilidade são características do referido negócio jurídico.

Já o direito de preferência convencionado no acordo de bloqueio trata da obrigação de o interessado na alienação de suas ações conceder aos demais convenentes a preferência na aquisição de sua parcela acionária em relação a terceiro que tenha manifestado interesse.[44] Com exceção do direito de pre-

---

41. A respeito do acordo de bloqueio que estabelece cláusula de compra e venda de ações, confira-se, com a ressalva quanto à sua sempre caracterização como contrato preliminar, a didática explicação de Nelson Eizirik (2011:v. I, p. 712-713): "A primeira modalidade prevista é a da compra e venda de ações, que constitui um contrato preliminar, mediante o qual uma das partes obriga-se a vender suas ações à outra, que por sua vez obriga-se a comprá-las, por preço determinado ou determinável segundo as regras do acordo".
42. Explicando essas duas noções, leia-se o ensinamento de Nelson Eizirik (2011:v. I, p. 713): "Outra espécie de acordo é a de opção de compra (*call*) ou venda (*put*) das ações, que se inicia mediante a manifestação de uma das partes de sua intenção de comprar ou vender, ficando a outra, implementada determinada condição ou transcorrido o prazo acordado, com a faculdade de completar a formação do contrato mediante sua manifestação de compra ou venda. Assim, o contrato se consuma mediante o exercício da opção e se executa mediante a realização das prestações: transferências das ações e pagamento do preço".
43. Nessa linha de raciocínio, cumpre transcrever o entendimento de Celso Barbi Filho (1993:167): "Deverá estar consignado no acordo a disposição futura de comprar e vender, em caráter irrevogável e irretratável, a fim de que não remanesça necessidade de qualquer manifestação posterior quanto à conjunção de vontades. Assim, o direito de adquirir nasce com a própria celebração da avença, uma vez que já existe promessa irrevogável de contratar".
44. A respeito do acordo de bloqueio que estabelece direito de preferência, Celso Barbi Filho (1993:167) aduz que "nos contratos ou acordos de preferência, cuida-se de obrigação de con-

A chamada execução específica do acordo de acionistas em sede judicial ou arbitral

ferência em si, os demais convenentes e o terceiro interessado concorrem em igualdade de condições na aquisição das ações, o que repercute especialmente no estabelecimento do preço de compra. Nelson Eizirik lembra, em termos práticos, que, "usualmente, a cláusula estabelece que, caso um dos acionistas receba uma oferta de terceiro, deverá notificar os demais, informando as condições da oferta; no prazo estabelecido no acordo, terão eles preferência para adquirir as ações, em igualdade de condições com o terceiro ofertante", sendo certo que "caso os demais acionistas não se manifestem no prazo previsto, o que recebeu a oferta do terceiro estará livre para alienar suas ações".[45]

Na prática corporativa, os acordos de voto e os acordos de bloqueio podem se misturar em um único instrumento convencional. Assim, pode-se estabelecer em um acordo de acionista de voto-comando, por exemplo, uma cláusula de preferência na alienação das ações dos demais convenentes ou, mais ainda, uma cláusula limitando a transmissibilidade das ações a terceiros sem o consentimento dos demais convenentes. Observe-se, nesses exemplos, que ambas as cláusulas são modalidades de acordo de bloqueio que reforçam o acordo de voto. Nesse sentido, Celso Barbi Filho (2011a:v. III, p. 617) considera que "normalmente, o acordo de voto está sempre associado ao pacto de bloqueio, para que se assegure a manutenção das posições contratadas", mas, segundo o autor, "a recíproca já não é verdadeira, ou seja, há muitos acordos de bloqueio sem pacto sobre o voto".

---

tratar sujeita a evento futuro e incerto, cuja ocorrência torna exigível o direito de preferência para compra. Esse evento é a condição de que uma parte caracterize a intenção de alienar suas ações, criando para o outro o direito à compra".

45. Eizirik (2011:v. I, p. 714). O comercialista ainda trata dos conhecidos *tag along* e *drag along*: "Também há acordos em que se prevê que, além do direito de preferência, os acionistas, caso não o exerçam, têm o direito de venda conjunta com o alienante (*tag along*). Assim, por exemplo, se o acionista A recebe uma proposta de compra de um terceiro, deverá oferecer aos demais integrantes do acordo — B, C e D — o direito de preferência para comprarem, nas mesmas condições, suas ações. B, C e D, se não quiserem exercer o direito de preferência, poderão vender em conjunto com A suas ações para o terceiro, usualmente estabelecendo a cláusula do rateio, caso a proposta não contemple todas as ações integrantes do acordo. Pode ainda o acordo prever que a parte vendedora tem o direito de obrigar os demais convenentes a vender as suas ações (*drag along*); a inserção da cláusula deve ser objeto de cuidadosa análise, não sendo conveniente sua inclusão no acordo quando os acionistas integrantes fizerem investimentos de vulto na companhia, pois, nesse caso, poderão ser obrigados a alienar suas ações a preços não compensatórios" (Eizirik, 2011:v. I, p. 715).

4. A chamada execução específica do acordo de acionistas em sede judicial ou arbitral

4.1 Panorama sobre a execução específica do acordo de acionistas

O tema da execução específica do acordo de acionistas representa capítulo singular na relação entre direito (direito comercial) e processo (direito processual), o que se poderia designar, sem profundas preocupações dogmáticas, mas apenas didáticas, de direito processual societário.[46] O §3º do art. 118 da Lei das Sociedades por Ações estatui que "nas condições previstas no acordo, os acionistas podem promover a execução específica das obrigações assumidas". Esse comando legal positiva o que se costuma designar de execução específica do acordo de acionistas.

Note-se que o dispositivo em comento está presente desde a versão original da Lei das Sociedades por Ações, promulgada na década de 1970, momento histórico em que tanto a legislação de direito privado quanto as normas processuais davam um tratamento absolutamente diverso ao inadimplemento das obrigações de fazer e de não fazer, bem como ao exercício de direitos potestativos. Atualmente, com a consagração do princípio da conservação dos contratos e com a amplitude que se deu à execução específica das obrigações de fazer e de não fazer, o sistema originariamente previsto na lei societária precisa ser interpretado à luz da atual sistemática legal geral.

A doutrina de maneira pacífica entende que a expressão "execução específica do acordo de acionistas" não corresponde exatamente a uma execução,[47] como poderia parecer pela terminologia empregada, mas sim relacio-

---

46. A respeito do assunto, recomenda-se a leitura das seguintes coletâneas: Yarshell e Pereira (2012) e Bruschi, Couto, Pereira e Silva e Pereira (2012).

47. A doutrina comercialista debate ainda hoje a possibilidade de execução por título extrajudicial com base no acordo de acionistas. Negando a possibilidade de o acordo de acionistas servir de base à execução de título extrajudicial, especialmente em razão da iliquidez do título, pode-se citar Celso Barbi Filho (2011b:v. III, p. 585) e Modesto Carvalhosa (2011:364). Marcelo Bertoldi (2006:166) adota posição híbrida, afirmando que "por mais que o acordo de acionistas se configure um título executivo extrajudicial, nos termos preconizados pelo art. 585, II, do Código de Processo Civil, ao(s) signatário(s) prejudicado(s) pelo inadimplemento contratual não restará alternativa senão buscar o provimento substitutivo de declaração de vontade por meio do processo de conhecimento, com vistas à obtenção de sentença que tenha o condão de gerar os mesmos resultados que se teria se acaso a obrigação tivesse sido honrada pelo devedor, nos termos dos arts. 466-A e 466-B do Código de Processo Civil". Fábio Ulhoa Coelho (2012:v. 2, p. 351), por sua vez, considera que, atendidos os pressupostos legais, o acordo de acionistas pode sim ser título executivo extrajudicial: "O

na-se a uma ação de natureza cognitiva, cujo resultado final será alcançado com a prolação de uma sentença de mérito.[48] O legislador brasileiro, em um exercício para aprimorar o sistema original de proteção aos direitos emergentes dos acordos de acionistas, editou a Lei nº 10.303/2001, incluindo no art. 118 da Lei das Sociedades por Ações, dentre outros dispositivos, os seus atuais §§ 8º e 9º.

Consoante dispõe o §8º do art. 118, "o presidente da assembleia ou do órgão colegiado de deliberação da companhia não computará o voto proferido com infração de acordo de acionistas devidamente arquivado". Já o §9º do mesmo artigo de lei estabelece que

> o não comparecimento à assembleia ou às reuniões dos órgãos de administração da companhia, bem como as abstenções de voto de qualquer parte de acordo de acionistas ou de membros do conselho de administração eleitos nos termos de acordo de acionistas, assegura à parte prejudicada o direito de votar com as ações pertencentes ao acionista ausente ou omisso e, no caso de membro do conselho de administração, pelo conselheiro eleito com os votos da parte prejudicada.

A leitura do §8º do art. 118 da lei permite dizer que o atual sistema legal atribui poderes especiais ao presidente da assembleia e ao presidente da reunião do conselho de administração da companhia para qualificar a ausência

---

acordo de acionistas pode, ou não, ser título executivo extrajudicial. Se, feito por documento particular, ostenta a assinatura dos acionistas e de duas testemunhas, ou o *referendum* dos advogados das partes, está preenchido o requisito formal (CPC, art. 585, II). Se, ademais, as cláusulas delimitadoras da extensão das obrigações dos acionistas encontram-se claramente redigidas, e não há condições resolutivas ou suspensivas, ou outro pacto que possa prejudicar o direito do exequente, atendem-se também os requisitos de liquidez, certeza e exigibilidade (CPC, art. 586)". *Data maxima venia*, a discussão a respeito de poder ou não o acordo de acionistas subsidiar uma execução por título extrajudicial carece de utilidade à luz do fenômeno da antecipação de tutela, prevista nos atuais arts. 273 e 461 do Código de Processo Civil, cuja conjugação com o art. 118 da Lei nº 6.404/1976 permite aos titulares do direito societário violado amplo espectro de efetividade e toda a proteção necessária para a conservação e a implementação daquilo que foi ajustado pelas partes no acordo de acionistas. 48. Adequadamente, nesse sentido, cumpre destacar a lição de Modesto Carvalhosa (2011:330): "Ele [o termo execução] está empregado *lato sensu*, equivalente à efetivação ou imposição do cumprimento por ato judicial terminativo, ou seja, transitado em julgado, lavrado em processo ordinário de conhecimento". Também assim, confira-se o ensinamento de Celso Barbi Filho (1993:162): "Dessa forma, a ação para execução específica do acordo tem natureza cognitiva, pois visa à obtenção de uma sentença de mérito que interprete o negócio e dele extraia e ordene o cumprimento de uma obrigação". O autor repete a lição em outra sede: Id. (2011b:v. III, p. 580).

do acionista e do conselheiro amarrados pelo pacto parassocial. Conforme anota Calixto Salomão Filho (2006:117), pode-se dizer que "esse dispositivo nada mais é que explicitação do disposto no §1º do mesmo dispositivo, já vigente na lei anterior, segundo o qual a companhia deve respeitar os acordos de acionistas arquivados na sua sede".

Cumpre esclarecer que no caso de ausência do acionista ou do membro do conselho vinculados ao acordo, prescinde-se de qualquer atividade interpretativa ou volitiva do presidente da assembleia e do presidente do conselho de administração. Isso porque, nesse caso, a lei é cristalinamente clara no sentido de outorgar aos demais acionistas signatários do acordo e aos conselheiros a ele vinculados o direito de votarem com as ações do acionista ausente e com o voto do conselheiro que não compareceu à reunião devidamente convocada.

O atual sistema legal, por meio do §9º do art. 118 do diploma societário, também atribuiu especiais poderes ao presidente da assembleia e ao presidente do conselho de administração para interpretar em alguma medida os votos proferidos nas assembleias e nas reuniões do conselho de administração, especialmente a partir do que houver sido deliberado nas reuniões prévias, podendo não computar os votos que entender como proferidos com infração ao acordo de acionistas devidamente arquivado na sede da companhia.

Nesse caso, o voto contrário ao acordo de acionistas é ineficaz.[49] Conforme ensinam Erasmo Valladão Azevedo e Novaes França, "o voto será ineficaz quando contrariar acordo de acionistas (acordo de voto, bem entendido) arquivado na sede da companhia".[50] Assim, tratando-se de voto ineficaz,

---

49. Considerando o voto declaração de vontade e não apenas declaração de verdade, José Alexandre Tavares Guerreiro (2011:v. III, p. 740) explica que "o voto do acionista em assembleia geral, perante o direito brasileiro, conceitua-se unitariamente como declaração de vontade, uma vez que sempre deve ser emitido por referência a um interesse concreto do agente".
50. França (1999:117). Também nesse sentido, confira-se a posição de José Alexandre Tavares Guerreiro (2011:v. III, p. 745): "Toda a construção doutrinária do acordo de acionistas, como convenção ou verdadeiro contrato, leva-nos, no caso em tela, a transferir o problema para o campo da ineficácia do negócio jurídico, ou, antes, para as consequências da declaração ineficaz. O voto discrepante não é, desenganadamente, inválido, posto que não o inquinam os vícios que induzem nulidade, nem, tampouco, as razões que determinam anulabilidade. Trata-se, ao contrário, de voto ineficaz. A ineficácia do voto discrepante contamina a deliberação da assembleia, como expressão da vontade coletiva, formada e integrada pelas declarações individuais dos acionistas". Em seguida, o autor trata da hipótese de o presidente da assembleia ou o presidente da reunião do conselho de administração acabar por computar equivocadamente o voto contrário ao acordo de acionistas: "Na mesma ordem de ideias, o voto discrepante de acordo de acionistas devidamente arquivado na sede social, nos termos do art. 118, *caput*, da Lei 6.404, não pode ser computado pela mesa diretora do conclave

pode o presidente, como já poderia antes mesmo da inclusão do §8º no art. 118 da lei societária, deixar de computá-lo. Importante dizer que, segundo o entendimento majoritário, permite-se apenas que o voto deixe de ser computado, mas a lei não admite que o presidente da assembleia ou o presidente do conselho de administração altere o sentido do voto para o que eventualmente entender como harmonioso com o acordo de acionistas. Nesse sentido, confira-se a lição de Paulo Cezar Aragão:

> Atribui-se ao presidente da assembleia geral, entretanto, uma autoridade limitada: ele pode negar-se a computar o voto lançado contra os termos do acordo, mas não pode suprir a vontade do devedor e agir positivamente, votando como supõe que o acionista inadimplente deveria ter votado.[51]

O §8º do art. 118 da lei societária permite, portanto, que, no caso de acionista presente e votante em sentido contrário ao acordo de acionistas, o presidente desconsidere o voto ineficaz. Repita-se que a norma societária, todavia, segundo a doutrina comercialista majoritária, não estabelece ficção jurídica alguma no sentido de se tomar o voto contrário como se fosse voto em harmonia com o pacto parassocial.[52] Estando presente o acionista e votando

---

assemblear, pelas razões que já anteriormente expusemos, e, se o for, estará efetivamente atingida, por via de consequência, a eficácia da deliberação da assembleia. Os efeitos dessa deliberação devem ser coartados, porque produzidos com base em manifestação ineficaz. Recorrer-se-á, segundo pensamos, ao poder cautelar geral do juiz, que o CPC agasalha em seu art. 798, para evitar o arquivamento no Registro do Comércio, bem como a publicação da ata de assembleia geral de acionistas contendo deliberação ineficaz. Impõe-se a declaração de ineficácia da deliberação assemblear para a qual concorreu manifestação ineficaz de voto do acionista convenente" (Id., p. 745-746).

51. Aragão (2002:373). Em seguida, o autor fornece o seguinte exemplo: "Usando os mesmos exemplos acima figurados, o presidente da assembleia geral pode deixar de computar o voto do acionista A na eleição do conselheiro, se ao mesmo presidente parece claro pelos termos contratados que o acionista A deveria votar em B (ou no candidato indicado por B) e não em C ou mesmo nele próprio, A. No entanto, se ficou acordado que A e B deveriam votar a favor da redução do dividendo obrigatório da companhia e B se abstém (ou, mais grave ainda, vota a favor do aumento desse dividendo), o presidente da assembleia geral não poderá suprir a vontade do acionista B" (Id., 2002:373). Também nesse sentido, leia-se a lição de Fábio Ulhoa Coelho (2012:v. 2, p. 349), Nelson Eizirik (2011:v. I, p. 724), José Edwaldo Tavares Borba (2003:360), Marcelo Bertoldi (2006:117) e André de Albuquerque Cavalcanti Abbud (2006:141).

52. No caso de divergência sobre a interpretação do acordo de acionistas, surgida durante a assembleia, no momento em que o acionista convenente está votando aparentemente em sentido contrário ao acordo, Marcelo Bertoldi (2006:117) entende que o presidente da assembleia ou o presidente da reunião do conselho de administração não tem poderes de interpretar o acordo, razão pela qual deve computar o voto: "Se acaso houver dúvida quanto

em sentido contrário ao acordo, a única atitude da presidência da assembleia ou da reunião do conselho de administração será a desconsideração do voto.

Por um lado, se esse voto não se revelar fundamental para a aprovação da deliberação assemblear, ele deixa de ter qualquer utilidade prática para a vida societária. Por outro, caso esse voto em desacordo com o pacto se revelar indispensável para a aprovação da deliberação, a saída vislumbrada pela doutrina comercialista será a execução específica do acordo de acionistas. Isso porque, diga-se e repita-se, a doutrina majoritária entende que o presidente da assembleia e o presidente da reunião do conselho de administração não poderão, por conta própria, inverter o sentido do voto do acionista inadimplente, restando apenas a execução específica do pacto. Nesse sentido, Fábio Ulhoa Coelho defende que "para que seja computado o voto no exato sentido em que se obrigara o acionista no acordo, será necessária a sua execução específica".[53]

---

ao real sentido do acordo, ou seja, se houver desentendimento entre os signatários quanto à interpretação dos termos do acordo, a ponto de haver fundadas dúvidas acerca do seu real inadimplemento, não caberá ao presidente do órgão colegiado dirimir tal conflito. Nessa situação, passível de ocorrer especialmente em se tratando de acordos mal redigidos ou complexos, o dirigente sequer poderá deixar de computar os votos (atividade negativa), na medida em que o imputado inadimplemento não pode ser verificado de plano, sem que se faça necessária a interpretação de seus termos, operação esta privativa do Poder Judiciário". Em sentido semelhante, José Edwaldo Tavares Borba (2003:361): "Anote-se, outrossim, que o presidente da assembleia, ao recusar o voto contra o acordo, o faz como membro de um órgão da sociedade, e nos limites de sua atuação institucional. O voto a ser recusado é aquele que, de forma clara e frontal, viola o acordo arquivado na sociedade. Se a matéria for controvertida, ou se envolver problemas interpretativos, o presidente da assembleia nada poderá fazer, sob pena de arrogar-se poderes que são próprios do Poder Judiciário — o julgamento de conflito de interesses". A princípio, Celso Barbi Filho (1993:102-103) também reconhece a ausência de poderes do presidente da assembleia ou do presidente da reunião do conselho de administração para interpretar o acordo: "Com efeito, havendo durante a assembleia divergência de interpretação sobre o sentido do voto pactuado na convenção, surge uma impossibilidade de aplicação do ajuste naquela votação. Isso porque o presidente da mesa não tem jurisdição, sendo, portanto, incompetente para dirimir o conflito sobre interpretação do contrato". Em outro trabalho, porém, o autor propõe que nesse caso de divergência sobre a interpretação do acordo se suspenda a assembleia ou se coloque a questão para decisão da própria assembleia: "Conforme já disse, embora isso seja uma vontade teórica, na prática pode não funcionar porque, havendo conflito entre os acionistas signatários durante a assembleia, a sociedade não poderá interpretar o pacto, deixando de computar votos que se entendam 'contrários' ao pactuado. Diante de eventual impasse, o presidente da mesa deve suspender a deliberação ou, no máximo, devolver o problema à assembleia, para que esta decida" (Id., 2011a:v. III, p. 624-625).
53. Coelho (2012:v. 2, p. 349). No mesmo sentido, confira-se o entendimento de André de Albuquerque Cavalcanti Abbud (2006:141): "A fim de obter a declaração de vontade pactuada, caberá ao acionista prejudicado buscar a tutela jurisdicional específica produtora dos mesmos efeitos do voto devido". Em sentido contrário, Nelson Eizirik (2011:v. I, p. 727) propugna a aplicação conjunta dos §§8º e 9º do art. 118, razão pela qual votando em sentido

A chamada execução específica do acordo de acionistas em sede judicial ou arbitral

Examinada a hipótese do acionista presente e votante em sentido contrário ao acordo, cumpre averiguar a situação do acionista ou membro do conselho ausente ou do acionista ou membro do conselho que se abstém mesmo estando presente. Nesse caso, aplica-se o §9º desse mesmo dispositivo legal, isto é, os demais acionistas ou conselheiros vinculados ao acordo de acionistas poderão votar no lugar desse acionista ou conselheiro, computando-se o voto em harmonia com o pactuado no acordo de acionistas.[54] Trata-se de solução que enseja alguma polêmica na doutrina, mas que tem a vantagem de solucionar a divergência no próprio âmbito da assembleia ou da reunião do conselho de administração, dispensando a execução específica do acordo de acionista e invertendo a iniciativa do direito de ação.[55]

---

contrário ao acordo, o presidente da assembleia ou o presidente da reunião do conselho de administração deve desconsiderá-lo (§8º) e permitir aos demais acionistas convenentes, imediatamente, a oportunidade de votar com as ações daquele acionista (§9º), desta vez em harmonia com o convencionado no pacto parassocial: "Interpretando-se sistematicamente os 2 (dois) parágrafos e tendo em vista a sua finalidade comum, pode-se concluir que: na hipótese em que alguém pretende descumprir o acordo de acionistas comparecendo à assembleia e votando contra o decidido na reunião prévia, deve tal voto ser desconsiderado pelo presidente do conclave, com fundamento no §8º, tal como se o acionista tivesse se abstido de votar; consequentemente, os acionistas prejudicados estarão legitimados, com base no §9º, a votar em nome do acionista inadimplente. Ou seja, o voto contrário ao deliberado na reunião prévia e não computado equipara-se à abstenção de voto, permitindo-se que o acionista prejudicado possa conferir eficácia ao acordo de voto em bloco, determinando o sentido do voto proferido pelas ações do acionista que descumpriu o avençado".
54. Marcelo Bertoldi (2006:119) afirma que, na aplicação do §9º do art. 118 da Lei das Sociedades por Ações, o presidente da assembleia ou o presidente da reunião do conselho de administração não pode "agir de ofício", mas deve ser provocado pelos demais acionistas convenentes: "Vê-se, então, que o dirigente do órgão colegiado não age de esponte própria, mas deverá ser provocado pelo signatário prejudicado com a ausência ou abstenção. Somente após essa provocação é que o dirigente, conforme estabelece o sobredito §9º, deverá acolher o voto proferido pela parte prejudicada em substituição ao inadimplente por inércia".
55. Marcelo Bertoldi (2006:119) suscita dúvida sobre a constitucionalidade do dispositivo: "Essa solução encontrada pelo legislador reformista, de duvidosa constitucionalidade, como se verá adiante, faz com que a atitude do acionista, signatário de acordo de voto, que venha a faltar à assembleia, ou mesmo do membro do conselho de administração vinculado ao acordo de acionistas que da mesma forma se queda ausente ou silente em reunião, seja considerada pelo dirigente do órgão colegiado como inadimplemento do acordo, desde que haja manifestação nesse sentido pela parte que se sinta prejudicada com tal atitude". Depois, o autor afirma que a disposição desafia frontalmente o papel passivo da sociedade no que diz respeito à observância do acordo de acionistas: "Essa disposição legal desafia frontalmente tudo o que se disse a respeito dos limites de atuação da companhia e seus órgãos diante do inadimplemento do acordo de acionistas. Conforme os termos do novo §8º [ao que parece, na verdade, o autor quis se referir ao §9º] do art. 118 da Lei 6.404/1976, a companhia deixa de adotar uma postura puramente passiva-negativa, não computando o voto proferido contrariamente ao acordo, mas, na hipótese, de silêncio ou ausência do signatário de acordo de voto, cabe ao presidente obedecer a eventual ordem do convenente que se sinta prejudicado e acatar o voto nos termos constantes do acordo, mesmo sem a manifestação expressa do titular do direito de voto" (Ibid.,

Agora, com a disciplina da Lei nº 10.303/2001, esse acionista é que deverá movimentar a máquina estatal ou arbitral para fazer valer a vontade que pretensamente considere como realmente prevista no acordo de acionistas.[56] Seja uma nova hipótese de autotutela[57] ou um mandato legal,[58] o fato é que o

---

p. 119). José Edwaldo Tavares Borba (2003:361), por sua vez, chega a dizer que a disposição é aberrante: "O §9º do art. 118, também acrescentado pela Lei nº 10.303/2001, consagra, porém, uma aberração, ao permitir que uma das partes do acordo de acionistas possa votar pela outra, que não compareceu ou se absteve de votar. Essa norma conflita com vários outros preceitos e princípios da própria lei das sociedades anônimas, primeiro porque dissocia o voto da ação, e depois porque afeta a questão da responsabilidade pelo voto, que é pessoal e intransferível". Em seguida, o autor propõe a não incidência da norma legal: "A norma, por se achar em desconformidade com os princípios aplicáveis, especialmente com os preceitos que definem o voto como uma emanação da ação (art. 110), e o acionista como o agente responsável pelo seu exercício (art. 115), não tem como incidir" (Ibid., p. 361). E repete a ideia logo em seguida: "Deve-se, pois, entender que, a despeito do §9º, a ausência ou abstenção de voto por parte de acionista integrante de acordo de acionista somente podem ser supridas mediante execução específica, a ser obtida judicialmente" (Ibid., p. 362). Menos radical, André de Albuquerque Cavalcanti Abbud (2006:146) afirma que o dispositivo poderá ensejar abuso por parte dos demais convenentes do acordo de acionistas: "Permitindo ao acionista que se sentir prejudicado lançar mão do voto da parte omissa, exercendo-o no lugar do titular do direito, abre-se a possibilidade do abuso das prerrogativas inscritas no acordo de acionistas, por meio da interpretação arbitrária de seus termos pela parte interessada". Já Sergio José Dulac Müller e Thomas Müller (2012:916) consideram, elogiosamente, que "nesse caso, a legislação brasileira, normalmente atrasada, é mais moderna, até mesmo, que a legislação norte-americana".
56. Tratando exatamente dessa inversão de papéis, sob o prisma da constitucionalidade da norma, transcreva-se a posição de Nelson Eizirik (2011:v. I, p. 726): "O §9º, ao criar esta nova modalidade de autoexecução dos acordos de acionistas, não infringiu o princípio constitucional da inafastabilidade da tutela jurisdicional (artigo 5º, inciso XXXV, da Constituição Federal), promovendo apenas uma inversão de papéis; a parte prejudicada pelo descumprimento do acordo de voto em bloco, que anteriormente figuraria como autora na demanda para obter a execução específica do acordo, passa a figurar na condição de ré na eventual ação proposta pela parte inadimplente que se considera prejudicada pela utilização da prerrogativa contida na norma".
57. Modesto Carvalhosa (2011:332) afirma que se trata de autotutela: "Daí prestar-se o disposto nos §§8º e 9º do art. 118 não apenas para instituir a autotutela, mas, sobretudo, para legalmente vincular os votos dos administradores ao deliberado pela comunhão de controle nas referidas matérias relevantes e extraordinárias previstas no acordo". Também assim, leia-se a argumentação de André de Albuquerque Cavalcanti Abbud (2006:142-143): "Como se depreende, a nova lei do anonimato concedeu legitimidade substitutiva aos acionistas prejudicados e aos seus representantes nos órgãos administrativos, para que manifestem a vontade convencionada no lugar dos titulares omissos do direito de voto. Instaurou-se no ordenamento jurídico, assim, nova hipótese de exercício de autotutela". Marcelo Bertoldi (2006:122-123) nega que se trata de autotutela: "Não se pode concordar com esse entendimento. Como já se teve a oportunidade de sustentar, todas as numerosas hipóteses de autotutela admitidas pelo ordenamento jurídico brasileiro trazem como característica comum a ausência de substituição da vontade da parte tida como inadimplente. (...). Em nosso entender, portanto, a hipótese estabelecida no §9º supramencionada não se enquadra entre aquelas situações de autotutela admitidas pelo ordenamento jurídico, pois, a chamada parte prejudicada caberá não a repulsa a uma agressão, mas, isto sim, substituir a vontade do acionista ausente ou omisso sob a alegação de sua convicção pessoal de que o acordo está sendo descumprido".
58. Paulo Cezar Aragão (2002:374) parece defender a existência de um mandato legal na

§9º do art. 118 da Lei nº 6.404/1976 permite a solução da questão no próprio âmbito da assembleia ou da reunião do conselho de administração, ao menos num primeiro momento.

A doutrina comercialista diverge também a respeito da natureza da decisão proferida na execução específica do acordo de acionistas, prevalecendo como dominante a tese da sentença constitutiva. Nesse sentido, Modesto Carvalhosa afirma que "é importante desde logo salientar que a tutela específica é promovida em processo de conhecimento, mediante sentença final constitutiva transitada em julgado".[59] Conforme se destacará no próximo item, parece-nos que a natureza dessa sentença dependerá, fundamentalmente, do objeto do acordo de acionistas que se pretende ver agora cumprido, pois é dessa relação entre direito material (direito comercial) e processo (direito processual) que surge a resposta correta. Claro que haverá sentenças em execução específica de acordos de acionistas de natureza constitutiva, mas também poderá haver prolação de sentenças de outras naturezas.

---

hipótese: "Para obviar tal dificuldade, admite o novo §9º do art. 118 um caminho alternativo de execução direta, por assim dizer, das obrigações assumidas, mediante o exercício pela parte prejudicada — à qual se conferiu um mandato legal por assim dizer — do direito de voto próprio às ações de acionista ausente ou omisso para proferir voto contra ou a favor de deliberações determinadas, hipótese em que a abstenção não resultará em perda da efetividade do acordo". Nelson Eizirk (2011:v. I, p. 723), nesta passagem, inclusive com referência ao direito norte-americano, parece defender que se trata de mandato legal: "No direito norte-americano entende-se que o *pooling agreement* institui um mandato recíproco e irrevogável para as partes, de sorte que os convenentes que logrem, em reunião prévia, alcançar o direcionamento do voto em bloco de controle ficam investidos de poderes para votar com todas as ações, ainda que nela tenha havido votos discordantes. A Lei nº 10.303/2001, ao alterar o disposto neste artigo, acrescentando-lhe novos parágrafos, também reconheceu, no acordo de voto em bloco, a existência de um mandato legal, conferido independentemente de expressa estipulação no acordo, que permite ao acionista prejudicado votar com as ações do ausente ou abstinente. Tratando-se de um mandato recíproco, conferido como meio para que os signatários possam implementar o acordo de acionistas, a ele se aplica a cláusula de irrevogabilidade, permanecendo em vigor enquanto durar o acordo". Não obstante, algumas páginas depois, afirma o autor que "a regra prevista no §9º introduziu em nosso direito societário uma hipótese excepcional de autotutela" (Ibid., p. 725). Em posição contrária, Marcelo Bertoldi (2006:124) nega que se trata de mandato legal: "No direito brasileiro não existe modalidade contratual imposta por lei, ou seja, ninguém está obrigado a contratar com outrem por imposição legal, muito menos existe a obrigação de outorgar procuração — instrumento do mandato — a outrem por determinação legal. Se for assim, a figura do dito mandato legal não existe no ordenamento jurídico, razão pela qual, não vemos como prosperar a teoria segundo a qual o §9º do art. 118 da Lei 6.404/1976 confere mandato legal ao acionista que se sinta prejudicado pela ausência ou silêncio do convenente de acordo de voto".

59. Carvalhosa (2011:329). Defendendo a natureza constitutiva dessa sentença, cite-se a posição de Celso Barbi Filho (2011b:v. III, p. 582 e 600) e de André de Albuquerque Cavalcanti Abbud (2006:96). Marcelo Bertoldi (2006:183) entende que se trata de sentença "produzida em processo de conhecimento e de eficácia preponderantemente constitutiva".

4.2 Objetos dos acordos de acionistas típicos e tutela jurisdicional adequada

Os acordos de acionistas típicos, sob o prisma do objeto, podem ser (i) acordos de voto (comando ou defesa) e (ii) acordos de bloqueio (alienação, opção ou preferência). A doutrina comercialista, em geral, estabelece uma relação quase que indissociável entre a execução específica do acordo de acionista e a tutela jurisdicional substitutiva de declaração de vontade.

No caso dos acordos de voto (comando ou defesa) — como declarações de vontade que são —, efetivamente parece que a execução específica do pacto resultará em sentença substitutiva da declaração de vontade do acionista inadimplente. Nesse sentido, José Alexandre Tavares Guerreiro (2011: v. III, p. 717) considera que, "no que concerne ao exercício do direito de voto, o acordo de acionistas, como instrumento destinado a predeterminá-lo em certas matérias, contém verdadeira obrigação de prestar declaração de vontade, consoante um regulamento prévio de interesses". No mesmo sentido, Celso Barbi Filho (1993:165) explica que "a obrigação de prestar declaração de vontade está nos acordos que tenham por objeto o exercício do voto (acordos de voto)". Também nessa linha, confira-se a lição de Marcelo Bertoldi (2006:148):

> Quanto aos acordos de voto, não há dúvida de que se trata de obrigação que assumem os seus signatários em emitir, em órgão colegiado da companhia, determinada declaração de vontade mediante o direcionamento do voto no sentido predeterminado. Aplicável, portanto, a regra genérica do art. 466-A do Código de Processo Civil (...).

Assim, quando se pretende a execução específica de acordo de acionistas de voto, nas modalidades voto-comando ou voto-defesa, o que se busca, em sede judicial ou arbitral, é a tutela jurisdicional substitutiva de declaração de vontade, razão pela qual a sentença, segundo a doutrina processual majoritária, possui natureza constitutiva e se rege pelos arts. 466-A, 466-B e 466-C do Código de Processo Civil. Julgado procedente o pedido, a sentença proferida pelo juiz togado ou pelo árbitro está vocacionada a produzir os mesmos efeitos da declaração de vontade não emitida, pois o que se busca não é propriamente a declaração de vontade do acionista inadimplente, mas sim o resultado que decorreria da sua manifestação de vontade em harmonia com o acordo.[60]

---

60. Até porque, como bem lembra José Carlos Barbosa Moreira (1997b:227) em texto clássico, "do ponto de vista material, nada é capaz de substituir a declaração de vontade que o

Não se trata aqui de o juiz ou o árbitro representar o acionista inadimplente, muito menos de condená-lo a emitir nova declaração de vontade — novo voto — em harmonia com o acordo. Cogita-se aqui, simplesmente, de decisão que produz os mesmos efeitos da declaração que deveria ter sido emitida de acordo com o pacto parassocial, ou seja, de decisão que produza o mesmo efeito do voto que deveria ter sido dado em consonância com o acordo de acionistas. Conforme leciona José Carlos Barbosa Moreira, interpretando o §3º do art. 118 da Lei nº 6.404/1976, a execução específica do acordo de acionistas "equivale a 'obter sentença que produza o mesmo efeito da declaração de vontade contemplada no acordo'".[61] Na doutrina comercialista, Celso Barbi Filho deixa claro que "o juiz não vota em lugar do acionista", mas sim profere sentença que "produz o efeito da declaração de vontade, no caso o voto, que deveria ter sido dado em conformidade com a convenção".[62]

Adota-se aqui, portanto, posição consentânea com a doutrina comercialista majoritária no sentido de entender que a execução específica do acordo de acionistas de voto (comando ou defesa) reclama tutela jurisdicional substitutiva da declaração de vontade. No caso dos acordos de bloqueio (alienação, opção ou preferência), todavia, parece que nem sempre se estará diante de tutela jurisdicional substitutiva de declaração de vontade. A doutrina comercialista majoritária, porém, tem considerado que mesmo em casos de execução específica do acordo de bloqueio se estará diante de sentença substitutiva da declaração de vontade. Parece-nos que essa linha de entendimento se deve ao fato de a doutrina considerar o acordo de acionistas de bloqueio como sendo, sempre, um contrato preliminar.

Nesse sentido, caracterizando o acordo de acionistas de bloqueio como sendo sempre contrato preliminar, José Alexandre Tavares Guerreiro (2011:

---

devedor se recusa a emitir".

61. Barbosa Moreira (1997b:230, nota 10). Em outro trabalho, o jurista repete a lição: "Em determinadas circunstâncias, assegura-lhe a lei aquele resultado, através de expediente que torna prescindível a colaboração do devedor: atribui à própria sentença, pela qual haja sido ele condenado a emitir a declaração de vontade, os mesmos efeitos que normalmente só esta poderia surtir" (Id., 2008:226). Também assim, vale a transcrição da lição de Araken de Assis (2012:650): "No direito brasileiro, porém, a própria sentença produzirá o efeito do contrato definitivo, prescindindo-se, por isso mesmo, da ulterior aceitação do pronunciamento pelo contratante omisso ou sua ulterior declaração de vontade em igual sentido".

62. Barbi Filho (1993:172). Também dentre os comercialistas, leia-se o entendimento de Marcelo Bertoldi (2006:168): "Na hipótese de acordo de voto, a ordem advinda do Poder Judiciário será no sentido de ser o voto computado tal qual a obrigação assumida pelo signatário, sem que haja espaço para outra providência senão a alteração do resultado da deliberação assemblear".

v. III, p. 725) defende que "de uma ou outra forma, é certo que o acordo de acionistas, contemplando futuro negócio de transferência de ações, se caracteriza, sob esse aspecto, como contrato preliminar". Também assim, Celso Barbi Filho entende que "o que o acordo de acionistas contém é, em regra, uma promessa de contratar futura compra e venda de ações na forma preestabelecida, ou de emitir declaração de vontade correspondente ao voto nas assembleias gerais da companhia".[63] Observe-se, assim, que, sem ressalvar os termos da avença, relevante doutrina comercialista caracteriza os acordos de acionistas de bloqueio (alienação, opção ou preferência) sempre como contratos preliminares, razão pela qual a tutela jurisdicional adequada seria a substitutiva de declaração de vontade, sob o regime dos arts. 466-A, 466-B e 466-C do Código de Processo Civil.

Manifestando entendimento contrário, ao menos no que diz respeito à caracterização do acordo como contrato preliminar, Marcelo Bertoldi (2006:149) leciona que "nas situações de opção de compra e venda ou de direito de preferência para a aquisição das ações vinculadas ao acordo, não se trata de contrato preliminar, mas sim de contrato principal". Não obstante o autor considere que não se trata de contrato preliminar, diante do inadimplemento, Marcelo Bertoldi (2006:149) defende que "cabe ao ofendido, com base no art. 466-A, exigir que seja proferida sentença que tenha o condão de produzir os mesmos efeitos da declaração (opção ou preferência) não proporcionados pelo seu devedor". Como se vê, ainda que este autor manifeste discordância em relação à caracterização do acordo de acionistas como contrato preliminar, o fato é que também ele defende que se tratará de substituição de declaração de vontade, o que atrai a indissociável natureza constitutiva da sentença na execução específica.

Parece-nos, porém, que muitas vezes o conteúdo do pacto revelará obrigações puramente de fazer e obrigações de dar coisa certa, sujeitas não à

---

63. Barbi Filho (2011a:v. III, p. 609). Especificamente em relação aos acordos de bloqueio para compra e venda de ações, bem como para exercício de direito de preferência, José Alexandre Tavares Guerreiro (2011:v. III, p. 717) defende que ambos são contratos preliminares: "No tocante à compra e venda de ações, bem como à preferência para adquiri-las, o acordo se reveste, ou pode se revestir, da natureza peculiar de contrato preliminar de venda, por meio do qual as partes se obrigam a concluir, sob determinadas condições, contrato definitivo, tendo por objeto a alienação de ações". E no que diz respeito especificamente aos acordos de bloqueio de opção, Celso Barbi Filho argumenta, novamente, que se trata de contrato preliminar. O autor aduz que "os contratos ou acordos de opção são promessas incondicionais de futura compra e venda de ações", o que significa, em outras palavras, que "essa figura encontra semelhança nas conhecidas promessas de compra e venda" (Barbi Filho, 1993:166).

disciplina dos arts. 466-A, 466-B e 466-C, mas sim à normativa dos arts. 461 e 461-A do diploma processual, cuja repercussão prática está na possibilidade — tranquila e sem maiores polêmicas — de concessão de tutela antecipada, na identificação da natureza da sentença de procedência e, por fim, nos meios executórios que podem ser utilizados no seu cumprimento.[64] Todos esses desdobramentos de ordem processual, contudo, não comportam exame detalhado neste trabalho, razão pela qual os autores reservam essa análise para outra oportunidade.

4.3 A possibilidade de concessão de tutela antecipada na execução específica do acordo de acionistas mesmo quando se trata de tutela constitutiva

Apesar de manifestarmos alguma ressalva em considerar que os acordos de acionistas — sempre e necessariamente — exigem tutela jurisdicional substitutiva de declaração de vontade, não se pode ignorar que a doutrina amplamente majoritária estabelece uma indissociável relação entre a execução específica de acordo de acionistas e a tutela jurisdicional substitutiva de declaração de vontade. Partindo dessa consideração, vale relembrar que a maioria da doutrina processualista e comercialista entende que as decisões substitutivas de declaração de vontade possuem natureza constitutiva.

Dentre os comercialistas, Modesto Carvalhosa (2011:329), como já referido, afirma que "é importante desde logo salientar que a tutela específica é promovida em processo de conhecimento, mediante sentença final constitutiva transitada em julgado". Celso Barbi Filho (2011b:v. III, p. 582), na mesma linha, explica que "tendo a filiar-me à corrente tradicional e majoritária, que considera de natureza constitutiva a sentença que substitui a vontade não

---

64. Não obstante mencione apenas a incidência dos arts. 466-A, 466-B e 466-C do estatuto processual civil, o STJ já teve oportunidade de decidir que na execução específica do acordo de acionistas podem surgir obrigações puramente de fazer e obrigações de dar coisa certa: "Entretanto, nos termos do §3º, do art. 118, da Lei nº 6.404/76 (Lei das Sociedades Anônimas), o acordo de acionistas enseja obrigação [leia-se: execução] específica das obrigações nele assumidas. Portanto, a ação em que se busca o cumprimento do acordo de acionistas é regulada pelos atuais arts. 466-A a 466-C, do CPC (antigos arts. 639 a 641, na redação do CPC anterior à Lei nº 11.232/2005), eis que, via de regra, a pretensão é o cumprimento de obrigação de fazer (prestar declaração de vontade, como e.g., votar na sociedade; ou contratar, como na compra e venda de ações) ou o cumprimento de obrigação de dar coisa certa (como e.g., entregar ações)" (STJ, 3. T., REsp. nº 784.267/RJ, min. Nancy Andrighi, j. em 21.8.2007, trecho do voto da relatora).

manifestada". Marcelo Bertoldi também entende que se trata de sentença "produzida em processo de conhecimento e de eficácia preponderantemente constitutiva".[65] Bem se vê que eminentes comercialistas consideram que a sentença na substituição de declaração de vontade tem natureza constitutiva.

Dentre os processualistas, Cândido Rangel Dinamarco (2009:v. IV, p. 560) explica que "os arts. 466-A a 466-C do Código de Processo Civil cuidam da tutela jurisdicional a ser concedida mediante sentença substitutiva da vontade do obrigado, que são constitutivas e não condenatórias". No mesmo sentido, Alexandre Freitas Câmara (2012:v. 2, p. 290) considera que "a sentença substitutiva da declaração de vontade é constitutiva, produzindo o efeito de — ao transitar em julgado — dar azo à mesma relação jurídica que teria nascido se a declaração de vontade devida tivesse sido emitida". O autor ainda atesta que "trata-se da posição dominante entre os doutrinadores brasileiros e italianos, embora também não tenha permanecido, obviamente, imune a críticas" (Câmara, 2012:v. 2, p. 289). É bem verdade que nos últimos anos tem crescido entre os processualistas brasileiros a tese de que essa sentença possui natureza executiva (*lato sensu*), mas, ao que parece, a tese da natureza constitutiva ainda é prevalecente.[66]

A grande dificuldade prática em considerar a sentença que substitui a declaração de vontade na execução específica do acordo de acionistas como de natureza constitutiva é a restrição manifestada por parte da doutrina em relação à produção de efeitos dessa decisão antes do trânsito em julgado da sentença. Em outras palavras, cumpre enfrentar o tema da possibilidade de concessão de tutela antecipada em ações de natureza constitutiva, em que a regra geral é a produção de efeitos decisórios apenas e tão somente após o trânsito em julgado. É de se reconhecer que doutrina tradicional nega a

---

65. Bertoldi (2006:183). Também assim, confira-se a posição de André de Albuquerque Cavalcanti Abbud (2006:96): "Desse modo, chega-se à conclusão, juntamente com a corrente doutrinária apontada, de que as sentenças aqui tratadas têm natureza constitutiva". Este último autor destaca uma das diferenças práticas entre considerar a sentença na execução específica do acordo de acionistas como constitutiva ou condenatória: "Feita a opção pela natureza condenatória da tutela, a sentença produziria efeitos *ex tunc*, ao passo que o reconhecimento da natureza constitutiva desta traria consigo a eficácia *ex nunc* do provimento. Isto quer dizer que a manifestação de vontade sonegada pelo devedor, de acordo com a natureza que se atribua à tutela substitutiva, reputar-se-á prestada no momento em que deveria tê-lo sido (condenatória) ou somente no instante do trânsito em julgado (constitutiva)" (Ibid., p. 64-65).
66. Defendendo a natureza executiva dessa sentença, cite-se a posição de José Carlos Barbosa Moreira (1997b:237), Araken de Assis (2012:648) e Fredie Didier Jr., Leonardo Carneiro da Cunha, Paula Sarno Braga e Rafael Oliveira (2012:v. 5, p. 491).

possibilidade de concessão de tutela antecipada em ações de natureza constitutiva, sob o fundamento básico de que a constitutividade exige certeza, o que seria incompatível com a natureza provisória da tutela antecipada.[67]

Como se não bastasse, o texto do art. 466-A do Código de Processo Civil, aplicável às ações de substituição de declaração de vontade, preceitua literalmente que "condenado o devedor a emitir declaração de vontade, a sentença, uma vez transitada em julgado, produzirá todos os efeitos da declaração não emitida". Observe-se, pois, que, ao menos na letra fria da lei, condiciona-se a produção de efeitos dessa sentença ao trânsito em julgado, o que reforça a argumentação de doutrina tradicional no sentido de que não seria possível a concessão de tutela antecipada nas ações de substituição de declaração de vontade. Ao que parece, a doutrina comercialista que tem se dedicado ao assunto tem sido influenciada por essa corrente tradicional.

Nesse sentido, Modesto Carvalhosa (2011:330) é enfático em dizer que

> o processo de conhecimento tendo por objeto execução específica no caso dos acordos de acionistas, seja de controle, seja de voto minoritário ou de bloqueio (preferência ou opção), não comporta antecipação de tutela por significar cautela satisfativa, inteiramente incompatível com o devido processo legal.

Também assim, Celso Barbi Filho (2011b:v. III, p. 593) defende que

---

67. Nesse sentido, mencione-se a posição de Calmon de Passos (2005:v. III, p. 36): "Tudo quanto se disse acima vale também para as ações constitutivas. Nelas, por igual, a certificação tem necessariamente eficácia satisfativa. (...). Como antes esclarecido, não se pode, mediante a antecipação, conceder mais do que seria possível conceder com a tutela definitiva, operando como limitador, na antecipação, o obstáculo da irreversibilidade. (...). Essas reflexões é que me levaram a afirmar que só efeitos derivados de pretensão condenatória são antecipáveis, porque os de outra natureza ou carecerão de utilidade prática, ou se revelarão incompatíveis com os que decorreriam da própria concessão da tutela definitiva, por sentença transitada em julgado". Transcreva-se também o entendimento de João Batista Lopes (2002): "As ações constitutivas têm por escopo a alteração de um estado ou de uma relação jurídica. Para que tal se dê, porém, é de rigor que, antes de tudo, o magistrado emita um juízo declaratório. Em razão disso, aplica-se às ações constitutivas o que foi dito quanto às declaratórias. Em verdade, nas ações constitutivas, é ainda mais patente a inadmissibilidade da tutela antecipada para o fim de se adiantar a eficácia sentencial. Com efeito, a constituição (ou desconstituição) é contemporânea ao trânsito em julgado da sentença, salvo hipóteses contrárias expressamente previstas em lei, como a fixação provisória de novo aluguel, na ação revisional. Veja-se este exemplo: não é admissível a anulação provisória de uma escritura de compra e venda de imóvel ou de um registro imobiliário. Decisão que concedesse tal providência criaria insegurança, gerando intranquilidade no mundo jurídico em conflito aberto com os escopos da jurisdição".

tratando-se de acordo de acionistas sobre a compra e venda de ações, preferência para adquiri-las ou exercício do direito de voto, a execução específica das obrigações de contratar e emitir declaração de vontade não poderá ser objeto da antecipação de tutela prevista nos arts. 273 e 461, § 3º, do CPC, pois, à luz dos arts. 639 e 641 do mesmo Código [leia-se, a partir da Lei nº 11.232/2005, arts. 466-B e 466-A, respectivamente], tal execução só pode operar-se por sentença, que tem natureza distinta do provimento dado em antecipação de tutela.

A melhor doutrina processual, porém, possui hoje posição firme pela possibilidade de concessão de tutela antecipada em ações constitutivas. Nelson Nery Junior e Rosa Maria de Andrade Nery (2006:455) ensinam que "em toda ação de conhecimento, em tese, é admissível a antecipação da tutela, seja a ação declaratória, constitutiva (positiva ou negativa), condenatória, mandamental etc.". Humberto Theodoro Júnior leciona que "não há, como se vê, na mais moderna visão doutrinária do processo preventivo, um obstáculo a medidas cautelares, sejam conservativas ou antecipatórias, no âmbito da tutela de mérito declaratória ou constitutiva" (2009:v. II, p. 688). Teori Albino Zavascki, depois de afirmar que "efeitos executivos podem ser identificados não apenas nas sentenças condenatórias, mas igualmente nas constitutivas e mesmo nas puramente declaratórias", considera que "não há como negar a viabilidade de antecipar esse efeito executivo, qualquer que seja a natureza da futura sentença de procedência" (2008:87 e 92).

O STJ, inclusive, já possui diversas decisões permitindo a concessão de tutela antecipada em ações de natureza constitutiva. Conforme consta da ementa de um desses julgados, pode-se dizer que essa "Corte vem reiterando o entendimento no sentido da possibilidade de se conceder a tutela antecipada em qualquer ação de conhecimento, seja declaratória, constitutiva ou mandamental, desde que presentes os requisitos e pressupostos legais".[68] Como se não bastasse, a doutrina comercialista mais moderna também tem defendido essa possibilidade, inclusive e especificamente no que diz respeito à execução específica de acordo de acionista. Nesse sentido, vale a transcrição do entendimento de Marcelo Bertoldi:

---

68. STJ, 5. T., REsp. nº 473.072/MG, min. José Arnaldo da Fonseca, j. em 17.6.2003. No mesmo sentido: STJ, 5. T., Resp. nº 445.863/SP, José Arnaldo da Fonseca, j. em 5.12.2002; STJ, 5. T., AgRg. na MC nº 4.205/MG, min. José Arnaldo da Fonseca, j. em 18.12.2001; STJ, 3. T., REsp. nº 195.224/PR, min. Waldemar Zveiter, *D.J.U.* de 5.3.2001.

Nenhum óbice se coloca, portanto, em aplicar o instituto da antecipação dos efeitos da tutela aos acordos de acionistas pelo fato de a ação de substituição dos efeitos da declaração de vontade ser de natureza constitutiva. (...). O dispositivo constante do art. 466-A é expressão da regra geral de que os efeitos da tutela jurisdicional somente se farão sentir ao final do processo, com o trânsito em julgado da sentença de mérito. Ocorre que a essa regra geral se contrapõe uma exceção, que é justamente a possibilidade de antecipação de ditos efeitos, desde que presentes determinados requisitos.[69]

Segundo nos parece, a eventual impossibilidade de concessão de tutela antecipada em ações de natureza constitutiva não decorre, de maneira alguma, da natureza em si do provimento a ser proferido. Ou seja, não é porque se trata de demanda constitutiva que não se poderia conceder tutela antecipada. Na verdade, a impossibilidade de concessão de tutela antecipada em algumas ações de natureza constitutiva diz respeito à irreversibilidade ou à maior dificuldade de reversão do provimento, como ocorre no caso de ações de divórcio, em que eventual decisão que antecipasse os efeitos do divórcio poderia ocasionar gravíssima situação de irreversibilidade, caso os cônjuges, por exemplo, amparados nessa decisão provisória, contraíssem novas núpcias. O mesmo já não ocorre, porém, quando se pretende revisar o valor de um aluguel, em que a própria lei permite a fixação de valor provisório.

Na verdade, a impossibilidade de concessão de tutela antecipada não está na natureza constitutiva da demanda, mas sim na eventual irreversibilidade ou na muito difícil reversão da medida. Não se trata, aliás, de nenhum regime

---

69. Bertoldi (2006:184-185). O autor ainda trata do risco de prejuízos irreversíveis à companhia caso se tenha de aguardar o trânsito em julgado da decisão: "Em matéria de acordo de acionistas típico, ou seja, acordos que tenham por objeto o direito de voto ou quanto a comercialização de ações de seus convenentes, quase sempre se estará diante de situação em que o juiz, antecipando ou não os efeitos da tutela, estará impingindo às partes e à própria sociedade uma situação que dificilmente poderá ser revertida em favor daquele que, ao final, demonstre ser o detentor do direito em litígio. Diz-se isso porque a companhia não pode esperar inerte enquanto o litígio é resolvido pelo Poder Judiciário, devendo adotar posturas comerciais, econômicas e jurídicas que propiciem seu normal desenvolvimento enquanto os seus sócios litigam. Imagine-se acordo de voto em que seus convenentes determinam que todos deverão votar numa determinada pessoa para ocupar um assento no conselho de administração. Se qualquer dos signatários do acordo não cumprir com o acordado e votar em pessoa diversa, impedindo que aquele grupo tenha a chance de indicar ao menos um dos membros daquele órgão social, tal situação, em princípio, somente poderia ser resolvida diante de sentença transitada em julgado que viesse a produzir os efeitos do voto do acionista inadimplente, efeitos estes que teriam o condão de transferir o voto que foi dado para uma determinada pessoa àquela a quem, por força do acordo, ele deveria direcionar-se" (Ibid., p. 189).

específico das demandas constitutivas, mas simplesmente de aplicação do regime geral da tutela antecipada do art. 273 do Código de Processo Civil, em que o §2º desse dispositivo estabelece claramente que "não se concederá a antecipação da tutela quando houver perigo de irreversibilidade do provimento antecipado".

Pouco importa, assim, se a demanda possui natureza constitutiva ou não, a concessão da tutela antecipada será sempre possível se, atendidos os pressupostos legais, não importar em provimento de efeitos irreversíveis ou de muito difícil reversão. É de se dizer, ademais, que entender pela sempre inadmissibilidade da tutela antecipada em ações constitutivas conspira contra o acesso à justiça, o devido processo legal e a tempestividade da jurisdição, garantias constitucionais do processo. A interpretação dos dispositivos consagradores da tutela antecipada à luz da Constituição da República, inserida no modelo constitucional de direito processual civil, faz cair por terra qualquer resistência à possibilidade de concessão de decisão provisória em ações constitutivas.

Cumpre esclarecer, ainda, que a expressão "uma vez transitada em julgado", contida no art. 466-A do Código de Processo Civil, não representa uma proibição de produção de efeitos provisórios da decisão que substitui a declaração de vontade, mas apenas indica a regra geral das sentenças de natureza constitutiva, ou seja, apenas estabelece que a regra geral é a produção de efeitos a partir do trânsito em julgado. Evidentemente que essa regra geral está sujeita a exceções, como, de fato, é o caso da tutela antecipada. Cândido Rangel Dinamarco (2010:v. I, p. 971), em texto clássico, leciona que "em princípio só se dá cumprimento às sentenças constitutivas quando a seu respeito já não pender recurso algum, ordinário ou extraordinário (trânsito em julgado formal)". Logo em seguida, contudo, o autor apresenta duas exceções a essa regra geral, e uma delas é justamente a hipótese de concessão de tutela antecipada:

> A eficácia imediata pode ocorrer em algum caso específico, mas depende de alguma intensa excepcionalidade, que (a) leve o legislador a estabelecer uma disposição específica ou (b) autorize ao juiz um juízo feito com mais liberdade, apto a atender à emergência mediante a medida antecipatória adequada (poder geral de antecipação — CPC, art. 273). (Dinamarco, 2010:v. I, p. 971)

Esclareça-se, ainda, que o texto legal do atual art. 466-A do diploma processual civil é exatamente o mesmo que figurava na redação original do art. 641, presente no Código de Processo Civil desde a sua edição, na década de 1970, mais precisamente em 1973. Mais ainda: trata-se de cópia da regra constante do art. 1.006 do Código de Processo Civil de 1939, segundo o qual "condenado o devedor a emitir declaração de vontade, será esta havida por enunciada logo que a sentença de condenação passe em julgado". Ora, com o devido respeito às opiniões em contrário, não se pode interpretar hoje uma regra oriunda, pelo menos, da década de 1930 da mesma maneira que ela poderia ser compreendida em seu nascedouro. A interpretação dessa regra sofre hoje a influência do chamado modelo constitucional de direito processual civil e, por conseguinte, das garantias constitucionais do processo, em especial do acesso à justiça, do devido processo legal e da tempestividade da jurisdição, todas elas explicitamente presentes na Constituição da República de 1988.

Em resumo, não temos dúvida em afirmar que é cabível a concessão de tutela antecipada na execução específica do acordo de acionistas, em nada afastando essa conclusão o fato de se tratar de decisão substitutiva da declaração de vontade, bem como o fato de se tratar de decisão de natureza constitutiva. Em princípio, desde que não constatada efetiva e insanável irreversibilidade, todas as hipóteses de execução específica do acordo de acionistas permitem a fruição imediata e provisória dos direitos convencionados por meio da técnica da tutela antecipada. Não obstante isso nos pareça absolutamente claro e tecnicamente correto, previsão legal específica a esse respeito poderia ser importante para afastar as dúvidas ainda existentes.

5. Acordo de quotistas e o Projeto de Novo Código Comercial: uma proposta de regulamentação

Na *Introdução* deste trabalho, afirmou-se que não há vedação à celebração de acordo de quotistas, à luz do disposto nos arts. 171 e 185 do Projeto de Novo Código Comercial (PL nº 1.572/2011). O tema carece de mais ampla regulamentação, diante da relevância desses pactos na vida das grandes e médias sociedades limitadas que, de fato, existem no cenário corporativo brasileiro. Afinal, conforme constata Celso Barbi Filho (1993:55), em relação aos acordos de quotistas, "a prática societária já acolheu esse tipo de figura". Assim, ao final deste item, propõe-se uma regulamentação mais detalhada do acordo de quotistas, inspirada na atual disciplina dos acordos de acionistas, mas respeitadas as diferenças entre os dois tipos societários e aproveitada a evolução da doutrina e da jurisprudência a respeito.

Primeiramente, vale deixar claro que a doutrina brasileira atual é francamente favorável à possibilidade de celebração de acordos de quotistas. Sob a vigência do Código Comercial de 1850 (Lei nº 556/1850), houve dúvida a respeito da admissibilidade dos acordos de quotistas, na medida em que a segunda parte do art. 302.7 do mencionado Código estabelecia que "toda a cláusula ou condição oculta, contrária às cláusulas ou condições contidas no instrumento ostensivo do contrato, é nula".[70] Chegou-se a se entender que diante da proibição de cláusulas ocultas ao contrato social, impossível seria a celebração de acordos de sócios no âmbito das sociedades limitadas. Mesmo sob essa normativa, Celso Barbi Filho já defendia que

> é válida no direito brasileiro a celebração de acordos de cotistas para a disciplina de direitos decorrentes das cotas sociais, tendo em vista a possibilidade de aplicação subsidiária às sociedades por cotas de institutos das sociedades por ações que não lhe sejam incompatíveis.[71]

O Código Civil de 2002 revogou o Código Comercial na parte relacionada às sociedades, substituindo o antigo art. 302.7 pelo art. 1.054 c/c o parágrafo único do art. 997. O art. 1.054, disciplinando as sociedades limitadas, estatui que "o contrato [social] mencionará, no que couber, as indicações do art. 997, e, se for o caso, a firma social". Observe-se, assim,

---

70. Celso Barbi Filho (1993:55) narra que "na doutrina brasileira, José Alexandre Tavares Guerreiro abordou o tema, concluindo que, embora o problema pudesse ser solucionado pela aplicação analógica do art. 118, da Lei das S/A, a existência da norma constante do n. 7, do art. 302, do Código Comercial, impediria a admissibilidade dos acordos de cotistas".
71. Barbi Filho (1993:58). O autor afasta a incidência do art. 302.7 do Código Comercial com a seguinte argumentação: "A meu ver, a vedação presente no art. 302, n. 7, do Código Comercial brasileiro, refere-se apenas aos direitos e obrigações sociais. Com isso, excluem-se da proibição os ajustes relativos a direitos pessoais e patrimoniais da esfera privada do sócio, desde que não sejam ocultos nem contrariem o contrato social" (Ibid., p. 57). Arnoldo Wald (2005: v. XIV, p. 131) também relata que, "conforme interpretação da doutrina majoritária, ainda sob a égide do disposto no artigo 302, do Código Comercial, não é vedada a possibilidade de serem realizados acordos entre os sócios, mas as cláusulas lesivas a direitos de terceiros e contrárias ao contrato não são oponíveis a quem dele não é parte". Também assim, João Luiz Coelho da Rocha (2002:104) considera que "temos como superada a barreira que se houve por se erguer contra a adoção do acordo nas limitações do art. 19 do Decreto nº 3.708/19, que deferiu ao Código Comercial o trato do contrato social da sociedade, enquanto o art. 302.7 do velho Código proíbe condições ou cláusulas ocultas contrárias às cláusulas ou condições contidas no instrumento ostensivo do contrato. Na verdade, o que o oitocentista código vedava eram acertos oblíquos que naquele momento de verdadeira criação da estrutura das sociedades comerciais no país elidissem tal estruturação, ceifando-lhes o sentido orgânico".

A chamada execução específica do acordo de acionistas em sede judicial ou arbitral

que a disciplina do contrato social das sociedades limitadas no Código Civil regula-se pelos dispositivos referentes às sociedades simples, como, aliás, é a regra geral do estatuto civil, *ex vi* do art. 1.053. Pois bem, o parágrafo único do art. 997, ao tratar das sociedades simples, estabelece que "é ineficaz em relação a terceiros qualquer pacto separado, contrário ao disposto no instrumento do contrato".

Assim, enquanto o Código Comercial de 1850 tratava as cláusulas ocultas ao contrato social como nulas, o Código Civil de 2002 as trata simplesmente como ineficazes em relação a terceiros, o que permite concluir pela admissibilidade dos acordos de quotistas, não obstante sem a mesma tutela legal dos acordos de acionistas. Comparando os dois dispositivos, Arnoldo Wald (2005:v. XIV, p. 130-131) explica que

> o parágrafo único do artigo 997, do novo Código Civil, traz regra semelhante à do artigo 302, parte final, do Código Comercial, adotando, entretanto, redação tecnicamente mais adequada, ao estabelecer a ineficácia, em relação a terceiros, de contrato firmado entre os sócios, mas ao qual não é dada a respectiva publicidade.

Desnecessário dizer que tornar ineficaz em relação a terceiros é algo bastante diverso de tachar os acordos de quotistas de nulos.

Em seguida, o autor constata que "não há qualquer regra específica sobre os contratos firmados entre sócios que tenham por objeto a regulamentação do exercício do direito de voto e da alienação das participações sociais". Posteriormente, em tom conclusivo, Arnoldo Wald (2005:v. XIV, p. 347) explica que "em razão do amplo campo para a incidência da autonomia da vontade neste tipo societário, entretanto, é possível que as partes firmem acordos com o fim de dispor sobre os seus direitos decorrentes da qualidade de sócios". João Luiz Coelho da Rocha (2002:105) chega a dizer que "o próprio caráter mais pessoal das limitadas, frente às anônimas, aponta para a permissão e o cabimento do acordo, por este lidar justamente com uma maior intimidade, uma 'personalização', uma vinculação mais nominativa dos direitos sociais e suas contrapartidas". Observe-se, portanto, que a doutrina comercialista é favorável aos acordos de quotistas.

A doutrina moderna não é apenas favorável à sua existência e admissibilidade, mas propugna por uma melhor regulamentação do acordo de quotistas. Nesse sentido, Celso Barbi Filho (2011a:v. III, p. 613) já havia sugerido que

Novos temas de arbitragem

"em eventual reforma da Lei das S/A, poder-se-ia fazer menção à aplicabilidade do acordo de acionistas ou sócios a outros tipos societários". Também assim, Arnoldo Wald (2005:v. XIV, p. 347) explica que "assim como a disciplina anterior das limitadas, o novo Código Civil não contemplou expressamente a figura do acordo de sócios, que poderia ter mencionado, e do qual trata o Anteprojeto da comissão nomeada pelo Ministério da Justiça". Diante disso, parece-nos absolutamente oportuna a elaboração de um Novo Código de Direito Comercial brasileiro para estabelecer a disciplina detalhada dos acordos de quotistas.

Assim, com base na disciplina do art. 118 da Lei das Sociedades por Ações e da evolução da doutrina e da jurisprudência a esse respeito, sugere-se a seguinte redação ao art. 185 do texto projetado tal como apresentado na Câmara dos Deputados:

> Art. 185. Os acordos de quotistas deverão ser observados pela sociedade quando arquivados na sua sede e deverão ser observados por terceiros quando mencionados no contrato social, nas alterações contratuais ou realizados por instrumento público no ofício competente da circunscrição territorial da sede da sociedade.
>
> §1º. Nas condições previstas no acordo, os sócios podem promover a execução específica das obrigações assumidas em sede judicial ou arbitral.
>
> §2º. A interveniência da sociedade no acordo de quotistas é suficiente para vinculá-la a eventual cláusula compromissória.
>
> §3º. Atendidos os pressupostos da legislação processual, o juiz ou o árbitro poderá conceder a tutela de urgência na execução específica do acordo de quotistas.
>
> §4º. Aplica-se ao acordo de quotistas, no que couber, o disposto no art. 118 e seus parágrafos da Lei nº 6.404/1976.

6. Conclusão

Espera-se, com essa proposta, incentivar democrática e saudável discussão a respeito da regulamentação do acordo de quotistas no Projeto de Novo Código Comercial brasileiro, desejando os autores que esse texto sugerido possa ainda ser objeto de reflexão e melhoramento pela comunidade jurídica brasileira.

Parte II — Parecer

Medidas urgentes em arbitragem com sede no Brasil. Medidas provisórias antecedentes à arbitragem. Medidas provisórias no curso da arbitragem. Regime de cooperação entre árbitro e juiz estatal no ordenamento brasileiro. Formalidades, legitimidade e excepcionalidades

1. A consulta[1]

A empresa "X" honra-nos com consulta, por meio de seu diretor jurídico e de seu patrono local, a respeito do regime jurídico, em tese, das medidas urgentes em arbitragens com sede no Brasil.

O parecer limita-se a apresentar os dispositivos legais pertinentes, demonstrar o entendimento prevalente em representativa doutrina nacional, trazer ao conhecimento da Consulente a jurisprudência dominante dos tribunais brasileiros sobre o tema, bem como, e por fim, responder aos seguintes quesitos:

a) Segundo a lei brasileira, o árbitro ou o tribunal arbitral, depois de instituída a arbitragem, detém competência para decretar medidas urgentes?

b) Concedida uma medida de urgência no curso da arbitragem, a quem compete efetivar ou executar a decisão arbitral na prática?

c) Como formalmente se processa a efetivação ou execução de uma medida de urgência decretada pelo árbitro ou pelo tribunal arbitral?

d) Segundo a lei brasileira, o Poder Judiciário, antes de instituída a arbitragem, detém competência para decretar medidas urgentes?

e) Segundo a lei brasileira, o árbitro ou o tribunal arbitral, depois de instituída a arbitragem, pode modificar ou revogar a decisão proferida pelo

---

1. Este parecer foi adaptado para fins de publicação.

Poder Judiciário a respeito de medidas urgentes requeridas em sede judicial antes da instituição da arbitragem?

f) Excepcionalmente, é possível a concessão de medidas urgentes pelo Poder Judiciário mesmo depois de instituída a arbitragem, quando, por exemplo, o árbitro ou o tribunal arbitral estiver em local inacessível?

Para elaboração deste parecer, cuja análise é feita apenas em tese, utilizou-se tão somente o acordo de acionistas em que consta a cláusula compromissória cheia assinada entre os celebrantes, com a anuência expressa da própria sociedade, em que se faz remissão ao Regulamento de Arbitragem da Corte Internacional de Arbitragem da Câmara de Comércio Internacional de 1998.

2. O regime jurídico das medidas urgentes da arbitragem no Brasil

No ordenamento jurídico brasileiro, o árbitro ou o tribunal arbitral é juiz de fato e de direito sobre a causa, razão pela qual detém todas as prerrogativas do juízo estatal necessárias à resolução do conflito.

Por conseguinte, é importante esclarecer que o tribunal arbitral é soberano no julgamento do conflito, de maneira que, salvo situações excepcionais, a decisão por ele proferida não está sujeita nem à confirmação e muito menos à revisão do Poder Judiciário. Além disso, as decisões proferidas pelo tribunal arbitral ostentam os mesmos efeitos das decisões proferidas pelo juízo estatal, inclusive no que diz respeito à coisa julgada material (*res iudicata*).

A equiparação de prerrogativas entre o árbitro e o Poder Judiciário, consubstanciada na soberania do árbitro em decidir o conflito e na igualdade de efeitos decisórios, decorre da natureza jurisdicional da arbitragem, da sua submissão à teoria geral do processo e, mais especificamente, dos próprios termos da Lei de Arbitragem brasileira, *ex vi* dos arts. 18 e 31:

Art. 18. O árbitro é juiz de fato e de direito, e a sentença que proferir não fica sujeita a recurso ou a homologação pelo Poder Judiciário.

Art. 31. A sentença arbitral produz, entre as partes e seus sucessores, os mesmos efeitos da sentença proferida pelos órgãos do Poder Judiciário e, sendo condenatória, constitui título executivo.

A doutrina brasileira concorda com essa interpretação. Carlos Alberto Carmona afirma que "o intuito da Lei foi o de ressaltar que a atividade do árbitro é idêntica à do juiz togado, conhecendo o fato e aplicando o direito".[2] Em relação aos demais aspectos, Pedro A. Batista Martins (1999:403) afirma que "ambas as decisões — arbitrais e judiciais — estão equiparadas para todos os fins legais e, sendo de conteúdo similar, irradiam idêntica eficácia". O STJ — a mais alta corte brasileira em matéria de direito infraconstitucional — compartilha do mesmo entendimento, a demonstrar tendência bastante favorável à arbitragem:

> Com a entrada em vigor da Lei 9.307/96 (Lei da Arbitragem), responsável pela institucionalização da arbitragem, conferiu-se ao laudo arbitral nacional os efeitos de sentença judicial (art. 31), o que representou um importante passo no desenvolvimento da arbitragem no direito brasileiro.[3]

> Destarte, uma vez convencionado pelas partes cláusula arbitral, o árbitro vira juiz de fato e de direito da causa, e a decisão que então proferir não ficará sujeita a recurso ou à homologação judicial, segundo dispõe o artigo 18 da Lei 9.307/96, o que significa categorizá-lo como equivalente jurisdicional, porquanto terá os mesmos poderes do juiz togado, não sofrendo restrições na sua competência.[4]

No que diz respeito, portanto, ao julgamento da causa (*ius cognitio*), não há dúvida de que o tribunal arbitral possui as mesmas prerrogativas do juízo togado. Esse entendimento também se aplica a medidas urgentes, pois no Brasil, ao contrário de outros ordenamentos jurídicos, o árbitro ou o tribunal arbitral, uma vez constituído, possui competência para adotar medidas urgentes, ou seja, para conceder as medidas liminares cabíveis. Essa possibilidade decorre da interpretação que a doutrina e a jurisprudência brasileiras extraíram do §4º do art. 22 da Lei de Arbitragem brasileira, cujo texto é o seguinte: "Art. 22. §4º. Ressalvado o disposto no § 2º, havendo necessidade de medidas coerciti-

---

2. Carmona (2009a:269). Nesse sentido, permita-se mencionar texto anterior de nossa autoria, em que se defende que "a Lei de Arbitragem brasileira garante ao árbitro o pleno uso de seu poder de cognição, declarando-o, em seu art. 18, como 'juiz de fato e de direito'" (Fichtner e Monteiro, 2010f:121).
3. STJ, 3. T., REsp. nº 1.231.554/RJ, min. Nancy Andrighi, j. em 24.5.2011, *D.J.* de 1.6.2011.
4. STJ, 1. S., MS. nº 11.308/DF, min. Luiz Fux, j. em 9.4.2008, *D.J.* de 19.5.2008.

vas ou cautelares, os árbitros poderão solicitá-las ao órgão do Poder Judiciário que seria, originariamente, competente para julgar a causa".

Assim, a doutrina brasileira, de maneira uniforme, considera que a concessão da medida urgente (*ius cognitio*) é da competência do tribunal arbitral, razão pela qual, em regra, as partes devem pedir as medidas urgentes ao árbitro. Requerida a medida urgente ao tribunal arbitral, ele pode concedê-la ou negá-la. Nesse sentido, Pedro A. Batista Martins (1999:363) explica que,

> quando os compromitentes firmam o compromisso, derrogando a jurisdição estatal, conferem ao árbitro a competência e o poder para resolver todas as questões atinentes à espécie, assumindo este o dever de zelar para que as partes não sejam prejudicadas nos seus direitos, o que inclui, obviamente, a competência para determinar medidas cautelares e coercitivas.

Carlos Augusto da Silveira Lobo e Rafael de Moura Rangel Ney consideram que a decretação de medidas urgentes no processo arbitral é um verdadeiro dever do árbitro, enquanto autoridade investida pelas partes de salvaguardar os seus direitos em disputa. Confira-se:

> Em verdade, não seria exagero afirmar que constitui genuíno dever do árbitro, no exercício pleno da jurisdição privada, decretar as medidas cautelares que tenham como propósito assegurar a efetividade da decisão de mérito que, ao final do procedimento arbitral, lhe caberá proferir. (Lobo e Ney, 2003:265)

Caso o tribunal arbitral conceda a medida, se não houver razões extraordinárias que determinem sua execução imediata, a parte contrária será intimada pelo árbitro ou pela secretaria da entidade arbitral administradora para cumpri-la espontaneamente. Em caso de descumprimento, cabe, em regra, ao árbitro ou o tribunal arbitral, quando a decisão não for autossatisfativa, solicitar o apoio do Poder Judiciário para efetivar a medida concedida, já que o árbitro ou o tribunal arbitral não tem poder de força (*ius imperium*). A respeito dessa ausência de poder executório do tribunal arbitral, o STJ já decidiu que "é certo que o árbitro não tem poder coercitivo direto, não podendo impor, contra a vontade do devedor, restrições a seu patrimônio, como a penhora, e nem excussão forçada de seus bens".[5]

---

5. STJ, 3. T., REsp. nº 944.917/SP, min. Nancy Andrighi, j. em 18.9.2008, *D.J.* de 3.10.2008.

Essa relação entre o tribunal arbitral e o juízo estatal é chamada de "regime de cooperação entre o tribunal arbitral e o juízo togado" ou "dever de colaboração ou apoio do Poder judiciário na arbitragem". A esse respeito, Pedro A. Batista Martins (1999:370) explica que "o juízo estatal atua em conjunto com o arbitral, dando assistência às medidas adotadas pelo árbitro". No mesmo sentido, Alexandre Freitas Câmara (2006:v. XVIII, p. 4), hoje magistrado da corte de apelações do Estado do Rio de Janeiro — Tribunal de Justiça —, leciona que "deve haver uma convivência harmônica entre a arbitragem e o Poder Judiciário, sendo absolutamente correta a assertiva segundo a qual para que haja tal harmonia será necessário estabelecer-se uma relação de cooperação entre ambos os sistemas".

Também assim, Gilberto Giusti (2005:13) esclarece que as atividades estatal e arbitral "devem ser exercidas de forma coordenada e complementar, sempre que necessário à garantia da efetividade da tutela dos direitos". Em resumo: o tribunal arbitral concede a medida e, em caso de resistência da outra parte, solicita o apoio do Poder Judiciário, que providenciará a execução na prática, isto é, no mundo dos fatos, daquilo que foi decidido pelos árbitros.

Apesar de não haver um regramento previamente estabelecido de como ocorre essa colaboração entre o árbitro ou o tribunal arbitral e o juízo estatal, a prática tem demonstrado que a própria secretaria da instituição arbitral (ou o próprio presidente do tribunal arbitral, quando for *ad hoc* a arbitragem) emite um ofício ao Poder Judiciário, que providenciará com sua estrutura o cumprimento forçado da medida concedida pelo tribunal arbitral. O mencionado ofício deverá ser instruído, ao menos, com a convenção de arbitragem, o termo de aceitação dos árbitros e a decisão arbitral. O procedimento, assim, é bastante simples e, em regra, não exige a propositura de nova ação pela parte interessada perante o Poder Judiciário. Nesse sentido, confira-se a lição de Alexandre Freitas Câmara e de Carlos Alberto Carmona, esse último em duas oportunidades:

> Em primeiro lugar, é de se afirmar que o ato pelo qual o árbitro (ou o presidente do tribunal arbitral) requisitará ao juízo a prática dos atos necessários à efetivação das medidas de urgência é análogo a uma carta precatória (assim como se dá nos casos de auxílio judicial à instrução probatória). Desse modo, deverá o árbitro, ao conceder a medida de urgência, e depois de dar às partes ciência do conteúdo de seu provimento, deprecar ao órgão do Po-

der Judiciário a prática dos atos de império necessários à efetivação de sua decisão. (Câmara, 2006: v. XVIII, p. 11)

O árbitro dirigir-se-á ao juiz por meio de ofício, instruído com cópia da convenção de arbitragem e do adendo de que trata o art. 19, parágrafo único, da Lei de Arbitragem, se existir. Enquanto não houver regulamentação para os trâmites necessários ao cumprimento da solicitação do concurso do juiz togado, o melhor método será o da distribuição do ofício a um dos juízes cíveis competentes para o ato. (Carmona, 2009a:325)

(...) o árbitro — sendo necessário o concurso do Poder Judiciário — dirigir-se-á ao juiz togado por mero ofício, sem necessidade de qualquer fórmula fantasiosa, comprovando sua investidura (apresentará cópia do compromisso ou do documento que contém a cláusula compromissória) e é o quanto basta! (Carmona, (2004b:30)

Não obstante a simplicidade desse procedimento, recomenda-se que a parte interessada requeira expressamente ao árbitro ou ao tribunal arbitral que faça constar da decisão concessiva da medida de urgência que, em caso de descumprimento pela parte contrária, solicitará o auxílio coercitivo do Poder Judiciário, evitando, assim, que se perca tempo com novos incidentes destinados a dar efetividade à medida.

3. Medidas urgentes requeridas ao Poder Judiciário anteriormente à instituição da arbitragem

A lei atribui ao árbitro ou ao tribunal arbitral a competência — na verdade, jurisdição — para analisar e decidir sobre medidas urgentes. Por exceção, se a urgência surgir em momento anterior à instituição da arbitragem, a justiça estatal pode ser acionada como colaboradora do tribunal arbitral. O momento em que se considera instituída a arbitragem — e, portanto, aberta a competência do árbitro para conhecer de medidas urgentes — é definido pela própria lei. Nesse sentido, o art. 19 da Lei de Arbitragem brasileira dispõe que "considera-se instituída a arbitragem quando aceita a nomeação pelo árbitro, se for único, ou por todos, se forem vários".

Medidas urgentes em arbitragem com sede no Brasil

Do momento da instauração do conflito até que o árbitro ou o tribunal arbitral esteja efetivamente instalado, questões urgentes podem ser levadas à justiça estatal, de maneira a se evitar vácuo jurisdicional que possa ser qualificado como denegação de justiça. O que não se admite é a ocorrência de prejuízos ao direito da parte que, no futuro, podem resultar em prejuízo ao processo arbitral. Essa situação de urgência que poderia ocorrer entre o surgimento do litígio e a formação do tribunal arbitral materializa-se, por exemplo, na necessidade de apreensão de bens dos quais o devedor esteja se desfazendo, na imperiosa suspensão de atos societários tomados em desrespeito a acordo de acionistas, na proteção de provas ameaçadas de destruição ou perecimento.

Essa consideração possui, no Brasil, fundamento em disposição constitucional, na medida em que a Constituição da República Federativa do Brasil prevê, no art. 5º, inciso XXXV, que "a lei não excluirá da apreciação do Poder Judiciário lesão ou ameaça a direito". Nesse sentido, Donaldo Armelin (2005:224) afirma que "o certo, sem dúvida, é a impossibilidade de se reconhecer uma vedação ao acesso à jurisdição, assegurado como garantia constitucional em favor de todos, em caso de violação ou ameaça de violação de direito". Mesmo havendo previsão de arbitragem, a urgência da medida, enquanto não constituído o tribunal arbitral, impõe a competência do Poder Judiciário, de maneira a se atender ao mandamento constitucional acima transcrito.

Dessa forma, nos casos anteriores à instituição da arbitragem, a doutrina e a jurisprudência brasileiras construíram a possibilidade de o Poder Judiciário conhecer dessas medidas, até em razão da aplicação de brocardo caro à cultura jurídica brasileira (*quando est periculum in mora incompetentia non attenditur*). Neste sentido, confira-se a lição de Carlos Alberto Carmona (2009a:327):

> Dito de outro modo, as regras de competência podem ser desprezadas se houver algum obstáculo que impeça a parte necessitada de tutela emergencial de ter acesso ao juízo originariamente competente, o que aconteceria na hipótese de a parte interessada não poder requerer a medida cautelar ao árbitro (como deveria) pelo simples fato de não ter sido ainda instituída a arbitragem (os árbitros ainda não aceitaram o encargo, art. 19 da Lei). Diante de tal contingência, abre-se à parte necessitada a via judicial, sem

que fique prejudicada a arbitragem, apenas para que o juiz togado examine se é o caso de conceder a medida cautelar; concedida a medida, cessa a competência do juiz togado, cabendo aos árbitros, tão logo sejam investidos no cargo, manter, cassar ou modificar a medida concedida.

Também assim, Carlos Augusto da Silveira Lobo e Rafael de Moura Rangel Ney (2003:254) afirmam que

> de fato, a demora na instauração do tribunal arbitral com vistas à apreciação do pedido cautelar poderia levar ao indesejável perecimento do direito em discussão, justificando-se, assim, a adoção de tal procedimento, inspirado no princípio *quando est periculum in mora incompetentia non attenditur*.

Comungando dessa posição, já nos manifestamos dessa forma em outra oportunidade:

> Entendemos, outrossim, que enquanto ainda não constituído o tribunal arbitral, caberá ao juiz togado conhecer de medidas cautelares preparatórias ou urgentes, 'ad referendum' do tribunal arbitral, quando devidamente formado. O ideal, para evitar controvérsias, é que as próprias convenções de arbitragem contenham regra sobre a questão, de molde a se evitar os inevitáveis embates decorrentes dos conflitos de competência que surgem quando da solicitação ou deferimento de medidas pelo Poder Judiciário quando preconizada a solução arbitral para determinada lide. (Mannheimer, 2006:v. XVIII, p. 87-88)

Destaque-se que, quando se faz menção à instituição da arbitragem, quer-se fazer referência ao momento a partir do qual os árbitros efetivamente estiverem habilitados a examinar a causa. Assim, mesmo que a parte interessada já tenha feito a indicação do árbitro que lhe cabe, deve-se considerar como não instituída a arbitragem enquanto todo o tribunal arbitral não tiver sido confirmado, razão pela qual, nessa hipótese, a competência — *rectius*, jurisdição — para conhecer de medidas urgentes será do juízo estatal, observadas as regras de competência interna do estatuto processual civil.

O mesmo se aplica caso ambas as partes já tenham feito a indicação de seus respectivos árbitros, mas eles ainda não tenham sido confirmados, seja pela tramitação administrativa, seja porque um ou ambos foram impugnados. Da mesma forma, quando os árbitros já tiverem sido indicados pelas partes, mas ainda não tenha havido a escolha e confirmação do presidente do tribunal arbitral. Em resumo, em todas essas situações, considerar-se-á como não instituída a arbitragem e, assim, a competência para a concessão de medidas urgentes será do Poder Judiciário.

Recentemente, um amplo estudo promovido pela Escola de Direito da Fundação Getulio Vargas em São Paulo, uma das mais conceituadas do Brasil, e pelo Comitê Brasileiro de Arbitragem — entidade acadêmica que reúne os especialistas em arbitragem no país — analisou todas as decisões proferidas pelo Poder Judiciário sobre arbitragem entre os anos de 1996 e 2008 no Brasil. A finalidade do estudo foi avaliar a extensão da cooperação entre justiça estatal e arbitragem no país e teve grande repercussão junto à comunidade jurídica brasileira.

A respeito do tema — medidas urgentes antecedentes à instituição da arbitragem —, a pesquisa concluiu, em relação à jurisprudência do Tribunal de Justiça de São Paulo, que "de um total de 37 decisões, apenas 4 podem ser tidas como contrárias à posição de que cabe ao Poder Judiciário na fase pré-arbitral decidir acerca do deferimento de uma medida de urgência".[6] Pode-se dizer, portanto, que, confirmando os termos da lei, no Brasil há entendimento doutrinário e jurisprudencial bastante consolidado no sentido de que as medidas urgentes antecedentes à arbitragem podem ser requeridas ao Poder Judiciário, sem que isso represente renúncia à arbitragem. Nesse sentido, *inter plures*, dois julgados do Tribunal de Justiça de São Paulo:

AGRAVO DE INSTRUMENTO — Medida cautelar — Liminar deferida para suspensão dos efeitos de cláusula do acordo de acionistas — O r. despacho hostilizado não viola a Lei 9.307/96, porquanto a agravada não tinha outra alternativa senão socorrer-se do Poder Judiciário, uma vez que a arbitragem não havia sido instituída, o que, como é notório, depende de inúmeras providências e demanda tempo — O próprio regulamento da Corte Internacional de Arbitragem — CCI, eleita pelas partes, permite o acesso ao Judiciário em determinadas circunstâncias, inclusive medidas cautelares ou provisórias — Recurso desprovido.[7]

---

6. Disponível em: <www.cbar.org.br/PDF/Medidas_de_Urgencia_e_Coercitivas.pdf>.
7. TJSP, 9. CDPri., AI no 9047141-86.2005.8.26.0000, des. Sérgio Gomes, j. em 3.5.2005.

MEDIDA CAUTELAR — PRODUÇÃO ANTECIPADA DE PRO-VAS — JUÍZO ARBITRAL — Extinção com fundamento no art. 267, inciso VI, do CPC — Afastamento — Embora haja cláusula compromissória para o estabelecimento de Juízo arbitral, nada obsta possa vir a parte perante o Judiciário requerer as medidas cautelares que entender cabíveis para evitar possíveis danos, devendo-se ressaltar que o juízo arbitral não tem poder de coerção, como também não está aparelhado para recepcionar medidas preparatórias urgentes, mormente quando ainda não instalado o juízo privado — efetividade ao Artigo 5º, inciso XXXV, da CF — Recurso provido para anular a sentença extintiva do processo.[8]

Uma vez estabelecida a competência do Poder Judiciário para analisar medidas de urgência antecedentes à instituição da arbitragem, cumpre descrever esse procedimento no Brasil, o que se faz observando-se as regras constantes dos arts. 796 a 812 do Código de Processo Civil. Nesses dispositivos estão previstas as regras gerais para concessão de medidas cautelares. Trata-se de medida que visa a assegurar o resultado útil de outro processo, que dele é sempre dependente e acessório, tal como decorre da interpretação do art. 796 do Código de Processo Civil. Nesse sentido, o STJ já teve oportunidade de julgar que "em regra, as ações cautelares têm natureza acessória, ou seja, estão, em tese, vinculadas a uma demanda principal, a ser proposta ou já em curso".[9]

Por essa configuração, a medida cautelar é a técnica processual que efetivamente se amolda ao requerimento de providências conservativas quando não seja possível requerê-las diretamente ao tribunal arbitral. A natureza acessória da medida cautelar exige, na forma do art. 801, inciso III, do Código de Processo Civil,[10] que o seu autor indique desde logo qual o processo principal a que aquela providência requerida pretende resguardar, o que, no caso em análise, significa a necessidade de indicar a arbitragem que se pretende iniciar e o seu objeto.

Proposta a demanda perante o Poder Judiciário, haverá a distribuição do caso a um dos juízos competentes, observadas as regras de competência interna fixadas no estatuto processual civil. O juízo estatal apreciará os requi-

---

8. TJSP, 5. CDPri., Apel. nº 431.916.4/3-00, des. Silvério Ribeiro, j. em 18.6.2008.
9. STJ, 4. T., REsp. nº 744.620/RS, min. Jorge Scartezzini, j. em 23.8.2005, *D.J.* de 12.9.2005.
10. Nesse sentido, confira-se precedente do STJ: "A regra contida no art. 801, inciso III, do CPC dirige-se à ação principal e, não à cautelar" (STJ, 2. T., REsp. nº 170.357/SP, min. Francisco Peçanha Martins, j. em 26.8.2003, *D.J.* de 28.10.2003).

sitos necessários à concessão do pedido de liminar, isto é, o *fumus boni iuris* e o *periculum in mora*. Presentes esses requisitos, o juízo togado concederá a liminar, eventualmente sem a oitiva da parte contrária, especialmente nos casos em que ela, se tomar conhecimento prévio da decisão, possa tornar a medida pleiteada ineficaz, como no exemplo da medida tendente à preservação de documentos em vias de destruição. Em seguida, a outra parte será citada para apresentar defesa no prazo de 5 (cinco) dias, bem como intimada para cumprir a decisão liminar. Tanto no caso de deferimento quanto no caso de indeferimento da medida, a parte prejudicada poderá interpor o recurso de agravo de instrumento ao Tribunal de Justiça, que fará o juízo de revisão da decisão proferida pelo juízo estatal de primeiro grau, podendo o relator do recurso, inclusive, conceder a medida denegada em primeiro grau imediatamente, por decisão monocrática.

Como a competência do Poder Judiciário cessa no momento em que é instituída a arbitragem, na prática, dificilmente o procedimento judicial vai além dessa fase. Instituída a arbitragem, o tribunal arbitral poderá manter, revogar ou modificar a decisão proferida pelo juízo estatal. Portanto, no Brasil, no entendimento dominante da doutrina e da jurisprudência, a medida urgente antecedente à instituição da arbitragem será requerida ao Poder Judiciário, que poderá ou não deferir o pedido, sendo certo que, instituída a arbitragem, o tribunal arbitral poderá reexaminar a decisão do juízo estatal.

4. Efetivação das medidas urgentes proferidas pelo árbitro perante o Poder Judiciário depois de instituída a arbitragem

Conforme anteriormente dito, uma vez instituída a arbitragem, todos os pedidos de urgência deverão, em regra, ser requisitados diretamente ao tribunal arbitral, nos termos do art. 22, §4º, da Lei de Arbitragem, já transcrito acima.

Concedida a medida de urgência e demonstrado o descumprimento pela parte contrária, o árbitro, o presidente do tribunal arbitral ou a secretaria da instituição arbitral administradora expedirá um ofício ao Poder Judiciário solicitando o apoio para efetivar a decisão, sem necessidade, em regra, de propositura de nova ação pela parte interessada perante o juízo estatal. Tratando da regra geral — isto é, quando a arbitragem já está instituída e os árbitros e a secretaria da entidade arbitral estão disponíveis —, já tivemos oportunidade de estudar o caso em *Temas de arbitragem: primeira série*, onde se explicou que "a medida de urgência adequada será decretada pelo árbitro, cabendo ao Poder Judiciário, mediante solicitação do árbitro, a sua efetivação no mundo dos fatos" (Fichtner e Monteiro, 2010f:128). Evidentemente que, sob o ângulo prático, a parte interessada também poderá protocolar o ofício expedido pela autoridade arbitral na serventia própria do Poder Judiciário, sem que essa iniciativa possa ser entendida como irregular ou viciada.

É importante destacar que o juízo estatal não poderá simplesmente se negar a dar cumprimento a decisão arbitral sem fundamentação adequada. As hipóteses em que se permite a recusa do Poder Judiciário em dar cumprimento às decisões proferidas pelo tribunal arbitral se relacionam a defeitos formais do pedido (*v.g.*: ausência de prova da convenção de arbitragem, da identificação dos árbitros ou de outro documento que demonstre a existência da arbitragem) e a violações da ordem pública aferíveis *prima facie*. Carlos Alberto Carmona (2009a:326) aponta para a possibilidade de medidas correicionais na hipótese de recusa de cumprimento pelo magistrado: "Por conseguinte, se o juiz togado negar-se a atender, sem motivo, a solicitação do árbitro, este poderá requerer as medidas correicionais cabíveis".

Em uma hipótese excepcional, na qual o tribunal arbitral tenha proferido a medida de urgência, mas a secretaria da instituição arbitral administradora não tenha tido tempo de expedir o ofício solicitando o apoio do juízo estatal, é possível que uma medida judicial seja proposta pela parte interessada perante o Poder Judiciário para a proteção de seu direito. Diga-se o mesmo quando a secretaria da entidade administradora da arbitragem estiver em recesso ou em horários e dias não comerciais. Nesses casos excepcionais, admite-se, em benefício do acesso à justiça e da instrumentalidade das formas, que a parte interessada ingresse com medida judicial perante o juízo estatal para que este determine o cumprimento forçado da decisão já proferida pelo árbitro, de modo a lhe assegurar a efetividade.

Há muito tempo o princípio da instrumentalidade do processo vigora no Brasil, traduzido em uma busca da efetivação do direito das partes em diminuição aos aspectos formais do procedimento. No caso, seria essa a situação, na medida em que a falta ou a demora de expedição de ofício pela secretaria da instituição arbitral administradora não pode prejudicar a parte, que buscará amparo em uma medida judicial de curta duração para dar efetividade à decisão do tribunal arbitral.

Em conclusão, pode-se dizer que, não havendo graves defeitos formais e nem violação à ordem pública aferíveis *prima facie*, a decisão arbitral, caso haja descumprimento pela parte contrária, será tornada prática com o apoio do Poder Judiciário, sem que o juízo togado possa revisar no mérito a decisão ou simplesmente recusar o seu cumprimento. Conforme esclarecido, esse pedido de cooperação se dará mediante a simples expedição de ofício pelo árbitro ou pela secretaria da entidade arbitral administradora ao juízo estatal. Para evitar eventuais retardos por questões administrativas, é possível, em nosso entendimento, que a própria parte interessada protocole o ofício nos órgãos competentes do Poder Judiciário.

5. Medidas urgentes requeridas, direta e excepcionalmente, ao Poder Judiciário mesmo depois de instituída a arbitragem

Em situações excepcionais, pode surgir a necessidade de se requerer uma medida de urgência ao Poder Judiciário mesmo depois de instituída a arbitragem.

Em regra, como se sabe, a competência — ou melhor, jurisdição — para a concessão dessas medidas é do árbitro ou do tribunal arbitral, pois é dele a atribuição de julgar o conflito. Contudo, podem os árbitros não estar disponíveis ou localizáveis naquele momento crucial (*v.g.*: férias, doença), bem como a urgência exigir tamanha rapidez que o procedimento de pedido ao tribunal arbitral, deliberação dos árbitros, expedição de ofício pela secretaria da instituição arbitral administradora e cooperação do Poder Judiciário sejam excessivamente demorados para proteger o próprio processo arbitral ou os direitos da parte interessada.

Nesse caso incide mais uma vez a regra do art. 5º, XXXV, da Constituição Federal, que prevê que toda lesão ou ameaça a direito pode ser levada à apreciação da Justiça. Trata-se de uma alternativa excepcional, mas efetiva. Dessa forma, consideramos que, nessas situações excepcionais, é possível que a parte interessada ingresse com ação judicial perante o Poder Judiciário requerendo a medida de urgência que não pode ser examinada pelo árbitro ou pelo tribunal arbitral naquele momento. Justifica-se essa possibilidade, além da necessária observância ao comando constitucional mencionado, pela incidência, novamente, do princípio segundo o qual *quando est periculum in mora incompetentia non attenditur.* Na doutrina, Carlos Alberto Carmona (2009a:328) defende esse mesmo posicionamento:

> Além da hipótese analisada de necessidade de recorrer ao Poder Judiciário antes da instituição da arbitragem, existe ainda outra circunstância que autoriza o acesso à Justiça Estatal, mesmo após a instituição da arbitragem, para a obtenção de tutela de urgência. Imagine-se uma situação de emergência ocorrida durante feriado local, tornando impossível o acesso aos árbitros: diante da impossibilidade de a parte dirigir-se aos árbitros, volto a invocar o velho princípio do direito luso-brasileiro (*quando est periculum in mora incompetentia non attenditur*) para permitir o acesso aos órgãos jurisdicionais estatais; resolvida a questão de urgência, naturalmente voltam os árbitros a ter total controle do processo (o que significa que poderão, com tranquilidade, manter, modificar ou revogar a eventual medida concedida às pressas e em caráter provisório pelo juiz togado, ou conceder medida que tenha sido negada em sede judicial.

Pedro A. Batista Martins se refere à questão de o tribunal arbitral não dispor de tempo hábil para se reunir e emitir uma decisão, por motivos de força maior. Nesses casos também se aplica a exceção acima elencada. O autor começa esclarecendo que "cabe sempre ao árbitro, e somente a este, a avaliação da necessidade da cautela requerida e, se justificável, o seu deferimento". Em seguida, apresenta duas exceções a essa regra, valendo transcrever e observar em especial a segunda delas:

> Opomos duas exceções a essa afirmativa: a primeira, quando a urgência não comporta a espera da instituição do juízo arbitral e, a segunda, nas raras situações em que, mesmo já constituído o tribunal arbitral, a urgência requerida para a medida será efetivamente prejudicada pela impossibilidade fática de o tribunal se reunir em exíguo espaço de tempo. Nessas hipóteses, cabe ao interessado o ônus da prova e ao tribunal o exame, *cum grano salis*, dos pressupostos inerentes à tutela requerida. A aplicação dessas regras de exceção deve ser ponderada no caso a caso e visa proteger o interesse legítimo do credor garantindo-lhe pleno acesso à justiça, evitando, assim, inaceitável denegação. (Martins, 2000)

Novamente, também para o fim de buscar excepcional tutela perante os órgãos judiciais, fazemos menção aos instrumentos do Código de Processo Civil brasileiro, principalmente a ação cautelar inominada e o poder geral de cautela, previstos nos arts. 796 a 812 desse estatuto. Além disso, para reafirmar essa posição, voltamos a mencionar o princípio da instrumentalidade das formas que está presente no processo civil brasileiro, diminuindo a importância de aspectos formais em benefício do atingimento dos fins do processo.

O Tribunal de Justiça de São Paulo — não obstante o acórdão não detalhe as causas de impedimento dos árbitros que já estavam constituídos (*v.g.*, férias, doença) — teve oportunidade de admitir medidas urgentes mesmo depois de instituída a arbitragem. Assim, a Trigésima Primeira Câmara de Direito Privado considerou que,

> apesar de inegável a existência de painel arbitral já instaurado para dirimir os litígios oriundos do contrato de fornecimento estipulado entre as partes, não há a incompetência da jurisdição que atende ao princípio da sua inafastabilidade, previsto no inciso XXXV, artigo 5º, da Constituição Federal, especialmente quanto às medidas de urgência, como o caso dos autos.[11]

Observe-se, assim, que em situações excepcionais essa medida judicial seria admitida mesmo depois de instituída a arbitragem.

É importante destacar, ainda, que, no caso específico analisado neste parecer, o art. 23, item 2, do Regulamento do Centro de Arbitragem Internacional da Câmara de Comércio Internacional de 1998 admite que as partes busquem a tutela do Poder Judiciário não apenas em momento anterior à instituição da arbitragem como também "em circunstâncias apropriadas", previsão na qual se enquadra, segundo pensamos, por exemplo, a impossibilidade de localização do árbitro para obtenção da medida perante o tribunal arbitral. O texto integral do art. 23, item 2, do Regulamento da CCI de 1998 é o seguinte:

---

11. TJ/SP, 31ª CDPri., AI nº 0002754-71.2007.8.26.0000, des. Armando Toledo, j. em 5.6.2007. No mesmo sentido, transcreva-se o seguinte julgado: "A abertura de processo de arbitragem não impede a propositura de ação judicial pela simples e boa razão de que a autora está protegida pelo art. 5º, XXXV, da Constituição Federal, princípio segundo o qual a lei não excluirá da apreciação do Poder Judiciário, lesão ou ameaça a direito" (TJ/SP, 2º CDPri., AI nº 0103414-15.2003.8.26.0000, des. Maia da Cunha, j. em 29.4.2003).

> As partes poderão, antes da remessa dos autos ao Tribunal Arbitral e posteriormente, em circunstâncias apropriadas, requerer a qualquer autoridade judicial competente que ordene as medidas cautelares ou provisórias pertinentes. O requerimento feito por uma das partes a uma autoridade judicial para obter tais medidas, ou a execução de medidas similares ordenadas por um Tribunal Arbitral, não será considerado como infração ou renúncia à convenção de arbitragem e não comprometerá a competência do Tribunal Arbitral a este título. Quaisquer pedidos ou medidas implementadas pela autoridade judicial deverão ser notificados sem demora à Secretaria, devendo esta informar o Tribunal Arbitral.

Em apoio a essa previsão, importante mencionarmos que a jurisprudência estatal brasileira privilegia as regras constantes do regulamento das cortes arbitrais. Nesse sentido, a Corte Especial do Superior Tribunal de Justiça já teve oportunidade de entender, em um caso de homologação de sentença arbitral estrangeira, que "devidamente observado o procedimento previsto nas regras do Tribunal Arbitral eleito pelos contratantes, não há falar em qualquer vício que macule o provimento arbitral".[12]

Admitindo-se, então, a possibilidade de requerer medidas urgentes posteriormente à instituição da arbitragem nessas circunstâncias excepcionais, entendemos que a parte deve ingressar com medida cautelar inominada perante o Poder Judiciário, pleiteando a concessão de um provimento liminar com base no poder geral de cautela do juízo estatal, na forma dos arts. 796 a 812 do Código de Processo Civil brasileiro. Evidentemente que, em se tratando de medidas de natureza satisfativa, tem plena aplicação o art. 273, §7º, desse mesmo diploma processual civil.

Por fim, cumpre destacar que é amplamente admitido no ordenamento processual brasileiro o princípio da instrumentalidade das formas, o princípio da fungibilidade de meios, bem como o princípio segundo o qual *pas de nulité sans grief* (art. 249, §1º, do Código de Processo Civil), de maneira que o meio utilizado para se alcançar a proteção do próprio processo ameaçado ou a satisfação do direito em estado de urgência é o menos relevante. A jurisprudência tende a desconsiderar eventuais divergências de forma para privilegiar o conteúdo, o que se revela importante em situações excepcionais, nas quais

---

12. STJ, Corte Especial, SEC nº 1.210/GB, min. Fernando Gonçalves, j. em 20.6.2007, *D.J.* de 6.8.2007.

Medidas urgentes em arbitragem com sede no Brasil

não há entendimento dominante ou norma explícita sobre a forma correta de obter o resultado pretendido. Confira-se a respeito decisão do STJ:

> Conquanto mereça relevo o atendimento às regras relativas à técnica processual, reputa-se consentâneo com os dias atuais erigir a instrumentalidade do processo em detrimento ao apego exagerado ao formalismo, para melhor atender aos comandos da lei e permitir o equilíbrio na análise do direito material em litígio.[13]

Em conclusão, pode-se dizer que, em situações excepcionais, admite-se o requerimento de medidas de urgência perante o Poder Judiciário mesmo depois de instituída a arbitragem. Tal pedido deve ser feito mediante o ingresso no juízo estatal de medida judicial pela parte interessada, com base nos arts. 796 a 812 do Código de Processo Civil, ou, caso seja a hipótese, no art. 273, §7º, do diploma processual. Evidentemente que, cessada a circunstância excepcional, o árbitro ou o tribunal arbitral poderá manter, revogar ou modificar a decisão concedida pelo Poder Judiciário.

6. Conclusão

Diante de todo o exposto, em conclusão, pode-se responder aos quesitos formulados nesta consulta da seguinte forma:

a) Segundo a lei brasileira, o árbitro ou o tribunal arbitral, depois de instituída a arbitragem, detém competência para decretar medidas urgentes?

De acordo com o ordenamento jurídico brasileiro, depois da instituição da arbitragem, a regra geral é de que cabe ao árbitro ou ao tribunal arbitral a concessão ou denegação de medidas urgentes, tenham elas natureza satisfativa ou cautelar.

b) Concedida uma medida de urgência no curso da arbitragem, a quem compete efetivar ou executar a decisão arbitral na prática?

---

13. STJ, 3. T., REsp. nº 1.109.357/RJ, min. Nancy Andrighi, j. em 20.10.2009, *D.J.* de 1.7.2010.

De acordo com o ordenamento jurídico brasileiro, a efetivação da medida de urgência decretada pelo árbitro ou pelo tribunal arbitral se dá com a cooperação do Poder Judiciário, na medida em que o árbitro ou o tribunal arbitral só detém poder de cognição (*ius cognitio*) e não poder de execução (*ius imperium*). Assim, o árbitro, o presidente do tribunal arbitral ou a secretaria da instituição arbitral administradora solicitará o apoio do juízo estatal para tornar realidade, no mundo dos fatos, o que foi decidido na arbitragem.

c) Como formalmente se processa a efetivação ou execução de uma medida de urgência decretada pelo árbitro ou pelo tribunal arbitral?

Não obstante ainda não haja no ordenamento jurídico brasileiro atual disposição legal específica, a prática tem demonstrado que a efetivação de medidas urgentes decretadas pelo árbitro ou pelo tribunal arbitral com o apoio do Poder Judiciário ocorre, formalmente, com a expedição de um ofício pelo árbitro, pelo presidente do tribunal arbitral ou pela secretaria da entidade arbitral administradora ao juízo estatal. Esse ofício deverá ser instruído com a convenção de arbitragem, o termo de aceitação dos árbitros e a decisão arbitral, e outros documentos que a parte ou o tribunal arbitral considerem pertinentes.

Excepcionalmente, em caso de alguma impossibilidade do árbitro ou da secretaria da instituição arbitral agir, ou mesmo diante da urgência do caso, a própria parte interessada poderá protocolar o ofício da instituição arbitral administradora da arbitragem na serventia própria do Poder Judiciário, em homenagem ao princípio da instrumentalidade das formas.

Em situações excepcionais, em que sequer haja ofício preparado pela secretaria da entidade arbitral administradora da arbitragem, a própria parte interessada pode ingressar com medida judicial, perante o Poder Judiciário, para requerer o cumprimento forçado da decisão proferida pelo árbitro ou pelo tribunal arbitral, tudo em homenagem ao princípio do acesso à justiça e ao princípio da instrumentalidade das formas.

d) Segundo a lei brasileira, o Poder Judiciário, antes de instituída a arbitragem, detém competência para decretar medidas urgentes?

Por força do mandamento constitucional que garante o acesso à justiça, antes de instituída a arbitragem, compete ao Poder Judiciário apreciar medidas urgentes, tenham elas natureza satisfativa ou cautelar. Para tanto, a parte interessada deverá ingressar perante o juízo estatal com uma medida cautelar, nominada ou inominada, conforme o caso, na forma dos arts. 796 a 812 do Código de Processo Civil, ou, se for o caso, valer-se da previsão do art. 273, §7º, do estatuto processual civil.

e) Segundo a lei brasileira, o árbitro ou o tribunal arbitral, depois de instituída a arbitragem, pode modificar ou revogar a decisão proferida pelo Poder Judiciário a respeito de medidas urgentes requeridas em sede judicial antes da instituição da arbitragem?

De acordo com o ordenamento jurídico brasileiro, caso seja concedida uma medida de urgência pelo Poder Judiciário antes de instituída a arbitragem, o árbitro ou o tribunal arbitral, depois de constituído, poderá manter, revogar ou modificar a decisão do juízo togado, mesmo que já tenha ocorrido o trânsito em julgado da decisão liminar na seara judicial.

f) Excepcionalmente, é possível a concessão de medidas urgentes pelo Poder Judiciário mesmo depois de instituída a arbitragem, quando, por exemplo, o árbitro ou o tribunal arbitral estiver em local inacessível?

Apesar de não haver previsão específica na Lei de Arbitragem brasileira, em situações excepcionais, entendemos que é plenamente admissível que a parte interessada requeira a medida de urgência diretamente ao Poder Judiciário, mesmo depois de instituída a arbitragem, sem que isso represente qualquer renúncia à arbitragem.

Sob o ponto de vista formal, nessa situação excepcional, a parte interessada poderá ingressar com medida judicial perante o Poder Judiciário, mesmo no curso da arbitragem, para garantir o resultado útil do processo arbitral ou mesmo obter antecipadamente a tutela pleiteada, tudo em benefício do princípio do acesso à justiça e do princípio da instrumentalidade das formas.

Este é o nosso parecer, salvo melhor juízo.

Rio de Janeiro e São Paulo, (data).

José Antonio Fichtner   Sergio Nelson Mannheimer

Parte III — Anexos

Anexo I

Comparativo entre os Regulamentos de Arbitragem do Centro de Arbitragem Internacional da Câmara de Comércio Internacional nas versões de 1998 e 2012[1]

Versão 1998	Novo texto 2012
Disposições preliminares	Disposições preliminares
Artigo 1º Corte Internacional de Arbitragem	Artigo 1º Corte Internacional de Arbitragem
1. A Corte Internacional de Arbitragem (doravante designada como "Corte") da Câmara de Comércio Internacional ("CCI") é a instituição de arbitragem da CCI. Os Estatutos da Corte constam do Apêndice I. Os membros da Corte são nomeados pelo Conselho Mundial da CCI. A Corte tem como objeto a solução das controvérsias comerciais de caráter internacional por meio de arbitragem, em conformidade com o presente Regulamento de Arbitragem da CCI (doravante designado por "Regulamento"). A Corte procederá também, através de arbitragem, à resolução de controvérsias de caráter não internacional, surgidas no âmbito dos negócios, em conformidade com o presente Regulamento, se existir uma convenção de arbitragem que assim o faculte.	1. A Corte Internacional de Arbitragem (a "Corte") da Câmara de Comércio Internacional (a "CCI") é o órgão independente de arbitragem da CCI. Os estatutos da Corte constam do Apêndice I.

(continua)

1. Os autores agradecem aos agora bacharéis e advogados Leonardo Neves da Fontoura (Pontifícia Universidade Católica de São Paulo — PUC/SP) e Natalia Yazbek Orsovay (Escola de Direito de São Paulo da Fundação Getulio Vargas — DIREITO-GV) pela comparação preparada.

(continuação)

2. A Corte não soluciona ela própria as controvérsias. Compete-lhe assegurar a aplicação do Regulamento, devendo aprovar o seu próprio Regulamento Interno (Apêndice II).	2. A Corte não soluciona ela própria os litígios. Compete-lhe administrar a resolução de litígios por tribunais arbitrais, de acordo com o Regulamento de Arbitragem da CCI (o "Regulamento"). A Corte é o único órgão autorizado a administrar arbitragens submetidas ao Regulamento, incluindo o exame prévio e aprovação de sentenças arbitrais proferidas de acordo com o Regulamento. Compete à Corte aprovar o seu próprio regulamento interno, previsto no Apêndice II (o "Regulamento Interno").
3. O Presidente da Corte ou, na sua ausência ou a seu pedido, um dos seus Vice-Presidentes, pode tomar decisões de caráter urgente em nome da Corte, devendo informá-la, na sessão seguinte, das decisões tomadas.	3. O Presidente da Corte (o "Presidente") ou, na sua ausência ou a seu pedido, um dos Vice-Presidentes daquela, poderá decidir questões de caráter urgente, em nome da Corte, que deverá ser informada a esse respeito, na sessão seguinte.
4. Na forma prevista no seu Regulamento Interno, a Corte pode delegar a uma ou várias comissões integradas pelos seus membros o poder de tomar determinadas decisões, devendo ser informada, na sessão seguinte, das decisões tomadas.	4. Na forma prevista no Regulamento Interno, a Corte poderá delegar em um ou vários comitês integrados pelos seus membros o poder de tomar determinadas decisões, devendo ser informada, na sessão seguinte, das decisões tomadas.
5. A Secretaria da Corte ("Secretaria"), sob a direção do seu Secretário-Geral ("Secretário-Geral"), terá a sua sede nos escritórios da CCI.	5. A Corte realiza seus trabalhos com a assistência da Secretaria da Corte (a "Secretaria"), sob a direção do seu Secretário-Geral (o "Secretário-Geral").

Anexo I

Versão 1998	Novo texto 2012
Artigo 2º Definições No presente Regulamento: (i) a expressão "Tribunal Arbitral" aplica-se indiferentemente a um ou mais árbitros; (ii) os termos "Requerente" e "Requerido" aplicam-se indiferentemente a um ou mais requerentes ou requeridos; e (iii) o termo "Laudo" aplica-se, inter alia, a um laudo arbitral interlocutório, parcial ou final.	Artigo 2º Definições No Regulamento: (i) a expressão "tribunal arbitral" aplica-se indiferentemente a um ou mais árbitros. (ii) os termos "requerente", "requerido" e "parte adicional" aplicam-se indiferentemente a um ou mais requerentes, requeridos, ou partes adicionais, respectivamente. (iii) os termos "parte" ou "partes" aplicam-se indiferentemente a requerentes, requeridos ou partes adicionais. (iv) os termos "demanda" ou "demandas" aplicam-se indiferentemente a qualquer demanda de qualquer parte contra qualquer outra parte. (v) o termo "sentença arbitral" aplica-se, inter alia, a uma sentença arbitral interlocutória, parcial ou final.

Versão 1998	Novo texto 2012
Artigo 3º Notificações ou comunicações por escrito; prazos 1. Todas as petições e outras comunicações por escrito apresentadas por qualquer das partes, bem como todos os documentos a elas anexados, deverão ser fornecidos em número de cópias suficientes para que cada parte receba uma cópia, mais uma para cada árbitro e uma para a Secretaria. Uma cópia de cada comunicação do Tribunal Arbitral às partes deverá ser enviada à Secretaria.	Artigo 3º Notificações ou comunicações por escrito; prazos 1. Todas as manifestações e outras comunicações por escrito apresentadas por qualquer das partes, bem como todos os documentos a elas anexados, deverão ser fornecidos em número de cópias suficientes para que cada parte receba uma cópia, mais uma para cada árbitro e uma para a Secretaria. Uma cópia de toda notificação ou comunicação do tribunal arbitral às partes deverá ser enviada à Secretaria.

(continua)

(continuação)

2. Todas as notificações ou comunicações da Secretaria e do Tribunal Arbitral deverão ser enviadas para o último endereço da parte destinatária ou do seu representante, conforme comunicado pela parte em questão ou pela outra parte. A notificação ou comunicação pode ser entregue contra recibo, carta registrada, entrega expressa, transmissão por fax, telex, telegrama ou qualquer outra forma de telecomunicação que constitua prova do envio.	2. Todas as notificações ou comunicações da Secretaria e do tribunal arbitral deverão ser enviadas para o último endereço da parte destinatária ou do seu representante, conforme comunicado pela parte em questão ou pela outra parte. A notificação ou comunicação poderá ser entregue contra recibo, carta registrada, entrega expressa, transmissão por correio eletrônico ou qualquer outra forma de telecomunicação que produza um comprovante do seu envio.
3. A notificação ou comunicação será considerada efetuada na data em que for recebida pela parte ou pelo seu representante, ou em que deveria ter sido recebida, se houver sido validamente realizada em conformidade com as disposições do parágrafo anterior.	3. A notificação ou comunicação será considerada efetuada na data em que for recebida pela parte ou pelo seu representante, ou naquela em que deveria ter sido recebida, se houver sido validamente realizada em conformidade com o artigo 3° (2).
4. Os prazos especificados ou fixados de conformidade com o presente Regulamento serão contados a partir do dia seguinte àquele em que a notificação ou a comunicação for considerada como tendo sido efetuada, segundo o disposto no parágrafo anterior. Quando o dia seguinte àquela data for feriado ou dia não útil no país em que a notificação ou comunicação for considerada como entregue, o prazo começará a correr no primeiro dia útil seguinte. Os feriados e os dias não úteis são incluídos no cálculo do prazo. Se o último dia do prazo estipulado for feriado ou dia não útil no país em que a notificação ou comunicação for considerada entregue, o prazo vencerá no final do primeiro dia útil seguinte.	4. Os prazos especificados ou fixados de conformidade com o Regulamento serão contados a partir do dia seguinte àquele em que a notificação ou a comunicação for considerada como tendo sido efetuada, segundo o artigo 3° (3). Quando o dia seguinte àquela data for feriado oficial ou dia não útil no país em que a notificação ou comunicação for considerada como entregue, o prazo começará a correr no primeiro dia útil seguinte. Os feriados oficiais e os dias não úteis são incluídos no cálculo do prazo. Se o último dia do prazo estipulado for feriado oficial ou dia não útil no país em que a notificação ou comunicação for considerada entregue, o prazo vencerá no final do primeiro dia útil seguinte.

Anexo I

Versão 1998	Novo texto 2012
Instauração da arbitragem	Instauração da arbitragem
Artigo 4º Requerimento de arbitragem	Artigo 4º Requerimento de arbitragem
1. A parte que desejar recorrer à arbitragem segundo o presente Regulamento deverá apresentar o seu requerimento de arbitragem ("Requerimento") à Secretaria, que notificará o Requerente e o Requerido do recebimento do Requerimento e da data em que ocorreu.	1. A parte que desejar recorrer à arbitragem segundo o Regulamento deverá apresentar o seu Requerimento de Arbitragem (o "Requerimento") à Secretaria em qualquer de seus escritórios especificados no Regulamento Interno. A Secretaria notificará o requerente e o requerido do recebimento do Requerimento e da data de tal recebimento.
2. A data de recebimento do Requerimento pela Secretaria deverá ser considerada, para todos os efeitos, como a data da instauração do procedimento de arbitragem.	2. A data de recebimento do Requerimento pela Secretaria deverá ser considerada, para todos os efeitos, como a data de início da arbitragem.
3. O Requerimento deverá conter, *inter alia*, as seguintes informações: a) nome ou denominação completo, qualificação e endereço das partes; b) uma exposição da natureza e das circunstâncias da controvérsia que deram origem ao Requerimento; c) indicação do objeto do Requerimento, e, se possível, da(s) importância(s) demandada(s); d) os contratos relevantes e, em especial, a convenção de arbitragem; e) quaisquer indicações úteis relativas ao número de árbitros e à escolha dos mesmos, em conformidade com as disposições dos artigos 8º, 9º e 10, bem como qualquer designação de árbitro exigida pelos referidos artigos; e f) quaisquer observações úteis relativas ao lugar da arbitragem, às normas jurídicas aplicáveis e ao idioma da arbitragem.	3. O Requerimento deverá conter as seguintes informações: a) nome ou denominação completo, qualificação, endereço e qualquer outro dado para contato de cada parte; b) nome ou denominação completo, endereço e qualquer outro dado para contato das pessoas que representem o requerente na arbitragem; c) descrição da natureza e das circunstâncias do litígio que deu origem às demandas e os fundamentos sob os quais tais demandas são formuladas; d) especificação do pedido, incluídos os valores de quaisquer demandas quantificadas e, se possível, uma estimativa do valor monetário das demais demandas; e) quaisquer contratos relevantes e, em especial, a(s) convenção(ões) de arbitragem; f) quando demandas forem formuladas com base em mais de uma convenção de arbitragem,

(continua)

(continuação)

	a indicação da convenção de arbitragem sob a qual cada demanda está sendo formulada; g) todas as especificações relevantes e quaisquer observações ou propostas relativas ao número de árbitros e à escolha destes, de acordo com as disposições dos artigos 12 e 13, bem como qualquer designação de árbitro exigida pelos referidos artigos; e h) todas as especificações relevantes e quaisquer observações ou propostas relativas à sede da arbitragem, às regras de direito aplicáveis e ao idioma da arbitragem. O requerente poderá apresentar, junto com o Requerimento, qualquer documento ou informação que considere apropriados ou que possa contribuir para a resolução do litígio de maneira eficiente.
4. Junto com o Requerimento, o Requerente deverá apresentar tantas cópias quantas exigidas no artigo 3º (1) e efetuar o depósito antecipado dos encargos administrativos fixados no Apêndice III ("Custas e honorários da arbitragem"), em vigor na data em que o Requerimento for apresentado. Caso o Requerente deixe de cumprir com qualquer dessas condições, a Secretaria poderá estabelecer um prazo para que o faça, o qual, se não cumprido, acarretará o arquivamento do caso, sem prejuízo do direito do Requerente de, posteriormente, apresentar a mesma demanda em um outro Requerimento.	4. Junto com o Requerimento, o requerente deverá: a) apresentar tantas cópias quantas exigidas pelo artigo 3º (1); e b) efetuar o pagamento da taxa de registro fixada no Apêndice III ("Custas e honorários da arbitragem"), em vigor na data em que o Requerimento for apresentado. Caso o requerente deixe de cumprir qualquer dessas condições, a Secretaria poderá estabelecer um prazo para que o faça, sob pena de arquivamento do caso, sem prejuízo do direito do requerente de, posteriormente, apresentar a mesma demanda em um outro Requerimento.

(continua)

Anexo I

(continuação)

5. Assim que tiver o número de cópias necessário e for confirmado o depósito antecipado, a Secretaria deverá enviar ao Requerido uma cópia do Requerimento e dos documentos a ele anexos para que possa apresentar a sua resposta.	5. A Secretaria deverá transmitir ao requerido uma cópia do Requerimento e dos documentos a ele anexos para que possa apresentar a sua Resposta assim que tiver o número de cópias necessário e for confirmado o pagamento da taxa de registro.
6. Quando uma parte apresentar um Requerimento relativo a uma relação jurídica que seja objeto de um procedimento arbitral em andamento entre as mesmas Partes e processado de acordo com este Regulamento, a Corte poderá, a pedido de uma das partes, decidir incluir no procedimento arbitral em andamento as demandas contidas no Requerimento, desde que a Ata de Missão não tenha sido assinada ou aprovada pela Corte. Caso a Ata de Missão já tenha sido assinada ou aprovada pela Corte, as inclusões somente poderão ser feitas nas condições estabelecidas no artigo 19.	Artigo 10º Consolidação de arbitragens

A Corte poderá, diante do requerimento de uma parte, consolidar duas ou mais arbitragens pendentes, submetidas ao Regulamento, em uma única arbitragem, quando: a) as partes tenham concordado com a consolidação; ou b) todas as demandas sejam formuladas com base na mesma convenção de arbitragem; ou c) caso as demandas sejam formuladas com base em mais de uma convenção de arbitragem, as arbitragens envolvam as mesmas partes, as disputas nas arbitragens sejam relacionadas à mesma relação jurídica, e a Corte entenda que as convenções de arbitragem são compatíveis.
Ao decidir sobre a consolidação, a Corte deverá levar em conta quaisquer circunstâncias que considerar relevantes, inclusive se um ou mais árbitros tenham sido confirmados ou nomeados em mais de uma das arbitragens e, neste caso, se foram confirmadas ou nomeadas as mesmas pessoas ou pessoas diferentes. Quando arbitragens forem consolidadas, estas devem sê-lo na arbitragem que foi iniciada em primeiro lugar, salvo acordo das partes em sentido contrário. |

Versão 1998	Novo texto 2012
Artigo 5º Resposta ao Requerimento; reconvenções	Artigo 5º Resposta ao Requerimento; reconvenções
1. O Requerido deverá, dentro do prazo de trinta dias contados do recebimento do Requerimento remetido pela Secretaria, apresentar a sua resposta (a "Resposta"), a qual deverá, *inter alia*, conter as seguintes informações: a) o seu nome ou denominação completo, qualificação e endereço; b) as suas observações quanto à natureza e às circunstâncias da controvérsia que gerou a demanda; c) a sua posição com relação às pretensões do Requerente; d) quaisquer observações úteis relativas ao número e à escolha de árbitros à luz das propostas do Requerente e de acordo com as disposições dos artigos 8º, 9º e 10, e quaisquer indicações de árbitros exigidas pelas mesmas disposições; e e) quaisquer observações úteis com relação ao lugar da arbitragem, às normas jurídicas aplicáveis e ao idioma da arbitragem.	1. O requerido deverá, dentro do prazo de 30 dias contados do recebimento do Requerimento remetido pela Secretaria, apresentar a sua resposta (a "Resposta"), a qual deverá conter os seguintes elementos: a) seu nome ou denominação completo, qualificação, endereço e qualquer outro dado para contato; b) nome ou denominação completo, endereço e qualquer outro dado para contato das pessoas que representem o requerido na arbitragem; c) suas observações quanto à natureza e às circunstâncias do litígio que deu origem às demandas e quanto aos fundamentos sob os quais as demandas são formuladas; d) a sua posição em relação ao pedido do requerente; e) quaisquer observações ou propostas relativas ao número e à escolha de árbitros à luz das propostas do requerente e de acordo com as disposições dos artigos 12 e 13, e qualquer designação de árbitro exigida pelos referidos artigos; e f) quaisquer observações ou propostas relativas à sede da arbitragem, às regras de direito aplicáveis e ao idioma da arbitragem. O requerido poderá apresentar, junto com a Resposta, qualquer documento ou informação que considere apropriado ou que possa contribuir para a resolução do litígio de maneira eficiente.

(continua)

Anexo I

(continuação)

2. A Secretaria poderá conceder ao Requerido uma prorrogação de prazo para apresentar a Resposta, desde que o pedido para tal prorrogação contenha as observações do Requerido em relação ao número de árbitros e à sua seleção, e, quando exigido pelos artigos 8º, 9º e 10, a nomeação de um árbitro. Caso contrário a Corte deverá proceder de acordo com o presente Regulamento.	2. A Secretaria poderá conceder ao requerido uma prorrogação de prazo para apresentar a Resposta, desde que o pedido para tal prorrogação contenha as observações ou propostas do requerido relativas ao número de árbitros e à escolha destes, e, quando exigido pelos artigos 12 e 13, a designação de um árbitro. Caso contrário a Corte deverá proceder de acordo com o Regulamento.
3. A Resposta deverá ser fornecida à Secretaria no número de cópias determinado no artigo 3º (1).	3. A Resposta deverá ser submetida à Secretaria no número de cópias determinado no artigo 3º (1).
4. Uma cópia da Resposta e dos documentos a ela anexos deverá ser encaminhada ao Requerente pela Secretaria.	4. A Secretaria deverá transmitir a Resposta e os documentos a ela anexos a todas as outras partes.
5. Qualquer reconvenção formulada pelo Requerido deverá ser juntada à sua Resposta e conter: a) descrição da natureza e das circunstâncias da controvérsia que geraram a reconvenção; e b) indicação do objeto da reconvenção, e, na medida do possível, dos valores reclamados.	5. Qualquer reconvenção formulada pelo requerido deverá ser apresentada junto com a Resposta e conter: a) descrição da natureza e das circunstâncias do litígio que deu origem à reconvenção e dos fundamentos sob os quais a reconvenção é formulada; b) indicação dos pedidos, incluídos os valores de qualquer demanda que esteja quantificada e, se possível, uma estimativa do valor monetário dos demais pedidos reconvencionais; c) quaisquer contratos relevantes e, em especial, a(s) convenção(ões) de arbitragem; e d) quando for formulada reconvenção com base em mais de uma convenção de arbitragem, a indicação daquela sob a qual cada demanda está sendo feita. O requerido poderá apresentar, junto com a reconvenção, qualquer documento ou informação que considere apropriados ou que possa contribuir para a resolução do litígio de maneira eficiente.

(continua)

(continuação)

6. O Requerente poderá, no prazo de 30 dias, contados da data de recebimento da notificação da reconvenção expedida pela Secretaria, responder a reconvenção. A Secretaria poderá conceder ao Requerente uma prorrogação desse prazo.	6. O requerente deverá, no prazo de 30 dias contados da data de recebimento da reconvenção remetida pela Secretaria, responder a reconvenção. Antes da transmissão dos autos ao tribunal arbitral, a Secretaria poderá conceder ao requerente uma prorrogação desse prazo.

Versão 1998	Novo texto 2012
Artigo 6º Efeitos da convenção de arbitragem	Artigo 6º Efeitos da convenção de arbitragem
1. Quando as partes tiverem concordado em recorrer à arbitragem pela CCI, serão elas consideradas como tendo se submetido *ipso facto* ao Regulamento em vigor na data do início do procedimento arbitral, a não ser que tenham convencionado se submeterem ao Regulamento em vigor na data da convenção de arbitragem.	1. Quando as partes tiverem concordado em recorrer à arbitragem de acordo com o Regulamento, serão elas consideradas como tendo se submetido *ipso facto* ao Regulamento em vigor na data do início da arbitragem, a não ser que tenham convencionado se submeterem ao Regulamento em vigor na data da convenção de arbitragem.
Sem correspondência	2. Ao convencionarem uma arbitragem de acordo com o Regulamento, as partes aceitam que a arbitragem seja administrada pela Corte.
2. Se o Requerido não apresentar a sua defesa, de acordo com o estabelecido no artigo 5º, ou se uma das partes formular uma ou mais exceções quanto à existência, validade ou escopo da convenção de arbitragem, a Corte poderá decidir, sem prejuízo da admissibilidade da exceção ou das exceções, que a arbitragem poderá prosseguir se estiver convencida, *prima facie*, da possível existência de uma convenção de arbitragem conforme o Regulamento.	3. Caso alguma das partes contra a qual uma demanda é formulada não apresente uma resposta, ou formule uma ou mais objeções quanto à existência, validade ou escopo da convenção de arbitragem ou quanto à possibilidade de todas as demandas apresentadas serem decididas em uma única arbitragem, a arbitragem deverá prosseguir e toda e qualquer questão relativa à jurisdição ou à possibilidade de as demandas serem decididas em conjunto em uma única arbitragem

(continua)

Anexo I

(continuação)

Neste caso, qualquer decisão quanto à jurisdição do Tribunal Arbitral deverá ser tomada pelo próprio tribunal. Se a Corte não estiver convencida dessa possível existência, as partes serão notificadas de que a arbitragem não poderá prosseguir. Neste caso, as partes conservam o direito de solicitar uma decisão de qualquer tribunal competente sobre a existência ou não de uma convenção de arbitragem que as obrigue.

deverá ser decidida diretamente pelo tribunal arbitral, a menos que o Secretário-Geral submeta tal questão à decisão da Corte de acordo com o artigo 6º (4).

4. Em todos os casos submetidos à Corte, de acordo com o artigo 6º (3), esta deverá decidir se, e em que medida, a arbitragem deverá prosseguir. A arbitragem deverá prosseguir se, e na medida em que, a Corte esteja *prima facie* convencida da possível existência de uma convenção de arbitragem de acordo com o Regulamento. Em particular: (i) caso haja mais de duas partes na arbitragem, esta deverá prosseguir tão somente entre aquelas partes, abrangendo qualquer parte adicional que tiver sido integrada com base no artigo 7º, em relação às quais a Corte esteja prima facie convencida da possível existência de uma convenção de arbitragem que as vincule, prevendo a aplicação do Regulamento; e (ii) caso haja demandas fundadas em mais de uma convenção de arbitragem, de acordo com o artigo 9º, a arbitragem deverá prosseguir apenas com relação às demandas a respeito das quais a Corte esteja prima facie convencida de que (a) as convenções de arbitragem com base nas quais tais demandas foram formuladas são compatíveis, e (b) todas as partes na arbitragem tenham concordado com que tais demandas sejam decididas em conjunto, em uma única arbitragem.

A decisão da Corte de acordo com o artigo 6º (4) é sem prejuízo da admissibilidade ou do mérito das posições de quaisquer das partes.

(continua)

(continuação)

	5. Em todos os casos decididos pela Corte de acordo com o artigo 6º (4), qualquer decisão relativa à competência do tribunal arbitral, exceto com relação a partes ou demandas a respeito das quais a Corte decida que a arbitragem não deve prosseguir, será tomada pelo próprio tribunal arbitral. 6. Caso as partes sejam notificadas de uma decisão da Corte de acordo com o artigo 6º (4) no sentido de que a arbitragem não deve prosseguir em relação a algumas ou todas elas, qualquer parte manterá o direito de submeter a qualquer jurisdição competente a questão sobre se existe uma convenção de arbitragem vinculante e quais partes estão a ela vinculadas. 7. Caso a Corte tenha decidido de acordo com o artigo 6º (4) que a arbitragem não deve prosseguir com relação a qualquer das demandas, tal decisão não impedirá as partes de reintroduzirem as mesmas demandas em um momento posterior em outros procedimentos.
3. Se uma das partes se recusar ou se abstiver de participar da arbitragem, ou de qualquer das suas etapas, a arbitragem deverá prosseguir, não obstante tal recusa ou abstenção.	8. Se uma das partes se recusar ou se abstiver de participar da arbitragem, ou de qualquer das suas fases, a arbitragem deverá prosseguir, não obstante tal recusa ou abstenção.
4. Salvo estipulação em contrário, a pretensa nulidade ou alegada inexistência do contrato não implicará a incompetência do árbitro caso este entenda que a convenção de arbitragem é válida. O Tribunal Arbitral continuará sendo competente mesmo em caso de inexistência ou nulidade do contrato para determinar os respectivos direitos das partes e para julgar as suas reivindicações e alegações.	9. Salvo estipulação em contrário, a pretensa nulidade ou alegada inexistência do contrato não implicará a incompetência do tribunal arbitral, caso este entenda que a convenção de arbitragem é válida. O tribunal arbitral continuará sendo competente para determinar os respectivos direitos das partes e para decidir as suas demandas e pleitos, mesmo em caso de inexistência ou nulidade do contrato.

Anexo I

Versão 1998	Novo texto 2012
Sem correspondência	Pluralidade de partes, pluralidade de contratos e consolidação Artigo 7º Integração de partes adicionais 1. A parte que desejar integrar uma parte adicional à arbitragem deverá apresentar à Secretaria requerimento de arbitragem contra a parte adicional ("Requerimento de Integração"). A data na qual o Requerimento de Integração for recebido pela Secretaria deverá, para todos os fins, ser considerada como a data de início da arbitragem em relação à parte adicional. Qualquer integração estará sujeita ao disposto nos artigos 6º (3)-6º (7) e 9º. Nenhuma parte adicional será integrada após a confirmação ou nomeação de qualquer árbitro, a menos que todas as partes, inclusive a parte adicional, estejam de acordo. A Secretaria poderá fixar prazo para a submissão do Requerimento de Integração.
Sem correspondência	2. O Requerimento de Integração deverá conter as seguintes informações: a) a referência da arbitragem existente; b) nome ou designação completo, qualificação, endereço e qualquer outro dado para contato de todas as partes, inclusive da parte adicional; e c) a informação especificada no artigo 4º (3) subitens c), d), e) e f). A parte que apresentar um Requerimento de Integração poderá submeter qualquer documento ou informação que considere apropriado ou que possa contribuir para a resolução do litígio de maneira eficiente.
Sem correspondência	3. O disposto nos artigos 4º (4) e 4º (5) se aplica, *mutatis mutandis*, ao Requerimento de Integração.
Sem correspondência	4. A parte adicional deverá apresentar uma Resposta de acordo, *mutatis mutandis*, com o disposto nos artigos 5º (1)-5º (4). A parte adicional poderá apresentar demandas contra qualquer outra parte de acordo com o disposto no artigo 8º.

Versão 1998	Novo texto 2012
Sem correspondência	Artigo 8º Demandas entre partes múltiplas 1. Em uma arbitragem com multiplicidade de partes, qualquer parte poderá formular uma demanda contra qualquer outra parte, sujeita às disposições dos artigos 6º (3)–6º (7) e 9º, sendo que nenhuma nova demanda poderá ser formulada depois da assinatura ou aprovação da Ata de Missão pela Corte, a menos que tenha autorização do tribunal arbitral, de acordo com o artigo 23 (4).
Sem correspondência	2. Qualquer parte que desejar formular demanda de acordo com o artigo 8º (1) deverá fornecer todas as informações previstas no artigo 4º (3) subitens c), d), e) e f).
Sem correspondência	3. Antes da transmissão dos autos pela Secretaria ao tribunal arbitral, de acordo com o artigo 16, as seguintes disposições aplicar-se-ão, *mutatis mutandis*, a qualquer demanda introduzida: artigos 4º (4) subitem a); artigo 4º (5); artigo 5º (1), exceto subitens a), b), e) e f); artigo 5º (2); artigo 5º (3) e artigo 5º (4). A partir de então, caberá ao tribunal arbitral determinar o procedimento para a introdução de demandas.

Versão 1998	Novo texto 2012
Sem correspondência	Artigo 9º Múltiplos contratos Sujeitas às disposições dos artigos 6º (3)-6º (7) e 23 (4), demandas oriundas de ou relacionadas a mais de um contrato poderão ser formuladas em uma mesma arbitragem, independentemente de estarem fundadas em uma ou mais de uma convenção de arbitragem de acordo com o Regulamento.

Versão 1998	Novo texto 2012
O Tribunal Arbitral Artigo 7º Disposições gerais 1. Todo árbitro deverá ser e permanecer independente das partes envolvidas na arbitragem.	O Tribunal Arbitral Artigo 11 Disposições gerais 1. Todo árbitro deverá ser e permanecer imparcial e independente das partes envolvidas na arbitragem.

(continua)

Anexo I

(continuação)

2. Antes da sua nomeação ou confirmação, a pessoa proposta como árbitro deverá assinar uma declaração de independência e informar por escrito à Secretaria quaisquer fatos ou circunstâncias cuja natureza possa levar ao questionamento da sua independência aos olhos das partes. A Secretaria deverá comunicar tal informação às partes por escrito e estabelecer um prazo para apresentarem os seus eventuais comentários.	2. Antes da sua nomeação ou confirmação, a pessoa proposta como árbitro deverá assinar declaração de aceitação, disponibilidade, imparcialidade e independência. A pessoa proposta como árbitro deverá revelar por escrito à Secretaria quaisquer fatos ou circunstâncias cuja natureza possa levar ao questionamento da sua independência aos olhos das partes, assim como quaisquer circunstâncias que possam gerar dúvidas razoáveis em relação à sua imparcialidade. A Secretaria deverá comunicar tal informação às partes por escrito e estabelecer um prazo para apresentarem os seus eventuais comentários.
3. O árbitro deverá informar, imediatamente e por escrito, à Secretaria e às partes quaisquer fatos ou circunstâncias de natureza semelhante que porventura surjam durante a arbitragem.	3. O árbitro deverá revelar, imediatamente e por escrito, à Secretaria e às partes quaisquer fatos ou circunstâncias de natureza semelhante àquelas previstas no artigo 11 (2) relativas à sua imparcialidade ou independência que possam surgir durante a arbitragem.
4. As decisões da Corte em relação à nomeação, confirmação, recusa ou substituição de um árbitro serão irrecorríveis e os respectivos fundamentos não serão comunicados.	4. As decisões da Corte em relação à nomeação, confirmação, impugnação ou substituição de um árbitro serão irrecorríveis e os respectivos fundamentos não serão comunicados.
5. Ao aceitar o encargo, o árbitro compromete-se a desempenhar a sua função de acordo com o presente Regulamento.	5. Ao aceitarem os encargos, os árbitros comprometem-se a desempenhar suas funções de acordo com o Regulamento.
6. Salvo estipulação em contrário, o Tribunal Arbitral será constituído de acordo com as disposições dos artigos 8º, 9º e 10.	6. Salvo estipulação em contrário, o tribunal arbitral será constituído de acordo com as disposições dos artigos 12 e 13.

Versão 1998	Novo texto 2012
Artigo 8º Número de árbitros 1. As controvérsias serão decididas por um árbitro único ou por três árbitros.	Artigo 8º Constituição do tribunal arbitral Número de árbitros 1. Os litígios serão decididos por um árbitro único ou por três árbitros.
2. Quando as partes não concordarem quanto ao número de árbitros, a Corte nomeará um árbitro único, exceto quando considerar que a controvérsia justifica a nomeação de três árbitros. Neste caso, o Requerente deverá designar um árbitro dentro de 15 dias do recebimento da notificação da decisão da Corte, e o Requerido deverá designar outro árbitro dentro de 15 dias a contar do recebimento da notificação da designação feita pelo Requerente.	2. Quando as partes não concordarem quanto ao número de árbitros, a Corte nomeará um árbitro único, exceto quando considerar que o litígio justifica a nomeação de três árbitros. Neste caso, o requerente deverá designar um árbitro dentro de 15 dias do recebimento da notificação da decisão da Corte, e o requerido deverá designar outro árbitro dentro de 15 dias a contar do recebimento da notificação da designação feita pelo requerente. Se qualquer das partes deixar de designar um árbitro, este será nomeado pela Corte.
3. Quando as partes tiverem convencionado que a controvérsia será solucionada por árbitro único, as mesmas poderão, em comum acordo, designá-lo para confirmação. Se não houver acordo para a sua designação dentro de 30 dias contados da data de recebimento do Requerimento pelo Requerido, ou dentro de qualquer novo prazo concedido pela Secretaria, o árbitro único será nomeado pela Corte.	Árbitro único 3. Quando as partes tiverem convencionado que o litígio deverá ser solucionado por árbitro único, estas poderão, em comum acordo, designá-lo para confirmação. Se não houver acordo para a sua designação dentro de 30 dias contados da data de recebimento do Requerimento pelo requerido, ou dentro de qualquer novo prazo concedido pela Secretaria, o árbitro único será nomeado pela Corte.
4. Quando a controvérsia tiver de ser solucionada por três árbitros, as partes designarão no Requerimento e na Resposta, respectivamente, um árbitro para confirmação. Se uma das partes deixar de designar o seu árbitro, este será nomeado pela Corte.	Três árbitros 4. Quando as partes tiverem convencionado que o litígio deverá ser solucionado por três árbitros, as partes designarão no Requerimento e na Resposta, respectivamente, um árbitro

(continua)

Anexo I

(continuação)

O terceiro árbitro, que atuará na qualidade de presidente do Tribunal Arbitral, será nomeado pela Corte, a menos que as partes tenham decidido por outro procedimento para a sua designação, caso em que a mesma ficará sujeita a confirmação nos termos do artigo 9º. Caso tal procedimento não leve a uma designação dentro do prazo fixado pelas partes ou pela Corte, o terceiro árbitro deverá ser nomeado pela Corte.	para confirmação. Se uma das partes deixar de designar o seu árbitro, este será nomeado pela Corte. 5. Quando o litígio tiver de ser solucionado por três árbitros, o terceiro árbitro, que atuará na qualidade de presidente do tribunal arbitral, será nomeado pela Corte, a menos que as partes tenham decidido por outro procedimento para a sua designação, caso em que esta ficará sujeita a confirmação nos termos do artigo 13. Caso tal procedimento não resulte em designação dentro de 30 dias da confirmação ou nomeação dos coárbitros ou dentro de qualquer outro prazo acordado pelas partes ou fixado pela Corte, o terceiro árbitro deverá ser nomeado pela Corte.

Versão 1998	Novo texto 2012
Artigo 9º Nomeação e confirmação dos árbitros 1. Na nomeação ou confirmação dos árbitros, a Corte deverá considerar a sua nacionalidade, o local da sua residência e eventuais relações com os países de nacionalidade das partes ou dos árbitros, bem como a disponibilidade e a competência do possível árbitro em conduzir a arbitragem, nos termos do presente Regulamento. O mesmo procedimento será aplicado quando o Secretário-Geral confirmar os árbitros segundo o artigo 9º (2).	Artigo 13 Nomeação e confirmação dos árbitros 1. Na nomeação ou confirmação dos árbitros, a Corte deverá considerar a sua nacionalidade, o local da sua residência e eventuais relações com os países de nacionalidade das partes ou dos árbitros, bem como a disponibilidade e a competência do possível árbitro para conduzir a arbitragem, nos termos do Regulamento. O mesmo procedimento será aplicado quando o Secretário-Geral confirmar os árbitros segundo o artigo 13 (2).

(continua)

(continuação)

2. O Secretário-Geral poderá confirmar, como coárbitros, árbitros únicos e presidentes de Tribunais Arbitrais, as pessoas designadas pelas partes, ou entre elas acordadas, desde que tenham apresentado uma declaração de independência sem reservas, ou uma declaração de independência com reservas que não tenha gerado objeções das partes. Tal confirmação deverá ser reportada à Corte na sessão seguinte. Se o Secretário-Geral considerar que um coárbitro, árbitro único ou presidente de um Tribunal Arbitral não deve ser confirmado, a questão será submetida à decisão da Corte.	2. O Secretário-Geral poderá confirmar, como coárbitros, árbitros únicos e presidentes de tribunais arbitrais, as pessoas designadas pelas partes, ou de acordo com os procedimentos por elas convencionados, desde que a declaração apresentada não contenha nenhuma reserva relativa à imparcialidade ou independência, ou que a declaração de imparcialidade ou independência com reservas não tenha gerado objeções das partes. Tal confirmação deverá ser informada à Corte na sessão seguinte. Se o Secretário-Geral considerar que um coárbitro, árbitro único ou presidente do tribunal arbitral não deve ser confirmado, a questão será submetida à decisão da Corte.
3. Nos casos em que compete à Corte a nomeação de um árbitro único ou do presidente de um Tribunal Arbitral, deve tal nomeação ser feita com base em proposta de um Comitê Nacional da CCI que a Corte entenda apropriado. Se a Corte não aceitar tal proposta, ou se esse Comitê Nacional não apresentar a proposta dentro do prazo estabelecido pela Corte, esta poderá reiterar a sua solicitação ou requerer uma proposta a outro Comitê Nacional que ela entenda apropriado.	3. Nos casos em que competir à Corte a nomeação do árbitro, tal nomeação deverá ser feita com base em proposta do Comitê Nacional ou Grupo da CCI que a Corte entenda apropriado. Se a Corte não aceitar tal proposta, ou se esse Comitê Nacional ou Grupo não apresentar a proposta dentro do prazo estabelecido pela Corte, esta poderá reiterar a sua solicitação, requerer uma proposta a outro Comitê Nacional ou Grupo que ela entenda apropriado, ou nomear diretamente qualquer pessoa que entenda apropriada.
4. Quando a Corte considerar que as circunstâncias assim o determinam, escolherá o árbitro único ou o presidente do Tribunal Arbitral de um país onde não haja Comitê Nacional, desde que não haja oposição das partes no prazo estabelecido pela Corte.	4. A Corte também poderá nomear diretamente para atuar como árbitro qualquer pessoa que entenda apropriada quando: a) uma ou mais partes for um Estado ou alegar ser entidade estatal; ou b) a Corte considerar apropriado nomear árbitro de país ou território onde não exista nenhum Comitê Nacional ou Grupo; ou c) o Presidente certifique à Corte da existência de circunstâncias que, na sua opinião, tornem a nomeação direta necessária e apropriada.

(continua)

Anexo I

(continuação)

5. O árbitro único, ou o presidente do Tribunal Arbitral, deverá ser de nacionalidade diferente das partes. Todavia, em determinadas condições e desde que nenhuma das partes faça objeção dentro do prazo fixado pela Corte, o árbitro único ou o presidente do Tribunal Arbitral poderá ser da mesma nacionalidade do país de qualquer uma das partes.	5. O árbitro único, ou o presidente do tribunal arbitral, deverá ser de nacionalidade diferente das partes. Todavia, em circunstâncias adequadas e desde que nenhuma das partes faça objeção dentro do prazo fixado pela Corte, o árbitro único ou o presidente do tribunal arbitral poderá ser do país do qual uma das partes é nacional.
6. Nos casos em que compete à Corte a nomeação de um árbitro que uma das partes tenha deixado de designar, a nomeação deverá ser feita com base em proposta do Comitê Nacional do país da nacionalidade da parte em causa. Se a Corte não aceitar essa proposta, ou se esse Comitê Nacional deixar de efetuar a mesma dentro do prazo estabelecido pela Corte, ou se o país da nacionalidade da parte não tiver Comitê Nacional, a Corte terá liberdade de escolher qualquer pessoa que julgue adequada. Neste caso, a Secretaria deverá informar ao Comitê Nacional do país de nacionalidade da parte, caso exista.	V. itens 3 e 4 do artigo 13.

Versão 1998	Novo texto 2012
Artigo 10 Múltiplas partes	Artigo 12
1. Quando houver múltiplas partes, como Requerentes ou como Requeridas, e quando a controvérsia for submetida a três árbitros, os múltiplos Requerentes ou os múltiplos Requeridos devem designar conjuntamente um árbitro para confirmação, nos termos do artigo 9º.	6. Quando houver múltiplos requerentes ou múltiplos requeridos e o litígio for submetido a três árbitros, os múltiplos requerentes ou os múltiplos requeridos deverão designar conjuntamente um árbitro para confirmação nos termos do artigo 13.
	7. Quando uma parte adicional tiver sido integrada e o litígio for submetido a três árbitros, a parte adicional

(continua)

(continuação)

	poderá, conjuntamente com o(s) requerente(s) ou com o(s) requerido(s), designar um árbitro para confirmação nos termos do artigo 13.
2. Na falta de designação conjunta e não havendo acordo das partes a respeito das modalidades de constituição do Tribunal Arbitral, a Corte poderá nomear todos os membros do Tribunal Arbitral, indicando um deles para atuar como presidente. Neste caso, a Corte terá liberdade para escolher qualquer pessoa que julgue competente para atuar como árbitro, aplicando o artigo 9º, quando julgar conveniente.	8. Na falta de designação conjunta nos termos dos artigos 12 (6) e 12 (7) e não havendo acordo das partes a respeito do método de constituição do tribunal arbitral, a Corte poderá nomear todos os membros do tribunal arbitral, indicando um deles para atuar como presidente. Neste caso, a Corte terá liberdade para escolher qualquer pessoa que julgue competente para atuar como árbitro, aplicando o artigo 13, quando julgar apropriado.

Versão 1998	Novo texto 2012
Artigo 11 Impugnação dos árbitros 1. A impugnação de um árbitro por suposta falta de independência ou por quaisquer outros motivos deverá ser feita através da apresentação de uma declaração por escrito à Secretaria, especificando os fatos e circunstâncias que lhe servem de fundamento.	Artigo 14 Impugnação dos árbitros 1. A impugnação de um árbitro por alegada falta de imparcialidade ou independência ou por quaisquer outros motivos deverá ser feita por meio da apresentação de uma declaração por escrito à Secretaria, especificando os fatos e circunstâncias que lhe servem de fundamento.
2. A impugnação deve, sob pena de rejeição, ser feita por uma das partes dentro do prazo de trinta dias seguintes ao recebimento, pelo impugnante, da notificação de designação ou confirmação do árbitro, ou dentro de trinta dias a partir da data em que o impugnante tomou conhecimento dos fatos e circunstâncias em que se fundamenta a impugnação, no caso de esta data ser subsequente ao recebimento da referida notificação.	2. A impugnação deve, sob pena de rejeição, ser apresentada por uma das partes dentro do prazo de trinta dias seguintes ao recebimento, pelo impugnante, da notificação de designação ou confirmação do árbitro, ou dentro de trinta dias a partir da data em que o impugnante tomou conhecimento dos fatos e circunstâncias em que se fundamenta a impugnação, no caso de esta data ser subsequente ao recebimento da referida notificação.

(continua)

Anexo I

(continuação)

3. Compete à Corte pronunciar-se sobre a admissibilidade e também, se for o caso, sobre os fundamentos da impugnação, depois de a Secretaria ter dado a oportunidade, ao árbitro impugnado, à outra ou às outras partes e a quaisquer outros membros do Tribunal Arbitral de se manifestarem, por escrito, em prazo adequado. Estas manifestações devem ser comunicadas às partes e aos árbitros.	3. Compete à Corte pronunciar-se sobre a admissibilidade e, se necessário, sobre os fundamentos da impugnação, após a Secretaria ter dado a oportunidade, ao árbitro impugnado, à outra ou às outras partes e a quaisquer outros membros do tribunal arbitral de se manifestarem, por escrito, em prazo adequado. Estas manifestações devem ser comunicadas às partes e aos árbitros.

Versão 1998	Novo texto 2012
Artigo 12 Substituição dos árbitros 1. Um árbitro será substituído se vier a falecer, se a Corte aceitar a sua renúncia ou impugnação, ou a pedido de todas as partes.	Artigo 15 Substituição dos árbitros 1. Um árbitro será substituído se vier a falecer, se a Corte aceitar a sua renúncia ou impugnação, ou se a Corte aceitar um pedido de todas as partes.
2. Um árbitro também poderá ser substituído por iniciativa da Corte, se esta constatar que ele se encontra impedido *de jure* ou *de facto* de cumprir com as suas atribuições, ou quando não desempenhar as suas funções de acordo com o Regulamento, ou dentro dos prazos prescritos.	2. Um árbitro também poderá ser substituído por iniciativa da Corte, se esta constatar que o árbitro se encontra impedido *de jure* ou *de facto* de cumprir as suas atribuições como árbitro, ou quando não desempenhar as suas funções de acordo com o Regulamento, ou dentro dos prazos prescritos.
3. Quando, baseada em informações levadas ao seu conhecimento, a Corte pretender aplicar o disposto no artigo 12 (2), pronunciar-se-á após o árbitro envolvido, as partes e os demais membros eventuais do Tribunal Arbitral terem tido a oportunidade de apresentar as suas observações por escrito e dentro de um prazo adequado. Essas observações deverão ser comunicadas às partes e aos árbitros.	3. Quando, baseada em informações levadas ao seu conhecimento, a Corte pretender aplicar o disposto no artigo 15 (2), pronunciar-se-á após o árbitro envolvido, as partes e quaisquer outros membros do tribunal arbitral terem tido a oportunidade de apresentar as suas observações por escrito e dentro de um prazo adequado. Essas observações deverão ser comunicadas às partes e aos árbitros.

(continua)

(continuação)

4. No caso de substituição de um árbitro, a Corte decidirá, discricionariamente, se deve ou não seguir o processo inicial de nomeação. Uma vez reconstituído, e após ter ouvido as partes, o Tribunal Arbitral deverá determinar se e em que medida o procedimento anterior será mantido.	4. No caso de substituição de um árbitro, a Corte decidirá, discricionariamente, se deve ou não seguir o processo inicial de nomeação. Uma vez reconstituído, e após ter ouvido as partes, o tribunal arbitral deverá determinar se e em que medida o procedimento anterior será mantido.
5. Após o encerramento da instrução, ao invés de substituir um árbitro que tenha falecido ou que tenha sido destituído pela Corte, nos termos dos artigos 12 (1) e 12 (2), esta poderá decidir, quando considerar apropriado, que os árbitros restantes prossigam com a arbitragem. Ao tomar tal decisão, a Corte deverá levar em conta as observações dos árbitros remanescentes e das partes, bem como qualquer outro elemento que considerar pertinente nas circunstâncias.	5. Após o encerramento da instrução, em vez de substituir um árbitro que tenha falecido ou que tenha sido destituído pela Corte, nos termos dos artigos 15 (1) ou 15 (2), esta poderá decidir, quando considerar apropriado, que os árbitros restantes prossigam com a arbitragem. Ao tomar tal decisão, a Corte deverá levar em conta as observações dos árbitros remanescentes e das partes, bem como qualquer outro elemento que considerar pertinente nas circunstâncias.

Versão 1998	Novo texto 2012
O procedimento arbitral	O procedimento arbitral
Artigo 13 Transmissão dos autos ao Tribunal Arbitral	Artigo 16 Transmissão dos autos ao tribunal arbitral
A Secretaria transmitirá os autos ao Tribunal Arbitral tão logo este tenha sido constituído, e desde que o adiantamento das custas, exigido pela Secretaria nesta fase do processo, tenha sido efetuado.	A Secretaria transmitirá os autos ao tribunal arbitral tão logo este tenha sido constituído, e desde que o pagamento da provisão para os custos da arbitragem exigido pela Secretaria nesta fase do processo tenha sido efetuado.

Versão 1998	Novo texto 2012
Sem correspondência	Artigo 17 Comprovação de representação
	Em qualquer momento após o início da arbitragem, o tribunal arbitral ou a Secretaria poderão requerer comprovação dos poderes de representação de qualquer representante das partes.

Anexo I

Versão 1998	Novo texto 2012
Artigo 14 Local da arbitragem	Artigo 18 Sede da arbitragem
1. O local da arbitragem será fixado pela Corte, salvo se já convencionado entre as partes.	1. A sede da arbitragem será fixada pela Corte, salvo se já convencionada entre as partes.
2. A menos que tenha sido convencionado de outra forma pelas partes, o Tribunal Arbitral poderá, após tê-las consultado, realizar audiências e reuniões em qualquer outro local que considerar apropriado.	2. A menos que tenha sido convencionado de outra forma pelas partes, o tribunal arbitral poderá, após tê-las consultado, realizar audiências e reuniões em qualquer outro local que considerar apropriado.
3. O Tribunal Arbitral poderá deliberar em qualquer local que julgue apropriado.	3. O tribunal arbitral poderá deliberar em qualquer local que julgue apropriado.

Versão 1998	Novo texto 2012
Artigo 15 Regras aplicáveis ao procedimento	Artigo 15 Regras aplicáveis ao procedimento
1. O procedimento perante o Tribunal Arbitral será regido pelo presente Regulamento, e, no que este silenciar, pelas regras que as partes — ou, na falta destas, o Tribunal Arbitral — determinarem, referindo-se ou não a uma lei nacional processual aplicável à arbitragem.	O procedimento perante o tribunal arbitral será regido pelo Regulamento, e, no que for omisso, pelas regras que as partes — ou, na falta destas, o tribunal arbitral — determinarem, referindo-se ou não a uma lei nacional processual aplicável à arbitragem.
2. Em todos os casos, o Tribunal Arbitral deverá atuar com equidade e imparcialidade, devendo sempre assegurar que cada parte tenha tido a oportunidade de apresentar as suas razões.	Sem correspondência

Versão 1998	Novo texto 2012
Artigo 16 Idioma da arbitragem	Artigo 20 Idioma da arbitragem
Inexistindo acordo entre as partes, o Tribunal Arbitral determinará o idioma ou os idiomas do procedimento arbitral, levando em consideração todas as circunstâncias relevantes, inclusive o idioma do contrato.	Inexistindo acordo entre as partes, o tribunal arbitral determinará o idioma ou os idiomas do procedimento arbitral, levando em consideração todas as circunstâncias relevantes, inclusive o idioma do contrato.

Versão 1998	Novo texto 2012
Artigo 17 Regras de direito aplicáveis ao mérito 1. As partes terão liberdade para escolher as regras jurídicas a serem aplicadas pelo Tribunal Arbitral ao mérito da causa. Na ausência de acordo entre as partes, o Tribunal Arbitral aplicará as regras que julgar apropriadas.	Artigo 21 Regras de direito aplicáveis ao mérito As partes terão liberdade para escolher as regras de direito a serem aplicadas pelo tribunal arbitral ao mérito da causa. Na ausência de acordo entre as partes, o tribunal arbitral aplicará as regras que julgar apropriadas.
2. Em todos os casos, o Tribunal Arbitral levará em consideração os termos do contrato e os usos e costumes comerciais pertinentes.	2. O tribunal arbitral deverá levar em consideração os termos do contrato entre as partes, se houver, e quaisquer usos e costumes comerciais pertinentes.
3. O Tribunal Arbitral assumirá os poderes de *amiable compositeur* ou decidirá *ex aequo et bono* somente se as partes tiverem acordado em conferir-lhe tais poderes.	3. O tribunal arbitral assumirá os poderes de *amiable compositeur* ou decidirá *ex aequo et bono* somente se as partes tiverem acordado em conferir-lhe tais poderes.

Versão 1998	Novo texto 2012
Sem correspondência	Artigo 22 Condução da arbitragem 1. O tribunal arbitral e as partes deverão envidar todos os esforços para conduzir a arbitragem de forma expedita e eficiente quanto aos custos, levando em consideração a complexidade do caso e o valor da disputa.
Sem correspondência	2. A fim de assegurar a condução eficiente do procedimento, o tribunal arbitral, depois de consultar as partes, poderá adotar as medidas procedimentais que considerar apropriadas, desde que não sejam contrárias a qualquer acordo das partes.
Sem correspondência	3. Mediante requerimento de qualquer parte, o tribunal arbitral poderá proferir ordens relativas à confidencialidade do procedimento arbitral ou de qualquer outro assunto relacionado à arbitragem e poderá adotar quaisquer medidas com a finalidade de proteger segredos comerciais e informações confidenciais.

(continua)

Anexo I

(continuação)

Sem correspondência	4. Em todos os casos, o tribunal arbitral deverá atuar de forma equânime e imparcial, devendo sempre assegurar que cada parte tenha tido a oportunidade de apresentar as suas razões.
Sem correspondência	5. As partes se comprometem a cumprir qualquer ordem proferida pelo tribunal arbitral

Versão 1998	Novo texto 2012
Artigo 18 Ata de Missão; cronograma do procedimento 1. Tão logo receba os autos da Secretaria, o Tribunal Arbitral elaborará, fundamentado em documentos ou na presença das partes e à luz das suas mais recentes alegações, um documento que defina a sua missão. Este documento deverá conter, entre outros, os seguintes pormenores: a) o nome ou denominação completo e as qualificações das partes; b) os endereços das partes para os quais poderão ser validamente enviadas as notificações e comunicações necessárias no decurso da arbitragem; c) um resumo das pretensões das partes e dos seus pedidos, e, na medida do possível, uma indicação das quantias reclamadas ou reconvencionadas; d) a menos que o Tribunal Arbitral considere inadequado, uma relação dos pontos litigiosos a serem resolvidos; e) o nome completo, as qualificações e os endereços dos árbitros; f) o local da arbitragem; e g) os pormenores das regras processuais aplicáveis e, se for o caso, a referência aos poderes conferidos ao Tribunal Arbitral para atuar como *amiable compositeur* ou para decidir *ex aequo et bono*.	Artigo 23 Ata de Missão 1. Tão logo receba os autos da Secretaria, o tribunal arbitral elaborará, fundamentado em documentos ou na presença das partes e à luz das suas mais recentes alegações, documento que defina a sua missão. Este documento deverá conter os seguintes elementos: a) nome ou denominação completo, qualificação, endereço e qualquer outro dado para contato de cada parte e de cada pessoa que esteja representando uma parte na arbitragem; b) os endereços para os quais poderão ser enviadas as notificações e comunicações necessárias no curso da arbitragem; c) resumo das demandas das partes e dos seus pedidos, incluídos os valores de qualquer demanda que esteja quantificada e, se possível, uma estimativa do valor monetário das demais demandas; d) a menos que o tribunal arbitral considere inadequado, uma relação dos pontos controvertidos a serem resolvidos; e) os nomes completos, os endereços e qualquer outro dado para contato de cada árbitro; f) a sede da arbitragem; e g) as regras processuais aplicáveis e, se for o caso, a referência aos poderes conferidos ao tribunal arbitral para atuar como *amiable compositeur* ou para decidir *ex aequo et bono*.

(continua)

(continuação)

2. A Ata de Missão deverá ser assinada pelas partes e pelo Tribunal Arbitral. Dois meses após os autos lhe terem sido remetidos, o Tribunal Arbitral deverá transmitir à Corte a Ata de Missão assim assinada. A Corte poderá prorrogar este prazo, se entender que tal medida é necessária, por sua própria iniciativa ou a pedido fundamentado do Tribunal Arbitral.	2. A Ata de Missão deverá ser assinada pelas partes e pelo tribunal arbitral. Dentro de dois meses após os autos lhe terem sido transmitidos, o tribunal arbitral deverá transmitir à Corte a Ata de Missão assinada pelos árbitros e pelas partes. A Corte poderá prorrogar este prazo a pedido fundamentado do tribunal arbitral, ou por sua própria iniciativa, se entender que tal medida é necessária.
3. Se uma das partes se recusar a participar na elaboração da Ata de Missão ou a assiná-la, o documento deverá ser submetido à Corte para aprovação. Uma vez que a Ata de Missão tenha sido assinada, nos termos do artigo 18 (2), ou aprovada pela Corte, a arbitragem poderá prosseguir.	3. Se uma das partes se recusar a participar na elaboração da Ata de Missão ou a assiná-la, o documento deverá ser submetido à Corte para aprovação. Uma vez que a Ata de Missão tenha sido assinada, nos termos do artigo 23 (2), ou aprovada pela Corte, a arbitragem prosseguirá.
4. Durante ou logo após a elaboração da Ata de Missão, o Tribunal Arbitral deverá, depois de consultadas as partes, estabelecer em documento separado o cronograma provisório que pretende seguir na condução da arbitragem, devendo comunicá-lo à Corte e às partes. Quaisquer modificações posteriores no cronograma provisório deverão ser comunicadas à Corte e às partes.	4. Após a assinatura da Ata de Missão ou a sua aprovação pela Corte, nenhuma das partes poderá formular novas demandas fora dos limites da Ata de Missão, a não ser que seja autorizada a fazê-lo pelo tribunal arbitral, o qual deverá considerar a natureza de tais demandas, o estado atual da arbitragem e quaisquer outras circunstâncias relevantes.

Versão 1998	Novo texto 2012
Artigo 19 Novas demandas Após a assinatura da Ata de Missão ou a sua aprovação pela Corte, nenhuma das partes poderá formular novas demandas ou reconvenções, fora dos limites da Ata de Missão, a não ser que seja autorizada a fazê-lo pelo Tribunal Arbitral, o qual deverá considerar a natureza de tais demandas ou reconvenções, o estado atual da arbitragem e quaisquer outras circunstâncias relevantes.	Sem correspondência

Anexo I

Versão 1998	Novo texto 2012
Sem correspondência	Artigo 24 Conferência sobre a condução do procedimento e cronograma do procedimento 1. Durante ou logo após a elaboração da Ata de Missão, o tribunal arbitral deverá convocar uma conferência sobre a condução do procedimento para consultar as partes sobre medidas procedimentais que poderão ser adotadas nos termos do artigo 22 (2). Tais medidas poderão incluir uma ou mais técnicas para a condução do procedimento descritas no Apêndice IV.
Sem correspondência	2. Durante ou logo após tal conferência, o tribunal arbitral deverá estabelecer o cronograma do procedimento que pretenda seguir para a condução da arbitragem. O cronograma do procedimento e qualquer modificação feita posteriormente deverão ser comunicados à Corte e às partes.
Sem correspondência	3. A fim de assegurar a condução eficaz do procedimento de forma contínua, o tribunal arbitral, após consultar as partes, por meio de uma nova conferência sobre a condução do procedimento, ou outro meio, poderá adotar outras medidas procedimentais ou modificar o cronograma.
Sem correspondência	4. Conferências sobre a condução do procedimento poderão ser realizadas pessoalmente, por videoconferência, telefone, ou meios similares de comunicação. Na falta de acordo das partes, o tribunal arbitral deverá determinar de que forma a conferência será realizada. O tribunal arbitral poderá solicitar às partes que apresentem propostas sobre a condução do procedimento antes da realização da conferência, e poderá solicitar, em qualquer delas, a presença das partes, pessoalmente, ou por meio de um representante interno.

Versão 1998	Novo texto 2012
Artigo 20 Instrução da causa 1. O Tribunal Arbitral deverá proceder à instrução da causa com a maior brevidade possível, recorrendo a todos os meios apropriados.	Artigo 25 Instrução da causa 1. O tribunal arbitral deverá proceder à instrução da causa com a maior brevidade possível, recorrendo a todos os meios apropriados.

(continua)

(continuação)

2. Após examinar todas as petições das partes e todos os documentos pertinentes, o Tribunal Arbitral deverá ouvir as partes em audiência contraditória, se alguma delas o requerer. Na ausência de tal solicitação, poderá o Tribunal Arbitral ordenar, de ofício, a oitiva das partes.	2. Após examinar todas as manifestações das partes e todos os documentos pertinentes, o tribunal arbitral deverá ouvir as partes em audiência presencial, se alguma delas o requerer. Na ausência de tal solicitação, poderá o tribunal arbitral decidir ouvir as partes por iniciativa própria.
3. O Tribunal Arbitral poderá ouvir testemunhas, peritos nomeados pelas partes ou qualquer outra pessoa, na presença das partes ou na sua ausência, desde que tenham sido devidamente convocadas.	3. O tribunal arbitral poderá ouvir testemunhas, peritos nomeados pelas partes ou qualquer outra pessoa, na presença das partes ou na sua ausência, desde que tenham sido devidamente convocadas.
4. Ouvidas as partes, o Tribunal Arbitral poderá nomear um ou mais peritos, definir-lhes a missão e receber os respectivos laudos periciais. A requerimento de qualquer das partes, poderão estas interrogar em audiência qualquer perito nomeado pelo Tribunal Arbitral.	4. Ouvidas as partes, o tribunal arbitral poderá nomear um ou mais peritos, definir-lhes as missões e receber os respectivos laudos periciais. A requerimento de qualquer das partes, poderão estas interrogar em audiência qualquer perito nomeado dessa forma.
5. A qualquer momento no decorrer do processo, o Tribunal Arbitral poderá determinar às partes que forneçam provas adicionais.	5. A qualquer momento no decorrer do procedimento, o tribunal arbitral poderá determinar a qualquer das partes que forneça provas adicionais.
6. O Tribunal Arbitral poderá decidir o litígio apenas com base nos documentos fornecidos pelas partes, salvo quando uma delas solicitar a realização de audiência.	6. O tribunal arbitral poderá decidir o litígio apenas com base nos documentos fornecidos pelas partes, salvo quando uma delas solicitar a realização de audiência.
7. O Tribunal Arbitral poderá tomar quaisquer medidas com a finalidade de proteger segredos comerciais e informações confidenciais.	Sem correspondência

Anexo I

Versão 1998	Novo texto 2012
Artigo 21 Audiências	Artigo 21 Audiências
1. Quando uma audiência tiver de ser realizada, o Tribunal Arbitral deverá, com razoável antecedência, notificar as partes para comparecerem na data e no local que determinar.	1. Quando uma audiência tiver de ser realizada, o tribunal arbitral deverá, com razoável antecedência, notificar as partes para comparecerem na data e no local que determinar.
2. Caso uma das partes, embora tendo sido devidamente citada, deixe de comparecer sem justificação válida, o Tribunal Arbitral poderá realizar a audiência.	2. Caso uma das partes, embora devidamente notificada, deixe de comparecer sem justificação válida, o tribunal arbitral poderá realizar a audiência.
3. O Tribunal Arbitral determinará como se desenrolarão as audiências, às quais as partes têm direito de estar presentes. Salvo autorização do Tribunal Arbitral e das partes, não será permitida nas audiências a presença de pessoas estranhas ao procedimento.	3. O tribunal arbitral regulará a forma em que se desenvolverão as audiências, às quais todas as partes terão o direito de estar presentes. Salvo autorização do tribunal arbitral e das partes, não será permitida nas audiências a presença de pessoas estranhas ao procedimento.
4. As partes poderão comparecer pessoalmente ou através de representantes devidamente autorizados. Além disso, poderão ser assistidas por conselheiros.	4. As partes poderão comparecer pessoalmente ou por meio de representantes devidamente autorizados. Além disso, poderão ser assistidas por assessores.

Versão 1998	Novo texto 2012
Artigo 22 Encerramento da instrução	Artigo 27 Encerramento da instrução e data para transmissão da minuta de sentença arbitral
1. O Tribunal Arbitral declarará encerrada a instrução quando considerar que as partes tiveram ampla oportunidade de expor as suas alegações. Após essa data, não poderá ser apresentada qualquer petição, alegação ou prova, salvo quando solicitada ou autorizada pelo Tribunal Arbitral.	1. Logo que possível após a última audiência relativa a questões a serem decididas por meio de sentença arbitral, ou após a apresentação da última manifestação relativa a tais questões, autorizada pelo tribunal arbitral, o que ocorrer por último, o tribunal arbitral deverá: a) declarar encerrada a instrução no que tange às questões a serem decididas na sentença arbitral;

(continua)

(continuação)

	e b) informar a Secretaria e as partes da data na qual pretende apresentar a minuta de sentença arbitral à Corte para aprovação nos termos do artigo 33. Uma vez encerrada a instrução, nenhuma outra manifestação ou alegação será admitida, nem prova será produzida, com relação às questões a serem decididas na sentença arbitral, salvo quando solicitadas ou autorizadas pelo tribunal arbitral.
2. Quando declarar encerrada a instrução, o Tribunal Arbitral deverá indicar à Secretaria a data aproximada de apresentação à Corte, para aprovação, da minuta do Laudo, nos termos do artigo 27. Qualquer prorrogação dessa data deverá ser comunicada à Secretaria pelo Tribunal Arbitral.	V. artigo 27, item 1, "b".

Versão 1998	Novo texto 2012
Artigo 23 Medidas cautelares e provisórias	Artigo 28 Medidas cautelares e provisórias
1. A menos que tenha sido convencionado de outra forma pelas partes, o Tribunal Arbitral poderá, tão logo esteja de posse dos autos, e a pedido de uma das partes, ordenar a execução de qualquer medida cautelar ou provisória que julgar apropriada. O Tribunal Arbitral poderá subordinar tal medida à apresentação de garantias pela parte solicitante. A medida que for adotada tomará a forma de despacho devidamente fundamentado, ou, se necessário, e se o Tribunal Arbitral entender adequado, sob a forma de um Laudo.	1. A menos que as partes tenham convencionado diferentemente, o tribunal arbitral poderá, tão logo esteja na posse dos autos, e a pedido de uma das partes, determinar a adoção de qualquer medida cautelar ou provisória que julgar apropriada. O tribunal arbitral poderá subordinar tal medida à apresentação de garantias pela parte solicitante. A medida que for adotada tomará a forma de ordem procedimental devidamente fundamentada, ou a forma de uma sentença arbitral, conforme o tribunal arbitral considerar adequado.

(continua)

Anexo I

(continuação)

2. As partes poderão, antes da remessa dos autos ao Tribunal Arbitral e posteriormente, em circunstâncias apropriadas, requerer a qualquer autoridade judicial competente que ordene as medidas cautelares ou provisórias pertinentes. O requerimento feito por uma das partes a uma autoridade judicial para obter tais medidas, ou a execução de medidas similares ordenadas por um Tribunal Arbitral, não será considerado como infração ou renúncia à convenção de arbitragem e não comprometerá a competência do Tribunal Arbitral a este título. Quaisquer pedidos ou medidas implementadas pela autoridade judicial deverão ser notificados sem demora à Secretaria, devendo esta informar o Tribunal Arbitral.	2. As partes poderão, antes da remessa dos autos ao tribunal arbitral e posteriormente, em circunstâncias apropriadas, requerer a qualquer autoridade judicial competente que ordene as medidas cautelares ou provisórias pertinentes. O requerimento feito por uma das partes a uma autoridade judicial para obter tais medidas, ou a execução de medidas similares ordenadas por um tribunal arbitral, não será considerado como infração ou renúncia à convenção de arbitragem e não comprometerá a competência do tribunal arbitral a este título. Quaisquer pedidos ou medidas adotadas pela autoridade judicial deverão ser notificados sem demora à Secretaria, devendo esta informar o tribunal arbitral.

Versão 1998	Novo texto 2012
Sem correspondência	Artigo 29 Árbitro de emergência 1. A parte que necessitar de uma medida urgente cautelar ou provisória que não possa aguardar a constituição de um tribunal arbitral ("Medidas Urgentes") poderá requerer tais medidas nos termos das Regras sobre o Árbitro de Emergência dispostas no Apêndice V. Tal solicitação só será aceita se recebida pela Secretaria antes da transmissão dos autos ao tribunal arbitral nos termos do artigo 16 e independentemente do fato de a parte que requerer a medida já ter apresentado seu Requerimento de Arbitragem.
Sem correspondência	2. A decisão do árbitro de emergência tomará a forma de uma ordem. As partes se comprometem a cumprir qualquer ordem proferida pelo árbitro de emergência.
Sem correspondência	3. A ordem do árbitro de emergência não vinculará o tribunal arbitral no que tange a qualquer questão, tema ou controvérsia determinada em tal ordem. O tribunal arbitral poderá alterar, revogar ou anular uma ordem ou qualquer modificação a uma ordem proferida pelo árbitro de emergência.

(continua)

(continuação)

Sem correspondência	4. O tribunal arbitral decidirá qualquer pedido ou demanda das partes relativo ao procedimento do árbitro de emergência, inclusive a realocação dos custos de tal procedimento e qualquer demanda relativa a ou em conexão com o cumprimento ou não da ordem.
Sem correspondência	5. Os artigos 29 (1)-29 (4) e as Regras sobre o Árbitro de Emergência previstas no Apêndice V (coletivamente as "Disposições sobre o Árbitro de Emergência") serão aplicáveis apenas às partes signatárias, ou seus sucessores, da convenção de arbitragem, que preveja a aplicação do Regulamento e invocada para o requerimento da medida.
Sem correspondência	6. As Disposições sobre o Árbitro de Emergência não são aplicáveis quando: a) a convenção de arbitragem que preveja a aplicação do Regulamento foi concluída antes da data de entrada em vigor do Regulamento; b) as partes tiverem convencionado excluir a aplicação das Disposições sobre o Árbitro de Emergência; ou c) as partes tiverem convencionado a aplicação de algum outro procedimento pré-arbitral o qual preveja a possibilidade de concessão de medidas cautelares, provisórias ou similares.
Sem correspondência	7. As Disposições sobre o Árbitro de Emergência não têm a finalidade de impedir que qualquer parte requeira medidas cautelares ou provisórias urgentes a qualquer autoridade judicial competente a qualquer momento antes de solicitar tais medidas e, em circustâncias apropriadas, até mesmo depois de tal solicitação, nos termos do Regulamento. Qualquer requerimento de tais medidas a uma autoridade judicial competente não será considerado como infração ou renúncia à convenção de arbitragem. Quaisquer pedidos e medidas adotadas pela autoridade judicial deverão ser notificados sem demora à Secretaria.

Versão 1998	Novo texto 2012
Artigo 24 Prazo para o proferimento do Laudo	Artigo 30 Prazo para a prolação da sentença arbitral final
1. O prazo para o Tribunal Arbitral proferir o Laudo final é de seis meses. Este prazo começará a contar a partir da data da última assinatura aposta pelo Tribunal Arbitral ou pelas partes na Ata de Missão ou, no	1. O prazo para o tribunal arbitral proferir a sentença arbitral final é de seis meses. Este prazo começará a contar a partir da data da última assinatura aposta pelo tribunal arbitral ou pelas partes na Ata de Missão ou,

(continua)

Anexo I

(continuação)

caso previsto no artigo 18 (3), a partir da data da notificação pela Secretaria ao Tribunal Arbitral da aprovação da Ata de Missão pela Corte.	no caso previsto no artigo 23 (3), a partir da data da notificação pela Secretaria ao tribunal arbitral da aprovação da Ata de Missão pela Corte. A Corte poderá fixar um prazo diferente de acordo com o cronograma de procedimento estabelecido nos termos do artigo 24 (2).
2. A Corte poderá prorrogar esse prazo, atendendo a um pedido justificado do Tribunal Arbitral ou por iniciativa própria, se julgar necessário fazê-lo.	2. A Corte poderá prorrogar esse prazo, atendendo a um pedido justificado do tribunal arbitral ou por iniciativa própria, se julgar necessário fazê-lo.

Versão 1998	Novo texto 2012
Artigo 25 Prolação do Laudo 1. Quando o Tribunal Arbitral for composto por mais de um árbitro, o Laudo será prolatado por decisão da maioria. Se não houver maioria, o Laudo será proferido somente pelo presidente do Tribunal Arbitral.	Artigo 31 Prolação da sentença arbitral 1. Quando o tribunal arbitral for composto por mais de um árbitro, a sentença arbitral será proferida por decisão da maioria. Se não houver maioria, a sentença arbitral será proferida pelo presidente do tribunal arbitral sozinho.
2. O Laudo deverá ser fundamentado.	2. A sentença arbitral deverá ser fundamentada.
3. O Laudo será considerado como proferido no local da arbitragem e na data nele referida.	3. A sentença arbitral será considerada como proferida na sede da arbitragem e na data nela referida.

Versão 1998	Novo texto 2012
Artigo 26 Laudo por acordo das partes Se as partes chegarem a um acordo após o envio dos autos ao Tribunal Arbitral, nos termos do Artigo 13 do presente Regulamento, este acordo, por solicitação das partes e com a concordância do Tribunal Arbitral, poderá ser homologado na forma de Laudo por acordo das partes.	Artigo 32 Sentença arbitral por acordo das partes Se as partes chegarem a um acordo após o envio dos autos ao tribunal arbitral, nos termos do artigo 16 do presente Regulamento, este acordo deverá ser homologado na forma de uma sentença arbitral por acordo das partes, se assim a solicitarem as partes e com a concordância do tribunal arbitral.

Versão 1998	Novo texto 2012
Artigo 27 Exame prévio do Laudo pela Corte Antes de assinar qualquer Laudo, o Tribunal Arbitral deverá apresentá--lo sob a forma de minuta à Corte. A Corte poderá prescrever modificações quanto aos aspectos formais do Laudo e, sem afetar a liberdade de decisão do Tribunal Arbitral, também poderá chamar a atenção para pontos relacionados com o mérito da controvérsia. Nenhum Laudo poderá ser proferido pelo Tribunal Arbitral antes de ter sido aprovado quanto à sua forma pela Corte.	Artigo 33 Exame prévio da sentença arbitral pela Corte Antes de assinar qualquer sentença arbitral, o tribunal arbitral deverá apresentá-la sob a forma de minuta à Corte. A Corte poderá prescrever modificações quanto aos aspectos formais da sentença e, sem afetar a liberdade de decisão do tribunal arbitral, também poderá chamar a atenção para pontos relacionados com o mérito do litígio. Nenhuma sentença arbitral poderá ser proferida pelo tribunal arbitral antes de ter sido aprovada quanto à sua forma pela Corte.

Versão 1998	Novo texto 2012
Artigo 28 Notificação, depósito e caráter executório do Laudo	Artigo 34 Notificação, depósito e caráter executório da sentença arbitral
1. Após o Laudo ter sido proferido, a Secretaria notificará às partes o texto assinado pelo Tribunal Arbitral, desde que as custas da arbitragem tenham sido integralmente pagas à CCI pelas partes ou por uma delas.	1. Após a sentença arbitral ter sido proferida, a Secretaria notificará às partes o texto assinado pelo tribunal arbitral, desde que os custos da arbitragem tenham sido integralmente pagos à CCI pelas partes ou por uma delas.
2. Cópias adicionais autenticadas pelo Secretário-Geral da Corte serão entregues exclusivamente às partes sempre que assim o solicitarem.	2. Cópias adicionais autenticadas pelo Secretário-Geral serão entregues exclusivamente às partes sempre que assim o solicitarem.
3. Por força da notificação feita em conformidade com o parágrafo 1º deste artigo, as partes renunciam a qualquer outra forma de notificação ou depósito junto ao Tribunal Arbitral.	3. Por força da notificação feita em conformidade com o artigo 34 (1), as partes renunciam a qualquer outra forma de notificação ou depósito por parte do tribunal arbitral.
4. O original do Laudo, nos termos do presente Regulamento, deverá ser depositado na Secretaria da Corte.	4. Uma via original de cada sentença arbitral proferida nos termos do Regulamento deverá ser depositada na Secretaria da Corte.

(continua)

Anexo I

(continuação)

5. O Tribunal Arbitral e a Secretaria deverão auxiliar as partes no cumprimento de quaisquer formalidades adicionais consideradas necessárias.	5. O tribunal arbitral e a Secretaria deverão auxiliar as partes no cumprimento de quaisquer formalidades adicionais consideradas necessárias.
6. Todo Laudo obriga as partes. Ao submeter a controvérsia à arbitragem segundo o presente Regulamento, as partes comprometem-se a cumprir o Laudo sem demora e renunciam a todos os recursos a que podem validamente renunciar.	6. Toda sentença arbitral obriga as partes. Ao submeter o litígio à arbitragem segundo o Regulamento, as partes comprometem-se a cumprir a sentença arbitral sem demora e renunciam a todos os recursos a que podem validamente renunciar.

Versão 1998	Novo texto 2012
Artigo 29 Correção e interpretação do Laudo	Artigo 35 Correção e interpretação da sentença arbitral; devolução de sentenças arbitrais
1. Por iniciativa própria, o Tribunal Arbitral poderá corrigir qualquer erro material, de cálculo ou tipográfico, ou quaisquer erros similares encontrados no Laudo, desde que tal correção seja submetida à aprovação da Corte dentro do prazo de 30 dias a partir da data da prolação do Laudo.	1. Por iniciativa própria, o tribunal arbitral poderá corrigir qualquer erro material, de cálculo ou tipográfico, ou quaisquer erros similares encontrados na sentença arbitral, desde que tal correção seja submetida à aprovação da Corte dentro do prazo de 30 dias a partir da data da prolação da sentença.
2. Qualquer pedido de correção de um erro referido no artigo 29 (1), ou quanto à interpretação de um Laudo, deverá ser feito à Secretaria dentro de 30 dias, contados da notificação do Laudo às partes, no número de cópias estipulado no artigo 3º (1). Depois da apresentação do pedido ao Tribunal Arbitral, este deverá conceder à outra parte um prazo curto, não superior a 30 dias, a partir do recebimento do pedido feito pela parte adversa, para que sejam apresentadas as suas observações. Se o Tribunal Arbitral decidir corrigir ou	2. Qualquer pedido de correção de um erro do tipo referido no artigo 35 (1), ou quanto à interpretação de uma sentença arbitral, deverá ser feito à Secretaria dentro de 30 dias contados da notificação da sentença às partes, no número de cópias estipulado no artigo 3º (1). Depois da apresentação do pedido ao tribunal arbitral, este deverá conceder à outra parte um prazo curto, não superior a 30 dias, a partir do recebimento do pedido feito pela parte adversa, para que sejam apresentadas as suas observações. O tribunal arbitral deverá apresentar

(continua)

(continuação)

interpretar o Laudo, deverá apresentar a minuta do seu Laudo à Corte até 30 dias após o término do prazo para o recebimento das observações da outra parte ou dentro de qualquer outro prazo fixado pela Corte.	a minuta de sua decisão quanto ao pedido à Corte em até 30 dias após o término do prazo para o recebimento das observações da outra parte ou dentro de qualquer outro prazo fixado pela Corte.
3. A decisão de corrigir ou de interpretar o Laudo deverá ser proferida sob a forma de um *addendum*, que constituirá parte integrante do Laudo. As disposições dos artigos 25, 27 e 28 serão aplicadas *mutatis mutandis*.	3. A decisão de corrigir ou de interpretar a sentença arbitral deverá ser proferida sob a forma de um *addendum*, que constituirá parte integrante da sentença arbitral. As disposições dos artigos 31, 33 e 34 serão aplicadas *mutatis mutandis*.
Sem correspondência	4. Quando um órgão judicial devolver uma sentença arbitral ao tribunal arbitral, as disposições dos artigos 31, 33 e 34 e o presente artigo 35 serão aplicadas *mutatis mutandis* a qualquer *addendum* ou sentença arbitral proferida de acordo com os termos determinados pelo poder judiciário. A Corte poderá adotar qualquer medida que entenda necessária para permitir que o tribunal arbitral cumpra os termos da decisão judicial e poderá fixar uma provisão para cobrir quaisquer despesas e honorários adicionais do tribunal arbitral e qualquer despesa administrativa adicional da CCI.

Versão 1998	Novo texto 2012
Os encargos	Os custos
Artigo 30 Provisão para cobrir os encargos da arbitragem	Artigo 36 Provisão para cobrir os custos da arbitragem
1. Após o recebimento do Requerimento, o Secretário-Geral poderá solicitar ao Requerente que faça um adiantamento da provisão para os encargos da arbitragem em	1. Após o recebimento do Requerimento, o Secretário-Geral poderá solicitar ao requerente que faça um adiantamento da provisão para os custos da arbitragem em valor suficiente

(continua)

Anexo I

(continuação)

valor suficiente para cobri-los até o estabelecimento da Ata de Missão.

2. Logo que possível, a Corte estabelecerá o valor da provisão que seja suficiente para cobrir os honorários e despesas dos árbitros e os custos administrativos da CCI relativos aos pedidos e reconvenções que lhe tenham sido submetidos pelas partes. Esse montante poderá ser reajustado a qualquer momento durante a arbitragem. Quando, além das demandas, forem apresentadas reconvenções, a Corte poderá estabelecer provisões distintas para as demandas e as reconvenções.

3. A provisão fixada pela Corte será paga em parcelas iguais pelo Requerente e pelo Requerido. Qualquer adiantamento feito nos termos do artigo 30 (1) será considerado como pagamento parcial da provisão. Contudo, qualquer parte terá a faculdade de pagar a totalidade da provisão correspondente à demanda principal ou à reconvenção, caso a outra parte deixe de pagar a parte que lhe cabe. Quando a Corte tiver determinado provisões distintas, nos termos do artigo 30 (2), cada parte deverá pagar a provisão correspondente às suas demandas.

4. Quando um pedido de provisão não for cumprido, o Secretário-Geral poderá, após consulta ao Tribunal Arbitral, convidá-lo a suspender os seus trabalhos e fixar um prazo não inferior a 15 dias, após o qual se considerará retirada a demanda principal ou a reconvencional a que

para cobri-los até o estabelecimento da Ata de Missão. Qualquer adiantamento pago será considerado um pagamento parcial, pelo requerente, da provisão para os custos da arbitragem fixada pela Corte nos termos do artigo 36.

2. Logo que possível, a Corte estabelecerá o valor da provisão que seja suficiente para cobrir os honorários e despesas dos árbitros e as despesas administrativas da CCI relativos às demandas que lhe tenham sido submetidas pelas partes, salvo demandas submetidas nos termos do artigo 7º ou 8º, casos em que o artigo 36 (4) será aplicado. A provisão para os custos de arbitragem fixada pela Corte nos termos do artigo 36 (2) deverá ser paga pelo requerente e pelo requerido em parcelas iguais.

3. Quando uma reconvenção for apresentada pelo requerido nos termos do artigo 5º ou de alguma outra forma, a Corte poderá fixar provisões separadas para a demanda principal e a reconvenção. Quando a Corte tiver fixado provisões separadas, cada parte deverá pagar a provisão correspondente às suas demandas.

4. Quando demandas forem apresentadas nos termos do artigo 7º ou 8º, a Corte poderá fixar uma ou mais provisões para os custos da arbitragem, as quais deverão ser pagas pelas partes na forma decidida pela Corte. Caso a Corte já tenha fixado qualquer provisão para os custos da arbitragem nos termos deste artigo 36, tal provisão será substituída pela(s)

(continua)

(continuação)

corresponde a provisão em falta. Caso a parte em questão deseje contestar tal medida, deverá solicitar, no prazo mencionado anteriormente, que a questão seja decidida pela Corte. Essa retirada não prejudicará o direito da parte de reapresentar posteriormente a mesma demanda ou reconvenção em outro procedimento arbitral.

5. Caso uma das partes levante uma exceção de compensação a um pedido, principal ou reconvencional, essa exceção de compensação será tratada no cálculo da provisão para os encargos da arbitragem da mesma forma que uma demanda distinta, quando possa acarretar o exame, pelo Tribunal Arbitral, de questões suplementares.

provisão(ões) fixadas segundo este artigo 36 (4) e os valores já pagos por qualquer parte serão considerados pagamentos parciais da parcela da provisão devida por tal parte, nos termos fixados pela Corte segundo o artigo 36 (4).

5. O montante de qualquer provisão para os custos da arbitragem fixada pela Corte nos termos do presente artigo 36 poderá ser reajustado a qualquer momento durante a arbitragem. Em todo caso, qualquer parte terá a faculdade de pagar a parcela da provisão correspondente àquela da outra parte, caso essa outra parte deixe de pagá-la.

6. Quando um pedido de pagamento de uma provisão não for cumprido, o Secretário-Geral poderá, após consultar o tribunal arbitral, convidá-lo a suspender os seus trabalhos e fixar um prazo não inferior a 15 dias, após o qual se considerarão retiradas as demandas correspondentes à provisão em falta. Caso a parte em questão deseje contestar tal medida, deverá solicitar, no prazo mencionado anteriormente, que a questão seja decidida pela Corte. Essa retirada não prejudicará o direito da parte de reapresentar posteriormente as mesmas demandas em outros procedimentos.

7. Caso uma das partes solicite o direito à compensação de qualquer pedido, tal compensação deverá ser levada em consideração no cálculo da provisão para os custos da arbitragem da mesma forma que uma demanda distinta, quando possa acarretar o exame, pelo tribunal arbitral, de questões adicionais.

Anexo I

Versão 1998	Novo texto 2012
Artigo 31 Decisão quanto aos encargos da arbitragem	Artigo 37 Decisão quanto aos custos da arbitragem
1. Os encargos da arbitragem incluem os honorários e despesas dos árbitros e os custos administrativos da CCI estabelecidos pela Corte em conformidade com a tabela em vigor na instauração do procedimento arbitral, bem como os honorários e despesas de quaisquer peritos nomeados pelo Tribunal Arbitral, e as despesas razoáveis incorridas pelas partes para a sua defesa na arbitragem.	1. Os custos da arbitragem incluem os honorários e despesas dos árbitros e as despesas administrativas da CCI fixados pela Corte em conformidade com a tabela em vigor na data da instauração da arbitragem, bem como os honorários e despesas de quaisquer peritos nomeados pelo tribunal arbitral, e as despesas razoáveis incorridas pelas partes para a sua representação na arbitragem.
2. A Corte poderá determinar os honorários do árbitro ou dos árbitros em valores superiores ou inferiores aos que poderiam resultar da aplicação da tabela em vigor, se assim entender necessário, em virtude das circunstâncias excepcionais do caso. Decisões relativas aos encargos que não as fixadas pela Corte poderão ser tomadas pelo Tribunal Arbitral a qualquer momento no decurso do processo.	2. A Corte poderá determinar os honorários do árbitro ou dos árbitros em valores superiores ou inferiores aos que poderiam resultar da aplicação da tabela em vigor, se assim entender necessário, em virtude das circunstâncias excepcionais do caso. 3. A qualquer momento no curso do procedimento, poderá o tribunal arbitral tomar decisões relativas aos custos, além daqueles fixados pela Corte, e ordenar seu pagamento.
3. O Laudo final do Tribunal Arbitral fixará os encargos da arbitragem e decidirá qual das partes arcará com o seu pagamento, ou em que proporção serão repartidos entre as partes.	4. A sentença arbitral final fixará os custos da arbitragem e decidirá qual das partes arcará com o seu pagamento, ou em que proporção serão repartidos entre as partes.
Sem correspondência	5. Ao tomar decisões relativas a custos, o tribunal arbitral deverá considerar quaisquer circunstâncias que entenda relevantes, inclusive em que medida cada parte conduziu a arbitragem de uma forma expedita e eficiente quanto aos custos.

(continua)

(continuação)

Sem correspondência	6. Caso todas as demandas sejam retiradas ou a arbitragem seja extinta antes da prolação de uma sentença arbitral final, a Corte deverá fixar os honorários e despesas dos árbitros e os custos administrativos da CCI. Se as partes não chegarem a um acordo sobre a alocação dos custos da arbitragem ou qualquer outro aspecto relevante sobre tais custos, caberá ao tribunal arbitral decidir sobre tais questões. Se o tribunal arbitral ainda não tiver sido constituído no momento da retirada das demandas ou da extinção do procedimento, qualquer parte poderá solicitar à Corte que proceda à constituição do tribunal arbitral nos termos deste Regulamento para que o tribunal arbitral possa tomar quaisquer decisões relativas aos custos.

Versão 1998	Novo texto 2012
Disposições diversas Artigo 32 Modificação dos prazos 1. As partes poderão concordar em reduzir os diversos prazos estipulados no presente Regulamento. Qualquer acordo nesse sentido celebrado após a constituição do Tribunal Arbitral somente entrará em vigor com a sua concordância.	Disposições diversas Artigo 38 Modificação dos prazos 1. As partes poderão concordar em reduzir os diversos prazos estipulados no Regulamento. Qualquer acordo nesse sentido celebrado após a constituição do tribunal arbitral somente entrará em vigor com a sua concordância.
2. A Corte poderá, por iniciativa própria, prorrogar qualquer prazo que tenha sido modificado em conformidade com o artigo 32 (1), se entender que tal medida é necessária para que o Tribunal Arbitral ou a Corte possam cumprir com as suas funções, nos termos do presente Regulamento.	2. A Corte poderá, por iniciativa própria, prorrogar qualquer prazo que tenha sido modificado em conformidade com o artigo 38 (1), se entender que tal medida é necessária para que o tribunal arbitral ou a Corte possam cumprir as suas funções, nos termos do Regulamento.

Anexo I

Versão 1998	Novo texto 2012
Artigo 33 Renúncia ao direito de fazer objeção A parte que prosseguir com a arbitragem sem fazer objeção ao descumprimento das disposições contidas no presente Regulamento, das regras aplicáveis ao procedimento, das determinações do Tribunal Arbitral, ou de qualquer outra estipulação contida na convenção de arbitragem quanto à constituição do Tribunal Arbitral ou à condução do procedimento, será considerada como tendo renunciado a essas objeções.	Artigo 39 Renúncia ao direito de fazer objeção A parte que prosseguir com a arbitragem sem fazer objeção ao não cumprimento das disposições contidas no Regulamento, de quaisquer outras regras aplicáveis ao procedimento, das determinações do tribunal arbitral, ou de qualquer outra estipulação contida na convenção de arbitragem quanto à constituição do tribunal arbitral ou à condução do procedimento, será considerada como tendo renunciado a essas objeções.

Versão 1998	Novo texto 2012
Artigo 34 Exclusão de responsabilidade Nenhum dos árbitros, nem a Corte ou os seus membros, nem a CCI ou os seus funcionários, nem os Comitês Nacionais da CCI, serão responsáveis perante qualquer pessoa por quaisquer fatos, atos ou omissões relacionados com uma arbitragem.	Artigo 40 Limitação de responsabilidade Os árbitros, qualquer pessoa nomeada pelo tribunal arbitral, o árbitro de emergência, a Corte e os seus membros, a CCI e os seus funcionários e os Comitês Nacionais e Grupos da CCI e seus funcionários e representantes não serão responsáveis perante qualquer pessoa por quaisquer atos ou omissões relacionados a uma arbitragem, salvo na medida em que tal limitação de responsabilidade seja proibida pela lei aplicável.

Versão 1998	Novo texto 2012
Artigo 35 Regra geral Em todos os casos não expressamente previstos no presente Regulamento, a Corte e o Tribunal Arbitral deverão proceder em conformidade com o espírito do presente Regulamento, fazendo o possível para assegurar que o Laudo seja executável perante a lei.	Artigo 41 Regra geral Em todos os casos não expressamente previstos no Regulamento, a Corte e o tribunal arbitral deverão proceder em conformidade com o espírito do Regulamento, fazendo o possível para assegurar que a sentença arbitral seja executável perante a lei.

Anexo II

International Law Association
The Hague Conference (2010)
International Commercial Arbitration
Confidentiality in International Commercial Arbitration

I. Introduction

At the Biennial Conference in Rio de Janeiro, Brazil, the Committee on International Commercial Arbitration was mandated to study the topic of confidentiality in international commercial arbitration and to report on it at the Biennial Conference in The Hague in August 2010. This is the Report prepared under this mandate which concludes the activities of the Committee on the topic.[1]

A. General description of the topic

For many years commercial arbitration participants assumed that arbitration was confidential. While neither statutes, judicial decisions, procedural rules, treatises nor contracts precisely or comprehensively defined the contours and limits of this confidentiality, there was widespread tacit acceptance of a generalized confidentiality principle. Many have long considered confidentiality to be a desirable feature of arbitration and one that distinguishes it from court litigation.[2]

---

1. The Chairman and Rapporteurs are grateful to all those members who contributed to the Committee's work, and attended the meetings and submitted comments. Moreover they wish to thank Ms Lara Nicholls for her valuable research and assistance in the drafting of this report.
2. According to the PWC and Queen Mary University of London School of International Arbitration, International Arbitration: Corporate attitudes and practices 2006 Survey, *"the top reasons for choosing international arbitration are flexibility of procedure, the enforceability of awards, the privacy afforded by the process and the ability of parties to select the arbitrator"* (<www. pwc.co.uk/eng/publications/International_arbitration.html> — pages 2 and 7). See also,

This assumption was called into question by a few highly publicized court decisions in the mid-1990's which prompted considerable commentary and debate. Since then the issue has attracted much discussion. A growing number of countries have adopted specific legislative provisions on confidentiality and this issue has also been addressed in several court decisions and by arbitral institutions.

The solutions adopted by national legislators and courts and by the arbitral institutions vary substantially and today there is no uniform approach regarding confidentiality in commercial arbitration. Often the issue is addressed directly by the parties in their agreements. Consequently, whether some or all aspects of any given arbitration engage confidentiality obligations varies considerably depending on the arbitration agreement, the substantive contract in dispute, the applicable rules of arbitration and the curial law. Moreover, even when one of these sources of authority provides for confidentiality of some kind, the scope and limits of confidentiality may be unclear and poorly understood. Furthermore, there may be no effective mechanisms to enforce any confidentiality obligations that exist.

B. Outline of the Report

In this Report the Committee at Section II surveys current law and practice regarding confidentiality. In Section III the Committee identifies problems that may arise as a result of the inconsistent and uneven applicability of confidentiality. Finally in Section IV the Committee sets out its findings and offers recommendations concerning confidentiality, including a model clause should parties wish to agree upon arbitral confidentiality.

C. Mandate

In defining the scope of its mandate the Committee decided to concentrate solely on confidentiality in international commercial arbitration,

---

Mistelis. International Arbitration — Corporate attitudes and practices — 12 perceptions tested: myths, data and analysis research report. *The American Review of International Arbitration*, 525, 2004.

Anexo II

excluding any discussion of the topic as it relates to investor-State arbitration. In that context confidentiality raises distinct policy concerns and may warrant different approaches and solutions.[3] The fact that one of the parties in such cases is a State introduces special circumstances giving rise to public interest in the proceedings and the outcome, as well as to substantive and procedural issues of public international law (including immunity issues) that are absent from commercial arbitration among private parties.

The Committee also decided to limit its mandate to what may be termed "outbound" confidentiality, i.e. the confidentiality of information pertaining to the arbitral process itself and to the documents and other material which are a part of the arbitration. "Inbound" confidentiality, i.e. the possibility of introducing, disclosing and using within the arbitral process documents or information from external sources (typically in the process of document discovery) raises completely different issues and for this reason was excluded from the Committee's mandate.

The Committee held six meetings to discuss the preparation of this Report and Recommendations.[4] It received reports from several of its members on the laws of England, United States, Australia, Austria, Belgium, Canada, China, Costa Rica, Denmark, Dominican Republic, Dubai, Ecuador, Finland, France, Hong Kong, Iran, Ireland, Italy, Japan, New Zealand, Nicaragua, Norway, Peru, Russia, Scotland, Singapore, Spain, Sweden, Switzerland, The Netherlands and Venezuela. The conclusions of those reports on the different national laws are summarized in the Table in Annex I to this Report.

II. Survey of the sources of confidentiality

A. Introduction

Until the mid-1990s there was little discussion about confidentiality in arbitration. There was a widespread assumption that, since arbitration is a private process from which third parties can be excluded and documents

---

3. At the time of writing Working Group II of Uncitral has started work on a study of transparency in investment treaty arbitrations.
4. In Dubai (February 2009), in Paris (April 2009), in Madrid (October 2009), in Paris (December 2009), in London (March 2010) and in Rio de Janeiro (May 2010).

relating to, or revealed within, arbitral proceedings were protected from disclosure to third parties not involved in the arbitration, everything about it would be confidential. However, while the concepts of privacy and confidentiality are clearly related, they are distinct. The concept of privacy is typically used to refer to the fact that only the parties, and not third parties, may attend arbitral hearings or otherwise participate in the arbitration proceedings. In contrast, confidentiality is used to refer to the parties' asserted obligations not to disclose information concerning the arbitration to third parties.[5]

During this time, the laws of only a few countries contained provisions dealing with the topic, and even those in an extremely limited fashion. Also the Uncitral Model Law on International Commercial Arbitration adopted in 1985[6] remained silent as to confidentiality.

The situation changed after the Australian and the Swedish courts handed down some decisions which immediately attracted much attention because they rejected the idea that there is an overall duty of confidentiality in arbitration.[7] In the *Australia Resources Ltd v Plowman ("Esso v Plowman")*[8] and *Bulgarian Foreign Trade Bank Ltd v A.I. Trade Finance Inc. ("Bulbank")*[9] judgments discussed below, the courts analyzed various potential sources of authority for confidentiality obligations and concluded that in the circumstances of those cases no such authority could be identified. The discussion and debate prompted by these decisions led some countries to incorporate confidentiality obligations into their laws and others to enact laws providing a default rule of non-confidentiality, while still others left the matter to the development of case law. Arbitral institutions also began to wrestle with the topic, with some including confidentiality provisions in their rules and others choosing not to.

---

5. See G. Born. *International commercial arbitration*. Kluwer, 2009. p. 2251 f.
6. As noted by P. Sanders, "Uncitral's model law on international and commercial arbitration: present situation and future" (2005) 21 *Arbitration International* 443, this is because the drafters felt that confidentiality is better dealt with in arbitration rules than in the Model Law.
7. See in particular the special issue of *Arbitration International*, v. 11 (1995) Issue 3, wholly devoted to the question of confidentiality in international arbitration in the wake of those decisions.
8. Australian High Court, 7 April 1995, [1995] HCA 19, XXI Y.B. Comm. Arb., 1996, p. 137.
9. Swedish Supreme Court, 27 October 2000, *Bulgarian Foreign Trade Bank Ltd v Al Trade Finance Inc*, (2001) XXVI Y.B. Comm. Arb. 291.

Anexo II

The result is that today the sources of the law of international arbitration vary significantly in their approaches to the question of the existence and of the extent of an obligation of confidentiality.[10]

Perhaps the only common feature amongst the sources which deal specifically with confidentiality is that all leave a broad margin to party autonomy. It seems settled that party autonomy plays a central role both in the systems which contain specific rules on confidentiality in arbitration and in those which do not. The general acceptance of the parties' freedom to regulate the matter as they wish is viewed as a reflection of the general acknowledgement of procedural autonomy in arbitration.[11] In practice provisions on confidentiality are often included in arbitration agreements or subsequent specific agreements between the parties, in terms of reference drafted by arbitrators and in similar instruments.

The following paragraphs of this Section provide a general survey of the different statutory, jurisprudential and institutional sources of confidentiality obligations. The specifics of the individual sources and their similarities and differences will be discussed in Section III.

For this survey the Rapporteurs have considered all the sources brought to their attention by members of the Committee and that they have been able to find through their own research. Whilst the Rapporteurs believe that it provides a sufficiently comprehensive current overview of the different approaches to the topic, this survey does not claim to be exhaustive and is aimed primarily at illustrating the variety of laws, rules and solutions which operate in practice and can impact on the issue of confidentiality in any given case.

---

10. On the subject of confidentiality in international arbitration see in particular A. Dimolitsa, "International rules and national regimes relating to the obligation of confidentiality on parties in arbitration", 2009 *ICC Bulletin* (Special Supplement: Confidentiality in Arbitration) 5, 22; Born, op. cit., p. 2249 ff.; Ch. Müller, "La confidentialité en arbitrage commercial international: un trompe l'oeil", *ASA Bull.*, 2005, p. 216 ff.; Born, op. cit., p. 87. Dessemontet, "Arbitration and confidentiality", *The American Review of International Arbitration* 1996, v. 7, n. 3-4, p. 299 ff.; Reed Haynes, "International arbitration may not be as confidential as you think — or want", in: Frommel and Rider (Ed.), Conflicting legal cultures in commercial arbitration. Old issues and new trends, (1999), p. 99-115; A. Jolles and M.C. de Cediel, "Confidentiality", in: Kaufmann.Kohler and Sticki (Ed.), International arbitration in Switzerland, Kluwer, 2004, p. 89 ff.; Quentin Loh Sze On and Edwin Lee Peng Khoon, "Confidentiality in arbitration: how far does it extend?", *Singapore Academy of Law*, 2007, 115; L. Guglya, *"Confidentiality in enforcement phase of international arbitration"*, Saarbrücken, VDM Verlag, 2008, 66; P. Wautelet, "Confidentiality and third parties in international commercial arbitration", in: *L'arbitrage et les tiers*, Brussels, Bruylant, 2008, 105-148; K. Noussia, *"Confidentiality in international commercial arbitration"*, Berlin, Springer, 2010.

11. Born, op. cit., p. 2255.

B. National Law

1. Statutory provisions

Confidentiality, which was not traditionally addressed in legislation on arbitration, is now dealt with by an increasing number of national legislations. The relevant provisions, most of which are very recent, diverge significantly in their approach to the treatment of confidentiality and in their scope, ranging from those that exclude it altogether to those that provide for broad duties of confidentiality.

The law of one country — Norway — addresses the issue by explicitly ruling out confidentiality. Chapter 1, section 5 of the General Provisions of the Arbitration Act of 2004 lays down as a default rule the principle that, failing a contrary agreement of the parties, confidentiality does not apply to arbitration, and specifically to the arbitration proceedings and the decisions reached by the arbitration tribunal.

Costa Rica, whilst not explicitly ruling out confidentiality, permits that *"once definitive, the arbitral award [to] be made public, except when the parties have agreed to the contrary"* (Article 60 of Law No. 7727 of 1997). Confidentiality of the proceedings is not addressed. Similarly, in Ecuador Article 34 of the Law on Arbitration and Mediation, No. 000, RO/145 of 4 September 1997 does not provide for confidentiality of the process unless agreed upon by the parties.

The laws of some other countries contain provisions that lay down only very limited and specific confidentiality obligations. This is the case, in particular, of France, Venezuela, Romania and Austria. In France Article 1469 of the Code of Civil Procedure lays down a legal duty of confidentiality expressly referenced to and limited to deliberations of the arbitrators, providing that *"the deliberations of arbitrators are secret"*. Likewise, in Venezuela Article 42 of the Law on Commercial Arbitration of 1998 only refers to the arbitrators' duty to *"observe the confidentiality of the parties' participation, of evidence and all the contents relating to the arbitral proceedings"*. In Romania Article 353 of the Code of Civil Procedure makes arbitrators liable for disclosure of information concerning the arbitration without the parties' consent. In Austria, since the adoption of the Arbitration Act 2006 Section 616(2) of the Code of Civil Procedure lays down an exception to the general principle of publicity of proceedings in State courts for proceedings for the setting-aside or the declaration of existence or non-existence of an arbitral award. Section 612(2) provides that at the request of the parties such proceedings may be kept private by excluding the public, if a legitimate interest can be shown. In Singapore Sections 22 and 23 of the Singapore International Arbitration Act provide that, upon the application of a party, court proceedings under the Act shall be heard otherwise than in open court and restrict the reporting of proceedings in such cases.

Yet another country — Nicaragua — while not laying down confidentiality as a specific obligation, includes it amongst the general principles of interpretation of the law on arbitration (Article 3 of the Arbitration and Mediation Law (Law 540) of 2005).

The laws of a number of other countries lay down broader confidentiality obligations, which are spelled out in varying degrees of detail.

Rules providing for confidentiality in fairly general terms are contained in the laws of Spain, the Dominican Republic, Peru and the Dubai International Financial Centre. The obligation of confidentiality framed in the most general terms is contained in Section 14 of the Arbitration Law of the Dubai International Financial Centre (DIFC Law No. 1 of 2008) which provides that, unless otherwise agreed, *"all information relating to the arbitral proceedings be kept confidential, except where disclosure is required by an order of the DIFC Court."* A somewhat more specific provision is contained in the law of Spain. Article 24(2) of the Arbitration Act states that the obligation of confidentiality is imposed on *"the arbitrators, the parties and the arbitral institutions ... with respect to the information [acquired] in the course of the arbitral proceedings".*[12] Similarly, in the Dominican Republic Article 22 of the Arbitration Law of 2008 (Law No. 489-08) imposes a duty of confidentiality on *"the arbitrators, the parties and the arbitral institutions ... with respect to the information [disclosed] in the course of the arbitral proceedings".*[13] In Peru Article 51 of the Legislative Decree No. 1071 of 2008 imposes a duty of confidentiality on *"the parties, the arbitral tribunal, the secretary, the arbitral institution"* and every person participating in the arbitral proceedings, including witnesses and parties' counsel, and covers *"the proceedings, including the award and any*

---

12. See English version of article 24 in: Fernando Mantilla-Serrano, *"Ley de arbitraje — una perspectiva internacional"* 150 (Iustel ed. 2005).
13. Translation inspired by the translation of the Spanish Law provision by Fernando Mantillay-Serrano, ibid.

other information revealed in the proceedings". It also lays down two exceptions, one for information that is legally required to be made public to protect a right or to challenge or enforce the award and another for awards rendered in arbitrations to which the Peruvian State is a party.

Significantly more extensive provisions on the matter is contained in three recently enacted (Scotland) or revised (New Zealand and Australia) legislations which provide a comprehensive treatment of confidentiality.

In New Zealand the Arbitration Act 1996 as amended in 2007 provides that arbitral proceedings must be conducted in private (Section 14A) and implies into every arbitration agreement a term that neither the parties nor the arbitral tribunal shall disclose confidential information (Section 14B), subject to the five limited exceptions set out in section 14C. The Act further permits the disclosure of confidential information in the case that it is required by an order of the Tribunal (Section 14D) or permitted by the High Court in certain circumstances if the arbitral proceedings have been terminated or a party lodges an appeal concerning confidentiality (Section 14E). The High Court is also permitted to prohibit disclosure of confidential information in certain circumstances.

Section 14F imposes that court proceedings in relation to matters under the Arbitration Act should be conducted in public, unless the court orders otherwise in circumstances where it is persuaded that the public interest in having the proceedings conducted in public is outweighed by the interests of any party to the proceedings in having the whole or any part of the proceedings conducted in private. Further conditions relating to court proceedings under the Arbitration Act are then dealt with in Sections 14G to I. Section 14G provides that the applicant must state the nature of, and reasons for seeking, an order to conduct Court proceedings in private; Section 14H deals with matters that the Court must consider in determining an application for an order to conduct Court proceedings in private; and section 14I deals with the effect of an order to conduct court proceedings in private.

In Scotland the Arbitration Rules appended as Schedule 1 to the Scottish Arbitration Act 2010 provide at Rule 26 that disclosure of confidential information by the tribunal, any arbitrator or a party is *"actionable as a breach of an obligation of confidence"*, save if authorized by the parties or if required by the tribunal or to comply with any enactment or rule of law, for the performance of public functions, for the protection of lawful interests, in the public interest or for the interests of justice or in situations where the discloser would have absolute privilege had the disclosed information been defamatory. Rule 26(2) requires the tribunal and the parties to take "*reasonable steps*" to prevent unauthorized disclosure of confidential information by third parties involved in the arbitration, while Rule 26(3) requires that the tribunal inform the parties of the confidentiality obligations at the outset of the proceedings. "Confidential information" is defined in Rule 26(4) as any information relating to the dispute, the arbitral proceedings or award which is not and has never been in the public domain. In addition, under Section 15 of the Act ("anonymity in legal proceedings") allows a party to court proceedings relating to an arbitration to apply to the court for an order prohibiting the disclosure of the identity of a party to the arbitration in any report of the proceedings.

In Australia the International Arbitration Act 1974 as amended in 2010 addresses the issue in an extremely detailed fashion, in the style of the New Zealand Arbitration Act. The Act introduces Sections 23C-G as a series of "opt in" provisions, meaning that the parties must expressly provide for them to apply (Section 22(3)). This approach was adopted on the consideration that the parties should expressly turn their minds to the issue of confidentiality, rather than have rules unknowingly imposed on them. The general principle is contained in Section 23C which requires the parties and the arbitral tribunal not to disclose confidential information subject to a detailed set of exceptions governed by the subsequent sections 23D to 23E. "Confidential information" is defined in Section 15 to mean "*information that relates to the proceedings or to an award made in the proceedings*", including (a) all pleadings, submissions, statements, or other information supplied by a party to the arbitral tribunal; (b) any evidence supplied to the tribunal; (c) any notes made by the tribunal of evidence or submission; (d) any transcript; (e) any rulings of the tribunal; and (f) any award. According to Section 23D the information may be disclosed to a professional adviser of one of the parties, if it is reasonably necessary to enable a party to present its case, to establish or protect its legal rights in relation to a third party, for the enforcement of the award, if required by an order or a subpoena of a court or authorized or required by a relevant law (which includes also laws other than Australian law) or a competent regulatory body. Under Section 23E arbitral tribunals may allow disclosure of confidential information in other circumstances only at the request of one of the parties and after hearing the parties. Sections

23F and 23G govern the powers of State courts to prohibit or to permit the disclosure of confidential information in particular circumstances.

At the time of writing other countries are in the process of adopting legislative provisions on confidentiality. In The Netherlands a draft revision of the Dutch Arbitration Act proposes to revise the Dutch arbitration law to provide that *"arbitration is confidential"* and that *"all individuals involved either directly or indirectly are bound to secrecy, save and insofar as disclosure ensues from the law or the agreement of the parties".*

In Hong Kong Clause 18 of the Hong Kong Arbitration Bill which is expected to be enacted into law in the course of 2010 stipulates that *"unless otherwise agreed by the parties, a party shall not publish, disclose or communicate any information relating to (a) the arbitral proceedings under the arbitration agreement; or (b) an award made in those proceedings"* unless the publication, disclosure or communication is contemplated by the Hong Kong Ordinance, is made to any government body, regulatory body, court or tribunal under an obligation of law, or is made to a professional or any other advisor of any of the parties. Additional exceptions, proposed by the Hong Kong Government in May 2010 as a Committee Stage Amendment are, *"that a party may publish, disclose or communicate any information relating to the arbitral proceedings or award for the purposes of protecting or pursuing a legal right or interest of the party, or of enforcing or challenging the award, in legal proceedings before a court or other judicial authority in or outside Hong Kong".*[14]

Italy and Ireland, which respectively amended and adopted their arbitration legislation recently (respectively in 2006 and in 2010), have not included provisions on confidentiality.

2. Case law

THE APPROACHES OF NATIONAL COURTS TO THE SUBJECT ARE EQUALLY VARIED.

England, where the Arbitration Act 1996 is silent on confidentiality,[15] is the country where the courts have been the most eloquent in articulating the existence of a broad duty of confidentiality, starting from a decision

---

14. LC Paper No. CB (2) 1620/09 — 10(02), Department of Justice, May 2010.
15. At the time of drafting the Act, the Department Advisory Committee said that it *"is a developing topic and it is simply not possible to frame more than the most general principles ...*

Anexo II

of 1880.[16] Over time, English courts have formulated three relatively clear rules. The first is that arbitration proceedings are held in private,[17] which implies that, in the absence of the parties' consent, arbitrators have no power to order the concurrent hearing of two arbitrations in which the arbitrators but not the parties were identical and the disputes closely associated. The second rule, expressed by the Court of Appeal in 1990, is that an implied obligation of confidentiality, binding on the parties, arises from the very nature of arbitration.[18] However, in a more recent case,[19] the Privy Counsel expressed reservations about the desirability or merit of adopting a general duty of confidentiality as an implied term of arbitration and then formulating exceptions to which such a duty would be subject. The third rule is that the duty of confidentiality is subject to the following specific exceptions (i) consent; (ii) order of the court; (iii) leave of the court; (iv) reasonable necessity; and (v) public interest.[20]

The approach of the English courts is followed in Singapore where the High Court accepted that the parties to an arbitration are under an implied duty to keep documents confidential but that disclosure is permitted when *"reasonably necessary"*, even without the leave of the court.[21] The court also held that the assessment of whether disclosure is *"reasonably necessary"* can change over time in the course of the same case.

In Canada the matter has not been squarely addressed by the courts. However a senior trial level judge in Ontario[22] has recently recognized that

---

Thus the best we could have done would be to have stated some general rule about privacy and confidentiality and made it subject to "all just exceptions". That of course would have told the reader nothing at all" (see Lord Saville, "The Arbitration Act 1996" (1997) *Lloyd's Maritime and Commercial Law Quarterly* 502 at 507).

16. *Russel v. Russel* (1880) 14 Ch. D. 471, 474.

17. See *Oxford Shipping Co. Ltd v Nippon Yusen Kaisha (The Eastern Saga)* [1984] 3 All ER 835, followed in *Hassneh Insurance Co of Israel and Others v Stuart J Mew* [1993] 2 Lloyd's Rep 246-47.

18. See *Dolling-Baker v Merrett & Another* (CA 1990) [1991] 2 All ER 890, per Parker LJ.

19. *Associated Electric & Gas Insurance Services Ltd v European Reinsurance Company of Zurich* [2003] UKPC 11, [2003] 1 WLR 11.

20. *Ali Shipping Corporation v Shipyard 'Trogir'* (CA) [1998] 2 All ER 136. The implied duty of confidentiality and a limited number of exceptions has since been confirmed by the English courts on several occasions, most recently in *Emmott v Michael Wilson & Partners* [2008] EWCA Civ 184 (*per* Collins J) where it was held that the exception to confidentiality in the "interests of justice" is not limited to the interests of justice in England but may relate to a foreign jurisdiction where the dispute is of an international nature.

21. *Myanma Yaung Chi Oo Co Ltd v Win Win Nu* [2003] 2 SLR 547, largely following the English decision in *Dolling-Baker v Merrett* (*supra*, footnote 18).

22. Ontario Superior Court of Justice, March 16, 207, *Telesat v Boeing*, 2010 ONSC 22.

confidentiality is a well accepted benefit and a critical advantage of commercial arbitration and parties have reasonable legitimate expectations of confidentiality in arbitration. Further, when an arbitration matter is before a court, the court will weigh the public interest in public disclosure (open courts) against the important commercial interest in preserving confidentiality. This important commercial interest has been recognized as closely connected with the public interest in encouraging private dispute resolution by protecting the autonomy of the arbitral process.

The opposite approach, flatly rejecting an obligation of confidentiality, has been taken by the Australian and Swedish courts. It is their judgments, respectively in the *Esso v Plowman* and *Bulbank* cases, that, as mentioned above, contributed to focus attention on the subject of confidentiality in arbitration and to some extent were instrumental to the enactment in other countries of the legislation dealing with this topic discussed above.

In Australia the High Court in *Esso v Plowman*[23] explicitly held that under Australian law a general obligation of confidentiality cannot be regarded as implicit in an agreement to arbitrate. While acknowledging that privacy is an inherent feature of arbitration (in the sense that hearings are not open to the public), the Court held that confidentiality is not an *"essential attribute of a private arbitration imposing an obligation on each party not to disclose the proceedings or documents and information provided in and for the purposes of the arbitration"* nor part of the *"inherent nature of a contract and of the relationship thereby established."* The Court did, nevertheless, acknowledge that an obligation of confidentiality could be imposed on the parties through express contractual provision. As mentioned above, the issue is now addressed by the opt-in provisions in the International Arbitration Amendment Bill 2009.

Along the same line, and on the basis of an extensive analysis of the law in several countries, in Sweden the Supreme Court in *Bulbank*[24] held that under Swedish law there is no legal duty of confidentiality in arbitration implied or inherent in an arbitration agreement.

The position is the same in the United States where neither the Federal Arbitration Act nor the Uniform Arbitration Act impose a confidentiality obligation on the parties. The position of the courts is that, unless the par-

---

23. *Supra*, footnote 8, p. 27, 33-37. The duty of confidentiality had already been implicitly denied in 1983 in *Alliance v Australian Gas Light Co*, 34 SASR 215.
24. *Supra*, footnote 9.

ties' agreement or applicable arbitration rules provide otherwise (and even then the result is far from certain) there is no requirement under US law for the arbitration proceedings and matters transpiring within them to be treated as confidential by the parties.[25] US federal case law appears stable in its reluctance to grant orders protecting arbitration communications and persists in rejecting arguments that confidentiality may be recognised by implication of law, by internal arbitration rules, or by the parties' general understanding that arbitration proceedings are confidential.[26] It is less stable with regards to the conscionability of confidentiality agreements within an arbitration clause. Whilst certain circuit courts have upheld confidentiality provisions in arbitration agreements,[27] others have held such agreements to be unenforceable as an unconscionable term.[28]

In France the position of the courts is less trenchant. In one case the Paris Court of Appeal dismissed an action to set aside an arbitral award, ruling that the very fact of initiating the proceedings violated the principle of confidentiality and ordered the challenging party to pay a significant amount of damages to the party that had won the arbitration.[29] This was, however, an exceptional case of manifest abuse, since the French courts obviously lacked jurisdiction in that case, the award having been rendered in London. The principle of confidentiality in arbitration was upheld in more general terms by the Tribunal de Commerce of Paris which ruled that *"arbitration is a private procedure of a confidential nature; [...] recourse to arbitration accepted by the parties should avoid all publicity of the dispute between them and of its possible consequences; subject to a legal duty of information any breach of such confidenti-*

---

25. *Industrotech Constructors Inc v Duke University* (1984) 67 N/C/ App 741, 314 S.E. 2d 272; *Giacobazzi Grandi Vini S.p.A. v. Renfield Corp.* (1987) US Dist. LEXIS 1783.

26. *Contship Containerslines, Ltd v PPG Industries, Inc* (2003 WL 1948807 (SDNY Apr 23, 2003)); *Lawrence E Jaffee Pension Plan v Household International, Inc* (2004 WL 1821968 (D Colo Aug 13, 2004)).

27. See *ITT Education Services v Arce*, 2008 WL 2553998 (5th cir); *Parilla v IAP Worldwide Service VI, Inc.*, 368 F.3d 269 (3rd Cir. 2004); *Lloyd v Hovensa LLC*, 369 F.3d 263 (3d Cir. 2004); *Iberia Credit Bureau v Cingular Wireless LLC*, 379 F.3d 159 (5th Cir. 2004); *Caley v Gulfstream Aerospace Corp.*, 428 F.3d 1359 (11th Cir. 2005).

28. *Davis v O'Melveny & Myers*, 485 F.3d 1066 (9th Cir. 2007); and *Ting v AT & T*, 319 F.3d 1126 (9th Cir. 2003).

29. February 18, 1986, *Aïta v Ojjeh*, *Rev. arb.*, 1986, p. 583. In a subsequent case, where setting aside proceedings were brought against a French award a claim for violation of the duty of confidentiality for abusive procedure was rejected (Paris Court of Appeal, January 22, 2004, *NAFIMCO.v. Forster Wheeler*, Rev. arb. 2004, p. 647).

ality by a party to the proceedings is a breach of an obligation".[30] On the other hand, the impossibility of taking con fidentiality for granted emerges from a decision of the Paris Court of Appeal which rejected a claim for damages for violation of confidentiality in the context of a claim for abuse of process in bringing setting aside proceedings. In rejecting the claim the Court pointed out that the claimant had failed to *"explain the existence and reasons of a principle of confidentiality in French international arbitration law, irrespective of the nature of the arbitration and, in the event, the waiver of the principle by the parties in the light of the applicable rules*".[31]

C. Arbitral rules

Unlike national laws, the rules of almost all of the main arbitration institutions contain provisions providing for some form of confidentiality (at least as regards the privacy of hearings, publication of awards and the duties of the institution).

The majority of institutional rules now also include a specific provision on confidentiality, although these vary considerably in detail and scope. This is the case in particular of the arbitration rules of the London Court of International Arbitration (LCIA),[32] the Milan Arbitration Chamber,[33] the German Institution of Arbitration (DIS),[34] the Netherlands Arbitration Institution,[35] the Chambers of Commerce and Industry of Basel, Bern, Geneva, Ticino, Vaud and Zurich (Swiss Rules),[36] the International Arbi-

---

30. Tribunal de Commerce de Paris, February 22, 1999, *Bleustein et autres v. Société True North et société FCB International*, Rev. arb. 2003, p. 373 which upheld a claim for damages for violation of confidentiality brought by the shareholders of a company party to an arbitration against the other party to the arbitration for having caused a drop in the share prices of the company in which they were shareholders by divulging the existence of an arbitration and the amount of the claims. The decision was reversed by the Paris Court of Appeal, September 17, 1999, Rev. arb., 2003, p. 189 on the grounds of lack of standing of the shareholders.

31. *NAFIMCO.v. Forster Wheeler, supra,* footnote 29. Unlike in the *Bleustein* case (*supra,* footnote 30) the purported violation of confidentiality was referred to the disclosure not of the existence of the arbitration but of company balance sheets.

32. Article 30 (1), 1998 Rules.

33. Article 8, 2010 Rules.

34. Article 43 (1), 1998 Rules.

35. Article 34, 2010 Rules.

36. Article 43, 2006 Rules.

Anexo II

tration Court of the Chamber of Commerce and Industry of the Russian Federation,[37] the Kuala Lumpur Regional Centre for Arbitration Rules for Arbitration (KLRCA),[38] Wipo,[39] the China International Economic and Trade Arbitration Commission (Cietac),[40] the Dubai International Arbitration Centre Arbitration (Diac),[41] the Singapore International Arbitration Centre (Siac),[42] the Japan Commercial Arbitration Association Commercial Arbitration Rules (JCAA),[43] the Australian Centre for International Commercial Arbitration (Acica)[44] and the Hong Kong International Arbitration Centre (HKIAC).[45] Further, a provision on confidentiality is contained in the IBA Rules on the Taking of Evidence in International Commercial Arbitration, which are often chosen or agreed upon by the parties and which tribunals often refer to.[46]

Other important rules, instead, remain silent on the broader issue and do not include any specific provisions on confidentiality other than those mentioned above. This is the case in particular for the ICC Rules of Arbitration,[47] the AAA Rules of Arbitration and Conciliation, the SCC Arbitration Rules, as well as the Uncitral Arbitration Rules even in their revised version adopted on 29 June 2010. In many instances, it seems to have been a conscious choice when drafting the Rules to avoid the regulation of this issue due to the difficulties in reaching agreement on an appropriate formulation for a general duty of confidentiality and any list of exceptions.[48] In its 1996 Notes on Organising Arbitral Proceedings, Uncitral stated that *"there is no uniform answer in national laws as to the extent to which the participants in an arbitration are under the duty to observe the confidentiality of information relating to the case ... the arbitral tribunal might wish to discuss that with the parties and, if considered appropriate, record any agreed principles on the duty of confidentiality."*

---

37. Rule 25.
38. Rule 9, 1998 Rules.
39. Articles 73, 74 & 75, 2002 Rules.
40. Articles 43(1) & 44(2), 2004 Rules.
41. Article 41(1), 2007 Rules.
42. Article 35(1)-(4), 2010 Rules.
43. Rule 40(2), 2008 Rules.
44. Article 18, 2005 Rules.
45. Article 39(1), 2008 Rules.
46. Article 3.13 IBA Rules, 2010 version.
47. At the time of writing the ICC Rules are undergoing revisions, but no decision has been taken as to the inclusion of provisions on confidentiality.
48. K Hober & W McKechnie "New rules of the Arbitration Institute of the Stockholm Chamber of Commerce" (2007) 23 *Arbitration International* 261.

III. The Issues

A. *Introduction*

The subject of confidentiality in international arbitration raises several types of specific issues that need to be addressed, and that may be solved differently, in respect of each individual case in relation to which the issue may arise.

The first one is that of the source of the putative confidentiality obligations. Given the different treatment of confidentiality in different legal systems, this raises complex conflict of laws issues which will often be closely intertwined to issues of conflicts of jurisdiction. Even where confidentiality is addressed by contract or by similar instruments, the need may arise to identify the law which governs the instrument's validity, effects and interpretation.

A second type of issue is which type of information can be considered confidential. Information related to an arbitration can fall into different categories and for each one of them it is essential to determine whether they indeed are covered by a duty of confidentiality.

Another issue is who is bound by the duties in question? A typical arbitration involves many different types of persons who may have access to information that could be expected to be, and to remain, confidential: the parties, their directors, employees, agents, shareholders and advisors, parties' counsel, the arbitrators and their assistants and secretaries, the arbitral institutions, witnesses and experts, translators, interpreters and other support staff, etc. In relation to each one of these persons the question arises of the source, the nature and the extent of any confidentiality obligations to which they may be subject.

Since no duty to maintain the confidentiality of material related to an arbitration can be absolute, it also necessary to determine the exceptions to the duties in question.

Further issues that require to be taken into consideration are those of the means of enforcement of the confidentiality obligations and the duration of such obligations.

The answers to most of these questions are by no means necessarily identical or even similar in all situations. Actually, for the most part there is very

Anexo II

little certainty as to what the answers in any given situation will be. In the following subsections this Report will touch upon these issues, in particular by pointing out whether and how they have been dealt with in the various sources described in the preceding section.

1. Applicable law and jurisdiction

One of the reasons for the difficulties in establishing the existence and the extent of confidentiality obligations in relation to a given international commercial arbitration lies in the uncertainty as to which law governs such obligations and in the fact that different aspects of confidentiality may be governed by different laws.

The first law to look at to determine the existence of confidentiality obligations will usually be the law of the seat of the arbitration, since this law governs most aspects relating to the conduct of the arbitration and the duties of the parties and the rights and duties of the arbitrators. The law of the seat could dictate the extent to which the parties, and where relevant the arbitral institution, are free to lay down specific rules on the subject. Rules on confidentiality, such as those contained in the Norwegian and Spanish arbitration acts discussed above, which make no reference to the arbitration agreement in that context, would seem to apply to arbitrations having their seat in those countries.

Insofar as confidentiality obligations may be the subject of contractual undertakings — or of equivalent instruments such as terms of reference — one will have to look also to the law governing such undertakings. An issue that may arise is whether the statutory or jurisprudential rules which construe the exis tence or non-existence of an implied confidentiality obligation by reference to the arbitration agreement[49] are applicable where the relevant arbitration agreement is governed by the law of those countries or rather when those countries are the seat of the arbitration.

The law governing the merits of the dispute, if different from the one governing the arbitration agreement, will usually not be directly relevant to

---

49. See the New Zealand Arbitration Act 1996 and the rules of Australian, English and Singapore law referred to by the case law of those countries (see in particular *Emmot v. Michael Wilson*, at para. 84).

the confidentiality of the arbitration, although in some circumstances there may be an overlap between the two laws if the underlying relationship is also subject to confidentiality obligations. The law governing the merits may be relevant to establish whether a confidentiality undertaking contained in the underlying agreement extends to the arbitration.

Furthermore, where an alleged breach of confidentiality may lead to a claim for damages in tort, reference would have to be made to the law governing non-contractual liability. Specific rules on confidentiality may derive from the law governing the professional obligations of certain participants to the arbitration (foremost amongst which attorneys), whilst exceptions to confidentiality could come from yet other laws (for instance those to which the individual participants are subject which impose certain types of disclosures, the laws of the places of enforcement and so forth).

The uncertainties are further increased by the likely multiplicity of for a before which actions relating to alleged breaches of confidentiality can be brought pursuant to the rules on conflicts of jurisdiction of the different countries potentially involved. Since each forum may follow different conflict of law approaches, the applicable law may vary depending on the forum. The uncertainty can be reduced by an appropriate forum selection, for example by stipulating in the confidentiality clause that all disputes regarding confidentiality obligations will be subject to the jurisdiction of the arbitral tribunal, or of a particular national court. However, even such an agreement would ordinarily be binding only on the parties to that agreement and any actions against other parties (e.g. experts, witnesses, court reporters and arbitral institutions, as well as the arbitrators) would have to be brought before the national court having jurisdiction by virtue of general principles.

The principal conclusion that flows from this is that it is impossible to speak in the abstract of the existence or non-existence of confidentiality obligations, or of the limits of such obligations. There exists a multitude of laws and rules which purport to govern the subject and which differ very significantly in their approaches and solution. In most international arbitrations the duties of all the different participants to disclose or to refrain from disclosing given information will potentially be affected by several laws, which may on occasion even be squarely in conflict with each other, and the actual applicability of which is not easy to foresee beforehand.

Anexo II

2. Aspects of the arbitration and information covered by confidentiality

A crucial issue is identifying the aspects of the arbitration and the categories of information relating to the arbitration which fall within the scope of the hypothetical confidentiality obligations. These issues are addressed in different ways by the laws and institutional rules dealing with this matter and expectations may vary considerably.

The first aspect conceivably covered by the obligation of confidentiality is the existence of the arbitration.[50] In many cases the parties do not want even the existence of the dispute and of the proceedings to become public and the fact that this matter will not become of public domain is considered to be one of the advantages of the arbitration over proceedings in court, which are almost always public. Nevertheless, this obligation is not always spelled out explicitly. Notable exceptions are the Scottish Arbitration Rules (Rule 26(4) (a) and (b)), which includes *"the dispute"* and *"the arbitral proceedings"* in the definition of *"confidential information"*, the Wipo Rules (Article 73(a)), which forbid the unilateral disclosure by a party of any *"information concerning the existence of an arbitration"*, the HKIAC Rules (Article 39(1)) and the Siac Rules (Article 34(3)). The obligation to keep the existence of the arbitration confidential can probably be gleaned from other more general provisions, such as those imposing confidentiality as to the *"conduct of arbitral proceedings"* (DIS Rules, Article 43(1)), *"the proceedings"* (Milan Rules, Article 8(1)), *"all matters relating to the arbitration proceedings"* (KLRCA Rules, Rule 9), *"all matters relating to the proceedings"* (Siac Rules, Rule (34(1)), *"all information relating to the arbitral proceedings"* (Arbitration Law of the DIFC, Section 14).[51] The obligation to keep confidential *"any substantive or procedural matters of the case"* is laid down by the Cietac Rules (Article 33(2)) only for cases heard in camera.

Where there is an obligation to keep confidential the existence of the arbitration, this would reasonably seem to imply also an obligation to maintain confidential all information concerning the details of the dispute and of the arbitration, such as the identity of the parties, the causes of action, the

---

50. See the decision of the Tribunal de Commerce de Paris in *Bleustein, supra,* footnote 30.
51. The view that the obligation of confidentiality extends to the existence of the arbitration is shared by Lew, Mistelis, Kröll, *Comparative international commercial arbitration,* Kluwer, 2003, par. 1-26.

prayers for relief, the amounts claimed, the existence of counterclaims, the composition of the arbitral tribunal, and the identity of parties' counsel and of witnesses and experts.[52] Also the details of the proceedings, such as hearing dates, deadlines for submissions and the identity of witnesses, would seem to fall under the same obligation. A prohibition on the disclosure of at least some of this information might be considered to exist even if the existence of the arbitration itself is not covered by the obligation or is otherwise known.

To the extent that it exists, the obligation of confidentiality could cover also the parties' submissions, hearing transcripts, all documents and evidence filed in the arbitration, including witness statements and expert reports.

The materials and information covered by the obligation are sometimes, but not invariably, spelled out in the relevant rules. The New Zealand Arbitration Act refers to the prohibition generally to disclose *"confidential information"*, without giving a definition (Section 14B(1)) unlike the Australian Act and the Scottish Arbitration Rules which contains a comprehensive definition (respectively at Section 15 and at Rule 26(4)). The Scottish Arbitration Rules define *"confidential information"* as *"any information relating to (a) the dispute, (b) the arbitral proceedings, (c) the award [...] which is not and never has been in the public domain"*. Whilst the Spanish Arbitration Act refers to *"information acquired in the proceedings"* (Article 24), the Arbitration Law of the Dominican Republic refers to *"all information which they are made privy in the course of the arbitral proceedings"* (Article 22) and the Peruvian Legislative Decree refers to *"all information revealed in the proceedings"* (Article 51). The Hong Kong Bill refers to *"any information relating to the arbitral proceedings"* (Clause 18(1)).

Several arbitration rules refer to *"all materials in the proceedings created for the purpose of the arbitration and all other documents produced by another party"* (LCIA Rules, Article 30(1)), *"the parties involved, the witnesses, the experts and other evidentiary materials"* (DIS Rules, Article 43(1)), *"any documentary of other evidence given by a party or a witness in the arbitration"* (Wipo Rules, Article 74(a)), *"all materials submitted by another party"*(Swiss Rules, Article 43(1)), *"all materials in the proceedings created for the purpose of the arbitration and other documents produced by another party"* (Diac Rules, Article 41(1)), *"facts related to arbitration cases or facts learned through arbitration"* (JCAA

---

52. Parties, witnesses and experts are explicitly mentioned in Article 43(1) of the DIS Rules.

Anexo II

Rules, Article 40(2)), *"all materials and documents relating to the arbitral proceedings, including [...] all correspondence, written statements, evidence"* (HKIAC Rules, Article 39(1)). Also the IBA Rules on the Taking of Evidence in International Commercial Arbitration mandate confidentiality concerning *"all documents produced by a Party"* (Article 3.12).

A distinction is sometimes made between documents *"created for the purpose of the arbitration"*,[53] which are covered by the obligation, and *"historical"* documents, i.e. documents which exist independently of the arbitration and are filed in the arbitration as evidence or otherwise, which may not be covered by the obligation.

The duty of confidentiality, or more specifically its component of privacy of the hearing, is almost invariably held to apply, in the sense that persons not involved in the arbitration are not permitted to be present at hearings unless the parties, and in some cases also the arbitral tribunal, give their approval.[54]

The obligation of confidentiality is generally considered to extend to the award[55] and to all orders and other decisions of the arbitral tribunal,[56] although it is usually admitted that these texts can be published for research purposes if appropriately redacted (e.g. omitting the names of the parties and possibly of the arbitrators,[57] and all details relating to the dispute capable

---

53. For instance, LCIA Rules, Article 30(1).

54. Article 21(3) ICC Rules, Article 27(3) SCC Rules, Article 20(4) AAA Rules, Article 19(4) LCIA Rules, Article 25(4) Swiss Rules, Article 23(7) HKIAC Rules, Article 33(1) Cietac Rules, Article 25(4) Uncitral Rules, Article 20(4) Vienna Rules, Article 32(2) ICSID Rules, Article 28(3) Diac Rules and Article 40(1)(j) CAA Rules. Only a few, being the Kuala Lumpur Regional Centre for Arbitration (KLRCA), the Chamber of National and International Arbitration of Milan and the arbitration rules of the German Institution of Arbitrators, do not include a specific provision; although there is nothing to suggest in the text of those rules that there is an intention to depart from the principle of private hearings; New Zealand Arbitration Act, Section 14 A.

55. The publication of awards involving the State is permitted by Article 51 of the Peruvian Legislative Decree.

56. Rule 26(4)(c), Scottish Arbitration Rules; Article 27(4) AAA Rules, Article 8(2) Milan Rules, Article 30(3) LCIA Rules, Article 43(3) Swiss Rules and Article 39(3) HKIAC Rules. Article 32(5) of the Uncitral Rules also includes a contractual prohibition on the publication of the award without the consent of the parties. Whilst the ICC Rules do not contain a specific provision relating to publication with the consent of the parties, there is a general provision in Article 28(2) stating that awards shall not be made available to anyone other than the parties.

57. However, according to Th. Clay, The role of the arbitrator in the enforcement of the award, *ICC Bulletin*, v. 20, n. 1, at p. 46, the award is a *"product of the intellect"* of the arbitrators, who therefore would have the right that their name appear, or alternatively not appear, if the award is disclosed.

of disseminating information which is covered by the confidentiality obligation).[58] In practice redacted awards are often published for scientific purposes even in the absence of the parties' consent.

Even though, as will be seen below, there is also little question that the award can be disclosed in challenge and enforcement proceedings before the competent courts,[59] in some cases there are express provisions ensuring that confidentiality is preserved also in the context of court proceedings relating to arbitration.[60]

One point as to which there is probably not much dispute is that the deliberations of the arbitral tribunal are confidential,[61] even though this does not prevent an arbitrator from issuing a separate opinion (dissenting or concurrent) or the tribunal from disclosing the extent to which an arbitrator has, in the event, not participated in the deliberations.[62]

3. Who is bound by confidentiality obligations?

The question of who is bound by confidentiality obligations is intimately linked to the two questions discussed above, i.e. the sources and the scope of the obligation.

The tribunal and individual arbitrators are the category of arbitration participants that is probably most widely assumed to be bound by an obli-

---

58. LCIA Rules, Article 30(1); Milan Rules, Article 8; Stockholm Rules, Article 46; KLRCA Rules, Rule 9; Wipo Rules, Article 75; Swiss Rules, Article 43(1); Diac Rules, Article 41(1); Siac Rules, Article 34(1); HKIAC Rules, Article 39(1).

59. See for instance the New Zealand Arbitration Act, Section 14. In this connection the decision of the Paris Court of Appeal in *G. Aita v A. Ojjeh,* 18 February 1986 is of interest, because in that case it was held that the bringing of proceedings before a manifestly incompetent court (in that case setting aside proceedings before a court which was not that of the seat) amounted to a breach of confidentiality.

60. See for instance the New Zealand Arbitration Act, Section 14F; Austrian Code of Civil Procedure, Article 616(2) and Scottish Arbitration Act 2010 under which in certain circumstances the Court may prohibit the disclosure of the identity of a party to the court proceedings relating to arbitration.

61. LCIA Rules, Article 30(2); Swiss Rules, Article 43(2); French Code of Civil Procedure, article 1469; Venezuelan Law, Article 42; Scottish Arbitration Rules, Rule 27; Trac Rules, Article 4; Dominican Republic Commercial Arbitration Law, Article 22; and Spanish Arbitration Act, Article 24. See Lew, Mistelis, Kröll, op. cit., p. 12-20.

62. See Court of Appeal of Paris, 9 October 2008, *SAS Merial v. Klocke,* Rev. arb., 2009, 352, rejecting the claim that a dissident opinion violates the secrecy of arbitral deliberations and thereby public policy and holding that the secrecy of deliberations is not a ground for setting aside an award.

Anexo II

gation of confidentiality, even in the absence of a specific reference to them in the relevant rule on confidentiality, and presumably in the absence of an overarching duty of confidentiality. There seems to be a broad consensus that the duty of confidentiality is one of the primary duties of an arbitrator, and that it covers most aspects of the arbitration.[63] Many of the sources which spell out a confidentiality obligation specifically mention arbitrators.[64] The same duty would seem incumbent also on the secretaries and assistants of the arbitral tribunal.[65] Nevertheless, while it would seem that the assumed duty of confidentiality of arbitrators covers the specifics of the arbitration, it is sometimes questioned whether arbitrators are permitted to divulge the information about their appointments insofar as this may lead to a dissemination of information about the existence of the arbitration. Even this would seem not to be permitted where the obligation of confidentiality is held to cover the existence of the arbitration itself.

The situation is in many ways similar regarding arbitral institutions, for which confidentiality would seem to be inherent in the overall nature of their functions. The ompretion of confidentiality for the institution and its members and staff is generally spelled out in the relevant institutions' internal rules.[66]

The position of the parties is less clear. Even the rules that deal with confidentiality obligations do not always include the parties amongst those bound by the duty, at least explicitly.[67] In some cases the obligation seems

---

63. G.B. Born, op.cit., pp. 1631 ff.; Fouchard Gaillard Goldman, *On international commercial arbitration*, Kluwer, 1999, pp. 612 f.; J.D. Lew, L.A. Mistelis, S.M. Kroll, *Comparative international commercial arbitration*, Kluwer, 2003, p. 283; J.F. Poudret, S. Besson, *Comparative law of international arbitration*, Sweet & Maxwell, 2007, p. 320.

64. For an express reference to the arbitrators see the Spanish Arbitration Act, Article 24(2); Venezuelan Law, Article 42; Peruvian Legislative Decree of 2008, Article 51; Rule 26(1), Scottish Arbitration Rules; Swiss Rules, Article 43(1); Milan Rules, Article 8(1); Stockholm Rules, Article 46; Austrian Rules, Article 5(9); DIS Rules, Article 43(1); KLRCA Rules, Rule 9; SIAC Rules, Rule 35(1); HKIAC Rules, Article 39(1); JCAA Rules, Rule 40(2); Russian Chamber of Commerce and Industry Rules, Article 25.

65. See Swiss Rules, Article 43(1); HKIAC Rules, Article 39(1); Peruvian Legislative Decree of 2008, Article 51.

66. This obligation is expressly laid down in the Internal Rules of the ICC International Court of Arbitration (Article 1); in the DIS Rules (Article 43(1)); in the Stockholm Rules (Article 46); in the JCAA Rules, Rule 40(2); in the HKIAC Rules (Article 39(1)); in the Russian Chamber of Commerce and Industry Rules (Article 25). See also the Spanish Arbitration Act, Article 24(2); Peruvian Legislative Decree of 2008; Arbitration Law of the Dominican Republic; and Scotland, Acica Rules, Article 18(2).

67. The parties are expressly mentioned in the Scottish Arbitration Rules (Rule 26(1); Stockholm Rules (Article 46) and Milan Rules (Article 8). The Netherlands Rules impose

only to relate to information provided "*by another party*",[68] which could be interpreted to mean that parties are allowed to disclose their own documents, unless this conflicts with a broader obligation, such as the one to keep confidential the existence of the arbitration. Absent an explicit confidentiality obligation (arising from the applicable law, from the arbitration rules or from the arbitration agreement or some other similar source, such as the terms of reference) it cannot be generally assumed that the parties will be bound by such an obligation.

There is even less certainty as to whether the rules on confidentiality bind other parties that may become involved in an arbitration in different capacities, such as witnesses, experts (appointed by the parties and by the tribunal[69]), court reporters, interpreters and translators, and even counsel, to the extent that they are not bound by specific confidentiality obligations arising from an affiliation with professional bodies (e.g. membership of a bar).[70] In principle none of these parties will be bound by the arbitration rules or by the arbitration agreement. In some cases it could be assumed that there is an obligation incumbent on the parties to ensure that the persons whom they involve in the arbitration will be held to confidentiality. Such an obligation is expressly stated in Rule 26(2) of the Scottish Arbitration Rules pursuant to which "*the tribunal and the parties must take reasonable steps to prevent unauthorized disclosure of confidential information by any third party involved in the conduct of the arbitration*".[71]

4. Exceptions to confidentiality

Even where an obligation of confidentiality does exist, it will normally be subject to exceptions.[72] All rules on confidentiality, whether contained

---

the obligation on "*all individuals involved either directly or indirectly*" in the arbitration (Article 55(1)).

68. Swiss Rules, Article 43(1).

69. The confidentiality undertaking is expressly extended to tribunal-appointed experts by Article 43(1) of the Swiss Rules and by Article 39(2) of the HKIAC Rules.

70. Article 51 of the Peruvian Legislative Decree imposes confidentiality on "*witnesses, experts and every person participating in the arbitral proceedings*".

71. See also DIS Rules, Article 43(1): "*Persons acting on behalf of any person involved in the arbitral proceedings shall be obligated to maintain confidentiality*".

72. See generally G. Burn and A. Pearsall, Exceptions to Confidentiality in International Arbitration, ICC Bulletin, 2009 Special Supplement, p. 23 ff.

Anexo II

in statutes, arbitral rules or in the pronouncements of courts, contemplate exceptions to the duty, although there is less agreement as to what the exceptions are and as to their scope. Actually, the difficulty in defining the exceptions is one of the reasons given to explain why certain legislators and arbitral institutions have so far abstained from adopting rules on the subject. However, the issue in now addressed in a detailed manner in the recent New Zealand, Scottish and Australian statutes which may serve as useful starting points for drafting confidentiality provisions in arbitration agreements.

The most general exception is the one that defers to the agreement of the parties. Since confidentiality is primarily in the interest of the parties, it is reasonable to assume that they are free to waive their right to it where such a right exists.[73] The role of party autonomy in this context is such that, conversely, even in the presence of an outright exclusion of confidentiality, it is admitted that the parties can impose it through an express contractual provision.[74] The question may arise whether other participants in the arbitration are entitled to claim that information concerning them remains confidential (for example witnesses and experts as regards the content of their testimony and reports). This point is not expressly dealt with in any of the sources.

Irrespective of a waiver of confidentiality, information relating to the arbitration can be disclosed by the parties in a variety of circumstances. One of the most obvious and widely accepted, also where not specifically provided for, is where the information is destined for the purposes of challenging or enforcing the award,[75] or more generally in the context of proceedings relating to the arbitration (such as proceedings in support of the arbitration, to obtain interim measures etc) although — as mentioned above — in some cases it is possible to obtain a specific protection of confidentiality even in such proceedings.[76]

The relevant sources likewise generally admit that information relating to the arbitration can be disclosed by the parties to professional advisers.[77]

---

73. Sec. 14, Arbitration Law of the Dubai International Financial Centre; Article 51, Peruvian Legislative Decree of 2008; in England see *Ali Shipping Corporation v. Shipyard 'Trogir', supra*, footnote 20.

74. See for instance Chapter 1, Sec. 5 of the Norwegian Arbitration Act and *Esso v. Plowman* (*supra*, footnote 8).

75. See e.g. Article 51 of the Peruvian Legislative Decree; New Zealand Act, Sec. 14F.

76. See e.g. Sec. 612(2) of the Austrian Code of Civil Procedure; New Zealand Act., Sec. 14F; Australian Act, Sec. 23D(6); Hong Kong Arbitration Bill, Sec. 16(1).

77. See Article 51 of the Peruvian Legislative Decree; New Zealand Act, Sec. 14C(a);

Similarly, there may be an exception to confidentiality where a party or another participant in the arbitration is required to do so in order to comply with an obligation deriving from a law (including a foreign law[78]) or regulation or an order of a regulatory, administrative or judicial body.[79] In these circumstances the party which is the subject of these obligations may find itself faced with conflicting obligations (typically a contractually undertaken confidentiality obligation and one deriving from a statute or judicial or administrative order) and may have to make the choice as to which one it intends to comply with and which one it is prepared to breach.

Disclosure of confidential information concerning the arbitration may also be permitted where it is necessary for the purposes of enforcing or defending rights in proceedings other than the arbitration at issue (before national courts or other arbitral tribunals). In this connection the Scottish Arbitration Rules refer to "*information that can be reasonably considered as being needed to protect a party's lawful interests*".[80] Particularly in jurisdictions where disclosure is permitted and may be assisted by court orders, the disclosure of confidential information may occur at the order, or with the consent, of a competent court or of the arbitral tribunal.[81]

Other exceptions sometimes referred to are those of "*public interest*",[82] "*public purpose*",[83] the performance of "*public functions*" of the discloser or of a public body or office holder[84] or "*the interests of justice*".[85]

Certain legislations spell out clearly that, even where permitted, the disclosure of confidential information should be "no more than reasonable" for the intended purpose.[86]

Australian Act, Sec. 23D(3).

78. See e.g. Australian Act, Sec. 23D(10)(c).

79. See e.g. New Zealand Act, Sec. 14C(c); Australian Act, Sec. 23(D)(8) and (9).

80. Rule 26(1)(d). See also New Zealand Act, Sec. 14C(b)(i)(B) and Australian Act, Sec. 23D(5).

81. See e.g. New Zealand Act, Sec. 14D and 14E; Australian Act, Sec. 23E and 23F.

82. Scottish Arbitration Rules, Rule (26)(1)(e); Australian Act, Sec. 23G(1)(a); New Zealand Act, Sec. 14E(2)(a).

83. See e.g. New Zealand Act, Sec. 14E(2)(a).

84. Scottish Arbitration Rules, Rule (26)(1)(c)(ii) and (iii).

85. Scottish Arbitration Rules, Rule (26)(1)(f) and English Court of Appeal in *Emmott v Michael Wilson & Partners, supra* footnote 20.

86. See e.g. Australian Act, Sec. 23D(4)-(7).

Anexo II

5. The enforcement of confidentiality obligations

As with all legal obligations, one of the fundamental questions relates to the possibility of enforcement. This raises the issue of who has the power to adjudicate on the existence and the extent of a confidentiality obligation in a given circumstance, to authorize or prohibit the disclosure of certain information and to decide on the consequences and remedies in case of breach. This is an area on which the sources are mostly silent.

Insofar as such obligations arise directly or by implication from the arbitration agreement it would seem that they fall within the jurisdiction of the arbitrators, although it cannot be excluded that proceedings can also be brought before a national court in parallel to those before the arbitral tribunal. Of course, the powers of the arbitrators in this respect will reach only as far as the assumed breaches of the duties of confidentiality are attributable directly to the parties — since only they are bound by the arbitration agreement — or, at most, to third parties for whom the parties to the arbitral agreement are considered to be responsible. The situation may be the same where the duties in question arise from instruments such as the terms of reference in ICC arbitrations. Arbitrators will normally have no powers in respect of the confidentiality obligations of the arbitral tribunal or its members, secretaries, arbitral institutions, witnesses and experts or other auxiliaries, such as interpreters and reporters. In theory, however, it is conceivable that, where such third parties (excluding the arbitrators) are made to accept specific undertakings of confidentiality, these too could be brought within the jurisdiction of the arbitral tribunal. If the obligations derive from the arbitration agreement, any disputes relating thereto could be subject to the jurisdiction of the arbitrators not only for the duration of the proceedings, but even after the award has been rendered. For disputes relating to confidentiality which arise after the close of the original proceedings it is conceivable that a new arbitration could be commenced, although no instances of this have come to the attention of the Committee.

Where the duties of confidentiality do not arise from the arbitration agreement, the only possible forum for the adjudication of any dispute relating to them seems to be a national court. In this case the solution to all the possible questions — existence and scope of the obligation and of any relevant exception, remedies etc. — may vary considerably depending on the court which will hear the dispute and on the rules it will apply, which in turn raises the conflict of jurisdiction and conflict of laws issues highlighted in Section III.A above. The situation may be further complicated where a person holding confidential information relating to the arbitration may be subject to an obligation to disclose it, for instance to a regulatory authority or in the context of different proceedings. In such a case, where there may be a conflict between the duty of confidentiality and the duty to disclose, the party bound by such duties may find itself subject to conflicting decisions.

In many situations the enforcement of any assumed duty of confidentiality may prove to be problematic in practice due to the uncertainties surrounding many of the relevant legal issues which will be relevant in a given factual situation (the questions of jurisdiction and conflict of laws, the lack of precision as to the content of the substantive applicable obligation, the difficulty in proving damage in case of breach for the purposes of compensation) as well as because of the difficulties that may arise in the enforcement of any decision establishing liability.

6. The lifespan of confidentiality obligations

The duration of confidentiality obligations, as regards both the moment when it arises and when it ends, is equally the subject of uncertainty and is not dealt with in the sources. The answer will probably vary to a large extent depending on the nature of the information and, obviously, on the source of the duty. If the source is contractual, the duration might be stated in the contract (which may be prior to the beginning of the arbitration or subsequent) or should be able to be derived through the interpretation of the contract. The fact that the duty of confidentiality usually covers the award seems to point to an expectation that the regime of confidentiality should outlive the arbitral proceedings and that the obligations will not cease after the end of the arbitration. It is less clear whether the obligations are perpetual or whether at some point they lapse, and if so at what point. It is reasonable to assume that the obligations cease where it can be established that confidentiality is no longer relevant. One such case is where the information in question has become of public domain.[87]

---

87. The Scottish Arbitration Rules explicitly exclude from the definition of confidentiality information which is in the public domain (Rule 26(4)).

Anexo II

B. Problems arising in practice and potential solutions

The foregoing overview of the law on confidentiality in arbitration as it is laid down by the different sources confirms the fallacy of the assumption that confidentiality is an inherent feature of arbitration which was exposed in the aftermath of the *Esso v Plowman* and *Bulbank* cases. The rules vary amongst different jurisdictions, and in many cases the rules that do exist are not very precise as to their scope and leave a great deal of leeway for interpretation. Overall there is a lack of a general consensus even on some of the fundamental issues. The uncertainties are complemented by the additional uncertainties as to the precise circumstances in which the individual rules will be applicable by virtue of the relevant principles of conflict of laws and jurisdiction.

As a result, in relation to the majority of international arbitrations it will be impossible, or imprudent, to take for granted that an obligation of confidentiality exists. To this of course must be added the problem of enforcement of any obligation which may be held to exist.

The practical consequence of all of this is that the different participants in an arbitration may find themselves faced with situations which do not comport with their expectations. In certain cases participants may find that information they expected to be and to remain confidential is not covered by a confidentiality obligation. Other times participants may find themselves constrained from using information that they thought they could use. Just as frequently participants are likely to face a considerable uncertainty as to whether and to what extent a given information or document is covered by confidentiality and may even find themselves subject to conflicting obligations.

The primary victims of this uncertainty are the parties. However, arbitrators may also have to deal with issues of confidentiality when conducting the proceedings, and may very well find themselves without clear guidelines to decide whether an obligation of confidentiality exists, what its scope is and what powers they have to enforce it or to grant relief for its violation. The issue may even arise as to whether the arbitrators, or instead the courts (and in this case which courts), have the power to decide issues of confidentiality. Arbitrators, for instance, may have to decide whether they are permitted to raise such issues of their own motion or if they have to defer to the initiative of the parties, even where breaches of confidentiality may be perceived to interfere with the appropriate conduct of the proceedings.

Due to the current absence of universally recognized standards and to the variety of sources that may impact on the situation, these and other uncertainties will often be largely unavoidable. Parties will simply have to take stock of this state of things and be prepared for different outcomes, also having regard to the different rules that may reasonably be held to apply. To some extent, however, the parties have the option of laying down contractual rules to govern the issues relating to confidentiality, first and foremost if they do or do not want confidentiality to apply and to whom and to what it must apply. Although the agreement of the parties will not ensure complete confidentiality, particularly where the disclosure of information is required by an overarching public or third party interest, most legal systems will recognize such an agreement even if confidentiality is not guaranteed by law in the absence of specific agreement.

In the light of this situation the Committee has drawn up the set of findings and recommendations contained in Section V. The purpose of these is to highlight the main issues which arise in connection with confidentiality in international arbitration and which must be considered by anyone concerned with ensuring the confidentiality or non confidentiality of information relating to an international arbitration and to provide some suggestions to parties and arbitrators on how to address these issues insofar as they are free to do so under the applicable laws.

IV. Findings and recommendations

A. Findings

1. Confidentiality is an important feature of international commercial arbitration.

2. Many users of international commercial arbitration assume when choosing arbitration that arbitration is inherently confidential. This assumption is not warranted because many national laws and arbitral rules do not provide for confidentiality and those that do vary in their approach and scope (including the persons affected, the duration and the remedies).

Anexo II

3. A general provision of confidentiality in a contract does not necessarily extend to the arbitration.

4. The parties can, however, by agreement provide for confidentiality and determine the scope, extent and duration of the obligation as well as the available remedies.

5. Typically, arbitration confidentiality obligations (in both contracts and arbitral rules) serve to bind the parties to the dispute and their agents and representatives (including counsel), and arbitrators, arbitral institutions and if applicable, secretaries to the arbitral tribunal, as well as other persons under their control.

6. Normally such arbitration confidentiality provisions in contracts or rules do not impose an obligation of confidentiality on other persons who may become involved in the arbitration (such as fact or expert witnesses, translators, stenographers or court reporters), unless those other persons expressly agree to be bound by the confidentiality provisions.

7. The laws of various countries may be applicable to assessing the existence and scope of any confidentiality obligation. Those laws may be inconsistent with each other.

8. A person bound by an obligation of confidentiality may also be subject to a competing obligation to disclose information covered by the confidentiality obligation. It may therefore be that a person is subject to conflicting obligations regarding confidentiality.

9. Disputes regarding confidentiality may be brought before a variety of fora, even after the arbitration. If the parties have agreed to arbitral confidentiality, the arbitral tribunal has jurisdiction over disputes between the parties regarding the agreed confidentiality. National laws creating confidentiality obligations may also empower arbitral tribunals to make decisions regarding those obligations.

10. Where an arbitral tribunal has jurisdiction over an arbitral confidentiality dispute, it may make use of the entire range of powers conferred on it by

law, rules or agreement. For example it may order injunctive or declaratory relief, award damages, bar the introduction into the record of evidence derived from a confidentiality breach, treat the breach as a breach of the underlying contract or grant any other remedies appropriate in the circumstances and available to it. However, such power would not extend to making awards or orders against persons who are not party to the arbitration.

11. If a member of an institution or an arbitrator breaches an obligation of confidentiality, there may be a right of recourse under law or contract against the institution or the arbitrator, provided the party has not waived such a claim.

B. Recommendations

1. Given the different approaches to confidentiality in various jurisdictions and in the various institutional rules and under various professional rules, the best way safely to ensure confidentiality (or non-confidentiality) across many jurisdictions is to provide for it by express agreement at some point prior to or during the arbitration.

2. In the absence of contractual provisions on confidentiality, arbitrators should consider drawing the attention of the parties to confidentiality and, if appropriate, addressing the issue in terms of reference or a procedural order at the outset of the proceedings.

3. Express agreement to confidentiality should specify the scope, extent, duration of the confidentiality obligation, the exceptions to it, and how it may be enforced.

4. Given that confidentiality provisions do not normally impose obligations of confidentiality on the non-core participants in the arbitral process ("third parties"), it should be incumbent upon the participant in the arbitration bound by a confidentiality obligation who brings the third party into the proceedings to seek such third party's express agreement to preserve confidentiality and, in addition to that third party's own responsibility, to bear responsibility for failure to take reasonable efforts to ensure that the agreement is carried out. There are many different ways in which such an obligation can

Anexo II

be imposed, for example the core participant could provide an undertaking to take reasonable steps to ensure that the third parties comply with their confidentiality obligations.

5. Reasonable exceptions to an obligation of confidentiality may include:
(a) prosecuting or defending the arbitration or proceedings related to it (including enforcement or annulment proceedings), or pursuing a legal right;
(b) responding to legitimate subpoena, governmental request for information or other compulsory process;
(c) making a disclosure required by law or rules of a securities exchange; or
(d) seeking legal, accounting or other professional services, or satisfying information requests of potential acquirers, investors or lenders, provided that in each case that the recipient agrees in advance to preserve the confidentiality of the information provided.

C. Model clauses

1. Model confidentiality clause:

> "[A] The parties, any arbitrator, and their agents, shall keep confidential and not disclose to any non-party the existence of the arbitration, all non -public materials and information provided in the arbitration by another party, and orders or awards made in the arbitration (together, the "Confidential Information"). [B] If a party wishes to involve in the arbitration a non-party – including a fact or expert witness, stenographer, translator or any other person – the party shall make reasonable efforts to secure the non-party's advance agreement to preserve the confidentiality of the Confidential Information. [C] Notwithstanding the foregoing, a party may disclose Confidential Information to the extent necessary to: (1) prosecute or defend the arbitration or proceedings related to it (including enforcement or annulment proceedings), or to pursue a legal right; (2) respond to legitimate subpoena, governmental request for information or other compulsory process; (3) make disclosure required by law or rules of a securities exchange; (4) seek legal, accounting or other professional services, or satisfy information requests of potential acquirers, investors or lenders, provided that in each case that the recipient agrees in advance to preserve the

confidentiality of the Confidential Information. The arbitral tribunal may permit further disclosure of Confidential Information where there is a demonstrated need to disclose that outweighs any party's legitimate interest in preserving confidentiality. [D] This confidentiality provision survives termination of the contract and of any arbitration brought pursuant to the contract. This confidentiality provision may be enforced by an arbitral tribunal or any court of competent jurisdiction and an application to a court to enforce this provision shall not waive or in any way derogate from the agreement to arbitrate."

2. Commentary to the model confidentiality clause

The above text can be incorporated by the parties in their agreement to arbitrate or adopted by them at any time prior to or during the arbitration. It can also serve as guidance for the arbitrators for use in procedural orders or terms of reference.

When using this text the following should be considered in relation to each of the alphabetically marked sections of the clause:

[A] This sentence defines the scope of the confidentiality obligation. The model clause prohibits disclosure of all information revealing the existence of the arbitration, information and documents provided by the other parties and all information and documents created for the purposes of the arbitration. It does not cover a party's own "historical" documents and documents and information in the public domain.

[B] This sentence creates a general obligation to endeavour to preserve confidentiality when communicating with non-parties who may in some way become involved in the arbitration. The parties may want to consider further how specifically they will fulfill that general obligation. For example, expert witnesses, stenographers and other non-parties who enter into a contract or engagement letter are often prepared to accept a confidentiality commitment in that document. The situation may be more complicated with fact witnesses or other non-parties who participate in the arbitration without any form of agreement. The parties may wish to consider agreeing upon a

Anexo II

form of request to these non-parties asking them to preserve confidentiality, or even upon a written undertaking to be signed by the non-party.

[C] These sentences define permitted disclosure of otherwise confidential information. The opening words of the first sentence indicate that disclosure is permitted only to the extent necessary to fulfil one of specifically enumerated circumstances requiring disclosure. For instance, if there is a requirement to disclose the existence of the arbitration, this will not of itself justify the disclosure of any other Confidential Information. The exceptions should be specifically tailored to the particular circumstances. For example, the inclusion of the securities exchange exception would only be relevant to listed companies. The parties may also consider whether reference to another regulatory authority may be relevant. The language of this model clause provides for the right of the parties to disclose Confidential Information also in order to pursue legal rights unrelated to the arbitration, and confers on the tribunal the power to permit further disclosure. The parties should consider carefully whether to permit disclosure in those circumstances, and if so whether such disclosure should be further subject to more precisely defined or limited conditions.

[D] These sentences concern duration and enforcement of confidentiality. The model clause language allows a party to seek enforcement from the tribunal or a national court, which might be important if, for example, a party seeks compulsory injunction, or seeks a remedy against a non-party to the arbitration.

3. Model non-confidentiality clause:

"Save to the extent required by any applicable law, the parties shall have no obligation to keep confidential the existence of the arbitration or any information or document relating thereto".

MARK W. FRIEDMAN
Rapporteur

LUCA G. RADICATI DI BROZOLO
Rapporteur

FILIP DE LY
Chairman

Anexo III

Projeto de Lei do Senado nº 406, de 2013

Altera a Lei nº 9.307, de 23 de setembro de 1996, e a Lei nº 6.404, de 15 de dezembro de 1976, para ampliar o âmbito de aplicação da arbitragem e dispor sobre a escolha dos árbitros quando as partes recorrem a órgão arbitral, a interrupção da prescrição pela instituição da arbitragem, a concessão de tutelas cautelares e de urgência nos casos de arbitragem, a carta arbitral, a sentença arbitral e o incentivo ao estudo do instituto da arbitragem.

O CONGRESSO NACIONAL decreta:

Art. 1º Os arts. 1º, 2º, 4º, 13, 19, 23, 30, 32, 33, 35 e 39 da Lei nº 9.307, de 23 de setembro de 1996, passam a vigorar com a seguinte redação:

Art. 1º ....
§1º. A Administração Pública direta e indireta poderá utilizar-se da arbitragem para dirimir conflitos relativos a direitos patrimoniais disponíveis decorrentes de contratos por ela celebrados.
§2º. A autoridade ou o órgão competente da Administração Pública direta para a celebração de convenção de arbitragem é a mesma para a realização de acordos ou transações. (NR)

Art. 2º ....
....
§3º. As arbitragens que envolvem a Administração Pública serão sempre de direito e respeitarão o princípio da publicidade. (NR)

Art. 4º ....
....
§2º. Nos contratos de adesão a cláusula compromissória só terá eficácia se for redigida em negrito ou em documento apartado.

§3º. Na relação de consumo estabelecida por meio de contrato de adesão, a cláusula compromissória só terá eficácia se o aderente tomar a iniciativa de instituir a arbitragem, ou concordar, expressamente, com a sua instituição.

§4º. Desde que o empregado ocupe ou venha a ocupar cargo ou função de administrador ou diretor estatutário, nos contratos individuais de trabalho poderá ser pactuada cláusula compromissória, que só terá eficácia se o empregado tomar a iniciativa de instituir a arbitragem ou se concordar, expressamente, com a sua instituição. (NR)

Art. 13. ....

....

§4º. As partes, de comum acordo, poderão afastar a aplicação de dispositivo do regulamento do órgão arbitral institucional ou entidade especializada que limite a escolha do árbitro único, coárbitro ou presidente do tribunal à respectiva lista de árbitros, autorizado o controle da escolha pelos órgãos competentes da instituição. Nos casos de impasse e arbitragem multiparte deverá ser observado o que dispuser o regulamento aplicável. (NR)

Art. 19. ....

§1º. Instituída a arbitragem e entendendo o árbitro ou o tribunal arbitral que há necessidade de explicitar alguma questão disposta na convenção de arbitragem, será elaborado, juntamente com as partes, um adendo, firmado por todos, que passará a fazer parte integrante da convenção de arbitragem.

§2º. A instituição da arbitragem interrompe a prescrição, retroagindo à data do requerimento de instauração da arbitragem, ainda que extinta a arbitragem por ausência de jurisdição. (NR)

Art. 23. ....

§1º. Os árbitros poderão proferir sentenças parciais.

§2º. As partes e os árbitros, de comum acordo, poderão prorrogar o prazo estipulado para proferir a sentença final. (NR)

Art. 30. No prazo de cinco dias, a contar do recebimento da notificação ou da ciência pessoal da sentença arbitral, salvo se outro prazo for acordado entre as partes, a parte interessada, mediante comunicação à outra parte, poderá solicitar ao árbitro ou ao tribunal arbitral que:

Anexo III

....

Parágrafo único. O árbitro ou o tribunal arbitral decidirá, no prazo de dez dias ou em prazo acordado com as partes, aditando a sentença arbitral e notificando as partes na forma do art. 29. (NR)

Art. 32. ....
I — for nula a convenção de arbitragem;
.... (NR)

Art. 33. A parte interessada poderá pleitear ao órgão do Poder Judiciário competente a declaração de nulidade da sentença arbitral, nos casos previstos nesta Lei.

§1º. A demanda para a declaração de nulidade da sentença arbitral, parcial ou final, seguirá as regras do procedimento comum, previstas no Código de Processo Civil, e deverá ser proposta no prazo de até noventa dias após o recebimento da notificação da respectiva sentença, parcial ou final, ou da decisão do pedido de esclarecimentos.

§2º. A sentença que julgar procedente o pedido declarará a nulidade da sentença arbitral, nos casos do art. 32, e determinará, se for o caso, que o árbitro ou tribunal profira nova sentença arbitral.

§3º. A declaração da nulidade da sentença arbitral também poderá ser arguida mediante impugnação, conforme o art. 475-L e seguintes do Código de Processo Civil, se houver execução judicial. (NR)

Art. 35. Para ser reconhecida ou executada no Brasil, a sentença arbitral estrangeira está sujeita, unicamente, à homologação do Superior Tribunal de Justiça. (NR)

Art. 39. Também será denegada a homologação para o reconhecimento ou execução da sentença arbitral estrangeira, se o Superior Tribunal de Justiça constatar que:
.... (NR)

Art. 2º A Lei nº 9.307, de 23 de setembro de 1996, passa a vigorar acrescida dos seguintes arts. 22-A e 22-B, compondo um Capítulo IV-A, do seguinte art. 22-C, compondo um Capítulo IV-B, e dos seguintes arts. 40-A e 40-B, em suas Disposições Finais:

Capítulo IV-A
Das Tutelas Cautelares e de Urgência

Art. 22-A. Antes de instituída a arbitragem, as partes poderão recorrer ao Poder Judiciário para a concessão de medidas cautelares ou de urgência.

Parágrafo único. Cessa a eficácia da medida cautelar ou de urgência se a parte interessada não requerer a instituição da arbitragem no prazo de trinta (30) dias, contados da data da efetivação da respectiva decisão.

Art. 22-B. Instituída a arbitragem, caberá aos árbitros manter, modificar ou revogar a medida cautelar ou de urgência concedida pelo Poder Judiciário.

Parágrafo único. Estando já instituída a arbitragem, as medidas cautelares ou de urgência serão requeridas diretamente aos árbitros.

Capítulo IV-B
Da Carta Arbitral

Art. 22-C. O árbitro ou o tribunal arbitral poderá expedir carta arbitral, para que o órgão jurisdicional nacional pratique ou determine o cumprimento, na área de sua competência territorial, de ato solicitado pelo árbitro.

Parágrafo único. No cumprimento da carta arbitral será observado o segredo de justiça, desde que comprovada a confidencialidade estipulada na arbitragem.

Capítulo VII
Disposições Finais

Art. 40-A. O Ministério da Educação — MEC deverá incentivar as instituições de ensino superior a incluírem em seus currículos a disciplina da arbitragem como método de resolução de conflitos.

Art. 40-B. O Conselho Nacional de Justiça — CNJ e o Conselho Nacional

Anexo III

do Ministério Público — CNMP deverão incentivar a inclusão, nos conteúdos programáticos de concursos públicos para o ingresso nas carreiras do Poder Judiciário e do Ministério Público, respectivamente, de matérias relacionadas à arbitragem como método de resolução de conflitos.

Art. 3º A Lei nº 6.404, de 15 de dezembro de 1976, passa a vigorar acrescida do seguinte art. 136-A na Subseção "Direito de Retirada" da Seção III de seu Capítulo XI:

Art. 136-A. A aprovação da inserção de convenção de arbitragem no estatuto social, observado o quorum do art. 136, obriga a todos os acionistas da companhia, assegurado ao acionista dissidente o direito de retirar-se da companhia mediante o reembolso do valor de suas ações (art. 45).

§1º. A convenção somente terá eficácia após o decurso do prazo de 30 (trinta) dias, contados da publicação da ata da Assembleia Geral que a aprovou.

§2º. O direito de retirada previsto acima não será aplicável:

I — caso a inclusão da convenção de arbitragem no estatuto social represente condição para que os valores mobiliários de emissão da companhia sejam admitidos à negociação em segmento de listagem de bolsa de valores ou de mercado de balcão organizado que exija dispersão acionária mínima de 25% das ações de cada espécie ou classe;

II — caso a inclusão da convenção de arbitragem seja efetuada no estatuto social de companhia aberta cujas ações sejam dotadas de liquidez e dispersão no mercado, nos termos das alíneas "a" e "b" do inciso II do art. 137 desta Lei.

Art. 4º. Esta Lei entra em vigor sessenta dias após sua publicação.

Art. 5º. Ficam revogados o §4º do art. 22 e o art. 25 da Lei nº 9.307, de 23 de setembro de 1996.

Referências

ABBUD, André de Albuquerque Cavalcanti. *Execução específica dos acordos de acionistas*. São Paulo: Quartier Latin, 2006.

_____. *Homologação de sentenças arbitrais estrangeiras*. São Paulo: Atlas, 2008.

ALEXY, Robert. *Teoria dos direitos fundamentais*. Tradução de Virgílio Afonso da Silva. São Paulo: Malheiros, 2008.

ALMADA, Roberto José Ferreira de. *A garantia processual da publicidade*. São Paulo: RT, 2005.

ALMEIDA, Ricardo Ramalho. A anulação de sentenças arbitrais e a ordem pública. *Revista de Arbitragem e Mediação*, São Paulo, a. 3, n. 9, abr./jun. 2006.

_____. *Arbitragem comercial internacional e ordem pública*. Rio de Janeiro: Renovar, 2005.

ALVIM, Thereza. Da assistência. *Revista de Processo*, São Paulo, n. 79, jul./set. 1995. Disponível em: <www.revistasrtonline.com.br>. Acesso em: 20 dez. 2011.

_____. O cabimento de embargos ou impugnação ante a sentença contrária à Constituição (arts. 741, parágrafo único, e 475-L, do CPC): hipótese de "flexibilização" ou inexistência da coisa julgada? In: MEDINA, José Miguel Garcia et al. (Coord.). *Os poderes do juiz e o controle das decisões judiciais*: estudos em homenagem à professora Teresa Arruda Alvim Wambier. São Paulo: RT, 2008.

_____. *Questões prévias e os limites objetivos da coisa julgada*. São Paulo: RT, 1977.

AMARAL, Guilherme Rizzo. *O anteprojeto do novo CPC e os prejuízos à arbitragem*. Disponível em: <www.migalhas.com.br>. Acesso em: 22 jul. 2010.

AMARAL NETO, Francisco dos Santos. A autonomia privada como princípio fundamental da ordem jurídica. *Revista de Informação Legislativa*, Brasília, a. 26, n. 102, abr./jun. 1989.

ANDRADE, Marcus Vinicius dos Santos. Considerações sobre a arbitragem e o cumprimento da sentença arbitral. *Revista de Arbitragem e Mediação*, São Paulo, a. 4, n. 15, out./dez. 2007.

ANTUNES VARELA, João de Matos. *Das obrigações em geral.* 10. ed. Coimbra: Almedina, 2006. v. I.

ARAGÃO, Egas Dirceu Moniz de. *Comentários ao código de processo civil.* 10. ed. Rio de Janeiro: Forense, 2005. v. II.

____. Publicidade da distribuição. *Revista Forense,* Rio de Janeiro, v. 92, n. 336, out./dez. 1996.

ARAGÃO, Paulo Cezar. A disciplina do acordo de acionistas na reforma da lei das sociedades por ações (Lei nº 10.303, de 2001). In: LOBO, Jorge (Coord.). *Reforma da lei das sociedades anônimas*: inovações e questões controvertidas da lei nº 10.303, de 31.10.2001. 2. ed. Rio de Janeiro: Forense, 2002.

ARMELIN, Donaldo. A ação declaratória em matéria arbitral. *Revista de Arbitragem e Mediação,* São Paulo, a. 3, n. 9, abr./jun. 2006.

____. Arbitragem e o novo código de processo civil. *Revista de Arbitragem e Mediação,* São Paulo, a. 8, n. 28, jan./mar. 2011.

____. Jurisprudência comentada. *Revista de Arbitragem e Mediação,* São Paulo, a. 2, n. 6, jul./set. 2005.

____. Notas sobre a ação rescisória em matéria arbitral. *Revista de Arbitragem e Mediação,* São Paulo, a. 1, n. 1, jan./abr. 2004.

____. Prescrição e arbitragem. *Revista de Arbitragem e Mediação,* São Paulo, a. 4, n. 15, out./dez. 2007.

ARRUDA ALVIM, Angélica; ARRUDA ALVIM, Eduardo. Apontamentos sobre a coisa julgada no código de processo civil e outros diplomas legais. *Revista Forense,* Rio de Janeiro, a. 108, n. 415, jan./jun. 2012.

ARRUDA ALVIM, Eduardo. *Curso de direito processual civil.* São Paulo: RT, 1999. v. 1.

ARRUDA ALVIM, José Manoel de. *Código de processo civil comentado.* São Paulo: RT, 1975. v. II.

____. *Código de processo civil comentado.* São Paulo: RT, 1979. v. V.

____. Coisa julgada: extensão e limites objetivos. In: ____. *Soluções práticas de direito.* São Paulo: RT, 2011. v. IV.

____. Competência internacional. *Revista de Processo,* São Paulo, a. 2, n. 7-8, jul./dez. 1977.

____. *Manual de direito processual civil.* 9. ed. São Paulo: RT, 2005. v. 1.

____. *Manual de direito processual civil.* 12. ed. São Paulo: RT, 2008. v. 2.

____. *Manual de direito processual civil.* 14. ed. São Paulo: RT, 2011.

Referências

____; ASSIS, Araken de; ARRUDA ALVIM, Eduardo. *Comentários ao código de processo civil*. Rio de Janeiro: GZ, 2012.

ASSAD, Gilberto Ferreira Sandra Mara Flügel. Os poderes do juiz no processo civil moderno. *Revista de Processo*, São Paulo, n. 86, abr. de 1997. Disponível em: <www.rtonline.com.br>. Acesso em: 4 fev. 2012.

ASSIS, Araken de. *Manual da execução*. 13. ed. São Paulo: RT, 2010.

____. *Manual da execução*. 14. ed. São Paulo: RT, 2012.

ÁVILA, Humberto. *Teoria dos princípios*: da definição à aplicação dos princípios jurídicos. 6. ed. São Paulo: Malheiros, 2006.

AYOUB, Luiz Roberto; PELLEGRINO, Antônio Pedro. A sentença parcial. *Revista da Emerj*, v. 11, n. 44, out./dez. 2008.

BAPTISTA, Luiz Olavo. Arbitragem: aspectos práticos. *Revista Brasileira de Arbitragem*, Porto Alegre, a. 1, n. 0, jul./out. 2003.

____. *Arbitragem comercial e internacional*. São Paulo: Lex, 2011.

____; MIRANDA, Sílvia Julio Bueno de. A Lei 9.307/96 e o direito aplicável ao mérito do litígio na arbitragem comercial internacional. *Revista de Arbitragem e Mediação*, São Paulo, a. 7, n. 27, out./nov. 2010.

BARBI, Celso Agrícola. *Comentários ao código de processo civil*. 13. ed. Atualização de Eliana Barbi Botelho e Bernardo Pimentel Souza. Rio de Janeiro: Forense, 2008. v. I.

BARBI FILHO, Celso. *Acordo de acionistas*. Belo Horizonte: Del Rey, 1993.

BARBI FILHO, Celso A. Acordo de acionistas: panorama atual do instituto no direito brasileiro e propostas para a reforma de sua disciplina legal. In: WALD, Arnoldo (Org.). *Doutrinas essenciais*: direito empresarial. São Paulo: RT, 2011a. v. III.

____. Efeitos da reforma do código de processo civil na execução específica do acordo de acionistas. In: WALD, Arnoldo (Org.). *Doutrinas essenciais*: direito empresarial. São Paulo: RT, 2011b. v. III.

BARBOSA MOREIRA, José Carlos. A constituição e as provas ilicitamente obtidas. In: ____. *Temas de direito processual*: sexta série. São Paulo: Saraiva, 1997a.

BARBOSA MOREIRA, José Carlos. A eficácia preclusiva da coisa julgada material. In: WAMBIER, Luiz Rodrigues; WAMBIER, Teresa Arruda Alvim (Org.). *Doutrinas essenciais*: processo civil. São Paulo: RT, 2011a. v. VI.

BARBOSA MOREIRA, José Carlos. A emenda constitucional nº 45 e o processo. In: ____. *Temas de direito processual*: nona série. São Paulo: Saraiva, 2007a.

____. A responsabilidade das partes por dano processual no direito brasileiro. In: ____. *Temas de direito processual*. São Paulo: Saraiva, 1977.

____. A revolução processual inglesa. In: ____. *Temas de direito processual*: nona série. São Paulo, 2007b.

____. Ainda e sempre a coisa julgada. In: WAMBIER, Luiz Rodrigues; WAMBIER, Teresa Arruda Alvim (Org.). *Doutrinas essenciais*: processo civil. São Paulo: RT, 2011b. v. VI.

____. Aspectos da "execução" em matéria de obrigação de emitir declaração de vontade. In: ____. *Temas de direito processual*: sexta série. São Paulo: Saraiva, 1997b.

____. Coisa julgada e declaração. In: ____. *Temas de direito processual*: primeira série. São Paulo: Saraiva, 1977.

____. Coisa julgada. Limites objetivos. In: ____. *Direito aplicado II*. 2. ed. Rio de Janeiro: Forense, 2005a.

____. *Comentários ao código de processo civil*. 11. ed. Rio de Janeiro: Forense, 2003. v. V.

____. *Comentários ao código de processo civil*. 15. ed. Rio de Janeiro: Forense, 2009. v. V.

____. Condenação em honorários de advogado. Sentença declaratória. In: ____. *Direito aplicado II*: pareceres. 2. ed. Rio de Janeiro: Forense, 2005b.

____. Considerações sobre a chamada 'relativização' da coisa julgada material. In: ____. *Temas de direito processual*: nona série. São Paulo: Saraiva, 2007c.

____. Conteúdo e efeitos da sentença: variações sobre o tema. In: ____. *Temas de direito processual*: quarta série. São Paulo: Saraiva, 1989.

____. Convenções das partes sobre matéria processual. In: ____. *Temas de direito processual*: terceira série. São Paulo: Saraiva, 1984.

____. Correntes e contracorrentes no processo civil contemporâneo. In: ____. *Temas de direito processual*: nona série. São Paulo: Saraiva, 2007d.

____. *Direito aplicado I*: acórdãos e votos. 2. ed. Rio de Janeiro: Forense, 2001a.

____. Efetividade do processo e técnica processual. In: ____. *Temas de direito processual*: sexta série. São Paulo: Saraiva, 1997c.

____. Eficácia da sentença e autoridade da coisa julgada. In: ____. *Temas de direito processual*: terceira série. São Paulo: Saraiva, 1984.

_____. Estrutura da sentença arbitral. In: _____. *Temas de direito processual*: oitava série. São Paulo: Saraiva, 2004.

_____. Execução sujeita a condição ou a termo no processo civil brasileiro. In: _____. *Temas de direito processual*: sétima série. São Paulo: Saraiva: 2001b.

_____. La definizione di cosa giudicata sostanziale nel codice di procedura civile brasiliano. In: _____. *Temas de direito processual*: nona série. São Paulo: Saraiva, 2007e.

_____. Notas sobre alguns aspectos do processo (civil e penal) nos países anglo-saxônicos. In: _____. *Temas de direito processual*: sétima série. São Paulo: Saraiva, 2001c.

_____. Notas sobre o problema da 'efetividade' do processo. In: _____. *Temas de direito processual*: terceira série. São Paulo: Saraiva, 1984.

_____. *O novo processo civil brasileiro*. 27. ed. Rio de Janeiro: Forense, 2008.

_____. O processo civil contemporâneo: um enfoque comparativo. In: _____. *Temas de direito processual*: nona série. São Paulo: Saraiva, 2007f.

_____. Os limites objetivos da coisa julgada no sistema do novo código de processo civil. In: _____. *Temas de direito processual*: primeira série. São Paulo: Saraiva, 1977.

_____. *Questões prejudiciais e coisa julgada*. Rio de Janeiro: s.n., 1967.

_____. Solidariedade ativa: efeitos da sentença e coisa julgada na ação de cobrança proposta por um único credor. In: _____. *Temas de direito processual*: nona série. São Paulo: Saraiva, 2007g.

_____. Uma novidade: o código de processo civil inglês. In: _____. *Temas de direito processual*: sétima série. São Paulo, 2001d.

BARROCAS, Manuel Pereira. A prova no processo arbitral em direito português. *Revista de Arbitragem e Mediação*, São Paulo, a. 8, n. 28, jan./mar. 2011.

BARROSO, Luís Roberto. O começo da história. A nova interpretação constitucional e o papel dos princípios no direito brasileiro. In: _____ *Temas de direito constitucional*. Rio de Janeiro: Renovar, 2005a. t. III.

_____. O novo direito constitucional e a constitucionalização do direito. In: _____. *Temas de direito constitucional*. Rio de Janeiro: Renovar, 2005b. t. III.

BEDAQUE, José Roberto dos Santos. Estabilização da tutela antecipada. In: COSTA, Hélio Rubens Batista Ribeiro; RIBEIRO, José Horácio Halfeld Rezende; DINAMARCO, Pedro da Silva (Coord.). *Linhas mestras do processo civil*. São Paulo: Atlas, 2004.

_____. *Poderes instrutórios do juiz*. 4. ed. São Paulo: RT, 2009.

_____. *Tutela cautelar e tutela antecipada*: tutelas sumárias e de urgência. 3. ed. São Paulo: Malheiros, 2003.

BERMUDES, Sergio. Parecer. In: _____. *Direito processual civil*: estudos e pareceres: terceira série. São Paulo: Saraiva, 2002.

BERNARDINI, Piero. *L'arbitrato nel commercio e negli investimenti internazionali*. 2. ed. Milão: Giuffrè, 2008.

BERTOLDI, Marcelo M. *Acordo de acionistas*. São Paulo: RT, 2006.

BESSONE, Darcy. Acordo de acionistas. Poderes do acionista controlador de sociedade anônima. Artigos 116, 238 e 273 da Lei 6.404/76. In: WALD, Arnoldo (Org.). *Doutrinas essenciais*: direito empresarial. São Paulo: RT, 2011. v. III.

BOCCAGNA, Salvatore. *Commentario breve al diritto dell'arbitrato nazionale ed internazionale*. In: _____. BENEDETTELLI, Massimo V.; CONSOLO, Claudio; RADICATI DI BROZOLO, Luca G. (Org.). Milão: Cedam, 2010.

BONATO, Giovanni. Natura ed effetti del lodo arbitrale in Francia, Belgio, Spagna e Brasile. In: _____. *Disegno sistematico dell'arbitrato*. Milão: Cedam, 2012. v. III.

BORBA, José Edwaldo Tavares. Acordo de acionistas e princípio da boa-fé objetiva. In: _____. *Temas de direito comercial*. Rio de Janeiro: Renovar, 2007.

_____. *Direito societário*. 8. ed. Rio de Janeiro: Renovar, 2003.

BORN, Gary B. *International commercial arbitration*. Alphen aan den Rijn: Kluwer, 2009. v. I.

_____. *International commercial arbitration*. Alphen aan den Rijn: Kluwer, 2009. v. II.

BRAGHETTA, Adriana. *A importância da sede da arbitragem*: visão a partir do Brasil. Rio de Janeiro: Renovar, 2010.

BRUSCHI, Gilberto Gomes; COUTO, Mônica Bonetti; PEREIRA E SILVA, Ruth Maria Junqueira de A.; PEREIRA, Thomaz Henrique Junqueira de (Org.). *Direito processual empresarial*: estudos em homenagem a Manoel de Queiroz Pereira Calças. Rio de Janeiro: Elsevier, 2012.

BUENO, Cassio Scarpinella. *A nova etapa da reforma do código de processo civil*. São Paulo: Saraiva, 2006. v. 1.

_____. *Curso sistematizado de direito processual civil*. 3. ed. São Paulo: 2009. v. 1.

Referências

____. *Curso sistematizado de direito processual civil*. 2. ed. São Paulo: Saraiva, 2009. v. 2.

____. *Curso sistematizado de direito processual civil*. 4. ed. São Paulo: Saraiva: 2012. v. 4.

____. *Partes e terceiros no processo civil brasileiro*. 2. ed. São Paulo: Saraiva, 2006.

CAHALI, Francisco José. *Curso de arbitragem*. São Paulo: RT, 2011.

CAHALI, Yussef Said. *Fraudes contra credores*. 4. ed. São Paulo: RT, 2008.

____. *Honorários advocatícios*. 3. ed. São Paulo: RT, 1997.

CALAMANDREI, Piero. *Instituciones de derecho procesal civil*. Traducción de Santiago Sentis Melendo. Buenos Aires: El Foro, 1996. v. II.

CALMON DE PASSOS, José Joaquim. *Comentários ao código de processo civil*. 8. ed. Rio de Janeiro: Forense, 1998. v. III.

____. *Comentários ao código de processo civil*. 9. ed. Rio de Janeiro: Forense, 2005. v. III.

CÂMARA, Alexandre Freitas. *Arbitragem*. 3. ed. Rio de Janeiro: Lumen Juris, 2002.

____. Das relações entre arbitragem e o poder judiciário. *Revista de Direito da Associação dos Procuradores do Novo Estado do Rio de Janeiro*, Rio de Janeiro, v. XVIII, 2006. Número coordenado por Segio Nelson Mannheimer.

____. *Lições de direito processual civil*. 6. ed. Rio de Janeiro: Lumen Juris, 2001. v. I.

____. *Lições de direito processual civil*. 16. ed. Rio de Janeiro: Lumen Juris, 2007. v. 1.

____. *Lições de direito processual civil*. 21. ed. São Paulo: Atlas, 2012. v. 2.

____. Poderes instrutórios do juiz e processo civil democrático. *Revista de Processo*, São Paulo, n. 153, nov. 2007. Disponível em: <www.rtonline.com.br>. Acesso em: 4 fev. 2012.

CANARIS, Claus-Wilhelm. *Pensamento sistemático e conceito de sistema na ciência do direito*. Tradução de Antônio Menezes Cordeiro. Lisboa: Fundação Calouste Gulbenkian, 1989.

CANOTILHO, J. J. Gomes. *Direito constitucional e teoria da constituição*. 7. ed. Coimbra: Almedina, 2003.

CANTIDIANO, Luiz Leonardo. Arbitragem e acordo de acionistas. Palestra proferida por ocasião do evento Arbitragem e Direito Societário, organizado pelo Centro de Mediação e Arbitragem da Câmara Portuguesa de Comércio no Brasil em 12.9.2012 na cidade de São Paulo (SP).

CANTOARIO, Diego Martinez Fervenza. Poderes do juiz e princípio do contraditório. *Revista de Processo*, São Paulo, n. 195, maio 2011. Disponível em: <www.rtonline.com.br>. Acesso em: 6 fev. 2012.

CAPPELLETTI, Mauro; GARTH, Bryant. *Acesso à justiça*. Tradução de Ellen Gracie Northfleet. Porto Alegre: Fabris, 2002.

CARMONA, Carlos Alberto. *Arbitragem e processo*. 2. ed. São Paulo: Atlas, 2004a.

____. *Arbitragem e processo*. 3. ed. São Paulo: Atlas, 2009a.

____. Em torno do árbitro. *Revista de Arbitragem e Mediação*, São Paulo, a. 8, n. 28, jan./mar. 2011.

____. Ensaio sobre a sentença arbitral parcial. *Revista de Processo*, São Paulo, a. 33, n. 165, nov. 2008.

____. Flexibilização do procedimento arbitral. *Revista Brasileira de Arbitragem*, Porto Alegre, a. 5, n. 24, out./dez. 2009b.

____. O processo arbitral. *Revista de Arbitragem e Mediação*, São Paulo, a. 1, n. 1, jan./abr. 2004b.

____; LEMES, Selma Ferreira. Considerações sobre os novos mecanismos instituidores do juízo arbitral. In: MARTINS, Pedro A. Batista; ____; ____. *Aspectos fundamentais da lei de arbitragem*. Rio de Janeiro: Forense, 1999.

CARNEIRO, Athos Gusmão. *Intervenção de terceiros*. 13. ed. São Paulo: Saraiva, 2001.

CARNEIRO, Paulo Cezar Pinheiro. Aspectos processuais da nova lei de arbitragem. In: CASELLA, Paulo Borba (Coord.). *Arbitragem*: lei brasileira e praxe internacional. 2. ed. São Paulo: LTr, 1999.

CARNELUTTI, Francesco. *Sistema de direito processual civil*. 2. ed. Tradução de Hiltomar Martins de Oliveira. São Paulo: Lemos e Cruz, 2004. v. II.

____. *Teoria geral do direito*. Tradução de Antônio Carlos Ferreira. São Paulo: Lejus, 1999.

CARREIRA ALVIM, José Eduardo. *Direito arbitral*. 2. ed. Rio de Janeiro: Forense, 2004.

CARVALHOSA, Modesto. *Acordo de acionistas*: homenagem a Celso Barbi Filho. São Paulo: Saraiva, 2011.

____. *Comentários à lei de sociedades anônimas*. 4. ed. São Paulo: Saraiva, 2008. v. 2.

Referências

CASELLA, Paulo Borba. Autonomia da vontade, arbitragem comercial internacional e direito brasileiro. In: TIBURCIO, Carmen; BARROSO, Luís Roberto (Org.). *O direito internacional contemporâneo*: estudos em homenagem ao professor Jacob Dolinger. Rio de Janeiro: Renovar, 2006.

CHIOVENDA, Giuseppe. Dell'azione nascente dal contratto preliminare. In: ____. *Saggi de diritto processuale civile*. Milão: Giuffrè, 1993. v. I.

____. *Instituições de direito processual civil*. 3. ed. Tradução de J. Guimarães Menegale. São Paulo: Saraiva, 1969. v. 1.

____. *Instituições de direito processual civil*. 3. ed. Tradução de J. Guimarães Menegale. São Paulo: Saraiva, 1969. v. 2.

____. *Instituições de direito processual civil*. 3. ed. Tradução de J. Guimarães Menegale. São Paulo: Saraiva, 1969. v. 3.

____. *Principii di diritto processuale civile*. 3. ed. Nápoles: Jovene, 1965.

CINTRA, Antonio Carlos de Araújo. *Comentários ao código de processo civil*. 2. ed. Rio de Janeiro: Forense, 2003. v. IV.

____; GRINOVER, Ada Pellegrini; DINAMARCO, Cândido Rangel. *Teoria geral do processo*. 17. ed. São Paulo: Malheiros, 2001.

____; ____; ____. *Teoria geral do processo*. 23. ed. São Paulo: Malheiros, 2007.

____; ____; ____. *Teoria geral do processo*. 24. ed. São Paulo: Malheiros, 2008.

CÓDIGO Procesal Civil Alemán (ZPO). Traducción de Juan Carlos Ortiz Pradillo y Álvaro J. Pérez Ragone. Montevidéu: Fundación Konrad-Adenauer, 2006.

COELHO, Eleonora. Os efeitos da convenção de arbitragem — adoção do princípio da kompetenz-kompetenz no Brasil. In: MARTINS, Pedro Batista; LEMES, Selma Ferreira; CARMONA, Carlos Alberto (Coord.). *Arbitragem*: estudos em homenagem ao prof. Guido Fernando da Silva Soares. São Paulo: Atlas, 2007.

____. Arbitragem e poder judiciário: aspectos relevantes. In: GUILHERME, Luiz Fernando do Vale de Almeida (Coord.). *Aspectos práticos da arbitragem*. São Paulo: Quartier Latin, 2006.

COELHO, Fábio Ulhoa. *Curso de direito comercial*. 16. ed. São Paulo: Saraiva, 2012. v. 2.

____. *O futuro do direito comercial*. São Paulo: Saraiva, 2010.

COMOGLIO, Luigi Paolo; FERRI, Corrado; TARUFFO, Michele. *Lezioni sul processo civile*. 4. ed. Bolonha: Il Mulino, 2006. v. I.

COMPARATO, Fábio Konder. Acordo de acionistas e interpretação do art. 118 da Lei das S/A. In: WALD, Arnoldo (Org.). *Doutrinas essenciais*: direito empresarial. São Paulo: RT, 2011. v. III.

_____. Validade e eficácia de acordo de acionistas. Execução específica de suas estipulações. In: _____. *Novos ensaios e pareceres de direito empresarial*. Rio de Janeiro: Forense, 1981.

_____. *O poder de controle na sociedade anônima*. 4. ed. Atualização de Calixto Salomão Filho. Rio de Janeiro: Forense, 2005.

COSTA, Nilton César Antunes da. *Efeitos processuais da convenção de arbitragem*. Campinas: Servanda, 2006.

CRAIG, W. Laurence; PARK, William W.; PAULSSON, Jan. *International chamber of commerce arbitration*. 3. ed. Nova York: Oxford, 2000.

CRETELLA NETO, José. *Comentários à lei de arbitragem brasileira*. Rio de Janeiro: Forense, 2004a.

_____. *Curso de arbitragem*. Rio de Janeiro: Forense, 2004b.

_____. Quão sigilosa é a arbitragem? *Revista de Arbitragem e Mediação*, São Paulo, a. 7, n. 25, abr./jun. 2010.

CRUZ E TUCCI, José Rogério. Direito processual civil inglês. In: _____ (Coord.). *Direito processual civil europeu contemporâneo*. São Paulo: LEX, 2010.

_____. *Limites subjetivos da eficácia da sentença e da coisa julgada civil*. São Paulo: RT, 2006.

CUEVA, Ricardo Villas Bôas. Art. 98, §4º, da lei 12.529/11: dúvidas quanto à ampliação da eficácia preclusiva da coisa julgada e a subsistência de defesa heterotópica. In: FARINA, Laércio (Coord.). *A nova Lei do Cade*: o 1º ano na visão das autoridades. Ribeirão Preto: Migalhas, 2013.

DALL'AGNOL, Antonio. *Comentários ao código de processo civil*. São Paulo: RT, 2000. v. 2.

DARWAZEH, Nadia. *Recognition and enforcement of foreign arbitral awards*: a global commentary on the New York convention. Edited by Herbert Kronke, Patricia Nacimiento, Dirk Otto and Nicola Christine Port. The Netherlands: Kluwer, 2010.

DELUIGGI, Marco. O conflito de culturas na produção de provas em arbitragens internacionais. In: FINKELSTEIN, Cláudio; VITA, Jonathan B.; CASADO FILHO, Napoleão (Coord.). *Arbitragem internacional*: Unidroit, Cisg e direito brasileiro. São Paulo: Quartier Latin, 2010.

DIDIER JR., Fredie. *Curso de direito processual civil*. 9. ed. Salvador: JusPodivm, 2008. v. 1.

_____; BRAGA, Paula Sarno; OLIVEIRA, Rafael. *Curso de direito processual civil*. 7. ed. Salvador: JusPodivm, 2012. v. 2.

_____; CUNHA, Leonardo Carneiro da; BRAGA, Paula Sarno; OLIVEIRA, Rafael. *Curso de direito processual civil*. 3. ed. Salvador: JusPodivm, 2011. v. 5.

_____; ZANETI JR., Hermes. *Curso de direito processual civil*. 7. ed. Salvador: JusPodivm, 2012. v. 4.

DINAMARCO, Cândido Rangel. *A arbitragem na teoria geral do processo*. São Paulo: Malheiros, 2013.

_____. *A instrumentalidade do processo*. 10. ed. São Paulo: Malheiros, 2002.

_____. *A reforma da reforma*. 5. ed. São Paulo: Malheiros, 2003a.

_____. Coisa julgada e intervenção de terceiros. In: _____. *Intervenção de terceiros*. 5. ed. São Paulo: Malheiros, 2009a.

_____. *Instituições de direito processual civil*. 5. ed. São Paulo: Malheiros, 2005. v. I.

_____. *Instituições de direito processual civil*. 6. ed. São Paulo: Malheiros, 2009. v. I.

_____. *Instituições de direito processual civil*. 6. ed. São Paulo: Malheiros, 2009. v. II.

_____. *Instituições de direito processual civil*. 3. ed. São Paulo: Malheiros, 2009. v. IV.

_____. Liebman e a cultura processual brasileira. In: WAMBIER, Luiz Rodrigues; WAMBIER, Teresa Arruda Alvim (Org.). *Doutrinas essenciais*: processo civil. São Paulo: RT, 2011. v. VI.

_____. Limites da sentença arbitral e de seu controle jurisdicional. In: _____. *Nova era do processo civil*. São Paulo: Malheiros, 2003b.

_____. Momento de eficácia da sentença constitutiva. In: _____. *Fundamentos do processo civil moderno*. 6. ed. São Paulo: Malheiros, 2010. v. I.

_____. Possibilidade de emendas e alterações a pedidos e o princípio da estabilização no procedimento arbitral. *Revista de Arbitragem e Mediação*, São Paulo, a. 9, n. 35, out./dez. 2012.

_____. *Vocabulário do processo civil*. São Paulo: Malheiros, 2009b.

DINIZ, Maria Helena. *As lacunas no direito*. 8. ed. São Paulo: Saraiva, 2007.

_____. *Conflito de normas*. 9. ed. São Paulo: Saraiva, 2009.

DOLINGER, Jacob. As soluções da suprema corte brasileira para os conflitos entre o direito interno e o direito internacional: um exercício de ecletismo. *Revista Forense*, Rio de Janeiro, a. 92, v. 334, abr./jun. 1996.

_____; TIBÚRCIO, Carmen. *Direito internacional privado*: arbitragem comercial internacional. Rio de Janeiro: Renovar, 2003.

DWORKIN, Ronald. *Levando os direitos a sério*. 3. ed. Tradução de Nelson Boeira. São Paulo: Martins Fontes, 2010.

EIZIRIK, Nelson. *A Lei das S/A comentada*. São Paulo: Quartier Latin, 2011. v. I.

FARIA, Marcela Kohlbach de. A produção de prova no procedimento arbitral. *Revista de Arbitragem e Mediação*, São Paulo, a. 9, n. 32, jan./mar. 2012. Disponível em: <www.rtonline.com.br>. Acesso em: 26 fev. 2012.

FERNANDES, Marcus Vinicius Tenorio da Costa. *Anulação da sentença arbitral*. São Paulo: Atlas, 2007.

FICHTNER, José Antonio; MANNHEIMER, Sergio Nelson; MONTEIRO, André Luís. A confidencialidade na arbitragem: regra geral e exceções. *Revista de Direito Privado*, São Paulo, 2012, a. 13, n. 49, jan./mar. 2012.

_____; _____; _____. A distribuição do custo do processo na sentença arbitral. In: LEMES, Selma Ferreira; BALBINO, Inez (Coord.). *Arbitragem*: temas contemporâneos. São Paulo: Quartier Latin, 2012.

_____; _____; _____. Cinco pontos sobre a arbitragem no projeto do novo código de processo civil. *Revista de Processo*, São Paulo, a. 37, n. 205, mar. 2012.

_____; _____; _____. *Questões concernentes à anulação de sentenças arbitrais domésticas*. No prelo.

_____; _____; _____. Repercussões do anteprojeto e do substitutivo ao projeto de novo código de processo civil na arbitragem. *Revista Brasileira de Arbitragem*, Curitiba, a. 8, n. 29, jan./mar. 2011.

_____; MONTEIRO, André Luís. A chamada execução específica do acordo de acionistas em sede judicial ou arbitral: premissas para uma proposta de regulamentação do acordo de quotistas no projeto de novo código comercial (PL Nº 1.572/2011). In: COELHO, Fábio Ulhoa; LIMA, Tiago Asfor Rocha; NUNES, Marcelo Guedes (Coord.). *Reflexões sobre o projeto de código comercial*. São Paulo: Saraiva, 2013.

_____; _____. A cláusula compromissória nos contratos de adesão submetidos ao código de defesa do consumidor. In: _____; _____. *Temas de arbitragem*: primeira série. Rio de Janeiro: Renovar, 2010a.

___; ___. A convenção de arbitragem como exceção processual: impossibilidade de conhecimento *ex officio*. In: ___; ___. *Temas de arbitragem*: primeira série. Rio de Janeiro: Renovar, 2010b.

___; ___. A instauração compulsória da arbitragem a partir da cláusula compromissória vazia. In: ___; ___. *Temas de arbitragem*: primeira série. Rio de Janeiro: Renovar, 2010c.

___; ___. A jurisprudência do Superior Tribunal de Justiça na homologação de sentenças arbitrais estrangeiras: um importante capítulo na luta pela efetividade da jurisdição. In: ___; ___. *Estudos jurídicos em homenagem ao Ministro Cesar Asfor Rocha*. São Paulo: Migalhas, 2012. v. 2.

___; ___. As causas de denegação da homologação da sentença arbitral estrangeira no Brasil. In: ___; ___. *Temas de arbitragem*: primeira série. Rio de Janeiro: Renovar, 2010d.

___; ___. Aspectos processuais da ação de homologação de sentença arbitral estrangeira no Brasil. In: ___; ___. *Temas de arbitragem*: primeira série. Rio de Janeiro: Renovar, 2010e.

___; ___. Considerações sobre os embargos de declaração na jurisprudência do Superior Tribunal de Justiça. *Revista da Escola da Magistratura do Estado do Rio de Janeiro*, Rio de Janeiro, v. 12, n. 46, 2009.

___; ___. Medidas urgentes no processo arbitral brasileiro. In: ___; ___. *Temas de arbitragem*: primeira série. Rio de Janeiro: Renovar, 2010f.

___; ___. Os "embargos arbitrais" contra sentença na Lei de Arbitragem brasileira. In: ___; ___. *Temas de arbitragem*: primeira série. Rio de Janeiro: Renovar, 2010g.

___; ___. Sentença parcial de mérito na arbitragem. In: ___; ___. *Temas de arbitragem*: primeira série. Rio de Janeiro: Renovar, 2010h.

FIGUEIRA JÚNIOR, Joel Dias. *Arbitragem, jurisdição e execução*. 2. ed. São Paulo: RT, 1999.

FONSECA, Rodrigo Garcia da. Reflexões sobre a sentença arbitral. *Revista de Arbitragem e Mediação*, São Paulo, a. 2, n. 6, jul./set. 2005.

___; PANTOJA, Fernanda Medina. As varas empresariais do Rio de Janeiro passam a ser especializadas em matéria de arbitragem. *Revista de Arbitragem e Mediação*, São Paulo, a. 7, n. 27, out./dez. 2010.

FOUCHARD, Philippe; GAILLARD, Emmanuel; GOLDMAN, Berthold. *International commercial arbitration*. Edited by Emmanuel Gaillar and John Savage. The Hague: Kluwer Law International, 1999.

FRANÇA, Erasmo Valladão Azevedo e Novaes. *Invalidade das deliberações de assembleia das S/A*. São Paulo: Malheiros, 1999.

FUX, Luiz. *Curso de direito processual civil*. 2. ed. Rio de Janeiro: Forense, 2004.

_____. *Curso de direito processual civil*. 3. ed. Rio de Janeiro: Forense, 2005.

_____. *Curso de direito processual civil*. 4. ed. Rio de Janeiro: Forense, 2008. v. I.

GAILLARD, Emmanuel. O efeito negativo da competência-competência. Tradução de Clávio de Melo Valença Filho e Gisella Mation. *Revista Brasileira de Arbitragem e Mediação*, Curitiba, a. 6, n. 24, out./dez. 2009.

GAJARDONI, Fernando da Fonseca. *Flexibilização procedimental*: um novo enfoque para o estudo do procedimento em matéria processual. São Paulo: Altas, 2008.

GALÍNDEZ, Valeria. Ação anulatória de sentença arbitral. Inadmissibilidade. Impossibilidade de rediscussão do mérito perante o Poder Judiciário. *Revista de Arbitragem e Mediação*, São Paulo, a. 4, n. 13, abr./jun. 2007.

GARCEZ, José Maria Rossani. Escolha da lei substantiva da arbitragem. *Revista de Arbitragem e Mediação*, São Paulo, a. 2, n. 4, jan./mar. 2005.

GASPAR, Renata Alvares. *Reconhecimento de sentenças arbitrais estrangeiras no Brasil*. São Paulo: Atlas, 2009.

GIUSTI, Gilberto. O árbitro e o juiz: da função jurisdicional do árbitro e do juiz. *Revista Brasileira de Arbitragem*, Porto Alegre, v. 2, n. 5, jan./mar. 2005.

GONÇALVES, Carlos Roberto. *Direito civil brasileiro*. 7. ed. São Paulo: Saraiva, 2009. v. 1.

GOULENE, Alain; RACINE, Jean-Baptiste. As flutuações processuais da arbitragem. In: CASELLA, Paulo Borba (Coord.). *Arbitragem*: lei brasileira e praxe internacional. 2. ed. São Paulo: LTr, 1999.

GRADI, Marco. Natura ed effetti del lodo arbitrale in Germania e Austria. In: _____. *Disegno sistematico dell'arbitrato*. Milão: Cedam, 2012. v. III.

GRAU, Eros Roberto. *Ensaio e discurso sobre a interpretação/aplicação do direito*. 5. ed. São Paulo: Malheiros, 2009.

GREBLER, Eduardo. Controle judicial da sentença arbitral. *Revista Brasileira de Arbitragem*, a. 2, n. 5, jan./mar. 2005.

GRECO, Leonardo. *A prova no processo civil*: do código de 1973 ao novo código civil. Estudos de direito processual. Campos dos Goytacazes: Faculdade de Direito de Campos, 2005a.

_____. Garantias fundamentais do processo: o processo justo. In: _____. *Estudos de direito processual*. Campos dos Goytacazes: Faculdade de Direito de Campos, 2005b.

____. *Instituições de processo civil.* Rio de Janeiro: Forense, 2009. v. I.

____. Os atos de disposição processual — primeiras reflexões. In: MEDINA, José Miguel Garcia; CRUZ, Luana Pedrosa de Figueiredo; CERQUEIRA, Luís Otávio Sequeira de; GOMES JUNIOR, Luiz Manoel (Coord.). *Os poderes do juiz e o controle das decisões judiciais*: estudos em homenagem à professora Teresa Arruda Alvim Wambier. São Paulo: RT, 2008.

____. Publicismo e privatismo no processo civil. *Revista de Processo*, São Paulo, n. 164, out. 2008. Disponível em: <www.rtonline.com.br>. Acesso em: 6 fev. 2012.

GRECO FILHO, Vicente. *Direito processual civil brasileiro.* 17. ed. São Paulo: Saraiva, 2003. v. 1.

GRINOVER, Ada Pellegrini. *Ação declaratória incidental.* São Paulo: RT, 1972.

____. Arbitragem: ação anulatória e embargos do devedor. *Revista Brasileira de Arbitragem*, Porto Alegre, a. 4, n. 18, abr./jun. 2008.

____. Notas. In: LIEBMAN, Enrico Tullio. *Eficácia e autoridade da sentença e outros escritos sobre a coisa julgada.* 4. ed. Tradução de Alfredo Buzaid e Benvindo Aires. Atualização de Ada Pellegrini Grinover. Rio de Janeiro: Forense, 2006.

____. Os limites objetivos e a eficácia preclusiva da coisa julgada. In: ____. *O processo*: estudos e pareceres. São Paulo: Perfil, 2005a.

____. Proposta de alteração do código de processo civil: tutela antecipada e execução provisória. Estabilização da antecipação de tutela. In: ____. *A marcha do processo.* Rio de Janeiro: Forense Universitária, 2000.

____. Tutela jurisdicional diferenciada: a antecipação e sua estabilização. In: ____. *O processo*: estudos e pareceres. São Paulo: Perfil, 2005b.

GUERREIRO, José Alexandre Tavares. Execução específica do acordo de acionistas. In: WALD, Arnoldo (Org.). *Doutrinas essenciais*: direito empresarial. São Paulo: RT, 2011. v. III.

GUERRERO, Luis Fernando. *Convenção de arbitragem e processo arbitral.* São Paulo: Altas, 2009.

GUIMARÃES, Luiz Machado. Preclusão, coisa julgada, efeito preclusivo. In: ____. *Estudos de direito processual civil.* Rio de Janeiro: Jurídica e Universitária, 1969.

HANOTIAU, Bernard. *Complex arbitrations.* The Hague: Kluwer, 2005.

HOFFMAN, Paulo. Princípio da razoável duração do processo. In: OLIVEIRA NETO, Olavo de; LOPES, Maria Elizabeth de Castro (Org.). *Princípios processuais civis na Constituição.* Rio de Janeiro: Elsevier, 2008.

KLEINHEISTERKAMP, Jan. Interdependência entre os procedimentos de anulação e de execução (II): proposta de reforma da lei brasileira. *Revista Brasileira de Arbitragem*, Porto Alegre, a. 4, n. 20, out./dez. 2008.

LA CHINA, Sergio. *L'arbitrato*: il sistema e l'esperienza. 3. ed. Milão: Giuffrè, 2007.

LACERDA, Galeno. *Comentários ao código de processo civil*. 10. ed. Rio de Janeiro: Forense, 2007. v. VIII, t. I.

LAMY FILHO, Alfredo. Acordo de acionistas — Averbação de intransferibilidade das ações — Informações não divulgadas. In: _____. *Temas de S.A.* Rio de Janeiro: Renovar, 2007.

_____. Acordo de acionistas — Observância dos administradores aos termos do acordo. In: _____. *Temas de S.A.* Rio de Janeiro: Renovar, 2007.

LARENZ, Karl. *Metodologia da ciência do direito*. 3. ed. Tradução de José Lamego. Lisboa: Fundação Calouste Gulbenkian, 1997.

LEÃES, Luiz Gastão Paes de Barros. Acordo de acionistas a prazo indeterminado. In: _____. *Pareceres*. São Paulo: Singular, 2004a. v. II.

_____. Efeitos sobre terceiros dos acordos de acionistas. In: _____. *Pareceres*. São Paulo: Singular, 2004a. v. I.

_____. O acordo de acionistas como negócio fiduciário. In: _____. *Pareceres*. São Paulo: Singular, 2004b. v. II.

_____. Pacto de opção de compra (*call*) de ações em acordo de acionistas. In: _____. *Pareceres*. São Paulo: Singular, 2004c. v. II.

_____. Restrições à livre transmissibilidade das ações no acordo de acionistas. In: _____. *Pareceres*. São Paulo: Singular, 2004b. v. I.

LEAL, Rosemiro Pereira (Coord.). *Coisa julgada*: de Chiovenda a Fazzalari. Belo Horizonte: Del Rey, 2007.

LEE, João Bosco. A homologação de sentença arbitral estrangeira: a convenção de Nova Iorque de 1958 e o direito brasileiro de arbitragem. In: LEMES, Selma Ferreira; CARMONA, Carlos Alberto; MARTINS, Pedro Batista (Coord.). *Arbitragem*: estudos em homenagem ao prof. Guido Fernando da Silva Soares. São Paulo: Atlas, 2007.

_____. A Lei 9.307/96 e o direito aplicável ao mérito do litígio na arbitragem comercial internacional. *Revista de Direito Bancário*, São Paulo, a. 4, n. 11, 2001.

_____. *Arbitragem comercial internacional nos países do Mercosul*. Curitiba: Juruá, 2011.

Referências

____. O princípio da confidencialidade na arbitragem comercial internacional. In: VALENÇA FILHO, Clávio de Melo; ____. *Estudos de arbitragem*. Curitiba: Juruá, 2008.

LEMES, Selma Ferreira. A sentença arbitral. *Revista de Arbitragem e Mediação*, São Paulo, a. 2, n. 4, jan./mar. 2005.

____. Arbitragem. Princípios jurídicos fundamentais. Direito brasileiro e comparado. *Revista de Informação Legislativa*, Brasília, a. 29, n. 115, jul./set. 1992.

____. *Arbitragem na concessão de serviços públicos — arbitrabilidade objetiva. Confidencialidade ou publicidade processual?* Disponível em: <www.selmalemes.com.br>. Acesso em: 20 dez. 2011.

____. Sentença arbitral estrangeira. Incompetência da justiça brasileira para anulação. Competência exclusiva do STF para apreciação da validade em homologação. *Revista de Arbitragem e Mediação*, São Paulo, a. 1, n. 1, jan./abr. 2004.

LEW, Julian D. M.; MISTELIS, Loukas A.; KRÖLL, Stefan M. *Comparative international commercial arbitration*. The Hague: Kluwer, 2003.

LIEBMAN, Enrico Tullio. Efeitos da sentença e coisa julgada. In: ____. *Eficácia e autoridade da sentença e outros escritos sobre a coisa julgada*. 4. ed. Tradução de Alfredo Buzaid e Benvindo Aires. Atualização de Ada Pellegrini Grinover. Rio de Janeiro: Forense, 2006.

____. *Manual de direito processual civil*. 3. ed. Tradução de Cândido Rangel Dinamarco. São Paulo: Malheiros, 2005. v. I.

LOBO, Carlos Augusto da Silveira; LEPORACE, Guilherme. Cumprimento e impugnação da sentença arbitral no poder judiciário. *Revista de Arbitragem e Mediação*, São Paulo, a. 8, n. 30, jul./set. 2011.

____; NEY, Rafael de Moura Rangel. Revogação da medida liminar judicial pelo juízo arbitral. In: ALMEIDA, Ricardo Ramalho (Coord.). *Arbitragem interna e internacional*. Rio de Janeiro: Renovar, 2003.

LOPES, Bruno Vasconcelos Carrilho. *Honorários advocatícios no processo civil*. São Paulo: Saraiva, 2008.

LOPES, João Batista. *A prova no direito processual civil*. 3. ed. São Paulo: RT, 2007.

____. Tutela antecipada nas ações declaratórias. *Revista dos Tribunais*, São Paulo, v. 806, dez. 2002. Disponível na base RT On-line: <http://revistadostribunais.com.br>. Acesso em: 15 set. 2012.

LOPES, Maria Elizabeth de Castro; LOPES, João Batista. Princípio da efetividade. In: OLIVEIRA NETO, Olavo de; LOPES, Maria Elizabeth de Castro (Org.). *Princípios processuais civis na Constituição*. Rio de Janeiro: Elsevier, 2008.

LUCON, Paulo Henrique dos Santos. Fraude de execução, responsabilidade processual civil e registro da penhora. *Revista de Processo*, São Paulo, a. 25, n. 98, abr./jun. 2000.

MAGALHÃES, José Carlos de. *O risco de processualização da arbitragem*. Disponível em: <www.jcmadvs.com.br/download/artigos/processualizacao_arbitragem.pdf>. Acesso em: 17 abr. 2012.

_____. Sentença arbitral estrangeira. Incompetência da justiça brasileira para anulação. Competência exclusiva do STF para apreciação da validade em homologação. *Revista de Arbitragem e Mediação*, São Paulo, a. 1, n. 1, jan./abr. 2004.

MANNHEIMER, Sergio Nelson. Anotações sobre a figura do árbitro. *Revista de Direito da Associação dos Procuradores do Novo Estado do Rio de Janeiro*, Rio de Janeiro, v. XVIII, 2006. Número coordenado por Sérgio Nelson Mannheimer.

MARINONI, Luiz Guilherme. A relevância dos 'motivos' e da ideia chiovendiana de 'bem da vida' para a delimitação da coisa julgada material. In: _____. *Soluções práticas de direito*. São Paulo: RT, 2011a. v. I.

_____. Eficácia da sentença (imperatividade) e autoridade da coisa julgada (indiscutibilidade). In: _____. *Soluções práticas de direito*. São Paulo: RT, 2011b. v. I.

_____. *Novas linhas do processo civil*. 2. ed. São Paulo: Malheiros, 1996.

_____. Sobre a eficácia preclusiva da coisa julgada. In: _____. *Soluções práticas de direito*. São Paulo: RT, 2011c. v. I.

_____; ARENHART, Sérgio Cruz. *Processo cautelar*. 4. ed. São Paulo: RT, 2012. v. 4.

_____; _____. *Prova*. São Paulo: RT, 2009.

MARQUES, José Frederico. *Manual de direito processual civil*. Atualização de Vilson Rodrigues Alves. Campinas: Bookseller, 1997. v. I.

_____. *Manual de direito processual civil*. Atualização de Vilson Rodrigues Alves. Campinas: Bookseller, 1997. v. III.

MARTINS, Fran. *Comentários à lei das sociedades anônimas*. 4. ed. Atualização de Roberto Papini. Rio de Janeiro: Forense, 2010.

Referências

MARTINS, Pedro A. Batista. Anotações sobre a sentença proferida em sede arbitral. In: _____. *Aspectos fundamentais da lei de arbitragem*. Rio de Janeiro: Forense, 1999.

_____. O Poder Judiciário e a arbitragem. Quatro anos da lei 9.307/96 (1ª Parte). *Revista de Direito Bancário*, São Paulo, n. 9, jul./set. 2000. Disponível em: <www.revistadostribunais.com.br>.

_____. Sentença arbitral estrangeira. Incompetência da justiça brasileira para anulação. Competência exclusiva do STF para apreciação da validade em homologação. *Revista de Arbitragem e Mediação*, São Paulo, a. 1, n. 1, jan./abr. 2004.

_____. *Apontamentos sobre a lei de arbitragem*. Rio de Janeiro: Forense, 2008.

_____. Da ausência de poderes coercitivos e cautelares do árbitro. In: _____; LEMES, Selma Ferreira; CARMONA, Carlos Alberto (Coord.). *Aspectos fundamentais da lei de arbitragem*. Rio de Janeiro: Forense, 1999.

MAXIMILIANO, Carlos. *Hermenêutica e aplicação do direito*. 17. ed. Rio de Janeiro: Forense, 1998.

MICHELI, Gian Antonio; TARUFFO, Michele. A prova. *Revista de Processo*, São Paulo, a. 4, n. 16, out./dez. 1979.

MITIDIERO, Daniel; CORRÊA JUNIOR, Gilberto Deon; CARNEIRO, João Geraldo Piquet. Cade, título executivo extrajudicial e direito de ação — três tópicos para o debate sobre o art. 98 da Lei 12.529/2011. *Revista dos Tribunais*, São Paulo, a. 101, n. 916, fev. 2012.

MONTEIRO, André Luís. O regime das exceções no direito processual civil brasileiro: de mérito e processual, direta e indireta, dilatória e peremptória, exceção e objeção. *Revista de Processo*, São Paulo, a. 38, n. 216, fev. 2013.

_____. Primeiras linhas sobre a sentença parcial no processo judicial. *Revista Dialética de Direito Processual*, São Paulo, n. 84, mar. 2010.

MÜLLER, Sergio José Dulac; MÜLLER, Thomas. Cumprimento e execução do acordo de acionistas. In: BRUSCHI, Gilberto Gomes; COUTO, Mônica Bonetti; PEREIRA E SILVA, Ruth Maria Junqueira de A.; PEREIRA, Thomaz Henrique Junqueira de A. *Direito processual empresarial*: estudos em homenagem a Manoel de Queiroz Pereira Calças. Rio de Janeiro: Elsevier, 2012.

NERY JUNIOR, Nelson. Fraude contra credores e os embargos de terceiro. *Revista de Processo*, São Paulo, a. 6, n. 23, jul./set. 1981.

____. Limites objetivos da coisa julgada. In: ____. *Soluções práticas de direito.* São Paulo: RT, 2010. v. IV.

____. *Princípios do processo civil na constituição federal.* 7. ed. São Paulo: RT, 2002.

____. *Princípios do processo na constituição federal (processo civil, penal e administrativo).* 9. ed. São Paulo: RT, 2009.

____. *Soluções práticas de direito.* São Paulo: RT, 2010. v. IV.

____; NERY, Rosa Maria de Andrade. *Código de processo civil comentado e legislação extravagante.* 9. ed. São Paulo: RT, 2006.

PARENTE, Eduardo de Albuquerque. *Processo arbitral e sistema.* São Paulo: Atlas, 2012.

PARK, William W. Por que os tribunais revisam decisões arbitrais. *Revista de Arbitragem e Mediação,* São Paulo, a. 1, n. 3, set./dez. 2004.

PAULSSON, Jan. *Report on issues concerning confidentiality in international arbitration.* Department of Foreign Affairs and International Trade Canada. Disponível em: <www.international.gc.ca>. Acesso em: 20 dez. 2011.

____: RAWDING, Nigel. The trouble with confidentiality. *ICC Bulletin,* Paris, v. 5, n. 1, May 1994.

PEREIRA, Ana Lucia. Considerações sobre a possibilidade da ação rescisória na sentença arbitral. *Revista de Arbitragem e Mediação,* São Paulo, a. 5, n. 17, abr./jun. 2008.

PEREIRA, Caio Mário da Silva. *Instituições de direito civil.* 20. ed. Atualização de Luiz Roldão de Freitas Gomes. Rio de Janeiro: Forense, 2005. v. II.

____. *Instituições de direito civil.* 21. ed. Atualização de Maria Celina Bodin de Moraes. Rio de Janeiro: Forense, 2006. v. I.

____. *Instituições de direito civil.* 22. ed. Atualização de Maria Celina Bodin de Moraes. Rio de Janeiro: Forense, 2008. v. I.

PEREIRA, Regis Fichtner. *A fraude à lei.* Rio de Janeiro: Renovar, 1996.

PETROCHILOS, Georgios. *Procedural law in international arbitration.* Nova York: Oxford, 2004.

PINHO, Humberto Dalla Bernardina de. *Teoria geral do processo civil contemporâneo.* Rio de Janeiro: Lumen Juris, 2007.

PINTO, José Emilio Nunes. A confidencialidade na arbitragem. *Revista de Arbitragem e Mediação,* São Paulo, a. 2, n. 6, jul./set. 2005.

____. Anotações práticas sobre a produção de prova na arbitragem. In: FINKELSTEIN, Cláudio; VITA, Jonathan B.; CASADO FILHO, Na-

Referências

poleão (Coord.). *Abitragem internacional*: Unidroit, Cisg e direito brasileiro. São Paulo: Quartier Latin, 2010.

____. Anulação de sentença arbitral *infra petita*, *extra petita* ou *ultra petita*. In: JOBIM, Eduardo; MACHADO, Rafael Bicca (Coord.). *Arbitragem no Brasil*: aspectos jurídicos relevantes. São Paulo: Quartier Latin, 2008.

____. Proposta para a preservação do sigilo da arbitragem na execução específica da cláusula compromissória. In: BOMFIM, Ana Paula Rocha do; MENEZES, Hellen Monique Ferreira de (Coord.). *Dez anos da lei de arbitragem*: aspectos atuais e perspectivas para o instituto. Rio de Janeiro: Lumen Juris, 2007.

____; CALLUF FILHO, Emir. Jurisprudência comentada: STJ, 3. T., Resp. n.º 693.219/PR. *Revista Brasileira de Arbitragem*, Porto Alegre, a. 3, n. 10, abr./jun. 2006.

PISANI, Andrea Proto. *Lezioni di diritto processuale civile*. 5. ed. Nápoles: Jovene, 2006.

PONTES DE MIRANDA, Francisco Cavalcanti. *Comentários ao código de processo civil*. Rio de Janeiro: Forense, 1974. t. I.

____. *Comentários ao código de processo civil*. Rio de Janeiro: Forense, 1975. t. VI.

PORTANOVA, Rui. *Princípios do processo civil*. 7. ed. Porto Alegre: Livraria do Advogado, 2008.

PUCCI, Adriana Noemi. Jurisprudência comentada: STJ, Corte, SEC n.º 611. *Revista Brasileira de Arbitragem*, Porto Alegre, a. 4, n. 16, out./dez. 2007.

PUNZI, Carmine. *Disegno sistematico dell'arbitrato*. 2. ed. Milão: Cedam, 2012. v. II.

____. *Il processo civile*: sistema e problematiche. Torino: Giappichelli, 2008. v. I.

RANZOLIN, Ricardo. *Controle judicial da arbitragem*. Rio de Janeiro: GZ, 2011.

REQUIÃO, Rubens. *Curso de direito comercial*. 23. ed. Atualização de Rubens Edmundo Requião. São Paulo: Saraiva, 2003. v. 2.

RICCI, Edoardo Flavio. A impugnação da sentença arbitral como garantia constitucional. *Lei de arbitragem brasileira*: oito anos de reflexão. São Paulo: RT, 2004a.

____. Reflexões sobre o art. 33 da lei de arbitragem. In: ____. *Lei de arbitragem brasileira*: oito anos de reflexão. São Paulo: RT, 2004b.

ROCCO, Ugo. *Trattato della cosa giudicata*. Roma: Opere Giuridiche, 1932. v. II.

ROCHA, Cesar Asfor. *A luta pela efetividade da jurisdição*. São Paulo: RT, 2007.

ROCHA, João Luiz Coelho da. *Acordo de acionistas e acordo de cotistas*. Rio de Janeiro: Lumen Juris, 2002.

ROZAS, José Carlos Fernández. *Tratado del arbitraje comercial en América Latina*. Madri: Iustel, 2008.

RUBINO-SAMMARTANO, Mauro. *Il diritto dell'arbitrato*. 5. ed. Padova: Cedam, 2006.

RUFFINI, Giuseppe. *Commentario breve al diritto dell'arbitrato nazionale ed internazionale*. In: BENEDETTELLI, Massimo V.; CONSOLO, Claudio; RADICATI DI BROZOLO, Luca G. (Coord.). Padova: Cedam, 2010.

SALOMÃO FILHO, Calixto. *O novo direito societário*. 3. ed. São Paulo: Malheiros, 2006.

SANTOS, Ernane Fidélis dos. *Manual de direito processual civil*. 11. ed. São Paulo: Saraiva, 2006. v. 1.

_____. *Manual de direito processual civil*. 12. ed. São Paulo: Saraiva, 2008. v. I.

SANTOS, José Carlos Van Cleef de Almeida. A decisão interlocutória de mérito no processo civil brasileiro: uma visão da perspectiva do procedimento de conhecimento do processo contencioso em primeiro grau de jurisdição. Dissertação (mestrado) —Pontifícia Universidade Católica de São Paulo, São Paulo, 2012.

SANTOS, Moacyr Amaral. *Primeiras linhas de direito processual civil*. 3. ed. São Paulo: Max Limonad, 1970. v. 1.

_____. *Primeiras linhas de direito processual civil*. 18. ed. Atualização de Aricê Moacyr Amaral Santos. São Paulo: Saraiva, 1997. v. 2.

_____. *Primeiras linhas de direito processual civil*. 21. ed. Atualização de Aricê Moacyr Amaral Santos. São Paulo: Saraiva, 1999. v. 1.

_____. *Primeiras linhas de direito processual civil*. 24. ed. Atualização de Aricê Moacyr Amaral Santos e Maria Beatriz Amaral Santos Köhnen. São Paulo: Saraiva, 2005. v. I.

_____. *Primeiras linhas de direito processual civil*. 23. ed. São Paulo: Saraiva, 2004. v. II.

_____. *Prova judiciária no cível e no comercial*. 3. ed. São Paulo: Max Limonad, 1968. v. I.

SARLET, Ingo Wolfgang. *A eficácia dos direitos fundamentais*. Porto Alegre: Livraria do Advogado, 2001.

SARMENTO, Daniel. *Direitos fundamentais e relações privadas*. 2. ed. Rio de Janeiro: Lumen Juris, 2010.

SCAVONE JUNIOR, Luiz Antonio. *Manual de arbitragem*. 4. ed. São Paulo: RT, 2011.

SHIMURA, Sérgio. Princípio da proibição da prova ilícita. In: OLIVEIRA NETO, Olavo de; LOPES, Maria Elizabeth de Castro (Org.). *Princípios processuais civis na Constituição*. Rio de Janeiro: Elsevier, 2008.

SILVA, Ovídio Araujo Baptista da. Conteúdo da sentença e coisa julgada. In: WAMBIER, Luiz Rodrigues; WAMBIER, Teresa Arruda Alvim (Org.). *Doutrinas essenciais*: processo civil. São Paulo: RT, 2011a. v. VI.

_____. *Do processo cautelar*. 4. ed. Rio de Janeiro: Forense, 2009.

_____. Limites objetivos da coisa julgada no atual direito brasileiro. In: _____. *Sentença e coisa julgada*. 4. ed. Rio de Janeiro: Forense, 2003.

SILVA, Ovídio Araujo Baptista da. Limites objetivos da coisa julgada no direito brasileiro atual. In: WAMBIER, Luiz Rodrigues; WAMBIER, Teresa Arruda Alvim (Org.). *Doutrinas essenciais*: processo civil. São Paulo: RT, 2011b. v. VI.

SLAIBI FILHO, Nagib. A publicidade no processo judicial (notas sobre a nova redação do artigo 93, IX, da Constituição). *Revista da Emerj*, Rio de Janeiro, v. 3, n. 32, 2006.

STRENGER, Irineu. *Arbitragem comercial internacional*. São Paulo: LTr, 1996.

TALAMINI, Eduardo. *Coisa julgada e sua revisão*. São Paulo: RT, 2005.

_____. Partes, terceiros e coisa julgada (os limites subjetivos da coisa julgada). In: DIDIER JR., Fredie; WAMBIER, Teresa Arruda Alvim (Coord.). *Aspectos polêmicos e atuais sobre os terceiros no processo civil e assuntos afins*. São Paulo: RT, 2004.

TARUFFO, Michele. El proceso civil de 'civil law' y el proceso civil de 'common law': aspectos fundamentales. In: _____. *Sobre las fronteras*: escritos sobre la justicia civil. Bogotá: Temis, 2006.

_____. Icebergs do *common law* e *civil law*? Macrocomparação e microcomparação processual e o problema da verificação da verdade. Tradução de Hermes Zaneti Junior. *Revista de Processo*, São Paulo, a. 35, n. 181, mar. 2010.

TEIXEIRA, Sálvio de Figueiredo. Fraude de execução. *Revista dos Tribunais*, São Paulo, a. 75, n. 609, jul. 1986.

TEPEDINO, Gustavo. Pactos entre acionistas e deliberações assembleares à luz do princípio da boa-fé objetiva. In: _____. *Soluções práticas de direito.* São Paulo: RT, 2012a. v. III.

_____. Premissas metodológicas para a constitucionalização do direito civil. In: _____. *Temas de direito civil.* 4. ed. Rio de Janeiro: Renovar, 2008.

_____. Questões controvertidas em tema de arbitragem na experiência brasileira. In: _____. *Temas de direito civil.* Rio de Janeiro: Renovar, 2009. t. III.

_____. Ruptura da *affectio societatis* e seus efeitos sobre os direitos previstos em acordo de acionistas. In: _____. *Soluções práticas de direito.* São Paulo: RT, 2012b. v. III.

_____; PINTO, José Emilio Nunes. Notas sobre o ressarcimento de despesas com honorários de advogado em procedimentos arbitrais. In: FERRAZ, Rafaella; MUNIZ, Joaquim de Paiva (Coord.). *Arbitragem doméstica e internacional*: estudos em homenagem ao prof. Theóphilo de Azeredo Santos. Rio de Janeiro: Forense, 2008.

THEODORO JÚNIOR, Humberto. A fraude de execução e o regime de sua declaração em juízo. *Revista de Processo*, São Paulo, a. 26, n. 102, abr./ jun. 2001.

_____. *Curso de direito processual civil.* 44. ed. Rio de Janeiro: Forense, 2009. v. II.

_____. *Curso de direito processual civil.* 48. ed. Rio de Janeiro: Forense, 2008. v. I.

_____. *Curso de direito processual civil.* 49. ed. Rio de Janeiro: Forense, 2009a. v. I.

_____. *Curso de direito processual civil.* 50. ed. Rio de Janeiro: Forense, 2009b. v. I.

VALENÇA FILHO, Clávio de Melo. Da sentença arbitral inexistente. In: _____; LEE, João Bosco. *Estudos de arbitragem.* Curitiba: Juruá, 2009.

VENOSA, Sílvio de Salvo. *Direito civil.* 9. ed. São Paulo: Atlas, 2009. v. 1.

VERÇOSA, Fabiane. *A aplicação errônea do direito brasileiro pelo árbitro*: uma análise à luz do direito comparado. Tese (doutorado em direito) — Faculdade de Direito, Universidade do Estado do Rio de Janeiro, Rio de Janeiro, 2010.

_____. Arbitragem interna v. arbitragem internacional: breves contornos da distinção e sua repercussão no ordenamento jurídico brasileiro face ao princípio da autonomia da vontade. In: TIBURCIO, Carmen; BARROSO, Luís Roberto (Org.). *O direito internacional contemporâneo*: estudos em homenagem ao professor Jacob Dolinger. Rio de Janeiro: Renovar, 2006.

_____. França e Suíça: reflexões sobre as recentes alterações legislativas em matéria de arbitragem. In: _____. *Arbitragem e comércio internacional*: estudos em homenagem a Luiz Olavo Baptista. São Paulo: Quartier Latin, 2013.

_____. *Manifest disregard of the law* como fundamento de anulação de sentenças arbitrais domésticas perante os tribunais federais norte-americanos: a saga ainda não terminou. In: MONTEIRO, Alexandre Luiz Moraes do Rêgo; MORAES E CASTRO, Leonardo Freitas de; UCHÔA FILHO, Sérgio Papini de Mendonça (Coord.). *Tributação, comércio e solução de controvérsias internacionais*. São Paulo: Quartier Latin, 2011.

VIGORITI, Vicenzo. Em busca de um direito comum arbitral: notas sobre o laudo arbitral e a sua impugnação. Tradução de Carlos Alberto Carmona. *Revista de Processo*, São Paulo, a. 23, n. 91, jul./set. 1998.

WALD, Arnoldo. A crise e a arbitragem no direito societário e bancário. *Revista de Arbitragem e Mediação*, São Paulo, a. 6, n. 20, jan./mar. 2009a.

_____. *Comentários ao novo código civil*. Coordenação de Sálvio de Figueiredo Teixeira. Rio de Janeiro: Forense, 2005. v. XIV.

_____. Jurisprudência comentada: TJ/SP, Agin. nº 0304979-49.2011.8.26. 0000. *Revista de Arbitragem e Mediação*, São Paulo, a. 9, n. 34, p. 407-423, jul./set. 2012.

_____. O espírito da arbitragem. *Revista do Iasp*, São Paulo, v. 23, jan./jun. 2009b.

_____. O regime legal da cláusula compromissória. Competência exclusiva do Poder Judiciário do local da sede da arbitragem para apreciar litígios a respeito da convenção que a instituiu. *Revista de Arbitragem e Mediação*, São Paulo, a. 4, n. 12, jan./mar. 2007.

_____. Os meios judiciais de controle da sentença arbitral. *Revista de Arbitragem e Mediação*, São Paulo, a. 1, n. 1, jan./abr. 2004.

_____; BORJA, Ana Gerdau de; VIEIRA, Maíra de Melo. A posição dos tribunais brasileiros em matéria de arbitragem no último biênio (2011-2012). *Revista de Arbitragem e Mediação*, São Paulo, a. 9, n. 35, out./dez. 2012.

WAMBIER, Luiz Rodrigues; ALMEIDA, Flávio Renato Correia de; TALAMINI, Eduardo. *Curso avançado de processo civil*. 7. ed. São Paulo: 2005. v. 1.

____; WAMBIER, Teresa Arruda Alvim. *Tratado jurisprudencial e doutrinário*: direito processual civil. São Paulo: RT, 2013. v. II.

WAMBIER, Teresa Arruda Alvim. Coisa julgada — âmbito objetivo de abrangência. In: ____. *Pareceres*. São Paulo: RT, 2012.

____. Limites objetivos da coisa julgada e conversão do julgamento em diligência para produção de prova. In: ____. *Pareceres*. São Paulo: RT, 2012. v. II.

____. *Nulidades do processo e da sentença*. 6. ed. São Paulo: RT, 2007.

____. *Omissão judicial e embargos de declaração*. São Paulo: RT, 2005.

____. *Recurso especial, recurso extraordinário e ação rescisória*. 2. ed. São Paulo: RT, 2008.

____; MEDINA, José Miguel Garcia. *O dogma da coisa julgada*. São Paulo: RT, 2003.

WLADECK, Felipe Scripes. Sobre o pleito de anulação da sentença arbitral nacional em sede de execução. *Revista de Arbitragem e Mediação*, São Paulo, a. 5, n. 16, jan./mar. 2008.

YARSHELL, Flávio Luiz. Ação anulatória de julgamento arbitral e ação rescisória. *Revista de Arbitragem e Mediação*, São Paulo, a. 2, n. 5, abr./jun. 2005.

____; PEREIRA, Guilherme Setoguti J. (Org.). *Processo societário*. São Paulo. Quartier Latin, 2012.

YOSHIKAWA, Eduardo Henrique de Oliveira. A expansão da eficácia preclusiva da coisa julgada em matéria de direito da concorrência: considerações a respeito do art. 98, §4º, da nova Lei do Cade (Lei 12.529/2011). *Revista de Processo*, São Paulo, a. 38, n. 222, ago. 2013.

ZACLIS, Lionel. Direito processual civil estadunidense. In: CRUZ E TUCCI, José Rogério (Coord.). *Direito processual civil americano contemporâneo*. São Paulo: LEX, 2010.

ZANOBINI, Guido. L'esercizio privato delle funzioni e dei servizi pubblici. In: ____. *Primo trattato completo di diritto amministrativo italiano*. Milão: Giuffrè, 1920.

ZAVASCKI, Teori Albino. *Antecipação da tutela*. 6. ed. São Paulo: Saraiva, 2008.

Esta obra foi produzida nas
oficinas da Imos Gráfica e Editora na
cidade do Rio de Janeiro